한국 복지정책 형성의 역사

정치경제학 관점에서 살펴보는

한국 복지정책 형성의 역사

국가와 국민생활의 변혁

김 조 설

인간과 복지

초기 사회복지정책에 관한 자료 중에는 현재 사용되지 않는 부적절한 표현이 포함되는 경우가 있다. 일부는 수정했지만 원자료를 존중해 원문대로 게재한 경우가 있다.

이 연구서는 일본학술진흥회의 2013-2015년도 기초연구 C(일반)에 채택된 "한국의 초기 사회·복지행정에 관한 일차 자료의 수집과 검증"(과제번호 JP25380293)의 성과이고 한국판 출판에 대해서 동회의 학술성과 공개촉진비(JP16HP5151)를 받고 있다. 일본어판『韓国·社会保障形成の政治経済学』(新幹社:東京,2016年)을 밑받침으로 하고 있지만 한국 독자에게는 불필요한 서술이나 각주를 삭제하는 등 개정되어 있다.

차례

제3장

경제성장과 구호행정의 한계 145

– 〈공〉과 〈사〉 관계 구조의 변용

서론

한국 복지정책 형성에 대한 정치경제학적 접근

민족분단과 한국전쟁(1950년 6월~53년 7월)
행주(경기도 고양시)에서 동생을 업고 M26전차 앞을 무거운 발걸음으로 걷는 소녀.
찰영 : Maj. R.V. Spencer,1951년 6월 9일.
출소 : http://free.gatag.net/2010/07/26/190000.html

1. 연구과제 – 한국 복지정책 형성의 역사적 의미

한국이 정부수립 이후 계속된 정치적, 경제적, 사회적인 파괴와 혼란을 어느정도까지 극복하여 자립적인 국가체제와 국민경제의 건설에 본격적으로 착수했던 것은 1950년 말부터 60년대 초의 시기이다. 이 시점에서는 격심한 사회혼란은 수습되었지만 일본 식민지지배의 부정적인 유산과 한국전쟁으로 인해 국토와 사회는 여전히 극도로 피폐해 있었다. 농업을 중심으로 하는 경제의 발전수준은 낮았고 국민생활에 있어서는 "절망과 기아선상飢餓線上에 허덕이는 민생고"(1961년의 '혁명공약')라고 표현된 심각한 생활궁핍상태가 사회 전체를 덮고 있었다.

그러나 그 후 수십년 간에 한국경제는 선진경제국가의 하나로서 간주되는 수준까지 비약적인 발전을 이루었다. 정치적으로는 군부를 배경으로 하는 강한 대통령권한과 정치적, 사회적 자유의 제한을 특징으로 하는 권위주의적인 체제는 1980년대 후반부터 폭발적으로 고양된 민주화운동에 의해서 해체되어 민주적인 선거를 기반으로 하는 정치체제로 변혁되었다. 민주화운동은 정치적 차원의 변혁에 머무르지 않고, 경제·사회·문화·생활 모든 영역에 변혁을 펼쳐 가는 풍부한 사상과 행동의 에너지를 가지고 있었다. 특히 중요한 것은 국민의 복지향상에 초점을 맞춘 '사회복지운동'의 결과로서 권위주의시대의 헌법이 명목적으로만 내걸고 있었던 '인간다운 생활'의 보장 규정을 실질화시켰다.

1980년대 말까지의 한국의 복지정책은 경제수준의 비약적인 상승과 국력의 증대에도 불구하고 낮은 수준에 고정되어 있었다. 사회보험의 분야에서는 의료보험, 산업재해보상보험(산재보험), 공적연금 등이 존재했지만 공무원, 교직원, 직업군인, 민간피고용자의 일부만을 커버하는 한정된 제도에 지나지 않았고, 공공부조는 지원대상을 극단적으로 제한하고 양곡糧穀과 적은 현금수당을 지급하는 제도에 지나지 않았다. 또한 사회복지서비스 분야는 자조自助, 상호부조, 민간의 복지활동에 맡겨져 있어 공적정책은 거의 전개되지 않았다. 이러한 정책상태가 개혁되어 사회복지제도의 구축이 진전되었던 것은 약 30년 간에 걸친 권위주의정치체제가 해체되어 민주화가 진전된 약 15년 간의 짧은 기간였다.

민주화시대는 17년만에 부활된 국민의 직접선거에 의해서 탄생한 노태우정권(1988~93년)을 기점으로 한다[1]. 이 정권기에 의회정치의 복권과 사회운동의 고조를 배경으로 의료보험의 국민 전체로의 적용확대가 실현되어 이때까지 억제되고 있었던 사회복지 분야에 대한 국가예산의 배분이 크게 확대되었다. 그 후 30년만의 '문민정부'가 된 김영삼정권(1993~98년) 하에서 〈사회보장기본법〉이 제정되고 국가의 기본전략으로 사회복지제도를 구축해 나가는 것이 선언되고 〈고용보험법〉의 제정과 국민연금의 농어민으로의 적용확대 등 사회보험의 정비가 진행되었다. 다음에 '국민의 정부'라고 불린 김대중정권(1998~2003년)과 '참여정부'라고 불린 노무현정권(2003~08년)시대를 거치면서 한국의 사회복지제도의 기본구조가 형성되었다. 김대중정권시대에는 의료, 연금, 실업, 산업재해 등 각 분야의 사회보험이 국민 전체(혹은 피고용자 전체)를 커버하게 되고 빈곤을 예방하는 제1차 사회안전망이 형성되었음과 동시에 종래의 생활보호제도가 근본적으로 개혁되어 모든 국민에게 권리로서의 최저생활을 보장하는 공공부조제도가 확립되었다. 노무현정권기에는 노인, 장애인을 대상으로 하는 사회복지서비스 분야의 정책이 크게 확충되었고 동시에 사회복지의 대상영역은 저소득층이나 장애인 등 여러 가지 생활요구needs를 가지는 집단뿐만 아니라 모든 국민을 대상으로 라이프 스테이지life-stage에 대응한 안정적인 생활을 보장하는 방향으로 확대되어 갔다. 이러한 사회복지 제도의 구축과정이 얼마나 획기적인 전환였는지는 사회복지예산의 확대에 잘 표현되어 있다. 〈그림 0-1〉에 의해 공공부조예산은 김대중정권기에, 또, 사회복지서비스예산은 노무현정권기에 불연속적으로 확대된 것을 확인할 수 있다. 여기에서는 연속적인 양적 확대가 아니라 질적 전환이 표현되어 있다.

---

1 이 연구에서는 노태우정권기(1988~93년)부터 노무현정권기(2003~08년)에 이르는 시기를 '민주화시대' 라고 부르기로 한다. 군인출신의 노태우정권기를 포함하지 않은 견해도 있지만 사회복지정책 분야에서는 노태우정권시대에 일정한 정책전환이 실현되었기 때문이다.

그림 0-1 복지예산(공공부조/사회복지서비스)의 추이

(단위:10억원·2000년가격)

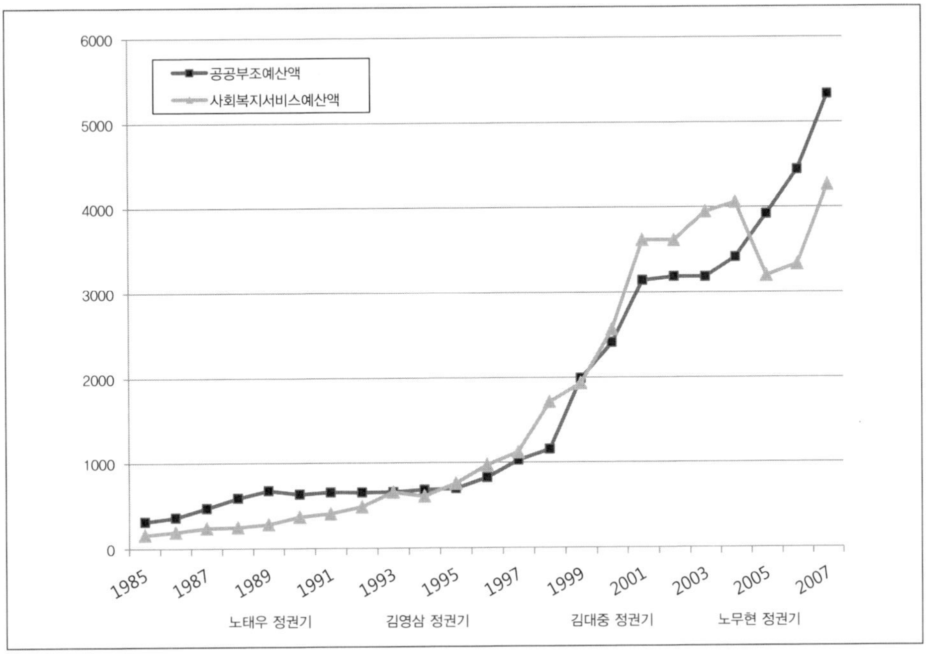

자료:『한국통계연감』각 년판에 의해 작성. 예산액은 2000년 현재 가격으로 디플레이트. 2005년도의 사회복지예산액의 감소는 예산산정방식의 변경에 의함.

민주화시대에 실현된 사회복지의 구축은 단지 국민생활의 안정과 향상을 위한 정책이 대폭적으로 발전했던 것에 머무르지 않고 국가운영의 패러다임paradigm전환을 의미했음을 강조해야 한다. 그것은 '반공反共'을 '국시國是'로 하는 국가운영을 폐기하여 국민생활을 중시하는 '복지국가'의 건설을 지향한 전환이었다. 한국의 사회복지는 연속적인 발전과정을 거쳐 구축된 것이 아니라 권위주의시대의 복지정책의 해체와 새로운 시스템의 구축이라는 불연속적인 변혁에 의해 형성되었다. 그 극단적인 성격 때문에 이 과정을 '복지혁명'이라고 부를 수도 있다. 이와 같은 국가패러다임의 전환은 어떠한 과정을 거쳐 생겼는가? 민주화시대에 선행하는 권위주의시대의 국가운영에 있어서의 복지정책으로부터 어떠한 전환이 실현되었는가? 이 연구는 민주화 이전의 시대로 거슬러 올라가 국민생활에 대한 정책의 역사를 분석하는 작업을 통해서 사회복지 구축의 역사적 의의를 재평가하는 것을 목적으로 한다. 생활에 관한 정책의 역사는 권위주의체제가 형성된 1960년대 초까지 거슬러 올라갈 필요가 있다. 그 이유는 1990년대까지 계승되어 왔던 복지정책의 원형原型이 이 시기에 형성되었기 때문이다.

이 연구에서는 '국민생활에 관한 국가정책'을 일반적으로 표현하는 용어로서 일본어판에서 사용한 '생활정책'이라는 용어를 쓸 수도 있겠지만 한국어판에서는 '복지정책' 또는 '사회복지'를 쓰기로 한다. 한편 권위주의시대에 있어서도 '사회복지'나 '사회보장'이라는 말이 사용되고 있었지만 실제의 정책개념으로서는 채용되지 않았고 또한 현재의 사용방법과도 근본적으로 차이가 난 것에 주의할 필요가 있다.

2. 복지정책 역사에 대한 정치경제학적 분석시각

(1) 권위주의시대 사회복지의 평가

권위주의시대에까지 거슬러 올라가서 복지정책의 전개과정을 더듬으려 하는 이유는 현재까지의 연구에서는 방법론적인 문제가 있기 때문이다. 민주화시대에 행해진 사회복지 구축을 대상으로 하는 연구는 활발하게 전개되어 왔으며 연구성과는 풍부하게 축적되고 있다. 그러나 거의 모든 연구는 민주화시대와 그 이후의 시기를 대상으로 하고 있어 권위주의정권시대의 복지정책으로부터 어떠한 전환이 실현되었는지에 관해서 실증적으로 해명한 연구는 매우 적다. 그 이유 중 하나로 권위주의시대의 정책에 대해서 소극적 혹은 부정적으로 평가되는 경향이 강했던 것을 들 수 있다. 민주화 이전의 정책수준이 낮고 사회복지제도가 거의 발달하지 않았다고 판단되면 굳이 그 실태를 해명할 필요도 없기 때문이다. 이러한 평가방법은 현재의 제도와 수준에 의하여 과거의 정책을 평가하는 것이고 역사연구에서는 일반적으로 자주 쓰인다. 복지정책의 역사의 경우도 사회보험, 공공부조, 복지서비스 등의 현재 사회복지체계를 구성하는 각 제도의 형성과정에 관해서 이 방법이 적용되는 데가 있다. 물론 이러한 분석방법이 유효성을 가지는 것은 부정할 수 없다. 그러나 이 방법에 의하면 과거의 정책은 미발달의 단계에 있었다고만 이해된다는 문제가 있다. 또한 사회복지의 각 제도별로 나누어 각

형성과정을 검토하는 방법에 의해서는 과거의 복지정책의 전체적인 구조와 그 기초에 있었던 정책이념과 사회상황을 종합적으로 파악할 수가 없다. 사실 권위주의정권시대의 복지정책을 현재의 사회복지수준으로 평가하면 그 수준은 말할 것 없이 너무 낮다. 그러나 권위주의시대의 정책도 명확한 이념과 일정한 체계성을 갖추고 있었던 것을 상기해야 한다. 이 연구에서는 현재의 사회복지정책의 관점으로부터 과거의 정책의 발전단계를 평가하는 게 아니고, 과거의 한 시점에 있어서 생활에 관해서 어떠한 문제상황이 있었고 그 당시의 국가는 어떠한 정책이념에 의거하여 어떠한 정책을 전개했는지를 그 시대의 눈으로 종합적으로 파악하는 방법을 채용한다.

(2) 사회복지와 국민국가·국민경제

사회복지의 역사를 대상으로 하는 현재까지의 연구의 또 하나의 특징은 법률이나 제도의 성립과정에 주목해서 그것들이 정책형성에 영향을 미친 정치적 요인에 주목하는 경향이 강했던 점이다. 이러한 연구는 많은 성과를 거두었다. 특히 민주화시대의 정책개혁의 원동력이 된 사회운동, 노동운동, 국회, 정당, 대통령의 역할 등 정책결정에 영향을 끼친 정치적인 요인에 관한 풍부한 연구축적은 귀중하다.

그러나 주된 연구 관심은 복지정책의 정치적인 결정과정에 있으며 복지정책을 거시적인 차원에서 국민국가nation-state와 국민경제national economy의 상황과 관련시켜 파악하는 발상은 희박했다. 말할 것도 없이 복지정책은 국가가 전개하는 전체적인 정책의 일부이다. 그러므로 복지정책은 기본적으로 국가는 어떠한 운영전략을 채용하고 있는가, 그 전략에 있어 국민생활문제는 어떻게 다루어지고 있는가, 국가가 정책을 전개하는 데 기초가 되는 국민경제는 어떠한 상황에 있는가, 국민경제의 상황에 대응해서 국민생활은 어떠한 수준과 상황에 있고 또 어떠한 생활요구needs가 존재하고 있는가 등의 요인에 의해서 규정된다.

또한, 사회복지제도의 형성은 국민생활의 안정화라는 기능적 측면으로부터 뿐만 아니라, 국가·사회의 구조와 국민경제의 양상을 근원적으로 변혁시켜 간다라는 측면으로부터도 검토할 필요가 있다. 권위주의시대에 있어서 빈곤은 국가와 사회의 외측의 문제로서 다루어지고 있었지만, 사회복지의 성립에 의해 빈곤을 포함한 생활문제 전체는 국가와 사회의 내부적인 문제로서 취급하도록 변화하였다. 사회보험과 공공부조로 구성되는 사회안전망의 형성은 국민 전체가 국가에 의해서 하나의 생활연대집단으로서 조직되었던 것을 의미하기 때문이다. 또 권위주의시대의 복지정책에 대한 국가지출은 국가의 재량에 의해서 결정되고 있었지만, 사회복지제도의 형성 후에는 제도유지를 위한 방대한 비용이 국가재정의 주요한 구성부분으로서 구조적으로 정착하게 되었다. 사회복지에 투입되는 국가자금이 지출하는 방대한 수요와 그것에 촉발되는 복지에 관련하는 사업분야의 발전은 국민경제에 있어서 커다란 영향을 미치게 되는 것도 중요하다. 게다가 사회서비스분야의 발전은 민간의 비영리·영리활동의 전면적인 참가를 필요로 하기 때문에 국가와 민간 활동 즉 〈공公〉과 〈사私〉의 새로운 관계를 발전시켜 가게 된다. 총체적으로 말하면 사회복지의 성립을 통해서 개인의 생활과 국가·사회의 관계는 근원적으로 변화하게 되었다. 이 연구에서 채용하는 방법은 복지정책의 역사를 국가의 정치구조, 국가정책의 전체구조, 국민경제의 구조 등 정치적, 경제적, 그리고 사회적 요인의 변화라는 시각perspective에 놓고서 분석하는 방법이다.

(3) 세계사 속에서 한국의 사회복지의 전개과정

이상과 같은 분석시각은 한국의 사회복지의 역사를 제2차 세계대전 후의 세계사적인 문맥에서 평가하려는 관점으로 이어져 간다. 한국은 제2차 세계대전 후에 새로 출범한 '신흥독립국' 중의 하나이다. '신흥독립국'은 식민지지배가 남긴 유산에 더해 '동서대립'이라는 국제정치의 압력을 받는 환경속에서 정치적으로는 근대적인 국가를 건설하고 경제적으로는 선진경제강국强國이 주도하는 세계시장의 경쟁 속에서 존재위치를 확보해 나가야 했다. '신흥독립국'이 국제적인 압력에 대처하여 어떠한 전략을 선택하고 국가와 경제를 건설해 나가는지는 국가에 의한 복지정책의 선택을 규정했다. 한국의 사회복지의 역사는 이러한 관점에서 재평가할 필요가 있고, 또 그 역사를 다른 '신흥독립국'의 사회복지의 역사와 비교하는 관점도 필요하게 된다. 한국은 강고한 국가와 국민경제의 건설을 위해 오랫동안 매우 제한된 복지정책을 채용하고 있었지만 20세기 말에는 복지국가의 건설을 지향하는 획기적인 변화를 이루어갔다.

그러나 한국과 같은 변혁을 실현한 '신흥독립국'의 사례는 결코 많지는 않다. 21세기에 들어서도 식민지지배와 동서대립에 의한 부정적인 영향으로부터 여전히 벗어나지 못한 채 정체해 있는 나라도 적지 않다. 이러한 나라에서는 경제수준은 낮고 빈곤이 사회 전체를 지배함과 동시에 정치적으로는 국민주권을 기초로 하는 정치체제를 확립하지 못하는 상태가 계속되고 있다. 그 전형적인 사례로서 한반도의 38도선 이북에 위치한 북한을 들 수 있다. 1948년에 똑같은 숙명을 짊어지고 출범했던 같은 민족의 두 나라가 이제 정반대의 상황에 놓여 있으며 이 점을 생각할 때 한국의 정치적, 경제적인 변혁의 역사는 세계사적인 맥락에 있어서 중요한 시사를 주고 있다.

또 한국의 사회복지의 역사를 국제적인 사회복지의 흐름과 관련짓는 것도 필요하다. 사회복지는 그 국가에서 단독으로 형성되는 것이 아니라 국제적인 정책경험의 교류와 상호영향을 통해서 실현된다. 제2차 세계대전 후의 사회복지의 흐름은 우선 베버리지Beveridge구상에 의거한 '국민생활최저선national minimum' 보장제도의 보급으로부터 시작되었다. 그 후 장애가 있는 사람을 포함해 모든 사람이 정상적이고 인간다운 생활을 할 수 있도록 사회환경을 변혁하는 것을 목표로 하는 '노멀라이제이션normalization'의 사상이 확대되어 왔으며 다양한 사회복지서비스 분야가 확대되었다. 세계적인 사회정책은 몇 번의 패러다임paradigm 전환을 거치면서 '복지국가'라는 개념의 보급에 도달했다. 한국의 경우 권위주의시대의 사회복지는 세계적인 정책동향을 의식하면서도 국제적인 경험은 그대로 받아들이지 못한다는 판단에 서서 폐쇄적인 정책발상을 고집하고 있었다. 한국이 사회복지의 형성에 있어서 국제적으로 축적된 정책경험을 적극적으로 받아들이게 되었던 것은 민주화시대 이후이었다. 그것은 향후 한국의 사회복지의 형성이 국제적인 정책교류와의 연관 속에서 형성될 단계에 들어간 것을 의미했다.

3. 복지정책의 역사를 분석하기 위한 이론 틀

(1) 사회복지를 규정하는 정치적·경제적인 요인

어떠한 요인이 사회복지정책을 규정하는지에 관한 국제적인 논의는 긴 역사를 갖고 있다. 한국의 근년의 연구에서는 정책결정과정에 있어서의 정치적인 요인의 역할이 강조되었다. 민주화시대의 정책개혁을 대상으로 하는 많은 연구는 사회복지체계의 구축을 진전시켰던 원동력이 사회운동 혹은 시민운동, 의회와 정당의 활동, 대통령과 정부의 주도성 등 정치적인 요인이었던 것을 실태적으로 증명하는 것에 힘을 쏟아 왔다. 여기에는 사회복지의 발전수준은 주로 경제의 발전단계 등 경제적인 요인에 규정된다라는 윌렌스키Willensky의 고전적인 제기에 대한 반론이 강하게 의식되고 있었다. 또한 에스핑-앤더슨Esping-Andersen의 제기로부터 시작된 복지국가의 유형화에 관한 근년의 논의에 있어서도 주로 정치적·사회적 요인이 주목되어 왔다[2].

상술한 바와 같이 이 연구에서는 사회복지의 역사를 국민국가가 어떻게 형성되었든가 국가는 어떠한 정치구조를 가지고 있었는가, 국가는 어떠한 기본전략을 채용했든가 국가의 정책은 어떠한 정치적, 사회적 과정을 통해서 결정되고 있었든가 등의 요인과 관련지어 파악하려고 한다. 이러한 요인들은 정치적인 요인 그룹에 속한다. 그러나 사회복지의 역사의 분석에 있어 정치적 요인을 경제적 요인이나 사회적 요인 등과 분리해 분석할 수 없다. 특히 경제적 요인은 복잡한 형태로 정책을 규정한다. 이 연구는 한국경제가 낮은 발전수준에 있었던 1960년대부터 선진국수준에 이르렀던 21세기초까지의 기간을 고찰대상으로 함으로써 각 역사단계에서 경제적 요인이 복지정책을 어떻게 규정하고 있었는지를 해명하는 것을 중요한 과제로 한다. 이 경우 경제적 요인만을 다루어 단독으로 관찰할 수는 없다. 사회복지의 역사적 변화를 규정하는 정치적 요인과 경제적 요인 그리고 사회적 요인은 복잡하게 얽혀 있기 때문에 각 요인을 분리해서 분석할 수는 없고 이러한 요인을 거시적인 차원에서 국민국가와 국민경제와 관련지어 종합적으로 파악하는 방법을 채용할 필요가 있다.

그러므로 이 연구에서는 역사적으로 변화해 가는 복지정책을 분석하기 위한 이론툴tool로서 정책에 영향을 미치고 있다고 생각되는 요인들이 서로 어떠한 관련을 갖고 있는지에 관한 가설을 마련하기로 했다(〈그림 0-2〉). 처음에 한 역사시점의 특정의 복지정책에 관해서 정책의 세 가지의 기본요소인 〈정책목적〉 〈정책대상〉 〈정책수단〉이 어떻게 설정되어 있는지를 해명할 필요가 있다. 〈정책목적〉은 〈국가의 운영이념〉에 규정

2 근년의 복지국가 논의에 있어 정치적 변수가 중심적으로 논해지는 이유는 고찰의 대상인 복지국가는 모두 경제적인 선진국이며 경제적인 변수는 거의 동일하다고 가정할 수 있기 때문이다.

되어 이것은 어떤 정치주체가 국가운영을 담당하고 있는지에 의해 규정된다. 〈정책대상〉의 설정은 국가가 국민의 생활요구needs를 어떻게 인식하고 있는가에 의한다. 생활요구의 배경에는 국민생활의 수준과 구조라는 요인이 존재하고 있어 이것은 국민경제의 발전수준에 규정된다. 생활요구에 대응하여 어떠한 〈정책수단〉을 채용할 수 있는지는 〈경제의 발전수준과 구조〉에 의해서 큰 제약을 받는다. 특히 사회복지에 배분가능한 재원의 크기는 정책의 수단과 실시규모를 제약한다. 국가재정의 상태는 경제의 발전수준에 의해서 규정되고 있다. 경제적 요인은 국가재정의 상태이외에 다양한 측면에 있어 정책수단을 규정한다. 예를 들면 사회보험을 도입하려고 할 때 보험재정을 유효하게 성립시키기 위해 중간 소득층의 두꺼운 존재를 필요로 하는데 이 조건은 경제의 발전 수준에 의해서 규정된다.

〈국가정책의 전체구조〉에서 복지정책이 어떠한 위치를 차지하고 있는지 라는 관점은 정책 결정에 관련된 요인을 파악하는데 중요한 실마리를 제공한다. 국가정책의 구조는 국가가 어떠한 기본 이념에 의거해 운영되고 있는지에 의해서 규정된다. 그리고 국가가 어떠한 정치전략, 경제전략, 국제전략을 채용하는지는 어떠한 〈정치적 주체〉가 국가운영을 담당하고 있는가의 요인에 의해 직접 규정된다. 국가운영을 담당하는 정치주체와 그 이외의 정치주체를 낳는 토양은 〈나라의 정치적 구조〉와 〈국민경제의 발전 수준과 구조〉이다. 또 나라의 정치·경제 구조는 말할 것도 없이 〈국제적인 정치상황, 경제상황〉의 영향을 받는다. 〈국가운영의 담당자〉는 이러한 요인의 영향을 받음과 동시에 이러한 요인을 정책을 통하여 변혁시키려고 하기 때문에 요인 간의 관련은 쌍방향적인 점에 주의할 필요가 있다. 〈나라의 정치적 구조〉, 특히 〈민주주의의 형성도〉는 〈국가운영의 담당자〉뿐만 아니라 〈정책형성에 있어서의 국민의 참여정도〉 를 규정한다. 또한 나라의 〈정치구조〉와 〈경제구조〉와의 관계는 서로 연관되어 있다. 경제구조는 〈국가운영의 담당자〉가 실시하는 정책에 의해서 영향을 받지만 동시에 경제구조는 〈국민의 경제적 사회적 계층구조〉를 규정하고 정치적인 주체와 정치활동, 사회활동, 노사관계 등의 상태에 대해서 영향을 미치기 때문이다.

그림 0-2 복지정책에 관련되는 주요한 요인과 요인간의 연관

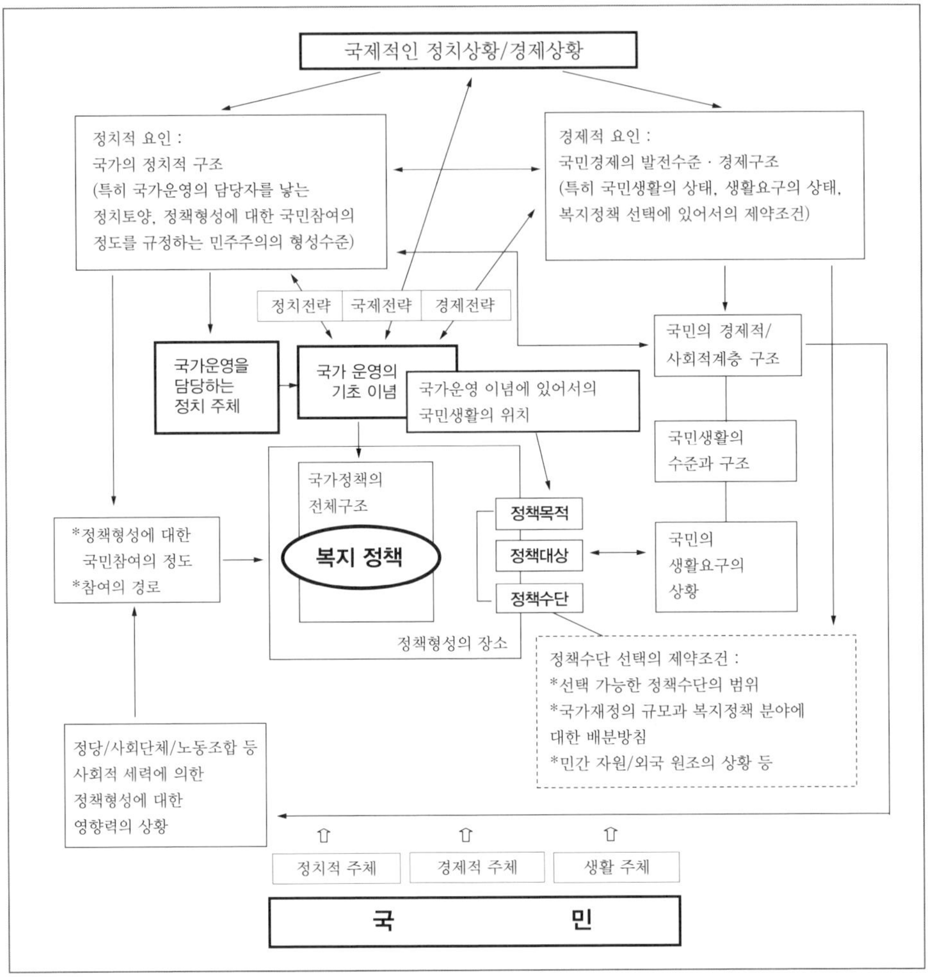

(2) 정책결정과정에 관련된 요인

이 연구에서는 한국의 복지정책은 어떠한 과정을 통해서 형성되어 왔는지, 정책형성의 각 과정에 있어서 어떠한 정치적 주체와 사회적 주체가 참여해 왔는지, 그리고 정책형성의 양식은 역사적으로 어떻게 변화해 왔는지 등 정책형성과정에 강한 관심을 가지고 있다. 현재까지의 연구에서는 이 문제에 대해 정책결정과 관련된 직접적인 정치적 요인의 분석에 한정되는 경향이 있었는데, 이 연구에서는 보다 넓은 시야로 정책형성의

문제를 분석하려고 한다[3]. 〈그림 0-3〉에서 보듯이 복지정책의 형성은 〈국민생활에 대한 정책이념의 설정〉→〈생활요구의 파악과 정책개입의 필요성의 판단〉 →〈구체적인 정책설계〉 → 〈정책의 최종적인 결정〉이라는 과정을 거쳐 실현된다. 정책형성의 과정을 전체적으로 주도하는 주체는 〈국가운영의 주요 담당자〉이지만, 각 단계에 있서 국민의 생활요구와 관련하여 각종의 정치적, 사회적 주체가 어떤 경로를 통해서 어떻게 참여하고, 또 어떠한 영향을 줄 수 있을까가 검토의 대상이 된다. 정책형성에 있어서 가장 중요한 단계는 〈정책의 최종적인 결정〉 단계이며 〈정책결정의 장소field〉가 어떠한 성격을 가지고 있는지, 구체적으로는 최종적인 정책결정의 장소에 어떠한 주체가 참여 하는지, 어떠한 수속에 의해서 결정이 행해지는지, 논의와 결정의 공개성이 어느 정도 보장되고 있는지 등 민주적인 참여의 경로가 어느 정도 열려 있는지가 주목된다.

정책형성의 과정에서 이 연구가 특히 주목하는 또 하나의 문제는 착상된 정책아이디어를 실제로 실행가능한 제안으로서 설계하는 구상력과 실무능력을 갖춘 사람들이

그림 0-3 복지정책의 형성과정에 관련되는 정치적·사회적 요인

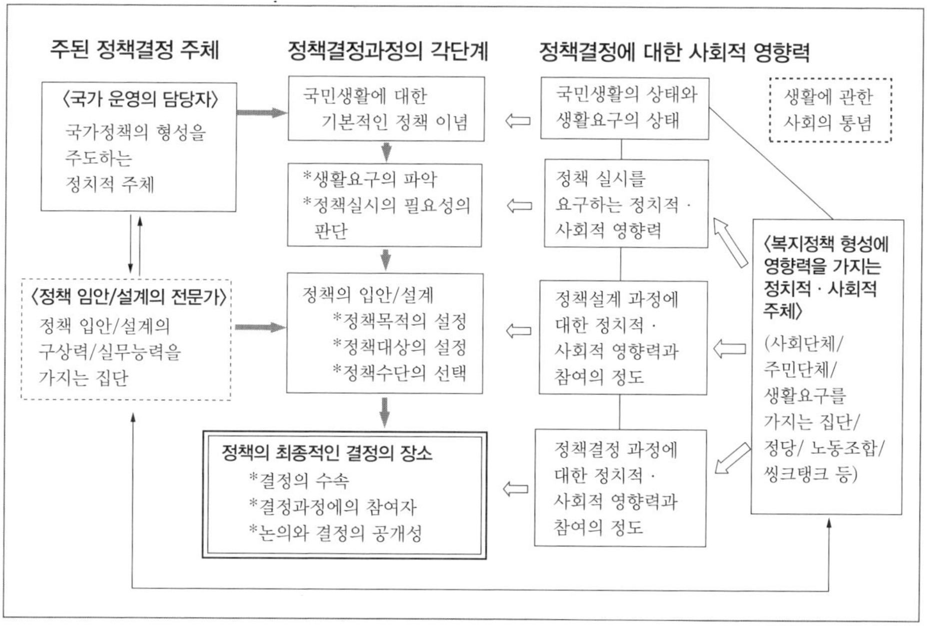

3 정책결정 과정의 분석방법에 관해서 손준규(1983)에 큰 시사를 얻었다(제2장 제4절 2 참조).

어떠한 형태로 존재하는지에 관한 문제이다. 〈국가운영의 담당자〉가 정책개입의 필요성을 인식하는 경우, 또는 생활요구를 가지는 사회적 집단이 정책실시를 요구하는 경우, 이러한 요구를 실행가능한 정책제안의 형태로 제기하는 것이 불가결하며 그것을 위해 정책의 〈전문가집단〉의 존재가 필요하게 된다. 따라서 그러한 전문가집단이 어떠한 정치적, 사회적 형태로 존재하고 있는지는 정책형성에 큰 영향을 미친다고 생각된다. 특히 박정희체제시대에서는 정부관료나 정부계 정책연구기관 이외에 〈사회보장심의위원회(사보심)연구실〉이 존재하고 있었던 사실, 또 민주화변혁기에 있어서는 정책전문가와 복지연구자들이 사회운동에 적극적으로 참가하고 있었던 사실이 주목된다. 민주화시대 이후에는 정부 부문뿐만 아니라 많은 민간의 연구기관과 연구자가 자유롭게 정책연구를 할 수 있게 되었다. 그러나 권위주의체제의 시대에는 정책입안에 참여하는 전문가집단은 한정되어 있었던 것에 주의해야 한다.

(3) 〈공公〉 과 〈사私〉의 관계 구조에 관한 요인

복지정책은 생활이라는 인간의 영위를 대상으로 함으로 다른 정책 분야와 비교해 독특한 성격을 가지고 있다. 특징의 하나는 〈공公〉과 〈사私〉의 관계 구조가 정책의 기본성격을 결정하는 중요한 요인이 되는 점이다. 이 연구에서는 특히 이러한 〈공〉과 〈사〉의 관계에 착목해서 사회복지에 관한 역사적 변화를 분석하려고 했다. 〈그림 0-4〉에서 보듯이 〈공적 정책〉은 〈생활현장 영역〉을 정책대상으로 하는데 양자 사이에는 〈민간 복지활동 영역〉이 존재한다.

〈공적 정책 영역〉의 중심은 말할 것도 없이 중앙행정이며 지방행정은 보조적인 존재이다. 지방이 쓸 수 있는 사회복지 분야의 재원규모도 기본적으로 중앙에 의해서 결정된다. 그러나 동시에 중앙집권제가 강했던 시대에 있어서도 지방행정은 소규모였지만 독자의 복지재원을 가지고 독자적인 정책을 전개했던 사실에도 주목해야 한다. 지방행정은 국가의 한정된 정책과 현장의 절실한 생활요구 사이의 딜레마에 직면하고 있었기 때문에 독자적인 정책노력을 해야 했기 때문이다. 민주화시대에 들어 실시된 지방자치개혁에 의해 지방자치단체는 보다 자립적인 복지정책을 전개할 여지를 확대해갔다.

그림 0-4 사회복지에 있어서의 〈공〉과 〈사〉의 관계 구조를 둘러싼 요인

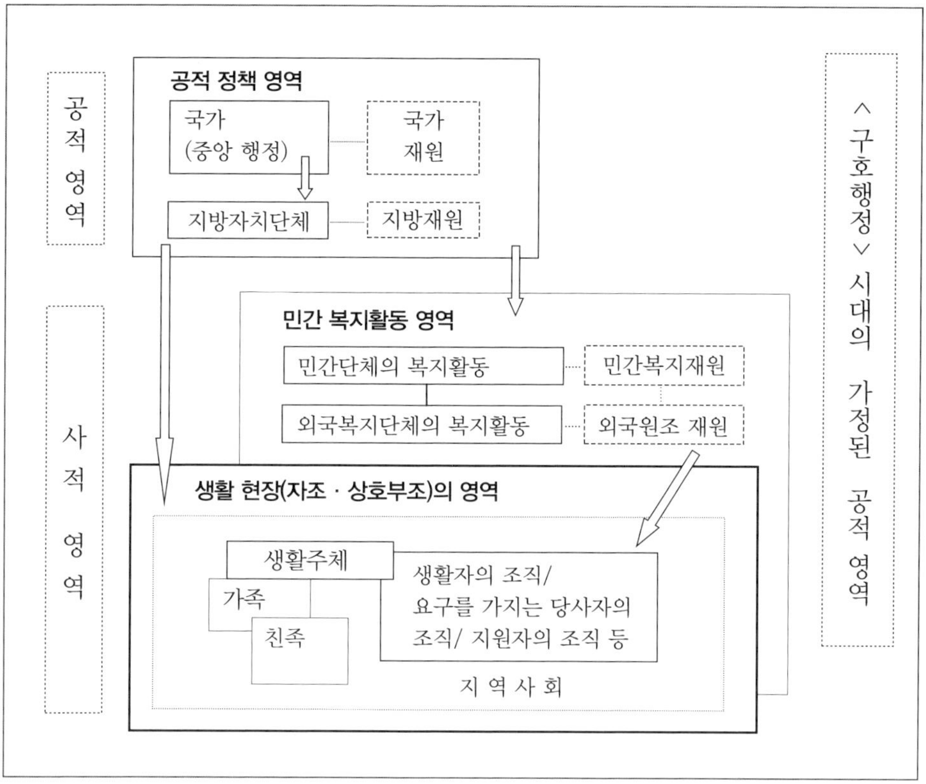

〈생활현장 영역〉에서는 개인과 가족의 생활노력인 '자조自助' 뿐만 아니라 친족이나 근린사회에 의한 '상호부조'의 관계가 존재한다. 사람은 보통 혼자서 고립해서 존재하는 것이 아니고 가족에게 둘러싸여 살고 있고, 가족 외에는 친족이나 지역사회가 존재하기 때문이다. 특히 한국사회는 가족에 관한 고유한 개념을 유지해 왔다. 한국의 전통적인 가족모델은 장유서열長幼序列을 존중하는 3세대 이상이 동거하는 대가족을 기본으로 하여, 그 주변에 친족과 근린사회와의 긴밀한 네트워크의 존재를 전제로 한다.

이러한 자조와 상호부조의 기능을 어떻게 취급하는지에 의해서 생활에 대한 공적 정책의 양상은 다르게 된다. 권위주의시대에 있어서는 한국사회에서는 가족의 '자가보장기능'自家保障機能이 충분히 존재했기 때문에 공적 복지정책의 필요성은 낮다고 생각되어 있었다(『보건사회』 1986년판: 139). 급속한 경제발전과 도시화에 따라 이러한 가족모델은

생활실태에서도 사회통념에서도 현실성을 잃어가게 되었다. 그럼에도 불구하고 국가의 정책발상에 있어 전통적인 가족의 모습이 바람직한 가족모델으로서 정책의 기초에 계속 놓여져 왔던 것에 주의해야 한다. 민주화시대 이후에는 핵가족과 단독세대가 복지정책에 있어서의 기본적 가족모델이 된다. 또 〈생활현장 영역〉에서는 전통적인 자조이나 상호부조는 후퇴했지만 그 대신으로 생활자들 자신에 의한 조직적 운동이나 장애 등의 생활요구를 가지는 당사자와 그 지원자들에 의한 조직적 운동 등의 새로운 움직임이 나타나 온 것이 주목된다.

〈민간 복지활동 영역〉은 〈생활현장 영역〉에 가까이 존재한다. 민간 복지활동은 지역사회에서 생활현장의 문제를 민감하게 파악하여 자발적으로 행동하려고 하기 때문이다. 한국에서의 민간 복지활동은 국가정책의 부족을 보완해 왔다. 특히 한국의 특유한 요인으로서 한국전쟁기 이래 민간 복지활동분야에서 외국민간원조단체('외원단체')가 중요한 역할을 다해 왔다는 사정이 있다. 외국복지단체는 거대한 자원을 가지고 식량원조, 금전원조, 의료원조, 복지시설의 경영, 지역개발 등 여러 분야에 걸친 원조활동을 전개해 왔다. 1970년대 이전의 민간 복지활동은 전면적으로 '외원'에 의존하고 있었다. 1980년대 이후 '외원'에 의존하지 않는 민간 복지활동도 활발해졌다해도 '외원'의 활동방법 등이 현재에 이르기까지 한국의 민간 복지활동에 큰 영향을 주었던 점은 간과할 수 없다.

권위주의시대의 사회복지에 있어서 국가는 외국원조를 포함한 민간 복지활동을 통제하고 그것을 공적인 복지정책의 일환으로 이용해 왔다. 국가는 정책책임을 회피하고 가족의 자조, 근린사회의 상호부조 그리고 '외원'과 민간 복지활동 등 사私적인 영역의 활동에 의존했다. 이 경우 〈공〉의 개념은 더 확대되어 〈사〉의 영역에 침입하게 된다. 한편 한국의 민간 복지활동은 이러한 국가통제를 벗어나 자립적인 발전을 향하여 노력해왔다. 특히 민주화시대 이후에는 국민생활에 대한 국가의 정책책임이 확인됨과 동시에 〈민간 복지활동 영역〉과 〈생활현장 영역〉은 국가의 통제로부터 해방되어 자립적인 영역으로서 확립되게 되었다. 이 단계에서는 국민생활분야에 있어서의 〈공〉과 〈사〉 사이의 새로운 협동관계를 어떻게 구축해 나갈지가 정책과제로 등장한다.

4. 복지정책의 역사분석의 자료문제와 용어문제

(1) 1970년대 이전의 사회복지를 둘러싼 자료문제

민주화시대 이전의 사회복지에 관한 연구를 어렵게 해왔던 원인은 한국의 역사적 사정에 의한 자료의 현저한 제약에 있다. 정부수립 이후 1950년대 말까지는 행정이 혼란했으며 복지정책은 응급적이고 긴급적인 형태로 전개되었기 때문에 행정실태에 관한 기록이 체계적으로 남겨지지 않았다. 박정희체제시대인 1960년대와 1970년대에 있어서는 권위주의의 폐쇄적인 국가운영 때문에 국민생활의 실태와 정책에 관련된 자료는 — 수치든지 문서든지 — 역시 너무 적었다. 행정의 집행과정에서 작성된 내부적인 기록자료조차 현재까지 단편적으로 남겨져 있을 뿐이다. 또한 권위주의시대에는 국민생활의 실태와 정책을 대상으로 하는 학술연구도 많지 않았다. 이러한 자료적인 제약 때문에 정부수립 직후인 한국전쟁기는 물론 박정희체제기에서 전두환체제기에 이르기까지의 복지정책의 실태는 거의 해명되지 않았으며 또 관련자료의 수집와 정리작업도 크게 진전되지 않고 있다[4]. 많은 연구의 경우 민주화시대 이전의 복지정책을 언급할 때 대체로 법률이나 제도의 측면에서의 변천을 표면적으로 확인함에 머물러 있으며 실제로 어떠한 정책이 어떠한 형태로 운영되어 있었는지, 정책의 기초에 어떠한 발상이 있었는지를 해명하는 실증적인 연구는 매우 적다. 특히 생활실태와 정책에 관한 수치정보를 수반하는 분석은 더 적은 실정이다.

정책실태의 해명을 어렵게 했던 또 하나의 역사적 요인은 1990년대 이전의 한국에서는 형식적인 법률과 실태적인 정책운영 사이에 커다란 괴리가 존재했다는 사정이다. 예를 들면 1961년에 〈생활보호법〉이 제정되었지만 1980년대 이전의 생활곤궁자에 대한 정책은 이 법률의 규정과 거의 상관없이 '구호행정'이라는 정책발상 하에서 운영되고 있었다. 그러므로 법률과 제도의 표면적인 변화의 검토만으로는 복지정책의 실태를 해명하지 못한다. 이 연구에서는 공개된 정부자료나 단편적으로 존재하는 정부 내부자료

4 양재진 외(2008)는 1980년대 이전의 복지정책에 관한 자료의 수집과 정리를 시도한 귀중한 연구이다. 그러나 이 연구는 정치적인 '결정과정'에 관한 자료에 한정하기 때문에 사회복지정책의 전체를 커버하지 않고 또 리스트에 올린 자료들에 관한 검증도 되지 않는다.

등을 종합해서 가능한 한 권위주의시대의 복지정책의 기본적 이념, 구조, 그리고 운영 실태 등을 해명하려고 했다. 이 경우 특히 정책의 실제적인 운영을 뒷받침하는 수치적인 정보를 가능한 한 사용하려고 했다. 이러한 연구목적을 위하여 이 연구에서는 본격적인 분석에 앞서 1950년대부터 70년대까지의 국민생활의 실태와 정책에 관한 정부의 공개자료, 행정의 내부자료, 그리고 민간의 연구문헌 등을 수습하고 그 정리와 검증을 했다. 자료검토작업의 일부는 이 책의 『자료연구편』에 수록했다.

(2) 사회복지 용어의 역사적 변화에 관한 문제

어느 특정의 역사 시점에 있어서의 사회복지의 실태를 분석하려고 할 때 중요한 실마리가 되는 것은 그 정책을 둘러싸고 어떠한 용어체계terminology가 사용되었고 또 각 용어에 어떠한 의미가 부여되어 있었는지를 검토하는 것이다. 1970년대 이전의 사회복지에 있어서는 현재와 다른 용어체계가 존재하고 있었다. 또 주의해야 할 점은 법령의 규정에서 사용되는 용어와 실제의 행정에서 사용되는 용어 사이에는 괴리가 있는 경우가 많았다는 일이다. 법령에 의해서 규정되는 내용은 그대로 실시되지 않은 경우가 많아서 법령에서 원칙으로 쓰이는 경우와 행정현장에서 관용적, 실효적으로 쓰이는 경우와는 이중성을 가질 때도 있었다. 사회복지에 관한 용어는 상황에 따라서 가려 쓰이고 있었다.

예를 들면 현재 한국에서 보편적으로 사용되고 있는 '사회보장', '사회복지', '공공부조' 등의 용어는 1970년대 이전에도 사용되고 있었지만 그 사용법은 1980년대 이후와는 차이가 있었다. 이러한 용어는 주로 원칙적으로 법률이나 정책을 논하는 경우에 사용되고 있었고 실태적인 행정차원과는 별로 관계를 가지지 않았다. 그러므로 현재 쓰이고 있는 사회보장체계에 관련된 용어와 그 개념을 사용해서 과거의 복지정책을 해명할 수 없다는 것은 명백하다.

1980년대 이전의 사회복지를 분석할 경우, 특히 '구호', '보호(생활보호)', '원호' 등의 용어가 어떻게 가려 쓰였는지, 또 각 용어의 사용법이 역사적으로 어떻게 변화해 갔는지에 관해서 주의해야 한다. '원호'는 군인·경찰관과 그 유가족을 대상으로 하는 생활지원을 표현하는 용어이며 현재까지 변동은 없다. 한편 일반국민을 위한 생활지원을 표현하는 '구호'와 '보호'라는 용어의 사용법에 관해서는 복잡한 변화의 역사가 있다. '구호'라는 용어는 일제시대의 기원을 가지고 1950년대에서 1971년에 보사부의 부서명이 '구호과救護課'에서 '보호과保護課'로 변경될 때까지 행정에서 계속 사용되어 있었다. 1961년에 〈생활보호법〉이 제정되자 '생활보호' 내지 '보호'라는 용어가 등장했지만 '구호'는 여전히 전체적인 생활지원책을 가리키는 용어로 계속 사용되었다. 1960년대에는 '생활보호' 내지 '보호'는 행정보고서 등에서 거택생활자에 대한 지원책만을 가리키는 한정된 용어로 사용되는 경우가 많았다.

1970년대에 들어 보건사회부는 '구호'라는 용어를 폐지하고 '보호'라는 용어만을 사용하였다.('재해구호' 등의 경우는 남겨졌다). 이 변경은 명목적인 전제였던 〈생활보호법〉의 규정에 따라 정책실태야말로 혜택적인 '구호'에서 벗어나고 근대적인 최저생활보장제도의 확립으로 개혁하려고 하는 의도와 기대가 존재했다. 그러나 보사부의 개혁구상은 국가수뇌부에 의해서 부정되었기 때문에 1970년대에는 용어만은 '구호'가 '보호'로 전환되었다는 상황이 생겼다. 즉 1960년대의 '시설구호' '거택구호'는 각각 '시설보호' '거택보호'로 개정되었지만 그 내용은 바뀌지 않았다.

1970년대 이전의 국가 운영에 있어서는 법령에 규정된 내용은 그 규정대로 집행되는 것이 당연하다는 법의식이 정착되어 있지 않았고, 원칙으로서 쓰이는 용어와 실제 운영에 쓰이는 용어는 상황에 따라 가려 쓰였던 복잡한 상황이었다. 그렇다해도 법률은 원칙에 지나지 않고 규범성이 전혀 없었다고 단언할 수도 없다. 실제의 행정에 있어서 〈생활보호법〉의 규정이 참조되는 경우도 적지 않았고 가능한 한 법의 규정에 따라 행정을 집행하는 것이 바람직하다라는 의식이 존재했던 것도 사실이다.

이상와 같은 상황을 생각하면 한국 초기의 사회복지의 분석에 있어서는 표층적인 법률이나 제도가 아닌 실제의 정책운영의 현장에 있어서 어떠한 용어체계가 존재하여 각 용어가 어떻게 사용되었는지에 대해서 충분히 주의할 필요가 있다. 이러한 정책용어와 개념의 복잡한 사용법, 그리고 법률과 실태적인 운영과의 괴리의 문제가 해결되는 것은 1999년에 〈국민기초생활보장법〉이 제정된 이후이다. '구호행정'의 발상을 해체시켰던 이 개혁에 있어 '구호'와 '보호'에 관한 용어체계도 완전히 일변했던 것이 주목된다.

5. 연구의 서술구성

민주화시대의 개혁운동은 박정희체제로부터 전두환체제로 계승되어 왔던 권위주의적 복지정책을 완전히 해체할 것을 목표로 했다. 권위주의적인 복지정책의 출발점은 1960년대 전반에 형성된 '구호행정'이라고 불렀던 정책체계이다. '구호행정'은 한국에서 처음에 등장했던 명백한 정책이념과 체계성을 갖춘 정책이었다. 그 이전의 시기에는 임시적, 응급적인 생활지원대책(실제는 주식 배급)이 체계성을 가지지 않은 형태로 전개되어 왔으며, 동시에 통일적인 국가정책을 집행할 수 있는 강력한 정치적인 리더십도 확립되어 있지 않았기 때문이다. '구호행정'은 군사정권과 제3공화국이 진전시켰던 국가체제와 국민경제의 재구축의 일환으로서 형성되었다. 그 후 부분적인 수정을 수반하면서도 '구호행정'은 1960~70년대의 박정희체제를 통해서 유지되었고 1980년대의 전두환체제에 이르러서도 계승되었다. 한국에서 근대적인 사회보장체계가 구축되기 위해서는 '구호행정'의 기본발상을 완전히 해체하지 않으면 안 되었다. 그러므로 민주화시대에 실시된 정책 전환의 의미를 해명하기 위해서는 '구호행정'의 형성 시점까지 거슬러 올라가 복지정책의 역사를 검토할 필요가 있다.

이 연구의 기본과제는 다음과 같다.

먼저, '구호행정'이라는 정책체계가 어떻게 형성되었는가, '구호행정'은 어떠한 정책발상을 기초로 하고 어떠한 정책구조를 가지고 있었는가, 또 1960년대 이후의 한국경제와 사회의 격렬한 변동에도 불구하고 '구호행정'은 어째서 기본적으로 유지되었는가 — 를 해명한다(제1장에서 제3장).

그 다음에 1980년대 말에 시작된 민주화시대에 있어 오랫동안 유지되어 왔던 '구호행정'의 기본발상과 정책구조가 어떠한 과정을 통해서 해체되어 갔던가, 그러한 변혁을 실현시킨 것은 어떠한 요인이었는가, 민주화시대에 실현된 변혁은 어떠한 역사적 의미를 가지는가 라는 문제에 관해서 고찰하려고 한다(제4장).

마지막으로 제5장에서 약 반세기에 걸쳐 한국의 사회복지가 걸어온 궤적이 어떠한 의미를 가지는가에 관해서 제2차 세계대전 후의 역사적 맥락 속에서 평가하면서 생각해보고 싶다.

이상과 같은 과제의 대상은 1960년대 초 군사정권 발족시로부터 2000년대 초두의 노무현정권기까지의 약 반세기에 걸친 복지정책의 동태적인 역사이다. 그것은 한국의 역사를 사회복지의 관점으로부터 그리려고 하는 시도이다. 한국의 역사는 '형성' - '발전' - '변화'의 과정을 경험해왔다. 복지정책의 역사는 이러한 과정과 밀접하게 연관되어 있다.

본문은 다음과 같은 순서로 전개하여 서술하기로 한다.

제1장에서는 복지정책의 '형성'을 대상으로 한다. 군사정권과 제3공화국은 그 때까지의 정치적, 경제적 혼란을 수습하여 '반공'을 '국시'라고 하는 국가와 그것을 지지하기 위한 강고한 국민경제의 건설에 착수했다. '구호행정'이라고 불렸던 정책의 개혁은 이러한 국가재건의 일환으로 실시되었다. 여기에서는 '구호행정'의 형성과정과 정책의 구조적 특징을 해명하려고 한다. 구체적으로는 한국전쟁 이후 근로능력자에게도 무원칙으로 확대하고 있었던 구호대상을 근로능력이 없는 사람으로 엄격하게 한정하여, 국민에 대해서 자립적인 생활자세를 요구했던 것, 사회복지 분야에 대한 국가재정의 배분을 최소한으로 억제해서 군사예산과 경제건설을 위한 투자를 최우선으로 하는 방침에 입각했던 것, 사회복지는 일정한 정책적인 체계성을 가지게 되었지만 외국원조와 민간재원을 이용하는 다양한 정책양식으로 구성된 복합적인 형태를 가지고 있었던 것, 생활분야에 배분되는 재원은 항상 부족했고 불안정한 운영이 계속되어 왔던 것 등을 실증적으로 해명하려고 한다.

제2장과 제3장에서는 국가와 경제의 '발전 과정'에 있어서의 사회복지의 상황을 분석한다. 1960년대부터 70년대의 시기는 강고한 '반공국가'의 건설을 위한 강고한 경제건설이 추구되었던 시대이다. 이를 실현하기 위해 국가는 생산 투자를 최우선으로 하여 사회적인 지출을 최소한으로 억제하는 기본전략을 채용했다. 이러한 전략의 성공에 따라 한국의 경제와 사회는 크게 변화해 갔으며 동시에 '구호행정'의 한계성은 더 드러나게 되었다. 정부 내에서는 주류적인 국가전략 발상에 대항해서 '구호행정'을 개혁해 근대적인 사회보장제도의 구축을 제안하는 세력이 존재했다. 이 세력은 보사부 장관의 자문기관으로서 설치된 〈사회보장심의위원회 연구실〉('사보심 연구실')이다.

제2장에서는 이 조직의 정책제안활동과 주류적인 국가전략발상과의 대항관계를

분석한다. 약 20년 간의 박정희체제시대에 있어 수차례에 걸친 '사보심연구실'에 의한 경제성장 우선전략에 대한 도전과 그 결말은 '구호행정'이 계속 유지되었던 역사적 경과를 상징적으로 나타내고 있다. 경제성장이 가져온 사회와 생활의 변화는 '구호행정'의 모순을 더욱더 드러냈다. 그럼에도 불구하고 이것이 간신히 유지될 수 있었던 이유 중 하나는 민간 복지활동의 자발적인 발전에 있다.

제3장에서는 외국원조단체의 활동, '외원'을 기초로 한 민간 복지단체의 활동, 노인이나 여성에 의한 지역 사회활동 등 민간활동이 아동, 노인, 장애인, 빈곤가정 등의 복지요구에 대응하는 활동을 전개했던 경과를 분석한다. 이와 같은 활동의 발전은 국가의 정책부재를 어느 정도 메움과 동시에 이 시기에 발전했던 민간 복지활동은 현재의 한국의 활발한 민간 복지활동의 저류가 되었다.

제4장은 국가의 변혁과 사회복지의 변혁을 분석의 대상으로 한다. 민주화운동을 원동력으로서 실현된 국가의 변혁은 그 중요한 일환으로 1960년대 초에 형성된 이래 장기간 계속되었던 '구호행정'의 해체와 사회보장의 구축을 포함하고 있었다. 변혁은 결코 평탄한 과정을 통해서 실현된 것은 아니었다. 여기에서는 사회보험체계의 형성, 최저생활보장제도의 확립, 그리고 사회복지서비스 분야의 확충이라는 3개의 분야에 있어서 '구호행정'의 발상이 어떻게 변혁되어 왔는지, 또 변혁을 실현시켰던 계기는 무엇이었는지를 검증함과 동시에 사회복지의 구축이 국가, 사회, 경제, 그리고 생활에 대해서 어떠한 변화를 미쳤는지를 고찰하려고 한다.

마지막으로 제5장에서는 약 반세기에 걸친 한국 사회복지의 역사를 제2차 세계대전 후의 세계적인 역사의 맥락에서 평가하려고 한다. 한국은 세계대전 후에 발족한 '신흥독립국'이며 '후발발전도상국' 중 하나이다. 그러므로 첫째에 '신흥독립국'이 어떠한 경로를 통해서 국제적인 정치와 경제의 압력 속에서 자립적인 국가와 국민경제를 건설해왔는지라는 맥락에서 그 사회복지의 역사를 평가할 필요가 있다. 둘째에 제2차 대전 후의 세계적인 생활보장정책의 전개과정과 관련해 한국의 복지정책의 역사를 평가할 관점도 필요하다. 한 나라의 사회복지는 고립해서 단독으로 형성되는 것이 아니고 국제적인 정책 경험의 흐름과의 관계도 관련되기 때문이다.

참고문헌

한국어 문헌

건국대학교부설 한국응용사회과학연구소 1969,『구호행정의 개선을 위한 조사 연구』

권문일 1989, 〈1960년대의 사회보험〉(하상락 편 1989:제13장;467-513)

김연명 편 2002,『한국 복지국가 성격 논쟁 I』 인간과복지

사회보장심의위원회 1976,『사회보장의 현황』(안창수)

손준규 1983,『사회보장·사회개발론』 집문당

양재진 외 2008,『한국의 복지정책 결정과정 - 역사와 자료』 나남

정무권 편 2009,『한국 복지국가 성격 논쟁II』 인간과복지

하상락 편 1989,『한국사회복지사론』 박영사

한국보건사회연구원 2009,『국민기초생활보장제도10년사』(김상균편)

한국사회과학연구소사회복지연구실(편) 1998,『한국사회복지의 현황과 쟁점』 인간과복지

영어·일본어

Aspalter, Christian 2001, *Conservative Welfare State Systems in East Asia*, Praegar

Esping-Andersen, Gosta 1990, *The Three Worlds of Welfare Capitalism*, Polity Press

— 1999,*Social Foundations of Postindustrial Economies*, New York: Oxford University Press

Hwang, Gyu-jin 2006, *Pathways to State Welfare in Korea: Interests, Ideas and Institutions*, Ashgate

Kim, Pil-Ho 2009, *From Development to Welfare: The State and Welfare Capitalism in Japan and South Korea*, ProQuest

Ringen, S., Huck-ju Kwon, Il-cheong Yi, Tak-yoon Kim and Joo-ha Lee 2011, *The Korean State and Social Policy: How South Korea Lifted Itself from Poverty and Dictatorship to Affluence and Democracy*, Oxford

Shin, Don-myeon 2001,*Social and Economic Policies in Korea: Ideas, Networks and Linkages*, Routledge

Suh, Moon-gi 1998, *Developmental Transformation in South Korea: From State-Sponsored Growth to the Quest for Quality of Life*, Praegar

Tat Yan Kon 2000, *The Politics of Economic Reform in South Korea: A Fragile Miracle*, Routledge

Wilensky, Harold L. 1975, *The Welfare State and Equality: Structure and Ideological Roots of Public Expenditure*, University of California Press

Woo, Myung-sook 2004,*The Politics of Social Welfare Policy in South Korea: Growth and Citizenship*, University Press of America Inc.

金成垣 2008,『後発福祉国家論:比較のなかの韓国と東アジア』東京大学出版会

— 編著 2010,『現代の比較福祉国家論:東アジア発の新しい理論構築に向けて』ミネルヴァ書房

李蓮花 2011,『東アジアにおける後発近代化と社会政策:韓国と台湾の医療保険政策』ミネルヴァ書房

— 2014, "韓国:『新興福祉国家』の限界と可能性"(西村周三·京極高宣·金子能宏『社会保障の国際比較研究』ミネルヴァ書房:191-207)

제1장

반공국가 건설과 복지정책

– 구호행정의 형성

「개발독재」의 시작 — 박정희를 중심으로 한 5·16 쿠데타 세력
출소 : NAVER 지식백과
http://terms.naver.com/entry.nhn?docId=1384763&cid=47322&categoryId=47322

머리말

한국에서 명확한 정책이념과 체계성을 갖춘 복지정책이 형성되기 시작했던 것은 정부수립 이후 10년 이상이 경과했던 1960년대 전반이다. 이 시기까지 정치적, 경제적, 사회적 혼란이 계속되어 체계적인 복지정책을 구축하기 위한 전제조건이 형성되어 있지 않았다. 동서대립이라는 국제정세의 압력 속에서 민족이 분단된 형태로 정부가 수립된 후 국가운영은 국방, 정치, 경제, 그리고 국민생활의 유지에 있어서 미국을 중심으로 한 자유주의 진영에 의한 원조에 의존해 왔고 자립적인 정책을 전개할 수 있는 기반은 취약했다. 게다가 정부수립 이후 2년도 지나지 않아 한국전쟁이 발발했기 때문에 경제와 사회가 전반적으로 파괴되어 혼란의 수습과 부흥을 위해서 긴 세월이 걸렸다.

1장에서는 첫째 '구호행정'이라고 불린 새로운 복지정책이 1961년의 군사쿠데타로 등장한 군사정권과 그것을 계승한 제3공화국정권에 의해 구축되었던 과정을 해명한다. 군사정권은 제1공화국(이승만정권)과 단명에 끝난 제2공화국에 비해 복지정책에 대해서 보다 적극적인 관심을 갖고 있었다. 정권 장악의 정당성을 주장하기 위해서 위기상태에 있었던 국민생활에 대한 정책의 개혁을 긴급과제로서 내걸지 않을 수 없었기 때문이다. 당시의 한국사회는 전쟁에 의한 파괴와 혼란, 농업의 황폐에 의한 심각한 식량부족, 경제부흥의 정체때문에 극도로 심각한 빈곤상태가 전반적으로 퍼져있었다. 정권은 이러한 국민생활의 상황이 '사회불안의 요인'이 된다고 인식하여 복지정책의 개혁에 대해서 높은 우선 순위를 두었다. 그러나 동시에 강조해야 한 점은 정권의 기본과제는 국민생활의 개선 자체가 아니고 '반공국가反共國家'의 건설과 그것을 지탱하는 강력한 경제의 건설이었던 것이다. 복지정책 개혁은 이와 같은 국가과제 달성의 일환으로서 실시되었다. 따라서 '구호행정'이라는 정책의 특징은 '반공국가'의 건설 과정을 통해서 형성되었던 것에 주의해야 한다.

둘째 1960년대 전반에 실현된 복지정책의 개혁은 그때까지의 정책과 비교해서 어떠한 점을 변혁했는가, 개혁의 결과 구축된 정책체계가 어떠한 구조를 가지고 어떻게 운용되어 왔는가를 실증적으로 해명해야 한다. 한국전쟁 이래 생활문제에 대한 정책은 응급적, 긴급적인 형태로 전개되어 왔다. 개혁의 목적은 각종의 생활지원책을 체계적인 관점에서 정리한 것에 있고 정책형태에 관해서 새로운 정책방식을 도입한 것이 아니었다. 따라서 개혁 이후의 '구호행정'은 각종의 다른 사업방식과 다른 재원에 의한 정책그룹으로 구성되는 복합적인 구조를 계승하고 있었다. 이러한 특징은 복지정책에 대한 예산배분을 철저하게 억제하고 국가정책의 부족을 외국원조와 민간자원으로 보완하려는 발상에 기인하고 있었다. 그러기 위해서 정부는 외국원조와 민간활동에 대한 관리를 강화했다. 그러나 가장 중요한 개혁은 전쟁난민의 구제와 재정착사업을 중심으로 확대되고 있었던 근로능력자에 대한 구호를 엄격하게 제한하고 구호를 비非근로능력자로 한정하는 기본원칙[1]을 재확립하려고 했던 조치였다. 근로능력자를 구호할 경우 공공사업에서 취로할 것을 의무화했던 조치는 구호자원의 절약뿐만 아니라 국민에 대해서 자립적인 노동과 생활자세를 요구한 국가의 방침 때문이었다.

셋째 이와 같은 복지정책의 개혁에 관해서 그 역사적 의미를 생각하고 싶다. 개혁에 의해 실현된 '구호행정'은 모순투성이의 복지정책이었음에도 불구하고 동시에 명확한 정책이념과 체계성을 가졌던 정책이었던 것을 강조해야 한다. '구호행정'은 국가와 경제의 재건이라는 기본과제에 그 기초를 두었다. 국가와 경제의 건설을 위해서 생활분야에 대한 자원배분은 필요최소한으로 억제되었으며 외국원조와 민간자원이 최대한으로 활용되었다. 국민에 대해서는 국가의 원조에 의존하지 않는 자립적인 생활의 확립을 요구했다. 또한 이 개혁은 외국원조의 정책적인 영향력을 배제하고 한국정부에 의한 주체적인 복지정책의 집행을 확립하려는 국가의 자립성 확립을 의미했던 것을 강

1 〈조선구호령〉과 〈생활보호법〉은 "①연령65세 이상의 노쇠자, ②연령13세 미만의 아동, ③임산부, ④불구,폐질,상이 기타 정신 또는 신체의 장애로 인하여 근로능력이 없는 자, ⑤기타"를 보호대상으로 했다. 한국의 연구에서는 이러한 규정은 '인구학적 제한'이라고 이해되지만 근로능력(또는 자립적 생활능력)의 유무에 관한 규정인 측면을 주목할 필요가 있다.

조할 필요가 있다.

제1절 국가재건 전략과 사회복지

1. 군사정권의 국가재건 전략

'국가재건최고회의'가 쿠데타 직후에 발표한 '5·16 혁명공약'은 군사정권이 건설하려고 했던 국가의 모습을 간결하게 그려내고 있다. 제1항은 "반공을 국시國是의 제일로 삼다"라고 하여 38도선 이북의 위협에 대항하는 '반공국가'를 건설한다라는 국가의사를 선언한다. 그 선언은 자유주의진영의 원조에 의존한 이승만시대의 수동적인 국가운영에서 벗어나 국토와 민족의 남북분단을 기성사실로서 받아들이고 한반도남부에 강력한 자립국가를 건설할 것을 주체적으로 선택한다라는 결단을 나타내고 있었다. '혁명공약'은 또 "미국을 위시한 자유우방과의 유대를 더욱 강고히 한"것(제2항), "이 나라 사회의 모든 부패와 구악을 일소하고"(제3항), "절망과 기아선상에서 허덕이는 민생고를 시급히 해결하고 국가자주경제재건에 총력을 경주한다"(제4항), "민족적 숙원인 통일을 위하여 공산주의와 대결할 수 있는 실력배양에 전력을 집중한다"(제5항), "과업"의 "성취" 후에는 민정에 이양할 것(제6항) 등을 내걸고 있었다. 실제로 1960년대에 군사정권과 제3공화국은 이와 같이 그려진 국가비전에 따라 국가건설을 진전시켜 그 결과로서 한반도남부에 위치한 독립국가로서 한국의 국가기초가 확립되게 되었다.

쿠데타에 의해 성립한 군사정권은 다양한 성격을 가지고 있었으나, 군부가 큰 영향력을 가지고 정치적, 사회적인 자유가 극도로 제한되고 있었다라는 부정적인 측면과 동시에, 정권이 국가와 국민경제의 건설에 관해서 명확한 비전을 가지고 그것을 실현하기 위해 구체적인 정책계획을 세워, 대담한 정책개혁을 추진해 갔던 사실에도 주목할 필요가 있다. 군사정권은 개혁을 추진하기 위해 의회와 정당활동을 동결해서 군부를 중심으로 한 일원적인 정치지도체제 하에서 중앙집권적인 행정기구의 확립과 정책집행체제의 강화를 진전시켰다. 행정기구에 의한 정책의 입안과 집행의 기능은 제1공화국시대, 제2공화국시대와 비교해서 비약적으로 활발화되었던 것이 주목된다. 의욕적인 정책개혁의 과정은 군사정권에 의한 월간 책자 『최고회의보』(1961년 8월~63년 12월)나, 건국이후 처음에 발행된 『행정백서』(1962년 12월 창간), 또한 1963년의 민정이관시에 작성된 군사정권시대의 행정의 총괄적인 보고서인 『한국군사혁명사』(이하 『군사혁명사』)등의 기록에서 자세히 그려져 있다[2].

군사정권시대에 형성된 국가 운영의 방식은 이후 약 30년 간에 걸쳐 유지되어 갔다라는 점에 유의해야 한다. 그것은 ①군부를 배경으로 해서 강대하고 전제專制적인 권한을 중앙에 집중시키는 정치체제, ②대통령에의 권한집중과 중앙집권적인 행정기구, ③민간 경제활동과 사회활동에 대한 국가의 강한 통제와 관리, ④국민의 정치적·사회적인 권리와 정책형성에의 참가에 대한 철저한 제한 등을 특징으로 한 국가 운영방식이었다. 이러한 특징은 민주화가 시작된 1980년대 말까지 기본적으로 유지되어 복지정책을 포함한 모든 정책의 형성과 운영을 분석하는 경우 그 전제로 해야하는 기초 요인이다.

군사정권과 제3공화국이 추진한 국가건설의 전략에 있어서 중요한 특징은 '자주경제의 재건'을 중시했던 것이다. '혁명공약'을 구체화한 '최고회의 기본정책'은 강력한 '반공국가'란 단순히 강력한 '군사국가'뿐만 아니라 '실력'있는 '경제국가'이기도 하다는 것을 강조한다. '균형 있는 국민경제의 발전'은 '공산주의에 대한 자유민주주의의 우월성을 입증하기' 때문이었다. '자주경제'의 건설이란 외국원조에 대한 의존에서 탈각해서 국제사회 속에서 자립국가로서 존립해 나가기 위한 경제적 기반의 구축을 의미했다. 구체적인 정책 전개에 있어서는 쿠데타 직후의 1961년 5월에 '농어촌 고리채의 정리', '농산물가격의 평준화' 등 긴급적인 경제정책을 실시해서 게다가 7월에는 '종합경제재건 5개년계획'(1962~66년)을 공표하여 (1962년 1월에 '제1차 경제개발 5개년계획'으로서 확정), 62

2 『한국군사혁명사 제1집·상』은 '제2편 실적'(pp.387-1854)에서 군사정권시대의 행정개혁의 전개과정을 상세히 소개한다. 또 『행정백서』1962/1964/1965년판(1963년판은 간행되지 않았음)이 '구호행정'개혁에 관해서 기술한다. 특히 1964년판의 '구호사업'보고(pp.247-52)는 정책의 기본방침과 예산배분의 구조에 관한 귀중한 정보를 제공한다.

년부터 시행했다. 자립적인 국민경제의 건설이라는 과제는 이미 이승만정권 말기와 제2공화국의 시기에도 인식되고 있었다. 〈그림 1-1〉에 보이는 바와 같이 한때 정부 세입의 50%에 달했던 외국원조가 1950년대 말에 급속히 감소하여 경제재건을 위한 자립적인 재정기반을 구축하지 않을 수 없는 상황에 직면하고 있었기 때문이다. 제2공화국의 운용을 담당했던 민주당정권은 경제재건을 중요한 과제로 인식해서 '경제부흥 7개년계획'을 입안했다. 그러나 경제계획을 실행하는데 필요한 강력한 정치지도체제와 정책의 집행체제는 형성되지 않았고 또 정권의 존속은 군사쿠데타에 의해서 끊어졌기 때문에 결과적으로 계획은 실현되지 않았다.

그림 1-1 외국 원조액과 재정자립도의 추이

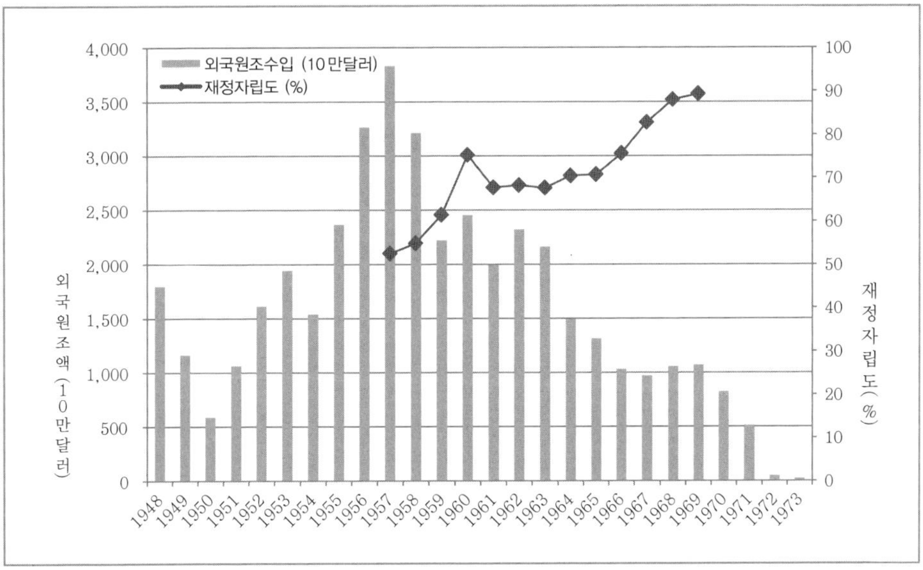

자료: 『경제통계연보』1974년판, 『한국경제반세기정책 자료집』1995년판 '재정자립도': 중앙정부의 총세입에 대한 국내재원의 비중

경제재건계획을 강력하게 추진하기 위한 기획·집행체제는 민주적인 정치변혁이 아닌 군사쿠데타에 의해 만들어졌다. 군사정권은 경제발전 5개년계획의 책정에 병행하고 경제계획의 수립과 집행에 관련된 모든 권한을 집중시킨 기관으로 내각직속의 '경제기획원'을 신설했다. 이 기관은 정부의 각 부국의 최상위에 위치해서 경제계획에 따른 국가재정의 배분에 관해서 절대적인 권한을 장악하고 있어, 또 외국의 투자·원조와 국내

자본 등 내외의 자원을 직접적으로 통괄하고 있었다. 경제건설을 우선시키는 국가전략은 민정이관 후 제3공화국시대에 들어서도 계승되어 1960년대와 70년대에 걸쳐 경제기획원은 경제성장을 견인한 사령탑의 역할을 일관하게 계속 짊어지고 있었다.

2. 사회복지 개혁의 개요

(1) 사회복지 개혁의 필요성

군사정권은 국가재건전략에 있어서 사회복지의 분야를 중시했다. '혁명공약'은 "민생고를 시급히 해결할" 것을 내걸고 있었고 '최고회의기본정책'(1962년도)에서는 "빈곤, 질병, 실업 및 인구과잉 등 사회불안의 요인을 해소하여 국민생활의 안정향상을 도모한다. 극빈자에 대한 생활보호와 근로구호로써 자력생활을 촉구하고 의료체제의 개선향상과 예방의학의 철저한 실시로써 국민보건향상을 기하고 직업안정체제의 확립과 근로자의 권익보호로써 근로자의 생활안정을 도모하는 한편 가족계획을 적극추진하여 인구 조절의 실행을 거양함으로써 복지사회의 건설에 매진한다"(『군사혁명사·상』: 401)라고 선언하고 있었다.

1960년대 초에 있어 한국의 경제와 사회는 극도로 피폐해서 심각한 생활궁핍 상태가 사회 전체를 덮고 있었다. 이 시기에는 전쟁에 의한 사회적 혼란은 차츰 수습되고 유동적인 난민은 감소하고 있었지만 경제재건은 진전하지 않았기때문에 생활상태는 거의 개선되지 않았다. 쌀·보리·옥수수 등 주식용 양곡의 부족은 극히 심각했으며 도시·농촌에 상관없이 많은 사람들이 기아상태에 직면하고 있었다. 농촌에서는 '절량농민絶糧農民'이라고 불리는 3단보段步 미만의 영세농민이 대량으로 존재하고 있었으며 도시지역에서는 난민이나 전재戰災희생자가 집중한 빈곤지역를 중심으로 일자리가 없고 식량확보에 쫓기는 사람들로 넘치고 있었다. '기아선상飢餓線上'에 있는 사람의 수는 행정의 억제적인 인정에도 불구하고 1964년의 시점에서 약 487만명에 달했다(『행정백서』 1964:249). 당시의 인구는 약 2,676만명이었으니 그 비율은 인구의 약 18%를 차지했다.

이러한 심각한 빈곤상태는 군사정권이든 민주적인 정권이든 이 시기에 정권을 담당한 정치주체에게는 간과할 수 없는 정책과제이었다. 그러나 주의해야 할 것은 군사정권과 제3공화국정권에게는 국민의 생활상태에 대한 관심은 '반공국가'의 건설이라는 지상과제의 실현을 저해하는 요인이 되지 않는 범위에 한정되었던 것이다. 국민생활의 문제에 어떻게 대처할지는 군사쿠데타의 정당화와 밀접하게 관련된 문제이었다. '민생고' 자체가 관심의 대상이 아니고 '민생고'가 일으키는 '사회불안의 요인'이 정권의 안정을 위협할 염려에 관심이 있었다고 볼 수 있다.

(2) 구호행정과 군경원호

1960년대 전반에 행해진 복지정책의 개혁은 일반국민을 대상으로 한 긴급적인 생활지원 이외도 포함하고 있었다. 〈표 1-1〉에 보는 바와 같이 일반국민에 대한 구호에 앞서 한국전쟁 때 군인·경찰관으로 종사했던 희생자(사망자·부상자)와 그 유가족을 대상으로 한 '군경원호'의 개혁이 진전되었다. '군경원호'의 개혁은 쿠데타 직후에 착수되어 약 6개월 간으로 개혁 작업의 대부분이 거의 완료되었다. 일반국민을 대상으로 한 복지정책의 개혁은 1961년 말부터 본격적으로 착수되어 1962~63년을 피크로서 실시되었지만 '근로구호'(근로능력자를 대상으로 한 취로사업)의 분야만은 재원문제로 인해 난항했기 때문에 전체적인 정책 형태가 완성된 것은 1964~65년이었다. 또한 1960년대 전반에는 긴급적인 복지정책의 개혁과 병행해 장기적인 관점에서 '사회보장'을 구축하려고 의도한 정책도 착수되었다. 1962~64년에 '사회보장'에 관한 정책 연구기관인 〈사회보장제도심의위원회〉가 신설되어 실험적인 사회보험의 도입도 시작되었다. 전체적으로 개혁의 대부분은 1961~63년의 군사혁명정권시대에 실시되어 일부가 민정 이관 후의 제3공화국 초기로 미루어졌다.

이와 같이 '군경원호' 분야, '구호행정'과 그 관련 분야, 사회보장 관련 분야의 개혁은 병행해서 진행했지만 각 분야의 개혁동기나 중심적인 추진주체가 달랐기 때문에 상호 관련성을 별로 갖지 않는 형태로 전개되었다. '군경원호'의 분야는 군부의 의향에 의해 일반행정으로부터 완전히 독립된 형태로 진행했다. 일반국민을 대상으로 한 '구호행정'의 개혁은 주관관청인 '보건사회부'(보사부)의 실무적인 정책담당자에 의해서 실시되었다. 〈사회보장체계〉의 기본구상의 수립과 사회보험의 도입작업은 주로 보사부 내에

표 1-1 군사정권기~제3공화국 초기(1961~65년)에 제정된 주된 복지입법과 시책

분 야			1961~65년에 제정된 법률과 시책 ( )안은 법률시행 연도	군사쿠데타 이전의 주요한 관련법률과 시책
구호행정 과 관련분야 (대상: 일반국민)	구호행정	61년 62년	〈조선구호령〉폐지와 〈생활보호법〉 제정(62년) 〈개간정착사업〉개시 〈재해구호법〉 제정 (62년) 〈근로구호사업〉개시 (62~63년) 구호예산의 확보조치/보호기준(양곡 지급기준)의 확립/ 보호대상자 선정절차의 정비 (63~65년) PL480호에 의한 "자조근로사업"발족	48년 〈조선구호령〉의 계승 (1944년 제정) 53~60년 〈난민정착사업〉
	외국원조 의 관리	62년 63년	〈구호협의회〉의 설치에 의한 외국원조물자의 관리강화 〈외국민간원조단체에 관한 법률〉제정(63년)	
	아동/여성 정책	61년 62년	〈고아입양특례법〉(61년) 〈아동복리법〉제정 (62년) 〈윤락행위등방지법〉(62년) 〈아동복리시설 설치기준령〉(62년)	57년 〈후생시설설치기준〉 〈어린이 헌장〉
사회보장 과 사회보험 (대상: 일반국민)	사회보장	62년 63년	〈사회보장제도 심의위원회〉의 설치 〈사회보장에 관한 법률〉제정 (63년)	
	사회보험	62년 63년	〈선원보험법〉제정 (시행되지 않음) 〈의료보험법〉(64년:임의제에 의한 실험적 시행) 〈산업재해보상보험법〉제정(64년) 〈군인연금법〉제정 (63년: 공무원연금에서 분리)	60년 〈공무원연금법〉
군경원조 (대상: 군인, 경찰관과 그 유가족 등의 전쟁희생자)		61년 62년	〈군사원호청〉설치(62년에 〈원호처〉로 승격 〈군사원호보상법〉제정(62년) 〈국가유공자 및 월남귀순자 특별보호법〉제정(62년)	50년 〈군사원호법〉 51년 〈경찰원호법〉 52년 〈전몰군경유족 및 상이군경연금법〉

자료: 필자 작성.

반半 독립적인 자문조직으로서 신설된 〈사회보장제도심의위원회 전문위원 연구실〉(시보심연구실 — 설립당시 명칭에 '제도'가 있었음) — 에 의해서 담당되었다.

이 가운데 〈사회보장〉의 도입문제는 박정희시대의 복지정책의 역사를 검토하는데 중요한 의미를 가지고 있기 때문에 제2장에서 상세하게 검토한다. 또 '군경원호'는 일반국민을 대상으로 하는 '구호행정'과 다른 분야에 속하므로 이 연구에서는 분석대상으로 하지 않겠지만 사회복지의 전체적인 관점에서는 중요한 문제점을 포함하기 때문에 여기에서 간단하게 언급하기로 한다. ILO분류 등 〈사회보장체계〉의 일반적인 이해에 의하면 전쟁희생자대책은 일반적인 사회복지의 일환에 포함된다. 그러나 한국의 '군경원호'는 역대 정권의 강한 의지에 의해서 정책상의 '성역聖域'으로서 일반국민에 대한 생

활시책과는 관련없는 정책영역으로 다루어져 왔다. 군사정권이 발족한 후 빠르게 개혁에 착수한 이유는 그때까지의 '문민정부'의 시책이 "산발적으로 미온적"이었다라는 강한 불평이 축적되고 있었기 때문이었다(원호처 1974:38). 이 분야는 한국전쟁당시부터 재정에서도 지원방식에서도 일반국민에 대한 '구호'와 다른 특별한 취급을 받아 왔다. '구호'는 양곡지급에 머물렀지만 '군경원호'에서는 현금수당의 지급을 중심으로 의료지원, 재활훈련 지원, 생업지원 대부 등 각종 지원책이 존재했다. 그럼에도 불구하고 관계자의 불만은 강했기 때문에 군사정권은 이러한 불평에 대응하기 위해 개혁에 적극적인 자세를 보였다.

군사정권에 의한 주된 개혁조치는 〈표 1-1〉에 보는 바와 같이 종래 보사부의 원호국을 중심으로 국방부, 내무부, 체신부 등에 산재했던 원호업무를 일원화하고 독립한 주관기구로서 내각직속의 〈군사원호청〉을 창설한 것(이듬해 1962년 〈원호처〉로 승격), 그 기본법령으로서 종래의 〈군사원호법〉과 〈경찰원호법〉을 통합하여 내용적으로도 비약적으로 충실한 시책을 규정한 〈군사원호보상법〉을 제정해 일원적인 운영을 도모하기로 했던 것이다(〈표 1-1〉)참조. 예산면에서도 파격적인 취급을 받았고 시책의 내용도 연금과 생활비 지원(금전급여), 생업지원, 의료, 보장구·재활훈련 등의 부조, 자녀의 교육부조 등 생활 전체를 시야에 넣은 포괄적인 지원 패키지package를 제공했던 점에 특징이 있다.

이와 같이 '군경원호'가 일반국민에 대한 '구호'에 비해서 현저한 차이를 가지고 있었던 이유는 이것이 사회복지의 일부가 아니라 국가봉사에 대한 '보상補償'으로서 실시되어 '반공국가' 체제의 강화를 위한 정치적 시책이었기 때문이다. 군·경관계자 이외에도 '애국지사', '반공유공자', (한국전쟁에의)'재일학도의용군在日學徒義勇軍참가자', (북한에서의)'월남귀순자' 등의 '국가유공자'도 원호의 대상에 포함되고 있었던 사실은 이 제도의 정치적 성격을 나타나고 있었다. 오랫동안 한국에서는 '군경원호'와 일반적인 '사회보장'과의 관계는 정면으로 논의된 기회가 없었다. 이 연구에 있어서는 '군경원호'에 관한 언급은 필요최소한으로 한정하지만 동시에 한국의 사회복지는 '분단국가'로서 국가방위라는 정치적인 요인의 영향을 일관해서 받고 있었던 것에 유의할 필요가 있다.

3. 구호행정 개혁의 과제

(1) 군사쿠데타 직전의 사회복지 상황

정부수립 이후 행정적인 관용어로서 이용되어 왔던 '구호', '구호사업', '구호행정'이라는 말은 실질적으로 생활곤궁자에게 주식용의 '구호양곡'(백미/정맥/밀가루/기타 잡곡)을 현물로 지급한 것을 의미했다. '구호양곡'은 국가가 강제적으로 매입한 '정부관리양곡'의 한 항목으로 예산상 '구호'용으로 할당된 양곡이었다. '구호'의 대상은 원칙적으로 아동, 노인, 장애인, 모자세대 등 근로능력이 없는 사람에게 한정되어 있었다. 이 원칙은 일제 시대로부터 계승된 〈조선구호령〉(1944년)과 제1공화국 헌법 제19조에서 규정된 기본 원칙이었다. 그렇지만 한국전쟁으로 방대한 전쟁난민과 이재자가 발생하고 식량결핍상황이 전 국토로 확대됐기 때문에 이 원칙을 엄수하지 못하게 되었고 양곡지급은 근로능력자에게도 큰폭으로 확대할 수 밖에 없었다. 근로능력자에 대한 양곡지급은 전쟁난민의 구제, '난민정착사업'(전쟁난민의 농촌재정착사업), 도시지역의 빈민이나 실업자 대책, '절량농민'이라고 불리고 있었던 극빈농 대책, 풍수해, 한해, 냉해 등의 이재농민 대책 등의 대상이나 문제 상황에 따라 다른 다양한 사업방식에 의해 실시되어 전체적으로 일관성이나 체계성을 갖추고 있지 않았다. 전란이 수습된 후에도 심각한 생활곤란은 개선되지 않았기 때문에 군사쿠데타 직전의 시점에도 400만명 이상이라는 방대한 수에 달한 근로능력이 있는 생활곤궁자에 대한 양곡배포가 여전히 계속되고 있었다.

개혁 이전의 '구호'에 관한 또 하나의 심각한 문제는 국가재정의 궁핍과 농업 생산의 부진으로 인해 '구호양곡'의 확보량이 항상 부족하는 등 매달 확보되는 양곡의 양은 크게 변동했다는 것이다. 지급받는 인원수, 1인당 지급량, 지급 횟수, 양곡의 종류가 그때마다 크게 변동하고 있었다. 그러므로 1950년대의 '구호'는 임시변통적으로 운영되고 있었으며 계획성과 안정성을 갖추지 못한 생활지원책이었다[3]. 후에 보사부의 행정담당자는 당시의 상황을 되돌아보면서 "구호대책은 응급구호에 머물러 임시적 단기적 구호에 급급하던 시기"라고 말하고 있다(1971보사백서: 51).

3 1950년대의 구호정책의 실태에 관해서는 『자료연구편 I』 참조.

군사정권에 의한 '구호행정'개혁의 목적은 한국전쟁 이후의 긴급적, 응급적으로 쌓여 온 각종의 생활지원시책을 국가와 경제의 재건이라는 기본전략의 관점에서 재검토해서 정책목적을 재확인함으로써 효율적으로 정책체계를 재구성하려고 한 점에 있었다. 개혁은 우선 방대한 양에 달했던 '구호양곡'자원에 관해서 목적합리적, 효율적으로 사용되지 않고, 자원의 낭비에 대한 억제장치가 없는 상태를 문제시하고 이 문제에 대한 대책을 세우려고 했다.

첫째 팽창 경향에 있던 요구호자 수를 억제하기 위해 지방행정에 대해서 대상자의 인정에 있어 엄밀한 수속을 취할 것을 요구했다. 그러나 상술한 바와 같이 필요한 양곡량의 부족 때문에 양곡지급이 항상 변동하던 상황 속에서는 요구호자의 인정수속을 엄밀하게 하더라도 제도의 불안정성은 개선되지 않았다. 이 문제에 대해서 개혁이 채용한 획기적인 조치는 재정정책을 통괄하는 경제기획원의 승인을 받아 매달 또는 매년의 구호양곡의 양을 안정적으로 확보하게 했던 것이었다. 이 조치에 의해서 제도의 안정적인 운용을 위한 당연한 전제조건이었던 구호양곡의 확보가 실현되게 되었으며, 매년의 지급대상자와 양곡의 지급기준량을 계획적으로 설정할 수 있게 되었다. '구호행정'은 임시변통적인 운영방식에서 벗어나 안정성을 갖춘 정책으로 개혁되었다. 그러나 개혁 이후에도 구호양곡이 완전히 안정적으로 확보되었던 것이 아니었다. 많은 자료는 1960년대에 구호양곡이 항상 부족했기 때문에 매달 필요량의 확보에 쫓기는 운영이 계속되었던 것을 전하고 있다. 또한 경제기획원이 승인한 구호양곡의 예산은 70년대 중반까지 낮은 수준으로 고정되었기 때문에 현실의 구호요구와 구호지급 사이에는 큰 괴리가 발생하고 있었다라는 문제가 존재했다. 그러나 이러한 문제에도 불구하고 개혁 이전의 변동적인 '응급구호'와 비교해 '구호행정'은 기초적인 재원의 확보 조치에 의해서 생활지원책으로서의 안정성을 가지게 되었던 것을 평가할 필요가 있다.

둘째 개혁은 한국전쟁 이래 무원칙적으로 확대해 왔던 근로능력자에 대한 구호를 제한하고, 구호를 엄하게 비非근로능력자로 한정하는 본래의 원칙을 재확립하려고 의도했다. 근로능력자에 대한 구호는 한정된 양곡자원의 낭비일 뿐만 아니라 근로정신과 생활자립을 저해함으로써 바람직하지 않다고 생각되었기 때문이다. 그럼에도 불구하고 1960년대 초에는 식량부족과 대량 실업상태에 의해 심각한 생활곤궁이 계속 되고 있었기 때문에 근로능력자에 대한 구호를 즉시 폐지하는 것은 어려웠다. 그래서 선택된 방책은 근로능력자에 대한 '구호'인정을 가능한 한 제한함과 동시에 구호자격을 인정받은 근로능력자에 대해서 취로를 의무화하는 조치('근로구호'혹은 '유상有償-구호')였다. 이 방침은 '무상구호를 지양하고 근로구호로 전환한다'라고 표현되었다(〈1962년도 최고회의 기본정책〉)[4]. 요구호자로 인정된 근로능력자는 '영세민'이라고 불려 그들을 대상으로 공공취로사업이 새롭게 준비되었다. 그러나 국가재정에 여유가 없었기 때문에 공공취로사업은 당초 소규모로 실행할 수 밖에 없었다. '근로구호' 방식이 일정한 규모로 안정된 사업으로 실시되게 되었던 것은 1964, 5년에 미국의 PL480호 제II관에 의한 원조를 얻어 시작된 '자조근로사업'의 발족 이후이다.

(2) 외원의 영향력과 한국정부에 의한 정책 주도권의 확립

1960년대 초에서 한국정부가 '구호행정'개혁에 착수하려고 했을 때 피할 수 없는 중요한 장애요인이 존재했다. 그것은 한국전쟁 이래 생활궁핍자와 전쟁희생자에 대한 지원에 있어서 대응력이 부족했던 한국정부를 대신해 외국원조('외원')가 중요한 역할을 해왔고 정책적으로도 큰 영향력을 가지고 있었다라는 문제이다. 생활분야에 있어서의 외국원조는 국가 간 차원보다 민간원조단체 차원을 중심으로 실시되어 와서[5], 활동규모는 크고 한국정부의 복지행정의 규모를 웃돌 정도였다. 원조단체는 구미의 기독교계 단체가 많아 풍부한 자금와 사회사업의 경험과 노하우know-how를 갖추고 있었고, 각종 후생시설의 설립·운영, 전쟁이재민과 생활궁핍자에 대한 식량·생활물자의 배포, 의료지원, 전쟁난민의 재정착사업, 교육지원, 전재부흥사업, 지역개발사업 등 넓은 범위에 걸쳐 활동하고 있었다. 특히 전란에 의해서 발생한 다수의 전쟁고아와 기아를 수용한 아동시설, 유아시설, 모자세대수용시설 등을 설립·운영하고 있었던 주체는 주로 외국원조단체와 그 지원을 받은 한국인의 시설운영자였다. 방대한 원조자원을 배경으로 외

---

4 『행정백서』 1964년판에도 "무상 구호로부터 근로에 의한 구호에 시책을 전환"(p.247)이라는 기술이 있다.

5 미국계 원조단체는 주로 미국의 PL480호 제III관에 의해서 제공된 양곡을 재원으로 원조활동을 전개하고 있었다.

국원조단체는 복지정책의 방향에 관해서도 커다란 영향력을 발휘하고 있었다. 외국원조단체는 '한국민간원조기관연합회'KAVA:Korea Association of Voluntary Agencies를 조직하여 서로 연계하면서 원조활동을 전개하고 있었다. 한때 KAVA는 '제2의 보사부'라고도 불릴 만큼 강한 영향력을 가지고 있었고[6], 한국정부가 정책적인 주도성을 충분히 발휘할 수 없는 상황이 계속 되고 있었다.

1950년대 후반이 되자 외국원조는 점차 감소하여 원조내용도 긴급적인 생활원조에서 전후 부흥지원으로 중점을 옮기게 되었다. 동시에 정부 부내에서도 외국원조 의존이 가져왔던 폐해가 지적되기 시작했던 것이 주목된다. 외국원조단체의 자유로운 활동 때문에 한국정부가 통일적인 기준에 의거하여 체계적인 복지정책을 전개하지 못하게 된 상태를 개혁해서 가능한 한 그 영향력을 억제하여 한국정부의 정책적인 주체성을 확립해야 한다라는 문제('자율적 구호행정')[7], 외국원조는 명확한 기준 없이 "무질서하게 람구濫救, 루구漏救로 흐르는 경향"[8]을 가지고 있었기 때문에 국민의 의존심을 조장해 자립심을 해치는 위구가 있다라는 문제가 지적되고 있었다. 그렇지만 동시에 당시의 정책관계자는 국가재정의 궁박 때문에 외국원조 의존을 계속할 수 밖에 없었던 것도 충분히 인식하고 있었다. 따라서 '구호행정'개혁이 선택했던 방침은 외국원조를 충분히 이용하면서도 원조에 대한 관리를 강화해서 원조자원과 원조단체의 활동을 국가의 정책체계 내부에 받아들이려고 하는 방책이었다.

구체적으로는 〈외국민간원조단체에 관한 법률〉이 제정되어 원조단체의 활동에 대한 관리가 강화되었다. 또한 외국원조 물자의 관리를 위해 한국정부와 외국원조단체의 대표로 구성된 〈구호협의회〉를 설치하여 일원적으로 관리하기 위한 시스템을 만들

---

6 KAVA는 1952년에 외국민간원조단체간의 정보교환, 사업의 조정·협력, 한국정부 및 한국사회단체와의 제휴(특히 한국측의 요구에 대응한 원조의 통일적인 제공과 조정)등을 목적으로 결성되었다. 결성시는 7단체이었으나, 1954년 33단체, 62년 62단체, 70년 76단체로 확대되어 한국에서 활동한 외국원조단체의 대부분이 가입하게 되었다.(『카바40년사』 :77, 한국사회복지협의회 1991:754).

7 군사쿠데타 이전부터 구호행정에 있어서의 한국정부의 주도성확립의 문제는 행정관계자에 의해서 강하게 의식되고 있었다. 윤갑로(1956), 『자료연구편 I』 제3절 4 참조.

8 『행정백서』 1962년판: 312. 『군사혁명사』에서도 외국원조단체에 대한 통제에 관해서 "종래의 산발적 구호활동을 지양해, 일원화시켜"(p.1291)라는 기술이 있다.

었다. 이것은 중앙에서 원조물자를 통일적으로 받아 지방현장으로 원조물자가 배포될 때까지의 과정을 관리하는 것을 목적으로 한 시스템이었다. 원조단체는 원조물자 관리에 필요한 비용을 한국정부가 부담하는 것을 조건으로 한국측의 주도권을 승인했다(『행정백서』 1962:312). 외국원조단체가 설립했던 아동시설에 대한 관리도 강화되었다. 이 때까지 열악한 수준의 시설이 존재했지만 국가는 충분히 규제하지 못하는 상황이였다. 새롭게 제정된 〈아동복리법〉과 〈아동복리시설 설치기준령〉은 아동시설의 설치기준과 운영에 대한 관리 강화를 가능하게 했다. 이러한 조치의 목적은 한국전쟁 이래 외국단체에 의해서 "우후의 죽순격雨後의 竹筍格으로 너무 난립되어 질적인 면이 건실치 못하였던"(윤갑로 1956:127-8) 아동시설의 상황에 대해서 한국정부에 의한 정책적인 개입을 강화하는 것에 있었다. 이와 같은 사회복지 분야에 있어서의 한국정부의 주체성을 확립하려고 했던 개혁은 이 당시 국가 전체가 지향했던 외국원조의 의존으로부터의 탈각이라는 목표와 대응하고 있었다.

(3) 구호행정에 관한 자료

'구호행정'에 관한 자료는 극도로 한정된다. 단편적, 부분적 자료는 있지만 이것을 체계성을 갖춘 정책으로서 종합적으로 파악한 자료나 연구는 적다. 이러한 상황 가운데 소수의 선행 연구에서 큰 시사를 얻었다. 그 중 가장 중요한 자료는 1960년대 말기의 '구호행정'의 운용실태와 문제점을 실증적으로 검증한 건국대학교 조사반이 작성한 『구호행정의 개선을 위한 조사연구』(1969년: 이하 『건대조사』 : 『자료연구평 III』 참조)이다.

이 조사연구는 '구호행정'에 관해서 그 형성과정과 1960년대의 정책운용의 상황을 전체적으로 해명한 귀중한 자료이다. 군사정권이 실시한 복지정책의 개혁에 관해서는 『군사혁명사』와 『행정백서』가 동시대의 중요한 정보를 제공하고 있다. 또 보사부의 『보건사회통계연보』(이하 『보사연보』)는 수치를 수반하는 정보를 제공하고 있지만 뒤에 분석하듯이 수치의 신뢰성에 관해서 신중하게 검토할 필요가 있다 (『자료연구평 II』 참조).

1970년대에 있어서의 '구호행정'('보호행정')의 실태에 관해서는 〈사회보장심의위원회 전문위원 연구실〉(이하 〈사보심연구실〉)의 일련의 연구보고시리즈가 귀중한 정보를 제공하고 있다(제2장 제4절 참조). 그 중에서도 특히 연구위원이었던 안창수가 집필한 『사회보장의 현황』(1976년)은 1970년대 중반의 복지정책의 전체 상황과 그 문제점을 실증적으로 기술하고 있으며 자료적 가치가 높다. 이상과 같은 자료나 조사연구는 정부자료(특히 내부자료)에 접근할 수 있었던 연구자에 의한 연구이다. '구호행정'에 관한 민간연구자에 의한 일반적인 연구는 거의 존재하지 않다.

제2절 구호행정 개혁의 전개

1. 구호행정의 안정화

(1) 요구호자 인정 수속의 개혁

구호행정개혁은 우선 구호대상자('요구호자')의 인정수속을 엄밀화할 조치부터 착수되었다. 개혁의 목적은 무원칙적인 확대경향을 가지고 있었던 요구호자의 인정, 특히 근로능력자의 인정을 억제하는 것, 안이한 '람구(濫救, 안받을 사람이 받는 것)'의 억제와 동시에 '루구(漏救, 받아야 할 사람이 못 받는 것)'를 방지하여 정말로 구호를 필요로 하는 사람을 구호하는 것, 전체적으로는 구호재원의 확대를 억제하고 재원을 효율적으로 운영하는 것 등이었다. 『군사혁명사 · 상』은 '구호행정'개혁의 의도에 관해서 "종래까지 일괄적으로 실시되어 오던 계획성이 없는 무조건 구호방법을 지양하고 구호사업 전반에 걸친 과학적 통계를 기초로 하여 대상자를 종류별로 구분하고 구호사업에 적정을 기한다"고 설명한다(p.1284).

요구호자의 인정은 본래 〈조선구호령朝鮮救護令〉 제1조에 규정된 아동·노인·장애인·모자세대 등 비非근로능력자의 종류구별을 근거로 했다. 그러나 한국전쟁 이래 난민, 전쟁희생자가 대량으로 발생했기 때문에 구호대상은 긴급적, 응급적인 조치로서 근로능력자에게도 대폭적으로 확대되었다. 혼란스런 정책상황 속에서 중앙정부는 구호수급의 자격이나 인정수속에 관해서 구체적인 기준을 제시하지 않았기 때문에 지방의 행정현장에서는 각자의 기준에 따라 인정한 대상자 수를 중앙정부에 보고하고 있었다. 그 결과 지방현장에서의 보고 수를 합계한 국가전체의 요구호자 수는 팽창경향에 있었고 휴전협정성립 전의 1952년 말에서 '요보호자' 수는 약 1천만명에 달하고 있었다. 전쟁 직후의 혼란이 수습됨에 따라 1954년부터 양곡배포 대상자의 범위를 제한하려는 노력이 시작되었다(보사부 1958). 그러나 1950년대 후반에 들어서도 여전히 300만~400만명이 요구호자로 인정되고 있었다.

새로운 요구호자 인정수속은 1961년 말에 제정된 〈생활보호법〉의 규정을 근거로 정비되었다. 새로운 방식에 따른 요구호자의 인정은 통일조사표를 사용한 년 1회의 전국일제조사에 의해 실시되었다(『자료연구편 III』 제2절 2 참조). 지방현장에 있어서의 요구호자의 인정은 조사결과에 의거해서 신설된 지방마다의 〈생활보호위원회〉에 의해 조직적인 수속에 따라 실시되었다. 이러한 통일적인 기준의 적용은 중앙정부가 지방행정에 대한 지도체제를 강화했던 조치에 의해서[9] 실현가능하게 되었던 것에 주의할 필요가 있다. 구호대상의 조사와 인정에 있어서는 ①비근로능력자와 근로능력자를 엄격하게 구별할 것, ②근로능력자이고 요구호자로 인정된 대상은 '영세민'이라는 호칭으로 본래의 구호 대상자와 다른 범주로 다룰 것, ③'비근로능력자에 대한 구호의 필요성의 판정에 있어 가족상황(특히 부양의무자의 유무), 자산·수입의 상황, 빈곤원인 등을 정밀하게 조사할 것, ④'영세민'의 인정은 국가가 제시한 소득월액 기준 ('책정기준' : 제2장 제3절 1 참조)과 지방세의 납입의 유무를 지표로 할 것 등이 강조되었다.

이러한 요구호자의 인정방식이 1962년부터 즉시 엄밀하게 실행되었다고 생각하기 어렵다. 다음 절에서 보는 바와 같이 1960년대에 지방자치단체로부터 신청된 인정수를 중앙정부가 그대로 승인하지 않아 크게 삭감하는 사태가 계속되었고 보다 많은 요구호자의 인정을 요구하는 지방행정과 국가 사이에 공방이 있었다. 이 때문에 새로운 인정방식의 정착은 순조롭게 진행되지 않았다. 인정 수를 둘러싼 중앙과 지방의 공방은 그 후에도 계속되었다해도 어느 정도 통일적인 인정방식이 정착해 나가는 것은 1964~65년경이었다고 추측된다.

---

9 군사정권은 지방행정의 재편성에도 힘을 쏟고 중앙정부에 의한 통제를 강화했다 (『행정백서』 1962년판). 군사정권에 의해서 지방자치제도가 폐지되었기 때문에 1991년까지 지방의회가 없었고 지방자치단체장은 1995년까지 공무원으로 임명되었다.

(2) 구호기준의 명확화와 예산 확보의 안정화 조치

요구호자 인정수속의 개혁과 병행하여 '구호'의 기준(즉 양곡 지급량)에 관한 개혁이 실시되었다. 1950년대 이전의 구호기준에 관해서는 명확한 규정을 문서로 확인할 수 없지만 일정한 기준이 존재했던 것은 확실하다. 특히 시설에 수용되어 있었던 아동이나 모자세대의 경우 주식용 양곡(쌀·보리) 1인당 1일 2.5~3홉 정도의 기준이 존재했던 것을 행정통계의 분석에서 알 수 있다. 이 기준은 한국전쟁 후의 혼란이 지속되는 상황 속에서도 어느 정도 안정적으로 유지되고 있었다(『자료연구편 I』 참조). 한편 노인이나 장애인 등 비근로능력자이어도 재가생활자의 경우에는 쌀·보리가 아닌 밀가루가 지급되고 있었다. 재가생활자에 대한 양곡지급에 관한 통계는 적고 단편적이기 때문에 지급기준에 관한 수치적인 검증은 어렵다. 단편적인 자료를 종합해 보면 양곡의 지급을 받았던 인원수와 1회당 지급량은 매달 혹은 해마다 항상 크게 변동하고 있었음을 알 수 있다(『자료연구편 II』 제2절 참조). 요구호자로 인정되어도 지급되지 않았던 경우가 많았고 지급되었던 경우도 지급량은 시설수용자보다 훨씬 적었다.

근로능력자에 대한 양곡지급의 경우 복수의 사업방식이 존재하고[10], 지급인원수, 지급량, 지급일 수는 각각 차이가 있었다고 생각된다. 상대적으로 안정된 시설수용자에 대한 구호에 비해 재가의 비근로능력자와 근로능력자에 대한 양곡(밀가루 혹은 잡곡) 지급은 변동적이었고 명확한 기준이 없는 채 실시되었다. 이 배후에는 기아적인 식량난의 상황 속에서 방대한 수의 사람들이 구호를 필요로 했는데도 국가가 확보한 '구호양곡'의 양은 항상 부족해서 변동하던 사정이 있었다.

'구호행정'개혁은 구호(양곡의 지급)의 기준을 명확하게 설정하고 그 기준의 확실한 실행을 위한 국가 예산을 확보한다라는 원칙을 확립하려고 했다. 설정된 구호기준은 1962년 당시 시설수용자('시설구호')의 경우 1인 1일당 쌀·보리 3홉과 '생활비'(혹은 부식비)로서 금전수당 3원[11], 재가생활자('거택구호')의 경우 밀가루 250g, 근로능력자('근로구호')

---

10 난민정착사업, 도시전재자(戰災者)구호, 도시실업자대책, '절량농민'의 구호 등.

11 구호기준은 1961년에 정비되어 1962년부터 적용되었다고 생각된다. 시설구호의 기준에 관해서 1961년 당시 시설종류에 의해서 차이가 있었는데 1964~65년에 통일되었다(『자료연구편 III』의 〈표 III-9〉참조).

의 경우 쥐로 1일당 밀가루 3kg이었다[12]. 이들 기준은 보사부의 내부규정으로 설정되어 〈생활보호법〉의 '보호의 수준' 규정과는 상관이 없었던 것에 주의해야 한다[13]. 또 생활보호법의 규정에 근거하고 '의료보호', '상제조치', '해산보호' 등의 수당이 있었지만 이는 시설 입소자 등 대상을 한정하고 있었으며 급여 내용과 실시건수는 거의 실질적인 의미를 갖지 못할 만큼 빈약했다. 그 중 일정한 실질적인 의미가 있었다고 추측된 수당은 '상제喪祭조치'(장례비용)이었다. 지급대상은 양로시설과 장애인시설의 수용자에 한정되었지만 그 후 거택구호자로 확대되었다(1966~70년 매년 5,600명분). '의료보호'는 장애인 시설수용자에게 한정되었지만 별도로 '구료제도'라는 저소득자를 대상으로 한 무료 혹은 경비 의료지원 제도가 있었다[14].

이러한 기준에 의거해 구호를 실시하기 위해서는 필요한 구호양곡을 확보하기 위한 예산조치가 필요했다. 예산의 결정은 복지행정을 주관한 보사부의 권한을 넘어서 국가재정에 관한 최고결정기관인 경제기획원의 승인을 필요로 했다. 경제기획원은 요구호자의 인정수속의 엄밀화와 인정수의 억제를 조건으로 일정량의 예산확보에 관해 승인을 주었다. 이 조치에 의해서 구호기준의 안정적인 실현이 담보되어 '구호행정'은 한국전쟁 이래의 응급적, 변동적인 성격에서 벗어나 일정한 안정성을 갖춘 생활지원제도로 전환되어 갔다.

그러나 구호양곡의 지급은 개혁 이전에 비해 확실성을 더했다고 하더라도 완전히 안정되었던 것은 아니었다. 곡물 생산의 침체 때문에 양곡의 공급은 부족했기 때문에 예산조치를 받더라도 구호양곡을 확보하는 것 그 자체가 어려운 상황이 계속되었다. 또한 경제기획원의 예산조치는 매년의 조사에 의해서 인정된 요구호자 수를 크게 밑돌았다. 게다가 1963년도에 설정된 예산 인정 범위(283,000명분)가 10년 이상에 걸쳐 그대

12 『행정백서』1964년판: 247-9. '근로구호사업'은 1964~65년에 '자조근로사업'으로서 정비되어 사업의 양곡지급기준은 1인 1일당 3.6kg로 규정되었다.

13 생활보호법과 동 시행령은 '보호의 수준'에 관해서 구체적으로 규정하지 않았다. 또 1970년까지 법률상의 '보호의 수준'이라는 용어는 사용되지 않았고 '구호기준'이라는 용어가 사용되고 있었다.

14 『1971보사백서』는 1970년대의 과제로 "의료혜택을 받을 수 없는 생활보호 대상자에 대한 의료부조제도를 확충 강화하여", "임산부에 대하여 분만 개조비, 위생 재료비, 산전 산후 진료비, 초생아 필수품 등의 출산 부조를 실시케 하는 것"을 표명하고 있었다(p.223).

로 고정되었기 때문에 매년 10만명 이상의 '구호누락漏落'이 발생하고 있었다.

2. 근로구호 개념의 신설과 자조근로사업의 발족

(1) 무상구호로부터 근로/유상구호로의 전환

'구호행정'개혁의 최대의 목적은 국가와 경제의 재건이라는 관점에서 무원칙적으로 확대되고 있었던 근로능력자에 대한 구호를 폐지 혹은 제한하는 것에 있었다. 그러나 심각한 식량난과 경제침체가 계속되고 있었기 때문에 근로능력자에 대한 구호를 즉시 폐지할 것은 어렵고 새로운 정책방식의 도입이 구상되어야 했다.

'근로구호'라는 새로운 구호방식은 근로능력자를 요보호자로 인정할 경우 비근로능력자와 엄밀하게 구별하여 구호(양곡지급)할 때에는 취로就勞를 의무화하는 제도였다. 그 목적은 "무상구호에서 야기되는 의타심, 근로정신의 저하 등의 폐단弊端을 없애고 근로능력이 있는 구호대상자로 하여금 정부구호를 바탕으로 삼아 항구적인 자립생계를 확립할 수 있는 생활기반을 마련하도록 근로구호의 방향으로 그 방침을 전환"시키는 것에 있었다(『군사혁명사·상』: 1286). "무상구호에서 근로구호로"라는 전환에서는 국가와 경제의 재건시점에서 '구호'에 대한 의존을 가능한 한 감소시켜 생활의 자립을 재촉함과 동시에 적극적인 의욕을 가지고 있는 노동력을 활용하려는 발상을 확인할 수 있다. 박정희 자신도 최고회의 의장명으로 "국력의 근간이 될 농민들을 위해 종래의 고식적이고 농간적弄奸的인 시책을 타파하고 수익성 있는 지도와 원조를 해야 한다. 복지국가의 초기단계로서 국토건설과 산업개발부문에 인적자원인 실업자를 동원해야 한다"라고 말하고 있었다(박정희 1961:5).

이 구상에 따라 '영세민'을 대상으로 한 공공취로사업으로서 1962년도부터 '근로구호사업'이 새롭게 발족했다[15]. '근로구호사업'은 국토의 복구·개발사업에 '영세민'을 취로

15 보사부 장관은 국회에서 사업은 1961년도부터 시작되었다고 설명하지만(『보사위/회의록』 1968년 4월 16일), 『행정백서』(1964년판)는 근로구호사업의 실적 통계를 1962년도부터 기재했으니 본격적으로 1962년에 발족했다고 추측된다(p.248).

시켜 근로의 대가로 밀가루를 현물로 지급한 제도이며, 국가가 실시한 사업과 지방자치단체가 실시한 사업의 두 가지 종류가 있었다[16]. 그러나 예산제약으로 1962, 63년도의 사업규모는 크지 않았다[17]. 또 1960년대 초에는 근로능력자이며 생활이 궁핍한 사람을 대상으로 한 복수의 구호사업이 있었다. 그 중 하나는 군사쿠데타 직후에 개시된 '개간開墾정착사업'으로 "방황彷徨, 문전걸식門前乞食하여 각종 사회악을 조성한 무의무탁한 부랑인 및 연장고아, 음성 나(한센병)환자" 등의 노상생활자를 대상으로 한 정착사업이었다(『행정백서』 1962: 318). 이 사업은 '단속'한 노상생활자를 전국 각지에서 선정한 미개간지로 보내 '영농정착'시키려고 한 제도이며, 미국에서 무상으로 제공된 식량을 주된 재원으로 자립을 위한 생활지원으로서 주택, 농업자재, 구호양곡 등이 지급되었다. 이 사업은 1964년까지 계속되어 '자조근로사업'의 발족과 함께 중지되었다.

'개간정착사업' 이외에도 한국전쟁 직후 1953년부터 한미공동으로 개시된 '난민정착사업'이 잔존하고 있었으며[18], 외국민간원조단체가 민간차원에서 '개간정착사업'이나 '영세민'구호사업을 전개하고 있었다. 외원단체는 미국의 PL480호 제III관을 근거규정으로 미국정부가 매입한 잉여농산물(곡류)을 재원으로 근로자지원사업을 대규모로 전개하고 있었다. 1964년도의 경우 PL480호 제III관에 의한 원조양곡은 86천톤이며, 이 중 약 29천톤을 '난민정착사업'에 약 22천톤을 '영세민'취로사업에 충당하고 있었다[19]. 한편 한국정부의 사업규모는 국고부담베이스로 약 19천톤, 지방재정부담베이스로 약6천톤, 합계 약 25천톤에 지나지 않았다[20]. 이와 같이 초기의 '영세민'을 대상으로 한 공공취로사업은 국가와 외국 민간원조 사업이 착잡해서 운용된 상황이었기 때문에 한국정부는

---

16 중앙정부가 실시한 영세민 취로사업과 별도로 지방자치단체의 부담으로 실시된 사업이 있었고 "근로능력이 불완전"한 영세민을 대상으로 했다(『행정백서』 1964년판: 249).

17 『행정백서』1964년판에 의하면 근로구호사업의 사업장의 수와 취로연인원(延人員)수는 1962년도 1,893개소/약 181만명, 63년도 9,152개소/약 2,636만명였다(pp.247-8).이에 대해서 1965년 이후의 자조근로사업의 연인원수는 총계 3,000만~4,000만명이었다.

18 난민정착사업 자체는 종료하고 있었지만 정착민에 대한 생활지원은 부분적으로 존속하고 있었다.

19 이 이외에 약 19천톤(22.4%)이 후생시설·보건시설의 지원, 약 13천톤(15.6%)이 학교급식의 지원 등에 충당되고 있었다.

20 『건대조사』는 국고 약 25천톤, 지방자치단체 약 12천톤, 합계 약 37천톤이라는 수치를 게재한다(p.65). 양자 모두가 보사부 제공에 의한 수치이다.

외국민간단체베이스의 원조활동에 대한 관리강화를 통해 한국정부주도에 의한 사업의 일원화를 도모했다.

(2) 자조근로사업의 발족

근로구호사업은 1964년에 '자조근로사업'으로서 본격적으로 전개되었다. 이 사업은 미국 PL480호 제II관('기근구제 및 그 이외의 원조' 규정)에 의한 무상양곡(소맥·밀가루)을 재원으로 했다. 제II관 원조는 제III관의 민간단체베이스와 달리 국가베이스를 기초로 했다. 원조개시의 계기는 1963년에 태풍이재지역에서 이재민을 부흥사업에 취로시켰던 것이었다. 1964년부터 한미협의에 의해 공여량을 늘려 사업지역도 전국적으로 확대하고 영세민을 대상으로 한 취로사업을 대규모로 전개할 수 있게 되었다[21]. 1965년부터 연간 10~15만톤의 소맥의 무상공여를 받을 수 있게 되었으므로 근로구호사업은 안정적으로 운용되게 되었다[22]. '자조근로사업'의 발족에 의해 1961년에 시작된 일련의 '구호행정'개혁은 완료되었다.

'자조근로사업'은 "유휴 노동력을 활용하여 식량증산과 국토개발, 소득증대 등에 직결되는 농지조성, 농업용수, 농로개설, 하천정리, 사방사업 등을 실시"하는 사업이었다(사보심 1976:496). 실제 사업의 내용은 〈표 1-11〉과 〈표 1-12〉에서 보듯이 농업생산을 위한 인프라정비와 치산·치수에 관련한 사업이 큰 비중을 차지했다. 사업지역과 사업종류의 선정에 있어서는 "①근로구호의 대상자가 다수 거주하고 있는 지역의 사업, ②자활조성의 효과가 큰 사업, ③지역사회개발도가 높은 사업"(건대조사: 216)이 우선되었다. '영세민'으로 인정을 받은 사람은 사업에 취로할 자격이 부여되어 취로한 경우 1인당 1일 3.6 kg의 밀가루가 지급되었다. 취로는 1세대에서 1명만 인정되어 1개월의 취로일수가 20일을 넘어서는 안 된다라는 규정이 있었다[23]. 중요한 것은 영세농민의 자립

---

21 『건대조사』에 의하면 1963년도에 처음으로 75,000톤을 받아들여 이재민의 구호와 유실한 가옥·농경지의 복구사업에 투입되었다.

22 한국측은 행정적인 운영비용 이외에 사업에 쓰이는 자재의 비용을 부담했다.

23 밀가루의 지급기준이나 취로일수 제한 등의 조건은 '미국 1968년도 양곡양도승인서' 등 미국측의 규정에 의해서 규정되었다.

화지원을 목적으로 농지조성이나 농지개량의 성과가 무상으로 취로자에게 양도되었던 것이다. 생활곤궁자에 대한 식량지원에 머무르지 않고 지역의 생산·사회인프라개발과 영세농민의 자립화지원이라는 목적을 수반했다라는 점에 이 사업의 특징이 있었다. 당초 사업은 입법조치 없이 실시되고 있었지만 1968년에 운영에 관한 문제를 처리하기 위해서 〈자활지도사업에 관한 임시조치법〉이 제정되어 이후 사업의 명칭은 '자활지도사업'으로 변경되었다[24]. '자조근로사업'의 발족과 함께 이 사업은 근로구호사업의 중심이 되어 이때까지의 각종 취로구호사업은 정리되었다. 그러나 '자조근로사업'의 규모는 인정된 영세민 전원을 취로시킬 수 있을 정도로 크지는 않았다. 그러므로 정부는 매년 '자조근로사업' 이외에 건설부와 농림부가 주관한 국토개발사업, 지방자치단체가 주관한 토목사업, 외국민간원조단체가 실시한 취로사업 등을 동원해 영세민의 취로규모를 확보할 계획을 작성하고 있었다(제3절 4(3) 참조).

3. 구호행정 분야의 개혁

(1) 아동·여성 시책분야의 개혁

전쟁고아, 기아 등 보호자가 없는 아동의 문제와 '전쟁미망인', 특히 유아를 돌보는 모자세대, '윤락여성' 등의 여성의 문제는 한국전쟁때부터 1960년대 전반까지의 최대의 사회문제였다. 국가는 이러한 아동과 여성의 문제를 대처해야 할 중요한 과제로서 인식해 보사부에 〈부녀국〉(나중에 〈부녀아동국〉)을 설치하였다. 그러나 전쟁 직후부터 아동이나 여성에 대한 생활지원을 담당했던 주체는 정부가 아니고 주로 외국 민간원조단체였다. 외국원조단체는 의지할 곳 없는 아동이나 여성을 위해서 생활시설을 설립해 생

24 법률이 제정된 이유는 사업이 '밀가루공사'라고도 불려서 이권화하고 있었는데 미국의 의회에서도 원조물자의 유용이 문제가 되었기 때문에 사업의 기본원칙을 재확인해서 조성된 농지의 분배원칙, 구호양곡의 적절한 관리, 정부 부내의 사업의 관할 등에 관해서 규정을 명확화하려고 했던 것에 있었다(국회·보건사회위원회에서의 질의, 사보심 1976: 496). 그러나 당시의 담당 과장의 회상에 의하면 원조 삭감에 의한 사업의 폐지는 시간의 문제이었기 때문에 법률의 제정은 별로 의미는 없었고 그러므로 시행령도 작성되지 않았다고 한다(김·권 2008: 220).

활을 지원하는 활동을 대규모로 전개했다. 한국정부에는 이러한 시설을 재정적으로 지원할 여력이 없었기 때문에, 국가의 시책은 ①고아, 기아, 모자세대, '윤락여성' 등을 민간시설로의 수용알선, ②고아의 양자결연이나 양육 위탁의 추진, ③시설수용자를 구호대상으로 인정해 주식양곡의 지급에 머물렀다.

정부는 아동대책을 강화하기 위해 1961년에 〈아동복리법〉을 제정했다. 이 법률의 대상은 일반아동이 아니고 "보호자로부터 유실, 유기 또는 이탈되었을 경우 그 보호자가 아동을 육성하기에 부적당하거나 양육할 수 없는 경우"에 있는 아동(동법 제1조), 구체적으로는 전쟁고아, 기아, 모자세대에 속한 유아 등으로 한정되었다. 이 법률은 주로 고아나 기아를 대상으로 시설수용알선, 연고자에게 양육의뢰, 양자알선, 양육위탁 등을 진행시키기 위한 수속과 아동수용시설에 대한 관리[25]에 관한 조문으로 구성되었다. 또 고아의 양자결연과 '혼혈아'의 해외양자결연에 관해서 수속을 간소화하기 위해서 1961년에 〈고아입양특례법〉이 제정되었다[26]. "아동을 정상적인 가정환경에서 건전하게 양육하게 하려는 정책"이 강조되어 62년도 중에 "시설에 수용 중에 있는 아동에 대하여 입양, 위탁 및 거택구호사업을 실시한 결과 입양 662명, 위탁 1,677명, 기타 6,444명, 합계 8,763명의 실적을 올렸다"고 보고되었다(『최고회의보』 14권: 36).

여성에 대한 시책은 '전쟁미망인', 모자세대, '윤락여성' 등을 주된 대상으로 하고 있었다. 주된 시책은 연고자에게 인도引渡, 귀향/귀가歸鄕/歸家지도, 생업지원, 생활시설에의 수용알선 등이었는데 양적으로는 아동시책과 같이 시설수용을 알선한 경우가 압도적으로 많았다. '윤락여성'에 대한 생활자립의 지원에 관해서는 〈윤락행위등방지법〉이 제정되었지만 시책의 중심은 여성을 '단속'해서 귀향시키는 조치였다. 1962년도의 실적으로서 "사회악의 근원을 조성하게 되는 윤락여성에게 단속선도사업으로서 … 무의무탁한 부랑여성 연延 7,308명을 임시수용하였으며 연고자 있는 자 338명을 귀향조치시켰고 윤락여성선도를 위한 직업보도사업으로서 750명을 수용하여 … 사회에 적응할

25 아동시설의 관리에 관한 법령으로서는 〈아동복리시설설치기준령〉(1957년 제정)이 있었고 아동시설의 종류별로 구조·설비, 직원의 배치기준, 수용아동에 대한 적절한 취급에 관한 지침등에 관해서 규정하고 있었다.

26 1957년 10월에 한국 최초의 '혼혈아'의 해외양자로서 80명이 미국에 도항했다 (신동아편집실편 1976).

수 있는 직업종목을 선택하여 기술보도중에 있었다"라고 보고되었다 (『최고회의보』 14권: 37). 전체적으로 보면 "수용보호를 점차 거택보호로 전환하려는 방침"이 강조되었음에도 불구하고 '무의무탁한' 아동과 여성에 대한 시책은 외국원조단체가 운영하는 시설에 수용알선하는 일이 중심이었다. 시설수용자는 원칙으로서 '시설구호'의 대상으로서 주식양곡(쌀/보리)이 지급되었지만 주식 이외의 수용자의 생활비는 외국원조단체가 부담했다. 그러므로 아동과 여성을 대상으로 한 시책은 외국민간원조단체의 시설경영과 경비부담에 전면적으로 의존하고 있었고 국가행정은 시설운영을 둘러싼 주변적인 관리업무에 머무르고 있었다. 따라서 이 시점에서는 자립적인 정책 분야로서의 아동정책와 여성정책은 아직 형성되지 않았다고 말해야 한다.

(2) 특수영세민구호의 신설

'특수영세민구호'는 "사회불안 요인을 제거하고 사회안정을 목적으로 하는 사업"이고, "지역적, 계절적인 특수사정으로 일시 생활능력을 상실한 노숙자 및 특수영세민"을 대상으로 겨울철(11월~2월)의 식량결핍기에 20~30일 간의 기간을 한정해 양곡(밀가루 1인 1일당 250g, 취로자 350g)을 지급하는 제도였다(사보심 1976: 503-4). 구체적으로는 "①무연고자로서 노상을 방황彷徨하는 노숙자 '걸인乞人,부랑아 등' ", "②낙도, 어촌, 산간촌 및 풍수해등 각종 재해로 인한 이재민", "③동계 중 취로구호를 받지 못하는 영세민" 등의 생활곤궁자가 대상으로 되었다. 정부는 년 당초 이 사업에 필요로 하는 예산을 25,000~30,000명 규모로 설정하고 그것을 넘는 비용은 그 해의 상황에 따라 예비비로부터 지출하는 형태로 운영하고 있었다. 실제로는 특수영세민구호의 실시 수는 매년 25만~30만명에 이르고 있었다(〈표 1-2〉). 이 제도에는 겨울철에 아사餓死 등의 희생자를 낳지 않기 위한 최종적인 생활구원의 역할이 주어져 있었다. 단 이 경우의 '구호'(양곡지급)에서도 '무상구호'가 아닌 '경노동輕勞動'에 종사시키는 것이 바람직하다고 여겨지고 있었다.

표 1-2 특수영세민구호의 실적

	구호인원		사업비 (백만원)	양곡량 (M/T)
	세대(천)	인원(천명)		
1970	49	227	51	1,500
1971	46	201	51	1,500
1972	59	272	83	2,100
1973	61	283	88	2,100
1974	58	267	113	2,100
1975	59	270	181	2,100
1976	59	270	282	2,520
년 평균	56	255	118	1,980

자료: 사보심 1976: 504

(3) 재해구호의 개혁

1950~60년대의 시기에는 매년 대규모 풍수해나 한해旱害 등의 자연재해가 발생해서 영세농민의 생활에 큰 영향을 미치고 있었다. 개혁 이전에 있어서 이재민대책은 넓은 의미의 '구호'개념에 포함되어 있었기 때문에 일반의 생활곤궁자에 대한 구호와 명확한 구별 없이 서로 겹치는 상태로 운용되고 있었다. 재해 발생시의 긴급적인 구원·구출 등의 대책이나 토목복구등의 지원책을 제외하고 재해에 의해 생활곤란에 빠진 이재민에 대한 생활지원(양곡지급)은 일반의 생활곤궁자('요구호자')에 대한 구호의 연장선상에서 실시되고 있었기 때문이다.

1962년에 제정된 〈재해구호법〉은 자연재해의 이재민에게의 지원을 일반구호와 구별하려고 했던 시도였다. 이 법률에 의거해서 건설부나 농림부를 포함한 정부 각 부처의 합동조직이 종합적인 재해대책을 맡는 체제가 정비되고 보사부는 주로 의료지원과 생활지원을 담당하게 되었다. 이재민에 대한 양곡지급은 시설구호의 기준에 따라 실시되었는데 지급일수에 관한 제한이 있었다. 재원은 국가, 지방(각 도), 민간기금, 외국원조 등으로 구성된 복합적인 부담을 기초로 했다. 〈재해구호법〉의 제정에 의해 이 분야는 일반의 구호제도로부터 분리되었지만 여전히 넓은 의미로 '구호행정'의 일환으로 간주되고 있었다. 그 이유는 실제의 운영에 있어서 ①이재자의 생활지원은 일반구호에 준한 기준에 의하여 양곡지급 형태를 취했던 것, ②이재민의 생활지원에 재원이 부족할 경우 '자조근로사업'이나 '특수영세민구호'의 재원으로 충당하는 경우가 많았던 것,

③이재민이 원래의 생활로 복귀하지 못하고 생활곤궁이 계속되어 항구적인 구호 대상으로 이행한 경우도 많았던 것 등 기타 구호시책분야와 밀접한 연관을 가지고 있었기 때문이다.

4. 구호행정 개혁과 생활보호법의 관계

'구호행정'개혁은 1962년 초부터 본격적으로 착수되었는데 그 직전의 61년 말에 일제시대부터 계승되어 왔던 〈조선구호령〉이 폐지되어 〈생활보호법〉이 제정되었다. 이 법률의 제정에는 군사정권이 생활궁핍자의 지원에 큰 관심을 갖고 있다라는 자세를 내외에 보이려고 한 선전적인 의도가 존재했다. 〈생활보호법〉과 거의 동시에 제정된 1962년 개정헌법(제5차 개정)에 있어서의 생존권규정(제30조)의 신설은 같은 선전적인 성격을 가지고 있었다고 생각된다. 이 규정은 "모든 국민은 인간다운 생활을 할 권리를 가진다"라고 선언하고 있었다(제1항). "인간다운 생활"이라는 표현은 〈생활보호법〉에서 '보호의 수준'(제4조)으로서 규정된 "건강하고 문화적인 최저생활을 유지할 수 있는 수준"이라는 표현에 대응했다. 그렇지만 "인간다운 생활" 또는 "건강하고 문화적인 최저생활"이라는 규정은 바람직한 목표였다고 하더라도 법적인 규범력을 가진다고는 생각되어 있지 않았다. 실제로 '구호행정'개혁은 〈생활보호법〉의 규정과는 거의 상관없이 진전되었다. 〈생활보호법〉은 현대적인 의미에 있어서의 '구호행정'의 근거법률이 아니었다. 실제 농림부 장관의 구호에 관한 보고는 생활보호법의 제정 후에도 법률에 전혀 상관없이 구호행정(양곡배포)이 계속되고 있었던 것을 나타내고 있다(장경순 1962).

〈생활보호법〉은 법률의 명칭와 조문의 구성 등에서 일본의 〈생활보호법〉(1950년 개정법)과 유사하며 입법준비과정에서 공공부조제도의 선진모델로서 일본의 제도를 참고로 했던 것은 확실하다[27]. 그러나 한국의 〈생활보호법〉은 ①보호의 대상을 비근로능력자로 한정하고 있는 점, ②'최저생활' 보장은 바람직한 목표에 지나지 않고 법적 규범력을 가진다고는 생각되지 않았던 점, ③그 이외의 조항에서도 명목적인 규정이 많은 점 등에 있어 일본의 동명의 법률과는 다른 성격을 가지고 있었다. 이 시점에는 국가가 국민에게 최저생활을 보장해야 할 의무를 가진다라는 정책이념은 존재하지 않았고 또한 최저생활을 보장하기 위한 구체적인 정책수단도 마련되지 않았다. 복지정책의 담당자가 실질적으로 의식하고 있었던 생활지원책은 '구호'였다. '구호'란 단적으로 주식용 양곡의 현물지급을 의미하여 또 구호대상의 범위와 구호기준(양곡 지급량)의 설정에 관해서는 당연히 국가가 전일적으로 재량권을 갖는다고 생각되어 있었다. 1970년대 초에 이르기까지 '구호'는 공식적인 행정용어로서 사용되고 있었고, 한편 '생활보호'라는 용어는 법률의 존재에도 불구하고 그리 빈번히 쓰이지 않았으며 '구호'의 하위개념으로 '거택구호'을 가리키는 용어로서 사용된 경우도 있었다[28]. 1970년대에는 '구호'라는 말은 '보호'로 바뀌게 되었지만 구호행정의 실태는 거의 변하지 않았다.

물론 현실의 '구호행정'과 〈생활보호법〉이 완전히 관계가 없었다고 하는 것이 아니다. 형식적으로는 〈생활보호법〉은 '구호행정'의 근거법으로서 다루어지고 있었다. 특히 이 법률은 구호대상을 비근로능력자로 한정한다라는 기본원칙을 확인할 때나 구호대상자의 인정기준과 인정수속을 제시할 때 법적인 근거규정으로서 쓰이고 있었다. 또한 "건강하고 문화적인 최저생활"이라는 보호수준조항(제4조)은 일면에서는 명목적인 선언에 불과했지만 동시에 그 실현을 위해 노력해야 하는 정책목표로서 의식되는 측면도 있었다라는 점에도 유의해야 한다. 이러한 외면적인 법률과 현실의 정책운영과의 괴리는 사회복지 분야에 한정되지 않았고 노동입법 분야 등에서도 널리 존재하고 있었던

---

27 당시의 사보심 전문위원의 민부기는 생활보호법에 관해서 조문은 "제도의 내용은 시대적 사상에 발맞추어 외국의 제도와 거의 같다. 그러나 현실은 아직도 이 제도가 규정하고 있는 내용과 거리가 먼 미약하고 비과학적인 형편에 놓여 있다"라고 평가하고 있었다("사회보장의 실현을 도모하기 위하여" 『최고회의보』 18권 1963년 3월: 76).

28 예를 들면 〈1967년도 예산안(보사부주관)〉의 항목은 " … 16시설구호, 17외원구호, 18생활보호, 19영세민구호, 20재해대책, 21자조정착사업, 22이민사업… "이라고 표기되어 여기서는 '생활보호'라는 말은 '거택구호'를 가리키고 있었다(『보사위/회의록』 1966년 11월 15일).

현상이었다. 그렇기 때문에 1960년대~70년대의 사회복지는 〈생활보호법〉을 중심으로 접근하는 연구방법으로는 정책의 전체적인 실태를 파악하지 못하는 점에 주의할 필요가 있다.

제3절 구호행정의 구조와 운영

1. 구호행정의 복합적인 정책구조

'구호행정' 개혁은 1964~65년에 완료했다. 〈표 1-3〉에서 보는 바와 같이 '구호행정'은 '시설구호'(또는 '수용구호'), '거택구호', '근로구호', '특수영세민구호', '재해구호' 등 각각 대상자의 종류, 인정수속, 구호의 내용과 기준, 재원, 운영주체 등이 서로 다른 5개의 시책영역으로 구성된 복합적인 구조를 가진다. '구호행정'의 범위는 '시설구호'와 '거택구호'만을 가리키는 가장 좁은 범위에서 가장 광의로서는 5개 시책 모두가 포함된다. 이 연구에서는 기본적으로 후자의 넓은 범위를 상정한다.

다른 성격을 가지는 5개의 정책을 통합한 요인은 '구호'라는 개념이며, 5개 시책은 생활곤궁자에 대해서 주식양곡(쌀·보리 또는 밀가루)을 현물로 지급하는 방식을 취하는 점이 공통된다. '구호행정'의 핵심은 비非근로능력자를 대상으로 하는 '시설구호'와 '거택구호'이고 양곡지급을 중심으로 했다. 당시의 이해에 따르면 '구호'란 거의 주식양곡의 지급을 의미했다. '근로구호'는 근로능력자를 대상으로 공공사업취로와 양곡지급을 짜맞추는 방식을 채용한 제도이다. '재해구호'는 일반적인 구호 분야와 다른 성격을 갖춘다. 정책적으로 일반 구호에서 분리하려고 한 의도가 있었지만 분리는 완전히 이루어지지 않았고 실제로는 다른 구호시책과 서로 관련된 형태로 운영되었다. '특수영세민구호'는 겨울철 한정으로 아사나 동사 등의 최악 사태를 회피하기 위한 긴급적이고 최종적인 구제수단이었다.

표 1-3 1960년대 전반의 개혁에 의해 형성된 〈구호행정〉의 구조

<table>
<tr><td rowspan="3"></td><td colspan="5">광의의 〈구호행정〉</td></tr>
<tr><td colspan="4">협의의 〈구호행정〉</td><td rowspan="2"></td></tr>
<tr><td colspan="2">가장 협의의 〈구호행정〉</td><td colspan="2"></td></tr>
<tr><td></td><td>시설구호</td><td>거택구호</td><td>근로구호</td><td>특수영세민구호</td><td>재해구호</td></tr>
<tr><td>대상자의 종류</td><td colspan="2">근로능력이 없는 생활곤궁자 (《생활보호법》 제3조 제1항 1,2,4호 해당자)</td><td>근로능력이 있는 생활곤궁자('영세민') (《생활보호법》 제3조 제1항 3,5호 해당자)</td><td>벽지농어민, 도시노상생활자 등이고 겨울철의 생활곤궁자</td><td>풍수해, 한해 등 자연재해의 이재민</td></tr>
<tr><td rowspan="2">대상의 인정기준과 인정방법</td><td>시설수용자</td><td>재가생활자</td><td rowspan="2">·《생활보호법》에 의한 전국조사에 의해 인정
·"책정기준"이하의 월수입액, 자산 등의 기준</td><td rowspan="2">·지방자치단체에서의 신청에 따라 보건사회부가 인정</td><td rowspan="2">·이재후의 생활의 곤궁상황에 따라 인정</td></tr>
<tr><td>·시설수용시에 인정
·친척, 사는 집, 생활수단이 없는 "무의무탁"한 자</td><td>·《생활보호법》에 의한 전국조사에 의해 인정
·수입, 자산, 부양의무자의 유무 등의 기준</td></tr>
<tr><td rowspan="2">구호의 내용</td><td>1인 1일당 쌀·보리 3홉과 금전수당 3원</td><td>1인 1일당 밀가루 250g</td><td rowspan="2">1인 1일당 밀가루 3.6kg (《자조근로사업》등의 공공사업에 취로를 조건)</td><td rowspan="2">1인 1일당 밀가루 250g (겨울에 30일이내의 한정)</td><td rowspan="2">1인 1일당 양곡3홉+약간의 금전수당 (지급일수 제한)</td></tr>
<tr><td colspan="2">《생활보호법》상 의료보호, 장례조치, 출산보호가 존재했으나 실적은 저수준.</td></tr>
</table>

자료: 필자 작성.

2. 시설구호의 운영실태

(1) 시설과 수용자의 상황

'시설구호'('수용구호')는 아동, 노인, 장애인 등 비非근로능력자이며 생활수단, 사는 집, 그리고 의존할 수 있는 보호자나 친척이 없는('무의무탁'한) 사람을 시설에 수용하여 생활을 지원한 제도이다. 구호 내용은 1인 1일당 쌀·보리 합계 3홉과 부식비 보조 명목으로 약간의 금전수당(1968년까지 3원, 69년부터 10원)의 지급이었다. 양곡은 매달 1회 시설을 통해서 지급되었다. 비근로능력자라도 사는 집이 있는 경우에는 '거택구호'로서 1인 1일당 250g의 밀가루가 지급되었다[29]. 헌법에 규정된 보호대상인 비근로능력자에 관해

29 〈생활보호법〉에는 '의료보호', '상제조치', '출산보호' 등의 규정도 있었지만 그 내용은 극히 빈약해서 '유명무실'했다.

서도 기준과 운영 방식이 완전히 다른 두 개의 제도가 병존했던 것이 주목된다. '무의무탁'한 사람이 특히 우선된 이유는 전통적인 한국의 사회사상에 의거하여 사회가 보호해야 하는 대상이라고 인식되었기 때문이다. 반대로 사는 장소가 있는 경우에는 극진하게 구호해야 할 대상으로 간주되지 않았다.

'시설구호'의 대상이 생활하고 있었던 '후생시설'(또는 '후생복리시설')[30]의 종류를 보면 고아나 기아를 수용한 아동시설이 약 83%, 모자세대시설 등 여성관련시설이 약 10%를 차지하여 아동시설과 여성시설이 90%이상을 차지했다〈표 1-4〉. 수용자 베이스에서도 아동과 여성의 비율은 거의 같다. 따라서 '시설구호'의 문제는 주로 전란이나 빈곤으로 인해 생긴 보호자가 없는 고아나 기아의 보호 문제였으며, 그 다음에 모자세대나 '윤락여성' 등 곤궁한 여성의 생활지원과 사회복귀지원의 문제였다. 시설에서 생활하고 있었던 노인이나 장애인의 수는 매우 적었으며 이 시기의 행정은 그들에 대해서 거의 정책적인 관심을 갖고 있지 않았다.

시설의 설립과 운영의 주체는 주로 외국원조단체 또는 그 지원을 받은 민간단체나 개인이며 국공립의 시설은 극히 한정되었다〈표 1-4-3〉. 〈생활보호법〉의 제정 이후 국가는 이러한 민간시설을 〈생활보호법〉이 규정하는 '보호시설'로서 지정하고 '보호'를 위탁하는 형식을 취했다. 군사정권은 노상에서 생활하고 있었던 아동을 사회적으로 바람직하지 않다고 생각해 그러한 존재를 철저히 노상으로부터 일소하려는 엄한 방침을 택했다. 노상에서 '단속'된 고아나 기아들은 반강제적으로 이러한 시설에 수용되었다[31].

시설수용 이외에 위탁양육, 양자결연알선, 귀가조치(기아이지만 보호자의 존재가 판명된 경우) 등 각종 조치가 존재했지만, 그 수는 많지 않았다. 대상자가 시설에 수용되는 경우 행정기관이 시설에 수용을 위탁하는 경로와 시설자체가 대상자를 직접 수용하는 경로의 두 가지 경로가 존재했다. 시설은 매달 행정에게 수용자의 입소/퇴소 동향과 성별, 년령 등 수용자의 속성屬性에 관한 보고를 제출하고, 행정은 보고에 의거하여

---

30 '후생(복리) 시설'이라는 행정용어는 1970년대 초에 '사회복지시설'이라는 용어로 변경되었다.

31 1963년 당시 곤궁한 부자(父子)가정의 열살의 소년의 생활기록인『저 하늘에도 슬픔이』(이윤복 1964)는 아동복지시설을 '공포'의 대상으로 그리고 있다. 당시 이러한 단속의 대상으로 된 존재는 아동뿐만 아니라 성인의 노상생활자도 포함되었고 '단속'된 후 정착사업의 대상이 되어 지방에 보내졌다(『행정백서』 1962년판, 1964년판).

표 1-4 복지시설과 수용자의 상황(1960년대)

1. 종류별 시설 수와 수용자(명)

단위: 시설/ 명

	시설 유형										합 계	
	양로시설		아동복리시설*		부녀직업 보도시설		모자보호시설		성인장애인시설			
	시설	수용자	시설	수용자	시설	수용자	시설	수용자	시설	수용자	시설	수용자
1965	42	2,567	565	69,487	22	3,834	37	4,087	16	4,069	682	84,044
1970	44	2,383	557	57,504	14	9,287	34	3,354	20	4,264	669	76,792

2. 종류별 시설 수와 수용자 수의 구성비(1965년)

단위: %

	양로시설	아동복리시설*	부녀직업 보도시설	모자보호시설	성인장애인시설	합계 ( )안은 실제수
시설수(%)	6.2	82.8	3.2	5.4	2.3	100.0(682시설)
수용자수(%)	3.1	82.7	4.6	4.9	4.8	100.0(84,044명)
1시설당 평균 수용자수 (명)	61.1	123.0	174.3	110.5	254.3	102.4

3. 설립주체별 시설 수(1965년)

단위:시설

		국립	공립	민간	합계
아동시설	영아원		3	74	77
	육아원	1	2	439	442
	허약아갱생원			3	3
	육아직업보도시설	1	2	10	13
	지체부자유아 갱생시설	1	2	17	20
	교호시설	1			1
양로원			3	39	42
여성시설	모자원	1		36	37
	'윤락여성' 직업보도시설		9	13	22
장애인시설	'맹아'후생시설			16	16
	신체장애자수산시설		1	1	2
기타	숙소제공시설		5		5
합 계		5	27	648	680

자료: 『보건사회통계연보』 (1. 1970년판, 2.과 3. 1965년판).
*〈아동복리〉라는 용어는 〈아동복리법〉에 의거해 1981년 〈아동복지법〉의 개정까지 사용됨.

구호의 필요성을 판정해 양곡을 지급했다. 모자세대나 '윤락여성'의 경우 귀향 권장, 연고자로의 인도, 직업훈련 등 사회복귀 지원책도 실시되고 있었지만 그 사례는 그다지 많지 않았고 부녀직업보도시설이나 모자보호시설 등 생활시설에 일시적으로 수용하는 시책이 중심이었다.

〈표 1-5〉는 시설 수와 수용자 수의 시계열 추이를 가리킨다. 이 시기에서는 행정통계 수치의 신뢰성에 큰 문제가 있었지만 시설에 관한 통계는 시설로부터 제출된 입소·퇴소 보고를 기초로 했기 때문에 수치의 신뢰성은 비교적으로 높다고 생각된다. 이 자료에 따르면 1960년대 후반에 있어 시설 수는 650~700시설, 수용자 수는 7만 5천~8만 6천명이었다. 또, 1970년대에 들어 시설 수도 수용자 수도 현저히 감소해 갔음을 확인할 수 있다.

시설수용자는 원칙적으로 요구호자로 인정되어 양곡지급의 대상이 되었다. 그러나 경제기획원의 예산 방침에 의해 수용자 전원에 대한 예산이 확보되지 않았다라는 문제가 있었다. 1962년도의 '시설구호' 예산 할당수는 48,910명이었으며 이 할당수는 그대로 64년까지 고정되었다. 시설 수용자 수는 이 예산 할당수를 웃돌고 있었기 때문에 '구호누락' 또는 '미보호대상자(행정용어)'가 발생하고 있었다. 1964년의 경우 시설 수용자 수와 예산 할당수의 차이는 약 3만명에 이르고 있었다. 예산 할당수는 1965년에 69,600명분으로 확대되었지만 그 후 이 수치는 수 년간 고정되었기 때문에 여전히 1만명 이상의 '구호누락'이 존재하고 있었다[32]. 1970년대에 들어 아동시설에 대한 사회적 수요가 저하해 갔고 시설과 수용자의 수가 감소했기 때문에 시설구호의 '누락' 문제는 자연히 해결되어 갔다.

(2) 시설구호 대상자의 생활비 부담 구조

'시설구호'는 시설의 수용자에게 주식용 쌀·보리와 약간의 금전수당을 지급함에 불과했고 수용자의 생활비용 전액을 부담한 것이 아니었다. 비용의 부족분은 시설의 운용자, 실질적으로는 외국원조단체에 의해서 충당되었다. 〈표 1-6〉에 의해 1965년과 70년의 두 시점의 시설 수용자의 생활비용 부담 상황을 보면, 주식양곡에 관해서도 공비는 그 전액을 부담하고 있지 않았다. 65년의 경우 공비부담은 주식비용의 약 60%에 불과

---

32 구호의 '누락 문제'는 시설구호보다 거택구호에 있어 심각했다.

하고 약 40%가 외국원조에 의해서 보전되고 있었다. 70년의 경우 공비부담 비율은 약 80%로 증가했지만 이 수치는 외국원조량이 감소했던 결과이며 공비부담이 증가한 결과가 아니었다.

'시설구호'에서는 주식양곡 이외에 생활비 보조(부식비 명목)로서 1인 1일당 3원(1969년부터 10원)의 금전수당이 지급되었지만 시설 수용자가 필요로 한 금전지출의 총액 중 공비가 차지한 비율은 극히 적었다. 1965년에는 금전비용의 약 94%, 1970년에는 80%를 외국원조단체가 부담하고 있었다. 또 금전수당은 국고가 아닌 지방자치단체로부터 지출되었던 사실은 구호정책에 있어 국고로부터의 금전형태에 의한 지출을 가능한 한 억제하려는 방침이 존재했던 것을 시사한다. 수용자의 생활비용 이외에 시설은 설립에 필요한 초기투자와 인건비, 관리비 등 일상적인 운영비용을 필요로 했지만 이러한 비용에 대한 공적인 보조는 거의 존재하지 않았다.[33]

표 1-5 시설구호*의 대상자 수의 추이(1964년~1975년)

단위:①시설수, ②~④ 명

	① 시설 수	② 수용자 수 (시설구호 수급자수)	③ 시설구호 예산인정 인수	④ ②와 ③의 차이
1964	656	79,556	48,910	30,646
1965	682	84,044	69,600	14,444
1966	702	86,045	69,600	16,445
1967	719	86,300	69,600	16,700
1968	695	82,393	69,600	12,793
1969	677	78,048	69,600	8,448
1970	669	76,792	69,600	7,192
1971	659	67,501	69,600	−2,099
1972	631	60,702	69,600	−8,898
1973	598	56,177	62,000	−5,823
1974	570	55,491	52,000	3,491
1975	561	55,838	52,000	3,838

자료: ①『보건사회통계연보』 1970년판, 1980년판. ②1964~70년(시설 수용자 수):1970년판, 1971~74년 (시설구호 수급자 수): 1980년판. ③『건대조사』 1969에 수록된 통계표 및 국회·보건사회위원회에 제출된 자료(1975년). 시기에 따라 통계양식이 다르기 때문에 주의가 필요함. *1971년 이후 '시설구호'라는 용어는 '시설보호'로 변경되었지만 실태에 변화는 없었기 때문에 여기서는 '시설구호'를 사용함.

33 1960년대 후반 이후 외국원조를 받지 않는 노인시설과 장애인시설에 한정해서 소규모의 시설유지 경비 보조가 존재했다.

표 1-6 복지시설 입소자의 생활비용 부담상황(주식양곡 및 금전경비)

		주식양곡의 부담				시설 수	수용자 수 (명)
		국고	지방비	외국원조	계		
1965	부담량(톤)	10,025	43	6,410	16,478	682	84,044
	구성비(%)	60.8	0.3	38.9	100.0		
1970	부담량(톤)	10,502	408	2,032	12,942	669	76,792
	구성비(%)	81.1	3.2	15.7	100.0		
		금전경비의 부담				시설 수	수용자 수 (명)
		국고	지방비	외국원조	계		
1965	부담량(백만원)	9	40	763	811	682	84,044
	구성비(%)	1.1	4.9	94.1	100.0		
1970	부담량(백만원)	32	226	1,096	1,355	669	76,792
	구성비(%)	2.4	16.7	80.9	100.0		

자료: 『보건사회통계연보』1974년판에 의해 작성.

이와 같이 국가는 '시설구호'라는 명칭 하에 시설 수용자(보호대상자)의 생활비용의 일부만을 부담했다. 비록 수용자의 생활이 낮은 수준이었다고 하더라도[34] 유지할 수 있었던 것은 외원단체의 원조와 한국인 복지시설 관계자의 노력이 공적인 급여의 대폭적인 부족분을 보완하고 있었기 때문이었다. 다시 말하면 수용자의 생활에 대한 최종적인 보장책임은 국가가 아닌 외국원조와 민간단체가 맡고 있었다. 외국 원조재원과 민간활동의 이용으로 수용자의 최저한의 생활보장을 달성하려고 했던 점에서 '구호행정'의 큰 특징을 볼 수 있다. 이러한 불완전한 공적 시책의 문제점에 관해서 정책담당자도 인식하고 있었던 것을 보사부 행정담당자의 기록이나 국회 논의 등을 통해서 알 수 있다.

3. 거택구호의 운영실태

(1) 요구호자의 인정과 예산 범위에 관한 문제

34 수용자에 대한 시설의 대우는 열악한 경우가 많았다. 그 때문에 많은 수용자가 도망했고 사망자도 많았다. 1961년의 경우 부랑아시설에의 신규수용자 9,163명 중 513명(5.6%)이 도망했고, 100명(1.1%)이 사망했다.

'시설구호'인정 수는 시설로부터의 신고를 기초로 했기 때문에 비교적으로 신뢰성이 높은 수치가 기록되어 있었다. 한편 '거택구호'인정 수에 관해서는 보사부의 공식기록에서도 복수의 다른 수치가 기록되어 있었으며 현재까지 이 문제를 검토했던 연구는 존재하지 않는다. 거택구호인정 수에 관한 혼란은 지방행정차원에서 인정한 요보호자 수가 예산상의 제약으로 중앙차원에서 승인되지 않고 국가와 지방자치단체 사이, 또한 경제기획원과 보사부 사이에 구호예산에 관한 공방이 매년 반복된 것에 그 원인이 있다고 생각된다.

'구호행정'의 개혁에 따라 지방행정은 새로운 인정조사수속에 의해 인정한 대상자 수를 기초로 국가에 필요한 예산신청을 제출하게 되었다. 그러나 지방행정의 신청수는 그대로 승인된 것이 아니었다. 경제기획원은 신청수에 따라 예산을 할당하지 않았기 때문이다. 1962년의 시점에서 63년도 거택구호에 할당될 예산범위는 283,000명분으로 결정되었다[35]. 경제기획원은 이후 요구된 인정 수에 관계없이 거택구호의 예산은 이 인수로 고정했다. 1964년도에는 각 도道가 국가에 신청한 거택구호 요구호자 수는 동년 1월 현재 405,937명이었는데 국가가 "요구호자를 판단한 결과" 예산을 확보한 대상자 수는 283,000명이었다. 그러므로 약 12만명의 '구호누락'이 발생하게 되었다 (『행정백서』 1964년판: 248-9). 이 예산 범위는 1974년도까지 10년 이상에 걸쳐 고정되었기 때문에 인정된 요구호자와 예산 할당수와의 괴리가 상태화하고 매년 10만~18만명의 '구호누락' 혹은 '미보호' 문제가 계속 발생하고 있었다.

요구호자 인정에 관해서 지방행정 현장에서는 커다란 혼란이 발생하고 있었다. 『건대조사』는 1968년 가을시점의 지방의 혼란상황을 생생하게 묘사하고 있다. 이 조사에 따르면 지방에서는 매년 요구호자 인정조사에 있어 적어도 3종류의 명부를 작성하고

---

35 '거택구호'에 있어서의 283,000명이라는 예산범위는 1962년에 다음해의 63년도 예산책정과정에서 설정되었다(1967년 10월 24일의 국회·국정감사에서의 보사부차관의 답변). 사보심(1964:71)은 "구호대상자의 수를 서울에 29,000명, 지방에 254,000명, 계 283,000명으로 예산한데 대한 근거를 알 수 없다"고 지적했다. 『행정백서』 1964년판(p.249)은 1964년의 거택구호 '283천명'의 근거는 '전년도 기준'에 의한다고 설명하고 영세민에 관해서 도시지역은 인구비가 '최저도'(最低道: 구호대상자의 인구비율이 가장 낮았던 도(道)를 의미한다고 추측됨 -인용자) 의 기준인 10.73% (비농가 9.19%, 절량농어민 13.58%+보리흉작)라고 설명한다. 따라서 구호예산범위의 설정은 구호대상자의 인구비율이 가장 낮았던 도(道)의 수치를 전국(각도)에 적용해서 산출되었다고 추측된다. 『자료연구편 II』의 〈표 II-14〉참조.

있었다. 우선 기초자치단체의 생활보호위원회가 작성한 제1차 인정자명부가 시·군의 차원에서 집약되고 그 다음에 시·도(서울특별시+9道)차원으로 집계된다. 그러나 이 명부는 국가가 그대로 승인할 가능성이 낮기 때문에 일단 유보되어 예산요구용의 제2차 명부가 작성된다. 이 제2차 명부의 인원수도 역시 줄여졌기 때문에 실제로 구호를 받을 수 있는 대상자를 기재한 제3차 명부가 작성되게 된다고 한다. 매년 요구호자 인정에 관해서 지방행정과 중앙의 보사부 사이에 홍정이 있었고 그 다음에 중앙정부의 차원에서 보사부와 경제기획원 사이에 홍정이 전개되었다. 요구호자 수에 관한 기록의 혼란은 이러한 사정으로 인해 생겼다고 추측된다.

〈표 1-7〉에서 보는 바와 같이 '거택구호' 요구호자 인정수에 관해서 보사부가 작성한 공식적인 기록으로서 적어도 3개의 다른 수치 계열이 존재한다. (a)는 보사부의 공식통계기록인 『보건사회통계연보』(이하『보사연보』)에 수록된 수치이며 현재까지 연구에 있어서 자주 인용되어 왔다. (b)는 보사부의 행정보고에 수록된 수치이고 (c)는 국회·보건사회위원회에서 보사부가 제출한 수치이다. (b)및 (c)의 수치간의 차이는 크지 않지

표 1-7 거택구호의 '요구호자 수'와 예산인정 수(1964~75년)

단위:명

	① 예산 결정 이전의 '요구호자 수'			② 예산인정 수
	(a)	(b)	(c)	
1964		391,277		283,000
1965	287,640	402,946		283,000
1966	316,971	420,193	390,000	283,000
1967	347,472	440,401	400,000	283,000
1968	328,283	463,339	440,000	283,000
1969	346,711	424,070	460,000	283,000
1970	306,250	427,600	474,000	283,000
1971	320,625		428,000	283,000
1972	419,906		419,906	283,000
1973	388,520		388,520	283,000
1974	307,859			283,000
1975				330,000

자료: ①'요구호자 수': (a)『보건사회통계연보』 1974년판, (b)『1971보사백서』, (c)1966~71년:국회·보건사회위원회 회의록, 1972~73년:위원회에의 보사부 제출자료. 모두 보사부가 작성한 통계에 의한 수치이며, 이 이외에도 다른 '요구호자 수'의 수치가 단편적으로 남겨져 있음. ② '예산인정자 수' : 각 년의 보사부예산 기록.

만 (a)의 수치는 (b) (c)에 비교해서 현저하게 적다. (b)와 (c)는 지방자치단체의 신청수에 가까운 수치일 가능성이 높다. (a)의 수치는 '구호누락'을 가능한 한 작게 표시하기 위한 조작적인 수치이었을 가능성이 있다. (b)또는 (c)의 수치를 요구호자 인정수로서 채용하면 1960년대부터 70년대 전반까지 매년 13만~15만명에 이르는 '구호누락/미보호'가 존재했던 것이다[36].

지방행정은 방대한 '구호누락'(미보호대상자) 문제에 직면하여 고생하고 있었다. 『건대조사』는 지방행정이 '구호누락'에 대응하기 위해, ①인정자 전체를 대상으로 한 윤번제에 의한 수급 평등화, ②지방 재원인 '지방 구제비'에 의한 보완적인 구제, ③영세민을 대상으로 한 자조근로사업의 재원유용에 의한 구제 등 여러 가지 "무리한 방법"을 채용하고 있었던 상황을 보고한다(pp.67-71). 조사는 "미보호대상자의 대량존재"는 "사실상 법률위반"이며 "일선 보호기관은 늘 항의를 받고 있으며 … 사회적 문제가 정치 문제까지를 유발할지도 모르는 우려가 없지 않다"(pp.69-70)라고 지적한다. 이 문제는 국회활동이 비교적으로 활발했던 1960년대 후반에 보건사회위원회에서 매년 논의된 문제이며 인정자 전원에게 예산조치를 취하라는 요구가 제기되고 있었다. 보사부의 담당자도 문제의 중요성을 인식하고 있었다. 예를 들면 1967년 10월의 국회·국정감사에서 보사부 차관은 경제기획원에 내년도의 생활보호(거택구호) 예산으로서 지방으로부터의 보고에 따라 42만명분을 요구했지만 283천명 밖에 계상되지 않았던 결과에 관해서, "유감으로 … 위원 여러분께서 앞으로 68년도 예산을 심의하는 과정에서 이것을 반영시켜 주실 수 있기를 저희들은 열망해 마지 않습니다"라고 답변하고 있었다[37]. 그러나 군사비지출과 경제성장을 위한 생산적인 투자를 최우선한 경제기획원은 그 자세를 바꾸지 않았기 때문에 구호누락문제의 해결은 1970년대 중반 까지 미루어지게 되었다.

(2) 거택구호 수급자의 속성과 생활상황

---

36 1960년대의 구호'누락'의 규모는 『건대조사』에 의하면 10~18만명, 『1971보사백서』에 의하면 약 14만명(표1-6참조), 제3차 5개년계획에 관한 자료에서는 12~18만명이라고 추정되어 요구호자의 30%전후로 기록된다.

37 『보사위/회의록』 1967년 10월 24일.

'거택구호'의 대상자는 〈표 1-8〉에서와 같이 대부분이 65세 이상의 노인과 장애인이었다. 평균 세대원 수는 2명 내외이고('영세민'은 5명 내외) 결손가족이 많았음을 시사한다. 따라서 '거택구호'대상자의 자립적인 생활능력은 극히 낮았다고 추측되지만, 구호의 내용은 1인 1일당 밀가루250g의 현물 지급뿐이었다. 이 양은 "빵으로 2개 또는 3개, 보통 밥공기의 면류로 3배 미만"(건대조사: 79)이라고 표현되고 있었다. '시설구호'의 경우 쌀·보리를 합쳐서 1일 3홉의 주식 양곡이 지급되었던 것에 비해 노인이나 장애인의 생활이 아무리 곤궁했다고 하더도라도 재가의 경우에는 밀가루지급을 넘는 생활지원은 실시하지 않는다라는 방침이 관철되어 있었다. 이 방침은 1970년대 중반까지 강고하게 유지되었다. '거택구호'는 대상자의 생활에 대한 부분적인 지원에 지나지 않았다. '시설구호'의 경우에는 외국원조단체가 시설수용자의 생활비용의 부족분을 보충했지만 '거택구호'의 대상자에게는 그러한 존재가 없었기 때문에 그들의 생활은 자기 책임에 따를 것으로 정책적으로 방치되고 있었다.

표 1-8 거택구호의 요구호자의 속성(1960년대)

1. 대상자의 구성 단위:%

	노인	아동	장애인	계
1964	46.0	7.5	46.5	100.0
1966	44.0	7.6	48.4	100.0
1968	43.4	8.0	48.6	100.0

2. 평균 세대원 수 단위:명

	거택구호	영세민
1965	2.2	4.8
1970	2.1	5.1
1974	2.0	4.2

자료: 1.『1971보사백서』: 221, 2.『보건사회통계연보』 1974년판에 의해 산출.

4. 자조근로사업의 운영실태

(1) 영세민의 인정과 그 추이

'구호행정'개혁의 주된 목적 중의 하나는 근로능력자에 대한 구호를 철저히 억제하려는 것이었다. 그 때문에 근로능력자의 구호인정을 엄격하게 억제하는 조치와 함께 대상자에 대해 취로를 의무화하는 '근로구호' 방식이 도입되었다. '거택구호'의 경우와 같이 중앙행정은 지방행정이 인정하고 신청한 '영세민'의 수를 그대로 승인하지 않았다. 따라서 '영세민'의 인정 수에 관해서도 매년 지방행정과 보사부 사이에, 또 보사부와 경제기획원 사이에 흥정이 오가고 있었고, 기록은 '거택구호'보다 더 혼란한 양상을 나타내고 있다. 한 보사부의 기록으로서 각종의 수치계열이 존재하는데 여기서는 두 종류의 기록만을 표시한다(《표 1-9》). 두 종류의 수치계열은 다 보사부가 작성한 기록이지만 커다란 차이가 있다. 이러한 차이는 '영세민'인정에 관한 지방과 중앙 사이의 흥정과정을 반영한다고 추측된다. 생활곤궁의 실태에 접하고 있었던 지방현장에서는 많은 대상자를 인정할 수 밖에 없었다. 1964~65년에 지방행정은 350만~450만명의 영세민을 인정했지만 국가가 인정한 수는 그 절반의 200만명에 지나지 않았다 (『행정백서』 1964년판). 1960년대 후반부터 70년대 초까지 250만~300만이라는 인정 수가 기록되어 있다.

표 1-9 '영세민' 수의 추이(1964~74년)

단위:명

	『건대조사』		『보건사회통계연보』 1974년판	
	지방의 보고 수	정부의 인정 수	재해민 포함	재해민 제외
1964*	3,173,229	1,789,549		
1965	2,851,266	1,887,018	3,563,179	3,400,739
1966	2,466,561	1,898,427	2,979,513	2,898,390
1967	2,378,791	2,070,368	2,635,746	2,188,590
1968	1,979,834	1,979,834	3,124,954	2,291,598
1969			2,553,694	2,079,083
1970			2,116,498	1,931,990
1971			1,884,480	1,832,069
1972			1,748,744	1,637,257
1973			1,300,771	1,173,690
1974			1,519,530	1,482,951

자료: 『건대조사』(원자료는 보사부작성), 『보건사회통계연보』 1974년판.
(1)*1964년의 '영세민 수'에 관해서 『행정백서』 1964년판(p.249)에 지방의 보고 수4,466,132명, 정부의 '판단인원' 수 2,065,058명이라는 기재가 있음. (2) 『보건사회통계연보』 1981년판은 1970~75년에 관해서 1974년판과 다른 '영세민 수'를 기록함.

표 1-10 '영세민'의 구성(1965·70·74년)

단위:%

	3단보(段步)미만 절량농어민	비농 영세민	도시 실업자	합계 ( )안은 영세민 실제 수
1965	36.3	29.4	34.3	100.0% (3,400,739人)
1970	47.2	34.9	17.9	100.0% (1,931,990人)
1974	45.6	31.0	23.4	100.0% (1,482,951人)

자료: 『보건사회통계연보』 1974년판. 원자료는 자연재해 이재민을 포함하지만 이 표에서는 제외해서 산출함.

〈표 1-10〉에서 보는 바와 같이 '영세민'은 ①〈3단보段步만의 영세절량농어민〉[38], ②〈비농영세민/농촌 실업자(면세자)〉, ③〈도시 실업자(면세자)〉의 세 가지로 구분되어 있었다. 1960년대 중반에서 각 그룹은 약 30%씩을 차지하고 있었음으로 근로능력이 있는 생활곤궁자는 농촌지역, 도시지역에 상관없이 널리 존재했던 것을 알 수 있다. 전체적으로는 1960년대 말부터 '영세민' 수는 감소하기 시작했다. 이 시기에는 경제발전에 따라 근로능력이 있는 생활곤궁자가 감소하고 있었고 지방에서의 인정신청 수와 중앙정부의 인정 수 사이의 괴리는 축소되고 있었다. 동시에 그럼에도 불구하고 70년대 중반에 이르러도 여전히 150만명에 가까운 '영세민'을 인정하지 않을 수 없었던 상황이 계속되고 있었던 것에도 유의해야 한다. '영세민'의 인정은 근로구호를 받을 수 있는 자격을 의미함에 지나지 않았다. 나중에 보는 바와 같이 마련된 공공취로사업의 규모는 한정되었기 때문에 인정되어도 취로할 수 없는 경우가 많았다. 그러므로 '영세민' 인정 수는 실질적인 의미를 거의 가지지 않았다.

(2) 자조근로사업의 운영 상황

'자조근로사업'은 영세민을 대상으로 한 근로구호 사업의 중심적인 사업이다[39]. 사업은

38 초기의 '영세민'수의 추정단계에 있어 경작면적 5단보(段步)미만의 농가는 '절량농가'로 간주되었을 가능성이 있다. 농림부에 의하면 1957년부터 61년까지의 구호양곡의 방출(放出) 중 3단보이상 5단보 미만 농가에는 양곡의 '대여'가 실시되었다는 사실, 또 1961년 12월에 실시된 '절량농가조사'에서 총농가 235만호 중 '5단보 미만'이 100만호이었으며, 그 중 '절량농가'가 70만호(세대원 375만명)였다고 보고된 사실은 5단보미만이 '절량농가'의 인정기준이었던 것을 시사한다(장경순·농림부장관 1961). 그 후 보사부의 1965년의 생활실태조사보고에서 농가를 경작면적 3단보를 기준으로 구분하는 사실로부터 '절량농가'의 판단기준은 3단보 미만으로 변경되었다고 추측된다.

39 '자조근로사업'에 관해서는『자료연구편 III』 제4절을 참조.

표 1-11 '자조근로사업'의 개요(1967년도)

사업종류		사업장 수		취로대상 세대 수		지급양곡	
		사업장 수	비율(%)	세대 수(세대)	비율(%)	양곡량(통)	비율(%)
1 농지정비	개간	790	12.4	66,862	8.2	7,950	7.1
	간척	177	2.8	57,515	7.0	24,700	22.2
	저수지·관개시설	910	14.3	103,118	12.6	15,861	14.2
	경지정비	208	3.3	49,786	6.1	8,372	7.5
	소 계	2,085	32.8	277,281	34.0	56,882	51.1
2 수산물증식		183	2.9	19,954	2.4	2,649	2.4
3 조림 및 사방		2,257	35.5	226,183	27.7	22,255	20.0
4 치수		601	9.4	116,109	14.2	10,800	9.7
5 도로		428	6.7	61,357	7.5	8,670	7.8
6 도시사업		324	5.1	74,893	9.2	7,073	6.4
7 기타		488	7.7	40,824	5.0	3,035	2.7
합 계		6,366	100.0	816,601	100.0	111,364	100.0

자료:『보건사회통계연보』1967년판의 표를 가공. 취로는 1세대에서 1명이 원칙이기 때문에 취로세대 수는 취로자수와 같음.

발족 당시의 1964년도와 65년도에는 중앙정부의 직접계획으로 실시되었는데 유사한 국토개발사업을 주관한 건설부나 농림부와 보사부 사이에서 운영주도권에 관한 분쟁이 생기고 있었다. 중앙정부에서의 지시와 감독이 착잡하여 지방행정 차원에서 큰 혼란이 발생했기 때문에, 1966년부터 사업은 '종합개발계획'의 일환으로 지방정부에 이양되게 되었다. 또한 67년도부터 사업전체를 외국원조 물자의 관리를 담당하는 보사부가 통괄하게 되어, 관계기관의 협력 강화를 위해 보사부, 건설부, 농림부, 경제기획원, USAID(주한 미국국제개발 원조처)로 구성된 〈중앙평화식량위원회〉가 설치되었다. 이 조치에 의해서, 사업실시지역과 사업내용의 선정과 사업의 운영은 국가의 관리 하에서 지방자치단체가 중심이 되어 실시하게 되었다. 사업지는 '영세민'이 많이 거주하는 지역을 중심으로 선정되어 결과적으로 농촌지역을 중심으로 선정되었다. 사업내용은 〈표 1-11〉에서 보듯이 간척과 개간에 의한 농지조성, 경지정리, 농수산물의 개발·개량, 치산치수, 관개시설 등 농업생산을 위한 인프라정비, 도로정비 등 생활환경의 인프라정비가 큰 비율을 차지하고 있다.

〈표 1-12〉은 사업의 실적(1966~73년)을 나타낸다. 실적은 취로자의 연인원延人員수만 기록되었기에 1사업당 취로인원 수나 1인당 취로일 수에 관한 정보를 얻을 수 없다. 그

표 1-12 '자조근로사업'의 사업실적(1966~73년)

	사업장 수	대상세대(세대) [a]	년간 취로 연 인원 수(천명) [b]	(추정) 1세대당 평균 취로일 수(일) [b/a]	양곡지급량(통)
1966	20,550	619,937	27,140	43.8	108,915
1967	6,366	816,601	30,649	37.5	110,364
1968	5,498	695,702	34,722	49.9	127,293
1969	5,144	562,227	30,920	55.0	117,562
1970	5,479	477,745	20,192	42.3	72,500
1971	5,968	553,955	11,543	20.8	29,779
1972	3,840	341,552	8,740	25.6	19,985
1973	1,151	81,002	1,630	20.1	—

자료: 『보건사회통계연보』 1973년판. 1세대당 평균취로일수는 필자의 추정.

러나 이 통계에 의해 전체 사업규모는 그다지 크지 않았던 것을 알 수 있다. 예를 들면 1967년도의 경우 사업의 대상이 된 '영세민' 세대 수는 약 81만6천세대였는데 대상자 전원이 취로했다고 가정하여(취로는 1세대 1명이 기준), 1인당 연간 취로일 수를 시산해 보면 표에 나타낸 바와 같이 37.5일에 불과함을 알 수 있다. 다른 해에서도 50일을 넘지 않고 양곡원조가 감소했던 70년대 초에는 20일 안팎이 된다. 따라서 이 사업은 연간을 통해 '영세민'의 생활을 지원한 시책이 아니라 수개월 정도의 기간 한정적인 식량보조를 실시한 시책에 지나지 않았다고 생각된다. 게다가 '영세민'으로 인정되어도 취로할 수 없었던 사람들이 많았다고 추측된다. 취로자 수와 취로일 수는 대상자의 생활곤궁에 상응하여 결정되었던 것이 아니고, 사업의 사정, 특히 지역별로 할당된 예산에 대응한 각 사업의 규모나 시공일 수에 따라 결정되었다고 추측된다. 이 사업의 기대효과는 취로자가 영세농민의 경우, 농한기 등의 식량부족 시기의 생계보조, 도시 생활곤궁자의 경우는 실업기의 일시적인 보조 이상의 것은 아니었다. 취로자 중 큰 비율을 차지했던 농민의 경우 사업완성 후에 조성된 농지의 분배를 받거나 경지정리, 농지개량, 작물개량 등의 영농지원의 이익을 받을 수 있다라는 중요한 이득이 있었다[40]. 실제로 '사

40 원조국인 미국이 부과한 조건의 하나에 조성농지의 분배 등의 이익을 받을 경우에는 취로자 이외의 세대원도 보수를 받지 않다는 조건으로 자발적으로 취로할 수 있다는 규정이 있었다. 이것은 취로자에게 사업성과의 환원이 큰 매력이었던 것을 시사한다.

업성과'로서 정부는 〈표 1-13〉와 같이 농지조성, 농지개량, 농가생산량의 증대 등의 성과를 강조하고 '자조근로사업'을 통해서 매년 4만 세대를 넘는 농가(4년 간 합계로 약 19만세대)의 생활자립화[41]를 달성했다고 스스로 평가했다.

표 1-13 '자조근로사업'의 사업성과(1964~67년)

	1964	1965	1966	1967
농지조성(ha)	8,823	32,625	44,734	36,999
농지개량(ha)	12,332	41,538	64,618	121,607
제방도로(m)	249,500	195,219	664,452	852,544
증수추정량(ton)	29,519	73,896	184,087	95,000
자활가능하게 된 세대(호)	42,927	41,028	62,349	48,000

자료: 『건대조사』(p.190,194)에 게재된 통계표를 기초로 필자 작성.

1960년대 말이 되어 사업의 성격에 관해서 재검토할 필요가 있다는 견해가 제기되게 되었다. 사업은 '영세민구호'(생활곤궁자에 대한 식량지원)과 '지역사회개발'(지역사회의 인프라 개발에 의한 생활향상)이라는 '이원적' 목적을 가지는데 어느 목적도 충분히 달성하지 못하고 있다라는 문제가 지적되었기 때문이다. 『건대조사』는 구호의 관점에서는 "한정된 양곡으로 최대 다수의 영세민을 구호하려고 하는" 발상이었기 때문에 취로 인원수, 취로 일수가 적고 생활보장의 기능이 충분히 완수되지 못하고 있는 한편, 지역의 인프라 개발, 특히 농업 인프라 개발에 의한 농민생활의 자립 지원이라는 '지역사회개발'의 관점에서는 '구호'라는 목적이 있었기 때문에 사업의 선정이나 운영에 '불합리와 비효율'이 생겨서 사업 규모도 영세화해 결국 목적을 달성하지 못하고 있다고 분석했다. 따라서 『건대조사』는 사업 목적의 '이원성'을 해소하고 "자조근로사업의 제일의적 목표"를 "일시적인 소비구호 내지 생계유지 구호"가 아닌 "지역사회의 개발에 두어야 한다"고 제안했다(건대조사: 198). 이러한 문제제기의 배경에는 1960년대 초의 사업 발족 당시의 식량부족과 기아적인 빈곤상황이 이 시기에는 점차 개선되고 있었고 긴급적인 구호보다도 보다 장기적인 시점에 서서 생활의 자립지원에 중점을 두어야 한다라는 정책 발상이 생기고 있었음을 시사한다.

---

41 '생활자립화'의 판정기준은 보유농지가 3단보 이상으로 이른 것을 의미했다(『건대조사』: 106).

1971년 이후 미국의 PL480호 제II관 원조가 정지되었기 때문에 '자조근로사업'은 급속히 축소하고 정지에 가까운 상태에 빠지게 되었다. 원조정지의 이유는 한국의 생활상태의 향상에 따라 원조의 필요성이 저하했다라는 인식에 의거했다. 그러나 1972년의 경기후퇴에 이어 다음해 73년 가을에 발생한 석유위기에 의해서 저소득층의 생활곤란이 심각화했기 때문에 공공취로사업의 필요성이 다시 제기되게 되었다. 1974년 1월에 '국민생활의 안정을 위한 대통령 긴급조치'(긴급조치 제3호)를 통해 대통령지시에 의해서 공공취로사업은 국고부담에 의거해 '새마을노임사업'이라는 명칭으로 부활하게 되었다. 그러나 이 사업은 '자조근로사업'과 달리 금전으로 임금을 지불하는 방식을 택하고 있었으며 그 기능은 건국대학교의 조사반이 비판한 "일시적인 소비 구호 또는 생계 유지 구호"에 중점을 두고 있었기 때문에 생활의 자립지원의 발상을 갖고 있지는 않았다. 초기의 '자조근로사업'이 가지고 있던 농촌의 생산적, 사회적 인프라 증강에 의해서 농민의 경제적인 자립을 지원하려고 한 발상은 '자조근로사업'의 직접적 연장인 '새마을노임사업'이 아니라 오히려 1970년대 초부터 국가적인 규모로 전개된 '새마을운동'으로 계승되어 갔다(제3장 제2절 2 참조).

(3) 영세민의 전체적인 취로 계획

〈표 1-12〉에 의하면 자조근로사업의 취로대상자 수는 약 50만~80만명(세대당 1명으로 제한)이었다. 그러나 '영세민'의 인정 수는 지방에서 신청 수를 대폭 억제한 후에도 약 200만명 안팎에 이르러 이 사업만으로는 대응할 수 없었다. 그러므로 1964년도부터 '영세민'을 취로시키는 사업으로 자조근로사업 이외에 ①건설부나 농림부가 주관하는 '공공사업', ②PL480호 제III관에 의해 외국원조단체가 운영하는 취로사업, ③국고부담에 의한 근로구호사업, ④지방재정 부담에 의한 근로구호사업 등에도 할당할 계획이 작성되었다. 이러한 사업은 모두 국토의 복구·개발에 관련된 사업이었다.

'영세민'을 각종 사업에 할당해서 취로시키려는 계획은 매년 인원수베이스와 양곡배분베이스로 수립되었다(〈표 1-14-1〉). 이 계획의 특징은 외국원조(국가베이스 및 민간단체베이스), 건설부와 농림부 주관의 사업, 국고부담사업, 지방부담사업 등 재원과 운영에 있어서 다른 각종의 사업을 혼재시켰던 점에 있다. 공公과 사私의 재원을 복합시켜 이용한 정책방식은 '구호행정'전체의 특징이다. 그러나 이러한 계획이 세워졌다고 해도 계획이 그대로 실현된 것이 아니었다. 계획수치와 실적수치를 비교할 수 있는 1964~68년의 시기를 보면(〈표 1-14-2〉), 양자 간에는 큰 차이가 존재하고 계획이 그대로 달성되지 않았던 것을 나타낸다. 그 이유는 1960년대 후반에 이르러서도 각종 근로구호사업에 할당된 양곡량은 부족했었기 때문이라고 생각된다.

'영세민'취로사업의 동향을 보면 1960년대 후반에는 PL480호 제III관에 의한 외국원조단체에 의한 취로사업의 비율은 급속히 축소해서 국가(정부간)베이스 원조인 PL480

표 1-14 '영세민'의 사업종류별 취로할당계획

1. 할당계획치

		외국원조재원		한국정부재원			합계
		자조근로사업 (PL480-II)	외국원조단체 운영의 취로사업 (PL480-III)	공 공사업 (건설부 또는 농림부 주관)	근로구호사업 (국고부담)	근로구호사업 (지방부담)	
1964	인원수 기준(명)	200,653	706,516	326,254	366,426	189,700	1,789,549
	양곡 기준(톤)	34,673	50,136	64,619	24,910	11,906	186,244
1965	인원수 기준(명)	553,217	628,267	365,196	46,183	294,155	1,887,018
	양곡 기준(톤)	95,589	56,309	33,710	2,771	17,649	206,028

2. 양곡의 할당계획치와 실적치 단위:톤

		외국원조재원		한국정부재원			합계
		자조근로사업 (PL480-II)	외국원조단체 운영의 취로사업 (PL480-III)	공공사업 (건설부 또는 농림부 주관)	근로구호사업 (국고부담)	근로구호사업 (지방부담)	
1964	계획	34,673	50,136	64,619	24,910	11,906	186,244
	실적	—	—	—	—	—	—
1965	계획	95,589	56,309	33,710	2,771	17,649	206,028
	실적	114,915	4,382	7,739	2,124	1,222	130,382
1966	계획	137,993	41,053	56,199	2,048	7,427	244,720
	실적	114,915	4,382	7,739	2,124	1,222	130,382
1967	계획	150,000	11,392	77,356	2,100	18,810	259,658
	실적	160,303	26,090	34,016	2,743	5,186	228,337
1968	계획	125,000	9,162	103,520	1,500	17,687	256,869
	실적	189,841	28,245	30,775	681	4,602	254,145

자료: 1.및 2.의 계획치는『건대조사』에 수록된 통계표(원자료는 보사부 작성). 2.의 실적치는『보건사회통계연보』1974년판.

호 제II관에 의한 '자조근로사업'을 중심으로 건설부와 농림부가 주관하는 공공사업이 큰 비율을 차지하게 되어 있었다. 건설부와 농림부에 의한 '공공사업'이 영세민을 실제로 어떤 형태로 취로시켰는지는 자료로 확인할 수 없다. 여기에 알 수 있는 것은 '공공사업'이 경제개발 5개년계획의 일환으로서 국토개발이나 농업생산의 인프라정비를 목적으로 실시된 사업이며 그 임금은 '자조근로사업'과 달리 ― 즉 양곡건물이 아니라 ― 금전으로 지급되었는 것, 그리고 그 임금수준은 일반노동시장의 평균에 가까웠던 것 ― '자조근로사업'에서의 밀가루 3.6kg의 금전환산액의 약 두 배 ― 등 이다(건대조사: 245). 그런 상이의 이유는 건설부와 농림부가 담당한 '공공사업'과 '자조근로사업'과는 같은 '영세민'취로사업이라해도 그 목적과 성격이 근본적으로 달랐기 때문이다. 후자는 복지정책의 일환이었으니 지정받은 지역도 자활이 어려운 '영세민'이 많은 지역, 예컨데 풍수해나 한해로 큰 피해을 받은 지역이나 실업자가 많은 도시지역 등이었다. 그에 비해서 '공공사업'은 국토부흥이나 개발이라는 본래의 목적에 따라 일반노동시장의 수준에 가까운 임금으로 취로자를 고용하여 운영되어야 했다고 하면 영세민은 취로자로서 적격하지 않고 실제로 어느 정도 고용되고 있었는지에 관해서는 큰 의문이 있다.

맺음말 – 반공국가의 복지정책

1960년대 전반의 '구호행정'개혁은 건국이후 처음으로 실시된 복지정책의 의식적인 체계화의 시도였다. 한국전쟁 이래 사회복지는 응급적, 임시적으로 전개되어 왔기 때문에 이때까지 체계성과 일관성이 없었고 운영에 있어서도 불안정하고 변동적인 성격을 가지고 있었다. 개혁은 착잡했던 각종 시책을 중앙행정의 강력한 주도에 의해서 정리하여 일관한 정책이념에 의거해 체계적인 복지정책을 구축하려고 했다. 동시에 정부는 개혁을 통해 사회복지 분야에서 큰 영향력을 갖고 있었던 외국원조를 한국정부의 관리 하에 두고 정책 운영에 있어서 국가의 주체성을 확립하려고 의도했다.

시책의 내용에 있어 '구호행정'개혁은 그 이전의 시기와 비교해서 새로운 정책방식을 도입한 것이 아니었다. 생활지원의 내용은 주식양곡의 현물지급이며 전통적으로 '구호'라고 불려 온 시책이 계승되고 있었다. 최대의 개혁은 한국전쟁시의 난민구호조치 이후 확대해 왔던 근로능력자에 대한 구호를 폐지하고 비근로능력자로 한정하는 본래의 기본원칙을 재확립하려고 의도했던 것이었다. 또 구호대상자의 인정 기준을 엄밀화해서 인정 수를 가능한 한 억제함과 동시에 인정자에 대해서는 필요한 구호양곡을 안정적으로 확보하려고 했다. 이 조치는 변동적이었던 종래의 생활지원책의 운영을 크게 안정화시켰다.

이 측면에서 보면 이 개혁에 의해서 한국에서 처음으로 국민생활에 대한 국가의 책임이 실태적인 형태로 표명되었다고 평가할 수도 있다. 그러나 동시에 생활에 대한 국가책임은 최소한으로 억제된 내용이었음을 강조해야 한다. 국가가 생활지원 분야에 투하한 재원의 양은 개혁 이전에 비해 크게 증가한 것이 아니었다. 구호의 내용은 양곡의 현물지급에 지나지 않는 점에도 변화는 없었다. 개혁은 '한정된 구호자원'의 효율적인 활용을 목적으로 했다. 또한 생활분야에 대한 국가자원의 배분을 가능한 한 억제하기 위해 외국원조와 민간자원을 최대한으로 활용하려고 했던 것이 주목된다. 이 결과 개혁 이전의 혼란스런 정책상황은 어느 정도 정리되었지만 〈표 1-15〉에 나타낸 바와 같이 〈공公〉과 〈사私〉의 재원을 복잡하게 조합한 복수의 사업방식으로 구성된 정책구조는 그대로 계승되게 되었다. '구호행정'은 〈사〉의 분야를 〈공〉의 분야로 끌어들이는 형태로 융합시켜 공적인 정책의 책임범위의 명확화를 회피하려고 의도한 특이한 성격과 구조를 갖고 있었던 정책이었다.

이러한 사회복지의 개혁은 '반공국가'와 국민경제의 건설이라는 지상적인 목적의 일환으로 추진되었던 것을 강조할 필요가 있다. 생활분야에 대한 예산배분은 국민의 생활요구에 따라 결정된 것이 아니라 국가방위와 경제건설의 관점으로부터 결정되었다. 국가재정에 있어 군사력 유지와 생산적 투자로의 배분이 최우선되어 사회복지 분야로의 배분은 철저하게 억제하는 방침이 채택되었다. 근로능력자에 대한 구호가 바람직하지 않다고 생각되었던 이유는 자원의 낭비라는 측면 뿐만 아니라 국가건설이라는 관점에서 국민의 자립적인 근로생활의 확립을 저해하는 요인으로 인식되었기 때문이었다. 그렇지만 1960년대 전반 당시 경제 정체에 의한 고용부진, 식량난, 농촌의 영세농민의 곤궁 등의 요인에 의해 근로능력자라고 하도라도 곤궁한 상태가 광범위하게 존재했

표 1-15 '구호행정'의 복합적 구조(1960년대)

<table>
<tr><th colspan="2">구호대상자</th><th>사업의 종류</th><th>구호의 내용</th><th>비용부담</th></tr>
<tr><td rowspan="3">비(非) 근로능력자</td><td rowspan="2">살 집과 의지할 수 있는 가족이 없는 사람(무의무탁)</td><td rowspan="2">시설구호</td><td>주식양곡(쌀·보리)+
약간의 금전수당(부식비명목)</td><td>양곡비용:국가재정
금전수당:지방재정</td></tr>
<tr><td>주식양곡 이외의 생계비용 및 시설의 시설·운영비용*</td><td>외국원조(PL480III:외국민간원조단체 베이스)*</td></tr>
<tr><td>재가생활자</td><td>거택구호</td><td>주식양곡(밀가루)의 지급</td><td>공비(국고8할:지방2할)</td></tr>
<tr><td rowspan="3">근로능력자</td><td>일시적 생활곤궁자: 벽지생활자, 노숙자 등</td><td>특수영세민구호</td><td>주식양곡(밀가루)의 지급
(겨울: 30일 이내)</td><td>공비(국고)</td></tr>
<tr><td>근로능력이 있는 생활곤궁자='영세민'</td><td>자조근로사업</td><td>취로를 조건으로 한 주식양곡(밀가루)의 지급</td><td>외국원조(PL480-II:정부간 베이스)</td></tr>
<tr><td>풍수해·한해 등의 자연재해의 이재민</td><td>재해구호</td><td>생활곤란기간중의 양곡(밀가루)의 지급</td><td>국고·지방재정·외국원조·민간기금의 복합)</td></tr>
</table>

자료: 필자 작성(표 1-2를 간략화). *강조표시부분은 암묵리에 공적인 정책구조에 편입된 외국원조임.

기 때문에 구호를 즉시 정지하지는 못했다. 식량을 지급하는 대신에 취로를 의무화한 '근로구호' 방식의 도입은 이러한 사정에 의했다. 그러나 수백만명에 달하는 영세민을 취로시키는 공공사업을 마련할 여유는 없었고 최종적으로 사업의 운용은 미국으로부터의 원조에 의해서 가능하게 되었다. 이 사업은 단순한 생활지원에 머무르지 않고 영세농민의 자립화지원이 또 하나의 목적으로 세우고 있었음이 주목된다.

사회복지 개혁에 있어 정책대상을 근로능력자와 비근로능력자를 다른 범주로서 구별해서 다른 정책방식을 적용하려고 했던 것은 중요한 의미를 가지고 있었다. 비근로능력자에 대해서는 공적정책에 의해서 생활을 어떻게 보장할지가 정책과제가 되는 한편 근로능력자에 대해서는 생활의 자립화를 어떻게 지원해 빈곤으로부터 탈각시켜 갈지가 정책과제가 된다. 그러나 실제로 실시된 근로구호사업(자조근로사업)은 그 규모나 운영에 있어서 근로능력자의 생활자립지원정책으로서의 적극적인 전개를 이루지 못했고 양곡지급에 의한 일시적, 긴급적인 구호의 발상에서 벗어날 수 없었다. 1960년대에 형성된 '구호행정'은 아동, 노인, 장애인, 모자세대 등 비근로능력자에 대한 생활지원은 매우 저수준이었고, 한편 근로능력자로 생활곤란에 직면했던 영세민에 대한 생활자립

시책도 거의 전개하지 못하고 있었던 점에 있어 복지정책으로서의 과도적 성격을 나타내고 있었다.

참고문헌

한국정부 관련 자료

(국회회의록, 정부계 연구기관의 자료를 포함)

건국대학교부설 한국응용사회과학연구소 1969, 『구호행정의 개선을 위한 조사연구』(『건대조사』로 약기)

경제기획원 1982, 『개발연대 경제정책 -경제기획원 20년사-』(1994년에 동명으로 부제를 '경제기획원 30년사 I'로서 간행: 미래사)

국가재건최고회의 1961~63, 『최고회의보』 제1~27호(월간)

대한민국 국회사무처, 『국회·보건사회위원회 회의록』(『보사위/회의록』으로 약기)

대한민국정부 1962~89, 『행정 백서』(1963년판은 미간행)

민부기 1963, "사회보장의 실현을 위하여" 『최고회의보』 제18호

— 1963, "산재보험제도의 창설" 『최고회의보』 제26호

박정희 1961, "혁명정부의 사명" 『최고회의보』 제1호

보건사회부 1955~, 『보건사회통계연보』

— 1958, 『건국10주년 보건사회 행전개관』

— 1965, 『생활실태기초조사보고서』

— 1970, 『제3차 경제개발 5개년계획 보사부문사업 계획』(간행년은 추정)

— 1971, 『보건사회행정의 실적과 전망』(『1971보사백서』로 약기)

사회보장심의위원회 1964, 『일반사회보장과 군사원호와의 비교: 사회보장심의위원회 보고서 (제1집)』(감수:우기도, 작성:마순하)

— 1973, 『우리나라의 사회보장』(최천송 편)

— 1976 , 『사회보장의 현황』(안창수)

원호처 1974, 『원호10년사』

장경순 1962, "절량농가의 구호책과 근본문제의 해결방안" 『최고회의보』 7호

한국군사혁명사편찬위원회 1963, 『한국군사혁명사(제1집)·상』(『군사혁명사·상』으로 약기)

한국개발연구원 1995, 『한국경제반세기 -역사적평가와 21 세기비전』(차동세·김광석 편)

기타 참고문헌

김영순 · 권순미 2008, "공공부조 제도" (양재진 외 2008:제5장)

손준규 1983, 『사회보장 · 사회개발론』 집문당

신동아편집실편 1976, 『개항100년연표 · 자료집』동아일보사

양재진 외 2008, 『한국의 복지정책 결정과정』 나남

이윤복 1964, 『저 하늘에도 슬픔이』 신태양사

최천송 1977, 『한국사회보장론』 한국노사문제연구협회

— 1991, 『한국사회보장연구사』 사회보장사

카바(KAVA)40년사편찬위원회편 1995, 『외원사회사업기관활동사:외국민간원조기관 한국연합회 40년사』 홍익재

하상락편 1989, 『한국사회복지사론』 박영사

한국사회복지협의회 1991, 『한국사회복지 총람 』(개정신판)

제2장

경제성장 전략과 초기 사회보장 구상

– 사보심연구실의 도전

비약적인 발전의 시대 — 경부고속도로(1968년 2월 착공, 70년 7월 준공)
출소 :『조선일보』1970년 7월 8일
http://image.career.co.kr/sandan50th/phopo/1970_2/1970_002.jpg

머리말

한국경제는 1960년대 이후 '한강의 기적'이라고 불리며 NIES(신흥공업경제군)이나 '아시아 4소룡4小龍' 중 하나로 꼽힌 것 처럼 눈부신 발전을 계속 이루어 왔다. 그것은 1960~70년대를 통해서 국가운영을 담당했던 박정희체제에 의해서 추진된 경제성장 전략이 성과를 거둔 결과였다. 이 시기에는 국방비를 제외한 모든 국가자원과 민간자원은 '경제개발'이라는 지상과제를 위해서 동원되었다. 이 때문에 사회복지를 중심으로 한 사회적 정책 분야에 대한 국가재정 배분은 '경제개발'에게 플러스 효과가 있다고 간주된 경우를 제외하고 철저하게 억제되었다. 1960년대 초부터 70 년대 중반까지 구호에 배당된 예산 범위(요구호자 인정 수와 양곡 지급량)가 낮은 수준으로 계속 동결되고 있었던 이유는 이러한 방침에 의거했기 때문이다.

이러한 상황 속에서 국민생활의 향상과 안정을 위한 복지정책의 개혁을 제안하고 그것을 실현하기 위해 계속 활동했던 조직이 정부기구 내부에 존재하고 있었다. 그것은 보건사회부 장관의 정책자문기관으로 설치된 〈사회보장심의위원회 전문위원 연구실〉이다. 지금까지의 연구에 있어서 이 조직의 활동과 그 역할에 관해서는 거의 검토되지 않았다. 그 이유는 이 조직의 정책제안은 결과적으로 실현되지 않았던 사례가 많았고 사회적으로 두드러지게 활동한 존재가 아니었기에 그렇다고 추측된다. 그렇지만 이 조직은 1960~70년대에 몇 차례에 걸쳐서 복지정책의 대담한 개혁안을 제안했다. 그러한 제안은 국가의 기본적인 전략에 의해서 거부된 사례가 많았다고 하더라도 연구실의 활동 역사는 약 20년 간에 걸친 박정희체제 하에서의 사회복지를 분석할 때 중요한 정보를 제공한다.

박정희체제시대는 정치적으로도 경제적으로도 결코 평온하게 추이했던 것이 아니었다. 이 시기의 한국경제는 경제성장에 의해서 농업 중심에서 공업을 중심으로 한 경제로 이행하고 있었다. 경제성장에 따라 농촌사회와 농업취업인구가 축소하는 한편 도시사회가 팽창해 갔으며 고용자와 자영업 종사자로 구성된 도시주민이 급속히 증가하고 있었다. 전체적으로 생활수준은 올라가고 있었으며 생활양식도 생활에 관한 요구needs도 크게 변화해갔다. 정치적으로는 군부를 배경으로 한 권위주의적인 국가 운영에 대해 개혁을 요구하는 움직임이 강해졌지만 그에 대한 탄압과 반동이 있었으며 이러한 정치상황의 변화에 따라 정책결정을 둘러싼 정치적 구도도 크게 변화하고 있었다. 사보심연구실에 의한 정책제안 활동은 이러한 사회복지를 둘러싼 경제적, 정치적 요인이 크게 변화한 전환기의 시점마다 제기된 것이 주목된다. 구체적으로 사보심연구실이 활발하게 정책을 제안했던 시기는 ①1960년대 초 군사정권시대에 있어서 〈사회보장정책〉 구상 수립과 초기적인 사회보험 도입의 시도, ②1960년대 말부터 70년대 초: 제3차 5개년계획(1972~76년)책정 과정에서 전개했던 '사회개발' 프로젝트에 의한 사회적 시책의 전면적인 개혁제안, ③1970년대 중반: 제4차 5개년계획(1977~81년)의 책정 단계에서 실시된 공공부조제도의 개혁제안(최저생계비를 근거로 한 최저생계보장의 확립)등 세 번의 기회로 구분할 수 있다.

제2장에서는 사보심연구실의 활동의 분석을 통해서 약 20년 간에 걸친 박정희체제하에 있어서 복지정책이 전환될 가능성이 존재했지만 그때마다 정부주류파의 경제성장 우선전략이 재확인되며 개혁제안이 거절된 결과 '구호행정'의 기본발상이 유지되게 되었다라는 경위를 해명하려고 한다.

제1절 경제성장 우선전략과 초기 사회보장 구상

1. 박정희체제의 경제전략

1960년대 초부터 시작된 경제성장정책의 기초는 1961년에 성립한 군사정권에 의해서 착수되었다. 군사정권은 "공산주의와 대결할 수 있는 실력의 배양"을 위해 "자주경제의 재건"이 불가결하다고 생각하여('5·16 혁명공약') 경제건설을 국가의 최우선 과제로 설정하고 있었다. 한국전쟁 이후 군사적 충돌 위기가 어느 정도 완화됨에 따라 남북의 대항관계의 초점은 경제건설의 분야로 이행해 갔다. 국가 운영에 있어서 북한을 능가하는 경제건설이라는 목표는 군사적 대결과 거의 동일한 정도의 중요성을 가지게 되었다. 이러한 경제성장전략을 강력하게 추진한 정치적 주체는 약 20년 간에 걸쳐 국가운영을 담당했던 박정희체제였다.

경제건설은 '제1차 경제개발 5개년계획'[1]을 출발점으로 본격 시작되었다. 이전 정권에서도 경제건설을 위한 계획은 몇 번인가 입안된 적이 있었다. 그러나 강력한 정치적 주도력과 행정집행체제가 형성되지 않았기 때문에 계획은 실행되지 못했다. 군사정권은 "과거에도 행정부의 부패와 무능력으로 한번도 장기경제개발계획을 실천하지 못하였다" (『군사혁명사·상』: 916)[2] 라고 평가해 과거의 정권을 비판했다. 박정희체제는 강대한 권한을 장악한 대통령(군사정권시대는 '국가재건최고회의' 의장)의 리더십 아래에서 중앙집권적인 행정기구를 강화하고 국가주도형의 정책집행체제를 정비했다. 특히 경제계획의 수립과 집행에 관련된 모든 권한을 집중시킨 기관으로서 정부 각 부국의 최상위에 위치한 내각 직속의 '경제기획원'이 설치되었던 것이 중요하다. 이 기관은 경제계획에 따른 국가재정의 배분에 있어 절대적인 권한을 장악하고 있었고 또 경제계획 추진 수단인 내외의 자원(국내자본/ 외국원조/ 외국투자 등)을 직접 관리·통괄하고 있었다[3].

박정희정권시대의 경제건설의 수행에 있어서 경제개발 5개년계획은 극히 중요한

---

1 제1차 5개년계획은 적어도 3차 15년 이상 걸치는 장기구상의 제1단계로서 설정되었다. 이 계획은 야심적인 경제개발계획이었고 당시 남한의 공업기반이 취약했기 때문에 — 천연자원이나 수력발전의 전원이 북한에 집중해 있었다 — 경제개발에는 긴 시간이 필요할 것이라고 인식되었다.

2 "과거에도...계획"은 이승만정권과 제2공화국정권 시대의 계획을 말하는 것으로, 1950년대의 경제계획은 단기·단발적인 성격이 강했고 실시도 못 됐다.

3 군사정권은 "경제기획기구의 강화는 국민경제의 급속한 성장을 위한 종합장기경제시책의 전제로 불가피한 일이었다"라고 하여 쿠데타 직후부터 "강력한 경제기획기구" 조직에 착수했다. 신설된 경제기획원(Economic Planing Board)은 이전 정권의 재무부의 예산국, 건설부의 종합기획국·물동계획국, 내무부의 통계국을 통합한 조직이며 정부 각 부국의 상위에 위치되었다. 조직은 기획부문(종합계획국/1차산업국/2차산업국/3차산업국/조사통계국)과 운영부문(예산국/경제협력국/기술관리국)으로 구성되고 외청으로 조달청(관리국/외자국/내자국)을 두었다 (『군사혁명사·상』: 919).

역할을 하고 있었다. 제1차계획 이래 5년마다 원대한 달성목표가 설정되고 목표실현을 위한 구체적인 일정road map이 작성되어 가능한 한 충실히 그것을 실현하기 위한 노력이 기울여졌다. 또 새로운 5개년계획의 설정마다 직전의 실적평가, 경제·사회의 현상분석, 그리고 한국경제의 세계적인 위치설정에 대한 평가가 세심히 행해지고 새로운 목표와 구체적인 실현계획이 마련되었다. 박정희정권 하에서는 〈표 2-1〉에서 보듯이 4차에 걸친 5개년계획이 입안되어 집행되었다. 계획은 각 시기의 한국의 경제와 사회의 발전과정에 있어서의 변화의 양상을 상징적으로 나타내고 있다.

군사정권은 정권출범시의 경제에 대해 "혁명 전의 한국경제는 이미 파국 직전에 놓여 있었다"고 평가하여, 구정권으로부터 "농업경제의 침체"와 "공업부문의 침체"라는 "경제적인 유산"을 계승했다고 말했다 (『군사혁명사·상』: 917-24). 1960년대 초 한국은 기본적으로 농업사회였다. 농가인구가 총인구에서 차지하는 비율은 약 60%이었으며 또 농림업 취업자는 전체 취업자의 약 60%을 차지하고 있었다. 농림업 생산이 국민총생산에서 차지한 비율은 약 40%인 반면 광공업생산의 비율은 약 14%에 지나지 않았다 (〈표 2-2〉). 농업은 생업적인 영세농가가 많았고 경지는 황폐하여 생산적 인프라는 열악한 상태였으며 또 고리사채와 농산물 저가격정책 때문에 생산은 극도로 정체되어 있었다. 한편 광공업 분야에서는 영세한 중소기업과 자영업이 많아 자립적인 발전의 기운은 전혀 볼 수 없었다. 대외적으로는 식량(특히 주식용 곡물), 일상생활품, 기계, 원재료등의 수입이 늘고 있었던 반면 수출은 정체되고 있었기 때문에 국제수지의 큰 적자에 시달리는 상황에 있었다.

제1차(1962~66년)와 제2차(1967~71년)의 경제개발 5개년계획은 "경제의 자립적 성장과 공업화의 기반 조성의 2대 목표"를 내걸고 농업 중심의 경제에서 벗어나 광공업 부문이 견인하는 "자립적 성장력"을 갖춘 산업구조로 변혁하는 것을 목표로 내걸었다(『군사혁명사·상』: 916). 구체적으로는 석탄, 석유정제, 전원개발 등 에너지 관련 산업의 강화, 제철, 금속기계, 시멘트, 비료 등의 기초산업의 육성, 수입 대체산업의 육성, 도로·철도·통신 등 생산인프라의 정비 등으로 국가자본을 중점 투하하는 방침이 채택되었다. 동시에 농업의 재건도 또한 전략적인 과제였다. 농업은 많은 인구가 생활하는 분야일 뿐만 아니라 농업생산의 부진 때문에 대량의 양곡을 수입할 필요가 있었기 때문에 국제수지의 심각한 적자구조를 더 악화시키고 광공업에 대한 투자 확대에 있어서의 저해 요인이 되고 있었기 때문이었다.

〈표 2-1〉와 〈표 2-2〉에서 나타나는 바와 같이 제1차와 제2차의 5개년계획은 강력히 추진되고 계획 목표치를 웃도는 실적을 달성했다. 계획 발족으로부터 약 10년 후의 1970년의 시점에서 국민총생산은 거의 2배로, 광공업생산은 3배로 확대했고 산업구조는 의도한 계획 대로 농업 중심의 경제에서 벗어나 제2차산업중심의 구조로 이행하고

표 2-1 박정희정권시대 경제개발 5개년계획의 목표와 실적

단위:%

	기간	경제성장율(연평균)		제조업성장율(연평균)		수출증가율(연평균)	
		목표	실적	목표	실적	목표	실적
제1차	1962~66	7.1	7.7	15.0	15.0	28.0	38.6
제2차	1967~71	7.0	9.6	— (10.7)	21.8 (19.9)	17.1	33.8
제3차	1972~76	8.6	9.7	13.3	19.0	22.7	32.7
제4차	1977~81	9.2	5.8	14.3	10.5	16.0	11.7

자료: 경제기획원『주요경제지표』 1985년판. 제2차 계획의 제조업( )안은 광공업.

표 2-2 1960년대~70년대 경제변화의 지표

	1963	1965	1970	1975	1980
국민총생산(10억원 : 1970년 불편가격)	1,328	1,530	2,589	4,129	5,951
1960년=100으로 하는 지수	100	115	195	311	448
1인당 국민총소득(달러)	100	105	253	594	1,597
농립업 생산(10억원 : 1970년불변가격)	532	603	725	893	1,287
1960년=100으로 하는 지수	100	113	136	168	242
국민총생산에 차지하는 비율(%)	40.1	39.4	28.0	21.6	21.6
광공업 생산(10억원 : 1970년불편가격)	187	237	591	1,368	1,971
1960년=100으로 하는 지수	100	127	316	731	1,054
국민총생산에 차지하는 비율(%)	14.1	15.5	22.8	33.1	33.1
농립업 취업자비율(%)	63.0	61.8	52.5	47.4	37.3
농가인구비율(%)	56.0	55.1	44.7	37.5	28.4
비(非)농립업 고용자 비율(%)		23.0	30.4	34.4	41.4
수출(억달러)	0.87	1.75	8.35	50.8	175.0
국제수지(억달러)	−3.11	−4.74	−11.5	−21.9	−47.9

자료:『한국통계연감』 각년판에 수록된 통계표에 의해 작성.

있었다. 이 시기에는 한국경제는 분명히 이륙take-off의 단계를 통과하고 있었다고 볼 수 있다. 1970년대의 제3차(1972~76년) 계획집행기와 제4차(1977~81년) 계획수립 시점에 있어서는 세계적인 경제경쟁의 무대에 적극적으로 참가하고 '중진국'에서 '선진국'으로의 이행을 목표로 하여 지속적인 성장을 위한 구조개혁을 도모하는 것을 과제로 하게 되었다. 이와 같이 경제가 새로운 발전 국면에 들어갔음과 동시에 경제계획의 과제도 변화했지만 경제성장 우선정책 자체는 일관되어 국가 주도 하에서 더욱 강력하게 추진되어 갔다.

경제개발 우선의 기본전략 밑에서 사회정책 분야로의 국가재정 배분은 '필요 최소한'으로 억제되고 있었다. '필요 최소한'의 지출이란 국민생활의 궁핍이 "정치적, 사회적 불안"을 일으키지 않는 범위의 지출을 의미했다. 국민생활의 궁핍 문제에 대한 군사정권의 관심은 주로 '사회불안', '정치불안'이라는 관점에서 생기고 있었다(『군사혁명사·상』: 398)[4]. 5개년계획에서는 군사비의 확보를 절대적인 전제로 하면서 그 이외의 지출은 가능한 한 억제하고 생산확대를 위한 투자로 돌리는 재정방침이 유지되었다.

2. 사회보장심의위원회 발족

(1) 사보심연구실에 관한 자료

군사정권의 발족후 얼마 되지 않아 보사부 장관 직속의 정책자문기관으로서 〈사회보장심의위원회 전문위원 연구실〉(이하 〈사보심연구실〉)이 설치되었다. 이 조직은 1960년대부터 70년대에 정부기구 내부에 존재하면서 경제성장 우선의 국가패러다임에 도전하여 '구호행정'을 개혁하고 체계적인 〈사회보장제도〉를 구축할 제안을 계속해서 적극적으로 제기했다.

지금까지 사보심연구실의 활동에 관한 연구축적은 많지 않다. 그 이유로는 정책

---

4 손준규는 "민정이양을 목전에 앞둔 최고회의 당국은 복지정책을 표방하지 않을 수도 없고 또한 표방했을 경우 복지대책에 대한 국민의 욕구가 많이 나타날 경우 어떻게 대처하느냐에 대해서 무척 고민했던 것이다"라고 분석한다(손1983:57).

제안 활동이 정부 기구 내부에 머물러 표면화되지 않았던 것, 제안이 실제의 정책으로 결실한 사례는 많지 않았던 것, 조직으로서는 1980년대 초두까지 존속했지만 1970년대의 '유신체제'이후에는 정책형성과정에서 거의 배제되었던 것, 조직의 활동에 관한 자료가 확산되어 있어서 그 조직실체의 계통적인 연구가 어려운 것 등의 요인을 열거할 수 있다. 사보심연구실에 관한 자료는 보사부 장관에게 제출된 연구보고서가 중심이며 그 대부분이 등사판인쇄 또는 타이프인쇄에 의한 비공개의 내부자료이며 공개적인 논의 대상으로서 다루어졌던 사례는 극히 적다. 현재까지 완전한 자료리스트조차 작성되지 않았고 개별 자료에 관한 검증작업도 행해지지 않았다.

자료의 제약 때문에 사보심연구실의 활동실태의 해명은 쉽지 않다. 연구실의 활동의 전체적인 모습을 파악하기 위해서는 연구위원이었던 두 명의 저작이 중요한 실마리를 제공한다. 그 중 조직의 창설을 제안하고 오랫동안 활동을 주도했던 최천송崔千松[5]의 『한국사회보장연구사』(1991)가 가장 중요하다. 이 책은 약 20년 간에 걸치는 연구실의 활동 역사를 대상으로 하고 특히 군사정권시대에 행해진 사회보장구상의 수립과 시험적인 사회보험의 도입의 시도 및 1960년대 말부터 전개된 '사회개발' 프로젝트에 관해서 귀중한 정보를 제공한다. 최천송은 박정희정권과 사보심연구실 사이의 갈등을 스스로 체험했던 당사자였다. 그리고 1971년부터 수년 간 사보심연구실의 연구원이었던 손준규의 『사회보장·사회개발론』(1983)은 박정희정권시대의 사회보장정책의 형성과정을 분석한 학술서이다. 이 저작은 저자 자신의 체험과 정책형성에 관련된 최천송을 비롯한 관계자로부터의 히어링을 기초로 하기 때문에 자료적인 가치가 높다[6].

사보심연구실이 작성한 많은 조사연구자료는 현재 보건복지부자료실을 중심으로 국립중앙도서관, 국회도서관, 각 대학교도서관 등에 분산되어 소장되어 있다. 현재까지

---

5 최천송(1921~97)은 민주당정권시대에 사회보장제도 심의기구의 설치를 제창했으며 사보심연구실에는 최초로부터 1981년 말까지 약 20년 간 연구실의 중심적 존재였다. 상세는 『자료연구편 IV』 참조.

6 이 이외에 사보심연구실에 소속한 적이 있는 연구자의 저작으로서 이광찬에 의한 『국민건강보장쟁취사』(2009)가 존재한다. 이 연구는 건강보장을 주제로 하기 때문에 사보심연구실의 활동에 관한 기술은 많지 않다. 동서는 부록에 사회보장연구사에 관한 회고록을 수록하며 '사회개발' 프로젝트의 발족에 관련된 체험적 증언을 제공한다. 또한, 우명숙(2008)은 산재보험의 성립에 관련해서 사보심 전문위원였던 심강섭과 조만제와의 인터뷰기록의 요약을 수록한다.

이러한 자료에 관해서 목록의 작성, 서지정보의 정리, 자료고증 등의 작업은 본격적으로 실시되지 않았다. 따라서 이 연구에서는 사보심연구실의 활동을 해명하기 위해서 연구실이 작성한 문서에 관해서 가능한 한 정확한 목록을 작성하고 또 주요한 개별자료에 관한 검증작업을 실시했다. 이 결과는『자료연구편 IV』에 수록한다.

(2) 사보심연구실 발족

1961년에 발족한 군사정권은 비록 정치적인 선전 목적이 있었다 하더라도 발족 당초부터 '사회보장' 도입에 대한 상당한 관심을 표명하고 있었다. 군사정권은 1962년 12월에 행해진 헌법의 전면 개정에 있어 국가운영의 방향을 내외에 선포하려는 의도로 새롭게 "모든 국민은 인간다운 생활을 할 권리를 가진다"라는 조항과 "국가는 사회보장의 증진에 노력하여야 한다"라는 조항을 설정했다(제30조 1항·2항). 1962년 7월에는 〈국가재건최고회의〉 의장의 이름으로 내각수반에 대해 '사회보장제도 확립'의 지시각서가 제시되었고[7], 1962년도 '최고회의 기본정책'에서는 "의료 균점을 수립하고 부조와 보험을 기간으로 하는 사회보장제도의 기틀을 마련하여 국민생활의 향상과 사회복지를 건설한다"라고 기술되어 있었다. 다음해 1963년도의 '기본정책'에서도 "사회보장제도를 확립함으로써 빈곤과 질병, 실업 및 인구과잉 등 사회불안의 요인을 제거하고 사회정의를 실현하여 복지사회 건설에 매진한다"라고 기술되어 있었다(『군사혁명사·상』 p.391,408). 여기서 언급되고 있는 '사회보장'이란 사회보험체계에 의해서 빈곤을 예방함과 동시에 최저생활을 보장하는 공공부조를 확립함에 의해서 '국민생활최저선national minimum'을 보장하려는 베버리지Beveridge형 사회보장체계이며 당시 국제적으로 달성되어야 할 목표라고 간주되고 있었던 정책모델이다.

군사정권 자체가 〈사회보장〉의 구축에 대해 관심을 갖고 있었는지 또는 복지정책을 소관한 보사부가 구상의 추진을 군사정권에게 제의했는지, 정책발상의 주도성에 관

---

7 각서의 원안의 작성자는 나중에 사보심에 참여하게 된 우기도와 손창달 등이었다(손준규 1983: 80-5).

해서 자료적으로 충분히 해명할 수 없다[8]. 그러나 그 후 군사정권과 제3공화국 정권 수뇌부가 사회보장 구상의 추진에 대해 적극적인 자세를 가지지 않았다라는 사실으로부터 후자의 가능성이 강하다. 보사부는 군사쿠데타 이전부터 사회보장제도를 구축하려는 구상을 갖고 준비를 시작하고 있었다. 1959년부터 부내에 '의료 사회화' 구상이 존재하여 의료보험의 도입에 관한 연구가 개시되고 있었고(손 1983:60-8, 최 1991:17-8), 군사정권출범 후 얼마 되지 않은 시점에서 당시 공공부조제도의 선진적 모델로 간주되었던 일본의 〈생활보호법〉을 참고로 하면서 입법연구가 시작되고 있었다.

군사정권 내부에서도 최고회의· 문교사회 위원회에 소속했던 멤버를 중심으로 사회보장정책 추진에 동조하는 존재가 있었다(손 1983:81-2)[9]. 또, 군의관 출신이고 사회정책 분야에 강한 관심을 가지고 있었던 정희섭鄭熙燮이 군사정권시대의 대부분을 통해서 보건사회부 장관을 맡았던 것도 또한 중요하다. 정희섭은 박정희체제의 역대 보사부 장관 중 사회적 시책의 확충에 가장 적극적인 정열을 가지고 있었던 인물이며 1967년에 다시 장관에 취임하여 '사회개발' 프로젝트를 추진시키는데 중요한 역활을 했다. 이와 같이 초기의 사회보장 구상에 대한 관심은 소관 관청인 보사부의 정책 발상과 군사정권 내부의 일부 관계자의 발상에서 태어났다고 생각할 수 있다.

사회보장 구상의 추진은 군사정권에 의해서 공인된 정책으로서 1962년 2월(일설에는 3월)에 보사부 장관의 자문기관으로 〈사회보장제도심의위원회〉(다음해 〈사회보장심의위원회〉로 개칭)가 새롭게 설치되었다. 이 조직은 한국의 초기 사회보장 구상의 전개를 평가하고자 할 때 중요한 위치를 차지한다. 정부기관 내부에 존재하면서 상대적인 독립성을 갖춘 정책 제안 기관으로서 일관해서 국가의 기본전략이었던 경제성장 우선주의에 대항하고 사회보장제도의 구축의 필요성을 계속 주장한 조직이었기 때문이다.

---

8 군사정권이 왜 사회보장의 추진에 관심을 보였는지에 관해서는 한국의 학계에서 빈번히 논의되어 왔다. 권문일(1989:498-506)은 민(1961)에 의거해서 정권은 자기의 '정당성'을 선전하기 위해 내부의 반대론을 억제해서 사회보장을 내세웠다고 분석했다. 조영제(2008:72-3)는 "군사정부의 정책적 이념이 구체화된 것으로 보는" 논자와 "정당성을 결여한 군사쿠데타 세력들이 정당성의 빈곤을 메우기 위한" 목적에 의했다고 보는 논자가 있고, 후자의 해석이 〈다수파〉라고 논하고 있다. 『자료연구편 IV』 제1절 1 참조.

9 손준규와 최천송은 특히 홍종철위원이 사회보장의 추진에 적극적이었다고 증언한다 (손 1983: 81-2, 최 1991: 24,35).

〈사회보장심의위원회〉의 설치구상은 군사쿠데타 이전 1960년의 '4·19 학생혁명' 후의 정치적, 사회적인 해방의 분위기 속에서 태어난 발상이었던 것이 주목된다. 사보심 연구실의 중심 멤버이었던 최천송에 의하면 사회보장에 관한 연구와 정책입안을 하기 위한 정부 자문기관을 설치해야 한다라는 구상은 60년 12월 제2공화국 정부(윤보선대통령·장면내각)[10]에 의해서 주최된 〈전국종합경제회의〉에서 최 자신에 의해 제기되었다. 이 회의는 새롭게 출범한 제2공화국 하에서 '자립경제'의 실현을 위한 종합적인 설계 구상을 작성하는 것을 목적으로 했다. 회의에는 "전국의 학자, 기업가, 노동자, 문화인, 언론인, 교육자, 지방대표 등 모든 분야를 총 망라하는 300여명"이 참가하여 전 정권의 독재적인 체제로부터 해방된 민주적인 정치 분위기 속에서 "각계 각층의 기탄이 없는 의견"에 의해 국가경제의 방향을 정하려고 했다고 한다. 거기에는 장면국무총리가 말한 바와 같이 "모든 불안상不安相"이 "빈곤의 악순환 즉 민생의 불안정과 궁핍에서 빚어지고 있어", 그것을 극복하기 위해서는 "산업경제의 개발에 관한 종합적인 정책과 장기계획의 수립이 요구된다" 라는 공통 인식이 존재했다고 한다(최 1991:13).

국가의 기본정책을 일부 정치세력에 의해 결정하지 않고 광범위한 민간 각계의 논의에 의해서 작성하려고 한 발상은 제2공화국시대의 해방 분위기를 상징하고 있었다. 이 회의에서 사회보장제도를 구축하기 위해 정부의 심의기관을 설치해야 한다는 제안이 최천송에 의해 제기되고 전체회의의 동의를 거쳐 정부에 대한 권고가 이루어졌다. 1961년 봄에 보사부가 이 권고를 채용하고 구체화할 준비를 시작하고 있었지만 '5·16 군사쿠데타'가 발생했기 때문에 실현은 일시 좌절했다. 그 후 보사부가 이 계획의 실현을 군사정권 중추부에 제안하고 그 승인을 얻어 62년 2월에 〈사회보장 제도 심의위원회 규정〉(각령)이 제정되어 위원이 임명되었다. 심의위원회의 설치 근거는 〈사회보장에 관한 법률〉의 제정(1963년 12월)에 따라 동법 제5조와 제6조에 의거하게 되었다. 명칭에서 '제도'가 삭제된 이유는 일본의 제도와의 혼동을 피하기 위해서였다고 한다(최 1977: 188). 손(1983:85)에 의하면 최고회의에서 법률제정의 최종단계에 있어 위원회를 의결기

10 윤보선대통령과 장면총리도 참가했던 〈전국종합경제회의〉의 주재자는 일제시대부터 사회주의 운동가로서 알려져 4·19 교수데모에 참가한 인물이며 나중에 성균관대학교 총장에 취임했던 변희용(1894~1966)이었다.

관으로 할지 자문기관으로 할지, 위원회의 권한을 놓고 긴 시간 논의되었다고 한다.

심의회의 조직형태는 일본의 〈사회보장제도심의회〉를 참고로 했다고 추측된다. 당초 국무총리 직속의 자문기관으로서 제안되었지만 최종적으로 보사부 장관의 자문기관이 되었고 위원장은 보사부 장관, 부위원장은 행정관이 취임하는 등 총리대신의 자문기관인 일본의 기관에 비해 독립성과 발언력이 약하고 관료색이 강한 조직이 되었다. 위원은 학식경험자와 함께 사용자와 근로자의 대표를 각각 임명한다고 규정되어 있었지만 실제로는 임명되지 않았고 학식경험자만이 참가했다. 한층 더 변칙적이었던 것은 심의위원회 자체는 명목적인 존재이며 정책 형성에 있어 적극적인 역할을 하는 조직은 부설된 상임의 전문위원으로 구성된 연구실이었다는 점이다. 현존하는 자료에 의하면 심의위원회의 본체가 어떻게 정책형성에 관여했는지에 관한 기록을 확인할 수 없고 보사부나 국회의 기록에 있어서도 심의회의 활동에 관한 언급을 확인할 수 없다[11]. 나중의 자료나 연구에 있어서 〈사회보장심의위원회〉로서 언급된 경우 예외없이 이 연구실을 가리키고 있으며 이하의 서술에서도 정부기구 내부의 정책 씽크탱크로서 기능한 연구실의 활동을 분석대상으로 한다.

사보심연구실에는 당초 10명 전후의 연구원이 소속되어, 초기 단계에서는 종합반, 의료보험반, 노동반, 그리고 공공부조반의 4반으로 편성되어 있었다. 보사부에 속하는 조직이었지만 보사부의 행정계열에서 독립되어 직접 장관으로 연결되어 있었고, 연구원은 행정관 신분과는 다른 취급을 받고 있었다. 연구실의 활동은 사회보장에 관한 이론과 제도의 연구, 생활과 생활요구에 관한 실태 조사, 연구를 기초로 한 구체적인 제도 설계와 법안 작성이었다. 최천송에 의하면 설립시부터 1970년대 초까지는 연구실은 보사부 내에서 일정한 '독립성'을 유지하고 있었고 정책형성에 대한 관여력이 높았다고 한다(최 1991:3). '독립성'이란 정책연구의 주제설정이나 정책입안에 있어 행정측에 종속되지 않고 연구실 자체가 주도한 것을 의미했다. 문제는 사회보장구축에 적극적인 인물이 장관이 되었을 때는 연구실이 정책형성에 적극적으로 참여할 수 있었지만, 그렇

11 심의위원회는 발족한 후에 사실상 휴면상태에 들어갔다고 추측된다. 1967년에 '사회개발' 프로젝트의 발족과 함께 그 통괄기구로서 형성된 〈사회개발 자문위원회〉는 심의위원회의 부활형태이었고, 그 후 '사회개발' 프로젝트의 종료와 함께 심의위원회는 다시 휴면하게 되었다고 추측된다.

지 않았을 때는 보사부 내에서 이단적인 취급을 받아 정책적 영향력을 거의 발휘할 수 없었던 불안정한 존재였다라는 것이다. 실제로 연구실이 정책형성에 있어 큰 역할을 했던 시기는 군사정권시대와 1960년대 말부터 70년대 초의 시기만이며, 요컨데 정희섭이 장관이었던 시기로 한정된다. 1970년대의 '유신체제' 이후 연구실은 정책형성 과정으로부터 완전히 소외되고 부내에서 냉담한 대우를 받게 되었다.

그러나 사보심연구실이 정부기구 내부에서 고립적인 존재이었다고 하더라도, 그 외부에서 넓은 인맥의 네트워크를 가지고 있었던 것에 주목할 필요가 있다. 연구실은 대학교를 중심으로 한 사회복지 연구자[12], 민간의 복지관계자 등과 밀접하게 교류하고 있었다. 사보심연구실과 대학교나 민간연구기관 사이에 인적 교류가 있었고 연구활동에 있어서도 협력관계가 있었다[13]. 이러한 교류에서는 당시 미개척 분야이었던 한국 사회보장의 연구와 실천을 개척해 간다라는 파이오니어pioneer적인 기개가 넘치고 있었다. 선구적인 사회복지연구의 저류에는 1960년의 '4·19 학생혁명'에 의해서 생긴 제2공화국시대의 민주적인 사상이 흐르고 있었던 것을 추측할 수 있다. 연구실의 실질적인 창설자이며 오랫동안 연구실의 활동을 견인한 최천송 자신이 제2공화국의 해방된 정치적인 환경 속에서 등장한 인물이었다. 군사쿠데타 이후에도 사회적인 정책의 확충을 추진하려고 했던 연구자·전문가·실무가 등의 그룹에게 있어 사보심연구실은 정부기관 내부에 설치된 정책 형성에 참여하기 위한 교두보와 같은 존재이었다.

군사정권에게는 사회보장제도에 대한 관심의 표명에 의해 선전효과가 있었고 한편 제2공화국시대의 민주적인 사상을 기반으로 한 복지전문가 그룹에게는 정책형성에 참여할 수 있다라는 기대가 있었다. 최천송은 나중에 "연구 준비와 시설, 인력의 약체 속에서 혁명 주체의 야심에만 영합하여 짧은 시간내에 성취하여야 하는 무모한 작업으

---

12 당시 연구 분야의 표현으로서 '사회보장'이라는 용어보다도 '사회복지' 또는 '복지'가 빈번히 사용되고 있었다.

13 사보심의 멤버와 민간의 연구자 사이에 밀접한 교류가 존재했던 것은 1966년에 최천송, 강남희 등 사보심연구실의 멤버, 대학교의 연구자, 복지사업가들이 협력해서 〈한국사회보장문제연구소〉를 설립한 사실, 1967년부터 시작된 '사회개발' 프로젝트에 있어 연구실의 멤버와 대학교의 연구자, 민간의 복지전문가 등이 공동으로 대규모 연구조직을 편성한 사실, 1972년에는 보사부장관을 사임한 정희섭을 중심으로 사보심의 멤버와 대학교의 연구자가 〈한국사회개발협회〉를 설립한 사실, 대학교의 연구자와 사보심 연구원 사이에 인적 교류가 존재했던 사실 등에 의해서 알 수 있다.

로 그 어려운 사회보장 연구가 시작되었다"(최 1991:12)라고 회상했다. "혁명 주체의 야심에만 영합하여"라는 표현에서는 군사쿠데타에는 동의하지 않지만 사회보장을 추진하기 위해서는 그 세력을 이용하지 않을 수 없다라는 연구자의 딜레마를 읽을 수 있다. 반대로 군사정권이 사회보장의 구축을 자기의 정책으로서 표방하고 사회보장심의위원회와 같은 조직의 존재를 인정했던 것은 이 시점에서 군사정권이 제2공화국시대를 상징한 민주적인 사상을 부분적으로라도 허용하지 않을 수 없었기 때문이었다고 추측된다[14]. 1970년대 초두의 정치적 반동인 '유신체제' 하에서는 그러한 여지는 완전히 닫혀졌고 그 결과 사보심연구실의 상대적인 '독립성'은 박탈되게 되었다.

3. 사보심연구실 초기의 활동

(1) 〈사회보장에 관한 법률〉의 제정

1962년 2월에 발족한 사보심연구실은 즉시 사회보장에 관한 연구와 법안의 기초작업에 착수했다. 다음 해 63년에는 연구실이 기초한 〈사회보장에 관한 법률〉, 〈산재보험법〉, 〈의료보험법〉이 연달아 제정되었다. 〈사회보장에 관한 법률〉은 사회보장 구축에 대한 국가의 자세를 표명하려고 했던 기초법이었다. 최천송에 의하면 이 법률의 제정은 정권의 지시에 의한 것이 아니고 사보심연구실의 발의에 의하여 "사회보장 연구의 기준입법의 필요함을 통감"해서 제안되었다고 한다(최 1991:26). 그 의도는 장래 사회보장을 구축해 나가는데 기본적인 방향을 법률에 의해서 명시함과 동시에 사회보장 심의위원회와 전문위원 연구실의 설치에 관한 법적 근거를 규정하여 정책제안 기관으로서의 조직의 자립적인 위치를 더 확실하게 하려고 한 점에 있었다.

그러나 법안 작성은 연구실의 의도대로 진행되지 않았다. 이미 이 단계에서 군사정권과 연구실 사이에 인식의 차이가 표면화되기 시작했기 때문이다. 최천송은 최종적으로 이 법률이 "선언적, 형식적" 성격이 강해졌다고 비판적으로 회고한다(최 1991:26-7).

14 군사정권은 제2공화국을 부정했지만 '4·19학생혁명'에 대해서는 '의거'로서 평가하고 있었다.

제정된 법률은 7조로 구성된 간략한 내용의 법률이었다. 우선 '사회보장'은 사회보험과 공적부조로 구성된다고 정의하여 "사회보장제도의 확립과 그 효율적인 발전을 기함을 목적으로 한다"라고 선언한다(제1조·제2조). 그러나 바로 그 다음에는 사회보장의 추진에 있어 두개의 중요한 유보조건이 되는 조문이 보태어져 있었다. 하나는 "국가의 경제적 실정을 참작하여 순차적으로 법률이 정하는 바에 의하여 행한다"(제3조 제2항)라는 규정이며 또 하나는 사회보장이 "국민의 자립 정신을 저해하지 아니하도록 하여야 한다"(제3조 제3항)라는 규정이었다. 여기에서는 공산주의 세력과 군사적으로 대립하고 있는 상황에 있어 경제적으로 미발달 단계였기 때문에 재정에 여유가 없고 사회적 시책에 대한 지출에는 큰 제약이 있어 사회보장은 "순차적으로" 형성해 가야 한다라는 인식과 사회보장은 국민의 '의타심依他心'을 조장하고 자립심을 저해할 가능성이 있다라는 도덕면에서의 위구의식이 표명되고 있었다. 사회보장의 추진 선언에 부과된 이러한 두개의 유보조건은 국가의 사회적 시책에 대한 기본적인 인식을 표현하고 있었고 그 후 오랫동안 사회적인 시책의 발전에 대해서 큰 제약 조건이 되었다.

수정된 법률의 최종안은 사보심연구실의 의도에 반하는 내용이었다. 최천송은 연구실의 원안이 "여러사람의 손을 거치고 최고회의 의결을 얻는 가운데 그 기본적 요구의 필요 골격과 필수 사항은 거의 삭제되고" 간략한 조문 구성이 되었다고 회고한다(최 1991:26-7). 최는 연구실이 준비한 원안을 소개하지 않지만 원안에서는 보사부 소관 정책뿐만 아니라 그 소관 분야에 속하지 않았던 공무원연금, 군인연금, 군경원호 분야 등을 포함한 모든 영역에 있어서 "사회보장적 사업의 시행상의 균형 유지, 발전과 종합적 조정 등을 할 수 있"는 조치를 가능하게 하는 내용이 포함되고 있었다고 설명한다. 연구실은 초기단계부터 일반국민, 공무원, 고급군인, 군인·경찰관의 전쟁희생자와 그 유가족 등 대상별으로 분립된 시책의 병존 상황을 '사회보장'이라는 개념 하에서 통합하고 보편적인 생활보장체계를 건설하려는 구상을 가지고 있었다. 연구실은 이러한 방향을 가능하게 할 조문을 설정하려고 의도했지만, 정권에 의해서 삭제되어 결과적으로 간략하고 "선언적, 형식적"인 법률이 제정되게 되었다[15]. 〈사회보장에 관한 법률〉의 제정

15 군경원호를 사회보장 체계에 일환으로 포함시키려는 연구실의 발상과 정부 사이에 대립이 있었던 것을 시사하는 자료가 존재한다(『자료연구편 III』 제2절 4, 참조).

에 의해 연구실이 실질적으로 확보한 성과는 사회보장을 확립해 나가기 위한 연구·정책입안 기관으로 이미 발족되어 있었던 〈사회보장심의위원회〉의 위치를 법률에서 명확화하는 것에 그쳤다[16]. 사회보장정책의 초창기에 제정된 이 법률은 1995년에 〈사회보장기본법〉으로 바뀌게 될 때까지 30년 이상의 긴 세월에 걸쳐 존속했다.

(2) 사회보험 도입의 시도와 그 귀결

초기단계에 있어 사보심연구실이 중심적으로 종사했던 작업은 사회보험, 특히 산재보험과 의료보험의 두개의 의료에 관련된 사회보험의 도입 준비였다. 군사정권은 의료 문제에 대해서 강한 관심을 가지고 있었고 최는 "근로자들을 위한 산재보험과 전국민을 위한 의료보험이 혁명 주도세력에 의하여 반 강제적으로 떠맡겨져 왔다"(최 1991:130)라고 설명한다. 군사정권은 "의료의 균점을 수립한다"라는 공약에 따라, 무의無醫지역의 해소, 모든 지역(읍·면 단위)에 보건소의 배치, 병원의 충실, 의사·간호사 등 의료 인력의 양성 등 의료체제의 개혁에 적극적으로 노력했다. 의료에 대한 정책적 관심은 경제재건의 관점으로부터 근로자의 건강문제를 중시했음에 의했다고 생각된다. 또, 산업재해는 직접적으로 근로자에 관련된 문제였다. 산업재해에 있어서의 고용주의 보상책임은 〈근로기준법〉(1953년 제정)에 의해서 법적으로 규정되고 있었지만 실제로는 "탁상법률에 불과"하여(우명숙 2008:63) 고용주에 의한 보상은 실시되지 않았기 때문에 사회보험의 도입이 긴급적인 과제로 간주되고 있었다.

산재보험 준비작업은 순조롭게 진전되었고 법률은 1963년에 제정되어 64년부터 실시되었다. 적용범위는 종업원규모 500명 이상의 사업장이고 당초단계에서는 64사업장 81천명을 커버하는 좁은 범위의 사회보험이었지만[17], 나중에 한국에서 "최초로 성공한 사회보험"(한국사협 1977:189)이라고 평가된 것 처럼 그 도입은 한국 복지정책의 역사에 있어 획기적인 일이었다. 의료보험의 준비작업은 산재보험과 달리 순조롭게 진행되지

---

16 위원회와 행정기구와의 관계, 활동의 자립성 등의 면에서 원안이 대폭으로 수정되었다고 한다(손 1983:94).

17 산재보험의 운영은 1963년에 보사부로부터 분리된 노동청(직업안정국의 산재보상과)이 담당하게 되었다. 가입대상은 그 후 1973년에 16명 이상의 사업장으로 확대되어 75년 당시 21,279개 사업장에서 약 183만명에게 적용되고 있었다.

않았다. 2년 간의 연구를 거쳐 연구실이 기초한 의료보험법 원안에 대해서 군사정권은 강한 난색을 나타냈기 때문이었다. 원안에서는 종업원규모 500명 이상의 사업장를 강제적용 대상으로 하고 300명 이상 사업장에 대해서 종업원의 절반의 찬동에 의해 임의가입의 보험을 적용할 수 있는 제도가 제안되어 있었다. 군사정권 내부에서는 강제적용에 대한 부정적 견해가 강하고 최고회의에서 승인된 결과는 300명 이상의 사업장이 의료보험 조합을 임의로 설립할 수 있다라는 내용으로 사회보험의 "가장 중요한 성립요건인 강제성이 배제되"었다(최 1991:113). 그러나 기초자인 연구실 자체도 강제적용을 500명 이상 규모 사업장에 한정했다 하더라도 즉시 실시는 무리가 있다라는 인식을 가지고 있었다. 보험료 부담에 대한 사업주의 강한 저항이 존재했던 것 뿐만 아니라 의료보험을 실시하는데 필요한 의료공급체제의 미정비 등 "의료보험 실시를 위한 제반 조건이 미성숙하다"(최 1991:113)라는 인식이 있었다. 이 때문에 연구실은 강제적용이 거부되어도 임의제도로서 시범사업을 전개하여 장래의 의료보험의 본격적인 실현으로 이어가기 위한 과도적인 제도안을 준비하고 있었다. 결과적으로 군사정권에 의해서 후자의 임의제에 의해서 실험적인 시행을 시도한다라는 안이 채택되었다. 이 후 실제로는 시범사업도 진전되지 않았고 법안성립 후 2개 사업장에서 실험적인 의료보험조합이 설립되는데 그쳤다(최 1991:65, 109-10, 120)[18].

사보심연구실의 사회보장구상의 기초는 당시 선진적인 모델로 간주되었던 베버리지형 사회보장체계였다. 이것은 빈곤예방을 위한 사회보험망(의료, 연금, 실업 등)과 최종적인 생활보장인 공공부조제도에 의해서 '국민생활최저선national minimum'을 보장하려는 정책체계이다. 그러나 이 시점에 있어서 사회보험의 전면적인 도입은 비현실적인 구상에 지나지 않았다. 보험료를 부담할 수 있는 중간 소득계층이 아직 충분히 형성되고 있지 않았고 건설과정에 있었던 경제계도 부담증가를 원하지 않았다. 공공부조에 관해서는 '구호행정'이라는 정책실태는 바람직한 생활보장제도로부터 거리가 아주 멀다라는 인식이 존재했으나 즉시 개혁안을 제기하기 어려운 현실이 있었다.

---

18 시범 의료보험 조합의 수는 1969년에 3개소, 73년 5개소, 74년 8개소, 75년 11개소에 불과했다.

제2절 사회개발 연구 프로젝트의 도전

1. 사회개발 연구 프로젝트의 발족

1967년 9월 보사부는 '사회개발social development'을 추진하기 위한 대규모 정책연구 프로젝트를 발족시켰다. 그 목적은 1960년대 초부터 진전중인 눈부신 경제성장이 초래한 사회변화에 대응하여 복지정책을 재검증하고, 중·장기에 걸친 정책 개혁계획을 정권의 중추부에게 제안하려는 시도였다. '사회개발'의 발상은 당시 국제연합(유엔)이 개발도상국을 대상으로 전개하고 있었던 "균형있는 사회·경제개발balanced social and economic development"의 구상에 의거했다. 유엔은 경제개발이 경제적 불평등의 확대, 과도한 도시집중, 공해의 발생 등 사회적인 폐해를 낳는 것을 고려하여 개발도상국에 대해 경제개발과 사회개발의 균형있는 발전모델의 채용을 추천하는 계획을 가지고 1960년대에 들어 그 보급활동을 적극적으로 하고 있었다[19]. 유엔의 '사회개발'의 발상을 한국에 도입하여 사회보장정책의 추진을 도모하려는 발안자는 사보심연구실의 수석 연구위원이었던 최천송이었다(최 1991:150-1). 최는 1967년에 보사부 장관에 재임된 정희섭에게 이 계획을 제안해서 적극적인 찬동을 얻었고 보사부 전체의 정식 프로젝트로 채택되어 연구조직이 편성되었다.

최에 의하면 정 장관은 "장관 취임과 함께 보건사회부 소관인 인구, 노동 문제와 함께 보건의료 관계 사업과 인간의 기본생활 요소로서의 의식주 문제까지 사회보장, 사회복지 등 제반 문제가 거의 모든 자기 소관이고, 인간생활의 기본을 이루고 있는데도 불구하고 경제개발에 밀려서 손도 쓰지 못함을 크게 깨닫고 그 돌파구를 찾던 때

19 유엔은 1959년부터 〈세계사회정세보고〉를 발행해서 개발도상국의 사례를 열거하고 경제개발의 진전과 함께 사회적인 측면에 대한 정책적인 배려가 더욱 요구되게 되는 것을 강조했다. 특히 60년대 중반 이후 〈사회개발연구원〉의 설치(1965년), 〈유엔 사회복지관계 장관회의〉의 개최(68년), 〈유엔 사회개발 선언〉의 발표(69년) 등의 조치를 통해서 '사회개발'을 추진하기 위한 모델을 제시해서 유엔의 참가국에 보급시키려고 도모했다. 한국은 그러한 유엔에 의한 움직임의 주된 대상 중 하나이었다.

였다"고 한다(최 1991:150). 그 때문에 "당시 제2차 5개년계획의 추진에 발맞추어, 경제사회의 균형개발의 실질적인 접근 노력의 일환으로 사보심연구실을 활용하기로" 했다(p.145). 정 장관이 이러한 적극적인 자세를 취할 수 있었던 배경에는 1967년 초에 오스트레일리아와 뉴질랜드를 방문한 박 대통령이 양국의 사회보장제도에 "큰 감명을 받아" 귀국 후 보사부 장관에게 사회보장 연구체제를 증강하라는 특별지시를 내린 사정이 있었다고 한다[20].

정 장관과 사보심연구실의 인식은 보사부가 소관하는 사회적 시책을 확충하기 위해서는 경제기획원을 중심으로 한 국가지도부의 "경제성장 일변도"의 발상을 수정할 필요가 있다라고 생각한 점에서 일치했다. 이러한 인식은 국회의 보건사회위원회에서도 "경제제일주의", "선 경제, 후 사회복지"의 생각에 대한 비판이 제기되고 있던 것 처럼 사회적 지출의 확대를 요구하고 있었던 정치·사회 세력이 공통해서 가지고 있었던 인식이었다. 유엔이 추천한 "균형있는 개발 모델" 구상은 이러한 "경제성장 일변도"를 수정하기 위한 이론적인 근거로서 "돌파구"가 될 수 있다라고 생각되었다.

'사회개발'은 '경제개발' 추진을 부정하는 것이 아니라 장기에 걸친 '지속적 성장'을 확보하기 위해서는 '사회개발'에도 자원을 배당하고 "안정된 국민생활의 보장"을 실현해 가는 것이 불가결하다라고 설득하려는 주장이었다. 최는 정 장관이 국무회의에서 "경제사회 균형"을 전면적으로 주장하지 못하고 "경제개발의 보완적 사업으로 사회개발의 필요를 역설"했고 이에 대해 경제기획원 장관이 "경제개발을 저해하는 발언이라고" 비판했다라는 에피소드를 소개한다(최 1991:158). '사회개발'의 보고서는 "지속적 성장"을 위해서 '사회개발'의 도입이 필요하다라는 주장에서 "유효수요의 창출, 외부경제 효과 및 편익 창출효과를 증대"시킨다라는 경제 효과를 열거하고 있지만 현재의 시점에서 보면 이러한 논의는 이론적으로도 실증적으로도 성숙한 형태로 제기되고 있다고는 말하기 어렵다. 동시에 보고서는 '사회개발'은 "경제사회 발전의 원동력이고 추진체인 인간

---

20 박 대통령의 지시에 관해서 이광찬(2009:559)은 "1967년 초에 박대통령은 호주와 뉴질랜드를 방문하고 귀국하여, 당시 정희섭 보건사회부 장관을 불러 〈그들 두 나라의 잘 확립된 사회보장제도에 큰 감명을 받았다. 우리도 5천년 간 내려온 빈곤의 급한 불만 끄면 바로 사회보장제도 도입에 착수할 것이니 지금부터 기존 인사규정에 구애받지 말고 파격적인 특별대우로 훌륭한 연구요원을 확충, 조속히 준비에 착수하라. 이것은 나의 특명이다〉라는 지시를 내렸다"고 설명한다.

의 정신적 측면의 중요성을 고려하여", "안정된 국민생활의 보장으로 생활의욕과 생산의욕을 북돋워 경제발전을 적극적으로 추진시키는 역할을 담당"한다라는 주장을 전개하고 있었고 이 주장이 보다 설득성을 가지고 있었다고 생각된다(사보심 1969 a: 12-14).

'사회개발' 구상이 등장했던 배경에는 비약적인 경제발전과 그것이 일으키고 있었던 사회와 생활의 변화라는 요인이 존재했다. 1962년에 개시된 제1차 5개년계획은 목표였던 연 평균 7.1%를 넘어 7.8%의 경제성장률을 달성하고 그 다음의 제2차 5개년계획(1967~72년)은 1967, 68년에 연 성장율 10% 이상의 순조로운 스타트를 끊고 있었다. 이 시기의 한국 사회는 광범위한 빈곤이 지배하는 농업중심사회에서 벗어나 공업과 도시를 중심으로 한 풍요로운 사회로 향하는 미래전망을 가지게 되었다. 경제기획원은 1968년에 비해 80년대 중반에는 1인당 국민총생산은 약 4배로, 1인당 국민소비지출은 약 3배로 증가할 것이라는 예측을 발표했다(〈표 2-3〉). 보사부 행정보고는 "역사적인 제1차 및 제2차 경제개발 5개년계획의 성공적인 수행에 따라 우리나라의 경제성장은 세계 속에서 영예로운 평가를 받게 되었고, 〈국민은 우리도 잘 살 수 있다〉는 굳은 신념을 가지"게 되었다고 했다 (『1971보사백서』: 서문).

표 2-3 1969년 국민총생산과 소비지출증가의 예측(1968년=100)

	1968	1971	1976	1981	1986
국민총생산	100	136	220	352	570
1인당 국민총생산	100	128	186	275	414
1인당 국민소비지출	100	n.a.	150	n.a.	305

자료: 사보심 1969a : 20(국민총생산은 경제기획원에 의한 예측, 소비지출은 보사부에 의한 예측).

그러나 이러한 낙관적인 장래전망과 병행해서 국회논의 등에도 나타났던 것 처럼 급속한 경제성장과 공업화와 도시화에 수반된 폐해의 확대도 우려되기 시작했다. 사보심연구실은 "오늘날 우리사회는 후진성을 탈피하지 못한 채 가치관은 혼미하여 가고 부의 편재는 그 격차를 더욱 심화 시키고 있으며 이러한 생활면의 불균형은 국민의 불평과 불신 풍조를 자초自招하여 여러 가지 사회문제를 일으키고 있기"때문에, '사회개발'을 통한 "안정된 국민생활의 보장"을 실현해서 "급속한 경제개발에 기인하는 사회적 부조리와 사회적 제 병리현상을 방제하여 경제발전을 보완하고 이를 지원하여 경제적 생산성을 극대화 시키"는 것이 필요하다고 지적하고 있었다(사보심 1969 a : 13).

이와 같이 1960년대 말부터 70년대 초에는 경제성장이 초래한 성과와 폐해라는 두 가지의 측면이 인식되기 시작했음과 동시에 장래의 목표로서 어떠한 국가와 사회를 구축해야 하는가라는 문제의식도 생기기 시작했다. 이러한 상황은 '경제성장 제일주의'라는 주류적인 국가 전략 패러다임을 수정할 절호의 기회로 간주되었다. '사회개발'의 채택은 "안정된 국민생활의 보장"을 기초로 하는 사회를 건설한다라는 방향을 지향하는 국가운영의 패러다임의 전환 가능성을 시사하고 있었다. 당시의 정치상황 속에서 그것은 극히 대담한 도전였으나 어디까지나 '개발독재'를 채택한 국가기구 내부에 있어서의 도전에 지나지 않았던 것에도 주의해야 한다.

2. 연구 프로젝트의 조직구성과 연구활동

(1) 연구 프로젝트의 조직구성

1967년 9월에 편성된 연구 프로젝트 조직은 직접 참가자만으로도 80명을 넘은 대규모 관민합동 조직이었다. 프로젝트 전체를 통괄하는 조직으로서 보사부 장관 직속의 〈사회개발자문위원회〉(위원장은 차관)가 설치되었고 행정관 2명과 대학의 연구자와 전문가 9명이 위원으로 참가했다. 또 자문위원회에 미국인 연구자가 고문으로서 참가하고 있었다. 프로젝트의 예산은 국고로부터 '별도 조달'되어 사보심의 독립 회계로 운영되게 되었다.

〈표 2-4-②〉에서 보듯이 자문위원회 밑에 실제의 연구·정책 개혁계획을 입안하는 8개의 분과회가 설치되었고 각각 대학교 연구자와 전문가 4~5명이 위촉되어 동시에 사보심연구실에서 연구위원 2~3명이 배치되었다. 분과회의 활동을 조정하기 위해서 기획실(사보심연구실이 중심)을 두었고 기획실장에 최천송이 취임했다. 이와 같이 연구의 추진과 결과의 총괄을 통해서 사보심연구실이 프로젝트 전체를 실질적으로 주도하는 연구 조직이 편성되었다. 연구실은 특별 예산에 의해서 대폭으로 증강되었고 전문 연구위원수는 10명부터 22명으로 증원되었다.

이 기획은 사보심 단독이 아닌 보사부 전체의 프로젝트였으며 이례적인 거액의 조사 연구비가 필요했기 때문에 국가 지도부, 특히 경제기획원의 승인을 얻을 필요가 있었다. 당시 "사회"라는 말은 정치적으로 금기禁忌적인 의미를 띠고 있었고 한 때 정 장관과 최천송은 이 프로젝트 제기를 위해서 중앙정보부KCIA로부터 '빨갱이'의 혐의를 받은 적도 있었다고 한다(최 1991:150-1)[21]. 그러나 이러한 사상적인 경계를 받으면서도 최종적으로는 승인을 얻을 수 있었고 프로젝트의 예산은 국고에서 '별도 조달'로 사보심의 독립회계로서 운영되었다. 이러한 예산조치는 '사회개발' 프로젝트가 정권에 의해 승인되고 진행되었다는 것을 나타내고 있고 그 배경에는 박 대통령의 의향이 반영되었다고 추측된다.

프로젝트 편성의 특징은 대학교나 민간 연구기관의 연구자, 보건·의료·복지 등의 사업관계자, 전문가, 보도관계자 등 민간의 관계자를 폭 넓게 참가시킨 점에 있었다[22]. 이것은 정책형성에 관련된 논의를 정부기구 내부로 한정하는 경향이 강했던 당시의 상황을 생각하면 중요한 의미를 가졌다. 연구 멤버의 사회적인 확대에는 제2공화국 시대에 최천송이 참가했던 〈전국종합경제회의〉에서 나타난 사회적 해방의 상황을 부분적이긴 하나 재현하는 분위기가 있었다. 프로젝트의 목적은 사회적 시책의 형성에 관련된 정치적·사회적 공간을 정부기구의 범위를 넘어 확대함으로써 국가시책에 대한 민간의 영향력을 강화하려는 점에 있었다고 생각된다.

프로젝트 발족의 배경으로 1960년대 말에는 국회에서 복지정책에 관한 점검·입법 활동이 활발해지고 있었던 상황에도 주의할 필요가 있다. 5·16 이후 정치적, 사회적인 기본권이 엄하게 제한되고 있었던 상황 속에서 국회의 역할은 한정되고 있었지만 1960년대 말에는 권위주의적인 국가운용에 대한 비판이 차차 높아지게 되었다. 국회 보건사회위원회에서는 근로능력이 없는 생활곤궁자(특히 재가 노인와 장애인)에 대한 지원이 극히 빈약하고 경제성장에 따른 국가재정 규모의 확대에도 불구하고 사회적 지출은

21 최천송은 '사회개발'에 관해서 재계 세미나에서 "(사회보장은)대통령이 금기하는 용어다", "우리 나라에서는 2천년대가 되고 나서…사용할 수 있게 될 것이다" 라고 압력이 가해졌다고 한다(최 1991: 135,158).

22 최(1991:151, 154-5)는 사회개발자문위원 및 분과회참여자의 참가자 리스트를 수록한다.

동결된 채 증액되지 않는 상황에 대한 비판이 전개되고 있었다. 국회의원이 행정현장에서 정책운영의 실태를 검증하는 '국정감사' 활동도 활발해지고 있었다. '사회개발' 프로젝트는 이러한 움직임과는 직접 관련을 가지지 않았지만 빈약한 사회복지에 대한 비판이 확대되고 있었던 정치적인 분위기 속에서 제기되었다라는 사실이 주목된다.

(2) 연구 프로젝트의 활동

'사회개발' 연구의 대상 분야는 〈표 2-4〉에서 보듯이 유엔 모델을 기초로 설정되어 생활에 관련되는 여러 가지 측면에 걸쳐 있었지만, 프로젝트의 주된 관심은 실질적으로 인력개발, 교육, 주택 등 다른 정부 부처가 소관하는 분야보다 보사부가 소관하는 보건·의료, 사회보험, 공공부조, 사회복지, 지역사회개발 등의 분야에 있었다.

연구작업은 '사회개발'의 이론과 국제적인 경험의 분석을 전제 단계로서 실질적인 정책연구는 분과회 마다 진행되었다. 각 분과회의 연구작업은 ①실태 조사에 의한 각 분야의 정책대상의 현상과 요구needs의 분석, 현행 정책상황과 그 문제점의 검토, ②제3차 5개년계획(1972~76년)을 기점으로 제4차계획(1977~81년), 제5차계획(1982~86년)에 이르기까지의 15년 간의 각 계획 단계에 대해서 제안할 구체적인 정책계획의 입안이라는 2단계로 진행되었다. 실태조사에 의한 정보수집과 실태분석이 중시된 것은 사회적 시책의 확대 제안이 추상적인 공론으로서 다루어지지 않기 위한 배려였다고 추측된다. 이 시기까지 생활분야에 관한 대규모 실태조사는 거의 행해지지 않았기 때문에 이 프로젝트에 관련해 실시된 실태조사는 후세에 귀중한 자료를 남기고 있다. 꼼꼼한 실태파악 작업을 실시한 후 각 분과회는 경제기획원이 발표한 앞으로 15년 간의 경제 규모의 확대 예측(〈표 2-2〉,〈표 2-3〉참조)에 의거해 각 5개년계획 단계에서의 인력육성상황, 생활환경, 국민생활에 관한 사회적 지표의 수준을 설정하고 각 단계에서 필요한 사회적 정책의 패키지('사회개발 모형')를 작성했다. 전체적인 계획은 앞으로 3차에 걸친 5개년계획을 통해서 사회적 시책을 쌓아 가는 것으로 15년 후의 1980년대 중반에는 균형있는 사회가 실현되는 것을 목표로 했다.

사회적 시책을 진전시키기 위해서는 개혁안이 경제개발 5개년계획의 일환으로서 채택되는 것이 불가결했다. 5개년계획은 국가의 기본전략에 따라 재정의 기본적인 지출방향을 책정하기 때문에 이에 포함되지 않으면 개혁실현의 가능성은 없었다. 사회개발의 제안이 15년 간이라는 중·장기에 걸친 단계적인 계획의 형태로 제안된 이유는 경제발전 수준, 국가재정의 상황, 방위비와 경제투자 우선 등의 요인을 배려하지 않을 수 없었기 때문이다. 〈사회보장에 관한 법률〉에서도 사회보장은 "국가의 경제적 실정을 참작해서", "단계적으로" 정비해 나간다고 선언되었던 바와 같이 이러한 요인은 절대적인 여건이었다. 이 때까지 "단계적으로"라는 표현은 정책에 착수하지 않기 위한 구실이나 실행을 연기하기 위한 구실로서 쓰였지만 '사회개발' 구상에서는 반대로 이 표현으로서 실현해 나가야 할 사회적 시책의 착수에 관한 각 단계를 구체적으로 제시하려고 했다.

표 2-4 「사회개발」연구프로젝트의 조직편성과 정책연구의 영역

①사회개발자문위원회 분과회의 편성 (1969)	②연구분야의 종류 (1969)	③결과보고서의 정책분야의 분류 (1970)	④국제연합(UN)의 사회개발구상의 정책분야 예시 (1959)
0 기획실 1 지역사회개발 2 인구와 노동 3 공중보건과 의료 4 공공부조 5 사회보험 6 사회복지 7 사회윤리 8 관련사업	1 정신적기반의 확립 1)국민의 정신기반과 사고경향 2)정신기반의 확립방향 3)정신기반확립의 실천방책 2 인력개발 1)인구 2)고용구조 3)인력양성 4)인력배분활용 5)인력보양 3 생활환경의 조성 1)주택 2)공중보건과 의료 3)공해 4)여가선용 5)사회시설 6)지역사회의 개발 4 국민생활의 향상 1)소비활동 2)최저생활 3)사회복지 4)사회보험	1 인구성장과 인구정책 2 인력계획 3 교육계획 4 보건계획 5 영양계획 6 주택과 생활환경계획 7 소득증대와 사회보장계획 8 사회복지사업계획 9 지역사회개발계획	1 보건영양 2 주택과 생활환경 3 노동 4 교육 5 사회보장 6 레크리에이션(recreation) 7 공공행정과 사회개발 8 사회조사와 사회계획 9 농촌개발 10 지역사회개발 11 도시화대책

자료: 사보심 1969a, 사보심 1970. 연구분야는 년도에 따라 변했지만 큰 차이는 없음.

3. 연구 프로젝트의 정책제안과 그 결과

(1) 프로젝트의 정책제안

'사회개발' 프로젝트는 1968년부터 74년까지 많은 연구성과를 작성했다(상세는 『자료연구편 IV』 제2절 3). 주된 연구성과와 정책제안은 『사회개발 장기계획』(1970년)과 정책 제안을 부문별으로 상세히 서술한 『사회개발 -부문별 사업 전망-』(1974년)에 총괄적으로 제시되었다. 프로젝트는 ①인구성장과 인구정책, ②인력계획, ③교육계획, ④보건계획, ⑤영양계획, ⑥주택과 생활환경계획, ⑦소득증대와 사회보장계획, ⑧사회복지사업계획, ⑨지역사회개발계획의 9개의 정책 분야(〈표 2-4〉참조)에 걸쳐 제3차, 제4차, 제5차의 각 5개년계획단계에서 실현되어 가야 할 '사회개발' 시책의 일정표road map를 제시하고 있었다. 각 분야의 정책 제안은 필요한 재정지출액의 시산까지 포함하고 있었다.

그러나 '사회개발' 구상은 정부의 기획이 아니고 보사부의 기획에 지나지 않았기 때문에 그 제안이 정부 전체의 경제개발계획에 채용될 보장은 없었다. 보사부도 9개의 정책 분야에 걸친 포괄적인 정책 패키지가 그대로 경제계획에 채용된다고는 기대하지 않았고 중·장기적인 관점에서 '사회개발'을 '경제개발'과 병행시키기 위한 가이드 라인으로 제시하는 것을 의도했다고 추측된다. 직접 보사부와 사보심연구실이 실질적으로 정책개혁의 초점을 맞추었던 분야는 보사부가 소관한 사회보장, 사회복지, 지역사회개발의 분야(상술의 ⑦~⑨의 분야) 였다.

보사부는 1971년 3월에 발표한 『보건사회 행정의 실적과 전망』[23](이하 『1971보사백서』)에서 정책개혁에 관한 적극적인 의도를 표현했다. 이 보고서는 단순한 행정실적의 보고에 머무르지 않고 '사회개발' 프로젝트의 연구성과에 의거해서 사회복지의 전면적인 개혁 계획을 제시하고 있었다. 개혁의 제안은 다음과 같이 과거의 복지행정에 대한 솔직하고 비판적인 인식에 입각하고 있었다.

> "1960년대의 우리나라 사회복지사업은 일부 사회경제적 낙오자나 특수 사정의 문제 국민층에 대한 소극적인 사후 조치로서 이재민, 극빈자와 요생활보호자에

23 이 보고서는 보사부가 처음으로 '백서'라는 표현을 쓰고 발행한 간행물이며 보사부의 적극적인 정책자세를 표현하고 있었다. 그 후 연차 행정보고는 1981년까지 간행되지 않았다.

> 대한 구호사업과 주로 고아시설, 모자원, 영아원, 양노원, 기타 극히 제한된 특수 시설에 대한 운영비 보조, 양곡지급 및 지도 감독등이 그 주요 내용이었다. 즉 우리나라의 사회복지 행정은 국가재정면의 제약을 받아 그 실질내용에 있어서 "구휼" 내지 "구호"에서 크게 진전되어 있지 못했던 실정이며, 사회복지 행정이 흔히 구호 행정으로 오인되는 것도 이러한 이유와 관계가 있다."(『1971보사백서』: 50)

행정이 스스로 정책이 불충분한 것을 표명한 것은 획기적였다. 이러한 인식에 의거하여 이 보고서에서 보사부는 "소극적인 사후 조치"에 지나지 않았던 '구호행정'에서 빈곤예방 시스템을 중심으로 한 근대적인 사회보장체계로의 정책 전환을 분명히 선언했다. '사회개발' 프로젝트에 관련된 거의 모든 보고서는 정부의 내부자료이었지만 이 행정보고서는 일반에게 공표된 간행물였던 것에 유의할 필요가 있다. 이 사실은 보사부가 1971년에 사회복지의 대폭적인 개혁계획이 정권 중추부에 의해 승인되었다라는 낙관적인 인식을 가지고 있었던 것을 나타낸다. 이 시기에서는 경제성장이 순조롭게 지속되고 있었고 또 정치적으로는 야당세력에 의한 권위주의적인 국가운영에 대한 비판이 확대되고 있어 사회적 시책의 확대방향에 순풍이 되는 조건이 존재하고 있었다. 그러나 이러한 분위기는 1972년의 '유신체제'에 의해서 정치적인 환경이 급변하는 직전의 상황이었다.

'사회개발' 연구에 의거한 사회보장·복지 확충 계획의 주요한 내용은 〈표 2-5〉에 정리한 바와 같이 ①의료보험과 연금보험의 실시와 적용인구의 확대, ②양곡지급에 지나지 않는 '구호행정'으로부터 최저생활을 보장하는 공공부조제도로의 전환, ③사회복지 분야에 대한 국고지출의 적극적인 확대의 3항목으로 구성되었다. 보사부와 사보심 연구실의 의도는 단순히 국가예산의 배분에 있어 사회·생활 분야에 대한 지출의 동결상황을 타파하는 것에 머물지 않았다. 그 목적은 '구호행정'을 지양하고 빈곤을 예방하는 사회보험 체계를 구축하는 것, 생활능력이 없는 곤궁자에 대해서 공공부조제도를 확립하고 '건강하고 문화적인 최저생활'을 보장하는 것, 바꿔 말하면 베버리지형 사회보장체계를 구축하는 것이었다.

의료보험과 연금보험의 실시는 특히 중시되었다. 사회보험의 정비는 '소극적인 사

표 2-5 '사회개발' 프로젝트가 제안한 사회보장의 확대계획

1. 사회보험의 확충과 적용인구 확대계획

단위: 천명

	1969	1972	1976	1981	1986
의료보험	4	100	1,143	5,000	7,844
산재보험	683	992	1,443	3,090	5,757
양로보험		136	1,112	10,000	15,844
선원보험			61	66	통합
공무원연금	392	467	554	664	통합
군인연금	115	115	115	115	115
예측인구	30,293	33,045	35,281	37,710	39,809

2. '거택보호'의 급여개선계획

	1970	1971	1972	1973	1974	1975	1976	1981	1986
급여액(원)	3,591	3,905	7,840	9,320	10,771	13,266	13,771	22,620	34,764
추정 최저생활비(원)	16,788	18,378	19,854	21,330	22,908	24,282	25,345	33,761	41,368
최저생활비에서 급여액이 차지하는 비율(%)	21.4	21.2	39.5	43.7	47.0	54.6	54.3	67.0	84.0
예측 대상자수(천명)	283	361	449	458	465	473	480	513	541
급여의 비목내용	주식양곡 (장례비)		주식양곡 부식비 (장례비)	주식양곡 부식비 피복비 (장례비)	주식양곡 부식비 피복비 광열비 (장례비)		주식양곡 부식비 피복비 광열비 교육부조 의료부조 출산부조 (장례비)		

3. '시설보호'의 급여개선계획

	1972	1973	1974	1975	1976	1981	1986
급여액 합계	10,392	10,956	11,556	12,144	12,720	19,462	29,777
주식양곡(원)	8,352	8,724	9,108	9,492	9,864	15,092	23,091
양곡 이외의 생활비(원)	2,040	2,232	2,448	2,652	2,856	4,370	6,686
최저생활비에서 급여액이 차지하는 비율(%)	52.3	51.4	50.4	50.0	50.2	57.6	72.0
예측 대상자 수(명)	58,491	56,825	55,159	53,493	51,827	43,497	35,167

4. 사회복지에 대한 국고지출 확대계획 단위:백만원

	1972	1976	1981	1986	시책의 주된 내용
아동·청소년복지	2,079	3,874	3,827	3,877	상담기능 강화·아동시설 증강·일반아동대책 강화
부녀복지	519	995	1,368	1,837	직업보도시설·조산시설 등 시설증강·부녀교실 확대
심신장애자복지	43	294	813	961	재활시설 증강·보장구 지원·취로지원·시설지원
노인복지	106	805	1,593	2,223	경로당 지원·건강진단서비스·시설지원
합계	2,747	5,967	7,600	8,897	

5. '영세민' 취로사업의 개선계획

	1972	1973	1974	1975	1976	1977	1981	1986
예측 영세민 수(천명)	1,202.9	1,094.6	996.1	906.5	824.5	750.7	519.7	330
취로보호대상 수(천명)	648	648	648	648	648	390	190	50
1일당 임금(원)	270	270	320	320	380	672	872	1020
취로일수(일)	20	20	20	20	20	24	24	24
소요예산액(백만원)	4,199	4,199	4,976	4,976	5,909.5	7,280	4,919	2,453.5

자료: 1.사보심 1970: 518. 2. 동: 54. 3. 동: 554. 이 수치는 「아동·모자시설」의 급여수준. 「양로·불구시설」에 관해서는 주식 양곡의 양이 이 표의 수치보다 약 1.3배로 산정됨. 4. 동: 580. 5. 동: 563.

후 조치'에 지나지 않았던 '구호행정'에서 벗어나 적극적인 빈곤예방 정책으로 전환하기 위한 첫걸음이었기 때문이다. 의료보험에 관해서는 이 시점까지의 시험적인 임의 보험제도를 폐지하고, 공무원, 군인, 민간고용자(일정 규모 이상의 사업장)을 강제 적용 대상으로 하는 본래의 사회보험을 도입하는 것과 연금보험을 새롭게 발족시키는 것이 선언되었다. 연금보험의 실시에 관해서는 "사회보장제도의 견인차적 역할을 담당한다"라는 기대가 담겨 있었다(최 1991:132). 또한 사회보험의 적용확대에 관해서 초기단계에서 고용자로 한정하지만 단계적으로 자영업 종사자에게도 확대하는 것으로 하고, 1980년대 초에는 국민의 상당부분이 사회보험으로 커버되는 상태를 만드는 계획과 장래적으로 공무원, 군인, 민간의 고용자, 자영업 종사자를 통합하는 일원적인 보험제도의 구축이 목표로 제시되고 있었다.

사회보험 도입과 함께 보사부가 "제3차 경제개발 5개년계획 중의 최대과제의 하나"로서 중시한 계획은 "보호수준을 개선하고 아울러 요보호대상자 전원이 법정 혜택을 받을 수 있도록 예산상의 반영과 개선책 강구를 … 연구 노력을 경주하여 70년대에는 … 모든 사람이 인간다운 최저생활을 영위할 수 있도록 보장할 것"이었다(『1971보사백서』: 222). 또한, 보호수준에 관해서 "건강하고 문화적인 최저생활의 유지라는 기본이념을 실현되기 위해" 1인 1일당 밀가루 250g의 지급에 지나지 않은 거택보호의 급여 수준을 문제시하여 "양곡 이외의 부식비, 피복비" 등 생활비용도 계상할 필요가 있다고 지적하고 있었다(『1971보사백서』: 223). 생계비용의 각 비목을 고려하는 최저생계비를 시산하고 급여수준을 그것에 가까이하려는 생각이 제시되었던 것은 획기적인 정책 발상의 전환이었다고 할 수 있다. 제시된 계획은 제3차 5개년계획이 종료하는 1976년까지에 주식 이외의 생계비의 각 항목을 추가하고 보호기준을 최저생계비의 약 5할의 수준으로 인상하여 1980년대 중반에는 약 80%까지 개선하는 계획이었다. 한편, 시설보호의 보호기준에 관해서는 제3차 5개년계획 기간 중에 개선이 제안되지 않았고 제4차, 제5차계획에 있어서도 제안된 개선폭은 작은 범위였다. 그 이유는 시설보호의 수준이 최저생계비의 약 5할에 상당했고, 생활비의 부족분은 외국원조와 민간시설의 부담에 의해서 보완되는 것으로 기대되었기 때문이다. 외국원조와 민간에 의한 보완을 기대할 수 없었던 거택보호의 개선이 보다 긴급적인 과제로서 인식되었다고 추측된다.

보사부가 공식 보고서에서 헌법과 〈생활보호법〉의 규정에도 불구하고, 현실의 '보호수준'이 최저생활의 보장에서 훨씬 멀리 떨어져 있다는 사실을 인정하고 최저생계비에 의거한 생활보장을 실현해 가는 정책구상을 표명했던 것은 획기적이었다. 보사부는 직제에 있어서도 1971년부터 종래의 '구호과救護課'를 '보호과保護課'로 개칭하여 그 이후 보사행정에 관련된 모든 기술에 있어서 '구호'라는 용어의 사용을 폐지했다. 그러나 동시에 보사부의 개혁제안은 경제개발 우선전략을 배려한 억제적인 성격을 가지고 있었던 점에도 주의해야 한다. 이것은 보호기준의 개선에 관해서 1970년대 중반에 최저생계비의 약 5할, 80년대 중반에 약 8할을 실현한다라는 "단계적인" 개선계획의 제시, 사회복지의 분야(〈표 2-5-4〉)와 '영세민' 취업사업(〈표 2-5-5〉)의 개선계획에 있어서의 소극적인 자세 등에도 나타나고 있었다. 생활보호 분야의 개혁 이외에 사회복지 분야의 확충의 필요성, '영세민'을 대상으로 한 고용과 생활자립지원책 확대의 필요성이 강조되고 있었지만[24] 개혁제안은 억제된 내용에 머물러 있었다.

---

24 사회복지 분야에 관한 보사부의 개혁구상은 『사회복지 장기계획(시안)』(1969년)에 나타나고 있다(제3장 제3절).

(2) 연구 프로젝트에 의한 정책제안의 최종적 귀결

결과적으로 '사회개발' 프로젝트의 제안은 1972년부터 시작된 제3차 경제개발 5개년계획에서 거의 채용되지 않았다. '상위 중진국'으로의 진입을 목표로 한 제3차계획은 공업화를 한층 더 추진하고 중화학공업 중심으로의 산업구조의 전환을 도모함과 동시에 농업의 구조개혁에 의해서 주식양곡(특히 쌀)의 생산증강의 실현을 큰 목표로 하고 있었고 국가재정은 이러한 두개의 분야에 대한 투자를 중심으로 편성되었기 때문이었다. 농업개혁의 중시는 방대한 양곡의 수입이 국제수지를 압박하고 성장정책에 있어서의 큰 애로가 되고 있었던 것에 의했다. 농업의 구조개선은 생산증강의 측면 뿐만 아닌 농촌사회의 개혁과 농민소득의 향상을 목적으로 포함한 '새마을운동'의 형태로 추진되었고 이 점에서 사회적 정책의 측면을 겸비하고 있었다. 제3차계획은 '성장, 안정, 균형의 조화'라는 슬로건을 내걸고 있었고 '균형'이라는 표현에는 당시 우려되고 있었던 도시와 농촌의 생활격차 확대에 대한 대책이 인식되고 있었다고 볼 수 있다.

'사회개발' 구상은 상대적으로 도시사회와 도시에 생활하는 고용노동자에 관한 문제에 중점을 두고 있었다. 한편 제3차계획은 "주택과 위생시설 및 사회보장을 확충해, 근로 환경을 개선하는 것"을 중점 목표로 내걸고 있었지만 주된 관심은 도시문제보다 농업생산과 농민의 생활 문제로 기울여지고 있었다. 제3차 계획 기간 중 나라의 자원은 '새마을 운동'을 통해 도시보다도 농촌에 중점적으로 투하되었다. 도시의 사회·생활 인프라 개선에 대한 투자가 본격적으로 시작된 것은 제4차계획 이후였다.

보사부가 제안한 사회보장·복지 정책의 확대에 국가 지도부는 적극적인 자세를 보이지 않았다. 지도부는 의료보험과 연금보험의 도입에 관해서는 생산자원으로서의 노동력의 질 향상의 관점에서 필요성을 인식했지만 동시에 보험료 부담이 경제성장에 미치는 마이너스 효과도 배려했기 때문에 사회보험에 관한 정책방침은 동요하고 있었다. 의료보험에 관해서 보면 1970년에 〈의료보험법〉이 개정되어 강제적용제의 보험이 도입되게 되었다. 이 개정은 일정규모 이상의 사업장의 민간고용자, 공무원·교직원, 군인(상급군인) 등 소득 수준과 고용 안정성이 높은 직업집단을 강제적용제의 제1단계 대상자로서 설정하고 그 후 단계적으로 적용범위를 확대해 가는 것을 목표로 하고 있었다. 그러나 법률의 개정은 실현했지만 실시는 승인되지 않았고 결과적으로 개혁은 임의적용제의 모델 사업장이 몇 곳 늘려지는 정도에 그쳤다. 그 이유는 의료보험을 실시하기 위한 "제반의 조건이 미성숙"했던 일과 "성장 일변도의 기업주의 자세가 강경하고, 정부도 기업주의 자세만 신경쓰고 있었"기 때문이었다(최 1991:118-9).

연금보험은 1971년에 국가 지도부의 승인을 얻어 보사부가 제도 설계 작업을 하여 1973년 12월에 〈국민복지연금법〉이 제정·공포되었다. 연금의 도입은 제3차 계획 실시기간 중에 50명 이상 규모 사업장의 고용자를 강제적용 대상으로 하는 것, 최종적으로 전국민(20~59세)으로 확대하는 것, 자영업 종사자에게는 당분간 임의적용 제도를 설정하는 것 등의 계획이 제시되었다. 그러나 1973년 12월 예산 편성과 운영체제의 편성 등 모든 준비가 정돈된 실시 직전의 시점에 갑자기 대통령으로부터 중지지령이 내려졌기 때문에 실시는 연기되었다. 이유는 제1차 석유위기의 발생에 의한 '기업의 곤궁'이었으며 산업계로부터 반발이 강했기 때문이었다[25].

'구호행정' 개혁에 관해서는 1970~71년에 보사부는 근대적인 공공부조제도로의 전환을 의욕적으로 표명하고 있었다. 그렇지만 국가 지도부는 사회보험제도에 대해서 경제적인 견지로부터 적극적인 자세를 보였지만 아동, 노인, 장애인 등 비근로능력자에 관한 생활개선과 복지시책 개선에 대해서는 전혀 관심을 보이지 않았다. 결과적으로 경제기획원은 1970년대 중반까지 생활분야에 대한 예산배당을 고정하는 방침을 변경하지 않았다. 따라서 행정용어는 '구호'에서 '보호'로 바뀌었지만 '구호행정'의 실태는 거의 변하지 않았다.

제3절 최저생계비에 근거한 공공부조 개혁 제안

1. 국민생활 실태조사와 최저생계비의 산출

25 1973년 12 월 시점에서는 1년 간의 시행연기로 하고 있었으나 74년 1월에 유신헌법상의 대통령 대권의 발동(긴급조치 제3호 〈국민생활 안정을 위한 대통령 긴급조치〉 ―1.14 조치― 에 의해 무기연기되었다.

(1) 설득력 있는 최저생계비의 산출

1972년 10월 '유신체제' 개시에 의한 권위주의적인 체제의 강화, 73년 10월에 발생한 석유파동에 의한 경제정세의 악화는 사회복지를 둘러싼 환경을 변화시켰다. 보사부에서는 1969년 10월에 정희섭 장관이 퇴임한 후 개혁의욕을 가지는 장관은 등장하지 않았고 부내 전체에서도 정체된 분위기가 감돌고 있었다[26]. 사보심연구실은 '사회개발' 프로젝트에 의한 정책제안을 정부의 정책으로서 채용시키는 활동을 계속하고 있었지만 보사부 내에서 고립 상태에 빠지게 되었다. 연구실을 중심으로 편성되었던 '사회개발' 프로젝트 조직은 1974년에 해산되고 이와 함께 한 때 20명이 넘었던 연구원 수도 6명이 감원되고 예산도 감액되었다. '유신체제' 이후 연구실은 정책 형성에 관여할 기회를 잃어버리게 되었다.

연구실은 이러한 환경 변화에도 불구하고 책정 준비 중이었던 제4차 경제개발 5개년계획(1977~81년)에 있어서 사회보장정책의 확대를 채택시키려는 활동을 전개했다. 주된 내용은 제3차계획 기간 중에서 실시가 보류된 의료보험과 연금보험의 조기실시와 공공부조제도의 개혁제안이었다. 이때까지 연구실의 연구 관심은 상대적으로 사회보험의 도입에 중점을 둬 왔지만 1970년대에 들어 공공부조의 개혁문제를 본격적으로 채택하게 되었다. 공공부조 개혁에 관한 연구는 안창수安彰洙 연구위원[27]을 리더로 전개되었다. 안창수는 '사회개발' 프로젝트의 발족과 함께 공공부조 분야의 담당자로서 연구실 멤버가 되었던 연구자이었다. 안은 '사회개발' 프로젝트를 통해서 최저생계비를 기초로 하고 공공부조를 운용해야 한다고 제창하여, 보사부가 1971년에 발표했던 '구호행정' 개혁계획은 이러한 연구성과를 근거로 했다고 추측된다. 그러나 국가 지도부는 최저생활보장이라는 발상에 대해서 완전히 무관심했기 때문에 설득력을 가지는 형태로 새로이 문제제기를 할 필요가 있었다. 안창수를 중심으로 사보심연구실이 착수했던 연구는 공공부조제도 운용의 기초로서 이론적, 실태적으로 설득성을 가지는 최저생계

---

26 이 시기에는 보사부가 작성하는 발간물과 내부자료는 극단적으로 감소했다. 당시의 보건사회 행정에 관한 거의 유일한 공식 통계 보고인『보건사회통계연보』조차 1975년판은 간행되지 않았고 76년판 이후에 연보가 제공하는 통계정보는 격감했다.

27 안창수는 1967년부터 사보심연구실에 참가했던 연구자였다. 당초는 참사로서 70년부터는 연구위원으로서 87년의 연구실 폐쇄에 이르기까지 근무했고 주로 공공부조와 사회보장재정을 담당했다.

비를 산출하려는 시도였다.

이 시점까지 '최저생계비'라는 개념은 이론적으로 확립되지 않았고, 행정은 '영세민'의 선정기준으로 이용되고 있었던 '책정기준'을 실질적인 '최저생계비'로 간주하고 있었다. 그 산정방법은 주식비, 부식비, 연료비의 3항목에 관해서 1개월당 최저필요량의 시가 환산액의 합계에 의했다(상세는 『자료연구편 III』 표III-6 참조). 연구실은 이러한 수치에 대해서 "설득력 없는 상식 일변도" 때문에 "예산 확보를 위한 논리적 물증을 제시하지 못하고" 있다고 지적했다(사보심 1974 c:4).

또한, 최저생계비를 산출하기 위해 필요한 가계 데이터도 충분히 존재하지 않았다. 당시 가계조사로서는 1963년부터 '도시가계조사'(경제기획원 조사통계국)가 매년 실시되고 있었다. 그 목적은 도시의 평균적인 세대의 생활동향의 파악과 소비자 물가지수의 기초 데이터를 얻는 것에 있었는데 저소득층으로 한정하여 생계분석을 하려면 표본수가 너무 적었다(표본수 1,800세대). 또, 경제기획원과 한국개발연구원이(주31 참조) 1973년에 전 도시의 전 세대를 대상으로 생계비조사를 실시했으나 이 조사는 빈곤문제나 최저생계비에 대해 관심을 가지지 않았다. 빈곤세대에 관한 통계조사로서는 보사부가 1964년과 66년에 실시한 '생활실태기초조사'가 있다. 이 조사의 표본수는 많았지만 빈곤세대의 분포와 가족구성 등의 파악을 주된 목적으로 하여 생계비에 관한 데이터를 수집하지 않았다. 따라서 최저생계비의 산출을 목적으로 한 본격적인 대규모 실태조사로서는 사보심연구실의 기획이 한국에서의 최초의 시도이었다. 조사는 그 목적에 관해서 "저소득 계층 가구의 가계수지에 관한 생활실태를 파악하여 생활보호기준의 개선과 사회보장제도의 합리적인 운영에 필요한 최저생활수준을 계측하여 사회복지행정 기획입안 자료제공"하는 것이라고 했다(사보심 1974c:4). 객관적인 최저생계비는 공공부조의 운영 뿐만 아니라 가까운 장래에 도입이 예상되는 의료보험이나 연금보험의 급여 수준의 설정에 있어서도 기초 조건이 된다고 생각되었다. 안창수는 "최저생계비 계측 자료를 전제로 하지 않는 사회정책 입안은 허구성虛構性을 내포하고 있다"고 지적했다(안창수 1975:6).

(2) 국민생활 실태조사의 실시와 최저생계비의 산출

사보심연구실은 1973년~74년에 『국민생활 실태조사(—최저생계비 계측을 위한 제1차시도—)』를 실시했다. 조사는 안창수 연구위원을 총괄책임자로 사보심연구실 전원의 총력을 다하여 실시되었다. 최천송은 이 조사를 "연구실 요원 전원이 참가하는 거대한 사회조사"라고 표현했다. 조사의 목적은 국제적으로 인정된 이론에 입각한 산정방식에 의거하여 가계조사에 의한 실태적인 데이터를 이용하고 생활실태에 근거한 최저생계비를 산출하는 것이었다. 최저생계비를 산출하고 그것을 기초로 '빈곤층'(요보호자)을 양적으로 추정하려는 연구발상에는 말할 필요도 없이 B.S.라운트리Rowntree의 역사적 빈곤 조사가 의식되고 있었다.

조사는 〈표 2-6〉에서 보는 바와 같이 1973년 9월 시점에서 전국 10개 지역으로부터 추출한 5,030세대를 대상으로 하여 생활실태조사를 실시한 후(제1차 조사), 그 중에서 ①저소득 계층 세대와 ②생활보호 대상자 세대를 합한 합계 1,162세대의 표본을 선정하여 보다 상세한 가계와 소비품목의 조사(제2차 조사)를 실시했다. 표본수가 1,800세대인 '도시 가계 조사'에 비교해도 이 조사의 규모는 훨씬 컸다.

가계조사에 의거한 데이터를 기초로 1973년 9월 시점에 있어서의 최저생계비와 그것을 구성하는 가계의 각 비목의 금액이 추계되었다. 산출방식은 마켓 바스켓market basket 방식등과 비교검토한 결과 엔겔Engel 방식이 채용되었다. 이 결과 〈표 2-7〉에 나타낸 바와 같이 최저생계비는 1인 1월당 4,348원으로 추계되었다. 이 금액은 그 시점에

표 2-6 「국민생활 실태조사」(1973년)의 조사개요

	표본 수와 추출방법	조사방법과 조사표	조사시점
제1차 조사	전국 10지역의 유이 다단계추출 5,030세대	「생활실태기본세대표」에 의한 면접기입방식	1973년 8월
제2차 조사	제1차조사의 대상중 다음 해당 1,162세대를 추출 ①세대주직업:가내 노무종사자, 미숙련 노무자, 일용 노무자, 불완정 취업자, 부동적 자영업자(행상 및 노점상인) ②월 세대소득24,000원미만의 세대 ③농지경작면책 5단보미만의 세대 ④생활보호대상자 세대	이하의 5가지의 조사표에 의한 면접기입방식 ①생활실태기본세대표 ②주요품목 소비량조사표 ③식료품, 연료 및 교통비조사표 ④식료품의 지출비목조사 ⑤가계수지 총괄표	1973년 9월
참고 : 도시 가계 조사	전국 32개 도시에서 임의추출 1,800세대	가계부 기장방식과 면접조사방식의 병용	매년 실시

자료: 사보심 1974c: 11-12.

있어서의 도시일반세대의 평균 소비지출의 약56%에 상당했다. 이 추계액에 관해서 나중에 한국개발연구원의 연구자가 자신의 추정 결과(1973년: 도시 4,633원, 농촌 3,879원)와 거의 일치한다고 언급하고 있었다(한국개발연구원 1981:101-2).

조사는 최저생계비를 이용하고 '빈곤'을 양적으로 계측했다. 〈표 2-8〉에 보듯이 1인당 월간 소득이 최저생계비 이하의 세대는 세대소득에서 24,000원 미만의 세대에 해당하고 그 수는 제1차 조사의 표본 5,030세대 중 753세대였다. 다음에 제1차 조사의 소득분포를 전 인구(1970년 베이스:5,576천세대·31,435천명)에 적용하고 최저생계비에 의해 생활보호대상자 수가 추계되었다. 그 결과는 834천 세대 / 3,341천명(전세대의 약 14.9%, 전 인구의 약 10.6%)이였다. 또한 조사는 대상자 전원에게 공공부조제도에 의해 최저생계비 수준까지 소득보장을 실시한 경우 필요한 예산액을 시산했다. 그 금액은 월간 28억 2,800만원, 연간 339억 3,600만원으로 산출되었다(〈표 2-8-2〉).

'국민생활 실태조사'의 결과에 의해서 정책개혁이 실시된다면 양곡의 현물지급에 지나지 않은 '구호행정'은 근본적으로 개혁되어야 했다. 그러나 '유신체제'에 의해서 강화되고 있었던 권위주의적인 국가운영 아래에서는 그러한 개혁이 실현될 전망은 전혀 없었다. 사보심연구실의 연구자들도 그것을 충분히 인식하고 있었다. 방대한 규모의 연구작업에도 불구하고 이 조사연구보고서의 말미에 서술된 '건의'는 조심스럽게, "저소득 가구의 생계보호를 위한 생활보호 사업의 보호기준액은 최저생계비선 이상에서 보장토록 해야 하겠다"(p.335)라는 간결한 표현에 머물러 있었다. 또 '건의'에서는 "최저생계비 계측의 시계열적인 비교관찰과 정선을 위해서 매년 동일시점 동일 조건 하에 동일 통계처리방법에 의한 수리적 파악이 가능해야 하겠다"라고도 제언했다[28].

'국민생활 실태조사'와 최저생계비의 산출시도는 한국의 생활연구사에서 획기적인 의미를 가진다고 할 수 있다. 그럼에도 불구하고 지금까지 이 시도는 거의 평가되지 않았다. 『빈곤론』(이두호 외 1991)은 1940년대부터 80년대에 이르기 까지의 빈곤실태조사 리스트를 작성하고 과거의 최저생계비 산출의 시도에 관해서 검토하고 있지만 사보심연구실의 시도에 관해서는 일절 언급되어 있지 않다(pp.176-7). 또 1999년에 처음으로

28 연구실은 국민생활실태조사의 계속을 요구하여 "1978년에 조사설계의 예비조사까지 준비한 일도 있으나", 결국 실현되지 않았다(최 1991:165).

표 2-7 최저생계비의 추계결과(1973년 9월시점)

	최저생계비 추계액 (월간 1인당:원)(a)	도시일반세대 평균소비지출 (월간 1인당:원)(b)	a／b (%)
식료품비	2,444	3,202	76.3
주거비	582	1,529	38.1
광열비	236	350	67.5
피복비	249	629	39.6
보건위생비	247	473	52.2
교육비	254	580	43.8
잡비	335	1,029	32.6
합 계	4,348	7,791	55.8

자료: 사보심 1974a:264-5, 309. 도시일반세대의 평균소비지출비(b)의 수치는『도시가계조사』에 의함.

표 2-8 최저생계비수준에 의한 생활보호대상자 수와 필요예산의 추계

1. 제1차조사에 있어서의 세대의 월간 소득의 분포와 저소득계층 세대의 속성

세대당 월소득액 (원)		세대 수(세대)	구성비(%)	저소득계층세대의 속성		
				1인당 평균월간소득(원)	세대원 수(명)	취업세대원 수(명)
최저 생계비 이하	8,000원 미안	54	1.1	0	2.28	0.76
	8,000~12,000	96	1.9	2,676	2.99	1.03
	12,000~16,000	184	3.7	2,962	4.05	1.16
	16,000~20,000	196	3.9	3,800	4.21	1.27
	20,000~24,000	223	4.4	4,291	4.66	1.30
소 계		753	15.0			
24,000원이상		4,277	85.0			
합 계		5,030	100.0			

2. 최저생계비에 의한 생활보호 대상자 수와 필요예산의 추계

세대당 월소득액	생활보호대상자의 추계		최저보장에 필요한 월 1인당 급여액 (원)	필요예산액 (백만원)
	세대 수 (천세대)	인구 (천명)		
8,000원 미안	60	136	4,348	591
8,000~12,000	106	317	1,672	530
12,000~16,000	204	824	1,386	1,142
16,000~20,000	217	913	548	500
20,000~24,000	247	1,151	57	66
합 계	834	3,341	—	2,829

자료: 1.사보심 1974a: 314-317, 2. 동: 319-320.

국가에 의한 공식적인 최저생계비 산출작업이 실시되었을 때 과거의 연구가 리뷰되었으나 여기서도 안창수의 연구에 대한 평가는 높다고는 말할 수 없다(한국보건사회연구원 1999). 그 이유는 '유신체제' 하에서의 연구로서 그 성과가 국가기구 내부에 묻어 버렸기 때문이라고 추측된다. 그러나 사회과학의 관점에서 보면 '국민생활 실태조사'는 조사규모, 연구방법, 연구성과의 면에서 1980년대 이전의 어느 업적보다도 수준이 높았다고 평가할 수 있다.

2. 최저생계비에 근거한 공공부조제도의 개혁 제안

(1) 보호행정에 대한 비판

사보심연구실의 목표는 최저생계비에 의거한 최저생활을 보장하는 공공부조제도의 확립이었고, 그 실현을 위해서는 국가지도부를 설득하기 위한 '단계적인' 실시계획을 제시할 필요가 있었다. 연구실은 최저생계비의 추계작업을 종료한 후 1975년에 제4차 5개년계획(1977~81년)의 책정과정에 대해서『공적부조사업계획 1차시안』(이하『공적부조 시안』)이라는 개혁제안을 작성했다[29]. 제안은 당시의 '보호사업'의 실태에 대하여 철저한 비판적 검증을 전제로 하고 있었다. 거기서는 ①보호사업에 체계성이 없고 "재원별", "범주별"로 각종사업이 존재하여 "사업 간에 옆의 제휴가 없다"는 것, ②국고부담이 너무 적고 재원의 대부분을 외국원조에 의존하고 있는 것, ③대상자선정의 기준이 확립되어 있지 않고 인정수가 너무 적은데가 인정자 전원을 보호하지 않는 것, ④보호내용이 "최저생활 보장에 필요한 생활 수요 충족을 위한" 비목을 배려하지 않고 보호수준

29 이 자료는 등사판인쇄에 의한 내부자료이고 작성자나 작성시점에 관해서 기술이 없으며 또 '머리말' 등 자료의 취지를 설명한 기재도 없다. 이 자료를 소장하는 보건복지부자료실의 분류에서는 작성자를 '제4차 경제개발 5개년계획·사회보장실무계획반'이라고 한다. 그러나 이 자료는 1975년에 안창수를 중심으로 사보심연구실이 작성한 자료로 추정된다. 최천송(1991:171)은 1975년도의 사보심연구실의 작업으로서 "공적부조사업계획1차시안 작성"으로 명백히 기록한다. 행정의 실태에 대한 엄격한 비판을 포함한 내용을 보더라도 연구실이 작성한 자료인 것은 확실하다.작성시점은 최천송의 기재와 자료의 기술내용으로부터 1975년으로 추정된다. '보건 및 사회보장 실무계획반'의 보고서는 〈제4차 경제개발5개년계획 사회보장계획(안)〉(1975년 12월)이란 것이 별도로 존재한다.

이 너무 낮은 것, ⑤시설보호와 거택보호 사이에 보호의 불균형이 있는 것, ⑥보호사업은 "60년대의 구빈적 성격의 사업"으로 "저소득 계층의 자립 자활력 배양에 의한 빈곤화 방지책"을 가지지 않는 것 등의 문제점이 지적되고 있었다(pp.69-71,182-3,224-5).

이러한 문제점은 〈표 2-9〉에 정리한 바와 같이 당시의 '보호사업'이 대상자의 종류, 급여내용, 운영주체와 운영방법, 재원을 각기 달리하는 5개의 사업방식이 분립하는 형태로 구성되어 있었고 1960년대의 '구호행정'의 기본구조가 그대로 유지되어 있었던 것에서 기인했다. 보호행정의 중심인 비非근로능력자에 대한 보호에 있어서도 시설보호와 거택보호라는 완전히 다른 두개의 사업방식이 병존하고 있었다. 이러한 "재원별", "범주별"의 생활지원책은 가능한 한 외국원조나 민간기금을 활용하고 국고부담을 회피하려는 국가의 경제성장 우선전략에 입각하고 있었다. 『공적부조 시안』은 특히 "국고 부담 저위"의 문제를 강조해서 "공적부조 사업비 소요액은 전적으로 국고부담이 원칙이나 현 사업비 중 국고부담은 양곡에만 한정되고 사업비의 대부분은 외원에 의존하여 계획적 보호사업 수립에 장애가 되고 있다"(p.71)고 비판했다. 이러한 지적은 박정희정권 하의 사회복지 문제의 핵심을 가장 정확하게 찔렀던 비판이었다고 평가할 수 있다. '유신체제' 아래서 언론이 극도로 제한된 상황 속에서 당시의 정부 내 문서뿐만 아니라 일반 연구서를 포함한 모든 문헌 속에서도 이러한 비판을 찾아낼 수 없다.

표 2-9 1970년대 '보호사업'의 개요

보호대상자의 종류		보호사업의 명칭	주된 급여내용	비용 부담	
				공적부담	외국원조·민간부담
비(非) 근로 능력자	시설수용자	시설보호	주식양곡(쌀·보리) 및 약간의 금전수당 지급	양곡: 국고 금전수당: 지방재정	그 외의 생활비용은 외국원조
	재가생활자	거택보호	밀가루 지급	국고8할/지방2할 (서울시는 절반)	그 외의 생활비용은 자기책임
근로 능력자	실업자, 영세농민 등	근로보호 (새마을노임사업)	취로를 조건으로 금전지급	주로 국고. 일부는 지방재정에 의한 취로사업	외국원조단체에 의한 취로사업
	동계의 긴급적인 곤궁자	특수영세민보호	밀가루지급(기간한정)	국고	
	자연재해 이재민 (풍수해, 한해 등)	재해구호	이재후의 곤궁자에게 밀가루 지급	국고·지방재정	외국원조·민간기금

자료: 사보심 (1976b)에 의해 필자작성.

(2) 공공부조 개혁에 사보심연구실과 보사부의 대립

사보심연구실의 공공부조제도 개혁 제안은 〈표 2-10-①〉에 나타낸 바와 같이 '거택보호'의 개선에 초점을 맞추고 있으며 제4차 5개년계획이 종료하는 1981년까지 인정자 전원의 보호를 실현하고 보호기준을 단계적으로 도시평균세대지출의 47.6%까지 인상한다(현행은 7.2%로 추정)라는 내용이었다. 이 경우 보호 내용은 1인 1일 밀가루 300g이라는 양곡지급을 시설보호와 같은 쌀·보리의 배합으로 개선하고, 아울러 부식비, 피복비, 주거비, 광열비 등 가계비목을 누계한 금전급여를 실시하는 것을 제안했다. 이 제안의 내용은 이미 '사회개발' 프로젝트에서 제안된 내용과 거의 동일였지만(〈표 2-5〉 참조), 1973~74년에 실시된 가계조사와 최저생계비 산출작업을 기초로 했기 때문에 보다 설득성을 높이고 있었다.

다른 자료에 의하면 사보심연구실은 제4차계획부터 제6차계획까지의 15년 동안에 이론적인 최저생계비에 의거한 보호자인정과 보호기준의 설정을 실현시키려는 제안을 작성하고 있었다(사보심 1977:135-8). 사보심연구실의 기본주장에서 보면 이 제안은 억제

표 2-10 제4차 경제개발 5개년계획에 대한 공공부조의 개선제안과 실적

<table>
<tr><th rowspan="2"></th><th colspan="2">공공부조의 개선제안(1981년도까지에 실현할 목표)</th><th rowspan="2">③ 1981년도까지의 개선실적</th></tr>
<tr><th>사보심연구실의 제안</th><th>보건사회부로서의 제안</th></tr>
<tr><td rowspan="4">거택보호</td><td>보호인정자의 전원보호의 실시
(현행 약 67%)</td><td>보호인정자의 전원보호의 실시</td><td rowspan="4">1977년 보호인정자 전원보호의 실시
1978년 보호기준 개선:
·주식(밀가루350g·쌀101g
·보리41g)
·중학생자녀 수업료지원
1979년 보호기준의 개선:
주식(쌀202g·보리82g)
/연료비(세대·월)2,000원을 추가
1980년 보호기준의 개선:
주식(쌀288g·보리138g)
연료비(세대·월)2,500원으로 인상
부식비(세대·월2,500원을 추가</td></tr>
<tr><td>보호기준을 도시세대소비지출의
47.6%로 인상
(현행:밀가루300g의 금전환산으로
도시세대소비지출의 약7.2%)</td><td>보호기준을 도시세대소비지출의
26.3%로 인상
('최저생계비'의 43.9%)</td></tr>
<tr><td>보호기준 개선의 내용(1인1일)
주식양곡 쌀288g·보리276g
부식비 160원
피복비 1,300원
주거비 600원
광열비 600원</td><td>보호기준 개선의 내용(1인1일)
주식양곡 쌀288g·보리276g
부식비 100원</td></tr>
<tr><td>의료보호, 출산보호, 장례조치 개선</td><td>의료보호, 출산보호, 장례조치 개선</td></tr>
<tr><td>시설보호</td><td>보호기준을 도시세대소비지출의
51.6%로 인상
(현행 약 49%~52.5%)</td><td>보호기준을 도시세대소비지출의
51.8%로 인상
('최저생계비'의 86.2%)</td><td>1976~80년 부식비의 물가연동제에 의한 개선
1978년 연료비 500원(1인·월)및 피복비 13,400원(인·년)을 추가</td></tr>
</table>

자료: ① 사보심 1975, ② 보사부 1975, ③『보건사회백서』 1981년판. 보사부안에 있어서의 '최저생계비'는 '영세민선정기준'(표 2-6)에 유사한 간단한 산정방식에 의한 수치라고 추측됨.

적인 내용이었지만, 이것을 실현하기 위해서 종래와 다른 규모의 재원조치가 필요했기 때문에 국가지도부에게 획기적인 발상의 전환을 요구하는 것을 의미했다. 단계적인 개혁을 실현하기 위해 우선 출발점으로서 제4차 계획에 있어서 주식양곡의 현물지급에 한정되었던 '구호'의 발상에서 벗어나 식료비 이외의 가계비목을 배려한 금전급여의 도입을 실현할 필요가 있었다. 그러므로 제안에서는 "전 사업의 소요액을 국고에서 확보하여 사업비규모는 국민이 건강하고 문화적인 최저생활 유지에 필요한 수준으로 한다"라고 강조되고 있었다.

그러나 공공부조 개혁제안에 있어 사보심연구실과 보사부 사이의 견해가 대립했던 것이 주목된다. 공공부조의 개혁에 대한 보사부 행정관료의 자세는 극히 소극적이었기 때문이다. 연구실의 제안은 경제기획원의 검토 단계에 이르기 이전에 보사부의 소극적인 자세라는 장벽에 부딪치게 되었다. 보사부는 제4차 계획에 있어서의 보건·사회 시책계획을 책정하기 위해 〈보건 및 사회보장 실무계획반〉을 발족시켜 1975년 12월에 『제4차 경제개발5개년계획 사회보장계획(안)』이라는 계획 문서를 작성했다. 이 계획안에서는 ①국민복지연금의 실시(1977년도부터), ②의료보험의 실시(1981년까지 200명 이상의 사업장에 적용), ③생활보호사업의 개선, ④사회복지시책의 강화 등이 열거되어 있었다(pp.16-7)[30]. 거기서 제시된 계획은 전체적으로 적극적인 내용이 아니었다. 사회복지시책의 확충에 관해서 구체적인 시책의 제안은 없었고 공공부조에 관해서는 〈표 2-10〉에 보는 바와 같이 사보심연구실의 개혁제안과 보사부 작업반의 제안 사이에는 큰 차이가 있었다.

우선 요보호자 전원에게 급여를 보장하지 않는다라는 '보호누락' 문제의 해결에 관해서는 보사부의 제안도 동의하고 있었다. 이 문제는 오랫동안의 현안이었으며 실현하기 위해 큰 예산증액은 필요하지 않았기 때문이다. 중요한 문제는 밀가루 지급에 지나지 않은 '거택보호'의 급여내용을 어떠한 원칙에 의거하여 어느 정도까지 개선할까에 있었다. 사보심연구실의 개혁안은 주식 양곡을 밀가루에서 '시설보호'와 같은 쌀과 보리의 배합으로 변경하고, 부식비, 피복비, 주거비, 광열비등 각 가계비목에 상당하는 금

30 이 문서에는 최종적인 정부안이 아니다라는 각주가 있지만 실질적으로 보사부의 최종안이었다고 추측된다.

전수당을 지급하는 내용이었다. 이 조치는 최저생계비에 따른 최저생활 보장제도에 이르는 최초의 단계로서 설정되어 있었다. 그러나 보사부의 개혁안은 밀가루를 쌀·보리의 배합으로 개선하는 점에 동의했지만 주식 이외의 생활비에 대해서 배려하지 않고 부식비로 1인 1일 100원의 금전급여를 부가하는 계획을 채용했다. 보사부의 개혁안의 목적은 '거택보호'의 급여 내용을 '시설보호'와 동등한 수준까지 끌어올리는 것에 있었고 최저생계비 수준으로 인상하려는 발상은 존재하지 않았다. 사보심연구실의 제안은 '거택보호'의 급여 수준을 1981년까지 도시세대의 평균소비지출의 약 7.2%에서 47.6%까지 인상할 계획이었지만, 보사부의 제안에 의하면 26.3% 인상에 지나지 않았다.

〈표 2-10-③〉은 제4차 계획기간중(1977~81년)에 보호기준이 실제로 어떻게 개선되었는지를 나타낸다. 1977년에 마침내 요보호자 전원에 대한 보호실시가 실현되었다. 보호기준에 관해서는 78년부터 주식용 밀가루 지급이 쌀·보리의 지급으로 개선되고 금전수당으로 79년에 연료비, 80년에 부식비가 추가되었다. 1962년의 제도발족이래 밀가루의 현물지급이라는 형태로 장기간 고정되어 왔던 '거택보호'의 내용이 70년대 말에 이르러 처음으로 개선되었던 것이 주목된다. 그러나 이러한 조치는 명확한 정책발상과 원칙에 의거한 개혁이 아니었다. 제4차 5개년계획이 종료한 1981년도에 이르기까지 사보심연구실이 일관해서 제안해 왔던 최저생계비에 상당하는 최저생활을 보장하는 제도를 구축한다라는 정책방침은 여전히 채택되지 않았다.

제4절 사보심연구실의 고립화

1. 제4차 경제개발 5개년계획에 사회개발 개념의 도입

1976년 6월에 발표된 제4차 경제개발 5개년계획(1977~81년)은 제1차부터 제3차까지의 계획목표를 웃도는 실적을 기반으로 하여 새로운 비약을 지향하는 의욕적인 계획이었다 (『경제백서』 1977:458-92). 제4차 계획은 "자력성장구조의 실현", "기술의 혁신과 능률의 향상", "사회개발의 촉진"이라는 세개의 목표를 내걸고 있었다. 이러한 목표 설정에서는 한국경제가 국제경제 무대에 있어 안정된 존재가 되기 위해 경제구조를 질적으로 개선하고 자발적인 성장력을 강화하는 것을 목표로 하는 새로운 단계로 이행하고 있었던 것을 나타냈다. "자력성장구조의 실현"은 구체적으로 "국제수지의 강화", "투자재원의 자력조달"에 의해서 성장을 위한 자발적인 투자력을 강화함과 동시에 "산업구조의 고도화"를 도모하는 것, 특히 기계, 전자, 조선 등, 국제시장에 있어 경쟁력의 비교우위에 세울 산업분야를 중점적으로 확대하는 것 등을 의미했다.

주목해야 할 것은 중점목표의 하나로서 "사회개발의 촉진"을 내걸고 있었던 점이다. 그 이유는 "장기적인 성장잠재력을 배양하기 위하여 성장정책은 사회개발과 병행되어야 한다"고 생각되었기 때문이었다(동서: 461). '사회개발' 투자의 구체적인 내용을 보면 〈표 2-11〉와 같이 주택건설을 중심으로 교육·인력개발, 보건·의료 등에 대한 투자규모가 크고 사회보장·복지 분야에 대한 배분은 작았다. 이러한 자금배분은 경제성장에 따른 도시화·공업화의 급속한 진전이 가져온 사회문제에 대한 대응이 반영되어 있었다. 도시의 과밀화, 주택부족, 공해발생과 환경악화, 보건·위생 수준의 열악화, 전염병의 원인이 된 상하수도의 미정비, 의료공급의 부족 등이 심각화하고 있었고 도시근로자의 생활환경 문제는 경제발전에 부정적인 영향을 미친다고 인식되게 되었다. 경제정책의 담당자는 "지난 3차에 걸친 경제개발계획의 추진과정에서 사회개발은 성장위주 정책 추구에 따라 투자우선 순위면에서 열위에 선 것이 사실이다. 그러나 사회개발의 낙후는 경제발전에 커다란 애로로 나타나기 시작하고 있다" (『경제백서』 1975:415-6)라고 지적하고 있었다.

표 2-11 제4차 경제개발 5개년계획에 사회개발부문의 투자계획

구분	사업 내용	금액(10억원)	구성비(%)
교육 및 인력개발	의무교육/ 중등 및 대학/인력개발	748.8	20.0
보건	의료망강화/ 공공보건·예방/ 환경개선/가족계획	210.9	9.0
사회보장	국민복지연금·의료보험/ 생계의료보호/ 아동복지/ 근로자복지	135.7	3.6
주택	주택건설(1330천 호)	2,640.5	70.7
합 계		3,735.9	100.0

자료: 『경제백서』 1977년판: 492.

제4차 계획에 나타난 '사회개발' 투자의 필요성의 인식은 1970년대 중반에 "성장위주 정책"으로부터 발상의 전환이 시작됐던 것을 의미한다. 이러한 정책 발상의 전환은 경제기획원을 지원하는 연구기관으로 1971년에 설립된 〈한국개발연구원〉KDI[31]에 의해서 주장되었다. 지속적인 안정 성장을 위해 '경제개발'에 병행하여 '사회개발'을 진행시켜야 한다라는 주장은 원래 사보심연구실을 중심으로 한 '사회개발' 프로젝트가 제기했던 정책이었다. 따라서 제3차 계획에서는 채용되지 않았던 발상이 5년 간의 타임랙을 거쳐 제4차 계획에 있어 채용되었다고 볼수도 있다. 그러나 같은 용어가 사용되었지만 사보심연구실의 발상과 제4차 계획이 채용한 발상 사이에는 근원적인 차이가 있었다. 연구실의 관심은 "안정된 국민생활의 보장"이 국민의 "생활의욕과 생산의욕을 길러" 그것에 의해서 '지속적인 경제성장'이 초래된다라는 논리를 전개했던 것에 대해 제4차 계획의 관심은 경제성장 자체에 있어 성장에 도움이 되는 요인으로서 또는 성장을 저해할 가능성이 있는 요인을 제거한다라는 관점에서 사회적 시책의 필요성을 용인했음에 지나지 않았다. 실제 제4차 계획에 있어 사회보장에 대한 관심은 희박했다. 공공부조와 사회복지 분야에 대한 지출계획은 거의 현상유지에 가까운 내용에 지나지 않았고 의료보험과 연금보험의 실시가 제안되고 있었지만 실현을 지향하는 강한 의사는 표명되지 않았다.

1977년에 의료보험이 도입되었지만 그것은 사회보장 구축계획의 일정에 따라 실시되었다는 것이 아니고 박정희대통령의 강한 의사에 따른 결과였다. 의료보험 도입의 주된 동기는 국민생활의 개선이라는 발상이 아니라 경제활동의 순조로운 진전을 위한 인프라정비로서 인식되고 있었다. 한편 사보심연구실의 구상에 있어서는 의료보험은 기타의 사회보험과 함께 빈곤의 발생을 예방하고 생활을 안정시키기 위한 정책체계의 중요한 일환으로 이해되었음과 동시에 최저생활 보장제도와 떼어낼 수 없는 시책으로서 이해되고 있었다. '사회개발' 개념의 근원적인 차이에 대해 언급한 최천송은 한국개

31 KDI에 의한 이러한 견해는 정권수뇌부의 승인을 받아 제시되었다고 추측된다. 제4차 계획에 채용된 "장기전망"에서는 "성장잠재력의 배양"의 발상은 『장기경제사회발전:1977-91』(1977년)에서 상세히 기술되어, 경제개발의 지속적 추진을 위해서는 "경제·사회개발의 불가분"인 것이 강조되고 있다. 이 발상은 제5차 계획에서도 유지되었다(『경제백서』 1982년판:413).

발연구원KDI의 견해는 "경제개발의 주도성과 소극적인 사회개발의 보완성의 입장에서의 사회개발의 추진내용이 주종主宗을 이루고 있음"(최 1991:157)이라고 비판적으로 평가하고 있었다.

2. 유신체제 하의 사회복지형성을 둘러싼 정치구도

'유신체제' 하에서는 사회보장에 관련한 정책기획은 보사부 행정관료에 의해서 장악되게 되었고 사보심연구실이 정책형성에 참여할 수 있는 여지는 없어졌다. 연구실이 조직적으로 정책 형성에 참여하려고 시도했던 마지막 기회는 1972, 3년의 국민복지연금 제도의 입안, 73~75년의 이론적인 최저생계비 산출과 그것에 의거한 공공부조 개혁 제안이었다. 그러나 이러한 연구실의 활동은 실제의 정책 형성과정에 거의 영향을 주지 못했다. 국민복지연금의 제도설계와 법안작성은 행정주도로 실시되었고(손 1983:53), 또 공공부조의 개혁에 있어서도 행정관료는 연구실의 제안을 물리치고 소극적인 개선안을 작성했다. 제4차 5개년계획의 준비가 시작된 1970년대 중반에는 경제기획원과 그 정책입안 지원기관인 한국개발연구원KDI이 사회적인 정책의 방향을 주도하게 되었다. 1970년대 후반 이후 80년대 전반에 이르기까지 KDI의 '사회개발' 구상이 사회복지의 기본적인 방향을 규정하게 되었다.

사보심연구실은 인원과 예산이 삭감되고 상대적인 '독립성'도 잃게 되었다. 연구실이 조직적으로 활동할 수 있는 기회는 없어졌고 각 연구원이 개별적으로 행정실무를 지원하기 위한 연구에만 종사하게 되었다. 최천송은 연구실은 "행정에 예속하는 개별적인 연구과제"를 담당하는 존재가 되었고 "행정의 시녀로 전락"했다고 자조적으로 회고했다(최 1991:175). 그러나 이와 같은 상황에서도 사보심연구실은 사회보장 체계의 구축을 반복하여 제창하고 있었던 것이 주목된다. 이하에 보는 바와 같이 연구위원들은 1970년대 중반 이후 '사회보장'이라는 말을 포함한 많은 연구보고를 작성하고 있었다. 각 보고서에서는 일관한 체계성을 가지지 않는 복지행정의 현상을 비판하고 장기적인 관점에 서서 종합적인 사회보장 체계를 구축해야 한다라는 제안을 되풀이하여 주장하고 있었다 (『자료연구편 IV』 제2절 4 참조). 보고서는 모두가 등사판인쇄 또는 타이프인쇄로 작성되어 보사부 장관에게 제출됐다가 정부 부내에서 머물러 있었고 많은 사람에게 읽혀질 기회가 적었기 때문에 사회적인 영향을 미치지 못했다.

1970년대 중반 이후 사보심의 연구보고서의 표지에 "사회보장심의위원회 연구위원 및 참사의 개별적인 연구결과이며 보건사회부의 공식적 견해는 아님을 밝혀 둡니다"라는 말이 부기되게 된 사실은 보사부 내부에 있어서의 연구실의 처지를 상징했다. 1980년대에 들어서 사보심연구실은 정부계 씽크탱크 중 하나에 불과한 존재가 되었고 1987년에 〈인구보건연구원〉으로 통합되었다(1989년 말의 법개정으로 〈한국보건사회연구원〉으로 개칭).

'유신체제' 이후 복지정책의 형성을 둘러싼 정치적인 환경은 크게 변화했다. '사회개발' 프로젝트가 전개되었던 1960년대 말부터 70년대 초는 정책형성에 있어 개방성이 확대되었던 시기였다. 권위주의적인 국가운영에 대한 반발이 높아지고 있었고 국회에 있어서의 정책논의도 활발해지고 있었다. 이 시기에는 사회복지의 개혁을 위한 정치적, 사회적인 공간space이 확대되고 있었다고 할 수 있다. 그러나 1972년에 박정희대통령이 '유신체제'라는 정치반동을 강행하기에 이르렀고 정책 형성에 관한 정치적, 사회적 공간은 닫혀서 정책형성은 일변하여 폐쇄성와 밀실성을 띠게 되었다.

이 변화에 관련하여 1970년대 당시 사보심의 연구원이었던 손준규는 자기의 체험과 관계자로부터의 히어링을 기초로 하고 60년대와 70년대의 정책형성에 있어서의 차이를 〈표 2-12〉와 같이 묘사하고 있다. 이에 따르면 1960년대에 있어서 정책 형성을 주

표 2-12 시화보장제도 추진을 위한 사보심연구실의 보고서(1970년대)

서 명	작성/간행 년 *	작성자/ 저자
우리나라의 사회보장	1973⑧	연구실 전원
한국의 사회보장체계/ 사회보장체계의 확립에 관한 연구	1976⑭	최천송
사회보장의 현황	1976④	안창수
한국사회보장론	1977(일반도서)	최천송
사회보장 종합계획 연구	1978④	최천송,김만호,홍중형
사회보장 -이론과 실제-	1982②	안창수
사회보장 -이론 정립을 위한 기초-	1982③	손창달

출소: 필자 작성. *동그라미 숫자는 『자료연구번편 IV』 표 IV-10와 같음.

도한 주역은 '전문위원 그룹, 전문가'이었으며, 문제발견은 '높은 가치론적 신념'에 의해 '능동적'으로 행해졌고, 정책준비는 기초조사를 근거로 하여 정책대상이나 관계자와의 충분한 협의와 조정을 거쳐 '매우 활발한 심의'에 의해서 행해졌다고 한다. 전체적으로 정책형성은 '공개, 다원화, 대항적'이었다고 평가된다. 반면 1970년대의 정책형성에 있어서는 문제발견이 국회의원이나 대통령으로부터 '하강적'으로 행해졌고, 정책입안은 '관료, 비전문 행정가'에 의해서 주도되었으며 정책 준비단계는 없었고 정책대상이나 관계자와의 협의가 부족하고 활발한 심의는 없었다라는 특징이 있다고 한다. 전체적으로 70년대의 정책형성은 '폐쇄적, 통례적, 단순'했다고 평가하고 있다.

손준규가 1960년대의 정책형성의 특징으로서 '일단의 전문위원' '전문가'가 주도성을 발휘했다라는 요인을 강조하는 것이 특히 주목된다. 여기서 '전문성'이란 정책에 관해서 전문지식을 갖춘 것에 그치지 않고 '미래 지향성과 가치론적 신념'을 가지고 '능동적'으로 '문제를 발견, 정립'해서 '협조, 타협 조정, 설득에 의해서' '약동적'으로 정책의 실현에 노력하는 '전문성'을 의미했다. 이러한 '전문성'에 대한 평가에서는 사보심연구실의 활동이 이미지되고 있었던 것이 확실하다.

표 2-13 "60년대와 70년대의 복지정책 결정 과정의 비교"(손준규)

정책결정에 관항 요인	60년대	70년대
(1)정확한 문제의 인지·정립 및 가치 발견자	일단의 전문위원	국회의원, 대통령
(2)책문제의 정립 태도	능동적(스스로 찾음)	수동적(하강식)
(3)준비정책 과정(정책의 기초·준비 작업)	기초 조사 실시·이해 담단자와의 협의	준비 단계 없이 즉흥적
(4)정책결정의 주도 및 창시자	일단의 전문위원, 전문가(specialist)	관료, 비전문 행정가(generalist)
(5)사회과정(협상조, 타협 조정, 설득을 통한 정책의 성공 노력)	역동(力動)적이고 복잡하다	비역동적이고 일반적이다
(6)정책의 심의, 토의과정	매우 활발하다	활발하지 못하다
(7)정책결정구조의 내용	공개, 다원화, 대항적	폐쇄적, 통례적, 단순함
(8)정책체제(유신 전후)	개방적	법인체적(corporativism*)
(9)정책 내용과 피적용자의 일치 여부(정책의 부응성 responsiveness-여부)	일치 정책의 부응(副應)성이 높다	불일치 정책의 부응성이 낮다
(10)이익집단의 참여 및 압력활동	무관심, 어용화(御用化)	부분적 압력 활동이 있다 (의협의 경우)
(11)정책가의 미래 지향성과 가치론적 신념	높다	낮다

자료: 손준규 1983:152-3. *원문 대로.

동시에 손준규가 정책 형성과정에 관해서 '공개, 다원화, 대항적'을 강조하는 점도 중요하다. 고립된 상황에서는 '전문성'은 기능을 발휘하지 못하다. '사회개발' 프로젝트 시대의 사보심연구실은 결코 고립되지 않았고 대학교나 연구기관에 소속하는 연구자, 의료·보건·복지 분야의 실무가, 사회복지 단체의 지도자 등과 정책개혁에 관해서 넓은 교류관계를 가지고 있었다. 정책형성에 있어서의 '공개, 다원화, 대항적'이라는 정치적, 사회적인 자유와 밀접하게 관련한다. '유신체제'는 정치적인 자유의 철저한 제한에 의해서 정책형성이 행해지는 공간을 닫았기 때문에 사회적으로 고립된 연구실은 '전문성'을 발휘하지 못하게 되었다고 할 수 있다.

손준규는 '유신체제' 하에서의 정책형성의 대표적인 사례로서 1977년에 시작된 의료보험의 도입과 의료보호의 대폭적인 확충에 관해서 분석했다. 그 분석에 의하면 1975, 6년경 저소득의 사람들이 의료비를 지불할 수 없었고 진료를 거부되는 경우도 많았다라는 '의료사회문제', '의료 부조리문제'가 빈발하고 있어 국회·보건사회위원회가 이 문제를 논의하고 '의료보호 사업의 점진적 확대와 의료시설의 보강' 및 의료보험의 실시를 국가에 요청했다. 보사부 장관의 대응은 소극적이었으나 대통령의 의향에 따라 의료보험의 실시가 단행되었다고 한다. 다만 도입된 의료보험은 빈곤층을 커버하지 못했기 때문에 '저소득층에 대한 의료 혜택'을 공약한 대통령의 주도에 의해 1976년에 의료보호의 확대가 실현되었다. 이와 같이 손준규에 의하면 1970년대의 의료개혁은 대통령과 관료라는 국가기구 내부의 닫힌 밀실에서 '수동적, 하강적'으로 이뤄졌다.

손준규가 제기한 중요한 논점은 정책이 형성되는 정치적, 사회적인 공간의 문제와 사회적인 요구에 대응하여 복지정책을 구상하고 그것에 따라 제도설계와 입안을 실시하는 '전문성'을 갖춘 집단의 존재의 문제였다. 이러한 두개의 요인은 전문가 집단이었던 사보심연구실의 역할을 고찰하는데 중요한 열쇠가 된다. 1960년대 말에는 연구실은 보사부 장관의 후원을 받아 정부기구의 외부에 존재하는 연구자와 복지 관계자와도 제휴하고 있었고 고립되어 있지 않았다. 그러나 1970년대의 '유신체제' 하에서는 정부 내부에서 고립되어서 외부의 관계자와 제휴하지도 못했으며 전문가 집단으로서의 기능을 완수할 수 없었다. 두 개의 시기는 정책형성을 둘러싼 정치적, 사회적 공간의 차이와 거기에 있어서의 전문가 집단의 역할의 차이를 상징적으로 표현하고 있다.

맺음말 – 박정희체제 하의 경제개발과 사보심연구실의 정책 제안 활동

사보심연구실의 정책제안활동은 세 번에 걸친 역사적 국면에서 전개되었다. 각 국면에 있어서 복지정책의 형성을 규정한 정치적, 경제적인 배경은 달랐다. 세 번의 역사적 국면은 제2차 세계대전 이후 '신흥독립국가'가 체험했던 역사적 발전의 국면에 대응한다.

첫 번째의 국면에 있어서는 쿠데타에 의해서 성립한 군사정권이 자기의 정당성을 내외에 표방하기 위해 복지정책 개혁에 대해 적극적인 자세를 나타낼 필요가 있었다. 정권은 긴급적인 '민생고' 대책의 실시와 동시에 미래를 향한 사회보장을 구축한다라는 선전적 성격이 강한 정책방침을 내걸었다. 당시 사회보장정책은 미개척 분야였기 때문에 정권은 정책의 채용에 있어서 전문적인 연구자에게 의존할 수 밖에 없었다. 정부기구 내부에서 일정한 '독립성'이 주어진 연구자의 조직(정책전문가 집단)으로서 사보심연구실이 탄생했던 이유는 여기에 있었다. 한편 연구자들은 사회보장정책을 추진하기 위해서 군사정권에 의한 정책개혁의 기회를 이용하지 않을 수 없다라는 입장에 있었다. 연구실에 참가한 연구자들의 사상적인 원점은 리더인 최천송을 비롯하고 이승만정권을 타도하고 성립한 제2공화국의 민주주의적인 정치·사회체제에 있었다. 국민생활의 향상과 안정을 정책과제로 한 연구자들의 발상은 '반공국가' 건설을 의도한 군사정권의 국가운영의 이념과는 상반되었다. "혁명 주체의 야심에 영합하여 … 그 어려운 사회보장 연구가 시작되었다"라는 최천송의 말은 근본적으로 상반하는 정책이념의 '공존'이 낳은 딜레마를 표현하고 있었다.

군사정권의 권위주의적인 국가운영 하에서 전문가집단의 '독립성'은 한정되어 있었고 사보심연구실의 활동은 국가건설의 방향에 적합한 범위에서만 허용되었음에 지나지 않았다. 실제로 연구실의 정책제안에 대해서 군사정권과 그것을 계승한 제3공화국 정권은 소극적인 자세를 취했다. 사회보장 제도구축의 원칙으로서 기본법에서도 재정적 조건을 배려하고 '단계적으로' 추진시키는 것과 국민의 자립정신을 해치지 않도록 한다라는 유보조건이 가해졌다. 초기적인 사회보험제도의 도입도 거의 진전되지 않았다. 연구실의 제안이 실현되지 않았던 이유 중 하나는 전문가집단과 그들의 제안을 후원하는 정치적, 사회적인 세력이 정권의 내부에서도 외부에서도 존재하지 않았던 점에 있었다고 생각된다.

동시에 정책실현의 가능성이라는 측면에서 평가할 때 이 시점에 있어서 베버리지 Beveridge형의 사회보장체계의 도입에 관해서 연구실의 자세는 너무 이상주의적이었고, 반대로 정권의 정책자세는 훨씬 현실적이었다고 볼 수 있다. 사회보험제도가 유효하게 성립하기 위해서는 피보험자집단의 핵심이 되는 안정된 소득이 있는 고용자층이 상당한 규모로 형성되어 있는 것이 전제된다. 또한 의료보험의 경우 의료공급체제가 갖추어져 있어야 한다는 요인의 존재도 불가결하다. 그러나 1960년대 초두의 한국에서는 이러한 기초적인 전제조건은 성숙되고 있지 않았다. 이 시점에서 사보심연구실은 자기의 정책제안과 그 실현에 필요한 전제조건의 성숙정도에 관한 문제를 충분히 인식하지 않았고 또 전제조건의 미성숙이라는 문제에 대해서 어떻게 대처할지에 관해서 정책적인 전략을 마련하지 않았다. 공공부조에 관해서는 연구실은 베버리지 체계에서 전제된 최저생활 보장제도와 실제로 실시하고 있었던 '구호행정'과의 괴리에 대해서 어떻게 대처할지에 관해서도 전략을 제시하지 못했다. 이와 같이 발족단계의 사보심연구실은 '사회보장'이라는 정책사상을 제기한 선구자적 역할을 했기는 하지만 그 정책사상은 미성숙한 교과서적인 성격을 못 벗어나고 있었다. 동시에 자기 제안실현을 위한 정치적, 사회적인 전략과 수단을 아직 준비하고 있지 않았다.

두 번째의 역사적 국면은 1960년대 후반에 있어서 사보심연구실이 정책형성에 적극적으로 참여할 기회를 스스로 만들려고 했던 시기이다. 이 국면에서는 연구실은 경제성장을 절대적인 과제로 한 국가전략에 대해서 복지정책의 확대를 주장하기 위하여 설득성과 실현가능성도 있는 전략을 가지게 되어 있었다.

연구실의 제안에 의해 보사부의 공식 기획으로서 채용된 '사회개발' 프로젝트는 경제성장 우선전략에 대해 사회적 투자의 필요성을 설득하기 위해 정책개혁을 필요로 하는 생활실태의 파악, 중·장기에 걸친 정책 실현 전략 등을 마련하려고 했다. 이 시기에는 사회복지의 개혁을 둘러싼 정치적, 경제적 조건이 크게 변화하고 있었다. 경제는 5개년계획의 진전에 따라 예상 이상의 순조로운 확대 과정에 들어가 있었다. 국민의 생활상태는 개선되고 있었고 동시에 새로운 생활요구가 발생하고 있었기 때문에 복지정책을 재검토하고 새로운 정책을 구상해야한다는 사회적인 요청이 높아지고 있었다. 전반적으로 정치적, 사회적 활동이 활발해지고 있었고 국회에서는 야당세력이 확대하고 있었고 권위주의적인 국가운영에 대해 수정을 요구하는 기운이 나타나기 시작하고 있었다. 정치적인 조건으로서 사회적 시책의 추진에 의욕을 가지는 보사부장관이 취임하고 연구실의 주도에 의해서 정책개혁을 실현할 수 있는 정치적인 환경이 형성되고 있었다. 이러한 상황에서 사보심연구실의 정책적인 도전은 정치적으로도 사회적으로도 고립되어 있지 않았다. '사회개발' 프로젝트에서는 많은 연구자, 복지 전문가, 실무가 등이 참가하고 있었다. 정부기구의 외부에 있는 사회적인 세력을 정책형성에 참여시키려고 했던 전략에서는 정책형성을 국가내부의 밀실에서 보다 넓은 사회적 공간으로 확대시키려는 의도가 존재했다. 이 역사적 국면에서는 사회복지가 크게 전환될 가능성이 있었다고 생각된다. 적어도 군사정권 발족 이후 계속돼왔던 복지정책 분야의 예산동결의 개혁이 기대된 것이다. 그렇지만 사회복지 개혁의 실현의 기운은 '유신체제' 의 개시에 의한 정치반동 때문에 갑자기 소멸되었다. '유신체제' 하에서는 국가내부의 밀실적인 공간에서의 정책결정과 권위주의적인 정책 운영의 경향이 다시 강해졌다.

세 번째의 국면은 제4차 5개년계획(1977~81년)의 작성준비가 진행되어 있었던 1970년대 중반의 시점에서 전개된 사보심연구실의 정책제안활동과 관련되어 있다. 이 시점에서 연구실은 보사부 내부에서 고립되어 정책제안이 국가정책으로서 채택되어 가는 기회와 경로를 완전히 잃었다. 사회적인 시책의 입안 구상의 주도성은 보사부에서 경제기획원과 이들을 지원하는 한국개발연구원으로 옮겨 있었다. 중요한 것은 이 시기에 주류적인 정책 발상도 '사회개발' 투자의 필요성을 인식하게 되었던 점이다. 경제성장의 진전에 따른 도시의 사회문제, 특히 도시생활 인프라를 둘러싼 문제가 심각해지고 있었고 경제의 안정적인 성장의 저해요인이 된다라고 생각되었기 때문이었다. 주택, 의료, 위생, 교육·인력육성 등 도시생활 인프라 분야에 대한 국가자원의 투자가 확대되고 의료보험과 연금보험의 도입도 바람직한 전략으로서 생각되기 시작했다.

표면적으로는 지속적인 경제성장을 위해서 '사회개발'을 병행시킬 필요가 있다라는 사보심연구실의 제안이 국가의 주류적인 발상에 의해 채택되었다고 여겨진다. 그렇지만 주류적인 국가전략과 사보심연구실의 사이에는 국민생활에 대한 관심과 발상에 있어서 근원적인 차이가 있었다. 연구실의 정책관심은 국민생활의 향상과 안정 그 자체에 있었지만 한국개발연구원의 관심은 경제성장을 저해하는 요인을 제거하고 플러스 요인으로서 기능하는 사회적인 투자를 확대하려는 것이었다. 이러한 정책이념의 차이는 생활곤궁자에게 대한 생활보호제도의 개혁문제에 있어서 분명하게 나타나고 있었다. 연구실은 양곡의 현물지급에 지나지 않았던 보호제도를 개혁하고 최저생계비를 기초로 한 생활보장제도를 확립할 것을 주장했다. 빈곤을 예방하기 위한 사회보험제도와 동시에 최저생활을 보장하는 공공부조제도의 확립은 1970년대를 통해서 사보심연구실이 일관해서 전개해 왔던 주장이었다. 특히 한국에서 처음으로 실시된 설득력이 있는 최저생계비 산출의 시도에 주목할 필요가 있다. 이론적인 산정방법과 실태적인 가계비조사에 근거한 최저생계비의 산출은 '구호행정'에 있어서의 급여수준이 얼마나 낮았는지를 객관적으로 제시하고 최저생활 보장제도의 확립을 위한 전략방향을 제시하는 의미를 가지고 있었다. 그렇지만 이 시점에서 연구실은 '유신체제'의 정치반동 하에서 정치적, 사회적으로 고립되어 있었기 때문에 이 정책제안활동은 정치적, 사회적으로 영향을 미치지 못했다. 또한 1970년대에서는 사보심연구실이라는 높은 정책구상능력을 가졌던 전문가조직을 지원하는 정치적, 사회적인 세력도 형성되어 있지 않았다.

결과적으로 보면 사보심연구실의 정책 제안이 실제의 정책으로서 실현된 사례는 많지 않았고 군사정권에서 제3, 제4공화국까지 계속된 박정희시대의 사회적 정책에 큰 영향을 미쳤다고는 말하기 어렵다. 그럼에도 불구하고 이 조직은 한국의 사회보장연구의 선구자였을 뿐만 아니라 한국의 초기 사회복지의 형성의 역사에 있어서 독자적인 업적을 남겼다고 할 수 있다. 연구실은 박정희시대를 통하여 군사력의 유지와 경제성장우선을 기본전략으로 한 국가의 내부에 존재하면서 '구호행정'을 일관해서 비판적으로 검증하고 근대적 사회보장체계의 구축의 필요성을 반복 주장했다. 그러한 그들의 활동이 가능했던 이유는 그들이 사회보장정책에 관한 최고수준의 전문가집단이었을 뿐만 아니라 민간의 복지관계자나 연구자들에게 국가의 정책제안을 전달하는 매체의 역할을 했기 때문이라고 생각할 수 있다. 연구실의 정책연구 활동의 기초에는 '안정적인 국민생활의 보장'이라는 이념이 있었고 '반공국가' 건설을 위한 경제성장 우선이라는 국가전략과 상반되는 국가운영의 패러다임을 계속 제시했다. 여기에는 '4·19 학생혁명'부터 제2공화국시대의 민주주의적인 해방의 사상을 계승했던 측면을 엿볼 수 있다.

참고문헌

사회보장 심의위원회

(『자료연구편IV』의 <표IV-10>에 전체목록을 수록)

(사회보장심의위원회 연구실이 작성한 문서는 '보건사회부 사회보장심의위원회'로 표기된다. * '사회개발'프로젝트 관련자료)

사회보장심의위원회 1968*, 『사회개발·기본 구상』

— 1969a*, 『사회개발 제 1집:기본 구상(시안)』

— 1969 b*, 『사회개발 장기전망』

— 1969 c*, 『사회보장과 사회개발에 관한 자료』(신남균·안창수)

— 1970 a*, 『사회개발 1970· 제2집·장기 계획 〈1972-1986〉』

— 1970 b*, 『사회복지기초자료 조사보고서』(사회개발:사회복지분과회)

— 1973, 『우리나라의 사회보장』(최천송)

— 1974 a*, 『사회개발-부문별 사업 전망』

— 1974 b*, 『사회보장·사회개발 연구』

— 1974 c, 『국민생활실태조사보고서 1974:최저생계비 계측을 위한 제1차 시도 제1집 조사보고 개황』(안창수·손준규)

— 1975, 『공적부조 사업계획 1차 시안』

— 1976, 『우리나라의 사회복지 향상책에 관한 연구』

— 1976 , 『사회보장의 현황』(안창수)

— 1976, 『한국의 사회보장 체계-기본체계구상-』(최천송) (동일내용으로 『사회보장 체계의 확립에 관한 연구』라는 표제의 보고서)

— 1977, 『한국 사회보장 행정체제의 장기적 개선방법안』(이광찬·김현조)

— 1978, 『사회보장 종합계획연구』(최천송 외)

한국정부 관련 자료

(정부계 연구기관의 자료등을 포함)

건국대학교부설 한국응용사회과학연구소 1969, 『구호행정의 개선을 위한 조사연구』(정부위탁조사 보고서:『건대조사』로 약기)

경제기획원, 『경제백서』1962년 이후 각년판

— 1977, 『장기 경제사회 발전:1977-91해』

— 1982, 『개발연대의 경제정책 -경제기획원 20년사-』 (1994년에 동명의 문헌이 '경제기획원 30년사 I'라는 부제로 강행·미래사)

국가재건최고회의, 『최고회의보』1961~63년(제1~27호·월간)

보건사회부, 『보건사회통계연보』1954년이후 각년판(1955/56/75년판 미간행)

— 1971, 『보건사회행정의 실적과 전망 -보건사회행정백서』(『1971보사백서』로 약기)

— 1975, 『제4차 경제개발 5개년계획 사회보장계획(안)』(보건과 사회보장 실무계획반)

—『보건사회(백서)』1981년 이후 각년판(1995년 이후 『보건복지백서』)

한국개발연구원(KDI) 1977, 『장기경제사회발전:1977-91년』

— 1980, 『제5차경제개발 5개년계획 작성을 위한 경제사회 정책협의회:토의자료와 내용』

— 1981a, 『사회보장제도 개선을 위한 연구보고서』(박종기·서상목·연하청·외)

— 1981b, 『빈곤의 실태와 영세민대책』(서상목 외)

한국군사혁명사편찬위원회 1963, 『한국군사혁명사(제1집)·상』(『군사혁명사·상』으로 약기)

한국보건사회연구원(KIHASA) 1999, 『1999년 최저생계비 계측 조사 연구』

— 2010, 『1963~1989 한국보건사회연구원 발간자료 Collection II』(DVD)

기타 참고문헌

권문일 1989, 〈1960년대의 사회보험〉(하상락 1989:제13장)

김영순·권순미 2008, 〈공공부조제도〉(양재진 외2008: 제5장)

손준규 1983, 『사회보장·사회개발론』 집문당

안창수 1975, 〈최저생계비 계측을 끝내〉 (한국사회보장문제연구소『사회보장』 제2호:5-16)

양재진 외 2008, 『한국의 복지정책 결정과정』 나남

우명숙 2008, 〈산재보험제도〉 (양재진 외2008: 제1장)

이광찬(편저) 2009, 『국민건강보장 쟁취사』 양서원

이두호·최일섭·김태성·나성린 1991, 『빈곤론』 나남

조영재 2008, 〈건강(의료)보험제도〉(양재진 외2008: 제2장)
최천송 1977, 『한국사회보장론』 한국노사문제연구협회
— 1991, 『한국사회보장연구사』 한국사회보장문제연구소
카바(KAVA) 40년사편찬위원회편 1995, 『외원사회사업기관 활동사:외국민간원조기관 한국연합회 40년사』 홍익재
한국사회복지협의회 1977, 『한국사회복지 요람』
— 1991, 『한국사회복지 총람』(개정신판)

제3장

경제성장과 구호행정의 한계
– 〈공〉과 〈사〉 관계 구조의 변용

확대하는 도시 — 서울·청계천 무허가건물 전경(1972년 1월)
출소 : 서울시 홈페이지·정보소통광장
https://opengov.seoul.go.kr/seoul/1201643

머리말

1960년대 전반에 정비된 '구호행정'은 국가공권력을 매개하여 외국원조단체와 민간 복지단체의 자원을 공적인 정책의 일환으로서 다루는 〈공〉公과 〈사〉私의 복합적인 구조를 가지고 있었다. 제3장에서는 첫 번째로 〈공〉과 〈사〉가 융합된 성격을 가지고 있었던 '구호행정'의 기초에 존재했던 정책사상을 검토한다. 외원과 민간자원의 활용의 목적은 국가 지출을 가능한 한 절약하는 것에 있었지만 동시에 1970년대 이전의 한국 복지정책에 있어서 생활문제는 본래 사적영역私的領域에 속하는 문제이며 가족을 중심으로 한 사적 영역에 맡기는 것이 바람직하다라는 발상이 존재했던 것을 간과할 수 없다. 이것은 생활문제는 먼저 개인과 가족의 '자조'自助, 그 다음에 친족과 근린사회의 '상호부조'에 맡기고 게다가 문제가 그 범위를 넘어 사회화하는 경우에는 민간의 복지활동에 맡겨 공적인 정책의 출동을 억제하는 것이 바람직하다라는 발상이었다. '구호행정'은 그 발상을 더 적극화시키고 외원과 민간 사업자에 의한 생활지원활동을 국가권력의 관리 하에 두려고 의도한 정책이었다. 이러한 정책에 있어서는 〈공〉의 개념과 〈사〉의 개념은 복잡한 관계를 가지게 된다. 따라서 '구호행정' 시대에 있어서의 '공적 정책영역', '민간 복지활동 영역', '생활현장 영역'의 3개의 영역(서론의 〈그림 0-4〉참조)의 관계구조와 그 변화를 해명할 필요가 있다.

두 번째로 양곡의 현물지급에 지나지 않은 저수준의 생활지원책이었던 '구호행정'이 크게 파탄하지 않고 오랫동안 유지되었던 이유에 관해서 검토하려고 한다. 국민생활과 '구호행정'의 문제는 1960년대~70년대에 있어서의 경제·사회의 동향, 경제정책, 빈곤정책의 동향 등 거시적인 시야perspective에 놓고 고찰할 필요가 있다. 국가의 기본전략이었던 경제성장 우선정책은 전반적인 생활수준을 향상시키고 빈곤을 해소하려고 했던 거시적인 차원으로의 복지정책이기도 했다. 또 빈곤정책의 일환으로 가족계획과 해외이민의 장려 등 인구억제정책이 강력하게 추진되었다. 경제개발 5개년계획을 통한 경제전략의 성공이 전반적인 생활수준의 상승을 가져왔고 한때 '기아선상飢餓線上'이라고 표현된 빈곤을 축소시켰던 것은 사실이다. 또 1970년대에 전개된 '새마을운동'은 농촌의 생활수준의 대폭적인 향상과 생활양식의 변모를 초래했다. 박정희체제 하에서 '구호행정'이 거의 고정된 채로 유지되어왔던 배경에는 이러한 거시적인 경제정책과 빈곤정책에 의해서 국민생활의 상태와 생활요구가 크게 변화했다라는 요인이 존재했다.

세 번째로 검토하려고 하는 문제는 경제성장에 따른 사회와 생활의 변화에 대해서 복지정책이 어떻게 대응했는지 또는 대응하지 않았는지라는 문제이다. 1960년대 후반~70년대에는 경제성장과 공업화의 진전에 따라 농촌에서 도시로 향하는 대규모 인구이동이 있었고 도시사회의 폭발적인 확대와 함께 도시형의 빈곤과 새로운 종류의 생활요구를 확대해 갔다. '구호행정'은 이와 같은 생활문제의 변화에 대응할 수 있는 발상과 정책수단을 가지지 않았기 때문에 새로운 정책 분야의 개척이 사회적으로 요구되고 있었다. 구체적으로는 지역주민을 대상으로 생활요구에 대응하는 생활지원, 각종 복지서비스의 제공, 생활환경의 개선 등의 시책이며, 당시는 미개척이고 현재의 '사회복지'로 불리는 정책 분야였다. 1960년대 말에 보건사회부(보사부)는 도시의 빈곤집중지구를 중심으로 하는 새로운 생활문제를 정책과제로서 인식하고 '사회복지' 분야의 정책을 확충하려고 시도했다. 그러나 개혁의 시도는 국가주도부에 의해서 승인되지 않고 실현되지 않았다. 공적 정책의 부재를 메웠던 것은 외국원조단체의 활동과 민간 복지단체의 활동, 또 노인나 여성단체 등 생활자 자신에 의한 자발적인 활동이었다. 1970년대에 들어 복지정책을 둘러싼 〈공〉과 〈사〉의 관계는 크게 변화했다. 1960년대에는 공적 권력은 민간 활동을 관리·통제하여 공적 정책의 일환으로서 이용하려고 했지만 70년대에는 더이상 민간 활동을 통제하지 못하게 되어 오히려 그들의 자립적인 발전에 기대하는 자세로 전환하고 있었다. 이 시기에 전개된 민간 복지활동의 축적은 현재에 이르는 한국의 활발한 민간 복지활동의 원류가 되었다고 볼 수 있다.

제1절 구호행정의 복합적인 재원구조

1. 외국원조와 민간자원을 편입한 구호행정의 재원구조

(1) 구호행정의 복합적인 재원구조

한국전쟁 이후 존재했던 고아, 전쟁난민, 전후부흥 등의 문제에 대해서 외국원조('외원'), 특히 기독교계를 중심으로 한 외국민간원조단체에 의한 활동이 중요한 역할을 해 왔다. '구호행정'개혁은 이러한 외국 민간원조단체의 활동을 관리해서 방대한 원조자원을 준공적準公的 재원으로서 공적인 정책체계 내부에서 이용하려고 시도했다. 또 새로 시작된 '근로구호'의 재원은 정부 간 베이스로 시작한 미국으로부터의 밀의 무상원조(PL480호-II)에 의해 충당되었다. 재해구호의 재원에서는 국가예산과 지방예산 이외에 외국원조와 민간기부금이 큰 비중을 차지했다. 이와 같이 '구호행정'의 재원은 〈표 3-1〉에 정리한 바와 같이 ①국가재정, ②지방자치단체의 재정, ③외국원조(정부 간 베이스), ④외국원조(민간단체 베이스), ⑤민간 기부금 등 〈공〉과 〈사〉의 다양한 재원으로 구성된 복합적인 구조를 가지게 되었다.

공비(국고 또는 지방재정)가 보호대상자의 생활비용의 일부밖에 부담하지 않았던 것은 명백하다. 시설 수용자의 경우 시설의 운영자가 공비에서 지급된 주식 양곡과 약간

표 3-1 '구호행정'의 복합적인 재원구조(1960년대)

<table>
<tr><th></th><th>시설구호</th><th>거택구호</th><th>근로구호(자조근로사업)</th><th>특수영세민구호</th><th>재해구호</th></tr>
<tr><td rowspan="2">대상자</td><td colspan="2">근로능력이 없는 생활곤궁자
(아동/ 노인/ 장애인/ 모자세대 등)</td><td rowspan="2">근로능력이 있는
생활곤궁자(영세민)</td><td rowspan="2">겨울철의 긴급한
생활곤궁자
(벽지주민/
노상생활자 등)</td><td rowspan="2">자연재해의 이재민의
생활곤궁자</td></tr>
<tr><td>사는 집과 친척이
없는 사람(무의무탁자)</td><td>사는 집이 있는
사람</td></tr>
<tr><td>구호내용</td><td>쌀·보리 + 약간의 금전
지급(부식비 명목)</td><td>밀가루의 지급</td><td>밀가루의 지급
(취로를 조건/
취로 기간중 지급)</td><td>밀가루의 지급
(겨울철1개월
이내의 기간)</td><td>밀가루의 지급
(인정된 기간)</td></tr>
<tr><td>주된 재원</td><td>양곡: 국고
금전수당: 지방자치단체</td><td>국고8 : 지방자
치단체2의 비율
로 부담</td><td>미국PL480호-II에
의한 원조</td><td>국고</td><td>국고/지방자치단체/
외국원조/민간기부금</td></tr>
</table>

자료: 제1장의 〈표 1-3〉에 의해 작성.

의 금전수당 이외의 생활경비과 시설운영 경비를 부담하고 있었다. 이러한 시설의 대부분은 외국원조단체에 의해서 설립되었고 외국단체 자체 또는 그 후원을 받은 한국인 사업자가 운영했던 경우가 일반적이었다. 따라서 시설 수용자의 생활경비는 외국원조를 중심으로 사업자의 사업수입, 기부금 등에 의해 부담되고 있었다. 국가는 외원에 의한 비용 부담을 당연한 일이라고 이해하고 시설구호 대상자의 생활보장의 최종적인 책임을 시설 운영자에 맡기는 것을 의문시하지 않았다.

거택구호 대상자의 경우 지급되는 양곡량은 적었지만 시설 수용자의 경우와 달리 부족한 생활경비를 보완해주는 존재는 없었다. 거택구호의 대상자의 생활실태에 관한 자료는 극히 적고 그 실태를 거의 알지 못했다. 1960년대 중반~70년대 전반의 시기에 인정된 거택구호 대상자의 수는 35만~45만명에 달했지만 실제로 밀가루 지급을 받았던 수는 1975년에 이르기까지 28만 3천인분에 지나지 않았다. 거택구호 대상자의 약 50%는 장애인세대, 44~45%가 노인세대, 그리고 나머지 8%가 18세미만 연소자가 세대주의 세대였다(〈표 1-8〉참조). 세대원 수의 평균은 약 2명이었기 때문에 대부분이 단신세대, 부부만의 세대, 또는 기타의 결손가정였다고 추측된다. 따라서 이러한 세대의 생활능력은 극히 낮고 궁박한 생활을 보내고 있었다고 추측된다.

지방자치단체, 특히 생활의 현장에 가까운 시·군의 차원에서는 거택구호 대상자의 생활에 대해 국가보다 강한 관심을 가지지 않을 수 없었다. 지방행정은 생활구제자금, 지방공공사업 등의 지방차원에서 사용할 수 있는 재원을 동원하여 거택구호 대상자의 생활지원에 충당하고 있었다. 또, 지방자치단체는 공적 정책의 부족을 메우기 위해 외국원조단체의 활동을 장려하는 방침을 채용했다.

외국원조단체의 생활지원 활동은 시설운영의 분야 뿐만 아니라 거택 생활곤궁자의 생활지원 분야에서도 넓게 전개되어 있었다. 특히 미국계 원조단체는 미국정부의 PL480호 제III관(민간원조단체 베이스)에 의거한 무상공여 양곡에 의해서 풍부한 자원을 가지고 있었기 때문에 그 활동 규모는 컸다. 1970년대에 들어 국가 간 베이스에 의한 원조는 감소했지만 민간단체 베이스로는 총계 연간 3천만~4천만 달러에 달하는 거액의 원조활동이 계속 전개하고 있었다. 필자의 추계에 의하면 생활지원 분야에 있어서 시설구호에 대해 450만~600만 달러, 거택생활자의 생활지원에 150만~200만 달러가

투하되어 있었다[1]. 1970년대에는 약 80개의 외국원조단체가 존재했고 이 중 약 50단체가 '구호'를 주요 활동목적의 하나로 세우고 있었다[2]. 주요한 기독교계 원조조직의 활동규모는 컸고 전국 각지, 특히 도시빈곤집중지역에 거점을 두고 활동하고 있었다. 직원수도 많았고 생활지원과 복지활동에 관한 전문적인 지식과 노하우know-how를 갖춘 직원도 포함되어 있었다. 초기의 외국원조단체의 활동은 아동시설의 운영을 중심으로 했지만 70년대에는 활동은 보다 조직적, 전문적인 지역사회 지원의 방향으로 변화해갔던 것이 주목된다. 원조단체가 실시하고 있었던 지역사회에 있어서의 '구호'활동은 생활곤궁자에 대한 생활상담, 생업자금의 대부, 부업지도, 긴급적인 생활지원(금전수당이나 양곡의 지급), 아동의 양육지원, 교육지원, 가정지원 등 넓은 범위에 걸치고 있었다.

지방행정은 이러한 외국원조단체의 활동을 유치하며 정책의 부족을 메우려고 시도했다. 지방행정의 요청을 받았던 외국원조단체가 행정과 제휴하면서 빈곤집중지역에서 생활지원활동을 전개했던 많은 사례를 확인할 수 있다(후술: 제4절 3). 이러한 외국단체의 활동이 어느 정도까지 생활곤궁자에게 도움이 되었는지는 알 수 없다. 그러나 중앙정부의 정책이 '구호행정'(양곡지급)의 테두리에 한정되어 있었던 상황에서 지역사회 현장에서 외국원조단체와 한국 민간 복지단체에 의해서 의욕적인 활동이 전개되었던 사실에는 주목할 필요가 있다. 이러한 활동은 현재에 이르기까지의 한국 민간 복지활동의 원류가 된다고 생각되기 때문이다.

이상과 같은 생활보호 수급자의 생활비부담의 구조를 도시해 보면 〈그림 3-1〉과 같다. '구호행정'은 외국원조에 의존함으로써 성립할 수 있었던 독특한 구조를 가졌던 시책이었다. 시설구호에서도 거택구호에서도 국가는 보호대상자의 생계비용의 일부만을 부담함에 지나지 않았고 대부분은 외국원조에 의해서 부담되었다. 이것은 동서 대

---

1 1970년대의 외국민간원조에 관해서 상세한 통계는 없기 때문에 이 수치는 1980년대의 통계를 이용해서 추정했다. 80년대의 『보건사회(백서)』에 게재된 통계에 따르면 외국민간원조 중 시설지원에 배당된 비율은 15~20%, 거택빈곤세대의 지원에 배당된 비율은 6~7%이었다. 1975년의 외국원조의 총액은 약 3000만달러였음을 기초로 80년대의 배당비율을 적용해서 추계했다.

2 1980년대의 『보건사회(백서)』에 따르면 70년대의 외국 민간원조단체 수는 81이었다. 『법인·단체 현황』(보건사회부1981)에 의하면 1980년의 외원단체 등록수는 87개 단체였으며 이 중 59개 단체가 '구호'를 주된 활동목적의 하나로 하고 있었다.

립의 최전선에 위치했다는 국제적인 정치환경 때문에 모였던 대규모 외국원조의 존재라는 특수한 조건을 전제로 성립한 정책이었다.

그림 3-1 1960년대~70년대 중반의 생활보호수급자의 생계비부담 구조

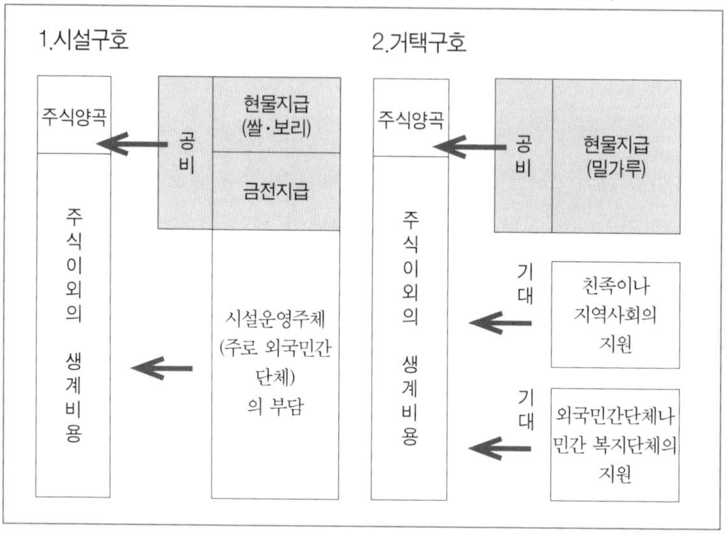

자료: 필자 작성.

2. 구호행정에 상정된 가족 개념

(1) 구호대상으로서의 무의무탁한 존재

'구호행정'의 내용은 주식양곡의 현물지급에 지나지 않았지만 같은 비非근로능력자이더라도 시설구호와 거택구호 사이에는 큰 취급의 차이가 있었던 사실에 주의해야 한다. 시설 수용자에 대해서 1인 1일당 쌀·보리 3홉과 약간의 부식비보조가 지급되었지만, 거택생활자의 경우 밀가루 250g의 지급에 지나지 않았다. 한국전쟁 직후의 곤란기에 있어서도 국가는 어려운 재정상황에도 불구하고 시설에 수용된 아동들에게는 필요한 양곡량을 확보하려고 노력하고 있었다. 한편 거택생활자의 경우 노인과 장애인 등 생활능력이 약한 사람이 많았지만 밀가루의 지급에 있어서 보호할 인원수가 극도로 제한되었고 지급횟수와 지급량은 항상 변동했었다(『자료연구편 Ⅰ·Ⅱ』 참조).

당시 이러한 취급의 차이에 관해서 불공평하다고 문제시되어 논의되었던 적은 없었고 당연한 일이라고 간주된 것 같다. 거기에는 '구호'에 관련한 전통적인 사회사상이 반영되고 있었다고 생각된다. 시설에 수용되어 있었던 사람들은 사는 집이 없고 의지할 가족이나 친족이 없는 고립상태 — '무의무탁'無依無托 혹은 '환과고독'鰥寡孤獨 — 상태에 있는 사람을 의미했다. 여기서 '가족'이란 도시적인 핵가족이 아니고 3세대 이상이 같이 사는 대가족이며 한국사회에 고유한 친족의 친밀한 유대나 근린사회의 유대에 들러싸여 있는 듯한 가족이 상정되어 있었다. 가족 — 친족 — 근린사회라는 유대로부터 탈락 혹은 배제된 '무의무탁'한 상태에 빠졌을 경우 사회는 처음으로 구호해야 할 대상이라고 간주했다. 바꿔 말하면 그러한 상태에 빠지지 않는 한 생활문제는 기본적으로 사적私的영역에 맡기어야 한다고 생각되었다. 이 시기로부터 약 20년 후의 1980년대가 되어도 국가는 가족이 생활문제를 그 내부에서 해결하는 '자가보장기능自家保障機能' (『보건사회』 1986년판:139)에 전면적으로 기대하고 문제를 사회적으로 표면화시키지 않는 역할을 해야 한다고 강조하고 있었다. 1980년대의 보사부백서는 노인복지에 관련해서 "우리 사회의 전통적 가족제도에 연유하고 있는 경로효친의 미풍양속을 유지발전시켜 나갔"기 때문에 〈노인복지법〉의 "기본 방향은 … 가족제도와 사회보장제도의 양자를 근간으로 한 노인복지정책을 펴나게 될 것으로 … "(『보건사회』 1981년판: 239)나, "우리나라에서는 혈연중심의 가족제도가 유지되어 효를 근본으로 하는 경로효친의 사상이 지배하는 사회 분위기가 형성되고 있어 노인문제가 가정과 지역사회에서 흡수, 해결되고 있는 것을 볼 수 있다" (『보건사회』 1986년판:152) 등 '가족제도'가 사회보장을 대신하는 역할을 하는 것을 반복해서 강조하고 있었다.

여기서 〈가족 — 친족 — 근린사회〉의 역할을 소중히 하는 전통적인 사회사상이 문제인 것이 아니라 문제는 국가가 재정지출을 회피하기 위해서 그것을 구실로서 이용했던 것에 있었다. 행정차원에 있어서의 '무의무탁'상태의 판정은 형식적이고 '사는 집'이 있으면 '무의무탁' — 보호대상 — 으로는 간주되지 않았다.

(2) 아동시책과 여성시책에서 가족 중시

당시의 행정방침으로는 '무의무탁'한 경우에도 시설에 수용하는 것은 바람직하지 않다고 일관해서 생각했던 것에 주목할 필요가 있다. 1960년대 초의 '구호행정'개혁에서는 "시설구호를 지양해 거택구호로 전환해 일정기간 후, 구호대상으로부터 제외한다"(『한국군사혁명사·상』: 403)라는 방침이 제시되고 있었다. 이 방침에 따라 전쟁고아나 기아에 대해서 〈표 3-2〉에서 보듯이 혈연의 보호자(기아의 경우는 부모)가 있는 경우 그들에게 인도引渡할 것, 일반가정에 의한 유료나 무료의 양육위탁을 추진할 것, 양자결연(혼혈아의 경우는 해외양자)을 적극적으로 추진할 것 등의 시책이 우선되고 시설수용은 그러한 노력을 한 후의 최종 조치로서 간주되었다. 여성의 경우도 〈표 3-4〉와 같이 전쟁미망인, '윤락여성', 가출여성 등을 우선 '귀향'이나 '연고자 인도'가 추천되었고 시설에 수용하더라도 일시조치에 그쳐 직업알선이나 훈련을 통한 생활의 자립이 권장되었다. 이러한 조치는 시설이 부족했기 때문에 문제가 있는 모든 아동이나 여성을 시설에 알선할 수 없었던 이유뿐만 아니었다. 정책의 기본적인 발상으로서 시설수용은 바람직하지 않고 혈연관계가 없어도 '가족' 속에서 사는 것이 바람직하다고 생각되었기 때문이다. 1969년에 보사부가 60년대의 아동시책을 회고해서 "일반적인 수용보호의 폐단弊端으로부터 아동의 보다 건전한 육성을 위하여 가정보호 위주의 시책은 1962년 이후 유료 또는 무료 위탁 기타 여러 가지 방법에 의하여 추진되어 왔다"라고 했던 것은(보건사회부 1969:92-3), 가족 중시의 방침이 일관해서 유지되어 있었던 것을 나타낸다.

그러나 실제로는 양육위탁이나 양자결연의 시책을 확대하지 못했고 시설수용이 중심 시책이 되지 않을 수 없었다. 1970년의 실적을 보면(〈표 3-3〉) 일년 간 '단속'된 '부랑아' 수는 약 21,000명이며 이 중 연고자에게 인도는 약 6,800명, 입양위탁은 100명이고 나머지 약 13,000명은 시설에 수용되었다. 기아에 대한 조치에 있어서도 시설수용이 중심이었다. 이 결과 1970년의 경우 보호아동 약 73,000명 중 시설수용은 약 58,000명(약 80%)이였고 행정이 바람직하다고 생각한 위탁양육(유료/무료)은 14,000명(약 20%)에 지나지 않았다. 여성의 경우에는 시설수용 비율은 낮았고 귀향, 연고자 인도, 자립지원 등의 조치가 중심을 차지하였다(〈표 3-4〉). 1970년대에 들어 시설보호의 비중을 줄이고 가족과 지역사회라는 장소에서 지원하려는 정책방향이 다시 강화되어 갔다.

표 3-2 '부랑아'와 '기아' 취급 상황

		1965	1970	1974
부랑아 단속과 조치	귀가 및 연고자 이송	11,791	6,801	4,903
	입양위탁	95	100	55
	고용위탁	—	—	39
	정착사업	56	34	13
	부랑아 보호소 수용	10,647	12,127	2,192
	일반시설 전원	1,630	898	1,170
	특수시설 전원	732	236	95
	직업보도시설 전원	—	—	36
	교호소 이송	27	47	—
	도망	—	—	885
	사망	—	—	59
	기타	621	944	550
	합 계	25,599	21,187	9,997
기아 취급	임시보호	103	801	1,129
	귀가	—	—	304
	연고자 인도	356	452	512
	입양위탁	340	872	1,632
	일반시설 전원	6,956	3,124	1,760
	특수시설 전원	—	—	119
	기타	111	97	479
	합 계	7,866	5,346	5,935

자료: 『보건사회통계연보』 1974년판. 〈정착사업〉은 개척 마을에의 송치, 〈특수시설〉은 장애아 시설이나 취업보도시설 등을 의미함.

표 3-3 보호 종류별 보호아동 수(1970년 말 현재)

보호의 종류		아동 수(명)
시설	육아시설	42,989
	영아시설	7,724
	부랑아시설	3,023
	직업보도시설	1,735
	심신장애자시설	2,810
	소 계	58,281
가정 위탁	위탁보호(무료)	12,377
	위탁보호(유료)	2,000
	소 계	14,377
합 계		72,658

자료: 『1971보사백서』: 250.

표 3-4 여성상담소에 의한 상담의 대응 내용

	1965	1970		1974	
		가출여성	내방·가정방문상담	가출여성	내방·가정방문 상담
직업알선	1,085	944	2,765	670	2,713
직업보도소 입소		650	2,861	896	1,466
귀향	3,545	7,527	12,719	6,290	7,837
보호시설 수용		3,326	3,720	1,818	2,746
생계부조	2,039	699	5,907	362	4,605
결혼중개	361	403	1,102	1,340	2,661
치료기관에 의뢰	1,753	814	13,211	877	16,726
긴급구호		654	4,161	582	3,855
연고자에게 인도		1,426		1,456	
기타 관련기관에 알선	2,010	463		211	
기타	18,206	3,704	48,563	3,112	126,238
미조치		2,684	7,611	3,807	3,113
상담 건수 합계	28,999	23,294	102,620	21,421	171,960

자료: 『보건사회통계연보』(1965년은1965, 1970년판, 1974년은 1974년판). 대응의 분류항목은 연도에 따라 차이가 있는데 여기에서는 1974년판의 분류에 맞춰서 조절했음.

3. 민간자금의 동원구상

1960년대 말에 되어 외원과 민간자원을 이용한 재원조달방식을 재검토해야 하는 사태가 생겼다. 고도성장으로 한국의 경제력이 높아짐에 따라 외국원조는 보다 빈곤한 국가로 옮기기 시작했기 때문이었다. 특히 근로구호사업('자조근로사업')의 주요재원인 PL480호 제II관에 의한 밀의 무상공여는 1971년에 크게 삭감되고 72년 이후 완전히 정지되었다. 민간단체 베이스의 원조에 관해서는 〈표 3-5〉에 보는 바와 같이 1960년대 후반부터 양곡, 의류, 의약품 등 물자원조가 대폭적으로 감소하고 있었다. 한때 연간 8만톤을 넘었던 양곡원조가 수천톤의 규모로까지 감소한 것은 시설수용자와 거택생활자를 포함한 생활곤궁자에 대한 지원활동규모의 대폭적인 축소를 의미했다. 복지시설 수용자에 대한 생활지원에 관해서는 1960년대 말에는 양곡의 현물원조가 크게 축소하기 시작했던 것을 확인 할 수 있다(〈표 3-6〉). 재가의 생활곤궁자에 대한 외원의 양곡지

표 3-5 외국민간원조단체의 원조 추이

1. 1965~74년 추이(물자 원조)

단위:톤, 금전 환산액은 천달러

	양곡	의류	의약품	기타	합계	금전환산액
1965	86,434	1,293	593	10,511	98,831	15,875
1966	75,336	1,210	677	3,651	80,874	14,363
1967	35,227	1,010	811	3,483	40,531	9,902
1968	39,225	1,158	779	4,433	45,595	9,144
1969	21,778	1,147	729	2,945	26,599	8,182
1970	25,966	980	490	3,104	30,540	8,893
1971	16,768	792	380	2,472	20,412	5,785
1972	10,700	1,108	233	587	12,628	6,568
1973	5,969	634	316	325	7,244	4,640
1974	2,805	502	304	335	3,946	5,184

2. 1975~84년 추이(현금원조와 물자원조)

단위:천달러

	현금원조	물자원조(금전환산액)	합계
1975	26,101	4,523	30,624
1976	29,772	5,152	34,924
1977	30,373	5,506	35,879
1978	34,812	6,975	41,787
1979	35,433	5,379	40,812
1980	38,317	6,129	44,446
1981	38,047	4,551	42,598
1982	36,364	5,602	41,966
1983	40,987	4,909	45,896
1984	35,194	2,661	37,855

자료: 1.『보건사회통계연보』 1974, 2.『보건사회백서』 1985.

급도 대폭 축소되었다고 추측된다. 한편 현금원조는 물자원조로부터 현금원조로 전환하는 방침에 따라 감소하지 않았기 때문에 오히려 약간 증액 경향에 있었다(〈표 3-5-2〉 참조). 복지시설의 경영은 현금지원의 증가에 의해서 바로 경영파탄을 초래하지 않았지만 재원확보에 관한 불안이 확대하고 있었다.

'구호행정'을 유지하려고 하면 당연히 외국원조의 감소를 메울 재원조달이 필요했다. 특히 근로구호 사업은 재원의 대부분을 PL480호 제II관의 원조에 의존했기 때문에 국고에 의한 대체인가 또는 사업의 정지인가의 선택을 재촉당하게 되었다. 근로구호사업의 폐지는 사회적 영향이 크다고 예상되었지만 이 당시 국가지도부는 국고부담으로 사업을 계속할 의도를 가지지 않았다. 제3차 경제개발 5개년계획의(1972~76년) 책정의 시기에 접어들고 있었고 모든 국가자원은 공업화(특히 중화학공업화) 추진에 투입할 필요가 있었기 때문이다. 1972,3년에는 근로구호사업은 거의 정지상태에 빠져 있었다. 그러나 1973년 가을에 발생한 석유파동에 의해서 경제정세가 급속히 악화되고 생활곤궁자가 다수 발생했기 때문에 대통령의 긴급적인 지시에 의해 '새마을노임사업'의 명칭 하에서 공공취로사업이 서둘러 재개되게 되었다. 사업재원으로 국고에서 연간 150억~250억원이 지출되게 되었고 취로자에게 대해서 밀가루의 현물지급이 아닌 금전으로 노임을 지급하는 방식으로 운용되었다. 이 조치는 사회분야에 대한 국가재정의 배분을 억제하는 자세가 변화한 것을 의미하지 않았다. 석유파동에 의한 생활곤궁 확대라는 사태의 발생과 대통령의 정치적인 판단이 없었으면 국가예산의 투입에 의한 영세민 취로사업은 재개되지 않았다고 생각되기 때문이다.

복지시설의 수용자의 80%이상은 아동이며 거의 모두가 시설구호의 대상자이었기 때문에 시설에 대한 외원의 축소는 시설구호 대상자의 생활에 큰 영향을 미쳤다. 그러나 국가의 주무 부는 국고지출에 의한 지원을 확대할 의도를 가지지 않았다. 〈표 3-6〉에 보는 바와 같이 외국원조는 현저히 감소하고 있었지만 국고지출은 증가하지 않았고 지방자치단체가 부담한 금전경비지출이 약간 증가하고 있었을 뿐이었다. 그러므로 보사부는 민간 복지시설을 지원하기 위한 재원을 국가재정 이외에 구할 수 밖에 없었기 때문에 새로운 공동모금제도를 통해서 민간자금을 조직적으로 동원하는 방책을 구상했다.

1971년에 제정된 〈사회복지사업법〉의 주된 목적은 민간 복지시설의 체질개선을 추진시킴과 동시에 외원의 감소에 대비할 재원대책을 마련하는 것이었다. 이 법률에서는 복지재원 대책으로서 ①사회복지법인으로서 인가받은 시설의 경영자에 대해서는 영리사업의 운영을 인정하고 스스로 자기재원의 강화를 도모하는 것을 가능하게 하는 것과 ②〈사회복지공동모금〉의 명칭으로 국가가 후원하는 모금활동에 의해서 모은 기금을 조성하는 것이라는 두 개의 대책이 제시되었다. 후자의 공동모금의 내용은 " '복권

발행', 유흥업소에 있어서의 모금(일정액의 징수), '경마', 유기장, 극장 등의 요금의 일정액의 징수 등, 주로 사행심, 유흥 등의 사치성 소비에 대하여 의무적인 부과" 등의 방식이 열거되고 사치세의 부과에 가까운 성격의 모금제도가 구상되고 있었다. 또한 사회복지 공동모금의 운영과 자금의 배분을 담당하는 조직으로서 〈사회복지진흥공사〉라는 제3섹터조직을 설립하는 구상이 제시되었다(보건사회부1969a: 137-9) .

표 3-6 민간 복지시설 수용자의 생계비부담 추이

	외국원조단체 부담		국고 부담		지방자치단체 부담	
	양곡	금전경비	양곡	금전경비	양곡	금전경비
	(톤)	(100만원)	(톤)	(100만원)	(톤)	(100만원)
1965	6,410	763	10,025	9	43	40
1966	6,886	741	10,081	-	626	61
1967	1,819*	916	9,870	17	1,018	144
1968	4,656	952	10,246	14	532	313
1969	2,128	1,034	10,062	24	455	213
1970	2,032	1,096	10,502	32	408	226
1971	1,904	1,151	10,046	-	264	401
1972	566	1,214	9,548	-	94	611
1973	126	-	7,760	76	88	646
1974	224	-	8,750	106	121	977

자료: 『보건사회통계연보』 1974. *1967년의 외국단체 양곡원조량이 이상하게 적지만 그 이유는 확인할 수 없음. - 란은 기재 없음.

1960년대의 정책은 국고지출을 억제하기 위해 외원을 이용했지만 70년대에는 외원의 감소를 한국인 자체의 민간모금에 의해서 대체하려고 의도했다고 볼 수 있다. 결과적으로 이러한 정책은 성공하지 못했다. 1971년에 〈사회복지공동모금회〉(사단법인)가 설립되어 실질적으로 보사부의 지도하에서 〈한국사회복지협의회〉(한국사협)가 운영을 담당하게 되었지만 모금활동은 거의 성과를 내지 못했다. 모금활동을 전개할 체제가 충분히 마련되지 않았고 동시에 복지에 관련한 모금활동에 대한 내무부의 반대 등 정부 내의 의사통일이 없었기 때문이었다.

그 후 1975년에 공동모금에 의해서 복지시설 지원재원을 조달하려고 한 계획이 다시 검토되어 〈이웃돕기운동〉이 발족했다[3]. 이 모금운동은 민간조직을 모체로 한 형태가 아닌 국가 직할로 실시한 국민운동으로 전개되어 모은 모금은 〈사회복지기탁금관리규정〉에 의해서 준공적準公的 자금으로 국가가 지정한 방침에 따라 각 시설에 배분되었다. 70년대 후반에는 매년 10억~20억원이 모여 기금 중에서 약 20억원이 복지시설에 대한 보조로 배분되었다. 주된 배분내용은 복지시설의 증·개축비 지원, 시설 수용자의 부식비(된장비), 경로당(노인의 지역교류시설)에 대한 연료비 보조 등 시설의 운영·유지에 관련된 비용 보조였다. 이 모금활동은 국책 운동으로 전개되었지만 조달된 재원규모는 만성적인 자금부족에 고민하던 복지시설 경영에 산발적인 지원을 실시하는 정도에 지나지 않았다. 국가재원의 투입 부족을 국책적인 민간모금의 동원에 의해서 보충하려고 하는 발상은 1980년대 이후에도 뿌리 깊게 살아남았다. 1980년대 초에 〈사회복지사업기금법〉이 제정되어 〈이웃돕기운동〉 모금제도가 국가의 공식적인 복지재원조달사업으로서 재편·강화되었다. 외국민간단체의 원조나 국내의 민간모금을 준공적 재원으로서 공적재원과 통합시켜 이용하는 변칙적인 재원방식이 발본적으로 개혁된 것은 국가가 생활보장에 대한 최종적인 책임을 인정하게 되었던 1990년대의 복지개혁 이후이었다.

제2절 빈곤의 모습과 정책 요구의 변화

1. 거시적인 빈곤정책 – 경제성장 전략과 인구억제 –

"5천년에 걸친 빈곤의 역사"라는 말은 박정희대통령을 비롯하여 1980년대 이전의 국가지도자가 빈번히 쓰던 표현이었다. 한국사회의 빈곤문제는 역대 모든 정권에게 국가가 해결해야 할 중요 과제로서 의식되고 있었다. '숙명적인' 빈곤문제에 대해서 군사정권과 제3공화국정권이 택한 정책은 생활곤궁자에 대한 사후적 구제책인 '구호행정'의 비용을

3 『보건사회』 1982년판·1984년판. 한국사회복지협의회(2007:173-92)에서도 공동모금의 발전과정에 관한 기술이 있다.

가능한 한 절감하는 한편 거시적 차원의 빈곤해결 정책으로 경제성장에 전력을 쏟으려고 한 방책이었다. 당면의 빈곤구제시책을 희생해서라도 생산적 투자에 자원을 우선적으로 배분한 전략은 큰 성공을 거두었다. 1960년대 말부터 70년대 초에는 한국사회는 한국전쟁 이래 기아적인 빈곤상태로부터 점차 탈각하고 있었다. 경제개발 5개년계획의 순조로운 진전에 따라 공업화가 진행되어 경제규모가 비약적으로 확대했고 전반적인 생활상태도 개선되어 갔다. 1961년 국민총생산은 21억달러였지만 70년에는 80억 달러로 증가했고 1인당 국민총생산도 1960년대 말에 200달러를 넘어 '중진국'으로의 성장전망이 언급되기 시작했다[4]. 〈표 3-7〉에서 보듯이 한때 300만명에 이르던 영세민(근로능력 있는 요보호자)의 인정수도 70년대 중반에는 150만명대로 현저하게 감소하였다.

그러나 한국사회는 여전히 대량의 생활곤궁자를 안고 있었던 것에도 유의할 필요가 있다. 1970년대는 아동, 노인, 장애인, 모자세대 등 근로능력이 없는 요보호자의 수는 35만~40만명이었고 150만~180만명의 근로능력이 있는 성인을 요보호자(영세민)로서 인정하지 않을 수 없는 상황에 있었다. '기아'棄兒나 '부랑아'의 수는 이전만큼은 아니였지만 여전히 상당수가 존재했고 겨울철의 식량부족 시기(춘궁기)에는 벽지나 낙도의 주민,

표 3-7 '영세민'수의 추이(1966~1974년)

단위: 명

	'영세민'				자연재해 이재민
	3단보 미만 절량농어민	비농 영세민	도시실업자	합계	
1966	880,056	1,158,193	860,141	2,898,390	81,123
1967	683,402	789,738	715,450	2,188,590	447,156
1968	854,275	835,049	602,274	2,291,598	833,356
1969	840,335	784,878	453,870	2,079,083	474,611
1970	911,085	674,419	346,486	1,931,990	184,508
1971	813,614	660,784	357,671	1,832,069	52,411
1972	732,730	522,135	382,392	1,637,257	111,487
1973	516,818	321,657	335,215	1,173,690	127,081
1974	676,786	459,253	346,912	1,482,951	36,579

자료: 『보건사회통계연보』 1974. '자연재해 이재민'의 수는 '영세민'으로 인정되어 구호를 받은 대상자의 수임.

4 제3차 5개년계획은 "(계획을) 완수하는 것으로써 우리나라는 상위 중진국이 된다"라고 했다.

도시의 노상생활자, 빈곤집중지역의 주민 등 곤궁자 25만~30만명을 '특수영세민'으로서 인정하고 1개월 이내로 기간을 한정해서 긴급 식량지급을 실시해야 하는 사태도 계속 되었다. 전체적으로 행정이 보호대상으로 인정한 생활곤궁자의 총수는 300만명에 가까웠고 인구에 대한 비율은 5~6%에 이르고 있었다. 이러한 수치는 행정이 보호예산의 증대를 억제하기 위해서 엄하게 억제된 인정결과이었으니 실제의 생활곤궁자의 수는 이것을 훨씬 웃돌았다고 추측된다. 1980년대 초에 한국개발연구원이 실시한 추계에 의하면 1976년에 생존이 빠듯한 '절대적 빈곤인구'는 약 520만명으로 인구의 약 15%를 차지하고 있었다 (한국개발연구원 1981:제4장,제2절).

박정희정권은 거시적인 빈곤 대책으로서 경제성장전략과 함께 인구억제정책을 중시했다. 그것은 당시 국제연합이 개발도상국에 권장하던 정책이었다. 정권은 "급격한 인구증가 현상이 경제사회 발전의 저해요인이 되고 있다"(『보건사회』 1980년판: 261)고 인식하고 인구억제시책을 경제·사회 계획의 일환으로 채택하며 '국가사업'으로 적극 추진했다. 각 단계의 5개년계획에서 달성해야 할 인구억제의 목표비율이 설정되고 가족계획(산아제한), 해외이민장려 등 구체적인 시책계획이 제시되었다. 1960년대~70년대를 통해서 농촌여성을 주된 대상으로 산아제한의 장려·지도 캠페인이 광범위하게 전개되어 피임수술의 지원이 강화되었다(보건사회부 1981b:200-224). 이러한 시책은 여성의 의식 변화와 생활양식의 변화와 함께 큰 효과를 거두어 <표 3-8>에 보는 바와 같이 합계특수출생률은 1960년대부터 70년대에 걸쳐 현저하게 저하했다. 후에 보사부는 가족계획사업에 관해서 "우리나라의 인구정책은 경제개발계획의 일환으로 출산조절정책을 주축으로 전개되어 왔으며, 인구증가율이 괄목할 만한 수준으로 둔화되어서 … 경제발전을 이룩하는데 크게 공헌"했다고 평가했다 (『보건사회』 1991년판: 66).

표 3-8 유배우(有配偶)여성의 합계특수출생률의 추이

단위:%

	1961	1967	1973	1976	1979
전국	5.8	4.5	4.1	3.2	2.6
농촌	6.5	5.2	5.0	3.6	3.1
도시	4.8	3.5	3.3	2.8	2.4

자료: 『보건사회백서』 1981: 275

해외이민정책에 관해서는 1962년에 〈해외이주법〉이 제정되고 보사부에 〈이민과〉가 신설되었다. '국가사업'으로 관민협동으로 해외이주와 해외취업알선 지원사업이 전개되었지만 〈표 3-9〉에 보는 바와 같이 1970년대 전반까지는 실적은 그다지 많지 않았고 70년대 후반이 되어 급속히 증가했다. 인구과잉의 인식과 이것이 경제성장을 저해하고 빈곤을 낳는 원인이 된다는 인식은 1990년대 중반까지 계속해서 존재했다.

표 3-9 해외이주허가 실적(1962~82년)

단위:명

	1962	1965	1970	1975	1976	1977	1978	1979	1980
허가수	386	4,803	1,628	43,455	46,533	42,091	39,077	35,441	37,510

자료: 『보건사회백서』 1984년판:275. 1962~80년의 해외이주허가수 416,082명의 이주지는 미국 334,249명, 캐나다 19,615명으로 북미가 약 85%를 차지했음.

2. 새마을운동에 의한 농업생산과 농촌빈곤의 개선

(1) 농촌의 빈곤문제

오랫동안 한국사회의 빈곤문제는 농촌의 빈곤을 의미해 왔다. 경제성장이 진전된 1970년대 전반의 시기에 있어서도 농가인구는 약 1,800만명이었고 인구의 거의 절반을 차지하여 취업구조에 있어서 농업취업자가 취업자전체의 절반을 차지하고 있었다. 농민의 대부분은 소규모 농지를 소유한 생업적인 영세농민이었다. 당시 경제적으로 자립할 수 있는 경작지규모는 1 ha(약 10단보-段步-) 이상으로 여겨졌는데 〈표 3-10〉에 보는 바와 같이 1970년시점에서 1 ha미만의 농가는 전농가 248만3천 세대 중 161만1천 세대이며 전체의 약 65%를 차지했다. 경지면적이 영세한 농가의 생활곤궁은 심했다. 특히 경지면적이 0.3 ha이하의 농가는 행정에 의해서 '절량농가'라고 불리고 일상의 식량조차 부족하는 상태이며 대부분은 요보호자(영세민)의 인정을 받았다[5].

〈표 3-10-1〉에 보는 바와 같이 70년대 전반에 0.3 ha미만의 농가 호수는 약 40만호

5 '영세농민'의 인정기준은 경작지면적 3단보(0.3 ha)미만이었다. 그러나 1962년에는 농림부장관은 3~5 단보의 농가의 69.3%가 '절량(絶糧)농가'로 간주되었던 것을 보고하고 있었다(제1장;注38).

(세대원수 약 200만명)이었다. 0.3~0.5 ha의 영세농가도 약 40만호가 존재해서 생활의 곤궁상태는 0.3 ha미만 농가와 비슷했다. 〈표 3-10-2〉에 보는 바와 같이 경작지가 0.5 ha 미만의 농가소득은 자립가능한 농가로 여겨진 1~1.5 ha의 농가소득의 절반정도에 지나지 않았다. 따라서 0.5 ha미만의 농가 약 80만호 – 세대원수 약 400만명-이 심한 빈곤상태에 있었다고 추측된다. 이 시기에는 매년 풍수해, 냉해冷害, 한해旱害 등 자연재해가 농촌에 큰 타격을 주고 있었고 그때마다 수십만명에서 수백만명에 달하는 임시적인 식량지원을 필요로 하는 요구호자를 낳고 있었다.

표 3-10 경작지 규모별 농가의 구성과 소득격차(1965~80년)

1. 경작지 규모별 농가의 구성 단위:천호

	0.5ha미만			0.5~1ha	1~3ha	3ha이상	비경작(非耕作) 농가	합계
	0.3ha미만	0.3~0.5ha	소계					
1965	431	470	901	794	783	29	-	2,507
1970	391	396	787	824	763	37	72	2,483
1975	310	381	691	828	730	36	94	2,379
1980	288	324	612	748	737	31	28	2,155

2. 경작지 규모별 농가의 연간소득의 격차 (1~1.5ha=100)

	0.5ha미만	0.5~1ha	1~1.5ha	1.5~2ha	2ha이상
1970	56	73	100	136	178
1975	54	80	100	133	191
1979	62	77	100	126	172

자료: 『한국통계연감』에 수록된 통계표에 의해 작성. 원자료는 농림수산부 .

(2) 새마을운동에 의한 농업생산과 농촌사회의 개혁

새마을운동의 직접적인 목적은 농촌빈곤의 해결이 아니라 경제성장에 큰 저해 요인이던 농업생산의 정체를 해결하는 것이었다. 낮은 농업생산력 때문에 대량의 식량수입이 필요하게 되고 이것이 국제수지를 압박하여 공업화를 위한 투자촉진을 방해하고 있다고 인식되어 있었다. 박정희정권의 경제개발 전략은 공업화를 달성하기 위해서는 농업부문의 발본적인 개혁이 불가결한 전제 조건인 것을 충분히 인식하고 있었다.

제1차, 제2차의 5개년계획에 있어서도 농업생산의 증강을 중요과제로 강조하고 있었지만 이 기간 중에는 농업개혁은 거의 진전되지 않았다. 따라서 1972년부터 시작된 제3차계획에서는 공업화와 병행하여 농업생산의 개혁을 전면에 내세웠다. 제3차계획의 기본목표는 '농어촌경제의 혁신적 개발', '수출의 획기적 증대', '중화학공업의 건설' 이었다(전국경제인연합회 1986:83). 또한 8항목의 중점목표가 설정되어 수출확대와 공업화에 관련된 목표에 앞서 식량의 증산, 주곡의 자급, 농어민 소득의 적극적인 증대, 농어촌의 보건 및 문화시설의 충실 등 농업생산의 확대와 농촌생활의 개선에 관련된 목표를 내걸었던 것이 주목된다. 여기에서는 농업개혁과 공업화는 '차의 양륜兩輪'으로서 인식되고 고도 공업사회의 실현이라는 과제에서는 주곡의 자급과 그것을 가능하게 할 농업생산과 농촌사회의 개혁이 전제 조건이 된다라는 인식이 제시되고 있었다.

제3차계획의 주된 목표인 농업개혁은 '새마을운동'이라고 불린 국민운동방식에 의해서 실시되었다. 새마을운동의 기본성격은 관민협동형태에 의한 경제정책이었던 것에 유의해야 한다. 운동은 농업생산의 개혁과 농민생활의 경제적 향상을 목표로 내걸었을 뿐만 아니라 사회적, 정신적, 도덕적인 운동의 측면도 가지고 있었고 나중에 농촌뿐만 아니라 도시나 공장 등으로도 확대되었다. 그러나 운동의 핵심이 농업생산과 농촌사회의 개혁에 있었던 것은 〈표 3-11〉에 나타난 사업 내용을 봐도 명백하다.

사업은 〈생산기반 부문〉, 〈소득증대 부문〉, 〈복지환경 부문〉, 〈정신계발 부문〉으로 편성되었다. 운동의 목적으로서 농업생산의 개혁과 농민의 소득증대·생활개선을 조합하여 정책대상도 생산자로서의 농민과 생활자로서의 농민의 두 개의 측면으로부터 파

표 3-11 새마을운동의 주된 사업내용

운동의 부문	사 업 내 용
생산기반 부문	농촌도로 개설/ 소하천 정비/ 교량 가설/ 농업용수 시설/ 어업기반 시설/ 공동이용 시설/ 농업기계 보급
소득증대 부문	새마을소득증대 종합개발/ 생산협동단지 조성/ 공동어장 조성/ 마을조림 및 양묘/ 지력증진/ 농산물 유통구조 개선/ 새마을공장 건설/ 새마을노임소득사업
복지환경 부문	농촌주택 개량/ 취락구조 개선/ 소도읍가꾸기/ 국도변 및 철도변 가꾸기/ 마을회관 건립/ 주민공동이용시설/ 하수구 설치/ 농어촌 전화/ 새마을통신/ 간이급수 시설/ 가족 계획/ 결핵검진/ 의료보호 및 의료봉사 활동/ 농번기 탁아소 운영 및 영양 개선/ 오지새마을버스 노선 개설
정신계발 부문	새마을교육/ 영농기술훈련/ 새마을학교 설치운영/ 운수종사원 안전서비스교육/ 도시새마을운동/ 새마을금고 운영/ 농어촌 저축/ 마을문고/ 새마을 청소년회 육성/ 새마을부인회 육성/ 부녀지도/ 새마을 및 산업시찰/ 새마을순회공보/ 새마을공보물 제작

자료:내무부1980b:5-7.

악했던 점에 특징이 있었다. 농민에게 이 운동은 "좋은 생활(을 위한) 운동"이며 생산과 생활의 현장인 농촌지역사회의 경제적인 '자립'과 '자조'를 높여가기 위한 운동으로서 제시되었다. 농업생산의 개혁이라는 경제적인 과제가 농민사회의 개선이라는 사회적인 과제와 불가분인 것이 강조되어 실제의 정책전개에 있어서 생활의 향상을 원하는 농민의 자조노력을 최대한으로 활용해서 국가의 투자부족을 보충하고 국가의 정책과 민간 활력의 동원을 융합시킨 관민협동방식이 채용되었다.

1971년에 시작된 새마을운동은 약 10년 간에 걸쳐 전개되어 농업생산 인프라와 사회·생활 인프라 개혁의 측면을 봐도 〈표 3-12〉에 보는 바와 같이 큰 실적을 달성했다. 1960년대에 부진했던 미곡생산량은 70년대 후반에는 대폭적으로 증대하여 현안이었던 식량부족문제를 크게 개선하게 되었다(〈표 3-13〉). 미곡생산의 증대는 새마을운동에 의해 진전된 생산인프라의 증강과 농업의 기계화, 화학비료의 투입, 품종개량의 진전 등을 통한 단보당段步當 수확량의 증대에 의하는 것이었다. 농촌의 주택, 도로, 전력공급, 급수, 위생설비 등 생활환경도 크게 개선되어 도시의 생활환경과의 격차도 축소했다. 이 결과 농가소득은 순조롭게 증대하여 도시근로자세대의 소득과의 격차는 대폭적으로 축소됐다. 〈표 3-14〉에 의하면 70년대 초에는 도시근로자와 농가의 소득격차는 100:67이었지만 70년대 중반에는 양쪽의 격차는 거의 없어지게 되었다. 통계의 신뢰

표 3-12 새마을운동의 사업실적(1980년시점)

사업 종류	단위	설정목표 (1971년)	실적 (1980년까지)	사업 종류	단위	설정목표 (1971년)	실적 (1980년까지)
마을안길 확장	km	26,266	43,558	주택 개량	천동	544	225
농로 개설	km	49,167	61,797	취락구조 개선	마을	–	2,747
소교량 가설	개소	76,749	79,516	소도읍가꾸기	도읍	1,529	843
마을회관	동	35,608	37,012	간이급수	개소	32,624	28,130
창고	개소	34,665	22,143	하수구시설	km	8,654	15,559
작업장	개소	34,665	6,263	농어촌 전화	천호	2,834	2,777
축사	개소	32,729	4,476	마을통신	리·동	18,633	18,633
소류지(小溜池)	개소	10,122	13,327	자석식 전화시설	회선	–	405,240
보(洑)	개소	22,787	31,625	새마을공장	공장	950	717
도수로	km	4,043	5,161	마을조림	ha	967,362	642,804
소하천 정비	km	17,239	9,677				

자료: 내무부1980b:18-19.

성에 관한 문제로 일정한 유보를 둔다더라도 도시와 농촌 사이의 생활격차가 대폭적으로 축소된 것은 틀림없다. 새마을운동은 약 10년 간의 전개를 통해 농업생산력, 특히 미곡생산력을 증대시켰어 농촌사회와 농촌생활의 개선이라는 과제에 관해서 소기의 목표이상의 성과를 달성했다. 운동의 기본동기는 경제성장의 저해요인을 제거하는 것에 있었지만 결과적으로는 농촌의 빈곤상태를 크게 개선했다.

그러나 새마을운동에 의한 농촌빈곤의 개선은 동시에 새로운 사회문제를 일으키기도 했다. 운동이 전개되어 있었던 1970년대에는 농촌인구와 농업취업자수가 급격히 감소한 한편 도시인구와 비농업취업자가 증대하고 있었다. 농가인구는 이미 1960년대부터 감소하기 시작했지만 70년대 후반부터 가속되고 그 경향은 80년대 전반까지 계속되었다. 1970년대의 10년 간에 농가수 약 32만호, 농가인구 약 330만명이 감소하여 80년대 전반에서도 약 23만호, 약 230만명으로 감소했다. 1970년에 총인구의 약 45%를 차지하고 있었던 농가인구는 80년에는 약 28%, 85년에는 약 21%까지 감소했다(〈표 3-15〉). 공업화와 도시화의 진전과 함께 젊은 세대를 중심으로 경제기회와 생활향상의 기회를 구해서 농촌에서 도시로의 거대한 인구이동이 생겼다. 오랫동안 한국사회의 특징이었던 농촌의 빈곤문제는 크게 개선되었지만 그 한편 도시에서 새로운 빈곤문제와 사회문제가 확대되고 있었다.

표 3-13 곡류 생산량의 추이(1960~79년)

		미곡	맥류	잡곡
생산량(천톤)	1960	3,047	1,668	81
	1965	3,501	1,657	121
	1970	3,939	1,820	124
	1975	4,669	1,806	92
	1979	5,565	1,556	165
지수 (70년=100)	1960	87	101	67
	1965	89	91	97
	1970	100	100	100
	1975	119	99	74
	1979	141	85	133

자료: 『한국통계연감』(원자료는 『농림통계연보』).

표 3-14 농가소득과 도시근로자소득의 추이(1970~79년)

	농가소득		도시근로자소득		도시근로자소득을 100으로 한 농가소득의 비율
	실액(천원)	지수	실액(천원)	지수	
1970	256	100	381	100	67
1971	356	139	452	119	79
1972	429	168	517	136	83
1973	481	188	550	144	87
1974	675	264	645	169	105
1975	873	341	859	225	102
1976	1,156	452	1,152	302	100
1977	1,433	560	1,405	369	102
1978	1,884	737	1,916	503	98
1979	2,228	871	2,630	690	85

자료: 내무부(1980b:25-6)에 수록된 통계표를 가공. 농가소득과 도시근로자소득은 각기 다른 조사에 의한 수치이며 또 당시의 가계조사의 신뢰성에는 문제가 있었기 때문에 이 수치는 전면적으로 신뢰할 수 없음

표 3-15 농가호수와 농가인구의 추이(1960~85년)

1. 농가호수와 농가인구의 추이

	농가호수 (호)	농가인구 (명)	총인구에서 차지하는 농가인구의 비율(%)
1960	2,349,506	14,569,271	58.2
1965	2,506,899	15,811,575	55.1
1970	2,483,318	14,421,730	44.7
1975	2,379,058	13,244,021	37.5
1980	2,155,073	10,826,748	28.4
1985	1,925,869	8,521,073	20.9

2. 농가호수와 농가인구의 5년마다의 증감

	농가호수(호)	농가인구(명)
1960~64	100,802	983,748
1965~69	39,345	-222,663
1970~74	-102,118	-962,535
1975~79	-217,237	-2,360,599
1980~85	-229,204	-2,305,675

자료: 『한국통계연감』에 의해 작성(원 자료 농업총조사』).

3. 도시 빈곤과 도시형 생활요구의 확대

(1) 도시 인구의 폭발적인 증가

공업화의 진전에 의한 고용시장의 확대는 도시사회와 도시적 경제의 폭발적인 확대를 가져와서 농촌지역으로부터 많은 사람을 끌어당겼다. 〈표 3-16〉에 보는 바와 같이 도시 인구의 확대는 1960년대 후반부터 70년대에 가속적으로 진행되어 80년대 전반까지 계속되었다. 주요 7도시로 한정해서 봐도 70년대의 전반에는 약 260만명, 그 후반에는 약 320만명, 80년대 전반에는 약 290만명의 인구팽창이 기록되었다.

그러나 도시지역은 농촌지역에서 이동해 온 사람들에게 안정된 경제생활을 보장한 것이 아니었다. 고용시장은 확대되고 있었지만 대량의 유입인구에게 안정된 고용을 충분히 제공하지 못했기 때문이다. 〈표 3-17〉에 의하면 상용근로자수는 확대하고 있었음과 동시에 자영업 종사자와 임시·일용(날품팔이) 고용자도 증가하고 있었다. 1965년 이후의 20년 간에 상용근로자의 증가수는 약 400만명이었는데 자영업 종사자가 약 230만명, 임시·일용 고용자도 약 170만명 증가했다. 도시의 다양한 분야에 걸친 생업적인 자영업에 종사하는 사람들이나 저임금으로 불안정한 취업조건 아래에서 일하는 임시·일용 노동자들은 도시사회에서 가장 낮은 소득계층에 속하는 사람들이었다. 또 상용고용자도 모두가 안정된 생활을 영위할 수 있는 임금을 받고 있었던 것이 아니었다. 광공업의 고용자에 관해서 사업소규모별 분포를 보면(〈표 3-18〉), 100명 미만의 중소·영

표 3-16 주요 7개 도시의 인구증가 동향(1960~85년)

단위: 천명

	5년마다의 인구증가 수					1970년 인구	1985년 인구	1970-85년의 증가 수
	1960-66	1966-70	1970-75	1975-80	1980-85			
서울시	1,358	1,732	1,354	1,475	1,275	5,433	9,639	4,206
부산시	266	450	573	707	355	1,842	3,515	1,673
대구시	171	233	230	294	425	1064	2,030	966
인천시	126	116	157	284	303	634	1,387	753
광주시	90	98	105	121	178	494	906	412
대전시	87	99	92	145	214	407	866	459
울산시	113	46	93	166	133	157	551	394

자료: 『한국통계연감』의 각 년판에 의해 작성(원자료는 인구주택 총조사. 1960년대의 조사는 1966년에 실시).

표 3-17 취업구조의 변동(1965~85년)

단위:천명

		5년마다의 변동 수				1965년 취업자 []안은 구성비(%)		1985년 취업자 []안은 구성비(%)		1965~85년의 변동 수
		1965~70	1970~75	1975~80	1980~85					
농림업	자영업주	43	279	14	-501	2,038	[24.8]	1,873	[12.6]	-165
	가족종업자	-74	296	-572	-559	2,285	[27.8]	1,376	[9.2]	-909
	고용자	76	-89	71	-280	748	[9.1]	526	[3.5]	-222
비농림업	자영업주	269	402	619	519	981	[12.0]	2,790	[18.7]	1,809
	가족종업자	150	91	134	114	267	[3.3]	756	[5.1]	489
	고용자(상용)	1,068	381	1,493	1,026	891	[10.9]	4,859	[32.6]	3,968
	고용자(임시·일용)	7	725	118	858	996	[12.1]	2,704	[18.2]	1,708
합 계		1,539	2,085	1,877	1,177	8,206	[100.0]	14,884	[100.0]	6,678

자료: 『경제활동인구연보』 각 년판에 의해 작성.

표 3-18 사업소규모별 광공업 고용자 수 동향(1975~85년)

단위:천명

사업소규모	5년마다의 증가 수		1985년 종업원 수	1985년 임금격차 (500명이상규모=100)
	1975~80년	1980~85년		
5~9명	8	26	100	51
10~19명	28	59	161	61
20~49명	89	118	328	70
50~99명	83	94	307	75
100~199명	90	63	322	80
200~299명	58	18	195	87
300~499명	21	13	192	90
500명 이상	219	39	923	100
합 계	596	430	2,529	—

자료: 『한국통계연감』에 의해 작성(원자료는 『광업·제조업통계조사보고서』).

세기업 분야에서 취업하고 있었던 사람들의 수가 많았고 그 임금수준은 중·대규모기업의 고용자의 50~70%에 불과했다. 이러한 도시의 잡업적인 자영업주·가족 종업원, 중소·영세 기업의 고용자, 임시·일용 고용자, 그리고 취업기회를 찾지 못한 실업자 들이 도시사회내부의 최하층 분야를 형성하고 있었다[6].

---

6 『한국민주화운동사1』: 601-8.

(2) 도시의 불량주택지구의 형성과 새로운 사회·생활요구

매년 방대한 인구가 유입되고 있었던 도시에서는 생활환경이 급속히 악화되고 있었다. 서울시와 부산시를 비롯한 대도시의 행정당국은 도시 내부에 형성된 '불량주택지구'slum[7]의 문제 때문에 고민하고 있었다. 농촌에서 이동해 온 사람들은 생활환경이 정비된 주택지구에서 살지 못하고 "산기슭, 강, 철도겨드랑이 등의 공유지를 점거"해서 지어진 무허가의 판잣집이 밀집된 지구에서 생활할 수 밖에 없었다(서울시정개발연구원 1996). 이러한 지구에서는 협소하고 일조와 통풍 등 조건이 나쁜 건물이 밀집되어 있었고 상하수도시설도 존재하지 않아 위생상태를 비롯한 생활환경은 극히 열악했다. 특히 인구증가가 가장 대규모였던 서울시의 경우 1950년대부터 무허가의 불량주택지구가 증가하고 있었기 때문에 '철거'라고 불린 슬램 클리어런스slum clearance에 의한 시가지의 정비사업이 착수되었다. 그러나 경제성장의 진전과 함께 문제는 한층 더 심각화했기 때문에 그 사업규모는 1960년대 말부터 본격적으로 확대되었다. 초기 단계에서는 '단속·철거'라는 강제적인 수법이 사용되었지만 '철거' 대상이 된 지구에서 쫓겨난 사람들('철거민')이 다른 슬램지구로 이동하는 사태가 반복되고 있었다(서울시정개발연구원 1996:제2장 참조). 이러한 강제적인 '철거'에 대한 저항이 컸기 때문에 1968년경부터 이주시키는 경우는 대체로 아파트를 준비하거나 동일지구에서 주택을 재건축하여 환경개선도 실시하거나 하는 수법('양성화良性化, 혹은 '지구수복')도 도입되게 되었다. 서울시에서는 1970년부터 대규모 슬램 클리어런스 계획을 수립하고 '철거민' 10만세대 55만명을 서울시에 인접한 경기도 광주군(廣州郡:나중에 성남시가 된 지역)에 새로운 주택단지('광주단지' 廣州團地)를 준비하고 이주시키려고 시도했다. 그러나 이주를 강요당한 사람들에 의한 격렬한 저항에 직면했기 때문에[8] 결국 1971년까지 2만3천세대/ 11만4천명을 이주시킨 시점에서 계획은 정지되었다.

이같은 강제배제(철거)방식을 반성하여 1973년부터 〈주택개량촉진에 관한 임시조

---

7 1960~70년대에는 '빈민굴', '빈민밀집지대(지구) ', '판자촌', '달동네', '슬램'(slum) 등의 표현도 사용되었다. 행정용어로서는 '불량주택지구'.

8 '광주단지' (廣州團地)를 둘러싼 주민의 저항활동은 철거연(2004:4-5), 『한국민주화운동사1』:(638-53) 등을 참조.

치법〉이 시행되어 보다 원활히 불량주택지구의 개량사업을 진행하기 위한 조건이 갖추게 된다[9]. 이 조치에 의해 대상 지역은 〈도시계획법〉의 지정을 받아 국유·공유지의 정

표 3-19 불량주택개량사업: 행정구별·지정연차별 개량지정동수(棟數)(서울시)

		1973년			80~84년	85~89년	90~96년	합계
		지구수(지구)	개량사업 건수(건)	대상동수(동)	대상동수(동)	대상동수(동)	대상동수(동)	대상동수(동)
중앙부	종로구	3	5	844	1,269	66	917	3,096
	중구	4	10	3,623		883	1,989	6,495
	동대문구	3	10	2,069	343		5,511	7,923
	성북구	1	6	2,901			6,120	9,021
	서대문구	7	17	3,772	331	2,298	1,177	7,578
북부 주변부	강북구	1	6	3,956		618	204	4,778
	도봉구	1	2	848			143	991
	노원구	2	9	5,075	1,431	532	812	7,850
	은평구	2	5	2,866	366	205	158	3,595
	중랑구	1	3	476				476
한강 북쪽부	마포구	2	6	5,325			2,635	7,960
	용산구	5	8	1,876	446	49	1,146	3,517
	성동구	4	18	7,542	2,366	1,200	1,298	12,406
한강 남쪽부	영등포구	2	6	1,245	223	385		1,853
	동작구	5	17	8,052		257	475	8,784
	서초구					118		118
	강남구					127		127
	송파구	4	9	3,746	57		75	3,878
	강동구				267	446	158	871
남부 주변부	양천구	1	1	694		878		1,572
	구로구	1	2	674	115	1,800	76	2,665
	금천구	1	2	2,457				2,457
	관악구	2	13	11,178		488	3,909	15,575
합 계		52	155	69,219	7,214	10,350	26,803	113,586

자료: 서울시개발연구원(1996)에 수록된 개량사업에 관한 원표에 의해 작성. 1973년에 관해서만 대상지구수, 개량사업수를 나타냄. 1973년 지정의 항목은 75년의 추가지정8건을 포함함. 행정구는 1996년 현재.

9 이 법률은 서울특별시에서 국가로의 요청에 따라 실현되었다.

리나 양도를 용이하게 실시할 수 있게 되었고 개량사업의 방식도 행정주도뿐만 아닌 주민주도방식이나 민간업자에 위탁하는 방식도 도입되었다[10]. 서울시는 이 법률의 시행에 따라 1973년에 불량주택지구의 일제조사를 실시하고 그 결과에 의거하여 〈표 3-19〉와 같이 52개 지구의 약 7만동(棟— 개량사업의 건수로서 155건 —)을 동법에 근거하는 개량 사업대상으로 지정했다. 사업계획의 기록에 의하면 1동에는 평균 2세대가 거주해서 1세대당의 세대원 수는 3~5명이었기 때문에 1동당 2세대 8명이 거주하고 있었다고 가정하면 대략 약 56만명이 불량주택지구에서 생활하고 있었던 것이 된다.

개량계획자료의 분석에 의하면 불량주택지구는 몇 개의 지역에 집중하는 경향을 볼 수 있다. 〈표 3-20〉에 보는 바와 같이 개량대상의 동수棟數가 1,000을 넘는 지구의 수는 22개 지구였으며 시내 전역의 개량대상 동수의 약 80%에 해당되는 56,000동이 이 22개 지구에 집중되어 있었다. 이 중 가장 대규모한 지구는 봉천지구(약 9천동), 사당지구(4천동), 상계지구(5천동), 미아지구(4천동) 등이고 봉천과 사당의 2개 지구는 한강의

표 3-20 서울시가 1973년에 지정한 주요 불량주택지구(1,000동 이상)

행정구		지구와 개량대상 동(棟)수	행정구		지구와 개량대상 동(棟)수
중앙부	중구	신당지구 2,595동	한강 남쪽부	영등포구	신길지구 1,130동
	서대문구	홍은지구 1,246동		동작구	사당지구 4,026동
		홍제지구 1,222동			상도지구 1,775동
	성북구	돈암지구 2,901동			본동지구 1,400동
북부 주변산기슭	은평구	응암지구 2,317동		송파구	거여지구 1,462동
	강북구	미아지구 3,956동			마천지구 1,108동
	노원구	상계지구 4,953동	남부 주변부	관악구	봉천지구 8,768동
한강 북쪽부	용산구	용산지구 1,224동			신림지구 2,410동
	마포구	아현지구 3,310동		금천구	시흥지구 2,457동
		도화지구 2,015동			
	성동구	금호지구 2,320동			
		옥수지구 2,569동			
		하왕십리지구 2,119동			

자료: 표3-19와 같음. 1973년에 불량주택지구로서 지정된 지구 중, 대상동수가 1,000동을 넘는 지구를 게재했음. ▒▒의 4지구는 특히 대규모 집중지구.

---

10 이러한 조치의 도입에도 불구하고 여전히 무리한 철거(클리어런스) 사업이 계속되어 주민측도 격렬한 저항활동을 전개했다고 한다(『한국민주화운동사2』: 666-9).

남안측, 상계와 미아의 2개 지구는 북부산록에 위치하여 유입인구가 시역주변부에 집중하지 않을 수 없었던 일을 나타내고 있다. 이 중 최대규모의 불량주택지구는 봉천지구(관악구)였다. 1평방킬로의 지역 안에 9,000동의 판잣집이 밀집되어 적어도 7만~10만 명의 사람이 살고 있었다. 주택의 80~90%는 국유지에 무허가로 지어진 '불법점거' 주택이었다. 주민은 지방의 농촌에서 이주해 온 사람들 뿐만 아니라 도시 중심부에서 '철거'로 생활의 거점을 잃은 도시빈민이나 이 시기에 빈번히 발생했던 한강홍수의 이재민이 일시적인 생활장소를 찾아 온 사례도 많았다. 도시에 있어서의 불량주택지구와 도시빈민문제는 인구유입이 두드러지게 많았던 서울시에 있어 가장 심각했지만, 부산, 대구, 인천, 광주 등 다른 대도시에서도 같은 문제에 직면하고 있었다[11].

도시의 '불량주택지구'에서는 농촌의 빈곤 문제와 다른 성격의 사회문제가 발생하고 있었다. 이러한 지구에서는 열악한 주택이 많다라는 문제 이외에 도로, 상하수도시설, 폐기물처리 등 생활인프라도 정비되어 있지 않았다. 열악한 위생환경은 장티푸스나 콜레라 등 전염병의 온상이 되고 도시의 다른 지역에도 영향을 미치게 되고 있었다. 생활인프라 문제뿐만 아니라 비좁은 지역 안에서 극도로 궁핍한 사람들이 집중해서 생활하는 상태는 여러 가지 사회문제를 발생시키고 있었다. 불량주택지구에서 살고 있었던 사람들의 생활에 관한 자료에 의하면 직업은 무직자, 단순노동종사자, 판매종사자 등이 많았고 소득은 일반 도시근로자 평균의 50~60%에 지나지 않았던 것으로 보고되고 있다[12]. 특히 국가와 지방행정이 관심을 가졌던 분야는 아동의 양육과 교육에 관한 사회환경문제였다. 아동이 열악한 환경에서 성장하기 때문에 빈곤이 다음 세대에 걸쳐 재생산될 우려가 있었고 또 "부랑소년', '가출소년', '비행소년' 등의 증가가 일반 청소년에게 '나쁜' 영향을 끼친다라는 우려가 있었다. 빈곤 집중 지구의 문제는 지역 내부의 문제에 머무르지 않고 도시사회 전체에 관련된 문제라는 인식도 확대되고 있었다.

11 서울시 이외의 도시의 불량주택지구에 관한 연구문헌도 많다. 또『빈곤론』(1991:176-7)은 1941년의『토막민의 생활, 위생』(경성제국대학) 이후 1989년의 서울시의 저소득층 조사까지의 빈곤실태조사 19점의 리스트를 게제하고 있다. 조사시기별로는 해방전 1점, 1960년대 3점, 70년대 5점, 80년대 10점이며, 조사주체는 1970년대까지는 대학교가 중심이며, 80년대에는 정부연구기관이 많다.

12 주민의 소득과 직업에 관해서는 서울시정개발연구원(1996:35,39)에 기재가 있다.

제4차 경제개발계획에서 주택, 보건·위생, 환경 등 사회인프라의 개선분야에 대한 국가투자의 확대가 채택된 것은(〈표 2-12〉참조) 국가지도부가 심각화하고 있었던 도시문제에 대처해야 한다고 인식했던 것을 나타낸다. 그러나 도시문제에 대한 국가의 관심은 경제성장에 있어서의 저해요인이라는 관점에 한정되고 있었고 도시주민의 생활문제에 대한 관심은 희박했다. 1960년대~70년대를 통해서 빈곤지구에 대한 행정의 기본적인 자세는 '단속과 철거'이었다. 도시당국은 불량주택지구의 문제를 도시정비계획의 문제로서 파악하고 지역주민의 생활요구의 관점에서는 파악하려고 하지 않았다. 이 시기의 서울시의 행정보고(『시정市政』)는 일관해서 도시계획과 지역정비문제를 중시하고 있었지만 빈곤집중지구의 주민생활에 관해서는 전혀 언급하지 않았다. 복지행정에 관한 보고는 간략한 '구호행정'(양곡 지급)의 실적보고에 머물러 있었다. 불량주택지구의 개량사업도 적극적으로 전개된 것이 아니었다. 1973년에 개량대상으로 52개 지역 / 155개 사업(1975년의 추가지정 8건을 포함함)이 지정되었지만 1970년대에 착공된 사업은 49건에 지나지 않았고 이 중 79년까지 지구개량이 완료한 사업은 6건에 불과했다(〈표 3-21〉). 개량사업이 본격적으로 전개된 것은 서울올림픽(1988년)을 앞둔 80년대 후반 이후였다. 1980년대 후반에 이르기까지 서울 시내의 주된 불량주택지구(빈곤집중지구)의 열악한 생활환경은 거의 개선되지 않았던 사실에 주의할 필요가 있다.

표 3-21 불량주택지구: 개량지구 지정연차와 착공연차(서울시)

		개량지구 지정연차				합계
		1973년	80~84년	85~89년	90~96년	
사업 착공연차	74~79년	49				49
	80~84년	20	5			25
	85~89년	41	8	14		63
	90~96년	33	5	20	33	91
	미실행	12	4	2	33	51
합계		155	22	36	66	279

자료: 〈표 3-19〉와 같음. (1)1996년 현재. (2) 개량사업 허가연도를 착공연도로 추정했음.

제3절 사회복지 분야의 정책개혁구상과 그 좌절

1. 생활요구 변화의 인식과 구호행정의 개혁구상

(1) 도시화와 새로운 생활요구에 대한 인식

'구호행정'은 현재 '사회복지서비스'라고 불리는 정책 분야를 포함하지 않았다. '구호행정'의 대상자는 아동, 노인, 장애인, 여성 등이며 긴급적인 생활지원을 필요로 했을 뿐만 아니라 동시에 각기 독자적인 복지요구needs를 가지는 존재였다. 그러나 '구호행정'에 의한 생활지원은 주식양곡의 지급에 한정되어 있었고 다양한 요구에 대응하려는 관심도 대응할 정책수단도 전혀 갖추고 있지 않았다. 1950년대~60년대에 쓰이고 있었던 '자선' '자혜' '후생' '복지' '사회사업' 등의 용어는 '무의무탁'한 사람들에게 의식주衣食住의 제공 이상의 의미를 가지지 않았다.

그러나 1960년대 말부터 기아적飢餓的인 빈곤상태가 점차 완화되고 있었고 새로운 정책적인 대응을 필요로 하는 생활요구가 드러나기 시작했다. 도시지역에서 형성된 빈곤집중지역은 전반적인 생활상태가 향상되어 가는 가운데 격렬한 경제·사회변동에 적응하지 못하고 생활의 파탄에 직면하는 사람들이 많이 발생하고 있었던 상황을 상징했다. 특히 국가는 도시사회문제로서 아동, 여성, 노인 등에 관한 새로운 동향에 대해서 우려했다. 이 시기에는 가출아동, 노상에서 생활하는 '부랑아', 기아 등의 수가 증가하고 있었고[13] 이와 함께 비행소년이나 소년범죄의 건수가 증가경향에 있었다. 1960년대 말~70년대 초의 시기에서 '부랑아'의 연간 검속수는 2만명 전후이며, 기아의 수는 6천명에 이르고 있었다. 가출 여성의 수도 증가하고 있었고 연간 2만~2만 5천명에 달하고 있었다. 이러한 현상은 한국전쟁 직후의 시기에 있어서의 아동문제와는 다른 성격을 띠고 있었다. 행정담당자는 이러한 문제가 도시화에 따르는 가족과 지역사회의 변화에 기인한다고 분석하고 도시사회, 특히 빈곤집중 지역에서는 핵가족이 증가하는 것

---

13 보건사회부(1969 : 94-8). 부랑아와 기아의 문제는 1967~69년의 국회·보건사회위원회(보사위)에서 빈번히 논의되었다.

과 독신자세대와 모자세대 등 변칙적인 가족형태도 많은데 농촌사회와 같은 긴밀한 관계를 가지지 않게 되었기 때문에 아동을 '건전하게 육성하'는 기능을 약화시키고 있다고 지적했다[14].

도시화와 가족형태의 변화는 노인의 생활을 둘러싼 문제에도 관련되었다. 이 시기에는 65세 이상의 노인의 수가 100만명을 넘어(1970년), 인구구조가 서서히 고령화되는 것이 염려되고 있었고, '거택구호'를 받는 노인이 증가하고 노인의 빈곤화가 진행하는 사실도 문제로 인식되고 있었다(『건대조사』 1969:55-58). 3세대 가족을 전형으로 하는 전통적인 가족양상의 변화와 함께 노인의 대접이 가족 내부에서도 사회적으로도 변화하고 있었고 "전통적인 경로사상도 점차 흐려져 오고 있는 실정"[15]에 대한 의구심이 표명되고 있었다. 1970년에는 국회에서 의원입법에 의해 〈노인복지법〉의 제정이 제안되었다. 그 내용은 경로사상의 고취, 건강진단 제도의 설치, 생활보호에 대한 배려, 노인복지봉사원의 설치, 노인복지추진사업의 규정 등이 포함되어[16] 노인의 생활의 각 측면을 배려한 종합적인 복지입법의 제안이었다. 이 법률안은 보건사회위원회를 통과했지만 본회의에서 심의 미완료되어 제정에 이르지 못 했지만 노인문제에 대한 사회적인 관심의 고조를 표현하고 있었다.

아동, 여성, 노인 문제에 관련하는 행정담당자나 국회에서의 논의의 관심은 전통적인 한국의 가족양태가 변화하고 있었고 "부모들의 노후의 생활이나 아동의 건전한 양육을 소홀히 하는 경향이 강해진다"(보건사회부 1969:18-21)라는 위구심에 기인했던 것에 주의할 필요가 있다.

(2) 「사회복지 장기계획(시안)」의 책정

1960년대 후반에는 보사부는 새로운 도시적인 생활요구에 대해서 '구호행정'에 의해서

14 보건사회부(1969 : 98). 또 사보심(1970:299, 306), 국회의 보건사회위원회의 국정감사(1969년)에서도 지적되고 있었다.

15 『보사위/회의록』 1970년 12월 21일.

16 『보사위/회의록』 1970년 12월 21일. 〈노인복지법안〉의 조문이 수록되어 있다.

대응하지 못해 '사회복지'분야의 정책영역을 개척할 필요가 있다고 생각하게 되었다[17]. 그것을 위한 본격적인 검토작업은 1967년에 발족한 '사회개발'프로젝트와 밀접하게 제휴하면서 전개되었다. 사회복지에 관한 보사부의 정책 계획은 1969년에 작성되었다고 추측되는 『사회복지 장기계획(시안)』(이하 『복지계획(시안)』에 제시되었다. 이 자료는 등사판인쇄로 표제에 '시안'이라는 말이 붙어 있기 때문에 최종단계의 보고서가 아니라고 생각되지만 계획구상을 아는데 충분한 정보를 제공한다. 작성주체가 표기되어 있지 않지만 정희섭鄭熙燮 보사부 장관의 의욕적인 서문이 게재된 사실로부터 작성자는 보사부였던 것이 확인된다. 이 문서가 최종적인 계획안에 가까운 내용이었던 것은 1971년에 작성된 보사부의 공식 행정 보고(『1971보사백서』)에 있어 거의 동일내용의 개혁구상과 실시계획이 기재된 것에 의해서 확인할 수 있다.

『복지계획(시안)』은 사회복지정책에 관한 구체적인 개혁계획의 구상과 1970년부터 1976년(제3차 5개년계획의 종료년)까지의 '세부시행계획'과 '소요자금계획'을 기술하고 있다. 정책 구상은 '사회개발' 프로젝트의 〈사회복지분과회〉의 작업과 밀접하게 제휴하면서 작성되었던 것을 자료적으로 확인할 수 있다. '사회복지' 분야는 지식과 이론 면에서 축적이 적고 실제적인 활동은 민간의 주도에 맡겨졌기 때문에 행정은 민간의 연구자와 실무자의 협력을 필요로 했다[18]. 사회복지분과회는 대학교의 복지연구자 3명, 〈한국사회복지연합〉의 상무이사, 보사부 부녀아동국장의 5명과 사보심연구원 2명으로 구성되어 프로젝트 전체에서도 가장 활발한 연구활동을 전개했다.

분과회멤버가 국가의 소극적 자세과 민간 복지사업의 실태에 강한 비판을 가지고 있었던 것에 주목해야 한다. 분과회의 보고서(사보심 1970)는 '한국의 사회복지사업의 성격'에 관해서 사회복지사업이 외국원조와 민간사업자에 의존하고 있는 것, 사업 내용이 '시설중심'으로 가정을 대상으로 하는 서비스사업이나 '예방적 사업'을 실시하고 있지 않은 것, 사업이 '전문화'되어 있지 않은 것, 국민의 참여가 적은 것 등의 문제점을 지적했

17 제2장에서 분석한 '사회개발'프로젝트와 『1971보사백서』를 참조.

18 1960년대 말부터 70년대 초에 보사부의 개혁적인 관료와 사보심연구실은 민간의 복지관계자와 복지정책의 입안에 관해서 밀접하게 제휴하고 있었다. 〈사회복지사업법〉의 제정은 보사부와 〈한국사회사업연합회〉(당시)와의 협동의 산물이었다(한국사회복지협의회 1991).

다. 또 "가장 중요한 것은 정부가 복지에 대한 의지will를 크게 가지고 있는 것 같지 않다"고 지적하여, 헌법에서 말하는 '인간다운 생활을 할 권리도 "형식적인 의지의 표현은 인정할 수 있으나 그 실시과정에서 거의 도외시 되고 있는 감이 있어 … 특히 정부의 예산배정에 있어서 매년 사회복지예산의 비율이 감소되고 있는 실정이다"라고 비판했다. 그러므로 사회복지사업 개혁의 기초 전제로서 "(국가가)사회복지에 대한 확고한 의지를 확립하는 것", 그러한 의지를 "재정 배분면에서 어느 정도 구체적으로 발휘하는 것", "자주적인 사회복지사업의 기초를 확립하기 위해서 … 국내 재원으로 사회복지 소요 재원을 조달하는 것"이 필요하다고 제안하고 있었다(사보심 1970:25-7).

또한 분과회가 사회복지시책의 개혁구상작성에 있어 복지요구에 관한 대규모실태조사를 실시했던 것에 주목할 필요가 있다(『사회복지기초자료조사』 1970). 조사의 목적은 ①세대의 경제생활, ②거주환경, ③아동·청소년복지, ④노인복지, ⑤심신장애인, ⑥기혼취업여성의 6개 분야에 관해서 생활실태, 문제점, 정책적인 요망을 파악하려고 했던 것이었다. 조사대상은 서울시, 중소도시, 읍, 농촌, 어촌의 5개의 지역유형마다 특정지역을 선정하고 각 지역에서 무작위로 추출된 1,750세대(유효수 1,733세대)를 대상으로 상세한 질문표를 쓰는 면접·조사원기입 방식에 의해서 실시되었다. 조사기간은 1968년 9월~69년 3월의 7개월이었다. 이 조사는 한국사회연구의 역사에 있어서 가장 초기에 속하는 본격적인 생활요구needs 조사이며 아동·청소년, 노인, 장애인, 여성(특히 기혼취업여성) 등 특정의 생활요구를 가지는 집단의 실태에 주목한 점에서 중요한 의의가 있다.

민간의 연구자와 복지사업관계자의 주도로 실시된 분과회의 기초적인 조사연구가 국가의 최초의 사회복지 계획인 보사부의 『복지계획(시안)』의 책정에 대해서 큰 영향을 미쳤던 것은 중요하다.

2. 「사회복지장기계획(시안)」의 정책개혁구상

(1) 구호행정의 해체와 새로운 정책체계의 구축제안

『복지계획(시안)』의 개혁구상의 내용은 〈표 3-22〉에 정리한 바와 같다. 이 계획은 '구호

표 3-22 보건사회부 『복지장기계획(시안)』 (1969년)에 제시된 정책개혁계획

생활 보호	ㅇ수용시설의 정비와 거택보호로의 전환 ㅇ보호기준의 연차적 인상 ㅇ교육부조의 실시 ㅇ모자세대지원의 준비 ㅇ"걸식자"의 갱생	·일반수용시설의 전문서비스를 수반하는 시설로의 전환 ·영아·육아·모자시설의 축소와 수용자의 거택보호로의 전환 ·76년까지 "생활보호의 기본이념인 최저생활을 보장" ·72년부터 교육부조(생활보호법으로 규정·미 실시)의 실시 ·76년부터 생업자금융자·주택부조의 실시를 향한 기반준비 ·강제취로제도와 개별지도에 의한 갱생. 취로시설3개소를 설치.
자립 보호	ㅇ자조근로사업의 계속 ㅇ탁아소설치의 촉진 ㅇ"비진학소년"대상의 취업보도강화 ㅇ"요보호대상자"의 실태조사	·연간12만톤규모사업의 계속, 연간357,100세대를 구호 ·계절탁아소49,916개소, 상설탁아소 1,607개소를 설치 ·"비진학소년"66천명중 3천명을 공립취업보도시설에, 나머지를 일반취업훈련기관에 위탁. 훈련기간중의 비용을 일시 대여하는 제도를 도입. ·요보호대상자의 실태조사를 실시하여 시책의 발전에 이바지함.
재해 구호	ㅇ구호물자 비축소의 증강 ㅇ피재민에 대한 생업자금 대부	·구호물자 비축소를 102개소로 확장 ·생업자금대부제도를 설치 ("생활기반손실자"의 "무계획적인 이동의 방지")
아동 복지	ㅇ일반아동시설의 삭감과 전문시설의 강화 ㅇ양자·위탁양육의 강화 ㅇ"문제아동"에 대한 대책강화 ㅇ불량문화자료의 배제 ㅇ아동의 집단활동추진 ㅇ아동관·어린이놀이터를 충실 ㅇ근로아동에 대한 교육지원	·일반 아동시설519개소를 377개소로 삭감／"특수아동의 전문적인 보호"의 시설강화 ·위탁양육비로서 "아동부양수당"을 신설 ·"사회복지소"에 의한 "문제아동"("비행소년"등)과 그 가정지도 ·불량문화자료의 배제와 우량문화자료의 추천의 법제화 ·동·리 단위로 18,430의 아동활동조직을 결성 ·아동관45, 어린이 놀이터2,053, 유스 호스텔60을 설치 ·고용주가 교육시설의 설치, 장학금의 지급을 실시하도록 법제화
노인 복지	ㅇ양로원의 강화 ㅇ노후생활의 소외감배제대책 ㅇ양로보험의 모델사업실시	·현존하는 무료양로원44개소의 개량과 유료양로원42개소의 설치 ·취업알선, 결연제도의 도입 ·상용노동자500명이상의 사업장119개소를 대상으로 모델사업실시
심신 장애 자 복지	ㅇ보장구의 공급확대 ㅇ재활치료시설의 증강 ㅇ사회복지소에 의한 생활지원	·의수족25,060, 코르셋3,100, 의안1,500, 보청기1,000을 공급 ·국립재활원을 모체로 전국4개소에 분원설치(연간1,000명대상) ·사회복지소를 통한 "신체상, 생활상, 취업상의 상담", 가정재활치료의 지원, 의료나 취로의 알선
부녀 복지	ㅇ"윤락여성"대책강화 ㅇ미혼모와 출생아의 보호 ㅇ모자보호시설의 정비 ㅇ소비조합의 조성 ㅇ부녀교실의 확대	·72년까지 특수지정지역의 폐지. 상담기능의 강화, 자립화 지원의 강화. ·조산시설11개소를 설치, 산후의 보호강화 ·현행시설33개소를 10개소로 정리, 직업지원 등의 자립화 지원을 강화 ·소비자보호의 일환으로써 소비조합법을 법제화 ·여성의 "자질향상"과 생활개선을 장려
지역 사회 복지	ㅇ지역의 사회복지행정거점설치 ㅇ사회사업전문요원의 육성 ㅇ사회복지관(민영)의 설치	·인구10만명단위로 "사회복지소"210개소를 설치 ·행정기관·각종시설의 사회사업전문요원의 육성강화 ·사회복지관22개소를 "빈민굴을 비롯한 요보호자와 (빈민)밀집지대에 설치", "노인과 아동을 중심으로 일상생활의 의지할 곳으로서 공여"
재원 대책	ㅇ"사회복지기금"의 신설	·일반모금과 "사치적소비에 대한 의무적 부과"에 의한, 공동기금을 설치하여, "사회복지진흥공사"에 의한 운영관리.

자료: 보건사회부: 1969(39-148)에 수록된 '부문별계획개요'를 요약. 이 표에 있어서 각종 시설의 개혁에 관하여 제시된 계획치는 '사회복지소'와 일부의 시설을 빼고 민간시설에 대한 정책적 장려·유도의 목표치인 점에 주의할 필요함.

그림 3-2 보건사회부 『복지계획(시안)』(1969년)에 있어서 '구호행정'의 개혁구상

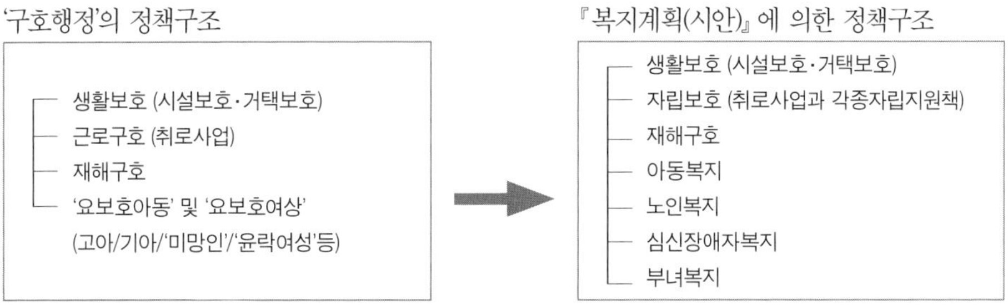

자료: 보건사회부(1969)의 목차구성을 기초로 작성. 이 개혁안에서는'구호'가 아니라'보호'라는 용어가 사용되어 있음.

행정'을 재성하고 생활요구에 대응하는 정책 시스템을 구축하는 것을 의도했다. 〈그림 3-2〉에 나타낸 바와 같이 '구호행정' 하에서의 정책은 근로능력이 없는 생활곤궁자와 고아, 기아, '미망인', '윤락여성' 등 특별한 문제를 가지는 존재만을 대상으로 사후적인 구제를 하는 것에 한정되어 있었지만, 개혁안은 근로능력이 없는 생활곤궁자, 근로능력이 있는 생활곤궁자, 재해이재자, 아동, 노인, 장애인·장애아, 여성 등의 각 집단이 가지는 고유의 요구에 따라 정책을 체계적으로 재편하려는 발상을 제시하고 있었다. 생활요구에 대응하는 정책으로서는 생활곤궁뿐만 아니고 각 집단의 고유한 요구에 대응하는 정책의 도입, '치료적 사업'이 아닌 '예방적 사업'의 강화, '시설 중심'이 아닌 지역사회와 가정을 대상으로 하는 '서비스 사업'의 강화 등의 시책의 도입이 강조되어 있었다. 전체적으로 재가생활자를 대상으로 하고 '예방적인' '서비스사업'을 중심으로 하는 정책전환의 방향이 제시되었다. 이러한 개혁안은 '사회개발' 프로젝트의 사회복지분과회가 지적한 문제점을 해결하려는 정책자세를 나타내고 있었다.

(2) 가족과 지역사회에 대한 정책적 관심

아동양육 지원 문제

『복지계획(시안)』에서는 가정과 그들을 둘러싼 지역사회의 생활지원 전개가 중시되고 있었다. 특히 도시의 빈곤집중지역에서 살고 있는 아동의 '건전한 육성' 문제에 관심이 강했다. 1960년대 후반에 증가하고 있었던 '부랑아'나 기아, 가출소년의 경우 보호자가 존재하는 사례가 많았다. 아동의 양육에 관한 정책으로서는 "아동의 견실한 양육은 가

정양육에 있는 것을 재확인"하여 아동을 부모나 친족의 보호자에게 돌려보냄과 동시에 현재 시설에 수용된 아동에 대해서도 보호자가 있는 경우에는 보호자의 슬하膝下로, 없는 경우에는 유상·무상의 위탁 '양육이나 양자' 결연을 통하고 '가정에서의 양육의 길'을 터준다는 기본방침이 채용되었다(p.91). 이 경우 아동을 양육하는 빈곤가정에 대한 지원이 필요하게 되고 〈사회복지소〉(신설)에 의한 상담·지도의 강화, 거택구호나 '아동 부양수당'(신설)에 의한 경제지원, '비진학非進學소년'에 대한 직업보도, 근로아동지원, 탁아소지원 등이 계획되고 있었다.

탁아소문제는 특히 사회적인 관심을 끌던 문제였다. 1960년대 전반에는 그 수는 많지 않았지만 70년대 초에는 약 400개소, 이용아동수는 약 3만5천명으로 늘어나 있었다. 모두 민간시설이었으며 기존의 아동생활시설이 병설하는 사례나, 교회, 지역원조단체 또는 개인에 의해서 설립된 사례가 많았다. 특히 도시의 빈곤집중지역에 입지하는 경우가 많았고 궁핍한 맞벌이세대의 절실한 요구에 민간의 원조조직이 대응한 것이었다. 당초 행정은 이러한 동향에 관심을 가지지 않았지만 1969년도부터 탁아소에 대해서 급식용 양곡의 공여(밀가루의 현물지급)를 개시했다. 1969년의 지원대상은 4개 시설이었지만 70년에는 80개 시설, 75년에는 거의 전 시설(3만 5천명분)로까지 확대되었다. 예산지출의 목적으로서 아동유기방지, 비행화방지가 들어지고 있었고 보사부는 이러한 이유에 의해서 사회적 지출의 확대에 소극적인 경제기획원을 설득했다고 보여진다.

계획에서는 도시 빈곤집중지역을 중심으로 탁아소를 증설하고 1976년까지 1,607개 시설(이용아동 수: 약 11만명)을 설치한다라는 목표를 세우고 있었다. 그 목적은 빈곤집중지역의 기혼 취업여성을 지원하는 것에 있었다. 그러나 탁아소의 증설은 공비에 의한 설립이 아니고 기존의 민간시설에 의한 병설이나 사업전환에 의한 증설이 구상되어 국고지출의 확대를 수반하는 제안은 아니었던 것에 유의해야 한다. 탁아소 이용아동에 대한 급식보조에 있어서도 국고부담의 증액에 의해서 대처하는 것이 아니고 "가능한 한, 공법인, 종교단체, 사회단체 등, 지역사회의 공조와 해당지역의 공동의 노력에 의해 운영하는 것을 원칙으로 한다"(p.69)라는 방침이 제시되고 있었다.

또 아동정책에 관해서 고아, 기아, 부랑아, 비행소년 등 문제를 가지는 아동에 대한 대책뿐만 아니라 아동 전체를 대상으로 하는 방향으로 확대될 조짐이 보이고 있었던 것이 주목된다. 예를 들면 아동의 '건전 육성'을 목적으로 하는 지역의 아동관의 설치[19], 지역단위의 어린이회의 조직화, 놀이터의 충실 등 일반아동을 대상으로 하는 시책 분야도 확대되기 시작했다.

여성 지원 문제

1960년대 후반에는 여성정책의 분야에서도 정책대상을 확대하려는 경향을 볼 수 있다. 종래의 구호행정은 '문제'를 가진 여성만을 대상으로 하고 있었지만『복지계획(시안)』(pp.119-26)은 보호 수용시설을 정리·축소하고 자립적인 세대 형성을 지원하기 위한 직업 지원, 생업 자금 지원, 육아 지원을 강화하는 방향을 내세우고 있었다. 이 시기에는 가출여성이 증가하고 있었고 그 대책으로서 시설수용이 아닌 가정이나 지역사회를 대상으로 하는 시책의 필요성이 인식되었기 때문이다. 이 목적을 위해 여성에 대한 생활상담의 강화가 제안되었다. 1970년대 초에서 각 시·군·구에 1명씩 상담원을 배치되게

표 3-23 여성상담소에 있어서의 상담대응내용

	1965	1970		1974	
		가출여성	내방·가정방문	가출여성	내방·가정방문
취업알선	1,085	944	2,765	670	2,713
취업보도소		650	2,861	896	1,466
귀향	3,545	7,527	12,719	6,290	7,837
보호시설수용		3,326	3,720	1,818	2,746
생계부조	2,039	699	5,907	362	4,605
결혼소개	361	403	1,102	1,340	2,661
치료기관에 의뢰	1,753	814	13,211	877	16,726
긴급구호		654	4,161	582	3,855
연고자에게 인도		1,426		1,456	
기타 관련기관에 알선	2,010	463		211	
기타	18,206	3,704	48,563	3,112	126,238
미 조치		2,684	7,611	3,807	3,113
상담건수합계	28,999	23,294	102,620	21,421	171,960

자료: 1965년은『보건사회통계연보』1965년판, 1970·1974년은 1974년판. 1965년의 표는 가출여성과 내방·방문상담의 구별이 없고, 대응의 분류항목도 1970·1974년과 약간의 차이가 있음.

19 아동관의 수는 1969년에는 불과 3곳이었지만 76년에는 48곳으로 증설할 계획이 제시되었다.

되었고(전국 215명), 상담건수는 내방한 여성에 대한 상담, 가정방문에 의한 상담 등 건수가 증가하고 있었다(〈표 3-23〉). 또 1960년대 말부터 일반여성을 대상으로 하는 '부녀교실'이 전국적으로 확대되어 있었고 생활개선지도, 교양·문화활동의 지원이 실시되었다20. 행정의 후원에 의해서 산아조절과 생활개선을 추진하기 위한 조직모체로서 '부인회'의 조직화도 전국 각지에서 추진되고 있었다.[21]

노인와 장애인의 문제

노인와 장애인·장애아에 대한 정책제안에 관해서 『복지계획(시안)』은 적극적이지 않았다말할 수 있다. 노인시책에 관해서는 시설의 부족이 사회적으로 지적되고 있었지만 제안된 시책은 '유료 양로원'을 설립하도록 민간사업자를 유도한다라는 소극적인 내용이었다

1969년에 '양로시설(무료)'의 수는 44개소(모두 민간경영), 입소자수는 약 2,500명에 지나지 않아 매우 적었지만 그 증설에는 언급되지 않았고, '유료양로원'의 설립장려만 제안된 이유에 관해서 명확히 제시되어 있지 않았다. 재가의 노인에 대한 복지정책으로서는 취업희망자에 대한 취업알선, 의지할 곳 없는 노인를 일반가정과 '결연'하고 부양지원을 장려하는 시책, 모델적인 '양로보험'(연금보험)의 실시 등의 시책이 열거되었지만 모두 구체성이 부족한 제안이었다.

장애인에 관해서 1961년과 66년에 보사부의 실태조사가 실시되어(보건사회부 1961,1966), 의료와 재활훈련에 관련된 시설과 서비스제공의 절대적인 부족, 경제적인 곤궁, 취업을 저해하는 요인의 문제, 사회생활상의 곤란한 문제 등 장애인의 생활을 둘러싼 문제점이 지적되었다. 이 조사는 이전에 비해 장애인에 대한 사회적인 인식이 서서히 높아지고 있었던 것을 나타내고 있었다. 『복지계획(시안)』은 모든 장애인을 대상으로 장애의 종류·등급과 요구상황을 파악하기 위한 '등록제 실시', 보장구의 공급, 중증 장애인의 시설수용, 〈국립재활원〉을 중심으로 한 재활훈련 시설의 확충, 재가장애인에 대

---

20 부녀교실활동의 장소로서 1970년대 초까지 여성회관 14개소가 건설되었다.

21 특히 농촌지역에서는 새마을운동의 일환으로 '새마을부녀회'의 조직화가 추진되었다(보건사회부 1981b:55-6).

한 생활지원 등의 시책을 열거했다. 그러나 예산조치를 수반하는 구체적인 계획으로서 제시된 시책은 보장구의 지급와 재활훈련시설의 확충 등 한정된 범위에 머물렀다.

〈사회복지소〉의 설치계획

이상과 같이 『복지계획(시안)』은 '사회복지'분야의 시책을 체계적으로 편성하려는 의욕을 나타냈지만 구체적인 시책제안은 억제적이었고 '사회개발' 프로젝트의 복지분과회가 요청한 '사회복지에 대한 국가의 확고한 의지'가 표현되었다고는 말하기 어려운 내용이었다. 그 이유는 경제성장 우선전략에 직면하고 정책의 실현 가능성을 배려했기 때문이었다고 생각된다. 그러나 『복지계획(시안)』은 새로운 정책전개로서 하나의 적극적인 계획을 마련한 것임을 간과할 수 없다. 그것은 지역사회에 밀착한 차원으로 사회복지 행정의 현장 기관을 배치할 계획이었다.

이 당시 지역차원의 복지행정(구호행정)은 시·군(대도시의 경우 구)의 〈사회과〉의 관할 아래에서 읍·면·동의 총무계 부국의 직원('사회담당')이 담당하고 있었다. 『복지계획(시안)』의 구상은 지역에 〈사회복지소〉라는 기관을 신설하고 복지행정의 기간적 부분을 지방자치단체의 일반행정으로부터 분리하는 것을 의도했다. 이 개혁의 실현에 관해서 보사부는 극히 적극적이었던 것이 주목된다. 〈사회복지소〉의 업무는 〈그림 3-3〉에 보는 바와 같이 단순한 '구호'시책의 실시 뿐만 아니라, 요구조사, 상담·지도, 지역복지 전반에 걸치는 정책지원, 지역주민 조직과의 제휴, 기타 관계조직과의 제휴 등 풍부한 내용을 가지고 있어 사회복지 행정의 지역거점이 되는 것이 기대되었다. 〈사회복지소〉는 '사회복지의 전문적인 업무만'을 담당하는 것이 강조되어 그러기 위해 전문적인 직원을 배치하기로 계획되어 있었다. 계획에 의하면 인구 10만명당 1개소를 설치하는 것으로 1971~72년의 2년 간에 전국 210개소의 설치를 완료할 예정이 제시되었다. 약 2천명의 전문직 공무원을 각지에 배치하기로 하면 직원의 증원과 전문인력이 필요하게 되어 인력양성계획도 마련되었다. 또 계획에 수반되는 인원·건물·예산 등의 세부까지 시산되어 있었던 것은 이 정책에 대한 보사부의 강한 의욕을 나타내고 있었다. 〈사회복지소〉의 설치구상에서는 '구호행정'을 해체하고 현실적인 생활요구에 대응하는 정책체계의 구축을 시도하려는 의욕이 표현되었다고 평가할 수 있다.

그림 3-3 보건사회부『복지계획(시안)』(1969년)이 계획한 "사회복지소"의 기능

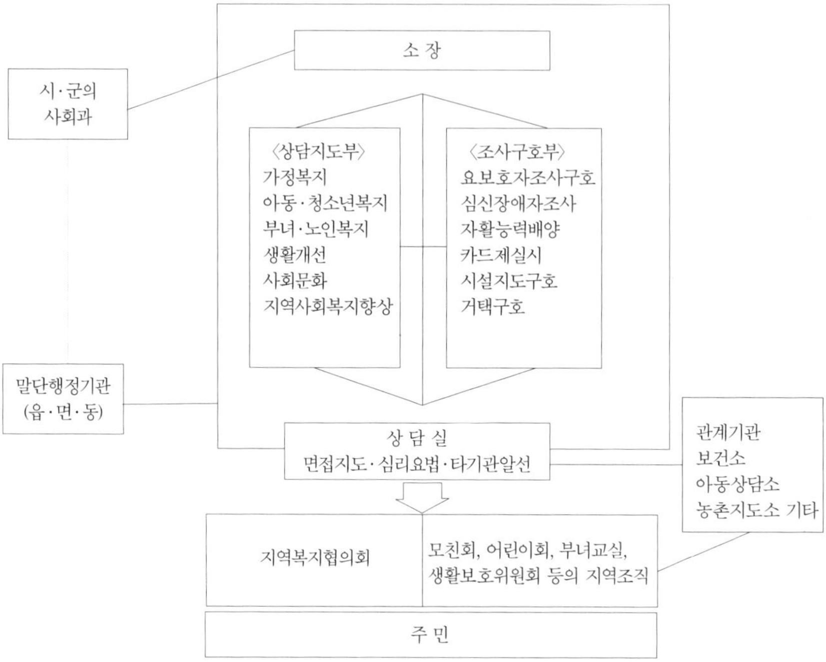

자료: 보건사회부1969『복지계획(시안)』p.141. 사회복지소 1개소에 정원 8명 및 읍·면에 1명을 배치.

(3) 민간 사회복지사업의 개혁문제

『복지계획(시안)』은 가정과 지역사회를 대상으로 하는 정책의 충실문제와 병행하여 사회복지시설을 둘러싼 상황을 개혁해야 할 문제분야로서 강하게 의식하고 있었다. 특히 강조된 것은 ①시설분포가 아동시설에 현저하게 집중되어 장애인과 노인의 시설이 절대적으로 부족한 것, ②아동시설에 있어서 단순한 생활제공시설이 많고 고아의 대량발생시점에서 세월이 지나서 연장아동이 증가하고 있음에도 불구하고 사회적인 자립을 위한 직업훈련 등의 서비스를 제공하고 있지 않는 것, ③이 시기에는 장애인의 사회적 방치가 문제가 되기 시작하고 있었지만 다양한 종류의 장애에 대응하는 전문적인 케어나 서비스를 제공할 체제는 전혀 갖추지지 않은 것, ④노후화하고 있는 시설이 많고 수용자에 대한 대우도 열악한 것, ⑤시설의 재정적 기반이 취약하고 외국원조에 대한 의존도가 높으며 '이익추구'를 목적으로 하는 사업자도 포함되어 있는 것 등의 문제였

다[22].

이러한 문제에 대해서 『복지계획(시안)』이 제시한 개혁방침은 ①단순한 생활시설(특히 아동시설과 모자시설)을 대폭적으로 정리·축소하고 수용자는 가능한 한 가정과 지역사회로 옮겨 가는 것, ②장애인시설, 직업보도시설, 노인시설 등 사회적 요구가 높아지고 있는 전문적인 대응능력을 갖춘 시설(일반적인 생활시설과 구별해 '특수시설'이라고 호칭되었다)을 증강하는 것, ③민간의 복지사업의 자질과 경영체질을 개선하고, 자립성을 강화하기 위한 지원을 실시하는 것, ④민간 복지사업을 지원하는 재원으로서 국가가 후원하는 공동모금에 의한 기금을 마련하는 것 등의 시책이었다.

이 중 가장 중시되었던 시책은 일반 수용시설의 정리·축소였다. 〈표 3-24〉에 보는 바와 같이 1970년에 영아시설과 육아시설이 전체의 70%이상을 차지한 한편 장애인 관련시설이나 노인시설은 극히 적었다. 일반시설의 축소에 관한 구체적인 목표로서 1969년 당시의 시설수용자 총수 75,665명을 1976년까지 47,000명까지 축소하는 계획이 세워졌다. 시설에 수용된 아동은 위탁양육이나 양자결연에 의해 생활장소로서 가정을 갖게 하도록 할 것, 모자세대 수용자에 관해서는 가능한 한 시설을 떠나 자립화하도록 지원을 강화할 것 등 '가정'의 중요성이 강조되었다.

또 전문적인 서비스를 제공하는 '특수시설'의 증강으로, 지체부자유아 시설, 맹아시설, 농아시설, 정신박약아시설(시설 종별의 표현은 원문대로) 등 장애아관련시설을 정책유도에 의해 1969년도의 25개 시설에서 1976년까지 68개 시설로 증가시킬 것, 양로원과 성인장애인시설을 증강시킬 것 등의 방침이 표명되어 있었다(사보심 1970:16-21).

이와 같이 복지시설 정비계획의 목표치를 내걸었지만 보사부에서는 그 실현을 위한 유효한 정책수단은 없었다. 복지시설의 설립·경영은 외국원조로 유지되는 민간사업에 전면적으로 맡겨졌고 동시에 국가지도부가 복지시설건설에 예산을 배분할 가능성은 낮았기 때문이었다. 보사부가 가지고 있었던 정책수단은 민간시설에 대한 유도·장려를 통해 바람직한 방향으로 이끌어가는 것에 지나지 않았다. 그것을 위해 보사부는 1970년에 〈사회복지사업법〉을 제정했다. 그 목적은 국가의 강한 지도에 의해서 시설을

---

22 『건대조사』(1969:제4장), 사보심 (1970:제1부 제2장)을 참조.

표 3-24 사회복지시설(수용형)의 추이(1970년대)

단위: 시설/명,%

		1970		1975		1979	
		시설 수	구성비	시설 수	구성비	시설 수	구성비
시설 수	영아시설	74	10.7	37	6.6	35	6.8
	육아시설	430	62.4	313	55.8	264	51.1
	부랑아시설	10	1.5	11	2.0	11	2.1
	취업보도시설	19	2.8	24	4.3	17	3.3
	심신장애아시설	24	3.5	40	7.1	54	10.4
	모자보호시설	34	4.9	34	6.1	35	6.8
	부녀취업보도소	34	4.9	31	5.5	25	4.8
	양로시설	44	6.4	45	8.0	46	8.9
	성인장애자시설	20	2.9	26	4.6	30	5.8
	소계	689	100.0	561	100.0	517	100.0
재소자 수		재소자 수	구성비	재소자 수	구성비	재소자 수	구성비
	영아시설	7,636	10.9	3,673	6.6	2,401	5.1
	육아시설	42,155	60.2	29,323	52.5	22,215	47.0
	부랑아시설	3,398	4.9	3,590	6.4	2,865	6.1
	취업보도시설	1,710	2.4	1,866	3.3	1,357	2.9
	심신장애아시설	2,605	3.7	3,763	6.7	4,705	9.9
	모자보호시설	3,354	4.8	3,752	6.7	3,388	7.2
	부녀취업보도소	2,451	3.5	2,672	4.8	2,210	4.7
	양로시설	2,383	3.4	2,441	4.4	2,920	6.2
	성인장애자시설	4,339	6.2	4,728	8.5	5,226	11.1
	소 계	70,031	100.0	55,808	100.0	47,287	100.0

자료: 『보건사회통계연보』 1980. 연말 현재의 수치.

경영하는 사업자가 그 자질을 향상시키고 스스로 경영체질 개선을 도모할 수 있는 환경과 기반을 정비하는 것이었다. 이 법률은 새롭게 '사회복지법인' 제도를 도입하고 사업자의 책무와 활동범위를 규정하고 경영체질의 개선을 촉구하려고 의도했다. 이 조치에 의해 기존의 사업자도 재차 사회복지법인의 인가를 받을 필요가 있게 되었고 사업자의 자질이나 경영상태, 제공하는 서비스 수준 등의 면에서 국가의 관리가 강화되었다. 인가를 받은 법인은 수익사업을 영위할 수 있게 되었다. 이것은 외국원조의 삭감에 대비하기 위해 자기재원을 늘리고 사업의 재정기반을 강화시키는 것을 의도한 조치였다. 또 이 법률은 민간의 복지재원의 부족을 보완하기 위해 국책적인 모금운동조직으로서 〈사회복지공동모금회〉을 설치하는 규정도 포함했다.

사회복지사업의 기반을 강화하기 위한 입법구상은 이미 1960년대 중반부터 존재했고 66년에는 국회에 제출되었지만 제정에 이르지 못했다. 1960년대 말에 일부 복지시설의 방만경영이 사회문제되고, 외국원조의 삭감에 대응하기 위해 입법의 필요성이 다시 강하게 인식되었다. 이 법률은 보사부, 사보심연구실, 〈한국사회사업연합회〉, 복지단체를 모체로 한 국회의원 등의 협동작업을 통해 준비되어 최종적으로 의원입법으로 실현되었던 것이 주목된다[23]. 사회복지 개혁에 관한 문제의식은 보사부의 행정담당자와 사회복지사업단체의 지도층에 의해 공유되고 있었다. 법률의 제정과 병행하여 복지관련사업자의 조직이 재편성되었다. 종래의 〈한국사회사업연합회〉는 새로 민간의 사회복지활동을 폭 넓게 통괄하는 '총본산'으로서 〈한국사회복지협의회〉(한국사협)[24]로 재편되었다. 재편의 목적은 민간의 사회복지활동을 통일적으로 조직하고 국가가 유효하게 지도·유도할 수 있는 체제를 구축하는 것이었다.

사회복지사업의 개혁문제에 있어서 국가는 재정투하를 수반하는 시책을 전개하는 형태가 아니라 민간 사회사업을 강화시키고 국가에 의한 관리와 유도에 의해 목적을 달성하려고 했다. 이러한 방침에 있어서는 국고지출을 가능한 한 억제하려는 발상과 동시에 사회복지의 분야는 기본적으로 민간에게 책임을 맡기는 것이 당연하다라는 생각이 존재했다고 생각된다.

3. 사회복지 분야 정책구상의 좌절

『복지계획(시안)』은 '사회복지'라는 정책 분야를 새롭게 구축하려던 의욕적인 구상이었다. '구호행정'을 해체하고, 저소득자 대책(요보호자 대책), 노인복지, 아동복지, 부녀복지, 심신장애인복지 등 정책 대상과 생활요구별으로 정책 분야를 구축하려던 계획은 새로

---

23 국회·보건사회위원회의 법안제출의 경과설명에 의한다(『보사위/회의록』 1970년 12월 21일).

24 '총본산'이라는 표현은 『보사위/회의록』 (1974년 11월 18일)에 의함.

운 사회복지 체계를 구축하는 시도였다고 평가할 수 있다. 정희섭 보사부장관(당시)은 보고서의 '머릿말'에서 "아직 내용이 충실한다고 할 수 없으나 역사상 처음으로 그려진 (— 사회복지 정책에 관한:인용자—)청서青書 blue book이다"라고 자랑스럽게 선언하고 있었다.

당시 사회분야에 대한 예산을 확대하는 것은 극히 어려웠지만[25] '사회개발' 프로젝트의 진행과 1960년대 말의 정치적인 분위기는 예산확대에 낙관적인 전망을 품게 했다. 실제 보사부가 1971년까지 사회복지 분야의 개혁의 실현가능성을 기대하고 있었던 것은 『1971보사백서』에서 개혁실시를 선언했던 사실로 분명히 확인된다. 그러나 결국 '사회개발' 프로젝트를 기초로 한 보사부의 정책개혁제안은 제3차 5개년계획의 진행중(1972~76년)에는 거의 실현되지 않았다. 경제발전 최우선전략이라는 장벽을 타파할 수 없었던 것과 동시에 1972년 가을의 '유신체제'개시에 의해 사회적인 발언이 봉쇄되었어 사회적 시책의 확대를 둘러싼 정책논의가 회피되게 되었기 때문이었다. 이 시기에는 '사회개발' 프로젝트 설치부터 시작했던 보사부의 의욕적인 개혁자세도 저하해 갔다. 또한 1970년대에는 정희섭과 같이 사회적시책의 확대를 정권의 중추부에 강력하게 호소할 리더십을 가진 보사부장관은 등장하지 않았다.

1970년대 중반에 보건사회행정이 정체 상태에 빠졌던 것은 나중의 관계자의 증언이나[26] 자료의 작성량이 격감한 사실 등에서 알 수있다. 1960년대~70년대를 통해서 일시적인 후퇴는 있었다 해도 한국 경제는 비약적으로 확대하고 있었음에도 불구하고 국가재정에 있어서 사회적 지출에 대한 배분은 실질상 동결상태가 계속되어 있었다. 『복지계획(시안)』이 의도한 가정과 지역의 장소에 있어서의 정책전개에 관해서는 탁아소에 대한 급식양곡의 지원확대, 지역에 있어서 아동상담과 여성상담의 기능확대 등은 실시됐지만 큰 개혁은 거의 실현되지 않았다. 특히 보사부가 강한 의욕을 나타냈던 〈사회복지소〉의 설치를 위한 예산은 승인되지 않았다. 또 국가의 지도·유도에 의한 시

---

25 국회의 보건사회위원회의 1969년도 예산심의에서 위원으로부터 "여기에 나와 있는 보사부 예산은 반복지(反福祉)예산이다"라는 발언까지 튀어 나와 (『보사위/회의록』 1968년 10월 22일), 보사부장관은 이것에 대해서 "보사부의 직원들은 … 예산을 따기 위해서 많은 노력을 기울이고 있읍니다마는 정부의 여러 가지 지출로 말미암아서 보사부에 예산이 필요한만큼 획득하지 못하고 있는 것이 사실입니다"라고 회답했다.

26 최천송(1991), 손준규(1981) 등.

설의 전환정책도 거의 진전이 없었다. 〈표 3-24〉에 보는 바와 같이 육아시설과 영아시설 등의 일반생활시설은 감소했지만 그 이유는 이러한 시설에 대한 사회적인 필요성이 저하했기 때문이다. 절대적으로 부족한다고 지적된 장애아시설, 성인장애인시설, 직업보도시설에 관해서는 시설 수도 수용자 수도 기대했던 것 처럼 증가하지 않았고 양로시설도 전혀 증가하지 않았다. 시설 전환정책이 성공하지 못했던 이유로서는 전문적 시설의 설립·운영에는 일반생활시설에 비해 보다 많은 투자를 필요로 하고 민간업자에게는 그 경비를 부담할 재정력이 부족했던 것, 그리고 시설전환을 효과적으로 유도하기 위한 보조금 등의 예산조치가 거의 없었던 것 등의 요인을 들 수 있다.

1970년대를 통해서 복지분야에 대한 국가의 재정지출은 극히 소극적이었다. 구체적으로는 한센병 환자의 자녀의 수용·교육 시설과 정신박약아를 위한 수용·교육시설의 2곳이 국영으로 운영되어 있었지만[27] 이러한 시설을 확대하려는 자세는 가지지 않았다. 민간시설에 대해서는 노인시설과 장애아·장애인시설에 한정해 1960년대 중반부터 시설의 개수비와 인건비의 일부를 지원하고 수용자에 대해서 피복비와 의약비 보조의 명목으로 금전보조를 실시하게 되었다. 이 시기에 있어서 민간시설의 운영에 대한 국가의 금전적 보조는 예외적인 조치였다. 그럼에도 불구하고 특별한 조치가 취해졌던 이유는 이러한 시설의 경우 외국원조를 받지 않은 시설이 대부분이었으며 경영난에 빠져 있었기 때문에 현상유지를 위한 최소한의 조치로서 실시되었다고 생각된다.

제4절 자립적인 민간 복지활동의 전개

1. 국책적 조직을 매개한 민간활동의 통제

27 국립의 〈각신학원〉(覺新學園: 정신박약아 시설이고 정원 180명)과 삼육학원(三育學園: 한센병환자의 자녀를 위한 시설)의 2개소. 이러한 시설은 국영에 의한 모델시설로 제시되어 있었지만 시설의 열악한 상태가 국회에서 논의되고 있었다.

(1) 국책적 단체의 설립에 의한 민간활동의 통제

1961년에 성립한 군사정권은 정치활동뿐만 아니라 복지분야를 포함한 사회활동에 대해서도 〈사회단체등록에 관한 법률〉(1961년 제정) 등에 의해 규제를 강화했다. 또한 정책을 추진하기 위해 반관반민半官半民의 국책적인 단체를 설립하고 그러한 단체를 통해 민간활동을 관리함과 동시에 그 활동을 국가목적을 위해서 동원하는 방식을 취했다. 사회복지의 분야에서는 1960년대 초에 전재고아의 양자결연을 진행시키기 위한 〈대한양연회〉, 가족계획을 추진하기 위한 〈대한가족계획협회〉, 해외이민을 촉진하기 위한 〈한국이민협회〉, 자연재해의 이재민구제를 위한 모금단체인 〈전국재해대책구호회〉 등의 국책적 단체가 정부 주도에 의해서 연달아 조직되었다. 동시에 국가가 복지정책을 추진하기 위해서 한국전쟁 이래 대규모 원조활동을 전개하고 있었던 외국원조단체(외원)의 활동에 대한 관리를 강화하려고 했다. 제1장에서 분석한 바와 같이 외원의 영향력을 배제하고 한국정부에 의한 일원적인 복지정책을 실시하는 체제를 확립하려고 의도했기 때문이었다.

민간 복지시설에 대한 국가의 관리는 사업자 단체를 매체로서 실시되었다. 시설사업자들은 1952년에 사회부장관을 명예회장으로 하는 연락협력조직으로서 〈한국사

표 3-25 한국사회복지사업연합회 조직상황(1961년 발족 당시와 1968년)

1961년에 통합된 조직	정리 후 1968년의 사업종별 위원회의 편성
부녀보호사업연합회	육아보육사업위원회
전재아동부양회	영아사업위원회
한국영아보육협회	부녀보호사업위원회
대한청소년기술보도회	양로사업위원회
서울특별시 직업소년원연합회	불구자사업위원회
대한어린이구호협회	전재고아부양위원회
대한경로회	맹인복지위원회
한국불구자사업협회	농아복지위원회
한국맹인복지회	국제사회복지위원회
한국농아협회	
한국사회복지회	
○ 자력갱생회	
○ 한국부랑아보호지도회	
○ 양로사업협회	
○ 한국불구자복지회	

자료:한국사회복지협의회 1992:9-11. ○는 "유명무실"로 간주된 조직.

회사업연합회〉를 설립하고 있었다(한국사협 1991). 이 조직은 사업종류와 활동목적별로 조직된 단체의 연합조직이며 1960년대 초에서는 "유명무실"의 존재를 포함한 15단체가 소속되어 있었다. 그러나 외국원조단체의 연락조직인 KAVA가 시설 전체에 대해서 큰 영향력을 가졌기 때문에 이 조직의 활동은 "저조"했었다. 군사정권은 국가주도에 의해 이 조직을 해체시키고 "유명무실"한 조직을 정리하여 실제로 활동하는 시설경영자의 단체와 복지관련단체의 참가에 의해서 1961년 6월에 새롭게 〈한국사회복지사업연합회〉를 발족시켰다. 이 조직에게는 완만한 연합체가 아니라 민간의 복지활동전체를 견인하는 지도적 역할을 담당할 것을 기대되었고 그것을 위해 본부기구를 강화하고 내부조직으로서 〈표 3-25〉에 나타낸 9개의 사업 분야별로 위원회가 설치되게 되었다. 국가의 의도는 이 조직을 통해 외국원조단체의 영향력을 배제하면서 민간의 복지사업분야에 대한 관리와 정책지도체제를 강화하는 것에 있었다.

(2) 〈한국사회복지협의회〉의 발족

사업자단체를 통해 민간 복지활동을 정책적으로 유도하려고 했던 국가의 정책은 기대대로는 진행되지 않았다. 사업단체간의 협력체제가 거의 구축되지 않았고 외원의 영향력은 여전히 강했기 때문이었다. 그러나 1960년대 중반에 들어 복지시설의 상황에 대해서 사회적인 비판이 높아지고 사업자 자체로부터도 개혁을 도모하는 기운이 태어나게 되었다. 또한 외국원조가 감소하기 시작했던 상황은 원조에 의존하지 않는 자립적인 사업운영의 기반을 확립하기 위한 개혁의 필요성을 의식시키는 계기가 되었다.

1970년에 〈사회복지사업법〉의 제정에 의해서 '사회복지법인'제도가 도입되어 시설운용에 관한 환경이 정비된 조치와 병행하여 사회복지사업전체의 협동체제를 강화하기 위해서 〈한국사회사업연합회〉가 해체되고 새롭게 〈한국사회복지협의회〉(이하 '한국사협')이 설립되었다. 이 조직은 민간 복지활동의 전체를 견인하는 '총본산'으로 간주되어 〈표 3-26〉에 보는 바와 같이 사업자단체뿐만 아니라 넓은 의미에 있어서의 복지활동에 관련하는 주요한 단체가 정회원으로서 참가하고 있었다. 한 때 큰 영향력을 발휘했던 KAVA도 한국사협회원의 하나로서 참가하게 되었고 이 시기 이후 민간 사회복지활동은 한국인이 주체로 이행하게 되었다고 한다[28]. 국가는 한국사협을 민간 복지활동을 정책적으로 지도하기 위한 매체로서 평가하고 조직적, 재정적 지원을 아끼지 않았다. 조직운영비에 관해서 국고로부터 지원을 받았고 1973년에 본부건물인 사회복지회관의 건설에 있어서도 5,000만원의 재정지원을 받았다. 또 국가는 한국사협 이사회에 '관선이사'官選理事를 파견하고 있었다[29]. 이와 같이 한국사협은 일면에서는 국책적인 성격을 가졌지만 동시에 1960년대에 존재했던 반관반민 단체와는 근본적으로 차이가 있었던 것에 주의해야 한다. 국가는 민간 복지사업에 예산을 거의 투하하지 않았기 때문에 그 정책적인 지도력에는 한계가 있었다. 또 1970년대 초 '유신체제'에 들어가면 보사부는 개혁의욕을 상실하고 민간 복지사업의 방향을 적극적으로 견인하려는 자세를 갖지 않게 되었다. 한편 지도적인 복지사업 관계자들은 사회복지 분야의 개혁에 대해서 정열적인 의욕을 계속 유지하고 있었다. 이것은 민간 복지관계자가 국가의 소극적인 자세에 대해서 강한 불만과 비판을 공공연하게 표명하고 있었던 사실에도 나타나있다

표 3-26 한국사회복지협의회 정회원 19단체(1977년 현재)

단체명칭	활동분야	단체명칭	활동분야
한국성인복지시설협회	양로·장애자시설사업	대한적십자사	구호 및 청소년복지
한국시각장애자복지회	시각장애자복지	외국민간원조기관한국연합회(KAVA)	원조사업
한국사회사업시설연합회	아동복지시설사업	대한성결교회사회사업유지재단	청소년·아동복지
한국어린이집	탁아소사업	세계기독교선명회	사회복지사업전반
부녀보호사업 전국연합회	부녀보호사업	한국대학생선교회	자원봉사활동
갱생보호회	갱생보호사업	대한YMCA연맹	청소년복지
전국재해대책협의회	재해구호	대한YWCA연합회	청소년복지
한국여성단체협의회	여성복지	한국보이스카우트연맹	청소년복지
주부클럽연합회	여성복지	한국사회복지공동모금회	공동모금
한국부인회	여성복지		

자료: 한국사회복지협의회 1977:826. 상기 이외에 "한국극빈아동선도회"도 정회원으로 하는 기재가 있음.

28 1960년대에는 매년 〈전국사회사업가대회〉가 KAVA의 주최로 개최되어 있었다. 1969년에 KAVA와 한국사협과의 공동개최로 개최되었고 70년부터는 한국사협의 단독주최로 되었다 (한국사협 1991: 754).

29 국회·보사위에서 한국사협의 '관선이사'가 민간단체에 대한 국가개입이라고 추궁받았다 (『보사위/회의록』 1974년 11월 18일).

(『한국사회복지총람』에 수록되는 논고를 참조). 1970년대의 민간 복지활동은 정책적으로 거의 방치상태에 놓여져 있었기 때문에 자립적인 길을 걸을 수 밖에 없었다고 할 수 있다.

한국사협의 개혁의욕은 발족후 얼마 되지 않은 1972년에 『한국사회복지연감』을 발행했던 것으로 알 수 있다. 1977년에는 보다 충실한 『한국사회복지총람』(이하 『1977총람』)이 발행되었다. 사회보장·복지에 관한 연구와 출판물이 극도로 부족했던 당시의 상황속에서 그것은 사회복지의 역사와 이론을 소개하고 한국복지의 현상분석과 복지를 둘러싼 현실적인 정보를 제공하고 있었기 때문에 현장관계자에게 귀중한 정보원이 되었다. 한국사협은 『1977총람』의 작성을 위해서 연구자, 행정관료, 기타 복지관계자 등을 동원했던 사실은 한국사협을 중심으로 복지의 연구와 실천을 둘러싼 사회적인 제휴의 네트워크가 형성되어 가고 있었던 것을 시사한다. 민간 복지활동에 관련하여 사회복지의 연구와 전문인력육성을 맡고 있었던 대학교의 사회사업학과의 활동이 중요한 역할을 하고 있었던 것도 주목된다. 1970년대 중반에는 전체에서 10곳의 대학교에 사회사업학과가 설치되어 있었고 사회복지사업에 관련된 전문인력이 육성되고 있었다[30]. 각 대학교의 사회사업학과는 〈한국사회사업대학협의회〉라는 연락조직을 설립하여[31] 한국사협을 비롯한 복지 관계기간과도 깊은 관계를 가지고 민간의 복지사업 활동의 전체적인 방향을 견인하는 활동에 있어서 결절점의 역할을 하고 있었다. 1980년대에 들어 민주화운동의 진전과 함께 민간의 복지활동은 전면적으로 활성화되었다. 그 전단계로서 1970년대에 있어서 국가의 정책부재속에서 자립적인 민간 복지활동의 축적이 진전했던 것을 간과할 수 없다.

30 보사부는 1970년대 초부터 사회복지에 종사하는 인력육성에 관심을 가지게 되어 『보건사회통계연보』에 대학교의 사회사업학과에 관한 통계표를 수록하게 되었다. 이 통계에 따르면 학생정원은 합계로 약 1,000명이었다.

31 구성멤버는, 강남사회복지학교, 부산대학교, 상지대학, 서울대학교, 서울여자대학, 성심여자대학, 숭전 대학교(현·숭실대학교), 이화여자대학교, 중앙대학교, 한국사회사업대학의 10개 교의 〈사회사업과〉이었다 (한국사협 1977:896).

2. 지역사회의 여성단체와 노인단체

(1) 〈새마을부녀회〉와 〈대한노인회〉의 확대

경제성장의 진전에 따라 가족과 그를 둘러싼는 지역사회의 상황은 크게 변동했다. 이러한 변동과 함께 지역사회에서는 새로운 움직임이 시작되고 있었다. 특히 지역사회에서는 1960년대 후반부터 여성과 노인의 조직적인 활동이 확대되고 있었다. 박정희체제하에서는 정치적 분야는 물론 모든 사회적분야에 있어서 민간의 조직활동은 엄하게 제한되어 있었지만 '계몽' '문화' '복지' 등의 분야에서의 통제는 비교적으로 엄하지 않았고 오히려 장려되는 경우도 있었다. 국가의 지도층은 경제성장에 따른 가족과 지역사회의 변동에 대해서 깊은 위구심을 갖고 있었기 때문에 여성이나 노인의 지역조직의 형성을 지역사회의 새로운 안정장치로서 바람직하다고 평가하고 있었다.

여기에서는 지역여성조직의 전형의 하나로서 〈새마을부녀회〉를, 지역노인조직의 전형의 하나로서 〈대한노인회〉를 대상으로서 택하고 그 발전에 관해서 분석한다. 〈새마을부녀회〉와 〈대한노인회〉는 몇 가지의 측면에서 대조적인 경로를 거쳐 확대했다. 여성의 지역적인 조직화에 대해서 국가는 매우 일찍부터 관심을 가져 국가주도에 의해 진행된 것에 비해서 노인의 조직화는 국가가 관심을 갖지 않는 상황속에서 지역에서 자생적으로 발전해 왔다. 또 여성조직이 새마을운동의 일환으로서 농촌지역을 중심으로 확대해 갔던 것에 비해 노인조직은 반대로 도시지역을 중심으로 조직화되었다. 이러한 조직은 국가의 적극적인 지원을 받고 있었지만 국책에 추종하기만 하는 수동적인 조직에 머무르지 않고 다양한 활동을 발전시키려는 의욕과 자립적인 능력을 가지고 있었던 점은 공통했다. 1970년대를 통해 〈새마을부녀회〉와 〈대한노인회〉는 친밀한 지역근린사회에 기초를 두는 조직으로서 전국적인 규모로 확대되었기 때문에 80년대의 전두환정권 하에서는 국가의 지역복지정책의 운영에 있어서의 기초적인 매체로서 적극적으로 장려되게 되었다. 민주화시대 이후의 평가에서는 이러한 조직은 권위주의정권의 비호를 받고 있었기 때문에 국책에 추종한 조직으로서 간주되어서 그들이 가지고 있었던 주체적인 측면이 간과되기 쉬었다. 그러나 경제성장이 가족과 지역사회에 눈사태와 같은 대변동을 일으키고 있었던 1970년대에 있어서 이러한 조직이 어떠한 역할을 했는지를 재검토할 필요가 있다.

(2) 〈새마을부녀회〉의 조직화 확대

국가는 일찍이 정책의 필요성을 의식해서 미군정 초기인 1946년에 보사부에 〈부녀국〉을 설치했다. 이 시기의 정책적 관심의 중심은 '부녀계몽'이며 "예속적 지위로부터 벗어나 진정한 민주사회의 일원으로서 완전하게 균등인 기회를 받게 되도록 하는 것"(보건사회부 1987: 69)을 목적으로 했다. 그러나 구체적 차원에서는 예산도 적었고 '지도계몽' 사업이 산발적으로 전개되었을 뿐이었다. 1950년에 발발한 한국전쟁이 초래한 대규모 생활파괴 때문에 여성정책의 중심적 과제는 '전쟁미망인의 구호'와 '윤락여성의 선도사업' 등 '부녀구호사업'으로 변화했다. 1960년대 후반이 되어 경제가 부흥단계에서 건설의 국면에 좁어들어 일반의 여성을 대상으로 하는 '부녀계몽·지도 사업'의 분야가 다시 강화되게 되었다. 주된 사업은 1967년부터 시작된 지역에 있어서 '부녀교실'의 개최이며 여성에 대한 문화·교양프로그램의 실시, 여성의 사회봉사활동의 추천 등 '계몽지도'를 중심으로 했다. 이 사업에서는 '계몽지도'에 머무르지 않고 교실참가를 계기로 여성자신에 의한 사회적 활동을 촉구하고 여성의 지역조직을 육성한다라는 목적도 있었고 그것을 위한 지도자육성 프로그램도 시작되고 있었다. 1967~71년에 국가는 여성의 문화적, 사회적인 활동의 거점으로 '여성회관'을 각 도 및 서울시·부산시에 1개소씩 건설했다. 또 '부녀교실'과 병행하여 보사부에 의해 가족계획의 추진을 위한 여성의 조직화도 진행되고 있었고 1968년부터 지역단위로 〈가족계획모친회〉의 조직화가 시작되었다.

이러한 사업은 지역사회에 밀착한 차원(도시의 경우는 동, 군의 경우는 읍·면)에서 전개된 것, 여성의 지역 조직 육성에 중점을 둔 특징이 있었다. 여기에는 경제성장이 가족과 지역사회를 동요시켰던 상황 속에서 여성의 사회적, 문화적, 경제적 활동을 활성화시키고 새로운 사회적인 안정장치를 조성하려는 정책적 의도가 존재했다. 여성을 수동적인 '지도 계몽'의 대상이 아닌 오히려 사회의 안정과 발전의 주체적인 역량을 가지는 존재로서 파악하고 활용하려는 발상의 전환을 엿볼 수 있다. 특히 1970~71년에 시작한 새마을운동은 여성을 운동의 중심적 담당자로 기대하고 지역 여성들이 스스로 조직을 만들고 사회적, 경제적 활동에 참여하는 전략을 적극적으로 채용했다(보건사회부 1981b: 40-41).

새마을운동에 있어서는 〈표 3-27〉에 보는 바와 같이 복수계통의 지역여성조직을 통하여 각종 사업이 실시되고 있었다. 보사부가 소관한 '부녀교실'은 1970년대 중반에는 215만명을 조직하고 그 활동내용은 초기의 '문화·교양' 활동애서 소득증대사업, 공동구입사업, 생활개선사업 등으로 확대되었다. 또 농촌진흥청은 이른 시기부터 농촌여성을 대상으로 식생활개선과 가정생활의 합리화 등 '생활개선'촉진을 목적으로 '생활개선클럽'의 조직화를 진전시키고 있었다. 새마을운동의 개시와 함께 〈농협중앙회〉는 저축사업과 경제적 사업의 운영을 주된 목적으로 〈새마을부녀회〉의 조직화를 시작하였다. 기존의 여성단체도 국책으로 새마을운동에 협력하는 체제를 택하게 되었다. 예컨데 60년대부터 지역을 단위로 한 여성단체로 〈부인회〉의 조직화가 진행되어 전국조직으로 〈한국부인회〉가 설립되었지만 새마을운동의 개시와 함께 이 조직도 운동에 전면적으로 협력하고 그 말단의 분회조직을 〈새마을부녀회〉 라고 개칭하였다[32]. 운동의 진전과 함께 여성조직이 복수계통으로 나누어지고 멤버나 사업 내용에 따라 혼란하는 문제가 발생했기 때문에 1977년에는 말단의 여성조직을 모두 〈새마을부녀회〉의 명칭 아래에 통합하였다. 통합시의 조직수는 약 6만이고 회원수는 약 242만명이었다(보사부 1981b: 56)[33].

새마을운동의 여성조직 활동은 〈표 3-28〉에서 보듯이 가정생활, 사회생활, 경제생활의 다양한 측면에 걸쳐 농가끼리의 상호부조와 공동활동을 통해 생활개선을 시키려는 발상을 가지고 있었다. 새마을운동을 통한 지역여성의 조직화는 당초 농촌지역을 중심으로 전개되었는데 1970년대 후반에는 도시지역으로도 확대되었다. 그러나 농촌에서는 주민의 유대가 강한 지역사회를 기반으로 할 수 있었으나 도시에서는 주민의 유

32 건국초기부터 국가는 "전국 여성을 총망라(總網羅)하는… 부녀회 조직"을 만들려는 구상을 가지고 있었으나 한국전쟁 때문에 중단되어 1960년대 중반부터 국가의 지원에 의해 조직화가 본격화되었다 (『보건사회백서』 1981년판: 241-2).

33 〈새마을부녀회〉는 원칙으로서 '새마을부락'마다 설립되었다. '새마을부락'은 새마을운동의 기초단위로서 새롭게 설정된 지역단위이며 일반행정단위인 리·동에 가까운 규모였다. 도시지역에서는 이 단위를 채택하지 못하고 '반'(班)을 기초단위로 했다.

표 3-27 "새마을부녀회"로의 통합(1977년)이전의 지역여성조직

조직명	발족년	주관기관	조직상황	주요 사업
생활개선 클럽	1958년	농촌진흥청 (생활지도국)	2만9천조직 56만명	①생활개선, ②주곡소비절약, ③기금조성, ④건전가정육성
부녀교실	1967년	보건사회부 (부녀과)	4만4천조직 215만명	①부녀자질향상, ②신생활운동, ③새마을운동, ④소비생활합리화, ⑤건전가정육성, ⑥소득증대사업, ⑦가정의례준칙생활화
가족계획 모친회	1968년	보건사회부 (가족계획담당)	3만조직 75만명	①가족계획사업, ②생활개선, ③공동기금조성, ④모친교실, ⑤환경미화와 지역사회개발, ⑥봉사활동
새마을부녀회	1973년	농협중앙회 내무부	1만2천조직 42만명	①저축사업, ②생활개선, ③소득증대사업, ④소비절약, ⑤부녀교실운영

자료: 한국여성개발원(1985:386)과 내무부(1980b:47)에 의해 작성. (1)조직상황과 사업내용은 1970년대 중반의 시점의 것임.
(2) 이 표의 "새마을부녀회"는 1977년의 통합이전의 것이고 통합이후의 조직과는 내용이 다른 점에 주의.

표 3-28 지역여성조직에 의한 새마을활동의 주된 내용

사업의 종류	주요 사업
정신개발 사업	(1)여성새마을교육(새마을지도자연수원과 국립사회복지연수원에 의한 새마을지도자연수), (2)부녀자 계몽교육(국가기관에 의한 계몽교육, 여성단체에 의한 계몽교육)
생활개선 사업	(1)의식주 및 생활환경의 개선, (2)소비절약운동, (3)농촌영양개선, (4)생활개선구락부, (5)어린이집 운영, (6)농번기 유아원 운영, (7)새마을협동유아원 운영, (8)어린이공부반 운영, (9)부녀복지관 참여, (10)농업기계 훈련 및 지도, (11)농촌가사노동, (12)식량소비 절약
소득증대 사업	(1)공동소득사업(축산·농산물재배·부업), (2)마을구판장 운영, (3)공동기금조성(기금은 각 사업의 자금, 지역회관·공동대중목욕탕·유아원·경로당 등의 건설, 생활환경의 개선, 장학금 등에 사용)
가족계획 사업	(1)가족계획어머니회에 의한 활동, (2)새마을부녀회에 의한 활동
인보 사업	(1)노동력봉사·기부활동, (2)복지시설지원(현금·물품), (3)불우이웃지원(현금·물품)

자료: 내무부1980b: 62-276(제4장 "부녀새마을운동의 현황과 실제")

대가 희박했던 사정이 있었다. 또 활동과제도 농촌과 도시 사이에는 차이가 있었고 도시에서는 생활개선, 소득증대, 가족계획보급 등보다 사회봉사, 복지지원, 저축, 소비자보호, 여성의 권리향상 등의 활동에 중심을 두게 되었다(보건사회부 1981b: 263-6, 224-38).

1970년대 말까지에 〈새마을부녀회〉는 농촌지역과 도시근교지역을 거의 전면적으로 커버하기까지 확대되어 1980년의 시점에서 9만4천 분회, 회원수 317만명에 달했다. 1980년대에 들어 새마을운동 자체는 종식했지만 보사부는 〈새마을부녀회〉를 여성시책의 핵심으로서 평가하는 방침을 내세워 조직의 전국적인 보급과 그 활동에 대한 지원을 실시했다. 그러나 1980년대 이후에 있어서의 〈새마을부녀회〉의 성격과 활동내용은 1970년대와 다른 것에 주의해야 한다.

(3) 〈대한노인회〉의 조직과 활동[34]

국가는 노인의 지역적인 조직화에 대해서 강한 정책적 관심을 가지고 있지 않았기 때문에 그 조직화는 여성의 경우와 달라 국책적인 후원을 받지 않고 자발적으로 진전했다. 노인의 지역 조직의 모체는 노인정老人亭, 경로당敬老堂, 정자亭子, 초당草堂, 양로당養老堂 등으로 불리고 있었던 노인가 지역에서 모이는 장소였다. 이러한 시설은 지역의 독지가나 주민공동으로 지어져 일부는 일제시대부터 존재했다고 한다. 이러한 시설은 1950년대 이후 급속히 증가했고 특히 서울시와 부산시를 비롯하여 대구시, 인천시, 광주시, 대전시 등 대도시를 중심으로 증가해갔다. 1960년대에 들어 이러한 시설간의 상호연계가 형성되기 시작해서 서울시나 부산시에서 몇몇 노인조직이 형성되었다. 1969년에 복수의 조직이 통합되어 전국조직으로서 〈대한노인회〉가 발족했다.

이 조직은 당초 강령에서 "노인의 권리보장' 이외에 "국민의 단결, 민족의 부흥, 국토의 통일, 사회 정화"를 내걸고 "공보 또는 계몽 활동"에 중점을 두어 정치적, 사상적 성격이 강했다. 발족직후에는 조직 중앙차원에서 주도권을 둘러싼 내부항쟁이 계속되었고 조직은 안정되지 않았다. 그러나 1975년에는 정치색, 사상색을 불식하기 위한 조직재편을 실시해서 법인의 목적을 "노인의 복지 향상"으로 한정함과 동시에 "①노인 상호간의 친목과 권리 보장, ②국민 도의 정신의 함양과 미풍양속 계도, ③노인정의 설립과 운영" 등 노인고유의 문제에 초점을 두는 활동방침으로 전환했다. 법인의 소관관청도 발족시의 문화홍보부에서 보사부로 변경되었다(대한노인회 1989:52-58,62-63).

조직의 상부차원의 활동의 정치적인 경향에 관계없이 이 조직의 실질적인 기초는 지역의 '경로당'[35]이라는 장소에서의 노인의 일상적인 친목, 교류, 학습, 사회봉사 등의 활동에 있었다. 조직의 말단단위는 경로당이고 각지의 경로당이 연합하고 서울시나 부산시의 경우 그 단위, 그 이외의 경우 시·군 단위로 '지회'가 설치되어 그 상부에 연합회(서울·부산 2시와 도 차원)가 조직되어 있었다. 조직적인 활동의 중축은 지회 차원에

34 〈대한노인회〉에의 필자의 히어링조사에 의함(2009년 8월 27일).

35 행정은 주로 '경로당'이라는 호칭을 채택했다. 대한노인회는 1980년대까지는 '노인정'이라는 호칭을 사용하고 있었으나 그 후 '경로당'을 사용하게 되었다. 이 연구에서는 '경로당'이라는 호칭으로 통일한다.

있었다. 지회는 산하의 경로당의 활동을 통괄하는 관리·지도 조직을 설치하고 경로당의 활동 프로그램의 개발, 상호교류의 기획, 산하지역의 경로당의 증설계획, 활동의 지도자 양성 등의 역할을 하고 있었다.

경로당의 활동이 노인의 지역에서의 자연발생적인 교류라는 차원에 머무르지 않고 경로당 간의 상호협력을 통해서 조직과 활동내용을 확대해 나갔던 것이 주목된다.『대한노인회 20년사』(1989년)는 각 지역에서 개별경로당이 서로 제휴하고 지부조직을 형성해 나가는 과정을 소개한다. 이 기록에 의하면 경로당의 활동은 서울시나 부산시와 같은 도시지역을 중심으로 1960년대 후반부터 70년대에 활발해지고 있었다.『20년사』는 조직설립시의 상황에 대해서 "(노인의…인용자) 역할상실의 상황하에 안일하게 무위無爲에 세월을 보내는 것이 아니라, 진취적이고 능동적인 자세로 전환할 것을 바랐다"(p.31) 라고 말한다. 여기에는 도시화의 진행에 따라 전통적인 가족의 모습이 변화하고 가족 안에서의 노인의 위치가 변화하고 있었던 상황이 그려져 있다. 핵가족화의 진행과 함께 노인이 가족 외에 있을 곳을 찾았다는 것만 아니라 사회나 가족 안에 있어서의 노인의 '역할상실'이 진행되고 있었던 상황속에서 노인의 사회적인 존재와 그 역할을 조직적인 활동을 통해서 표현해 나가려는 발상이 존재했다.

1969년의 〈대한노인회〉의 설립 이후 '지회'차원에서의 지도체제가 강화되었고 그 활동에 의해 각 지구에서 경로당의 증설이 진행되었다. 〈대한노인회〉의 세력확대에 따라 독립계의 경로당도 그 산하에 참가하게 되었고 1970년대에는 그 수는 급속히 증가해 갔다. 예를 들면 서울시성동구의 경우 1940년대에 경로당이 15곳이었지만 1960년대 후반에 도시 재개발에 의해서 몇 개로 축소했다. 그러나 〈대한노인회〉 산하지회의 발족과 함께 지회주도에 의해 설립활동이 활발해지고 1970년대에는 24개소부터 63개소로 증가했다. 〈표 3-29〉에는 당초 조직은 서울시 구시가의 중심부에 집중되어 있었지만 1970년대부터 80년대에 일어난 서울시의 폭발적인 시역확대와 함께 한강남부나 시의 북부에 신설된 행정구에도 보급된 과정이 나타나고 있다. 〈표 3-19〉에 본 바와 같이 새로 확대된 지역에서는 빈곤집중지역이 많았다. 이것은 〈대한노인회〉가 조직의 주된 대상을 도시지역의 비교적 저소득층의 노인으로 설정하고 있었던 것에도 상응한다. 1980년대 초 〈노인복지법〉이 제정되고 노인에 대한 복지정책이 적극화되게 된 시기에 〈대한

표 3-29 대한노인회·서울특별시연합회의 지회와 경로당(노인정)의 설립상황(1970년대~80년대)

지회설립		지회 ( )안은 구(舊)소속	지회산하의 경로당(노인정)의 수 ( )안은 회원 수
대한노인회 설립에 참가	69년	성북구	69년17개소(2,518명),80년대 말 48개소(4,512명)
		종로구	69년4개소
		동대문구	1960년대10余개소. 90년 63개소(4,962명)
		영등포구	69년 39개소(12,879명)
		성동구	70년대 초 24개소. 70년대 말 63개소. 80년대 말 107개소(7,156명)
		마포구	70년 13개소. 75년 23개소. 80년대 말 58개소(1,200명)
		용산구	1960년대 26개소. 75년 30개소. 80년대 말 33개소(3,339명)
		서대문구	기술 없음
		중구	기술 없음
행정구의 분리에 따른 지회 신설	73년	관악구(영등포구)	73년 6개소, 같은 해에 20개소로 증가. 75년53개소(3,500명)
		도봉구(성북구)	78년 60개소(5,000명). 80년대 말 60개소(3,086명)
	75년	강남구(성동구)	기술 없음
	77년	강서구(영등포구)	77년 29개소(1,318명). 80년대 말 33개소(2,712명)
	79년	강동구(강남구)	79년 29개소(1,450명)
		은평구(서대문구)	80년대 말 47개소(3,493명)
	80년	구로구(영등포구)	80년대 말 68개소(4,804명)
		동작구(관악구)	기술 없음
	88년	서초구(강남구)	80년대 말 53개소(932명)
		양천구(강서구)	80년대 말 63개소(4,226명)
		노원구(도봉구)	80년대 말 59개소(4,733명)
		송파구(강동구)	기술 없음
		중랑구(동대문구)	기술 없음

자료: 대한노인회(1989:210-27)에 의해 작성. (1) 각 지회의 기술은 통일되지 않기 때문에 경로당의 수나 회원 수는 불명한 것임. (2) 이 자료는 1980년대 말 현재. 1980년에 영등포구부터 분리한 금천구에는 이 시점에서 지회가 조직되지 않았음.

노인회〉는 전국에 약 4,700개소의 경로당을 그 산하에 두는 대규모 조직이 되었다. 또한 1975년에 〈한국노인문제연구소〉를 병설하여 노인의 생활문제와 사회활동에 머므르지않아 조직을 발전시키는 전략이나 국가정책에 관한 연구도 시작했던 것이 주목된다. 1980년대에 들어 국가는 건강한 노인에 대한 시책으로서 경로당을 중시하고 그 보급을 지원함과 동시에 여가활동의 활발화 뿐만 아니라 '노인인력센터'나 공동작업장의 운영 등 노인의 능력활용 프로그램을 진행시키는데 있어 〈대한노인회〉를 위탁단체로서 적극적으로 이용했다.

3. 지역사회의 민간 사회복지 활동

보사부는 1960년대 말에 사회복지서비스를 제공하는 행정거점으로서 지역단위로 〈사회복지소〉를 배치하려는 계획을 세웠지만 이 계획은 국가지도부에 의해서 승인되지 않았다. 지역사회라는 장소에서 공적 정책이 실질적으로 존재하지 않았던 상황 속에서 민간 사회복지 활동에서 새로운 움직임이 시작되었다. 그것은 1960년대 후반부터 70년대에 전문성을 갖게 된 민간단체에 의한 '사회복지관'의 설립이었다. 사회복지관의 목적은 도시의 빈곤집중지구를 주된 대상으로 복지서비스를 제공하고 주민의 생활지원을 전개하는 지역 거점의 설치이었다.

〈표 3-30〉에 보는 바와 같이 1977년시점에 적어도 30개소의 사회복지관의 존재를 확인할 수 있다. 설립의 주체는 〈기독교아동복지회Christian Children's Fund: CCF〉, 〈미국감리교Methodist 선교부〉, 〈캐나다 유니테어리언Canda Unitarian봉사회〉, 〈선명회〉 등 외국 기독교계의 원조단체가 중심이었다. 사회복지관의 활동내용은 〈표 3-31〉와 같이 아동복지사업(아동문제상담, 교육지원, 탁아소 등)과 가정복지사업(가정문제상담, 가족계획지원, 가출부녀상담, 부업지원 등)을 중심으로 지역주민활동의 지원과 그 밖에 보건위생·의료지원 등을 전개하는 복지관도 있었다. 시설의 토지와 건물은 지방자치단체로부터 제공된 사례도 많아 각 시설에서는 대부분 5~10명의 직원이 배치되어 있었고 이 중 사회사업의 지식과 방법을 배운 몇 명의 전문직원이 포함되었다.

민간 사회복지관의 활동은 지방자치단체와 밀접하게 제휴하면서 전개되고 있었던 것에 주목할 필요가 있다. 서울시나 부산시 등 대도시의 행정당국은 빈곤집중지구의 문제에 대해서 적극적인 정책을 실시할 수 있는 재정적인 여력이 약했기 때문에 외원을 유치하고 그 활동에 기대하는 방침을 선택했다[36]. 〈표 3-30〉에 나타낸 복지관의 대부분은 지방자치단체와의 합의에 의해 설립되어 있었다. 설립에 있어서 자치단체가 토지·건물 등 편의를 제공한 사례나 원조단체와 자치단체에 의한 공동출자형태로 설립

36 〈표 3-30〉에서 보듯이 거의 모두가 도시 빈곤집중지역에 입지했지만, 캐나다 유니테어리언봉사회의 이천시복지관이나 미국감리교의 광주복지관 등 농촌에서의 입지를 선택했던 사례도 있었다.

표 3-30 1970년대 중반 사회복지관의 상황

( )안은 전종 직원수

기독교 아동복리회 8시설	소재지	○강릉시(7명) ○광주시(8명) ○서울시·서대문구(9명) ○청주시(8명) ○춘천시(8명) ○대전시 용두동(8명) ○전주시(불명) ○서울시·관악구 봉천동(6명)
	설립경위	각지의 활동의 역사는 거의 공통함. 1960년대중반부터 빈곤가정이 많은 지역에서 어린이회를 조직하여 아동복지사업을 실시했으나, 60년대말로부터 지방자치단체의 요청을 받아 빈곤가정에 대한 경제원조를 중심으로 "거택구호"사업을 개시함. 70년대초부터 '구호'뿐만 아니라, "사회사업적 방법으로 자치방향을 달성시키는 가정복지사업"을 전개함. 75년경부터 "가정복지사업"을 더 발전시켜 아동복지, 가정복지, 지역복지의 분야를 커버하는 종합적인 사회복지활동을 실시하는 곳으로써, 각 자치단체와 협력하여 "사회복지관"을 개설하게 되었음.
미국감리교 선교부 6시설	소재지	○공주시(10명) ○대전시(11명) ○부산시(15명) ○서울시·마포구(6명) ○서울시·종로구(25명) ○인천시(14명)
	설립경위	1950년대부터 선교사택 등에 "사회관"을 설치하여 지역의 여성복지사업, 아동복지사업을 시행하였지만, "세대와 지역상황이 변함에 따라 이에 적응한 프로그램을 발전"시켜 왔음.
캐나다 유니테어리안 한국봉사회 (4시설)	소재지	○목포시(6명) ○이천시(7명) ○인천시·송림동지구(10명) ○서울시·영등포구(18명)
	설립경위	○ 목포시: 69년에 목포시와 전국재해대책협의회와의 협동에 의해 건설. ○ 이천시: 67년에 경기도와의 합의로 농촌개발 사업을 중심으로 개설. ○ 인천시: 67년에 인천시와의 합의로 빈곤집중지구인 송림동에서 개설. ○ 서울시: 75년에 서울시와의 공동출자에 의해 영등포구의 빈곤집중지구에서 개설.
선명회 (3시설)	소재지	○ 성남시(11명) ○거제도(2명) ○춘천시(불명)
	설립경위	○ 성남시: 1974년에 서울시 '철거민'이 거주하는 광주단지(현·성남시)에서 개설. ○ 거제도 : 50년대부터의 지역복지활동을 겪고 76년에 개설. ○ 춘천시: 설립경위 불명.
기독교개혁선교회	소재지	서울시·관악구사당지구(9명)
	설립경위	74년에 빈곤세대가 많은 서울시 관악구 사당의 빈곤집중지역에서 개설.
성심여자대학 성심수도회	소재지	서울시·관악구봉천동지구(불명)
	설립경위	66년부터 성심수도회가 서울시 관악구 봉천동의 한강·수해 피재자가 집주하는 지구에서 활동을 개시했는데, 71년에 건물을 신설하고, 73년에 성심여자대학 사회사업학과의 실습과 제휴해서, 활동프로그램을 충실했음.
이화여자대학교	소재지	서울시·서대문구(불명)
	설립경위	52년에 대학부속의 지역서비스기관으로서 사회관과 모자보건소, 유아원을 설립. 그 후 대학주변지역에 저소득층의 유입이 급증해 사회관의 활동업무량이 증가했기 때문에, 1975년에 대학건물의 신설을 계기로 종래의 기구를 통합하여 종합적인 지역서비스기관으로서 사회복지관을 신설함.
중앙대학교	소재지	서울시·관악구(5명, 자원봉사교사23명, 실습생16명)
	설립경위	1975년에 중앙대 사회사업학과가 "대학주변 영세민지역의 주민"을 대상 으로 "이론과 실제의 융합 … 새로운 서비스기술의 개발"을 위해 사회복지관을 설치함. 기독교 아동복지회와 협동.
기타 (상세 불명)		○양친회 성남사회복지관(성남시) ○양주사회복지관(경기도양주군) ○대구사회복지관(대구시)

자료: 한국사회복지관연합회(1977)를 중심으로 다른 자료에 의해 보충하여 작성.

된 사례 등을 확인할 수 있다[37].

복지관의 설치가 외국원조단체를 주체로 진전되었던 것은 이 시기에 이르러서도 여전히 외원이 복지활동을 견인하고 있었던 것을 시사한다. 그러나 동시에 1970년대에서는 외원의 성격은 크게 변화하고 있었던 것에 주의해야 한다. 첫째로 1960년대 후반의 외원활동은 한국전쟁 직후와 같은 아동시설의 제공 중심이 아니라 도시 빈곤집중지역에 있어서의 아동과 빈곤가정에 대한 지원과 지역전체의 생활환경개선 등의 과제에 초점을 맞추게 되었다. 지원방법은 단순한 금품지급이 아닌 "사회적 여러 문제에 괴로워하고 있는 주민에게 사회사업의 방법을 투입하여 자기의 문제를 자기의 노력으로 해결해 나갈 수 있도록 지원하는 것을 원칙으로 한다"(캐나다 유니테어리언봉사회의 사례)라고 표현된 바와 같이 사회사업social work의 수법에 의해 빈곤가정과 지역사회전체의 자립적인 노력을 지원하려는 전문성·조직성을 가지고, 또 이러한 활동을 전개하기 위해서 전문적인 인력도 마련되어 있었다.

〈기독교아동복지회〉를 예로 원조활동의 역사적 발전과정을 보면(〈표 3-31〉), 이 단체는 당초 서울시와 광주시의 빈곤집중지역에서 어린이회를 조직하고 지역의 아동을 지원하는 활동을 전개하고 있었다. 그 과정에서 아동들이 속하는 가정에 대해서 경제원조(금전·물자 지급)도 실시하게 되었다. 그러나 단순한 경제원조에는 문제도 있고 생활의 자립을 촉구하는 '가정복지사업'의 필요성이 인식됨과 동시에 지역전체의 개선을 진척시키는 '지역복지사업'으로 시야를 확대하게 되었다. 그러한 활동을 전개하기 위한 지역거점으로 사회복지관의 설치에 이르렀다고 한다. 이 단체는 1975년까지 전국에 8개소의 사회복지관을 설립했다. 다른 원조단체도 이와 거의 같은 발전과정을 거쳐서 〈표 3-31〉에 보는 바와 같이 사회복지관의 편성과 활동에 있어서도 거의 공통된 내용을 가지고 있었다.

둘째로 외원의 활동은 한국사회에 정착하는 형태로 전개되어 있었던 것이 주목된다. 실제의 지원활동에 있어서는 자금원조와 사업운영의 노하우를 전수받은 한국

37 반대로 원조단체와 지방자치단체의 공동이 성공하지 못 했던 사례도 있다. 사보심(1977)은 캐나다 유니테어리언봉사회의 인천사회복지관은 "인천시의 비협조로 문을 닫았다"는 사례를 소개한다(p.154).

표 3-31 사회복지관의 활동내용(1970년대 중반)

(1)기독교아동복지회의 사례

이 조직은 8개소의 복지관을 운영하는데 각관의 사업내용은 통일적으로 정리되어 있음.

1) 아동·청소년복지사업(아동상담·아동교육·집단활동·취업사상·도서실)
2) 가정복지사업(의료비지원·가족계획·기생충박멸·결핵치료·긴급치료비지원·주택비 지원·문제가정상담·생활교양교육·빈곤가정 보조금지급)
3) 지역사회복지사업(복지관설립·복지관운영을 위한 자문위원회 설립·민간단체의 합의회 참여·지역개발위원회 조직강화 운영·빈민지역 성인교육·지역주민에 대한 생활교육·자원봉사자 개발훈련, 사회조사, 인쇄물 발간, 양연사업, 국내후원자의 개발)

(2)미국감리교 선교부의 사례

6개소의 복지관은 모두 아동복지, 여성복지, 가정복지 등의 사업을 실시하고 있는데 사업내용에 통일성은 없고 각 복지관은 각기 독자로 특색적 방침에 따라 사업을 운용하고 있음. 대전시복지관에서는 의료지원사업(결핵요양원·가족계획·의료봉사·어린이건강부·임산부·결핵상담·특수의료봉사)를 실시하고 있으며 부산시복지관에서는 간질환자의 치료나 클럽활동, 가족지원을 실시하고 있음.

(3)캐나다 유니테어리언 봉사회의 사례

4개소의 복지관은 모두 아동복지사업(아동문제상담·교육지원·탁아소 등)과 가정복지사업(가정문제상담·가족계획지원·가출부녀상담, 부업지원 등)을 중심으로 하고 있는데, 사업내용에는 통일성이 없음. 서울시의 시설은 아동·가정복지사업과 함께 보건위생사업(변소개량·건강상담·영양상담·예방접종·환경위생교육)을 실시하고 있고, 목포시와 인천시에서는 의료지원사업을 실시하고 있음. 이천시의 시설은 농촌에 설치되어 1970년부터 농촌개발사업중심의 프로그램을 실시하고 있음. 그 내용은 ①부락내부조직사업, ②부락상호유대조직사업, ③부락개발자금육성사업, ④농가소득사업, ⑤부락계몽사업, ⑥자매부락 기타 사업 등으로 구성되어 있음.

(4)이화여자대학교의 사례

1) 프로그램 통합조정
2) 지역주민에 대한 실태 및 욕구조사
3) 지역봉사기관 접근(반장·총장, 동장, 교회목사, 절, 파출소, 국민학교 교장 및 교사 등, 지역봉사기관들과 접촉하고 상호협조할 수 있는 관계 만들음)
4) 어린이사업 168명(유아원·어린이 교실·토요교실)
5) 사회사업(청소년사업213명·가정복지사업52가족·상담사업24명)
6) 지역사회 간호사업360명(모자보건·예방접종·가족계획·어머니교실)
7) 실습생 지도훈련(1학기 지도훈련87명·단기 지도훈련123명)
8) 캠프
9) 취미활동319명(꽃꽂이·서예·사진·양재 등)

자료: 한국사회복지관연합회(1977).

인 중심으로 운용을 담당하고 있었다. 사회복지관의 관장을 비롯하여 직원의 대부분은 한국인이었으며 복지에 관한 전문적인 지식과 경험을 갖춘 직원도 늘어나고 있었다. 이러한 복지관은 각 대학교의 사회사업학과 학생에게 연습장소를 제공하고 있었고 인력육성에 협력하고 있었다. 1970년대의 외국원조활동은 한국사회에 뿌리 내리고 있었고 전문적인 사회사업활동을 촉진하는 역할로 변모하고 있었다고 볼 수 있다. 외원 단체에 의한 복지관활동은 민간 복지활동에 대해서 큰 영향을 미쳤고 지방자치단체나 대학교의 사회사업학과에 의한 설립 등의 사례도 있었다. 1977년에는 사회복지관의 상호제휴와 활동교류를 위해 〈한국사회복지관연합회〉도 설립되었다.

1960년대 말부터 70년대에 전개된 사회복지관 활동은 현대의 한국의 사회복지 활동에 있어서 중요한 유산을 남겼다고 할 수 있다. 그 활동은 사보심 연구실의 조사가 지적하고 있듯이 지역사회에 있어서의 복지활동으로서는 아직 충분히 성숙하지 않았던 측면도 있었다(사보심 1977: 154-155). 그러나 지역사회 차원에 있어서의 국가 복지정책의 부재를 어느 정도 물었으며 민간활동을 기반으로 하는 지역 복지정책의 모델을 만들었던 것을 부정할 수 없다.[38] 1970년대말이 되면 국가는 민간주도로 진전된 사회복지관활동을 평가하게 되었고 수개소에 한정되었지만 운영비 지원을 개시했다[39]. 1980년대 말 이후의 민주화시대에 국가는 민간의 사회복지관의 설립을 적극적으로 지원하게 되었고 전국적인 규모로 사회복지관의 설치를 보급하는 정책을 전개하게 되었다.

맺음말 – 구호행정의 한계와 새로운 정책영역의 필요성 인식

전통적으로 한국사회의 빈곤은 농촌의 빈곤이었다. 그러나 경제성장의 진전과 함께 농촌인구와 농업 취업자의 규모가 축소하고 빈곤문제의 정책적인 초점은 도시의 빈곤으로 옮겨갔다. 1960년대 중반에서 시작되었던 도시의 팽창은 70년대에 들어 더 가속화

38 1960년대 말에는 사회복지관활동에 대해서 "자선적 입장에 머무른다"라고 비판하면서 도시빈곤지역의 주민이 스스로 "조직화된 세력에 의해" 자기의 생활을 개선해 나가야 한다라는 운동이 존재했다. 1968년에 연세대 도시문제연구소내에 설립된 〈도시선교위원회〉와 1971년에 설립된 〈수도권선교위원회〉 등 이 슬램철거에 대한 이러한 주민저항운동을 지원했다. 그러나 이러한 흐름은 '유신체제'에 의해서 활동의 여지를 잃어 갔다(민주화운동기념사업회연구서 2009:671).

39 1978년부터 3개소의 사회복지관에 대한 운영비지원이 시작되어 79년에 6개소로 늘려졌다. 1980년대 전반의 지원은 10개소 미만에 불과했지만 후반이 되면 비약적으로 확대되었다(『보건복지백서』 1995년판).

되어 새로운 도시형의 빈곤양상이 사회적으로 표출되게 되었다. 박정희정권은 도시의 사회적인 인프라, 특히 주택, 도로, 상하수도설비, 보건·위생설비, 의료공급 등이 절대적으로 부족한 것을 인식하고 이러한 분야에 대해서도 국가자원을 투하하게 되었다. 그러나 새로운 도시형의 생활요구에 대해서 정책적으로 대응하려는 정책발상은 희박했다. 1960년대 초에 형성된 '구호행정'은 생활문제의 해결을 원칙으로서 가족, 친족, 지역사회 그리고 민간 복지활동 등 '사적 영역私的領域'에게 맡기는 발상을 기초로 두고 있었기 때문이었다.

1960년대 말부터 70년대에는 도시 빈곤집중지역을 중심으로 기아棄兒, '부랑소년', '비행소년', 가출여성 등이 증가하고 있었고 고령자나 장애인들이 가정과 지역에서 고립화하는 경향이 사회적으로 문제화하고 있었다. 이러한 현상은 전통적인 가족형태와 그 기능이 급속히 변화하고 있었던 것을 나타내고 있었다. 도시에서는 핵가족이 기본적인 가족형태가 되고 단독세대 등 변칙적인 가족형태도 증가하여 가족을 둘러싼 지역사회는 농촌과 같은 친밀한 상호유대가 잃어졌기 때문이었다.

이러한 상황에서 필요하게 되었던 정책은 도시의 지역생활현장에 거점을 두고 개인과 가족이 안고 있는 여러 가지 생활요구에 대응하는 지원을 실시함과 동시에 지역사회전체를 대상으로 생활환경을 개선하고 생활의 자립화를 지원하는 정책이었다. 이러한 정책 분야는 현재 '사회복지서비스'라고 불리는 분야에 해당한다. 박정희체제하에서도 1960년대 말에 보사부는 생활요구의 변화에 대응하기 위한 정책전환을 도모했다. 이것은 '구호행정'을 재편성하고 아동복지, 노인복지, 여성복지, 장애인복지 등의 분야의 도입을 포함한 새로운 정책체계를 구축하려는 시도였다. 이러한 개혁계획의 배경에는 전통적인 가족형태와 개념의 붕괴에 대한 깊은 우려가 있었다. 사회복지 분야의 개혁구상이 행정의 정책담당자 뿐만 아니라 민간의 연구자와 복지종사자 등 전문가가 참여하여 작성되었던 것이 주목된다. 그러나 보사부의 개혁제안은 결국 국가지도부에 의해서 받아들여지지 않았다. 경제개발 우선전략이 재차 확인되었기 때문이었다.

1960년대에 있어서 국가는 외원과 민간 복지활동을 관리하고 그 자원과 활동을 공적인 정책의 일환으로서 이용하려고 했다. 또한 국책적인 반관반민 단체를 만들고 이들을 통해서 민간활동을 이끌려고 시도했다. 여기에는 〈사〉私의 영역을 〈공〉公적 정책내부에 받아들이고 국민생활에 관한 공적인 책임의 확립을 회피하려는 발상을 볼 수 있다. 이러한 상황속에서는 민간 사회활동은 자립적인 전개의 여지가 허용되지 않았다. 그렇지만 1960년대 말 이후 민간활동을 국가의 강한 관리하에 지도하려고 한 초기의 정책 방식은 생활요구의 변화에 대응하는데 기능하지 않는다라는 것이 명확하게 되었다. 복지시설에 관해서는 아동시설에 대한 사회적 요청이 저하한 반면 장애인시설, 노인시설, 직업교육시설 등의 전문적시설이 필요하게 되었음과 동시에 지역생활현장에서는 재가생활자에 대한 다양한 형태의 지원을 전개하는 정책이 필요하게 되어 있어서 이러한 새로운 정책 분야의 개척이 요청되었기 때문이다.

보사부가 1960년대 말~70년대 초에 실시한 사회복지 개혁에 있어서 국가가 민간활동과 협조하려는 자세로 전환했던 것을 확인할 수 있다. 1970년대에는 민간의 복지활동의 자유로운 전개를 허용하고 그 성과에 의존하려는 정책방침이 명확해졌다. 도시사회, 특히 빈곤집중지역에 있어서의 새로운 생활요구에 대해서 국가의 정책이 거의 존재하지 않았던 상황속에서 외국원조단체, 민간 복지단체, 그리고 노인이나 가정주부 등의 생활자 자신이 만들었던 단체가 활발한 활동을 전개하게 되었다. 사회복지에 관한 〈공〉과 〈사〉의 관계 구조는 1960년대부터 70년대에 걸쳐 크게 변화했던 것에 주의해야 한다. 1970년대에는 공적인 정책의 부재를 보완하는 형태로 도시의 지역사회를 무대로 민간 복지활동과 생활자 자신의 운동이 발전해 갔다. 이러한 활동의 축적은 1980년대 이후에 있어서의 민간 사회복지활동의 기초를 마련하게 되었다.

참고문헌

한국정부 관련 자료

(국회, 지방자치단체, 정부계 연구기관의 자료 등을 포함)

건국대학교부설 한국응용사회과학연구소 1969, 『구호행정의 개선을 위한 조사연구』 (정부위탁조사보고서: 『건대조사』로 약기)

국토개발연구원 1989, 『도시빈곤대책에 관한 연구』 (임창호 외)

내무부 1980a, 『새마을운동 10년사』

— 1980b, 『새마을운동 10년사(자료편)』

대한민국 국회사무처, 『보건사회위원회/회의록』 (『보사위/회의록』으로 약기)

보건복지부 1989-, 『생활보호 대상자현황 분석』각 년판

보건사회부, 『보건사회통계연보』1954년판 이후 각 년판

—『보건사회백서』각 년판(1981~ 83, 1986~89년판의 타이틀은 『보건사회』)

—『장해자 조사보고서』1961년판/ 1966년판

— 1969, 『사회복지 장기계획(시안)』 (『복지계획(시안)』로 약기)

— 1971, 『보건사회행정의 실적과 전망 - 보건사회행정백서』(『1971보사백서』로 약기)

— 1981a, 『법인·단체 현황』

— 1981b, 『여성과 새마을운동』 (부녀복지과 편)

— 1987, 『부녀행정 40년사』

사회보장심의위원회 1970 , 『사회복지 기초자료 조사보고서 1970(사회개발 조사68-2)』

— 1977 , 『사회복지관에 관한 연구』 (안창수·한혜동)

서울시정개발연구원 1996, 『서울시 주택개량재개발 연혁연구』

서울특별시 1983~98, 『서울시정』각 년판

한국개발연구원 1981a, 『사회보장제도 개선을 위한 조사연구』 (박종기 외)

— 1981b, 『빈곤의 실태와 영세민대책』 (서상목 외)

— 1995, 『한국경제반세기 정책자료집』

한국군사혁명사편찬위원회 1963, 『한국군사혁명사(제1집·상)』 (『혁명사·상』으로 약기)

한국여성개발원 1985,『여성백서』
한국인구보건연구원편 1989 ,『최저생활비 계측 조사 연구』(안창수 외)

민간단체의 간행물

전국경제인연합회 1986,『한국경제정책 40년사』
전국철거민연합 2004,『철거민투쟁사』(www.pw87.jimpo.net)
대한노인회 1989,『대한노인회 20년사』
민주화운동기념사업회연구소 2008~10,『한국민주화운동사 1~3』게
한국노인복지시설협회 1994,『한국노인복지시설협회 40년사』
한국사회복지관연합회 1977,『한국사회복지관 총람』
한국여성단체협의회 1993,『한국 여성 단체 협의회 30년사』
한국사회복지협의회 1977,『한국사회복지총람』
— 1986,『한국사회복지단체편람』
— 1991,『한국사회복지총람』(개정신판)
— 1992,『협의회 40년 약사』
— 2007,『복지한국향한 희망의 대장정:한국사회복지협의회 55년사』
카바(KAVA)40년사편찬위원회편 1995,『외원사회사업기관활동사:외국민간원조기관한국연합회 40년사』홍익재

기타 참고문헌

구자헌 1961,『아동복지』남산소년교호상담소(개정증보판 1969년: 한국사회복지연구소)
— 1970,『한국사회복지사』한국사회복지연구소
김영석 1985,『도시빈민론』아침
김형국·하성규(공편) 1998,『불량주택 재개발론』나남(신서 622)
이두호·최일섭·김태성·나성린 1992,『빈곤론』나남
정동익 1985,『도시빈민연구』아침
조은·조옥라(공저) 1992,『도시빈민의 삶과 공간 -재개발사당동 지역 현장 연구-』서울대학교 출판부
하상락(편) 1989,『한국사회복지사론』박영사
홍기용(편저) 1991,『도시빈곤의 실태와 정책』단국대학교출판부

제 4 장

구호행정의 해체와 사회복지 체계의 구축
– 국민생활에 대한 국가운영 패러다임의 전환

독재체제에서 해방으로! — 「광주민중항쟁」(1980年 5月)
출소 : 5·18기념재단홈페이지
http://www.518mf.org/sub.php?PID=0101#remember5

머리말

제4장의 과제는 오랫동안 유지되어 왔던 '구호행정'의 발상과 정책구조가 해체되어 사회복지체계가 새롭게 구축되어 가는 과정을 실증적으로 검토하고 그 역사적 의미를 고찰하는 것에 있다. '구호행정'은 '반공국가'의 유지라는 국가운영 전략을 기초로 하고 있었다. 따라서 '구호행정'을 해체하기 위해서는 국가운영의 파라다임이 전환되고 국민생활의 안정과 향상을 중시하는 국가운영 전략이 확립되어야 했다. 그리고 그것이 실현되기 위해서는 정책형성의 형태에 있어 대통령과 그에 직속하는 행정관료를 중심으로 한 권위주의적이고 밀실적인 결정방식으로부터 의회를 중심으로 한 공개의 무대에서 국민이 참여하는 민주적인 결정방식으로 전환시키는 '정치혁명'이 필요했다.

그러한 변혁을 실현시켰던 원동력은 말할 필요도 없이 1980년대 후반부터 폭발적으로 고양한 민주화운동이었다. 특히 사회복지의 개혁에 있어서는 민주화운동의 일환으로서 전개된 '사회복지운동'이 주도적인 역할을 했다. 그러므로 한국의 사회복지의 구축과정의 검토는 국가와 사회를 근원적으로 변화시켰던 민주화운동의 전개의 역사적 의미를 사회복지라는 분야의 관점에 서서 고찰하는 과제이기도 한다. 동시에 이러한 정치적, 사회적 변혁의 실현을 가능하게 된 전제 조건으로서 1960년대 이후 지속해 왔던 경제성장에 의해서 복지정책의 결정을 둘러싼 경제적인 조건이 크게 변화하고 있었다는 요인에도 주목해야 한다.

제3장까지는 연구축적이 비교적으로 많지 않은 시대의 복지정책의 전개를 고찰해 왔지만 민주화시대 이후에 관해서는 풍부한 연구축적이 존재한다. 이 장에서는 이러한 연구축적을 기초로 하면서도 서론에서 지적한 방법적인 문제점을 고려하고 민주화시대에 실현된 '복지혁명'의 의미를 재검토해 보기로 했다.

첫째에 지금까지의 연구에서는 박정희시대로부터 전두환시대로의 정책 변화, 그리고 전두환시대로부터 노태우시대로의 정책 전환에 관한 연구가 부족하고 있었고 그 때문에 권위주의시대의 복지정책('구호행정')으로부터 어떠한 과정을 겪어 사회복지가 구축되었는지, '구호행정'으로부터의 전환이 어떠한 역사적 의미를 가지는지라는 문제의식이 희박했다. 이 연구에서는 1960년대에 형성된 복지정책이 기본적으로 90년대까지 계속한 것을 기초로 해서 민주화시대의 사회복지의 건설의 의미를 해명하려고 시도했다.

둘째로 사회복지를 구성하는 개별적인 제도마다 분립한 분석이 많고 복지정책을 종합적으로 파악하는 관점이 희박하다라는 문제를 고려하여 이 연구에서는 복지정책의 종합적인 모습이 1980년대~2000년대의 시기에 어떻게 변화해 갔는지를 관찰하려고 했다. 또한, 복지정책을 분석하는 경우 법률과 제도의 측면과 입법과정에 관한 정치적인 요인의 분석에 중점을 놓은 경향이 강하고 정책운영의 실태, 정책과 정책대상과의 관계, 정책결과의 평가 등에 관한 실태적인 해명이 충분히 실시되지 않았다 라는 연구상황에 관련하고 이 연구에서는 가능한 한 실태적인 자료(특히 수량적 측면에 관한 자료)에 의거해서 정책실태를 분석하려고 했다.

셋째로 현재까지의 연구에서는 복지정책의 분석에 있어 사회보장의 제도적 형태와 기능에 관한 분석에 중점을 두는 경향이 강했던 것에 대해서 이 연구에서는 민주화시대에 있어서의 복지정책의 역사적 전환을 정치적, 사회적, 경제적인 요인을 종합한 보다 넓은 관점으로부터 고찰하려고 했다. 복지정책은 전체적인 국가정책의 일환이기 때문에 국가와 사회의 구조, 그리고 국민경제의 상태라는 시야perspective에 놓아서 평가할 필요가 있다. 사회복지의 기본구조는 〈사회보장기본법〉에도 규정되도록, 사회보험, 공공부조, 사회서비스(사회복지)로 구성된다. 이러한 제도는 생활의 안전보장 장치라는 기능의 측면으로부터 뿐만 아니라 국가와 사회의 구조, 국가운영의 이념과 양태를 변혁시켜 가는 측면으로부터도 평가할 필요가 있다. '구호행정'시대에는 복지정책은 국가의 기간적인 정책구조의 외부에 위치하고 있었다. 그러므로 정책의 내용과 범위는 국가의 재량에 의해서 결정되었다. 그러나 사회복지제도의 성립은 복지정책이 국가정책의 기간적인 구조를 구성하는 일환으로서 정착해서, 내재화 시킴으로써 복지정책은 국가 운영의 방향을 결정하는 가장 중요한 요인의 하나로 전환되었던 것에 주의해야 한다.

따라서 제4장에서는 사회복지의 형성 과정을 국가, 사회, 경제의 변혁 과정이라는 시야perspective에서 전체적으로 파악하려고 의도했다. 국민 전체를 커버하는 사회보험체계의 확립과 〈국민기초생활보장제도〉의 성립은 국민의 권리로서의 최저생활보장을 의미했던 뿐만 아니라 국민생활의 안정화 장치를 국가의 정책구조의 일부로서 정착, 내재화 시켰던 것을 의미했다. 사회복지제도에 의해 국민은 하나의 생활연대집단으로서 일원적으로 조직화되었음으로 국민생활의 양상도 변화하게 되었다. 게다가 사회서비스(사회복지) 분야의 발전은 국가와 사회의 양태를 근본적으로 변혁시켜 갈 가능성을 가지는 것에 주의할 필요가 있다. 경제적인 보장 뿐만 아니라 생활의 모든 측면을 커버하는 욕구needs에 대응해서 안정을 보장하기 위한 사회서비스의 전개는 국가정책 뿐만 아니라 민간조직에 의한 사회활동, 경제활동, 그리고 개인의 활동의 참가를 필요로 하기 때문이다. 사회서비스의 진화는 국가와 국민 간의 관계, 국가의 역할, 사회의 양태를 바꾸어 갈 가능성을 가지고 있다. 경제적인 측면에 있어서는 사회복지는 방대한 소비수요와 고용을 창출해서 국민경제를 지탱하는 중요한 일환으로 전환된 것도 주의해야 한다.

제1절 민주화시대 사회복지의 변혁

1. 생활세계에 확대된 민주화운동

'민주화'라는 말은 '민주화운동', '민주화투쟁', '민중항쟁' 등의 말과 거의 같은 의미로 쓰이는 경우가 많고 정치적, 사회적 변혁을 지향하는 행동의 의사와 에너지를 내포하는 말으로서 쓰여 왔다. 민주화운동은 "긴 세월에 걸쳐서 계속 된 권위주의적 억압을 급격하게 와해 시켜"(이영환 2005:15) 정치적, 사회적인 자유를 획득해 민주주의적인 정치체제를 확립한다고 하는 '정치 민주화'의 단계로부터 경제, 사회, 문화, 생활 등 다양한 분야에 있어서의 변혁을 실현하려는 단계로 발전해갔다. 그 중에서도 복지정책 분야의 개혁인 사회복지제도의 구축은 한국사회의 민주화 변혁에 있어서의 중심적인 무대의 하나가 되었다.

민주화시대에 있어서 사회복지 개혁은 '아래로부터의 정책형성'이라고 표현할 수 있는 시민참여에 의한 열린 정책형성 과정을 통해서 실현되어 갔다. 권위주의적인 국가운영에 있어서는 정책은 강대한 권력을 집중적으로 장악하는 대통령과 그것을 지지하는 관료기구로 구성된 밀실에서 형성되었다.

민주화운동은 국회와 정당의 본래의 기능을 회복시키고 정책형성의 주된 무대를 국회에서의 공개 논의라는 열린 장소에 이행시켰다. 민주화시대에는 국회에 있어서의 의결과 법률이 가지는 규범력은 근본적으로 변화했다는 사실에 주의할 필요가 있다. 권위주의 시대에서는 근거 법률없이 정책이 추진되거나 반대로 법률이 제정되더라도 그 규정대로 정책이 실행되지 않다라는 사태가 많았다. 민주화에 의해서 의회는 입법활동을 통해서 정책형성을 주도함과 동시에 행정부에 의한 법률의 실행을 유효하게 감시할 수 있게 되었고 또 법률은 엄밀하게 실행해야 한 구속력을 가지게 되었다. 국민은 선거를 통해서 대통령이나 국회의원에 대해 영향력을 행사할 수 있게 되었고 국회에 있어서의 공개 논의를 통해서 정책형성의 과정을 감시할 수 있게 되었다. 그것 뿐만 아니었다. 민주화시대의 정책형성에 있어서의 중요한 특징은 시민운동이 정책제안을 국회심의의 장소에 직접 반입하고 그 제안을 정당들이 심의하고 법률이나 제도로서 실현시켜 가는 새로운 '아래로부터의' 정책형성의 패턴이 태어났던 것에 있었다. 그것은 시민운동이 변혁의 대상분야를 정치개혁 차원으로부터 경제분야, 사회분야, 생활분야의 개혁으로 확대시켜 갔던 것에 관련하고 있었다. 민주화운동 당사자의 분석에 의하면 시민운동은 당초 "국가와 시장의 반反민주성과 비효율성, 반민중성을 정정하고 개혁하는" 운동을 중심으로 하고 있었지만 운동의 진전과 함께 "분화와 다양화의 시기"에 들어가 개혁과제는 "정치적인 이념 스팩트럼으로만 환원될 수 없는 다양한 쟁점에 확대되어 갔다"고 한다(시민의신문 2004:50-51).

'정치민주화'가 '경제민주화'로 직결해 나가는 것은 불가피했다. 권위주의적인 국가권력은 대재벌에 대표된 금권세력과 제휴해서 정치와 경제를 지배하는 '정경유착' 을 기반으로 성립하고 있었고 그러한 유착에서 태어나는 부정과 부패를 엄하게 탄핵하고 유착을 기초로한 제도적인 골조를 해체할 필요가 있었기 때문이다. 또 1980년대에는 '중진국' 수준에 달했던 한국 경제에게는 국가가 경제활동의 세부에 걸치고 감독·통제하는 '개발독재' 시대의 경제운영은 이미 적합되지 않게 되어 시장경제를 통해 국제적인 경쟁력을 높여 가는 민간주도체제로의 이행이 불가결하게 되어 있었다. 그러기 위해서는 국가에 의한 규제를 완화하고 공정한 경쟁 룰을 기초로 한 시장경제체제를 구축하기 위한 재정개혁, 금융개혁, 공정거래의 보장, 독점규제제도의 확립 등이 필요했다.

경제개혁 문제를 중심적인 과제로 한 시민단체는 1989년에 결성된 〈경제정의실천시민연합〉(《경실련》)이며 토지투기의 제한, 서민주택의 확보 문제를 비롯하여 '정경유착'의 타파, 금융실명제의 실현 등 '경제정의'의 실현을 요구하는 운동을 전개했다. 1994년에 결성된 〈참여민주주의를 위한 시민연대〉(《참여연대》, 당초 명칭은 〈참여민주사회시민연대〉)은 종래형의 사회운동과 새로운 타입의 시민운동 사이에 균열 경향이 나타났기 때문에 운동의 전체적인 연대·협력 관계를 구축할 필요가 있다라고 해서 설립되었다. 그 조직은 당초 회원 수백명 규모로 출발했지만 점차 확대되어 사회적 영향력을 가지게 됐다. 그 활동분야는 정치, 경제, 사회 등 넓은 영역을 망라했지만 특히 사회복지 분야의 개혁에 있어서 전문적인 연구스태프를 갖추고 정책개혁을 입안할 수 있는 능력을 갖추었음과 동시에 운동 전체를 제휴시키는 코디네이터coordinator적인 역할을 했던 점에 특징이 있었다. 이 밖에도 다양한 시민운동단체가 많이 탄생하고 노동운동의 분야에서도 노동현장에 있어서의 근로자의 권리의 확립과 노동조건의 개선을 요구하는 새로운 운동의 흐름이 형성되어 있었다. 새로운 계통의 노동운동은 1990년대 중반에 〈전국민주노동조합총연합〉(《민주노총》)을 결성하고 노사관계와 노동문제 분야 뿐만 아니라 사회복지에 관한 정책 과제에도 관심을 가지고 정책형성 과정에도 영향력을 가지게 되어 있었다.

시민운동의 '분화와 다양화'의 흐름은 정치민주화와 경제민주화로부터 진행되고 "생활 세계의 많은 잇슈가 이전에 비해서 주목을 받게 되어"(시민의신문 2004:50), "시민사회의 공간이 열리면서 보건복지 문제와 관련된 다양한 운동주체들이 나타나"게 되었다

(김연명 2005:319). 노인, 장애인, 여성 등 각기 고유한 생활요구를 가지는 당사자, 그들의 지원자, 복지 사업의 종사자, 복지 관련의 활동가, 연구자, 노동조합 그리고 일반시민 등이 다양한 조직을 만들고 각자의 활동이 점차 제휴하게 되고 하나의 운동 영역으로서의 '사회복지 운동'을 형성하게 되었다(이영환 2005:15-29). 운동은 '인간다운 생활'의 보장을 국가의 책임으로서 실현하기 위한 사회복지 정책의 확립을 요구했다. 권위주의체제하에서 헌법의 생존권 조항은 바람직한 목표에 지나지 않았지만 사회복지운동은 이 규정은 정책을 구속할 법적 규범력을 가져야 한다고 주장했다. 그 목표는 오랫동안 계속된 '구호행정'을 근본적으로 개혁하고 사회복지체계를 구축하는 것에 있었다. 사회복지운동에서는 복지연구자, 복지사업종사자, 법률가 등 전문가들이 많이 참가하고 있었고 운동단체가 정책제안, 제도설계, 법안작성까지 실시할 수 있는 씽크탱크적인 기능을 갖추어 있었던 것이 주목되다. 특히 〈참여연대〉는 빈곤한 정책실태를 고발하고 개혁을 요구함에 머무르지 않고 구체적인 개혁을 위한 '대안'을 작성하고 제안하는 운동방식을 택했다(참여연대 2004). 민주화시대에 실현된 사회복지 개혁에서는 운동이 구체적인 개혁원안을 작성하고 정당과 제휴하면서 국회심의를 통해 법제화시켰던 사례를 많이 볼 수 있다.

2. 사회복지 개혁 전제조건의 경제적, 사회적 요인

(1) 경제성장과 경제규모의 확대

사회복지 개혁을 실현시켰던 원동력은 민주화운동이라는 정치적인 요인이었지만 동시에 개혁의 전제가 되는 경제적, 사회적 조건이 성숙하고 있었다라는 요인도 간과할 수 없다. 〈그림 4-1〉에 보는 바와 같이 1980년대 말부터 90년대 말까지 한국경제는 경기변동을 수반하면서도 일관해서 높은 성장율을 유지하고 있었다. 이 결과 국민총생산GDP은 1980년~90년의 10년 간에 실질로 약 3배, 다음의 90년~2000년의 10년 간에도 약 2.2배로 확대하고 1 인당 국민소득은 1980년~90년에 약 2배, 90년~2000년에 약 1.7배로 확대했다. 1980년~2000년까지의 20년 간에 국민총생산은 약 9.8배, 1인당 국민소득은 약 4.7배로 확대했던 것이 된다(〈표4-1〉).

그러나 경제는 순조로운 성장 경로를 겪었던 것이 아니었다. 박정희정권 이후의 경제 운영에 있어서는 "양적 팽창 정책과 정부 주도형의 개발 전략", "과도의 보호,지원과 규제 시책"을 특징으로 하는 '개발독재'형에서 벗어나 "민간 주도의 경제 운영으로의 전환"을 도모할 필요가 인식되어 있었다(『경제백서』 1981:94, 한국개발연구원 1985:19). 국제적인 경제의 동향은 전자기기나 자동차를 중심으로 한 하이테크형, 연구개발 중시형, 정

그림 4-1 GDP성장률의 추이(1980~2005)

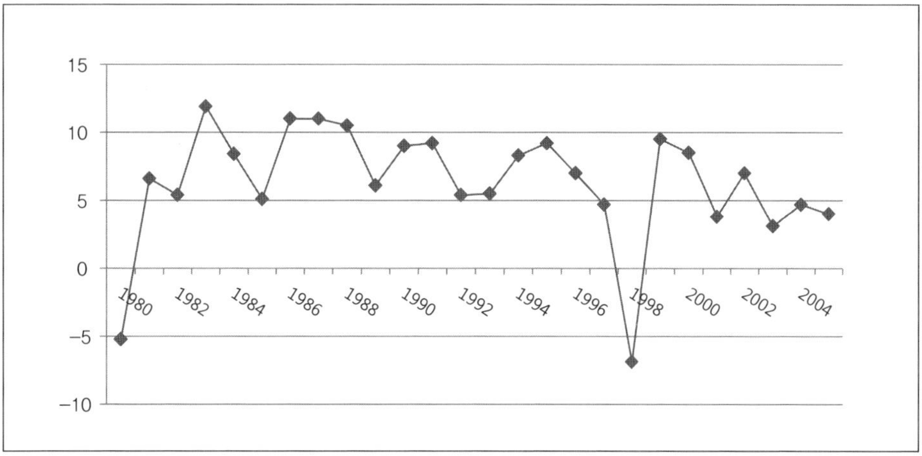

자료: 『한국통계연감』

표 4-1 주요 경제지표의 추이(1980~2005년)

	국민총생산 (1990년가격)		1인당 국민소득 (1990년가격)		도시세대당 월평균가계지출 (1990년가격)		수 출			
							수출액 (경상가격)		기계·수송 관련 제품의 비율	화학·동 관련제품의 비율
	(천억원)		(만원)		(천원)		(10억US달러)		(%)	(%)
1980	534	[0.3]	183	[0.4]	343	[0.5]	18	[0.3]	20.3	4.3
1985	903	[0.5]	262	[0.6]	444	[0.6]	30	[0.5]	37.6	3.1
1990	1,867	[1.0]	435	[1.0]	755	[1.0]	65	[1.0]	39.3	3.9
1995	3,413	[1.8]	652	[1.5]	1,055	[1.4]	125	[1.9]	52.5	7.2
2000	4,106	[2.2]	747	[1.7]	1,147	[1.5]	172	[2.6]	58.2	6.2
2005	5,226	[2.8]	863	[2.0]	1,271	[1.7]	274	[4.2]	63.2	10.1

자료: 『한국통계연감』 각 연판에 의해 작성. [ ]안은 1990년=1.0으로 하는 비율.

보기술형의 산업으로 비중이 이행하고 있었기 때문에 중화학공업 중시 정책으로부터 전환할 필요가 생기고 있었다. 그러한 상황에 적응하고 국제시장에 있어서의 경쟁력을 높여 가기 위해서는 국가에 의한 과도한 정책지도, 활동규제, 정치와 경제의 유착 등 저해 요인을 제거할 필요가 있었다. 그러나 정권과 유착한 재벌을 비롯한 금권세력의 저항이 강했기 때문에 경제개혁은 난항하고 있었다. 1997년 말의 경제위기의 발생에 직면하고 IMF에서 융자의 담보조건으로서 개혁실시를 재촉당했음을 계기로 구조개혁은 간신히 진전하게 되었다.

경제규모의 확대와 경제·사회 구조의 변화는 복지정책 결정의 기초조건을 크게 변화시켰다. 정책대상인 국민의 생활요구가 변화하고 정책과제가 변화하고 있었음과 동시에 국가가 정책을 실시하는 경우 선택할 수 있는 정책수단의 종류와 투입가능한 재정 규모가 훨씬 확대하고 있었다. 특히 경제규모의 확대는 민주화시대의 각 정권이 사회적인 분야에 대해서 대담한 재정투입을 정치적으로 결단하는데 기초적인 전제조건을 제공했다. 〈표 4-2〉에 보는 바와 같이 세출규모는 1980년~90년까지의 10년간에 약 2배에, 다음의 10년 간에는 약 4배로 확대했다(1990년 가격 환산). 재정규모의 비약적인 확대가 분단국가로서 숙명적으로 짊어져 온 군사 예산의 부담을 상대적으로 경감해서 사회적인 분야에 대한 예산배분의 여유를 확대하고 있었다. 1980년에는 방위비지출은 세출총액의 약 30%를 차지했지만 2000년에는 약 17%에까지 저하하고 있었다.

표 4-2 세출액과 세출 내용의 추이(1980~2005년)

		1980	1985	1990	1995	2000	2005
세출총액(1990년가격 : 10억원) [ ]안은 1980년을 1로 하는 지수		14,054 [1]	24,000 [1.7]	27,437 [2.0]	38,107 [2.7]	54,040 [3.8]	69,382 [4.9]
세출내역 (%)	방위비	30.6	21.6	25.0	22.1	17.0	16.4
	교육비	14.6	16.3	20.4	18.9	14.3	20.5
	사회개발비	9.9	15.3	8.9	8.1	11.9	13.3
	경제개발비	24.8	26.7	14.1	22.3	26.1	21.0
	일반행정비	8.5	14.6	10.2	10.6	9.1	11.0
	기타	11.5	5.4	21.4	18.0	21.6	17.8
	합 계	100.0	100.0	100.0	100.0	100.0	100.0

자료: 『한국통계연감』 각 연판에 의해 작성. 세출총액은 그 해 가격의 기재를 1990년 가격으로 디플레이트 함.

(2) 경제구조와 생활의 변화

경제성장에 따른 소득수준의 상승과 산업·취업 구조의 변화는 생활수준, 생활양식, 생활 요구를 크게 변화시키고 있었다. 1980년대에는 농림업의 축소경향이 더 가속되어 비농림계 고용자가 증가했다(〈표 4-3〉). 취업자 전체에서 비농림 고용자가 차지한 비율은 1980년에 약 40%이었으나 90년에는 약 60%에 상승하여 사회집단 중 다수파를 차지하게 되었다. 고용자 중에서도 중·대규모 기업의 상용근로자의 비율이 증가했다. 도시 자영업 종사자도 증가했는데 그들은 생업적인 경영으로부터 탈피해 보다 안정적인 경영으로 변화하는 경향이 있었다. 소득수준은 전반적으로 상승하고 생활수준이 큰폭으로 개선되어 갔다. 도시세대의 가계 동향은 월 평균 가계 지출이 1980년~2000년까지의 20년 간에 3배 이상으로 상승했던 것을 나타낸다(〈표 4-1〉). 이러한 생활을 둘러싼 변화는 복지정책의 개혁에 있어서의 기초적인 전제 조건을 크게 변화시켰다.

첫째로 전반적인 소득수준의 상승, 특히 고용자를 중심으로 한 중간 소득층의 증대는 사회보험을 성립시키기 위한 보험료 부담능력의 증대를 의미했다. 또 보험료의 국고보조를 필요로 할 저소득층이 상대적으로 축소했던 것은 소득재배분을 중·상위 소

표 4-3 취업구조의 변화 (1965~2005년)

단위:%

			1965	1970	1975	1980	1985	1990	1995	2000	2005
농림어업	자영업주		24.8	21.4	19.9	17.3	12.6	10.1	7.3	6.4	4.6
	가족종업자		27.8	22.7	21.2	14.1	9.2	6.4	4.3	3.6	2.1
	고용자		9.1	8.5	6.2	5.9	3.5	1.4	0.9	0.9	0.7
농림어업의 합계			61.8	52.5	47.4	37.3	25.4	17.9	12.4	10.9	7.4
비농림어업	자영업주		12.0	12.8	14.0	16.6	18.7	17.9	20.6	22.1	25.0
	가족종업자		3.3	4.3	4.3	4.7	5.1	5.1	5.3	5.5	6.1
	피고용자	상용	10.9	20.1	19.8	28.0	32.6	32.6	36.2	29.6	32.1
		임시						17.2	17.1	21.3	20.5
		일용	12.1	10.3	14.6	13.5	18.2	9.3	8.3	10.6	9.0
		소계	23.0	30.4	34.4	41.4	50.8	59.2	61.7	61.5	61.5
비농림어업의 합계			100.0	100.0	100.0	100.0	100.0	100.0	100.0	100.0	100.0
취업자총수			38.2	47.5	52.6	62.7	74.6	82.1	87.6	89.1	92.6
취업자실수 (천명)			8,206	9,745	11,830	13,707	14,884	18,084	20,432	21,060	24,671

자료: 『경제활동인구연감』 각 연판에 의해 작성.

득층에 대해서 설득성을 가질 수 있는 정도의 규모로 억제할 수 있는 가능성을 높였다. 따라서 1980년대 후반에는 사회보험을 국민 전체에 적용하기 위한 전제 조건이 점차 형성되어 있었다고 볼 수 있다.

둘째에 생활곤궁자 집단의 규모의 축소는 전통적인 빈곤정책을 재검토시키는 계기가 되었다. 1950년대~60년대 초에는 극도의 생활궁핍이 사회 전체를 넓게 덮고 있었고 그러한 전반적인 '빈곤'상태에 정책적으로 대응하기는 어려웠다. 그러나 1980년대에 들어 '절대빈곤'이라 불리는 극도의 생활곤궁자는 크게 감소했고 사회의 상대적인 소수파적인 존재로 이행했다. 이 단계에서 '빈곤'은 사회 전체에 널리 덮는 현상이 아니고 정책적으로 대처 가능한 크기를 가지는 특정 요구집단의 문제로서 다루는 것이 가능하게 되었다. 1980년대에 들어 '근로빈민working poor'인 '영세민'에 대한 자립지원 정책, 도시빈곤층에 대한 주택지원대책, 지방이주대책 등이 새롭게 등장한 것은 정책 대상으로서의 '빈곤'의 변화와 관련하고 있었다.

셋째로 도시의 인구집중, 생활양식의 도시화, 가족의 변화 등의 요인이 아동, 노인, 장애인 등의 문제를 사회적인 문제로서 표출시키고 있었다. 1980년대에 들어도 복지분야는 의지할 곳 없는('무의무탁'한) 사람은 시설에 수용하고 재가생활자의 경우 가족, 지역사회, 민간활동에 맡긴다는 발상이 여전히 남아 있었지만 노인 단독세대의 증가, 장애인의 사회적인 고립화 등 문제가 표면화하고 있었고 정부의 정책담당자도 공적 정책의 적극적인 개입을 피할 수 없다라는 인식을 가지게 되어 있었다.

넷째에 경제성장에 따라 사회적인 계층구조가 크게 변화했던 점에 주목할 필요가 있다. 중위 수준의 소득층, 화이트칼라층, 중간 근로자층 등의 증가는 시민운동이나 새로운 성격의 노동조합운동을 진전시켰던 배경 요인이 되었다. 이들은 전문직, 기술직, 사무직, 기능공 등 비교적으로 학력수준이 높고 안정된 일자리와 수입을 가지고 도시적인 생활과 문화를 즐기는 계층이었으며 점차 사회의 중견층을 구성하게 되었던 존재이었다. 물론 이러한 계층의 증가가 즉시 시민운동이나 노동운동의 활발화에 연결해 가는 것이 아니었지만 국가정책의 형성이나 기업의 경영자세에 대해서 조직적인 영향력을 행사하게 되어 있었다.

3. 민주화시대의 정권과 사회복지 개혁

민주화시대의 사회복지 개혁의 과정은 노태우정권시대를 기점으로 하고 김영삼정권 시대, 김대중정권시대를 거치고 노무현정권시대에 이르러 완료한다고 볼 수 있다. 사회보장체계의 구축 과정에서 역사적 분수령이 된 것은 김대중정권시대에 실현된 주요 사회보험의 전국민 적용 실현과 보편적인 최저생활보장 제도의 확립이었다. 그 다음에 노무현정권 하에서 사회복지서비스 분야가 확충되고 사회복지의 개념이 더 풍부하게 되고 정책의 내용과 대상이 확대되어 갔다. 이러한 과정을 통해서 '반공'을 '국시'로 하는 국가 운영에서 벗어나 '국민복지'를 우선하는 국가운영으로 패러다임 전환이 생겼다고 할 수 있다.

그러나 개혁과정은 평탄한 직선적인 과정이 아니었다. 민주화시대의 각 정권의 사회복지 개혁에 대한 자세는 각기 달라 각 정권이 당면한 정책과제와 그것을 둘러싼 정치적, 경제적인 환경도 다르고 있었다. 또 정권과 의회에 대해 직접, 간접에 영향력을 행사했던 사회운동과 그 배후에 있었던 사회적인 세력도 변화하고 있었기 때문에 민주화시대의 개혁을 둘러싼 정치·사회 구도는 크게 변동했다. 제2절 이하에서는 정책과제별로 개혁의 진전을 고찰하는데 그 분석의 전제로서 4대의 민주화 정권에 있어서의 사회복지 개혁을 둘러싼 정치·사회 구도의 변화를 개관하기로 한다. 기초자료로서 〈표 4-4〉에서 전두환정권시대 이후 노무현정권시대까지의 사회복지에 관한 주된 입법과 개혁조치를 표시했다.

(1) 노태우정권시대 – 정책전환과 그 한계

사회복지제도를 구축하기 위한 첫걸음이 내디뎌진 것은 민주화운동의 압력을 받고 등장한 노태우정권시대이었다. 선행한 전두환정권(제5공화국)은 기본적으로 박정희체제의 권위주의적인 국가운영을 계승했지만 표면적였다고 하더라도 사회복지의 중요성을 강조하고 '민주 복지사회의 건설'을 '국정지표'의 하나로서 내걸고 있었다. 전두환정권이 발족한 때 보사부는 "국민의 복지 욕구가 크게 늘어나고 하면 제5공화국 정부의 복지 의지 또한 그 어느 때 보다도 강렬하다"(보건사회 1981:2)라고 선언했다. 그러나 실제로는

표 4-4 사회복지제도의 구축에 관한 주된 동향 (전두환정권기~노태우정권기)

전두환 정권기 1980~88년	
《전반적인 계획·기본방침》	
81	「제5차 경제사회발전 5개년계획 (보건의료 및 사회보장부문 계획)」(1982~86)
82	「영세민종합대책」
83	「제5차 경제사회발전 5개년계획 (보건사회 부문 수정계획)」(1984~86)
86	「제6차 경제사회발전 5개년계획」
	「국민복지증진대책」
《주된 입법과 개혁조치》	
80	〈사회복지사업기금법〉제정
81	〈노인복지법〉제정
	〈심신장애자복지법〉제정
	〈아동복지법〉제정 (〈아동복리법〉의 개정)
82	〈생활보호법〉개정 ('자활보호' 신설)
노태우 정권기 1988~93년	
《전반적인 계획·기본방침》	
88	「제6차 경제사회발전 5개년계획/수정계획」(1988~91)
92	「제7차 경제사회발전 5개년계획」(1992~96)
《주된 입법과 개혁조치》	
88/89	의료보험: 자영업 분야에의 확대 (전 국민에의 의료보험 적용 실현)
	〈국민연금법〉개정(실질적 제정, 10인이상 사업소의 피용자)
89	〈노인복지법〉대폭 개정
	〈심신장해자복지법〉을 〈장애인복지법〉으로 대폭개정
	〈모자복지법〉제정
	「장애인복지 종합대책」
90	〈장애인고용촉진등에 관한 법률〉 제정
김영삼 정권기 (문민정부) 1993~98년	
《전반적인 계획·기본방침》	
93	「신경제5개년계획」
95	「삶의 질 세계화」 선언
	「사회취약층 복지증진대책」
96	「삶의 질 세계화를 위한 국민복지의 기본구상」
《주된 입법과 개혁조치》	
93	〈고용보험법〉제정 (95년 실시: 30인 이상 사업소)
94	〈보건사회부〉를 〈보건복지부〉로 개편
95	〈사회보장기본법〉제정
	〈여성발전기본법〉제정
96	국민연금:농어민에의 확대
	〈국민의료보험법〉제정 (공무원/교직원보험과 지역보험의 통합)
97	〈생활보호법〉대폭개정 (7월)
	〈노인복지법〉개정 (시설/재가를 망라하는 노인정책의 체계적 정비, 경로연금의 신설, 보건서비스강화)
	〈장애자·노인·임산부 등의편의증진보장에 관한 법률〉제정
	「제1차 장애인복지발전 5개년계획」(1998~2002)

김대중 정권기 (국민의 정부) 1998~2003년	
《전반적인 계획·기본방침》	
99	「제1차사회보장발전 5개년계획」(1999~2003)
	「생산적 복지」구상
《주된 입법과 개혁조치》	
98	국민연금의 도시자영업자에 확대 (전국민에의 적용)
	고용보험 적용 확대 (1월:10인이상 사업소/3월: 5인 이상/10월:1인 이상)
	〈국민기초생활보장법〉제정(최저생활보장제도 확립)
99	〈장애인복지법〉개정(권리, 차별금지, 장애종류별 서비스, 장애수당)
	〈국민건강보험법〉제정 (의료보험의 일원화)
	〈산재보험〉의 적용확대 (5인이상 사업소)
01	〈근로복지기본법〉제정 (근로자의 주거, 생활안정, 재산형성 등의복지지원)
	〈여성부〉신설
02	〈장애아동부양수당〉 지급개시
노무현 정권기 (참여정부) 2003~08년	
《전반적인 계획·기본방침》	
03	「참여의 복지」 구상의 표명
	「제2차 사회보장발전 5개년계획」(2004~08)
06	「선진복지한국의 비전과 전략」
《주된 입법과 개혁조치》	
03	「제2차 장애인복지발전 5개년계획」(2003~07)
04	〈여성부〉를 〈여성가족부〉로 개편
05	〈긴급복지지원법〉제정 (긴급적인 생활곤란 발생에 대한 시한적 지원의 실시)
	〈저출산·고령사회기본법〉제정
	〈모자복지법〉을〈모·부자복지법〉으로 개정
07	〈장애인차별금지법〉제정
	〈장애인복지법〉개정
	장애수당의 지급범위·지급액 개성
	〈기초노령연금법〉제정 (경로연금을 계승·확대)
	〈노인장기요양보험법〉제정 (시설·재가을 통한 요간호노인의 지원의 체계적 정비)
	〈사회적기업육성법〉제정
08	「제3차 장애인복지발전5개년계획」(2008~12)

자료: 필자 작성. 고용보험법(1993년 제정, 95년 실행) 이외는 제정 후 6개월~1년 이내에 실시되었음.

명목적 성격이 강한 복지 입법이 실시되고 저소득자대책이 강화된 것을 제외하면 사회적 시책의 발상이나 정책구조에는 진전은 거의 없었고, 사회분야에 대한 국가재정의 투입을 억제하는 자세는 여전히 계속하고 있었다.

이 시기에는 국가의 경제 전략으로 '개발독재'형의 운영은 재검토되기 시작했기 때문에 생산적 투자 우선을 위해서 사회적 지출을 억제해야 한다라는 주장은 설득력을 잃게 되었다. 대신에 정부는 복지재정의 비대와 경직화라는 문제가 생기고 있는 복지 선진국의 경험을 피해야 한다라는 주장을 채택했다(『경제백서』 1986, 한국개발연구원 1985). 이 주장은 당시 영국의 대처Thatcher 정권이나 미국의 레이건Reagan 정권이 연달아 '작은 정부'를 실현하기 위한 구조개혁에 착수했던 것에 영향되어 있었다. 정권은 그러한 선진국의 동향을 관찰하고 복지분야에 대한 국가재정의 확대를 주저하고 1982년에 수립한 사회보장 확충계획의 목표를 다음의 83년에 하방 수정하는 조치마저 취했다(제2절 21를 참조). 수정의 이유로서 "… 사회복지는 한번 실시되면 다시 철회하기 어려운 속성을 감안하여 제도의 도입에 신중을 기하는 등 우선순위를 재조정함으로써 우리의 발전단계와 능력에 맞는 한국적 복지 모형을 정립하기 위한 구체적인 실천지침을 마련하는 것에 중점을 두었다"(보건사회부 1983: 4)라고 설명되었다. 사회복지제도가 성숙되지 않은 상황에서 장래의 복지 재정의 비대가 위구된 것은 국민복지보다 국가 존립을 우선시켜야 한다라는 국가 운영의 이념이 여전히 관철하고 있었던 것을 표현한다.

그러나 전두환정권은 그 말기의 1986년에 '국민복지 증진대책'을 발표하여 종래의 방침을 갑자기 크게 전환해서 ①의료보험의 전국민 적용, ②국민연금 실시, ③최저 임금제 실시, ④저소득층의 생활향상 등 정책과제의 조기 실시를 공약했다. 이 공약은 1987년의 '6월 민중항쟁'의 뒤에 성립한 노태우정권에 의해서 실현되었다. 노태우 정권은 선거전의 공약으로서 '민주화 선언'의 실행을 약속하고 있었고 기능을 회복한 의회에 있어 '민주화' 요구를 배경으로 한 야당이 과반수를 차지하고 있었기 때문에 자기 의사에 불구하고 복지정책의 전환을 추진하지 않을 수 없는 입장에 놓여져 있었다. 이 정권 하에서 의료보험의 전국민 적용과 의료보호제도의 확대, 국민연금의 실시, 최저 임금제 실시 등이 실현되었고 또 '선언적 규정 중심'이라고 비판을 받았던 〈노인복지법〉과 〈심신장해자복지법〉(〈장애인복지법〉의 명칭변경)의 대폭적인 개정에 의해 국가재정의 투입을 수반하는 복지정책의 전환이 실현되었다.

노태우정권 하에서 실시된 조치에 의해서 장기에 걸쳐 계속되어 왔던 '구호행정'의 발상에서 벗어나 본격적인 사회복지제도를 구축하기 위한 첫걸음이 내디뎌졌다. 첫째에 종래 억제되어 있었던 사회복지 분야에 대한 국가재정의 본격적인 투입이 결단되었던 것이 중요하다. 의료보험의 자영업·영세기업 종업자에 대한 적용확대는 보험재정의 50%에 상당하는 거액의 국고부담을 필요로 했다. 또한 노인와 장애인을 대상으로 한 생활지원과 복지서비스의 확대에 있어서도 종래와 다른 규모의 재정지출이 필요했다. 둘째로 이 시점에 이르러서 사회보험, 공공부조, 사회복지서비스로 구성된 사회복지의 체계적인 구조를 구축해 나간다는 목표가 현실성을 띠게 되었다. 그러나 이 시점에서는 전국민을 커버하는 사회보험은 의료보험만으로 그 이외의 사회보험은 정비되지 않았고, 공공부조제도는 박정희·전두환정권시대의 상태가 거의 그대로 계승되는 상황이었다. 또, 복지서비스분야는 미개척이며 기본적으로 민간활동에 맡겨져 있었다. 사회복지제도의 구축이 더 진행되는지는 노태우정권부터 시작한 개혁이 다음 정권하에서도 계속되는지에 달려 있었다. 이 시기에는 정책형성에 있어 대통령과 그 주변 세력에 의한 밀실적인 장소에서 의회를 무대로 하는 공개의 장소로 이행했고 사회적 시책의 개혁요구가 정책형성 과정에 미치는 영향력도 높아지고 있었지만 이 후에도 민주화가 확실하게 진전해 나가는지에 관한 전망은 아직 명확하게 형성되지 않고 있었다.

(2) 김영삼정권시대 – 삶의 질 세계화 구상과 시민운동과의 낙차

〈사회보장기본법〉을 둘러싼 견해대립

김영삼정권은 발족 당시 정경유착문제, 금융실명제 실시 등 정치, 경제개혁에 힘을 쏟았지만 사회복지 개혁에 대해서 적극적인 자세를 나타내지 않았다. 그러나 임기 중반의 1995년에 대통령이 '삶의 질 세계화 선언'을 발표한 이후 정권의 자세가 변화했다. 야당도 사회복지 개혁에 대한 자세를 적극화하고 이 문제는 정국에 있어서의 중요 과제로서 부상했다. 구체적으로는 사회보장의 기본법제로서 〈사회보장기본법〉을 제정하는 문제와 생활보호제도의 개혁문제라는 두개의 문제가 1995년부터 97년에 걸치고 국회에서 논의의 초점이 되었다. 사회보장 개혁이 정치적인 초점이 된 배경에는1994년에 결성된 시민단체인 〈참여연대〉가 '국민생활비 최저선확보 운동'을 개시한 상황 등에 나타난 듯이 최저생활보장에 관한 사회적인 관심이 점차 높아지고 있었다라는 사정이 있었다.

시민운동은 토론회, 공청회, 행정소송, 국회청원 등의 수단을 통해서 최저생활을 보장하는 '사회적 안전망'이 존재하지 않다라는 문제를 사회적으로 고발하고 정치적·사회적 과제로 주목시키기 위한 운동전략('여론화 전략')을 전개하기 시작했다(김연명 2005:

316). 그러나 초기단계의 사회운동은 국회에 있어서의 논의에 대해 간접적으로 영향력을 주는 것에 주목적을 두어 나중의 시대와 같이 정책형성과정에 직접적으로 개입하는 수준까지 달하지 않았다.

1995년에 국회에서 전개된 〈사회보장기본법〉의 제정에 관한 심의는 사회복지 개혁에 관한 원칙적인 대립을 표면화시켰다. 이 시점에서 존재했던 〈사회보장에 관한 법률〉(1963년 제정)은 7조로 구성된 소극적인 내용의 법률에 불과했다(제2장 제1절 2 참조). 민주화의 진전과 함께 이 법률을 폐기하고 사회보장제도를 본격적으로 구축하기 위한 기본입법을 제정하는 것이 정치적인 안건이 되었다. 새로운 법률은 ①'인간다운 생활'과 '최저생활'의 보장을 기본이념으로서 내거는 것, ②사회보장 제도의 확립에 관해서 국가의 책임과 재원확보를 명기하는 것, ③사회보장을 받을 권리를 명기하는 것, ④기본적인 정책 계획을 심의하는 기관으로서 〈사회보장제도심의위원회〉(나중에 〈사회보장심의회〉로 개칭)을 설치하는 것, ⑤5년 마다 '사회보장장기계획'의 작성을 의무화 하는 것 등을 기본내용으로 포함함이 기대되어 있었다.

이 법률의 심의과정에 있어 실질적인 쟁점은 헌법이나 생활보호법에 있어서의 '인간다운 생활'과 '최저생활'의 보장규정이 법적인 구속력을 갖게 하는 문제이었다. 정부·여당이 가능한 한 추상적 규정에 한정하려고 의도했던 한편, 야당은 법적인 구속력을 갖게 하기 위한 구체적인 조치를 강구하려고 노력했다. 최종적으로 제정된 법률에서는 '최저생활' 보장규정에 관해서 ①'사회보장급여의 수준'은 '국민이 건강하고 문화적인 생활을 유지할 수 있'는 수준인 것, ②그것을 보증하기 위해 매년 국가가 '최저생계비'를 공표해야 하는 것 ③각종의 사회보장 급여의 수준의 결정에 있어서 최저생계비와 〈최저임금법〉에 따른 최저임금을 '참작'하는 것 등의 조항이 부가되었다. '참작'이라는 말은 최저생계비 규정의 법적인 구속력을 명확화하지 않기 위한 표현이고 최저생활보장제도의 확립을 회피한 조치이었다. 이상과 같은 〈법〉의 개혁논의를 통해서 김영삼정권시대에 최저생활보장 문제는 정치적인 과제로 등장했지만 정권은 그 실현에 대해서 소극적이었던 것이 확인된다.

정부 및 각 정당과 시민운동 사이의 발상의 상이

1996년 말부터 시작된 〈생활보호법〉의 개정에 관한 국회심의의 과정은 김영삼정권과 시민운동의 대립구도를 명확히 나타내고 있었다. 이 시점에서는 〈참여연대〉를 중심으로 한 시민운동은 최저생활보장제도의 확립을 요구하는 운동에 있어 사회적인 영향을 펼치고 있었다. 시민운동은 〈생활보호법〉의 개정안을 작성하고 국회심의에 제기하는 직접적인 행동 방식을 채용하게 되었다. 야당인 〈신정치국민회의〉는 시민운동이 제기한 원안을 거의 그대로 채용하고 국회의 심의에 제안했다. 그 내용은 권리로서의 최저생활보장제도를 확립하는 것을 목적으로 하고 ①근로능력의 유무를 불문하고 모든 국민을 대상으로 하는 것, ②급여 대상의 인정은 객관적으로 명시된 수속에 의해서 산정된 '최저생계비'에 의하는 것, ③생계급여의 기준은 '최저생계비'에 상당하는 최저의 생활수준을 보장하는 것 — 이라는 3점을 확립하는 것이었다. 여기에서는 '구호행정'의 발상을 일소하려고 의도한 근본적인 개혁방향이 표현되어 있었다. 그러나 결과적으로 국회 심의를 통해서 시민운동이 의도한 개혁 구상은 받아들여지지 않았다. 이 시점에서는 김영삼정권뿐만 아니라 시민운동에 친화적이라고 여겨진 야당의 〈신정치국민회의〉도 정권의 방침에 동조했던 것에 주의해야 한다.

김영삼정권 및 각 정당과 시민운동 사이에는 생활보장의 이념에 관해서 근원적인 낙차가 있었다. 김영삼정권의 사회복지 개혁에 대한 관심은 1995년에 발표된 '삶의 질의 세계화'라는 슬로건에 표현되어 있다. 이 구상은 "우리나라는 작년에 1인당 국민소득이 1만불을 넘어섰고 경제규모도 세계 11위로 도약함으로써 선진국 진입을 위한 발판을 마련하였으나 각종 국제기관에서 보고하는 한국의 복지수준은 경제수준에 비해 매우 뒤떨어지는 것으로 … 32위에 머물고 있다"고 해서 한국인의 "삶의 질"을 "2000년대처음에 세계 15위, 2010년에 세계 11위로 경제발전 수준에 상응하게 인상할 것을 목표로 걸었다(국민복지기획단 1996). 여기서는 국민생활에 대한 관심 자체 보다 "삶의 질"이 OECD에 가맹하려고 하는 '선진국'에게 적합하지 않다는 '세계화'시대에 있어서의 한국의 위치에 대한 관심이 표현되어 있었다. 이 경우 '세계화'란 한국이 복지를 포함한 모든 측면에서 '선진국'이 되는 것 - '선진국화'를 의미했다. 국가적인 관점에 서 있었던 정권의 복지에 대한 관심과 '생활세계'의 관점으로부터 '인간다운 생활'의 보장을 요구하고 있었던 시민운동의 발상 사이에는 근원적인 낙차가 존재했다. 이러한 이념의 차이

표 4-5 '삶의 질의 세계화를 위한 국민복지의 기본구상'의 개요

I. 21세기 국민복지의 비전	
①국민복지의 과제와 전망	ㅇ우리나라 복지정책의 현 위치와 과제 ㅇ21세기 전망과 새로운 복지정책의 모색
②한국형 복지모형의 구축	ㅇ한국형 복지모형: 조화롭고 균형된 복지국가 ㅇ왜 한국형 복지모형이어야 하는가
II. 수급자중심의 사회보건제도 구축	
①전국민사회보험시대의 조기정착	ㅇ전국민 사회보험화 추진 ㅇ사회보험재정의 견실화 유지 ㅇ사회보험 관리운용체계의 효율화
②내실있는 의료보험의 정착	ㅇ농어촌 의료보험의 재정안정 ㅇ의료보험제도의 내실화 ㅇ직장퇴직자를 직장의료보험 계속적용 검토
③전국민연금 실현	ㅇ전국민에 대한 기초적 노후소득보장제도 마련 ㅇ여성연금권 확보를 위하여 연금분할제도 도입 ㅇ국민연금과 공무원연금 등간의 통산제도 도입
④건실한 산재보험제도의 구축	ㅇ적용대상을 금융, 보험업종 및 5인미만사업장까지 확대 ㅇ산재보험률 산정방식 재검토 ㅇ요양급여범위확대·조정 ㅇ산재예방활동 강화
⑤근로생활보장을 위한 고용보험제 내실화	ㅇ적용대상의 조기확대 ㅇ2000년까지 "고용정보전산망"을 선진국수준으로 구축 ㅇ육아휴직 장려금제도 적용사업장 확대
III. 국민최저생활수준의 보장	
①저소득층의 최저생활보장	ㅇ최저생계비의 완전보장 ㅇ저소득층 자녀교육보호사업의 확대 ㅇ자립지원을 위한 생산적 복지시스템 구축 (「자활공동체」 지원)
②의료보호사업의 확대와 질적 개선	ㅇ의료보호진료비 지급기간단축 ㅇ의료보호수가를 의료보험보수가와 일치시켜 환자차별대우문제 해소
IV. 보편적 사회복지서비스의 확충	
①가족 및 지역사회중심의 복지서비스 강화	ㅇ지역사회준심의 복지서비스 체계 구축 ㅇ가정위탁보호제도도입 실시 ㅇ재택복지사업과 보육사업의 강화 ㅇ노인 및 장애인 부양가족에 대한 경제적 인센티브 확대 ㅇ종합적인 가족상담체계 구축
②고령화사회에 대비한 노인복지 획기적 증진	ㅇ노령수당확대지급 ㅇ노인취업기회확충 ㅇ"치매노인 10년"대책 추진 ㅇ"노인종합복지타운"설치 ㅇ유료(실비)노인복지시설에 대한 민간참여 적극유도 ㅇ노인을 위한 여가 및 생활여건개선 ㅇ"효 및 노인공경"사회 분위기 확산
③장애자복지의 활성화	ㅇ장애발생예방활동의 강화 ㅇ실질적 소득보장의 확보 ㅇ장애자 사회활동지원 ㅇ보장구 기술개발 촉진
④요보호아동의 사회적 보호강화	ㅇ비행청소년예방을 위한 학교사회사업 도입 ㅇ요보호아동에 대한 구룹홈 형태의 보호제도 개발
⑤보육시설확충과 질 개선	ㅇ보육시설확충 ㅇ보육서비스 질향상
⑥사회복지수용시설의 운용개선	ㅇ시설의 현대화 ㅇ시설종사자의 처우개선 ㅇ시설의 개방화 및 전문화 추진 ㅇ무허가시설수용자에 대한 국가보호 실시 ㅇ시설에 대한 지원봉사, 후원금 등 민간의 인적, 물적 지원 적극활용 ㅇ5-15명 정도의 소규모시설(group home) 설립 적극유도

V. 복지공동체 구축	
①적정 복지지출규모의 모색	○우리나라 복지지출 현황 ○적정 복지지출규모의 모색
②민간의 복지참여 활성화	○민간의 복지참여의 실태 및 문제점 ○지원봉사활동의 육성과 지원

자료: 국민복지기획단『삶의 질 세계화를 위한 국민복지의 기본구상』에 관한 보건복지부 사회복지정책실 복지정책과의 해설 자료 (1996년2월) 에 의해 작성. 원문에는 각 항목에 대해 1996년 현재의 상황분석, 장래의 달성목표 및 실현까지의 로드맵 (일정과 재정투입액) 이 표시됨.

에 기인한 최저생활보장제도 확립에 관한 국가정책과 시민운동의 대립구도는 국민기초생활보장제도의 성립 때까지 계속 존재하게 되었다.

실제로 김영삼정권시대에 사회복지가 크게 진전했다고 평가할 수 없다. 정권의 주된 정책은 1995년에 발표된 '사회취약층 복지증진 대책'이고, '사회취약층'은 노인, 장애인, 저소득층 등 경제적·사회적 적응능력이 '취약'한 사람을 의미하는 행정용어이다. 구체적인 시책으로서 ①생활보호제도에 있어 생계보장 수준의 인상, ②노인와 장애인에 대한 소득지원, ③저소득층에 대한 의료지원 확대, ④재가 복지서비스의 확대, ⑤저소득층의 자립·자활 대책 강화 등이 열거되었다. 이러한 시책의 실질적인 내용은 노태우시대의 정책의 부분적인 개선에 지나지 않았다. 특히 생활보호제도의 개선은 합리적인 근거를 가지지 않는 행정의 재량에 의한 금전급여의 증액에 머무르고 있었다[1].

그러나 김영삼대통령의 지시로 〈국민복지기획단〉에 의해 실시된 '삶의 질의 세계화를 위한 국민복지의 기본구상' 정책구상의 내용에 주목할 필요가 있다. 이 정책연구 작업은 정부의 정책관계자 뿐만 아니라 민간 전문가도 많이 참가한 대규모 연구사업으로 결과보고는 1996년 초에 공표되었다. 그 내용은 〈표 4-5〉에 개략을 나타낸 바와 같이 사회보장의 현재 수준이 극히 낮은 상태인 것을 상세하게 검증한 후 한국이 가까운 장래에 구축해야 하는 '21세기 국민복지의 비전'을 제시했다. 이 연구는 1980년대 이후 처음으로 실시된 복지정책의 실태에 대한 총점검 작업이었다. 또한 이 연구에서는 상세한 개혁목표와 함께 4~5년간에 걸쳐 개혁을 진전시키기 위한 작업일정road map이 제시되었다. 이 정책구상은 지금까지 충분히 검토되지 않았는데, 그 이유는 이 구상이 실제의 정책형성 과정에서 중시되지 않았기 때문이라고 생각된다. 개혁구상은 김영삼대

1 〈사회보장기본법〉의 시행후 김영삼정권은 '최저생계비'의 산정작업에 착수하지 않았던 사실은 정권이 최저생계비에 의거하여 생활보호를 운용하는 발상을 가지지 않았던 것을 나타낸다.

통령의 지시에 의해서 작성되었지만 연구결과에 대한 정권의 자세는 냉담하고 제안은 방치되었다. 그러나 많은 민간 전문가의 참가에 의해서 작성된 정책개혁구상은 정권의 정책구상이 아니라 오히려 실질적으로 시민운동의 발상에 가까운 내용을 표현하고 있었다. 그 내용이 김영삼정권시대의 복지정책의 실태에 대한 철저한 비판적인 검토와 대담한 개혁제안을[2] 풍부하게 포함하고 있었던 것을 재평가할 필요가 있다.

(3) 김대중정권시대 — IMF 경제위기와 사회복지 개혁

긴급적인 생활대책과 사회보험 제도 개혁

김영삼정권 말기의 1997년 후반에는 사회복지제도의 개혁 문제는 정치적인 교착 상태에 빠져 있었다. 생활보호제도의 발본적인 개혁 안건은 전통적인 구호행정의 제도 골조의 유지로 귀착했다. 또한, 국민연금의 도시 자영업층에의 확대, 고용보험의 30명 미만 사업소에의 확대, 의료보험 운영의 일원화 등 일련의 사회보험 보편화 문제도 진전할 전망은 없었다. 사회보험과 공공부조에 의해 '국민생활최저선national minimum'을 보장하는 베버리지형의 사회복지체계는 바람직한 목표로서 인식되어 있었지만 그것을 즉시 완성시키려는 정치적 기운은 존재하지 않았다. 그러나 이러한 개혁에 관한 정치적인 정체상황은 외부적인 요인에 의해서 갑자기 일변하게 되었다. 1997년 11월에 발생한 'IMF외환위기'에 의해서 경제는 급격히 악화하고 대량의 실업과 생활 곤란이 확대했기 때문이었다. 1997년 중의 실업자수는 약 30~40만명, 실업률은 2~3%정도이었지만 98년을 통해서 계속 증가하고 99년 초에는 약120만명, 10%가깝게 까지 달했다. 외환위기가 심각한 경제위기를 초래했던 주된 이유는 한국 경제가 여러 가지 구조적인 문제를 안고 있었음에도 불구하고 개혁을 늦춰 왔던 것에 있었다. 경제붕괴의 위기에 직면하고 한국은 IMF에 대해 구제금융을 요청하고 금융·재정 개혁, 노동시장 개혁, 재벌개혁 등 구조 개혁의 실시를 조건으로서 지원을 받고 경제체제의 재건에 노력하게 되었다(『경제백서』 1999:제3장 참조).

경제위기 상황속에서 탄생한 김대중정권은 출범과 동시에 경제위기의 극복과 IMF

---

2 특히 '자립지원을 위한 생산적 복지 시스템 구축(자활공동체)'의 구상이 중요하다.

에 요구된 구조개혁을 진전시키는 역할을 짊어지게 되었다. 동시에 급속히 확대했던 실업자와 생활 곤궁자에 대해서 긴급적인 구제를 실시할 필요가 있었다. 정권은 발족 후 고용보험의 적용확대, 공공취업사업, 직업훈련, 실업자대출사업, 근로능력자에 대한 생활보호의 시한적인 적용, 노숙자대책 등을 연달아 실시했다[3]. 또한 정권은 긴급적인 대책과 병행하면서 1998년 중에 국민연금의 자영업층에의 확대(연금의 국민 전체에의 적용 실현), 고용보험과 산재보험의 고용자 전체에의 확대, 의료보험제도의 일원화 등 김영삼 정권말기에 정체하고 있었던 사회보험에 관한 현안 과제를 단숨에 해결해 갔다.

첫째에 정권은 사회보험개혁을 적극적으로 진전시켰는데, 그 이유는 이것이 IMF에게 요구된 구조개혁의 일환이었기 때문이였다. 사회보험제도에 의한 고용자의 생활 안정화는 경제운영의 안정화에 도움이 된다고 생각되었다. 또 IMF에게 요구된 노동시장의 유동화 정책을 실시하면 고용자의 생활의 불안정성을 더 격화시키는 위구가 있고 이것에 대비하기 위해서 사회보험제도에 의한 사회안정망을 마련할 필요가 있었다. 둘째에 한국사회는 그 때까지 경험하지 않았던 생활위기에 직면하고 사회안정망의 구축을 요구하는 여론이 높아지고 있었다. 생활불안은 저소득층만 아니라 중간 고용자층에 확대하고 있었고 정권은 사회개혁에 관해서 큰 사회적인 압력을 받고 있었다. '사회연대', '사회통합'의 기운이 높아지고 있었던 것[4]은 "시민, 종교, 노동, 재계, 학계 등 사회 각계가 참여한 민간 주도의 범국민운동체로서의 실업 극복 국민운동"[5]이 전개했던 상황에 나타나고 있었다. '사회연대'의 발상의 고양은 중·상위 소득층이 소득 재분배를 통해 하위의 소득층을 지탱하고 국민 생활을 전체적으로 안정시킨다는 정책 방향에 대한 사회적 합의 형성을 촉진시켰다[6]. 국가적인 위기를 극복하기 위해서 정책 결정에

---

3 긴급적 실업자대책에 관해서는 한국보건사회연구원(1998), 류만희·윤정향(1998) 등을 참조.

4 '사회연대', '사회통합' 등의 표현은 '제1차 사회보장발전계획'에서 사용되었다.

5 이 운동은 '실업자 구호와 자립지원, 실업원조금 모금, 의식개혁 캠페인, 민간협력 사회안전망 구축, 21세기 사회보장 틀 준비'의 '5대 사업과제'를 내걸고 있었다(시민의신문 2004:100).

6 『보건복지백서』 2000은 의료보험의 '사회연대성원리'를 강조하여 "의료보험은 국민의 건강욕구를 해결하는데 드는 사회적 비용을 국가가 사회연대성원리에 따라 공동체적으로 해결하는 사회보장제도로, 그 기본취지는 부자가 가난한 사람을, 건강한 사람이 병든 사람을 돕자는 것이다. 그러나 조합방식에서는 독립채산제로 운용되기 때문에 전국민적 상부상조가 불가능하였다"고 설명했다(p.74).

있어 관계자들이 서로 적극적으로 협력하는 기운이 태어나고 있었다. 특히 김대중정권 하에서 설입된 〈노사정위원회〉(1998년 2월 설치)가 큰 역할을 했다. 이 조직은 경제위기 극복을 위한 구조개혁 정책의 전반에 걸치는 노사의 정책 합의 형성을 목적으로 하고 정책 합의의 범위에는 사회보험의 확충을 중심으로 하는 사회적 시책의 추진이 포함되어 있었던 것이 주목된다.

국민기초생활보장제도 의 성립

한편 생활보호제도의 개혁은 신속히 진전하지 않았다. 김대중정권도 각 정당도 이 문제를 긴급적으로 착수해야 하는 과제로서 인식하지 않았기 때문이었다. 1998년에 실업자 구제를 목적으로 긴급적인 조치로서 기간을 한정하고 근로능력자에게도 생계보호가 확대되었지만 이 조치를 항구화하고 근로능력자를 포함한 보편적인 최저생활보장제도로 전환시켜 가는 방향에는 여전히 강한 저항이 존재했다. 그러한 제도는 장래에 걸쳐 국가예산의 대규모 투입이 계속적으로 필요하게 됨과 동시에 근로자가 안이하게 복지에 의존하는 것에 대한 위구심도 존재했기 때문이었다. 〈생활보호법〉의 근본적인 개혁문제를 재차 정치적인 과제로서 떠오르게 한 요인은 사회운동의 고조이었다.

1999년 초부터 보편적인 최저생활보장제도의 확립을 요구하고 거의 모든 유력한 복지단체, 시민단체, 노동단체가 참가하는 캠페인이 전개되고 정책결정을 주저하고 있었던 정부와 의회에게 큰 압력을 더했다. 그 배경에는 심각한 생활 위기에 직면하고 기초적인 사회안정망인 최저생활보장 제도의 필요성을 인식하게 된 여론의 변화가 있었다. 정체하고 있었던 국회심의는 김대중대통령의 최종적인 정치결단을 계기로 가속되고 1999년 7월에 마침내 〈국민기초생활보장법〉이 성립했다.

개혁의 실현에 있어서 주도적인 역할을 했던 주체는 시민운동이었다. 운동은 정권과 국회심의에 대해서 압력을 더했던 뿐만 아니라 정책결정과정에 직접적인 영향력을 행사했던 것이 중요하다. 〈참여연대〉를 중심으로 한 사회운동은 법률의 명칭과 조문구성을 포함한 원안을 마련하고 국회심의의 장소를 통해 실현시키는 것에 성공했다. 이것은 그 때까지 존재하지 않았던 정책 결정 형태이었다.

국민 전체를 피보험자로 한 사회보험제도와 국민기초생활보장 제도의 형성은 한국

복지정책의 역사에 있어서 분수령의 의미를 가진다. 첫째에 국가가 국민생활에 대해서 맡아야 한 책임이 명확화되었다. 권위주의적인 체제 하에서 국민의 생활문제는 국가 존재에 종속하는 문제로서 다루어지고 재정배분은 국가방위와 경제성장 우선을 이유로서 국가가 설정하는 재량적인 기준에 따라 운영되어 왔다. 따라서 국민생활에 대한 국가책임의 확인과 국민의 권리로서의 최저생활보장의 형성은 국가운영에 있어서의 패러다임 전환을 의미했다. 둘째에 국민 전체를 커버하는 사회보험과 공공부조제도의 확립은 한국의 복지정책이 처음으로 명확한 '체계성'을 가지게 되었던 것을 의미했다. 1998년 11월에 책정된 '제1차 사회보장 발전계획'(1999~2003년도)은 체계성을 갖추게 된 한국의 사회보장제도의 모습을 자랑스레 그리고 있었다. 중요한 것은 사회보장 체계에

표 4-6 김대중정권의 '생산적 복지' 구상의 내용

(1) 국민의 기본생활을 보장하는 복지
○국민기초생활보장법의 시행 ○사회보험제도의 내실화 ①국민연금 확대로 안정된 노후생활보장 ②각종 질병으로부터 국민의 건강보장 ③실업으로부터 모든 근로자보호 ④모든 근로자를 산업재해로부터 보호 ⑤사회보험 운용효율화 및 수급자 중심 서비스 체계확립 ○사회복지서비스의 확충
(2) 생산과정에의 대한 참여를 통한 복지
○일자리 창출과 인간개발을 통한 고용안정 ①일자리 창출과 취업의 촉진 ②산업수요에 맞춘 인력양성 ③공평한 훈련기회의 제공과 개인의 자율적 훈련 확대 ○근로조건의 개선을 통한 근로생활의 질 향상
(3) 삶의 질 향상을 위한 기반 조성
○기회균등과 평생교육의 지향하는 열린 교육 ○평생건강관리체계의 기반 마련 ①단편적 건강관리체계를 평생건강관리체계로 전환 ②새로운 의료공급체계를 구축 ○문화복지공간의 확대 ○건강하고 쾌적한 환경조성
(4) 복지재정의 확충과 조세정의의 실현
○복지재정의 확충 ○형평과세를 통한 조세정의의 실현 ①과표현실화를 위한 기반 확충 ②세정과 세제개혁을 통한 세부담의 형평성을 제고

자료: 『경제백서』 1999:276-96.

의해서 국민은 하나의 운명적인 생활집단으로 조직화되었던 것, 또 사회복지제도는 국가정책과 국가재정의 기초구조의 일부로서 정착하게 되었던 것이었다.

생산적 복지 구상의 의미

김대중정권은 시장경제체제 아래에서 사회복지제도의 위치를 어떻게 평가할지 라는 문제에 직면했다. 1999년에 발표된 '생산적 복지' 구상은 "국가의 재분배 정책에만 의존해 왔던 기존의 복지의 한계를 극복하여 시장과 복지의 상호 보완적 관계를 목표로 한다"라고 해서 "시장친화적인 새로운 사회복지 패러다임의 제시"를 강조했다. 심각한 경제·고용 위기에 직면하면서 복지개혁을 추진해야 했던 입장에 놓였던 김대중정권에게는 "개인의 근로의욕 둔화와 기업의 투자의욕 둔화라는 '시장저해적' 복지가 아닌 '시장친화적 복지'를 강조할 필요가 있었다. 소득재분배에 의한 생활보장만을 계속 확대하면 조만간 재정 파탄에 빠질 것은 명백하고 노동시장에서의 이탈자에 대해 할 수 있는 한 빨리 직장에 복귀시킬 자립화 지원을 강화할 것이 불가결했다. 따라서 "국민의 기본생활을 보장하는 복지"('재분배적 복지')와 병행해서 "시장경제에 참여하는 계층에 대한 공정한 시장 질서의 확립을 통한 분배"가 강조되어 노동시장을 통한 생활의 자립화를 지원하기 위해 노동·고용·인력 개발 등의 정책 분야, 보건·의료, 교육·문화, 환경, 조세 등의 생활 인프라에 관한 정책 분야를 연관시킨 복지체계가 제창되었다(〈표 4-6〉, 『경제백서』 1999: 274).

'생산적 복지'의 구상에 대해서는 신자유주의에 친화적이고 복지 확대에 적극적이 않다라는 비판도 존재했다. 그러나 복지와 시장경제의 관계를 어떻게 설정할지는 복지정책에 있어서 피할 수 없는 근원적인 문제이다. 생산적 복지 구상은 이 문제에 정면으로 맞붙었다고 할 수 있다. 국민기초생활보장 제도가 생활자립화 지원 프로그램('자활급여')을 수반한 공공부조제도로서 설계된 이유는 여기에 있었다. 생활이 불안정한 저소득층('사회취약층')에 대한 정책수단을 좁은 의미의 복지시책(소득 재분배)에 한정하지 않고 고용, 보건·의료, 교육·문화, 환경 등 생활에 관련한 다양한 분야와 연계시키려고 했던 것은 복지의 개념을 확대시키는 결과를 초래했다. 또 복지정책의 대상을 '사회취약층'에 한정하지 않고 일반적인 근로자층에도 확대하려는 발상을 가지고 있었던 것에도 주의해 야 한다. 생산적 복지는 "중산층 육성과 서민생활의 향상"이라는 목표와 병행해서 제기되어 있었기때문이다(『경제백서』 1999: 제5장). 이와 같은 복지의 개념의 확대, 정책 대상의 일반국민에의 확대, 정책수단의 다양화 등의 새로운 전개 방향은 노무현 정권 이후에 계승되게 되었다.

(4) 노무현정권시대 – 복지분야의 새로운 전개

노무현정권시대에는 복지정책의 과제는 새로운 국면에 들어갔다. 사회보험과 공적 부조에 의한 금전수당에 의한 생활보장제도가 형태적으로 확립한 후 중심적인 과제는 사회복지서비스 분야의 충실 문제에 이행했기 때문이었다. 노인, 장애인 등 핸디캡이 있는 사람이 정상적으로normally 생활할 수 있는 '노멀라이제이션normalization'을 실현하기 위해서는 국가와 사회는 해결해야 하는 많은 문제에 직면한다. 우선 다양하고 복잡한 요구에 대응하기 위해서는 다양하고 복잡한 서비스 제공조직이 필요하게 된다. 민간의 비영리적 복지활동과 영리조직을 활용하고, 복지서비스의 제공체제를 어떻게 조립하는지 라는 문제를 해결할 필요가 있으며 이러한 조직을 운영해 나가기 위한 전문적인 지식과 기술을 가지는 인력을 마련할 것도 필요하게 된다.

이와 같은 과제는 국가재정의 투입확대와 국가정책의 확대만으로는 해결하지 못하고 국가가 기초적인 지원 책임을 맡는 것을 전제로 하고 민간의 조직이나 사회의 구성원인 개인이 각자 적극적인 역할을 분담하는 것이 요구된다. 이 점에 관련해서 김대중 시대까지 일관해서 국가 책임의 확립과 공적 정책의 확대를 요구해 왔던 시민운동의 자세도 변화하기 시작하고 있었던 것이 주목된다. 장애나 핸디가 있는 사람의 권리문제나 차별문제 대처에 중점을 옮기게 되어 이 시기의 사회운동은 대결형으로부터 자기의 역할이 추궁당했다. 복지정책의 형성에 관해서 정권과 사회운동의 대립이라는 정치 구도로부터 다양한 요구와 이해 관계를 가진 많은 집단이 서로 어떠한 관계를 가지고 사회적 합의를 형성해 나가는가 하는 구도로 이행해 갔다.

노무현시대에 사회복지서비스 분야는 비약적으로 확대되었다. 노인과 장애인의 경제 보장에 관해서 금전수당과 연금이 증강되었음과 동시에 노인에 대한 포괄적인 복지서비스 제공의 기초법제로서 〈노인장기요양보험법〉이 제정되었다. 장애인에 대해서도 경제적 보장이 강화되고 복지서비스 개선, 차별의 폐절과 권리보장에 대한 대책 등이 실시되었다. 또, 저출산·고령화에 대한 우려가 복지정책의 발상을 크게 변화시키고 있었던 것이 주목된다. 2005년에 제정된 〈저출산·고령사회기본법〉에서는 저출산화에 대한 심각한 위기감이 표명되어 장래의 사회복지제도는 저출산·고령화 문제를 기초에 두지 않으면 안 된다라는 인식이 나타나고 있었다. 이 문제는 고령화 대책의 충실을 촉진시켰을 뿐만 아니라 저출산 대책으로서 육아지원 등을 중심으로 일반근로세대에 대한 복지서비스를 확대시키는 계기가 되었다. 복지대상의 확대와 함께 생활보장의 정책체계는 사회보험과 공공부조에 의한 사회안전망 뿐만 아니라 고용지원, 각종의 사회수당에 의한 지원, 생활환경의 정비 등 그 때까지 서로 관련성을 가지지 않았던 정책 분야간의 제휴에 의해서 생활의 여러 가지 측면에 걸치는 종합적인 지원체계로 변화시키는 방향을 가지게 되었다.

노무현정권시대는 사회복지서비스에 관해서 새로운 문제 상황이 태어나고 새로운 정책 방향이 모색되었던 시대이었다. 우선, 사회서비스 체제를 구축하는 과정에서 〈공公〉과 〈사私〉의 새로운 관계를 어떻게 만들어 가는가 라는 과제에 직면하게 되었다. 노무현 정권은 이 문제를 인식하고 '참여의 복지'라는 정책구상을 발표하고 "정부와 민간이 모두 만드는 사회"의 구축을 제창했다(제5장 (24) 참조). 이 시기에는〈공〉과 〈사〉의 쌍방에서 역할 분담과 새로운 관계의 구축에 관해서 모색이 시작되어 있었다. 이러한 문제는 용이하게 회답을 얻을 수 있는 문제는 아니고 현재 모든 '복지국가'가 직면하고 있는 과제이다. 노무현시대에 이르러서 한국의 사회복지는 세계의 선진복지국가와 같은 문제를 묻기 시작했다고 말할 수 있다.

복지정책의 대상에 관한 발상도 변화해서 아동, 노인, 장애인 등 고유의 요구를 가지는 사람들 뿐만 아니라 근로세대를 포함한 국민 일반으로 확대하는 경향이 더 명백하게 되어 있었다. 이 배경에는 IMF 위기를 극복한 후에도 경제의 동향은 '일하는 빈민'working poor을 축소하지 못하고 반대로 증가시키는 경향에 있었다라는 요인이 존재했다. 경제는 고용 확대를 초래하지 않았고 노동시장에서는 고용의 불안정성이 확대하고 있었기 때문이다. '일하는 빈민'의 증가는 보험료를 부담할 수 없는 집단의 증가와 공적 부조에 의존하는 집단의 증가에 의해서 김대중 시대에 형성된 사회안전망의 존립조차 위험에 몰아넣을 우려도 있었다. 이러한 사회 취약층=일하는 빈민의 방대한 존재라는 문제에 대처하기 위해서 복지의 정책 대상에 대한 생각을 수정할 필요가 생기고 있었다. 국민기초생활보장제도의 자활지원사업의 대상을 더 적극적으로 확대하고 생계지원과 다양한 수법에 의한 고용지원을 조합한 정책방식을 발전시킬 필요가 생기고 있었다. 〈사회적 기업 육성법〉의 제정은 경쟁적인 일반 노동시장과 일정한 거리를 두는 '사회적 고용'의 영역을 만들고 '사회적 취약계층'을 대상으로 노동을 통한 생활 자립화를 지원하려고 했던 새로운 정책적인 시도로서 주목된다. 이상과 같이 노무현 정권 시대는 민주화와 함께 시작된 사회복지 제도의 구축 작업이 완성함과 동시에 새로운 문제에 직면해서 새로운 복지의 발전을 모색하기 시작하게 되었던 시대이기도 했다.

제2절 사회보험에 의한 국민생활의 조직화

사회보험은 국민 전체 또는 적어도 그 대부분을 커버하고 있지 않은 한 생활안정장치로서 충분한 기능을 발휘하지 않다. 사회보험은 각 구성원이 생활상의 위험에 대비하기 위해 보험료를 적금하고 하나의 기금을 만들고 보험원리에 따라 그 기금을 운영하고 동일 수준의 급여를 보증하려고 하는 시스템이다. 보험집단에 가입하지 않다라는 자유는 용서되지 않다. 따라서 국민 전체를 커버하는 사회보험은 국가권력을 매개하고 국민을 강제적으로 하나의 생활집단으로서 조직하는 것을 의미한다. 사회보험은 각 구성원이 자기의 생활안전을 위해 보험료를 부담한다라는 점에서 '자조'自助에 기초를 둠과 동시에 기금을 명확한 룰에 따라 공동으로 사용하는 점에서 '사회 연대'의 발상을 가지는 제도이기도 한다. 그 성립 조건은 각 구성원이 보험료를 부담할 수 있는 소득을 가지는 것이고 부담능력을 가지지 않은 사람을 구성원으로 포함할 수 없다. 그러나 경제수준이 높아져도 저소득층을 완전히 없앨 수 없기 때문에 현재까지 각국은 보험료의 부담능력이 취약한 저소득층에 대해서 국고로부터 보험료의 일부를 보조하는 방식을 채용함으로써 국민 전원을 커버하는 사회보험을 성립시켜 왔다. 이 경우 고소득 집단이 저소득 집단을 지지하는 소득 재분배에 의해서 제도가 성립할 수 있게 된다. 하위의 소득집단에 대한 보험료의 보조가 크면 큰 만큼 소득재분배의 정도가 커지고 사회보험은 높은 '사회성'을 가지게 된다.

따라서 보험료 부담능력이 약한 대량의 빈곤층이 존재하는 사회의 경우 사회보험의 도입은 어렵다. 이 의미에서는 1980년 이전에 한국에 존재했던 사회보험으로 불렸던 제도는 공무원, 군인, 민간 대기업의 고용자 등의 일부 사회집단을 위한 부분적인 상호부조 제도에 지나지 않았다. 사회보험이 성립하기 위해서는 빈곤집단이 축소되며 중간 소득층이 충분히 형성되어 있다라는 여건의 성립이 필요하다. 따라서 국민 전체를 커버하는 사회보험의 성립과정을 검토하기 위해서는 빈곤집단의 변화와 빈곤정책의 동향을 검토하는 것이 필요하게 된다. 1980년대에 있어 빈곤은 사회속에서 상대적인 소수 집단이 되어 있었지만 보험집단에 받아들이는 것에는 여전히 많은 문제가 존재하고 있었다. 국고에 의한 보험료 보조에 의해서 하위의 소득집단을 하나의 보험집단에 넣을 수 있을지는 단순히 정치적인 결단의 문제뿐만 아니라 여러 가지 경제적, 사회적인 조건의 성숙을 전제로 하는 것에 주의해야 한다. 여기에서는 사회연대의 이념에 의거하여 국민을 하나의 보험집단으로 편성해 나가기 위한 정치적, 경제적, 그리고 사회적 조건이 어떻게 성숙했는지를 고찰한다.

1. 빈곤인식과 빈곤정책의 전환

(1) 전두환정권의 영세민종합대책

전두환정권은 '4대 국정지표' 중의 하나로 '복지사회의 건설'을 내걸었다. 거기에는 정치선전적인 목적이 강하게 존재했지만 동시에 이 시기에는 국민생활에 다양한 문제가 생기고 있었기 때문에 정권이 국민생활에 관심을 가지는 태도를 나타낼 필요가 있었던 것도 사실이었다. 정권은 발족 직후의 1981년3월 〈한국개발연구원〉에 '절대빈곤 해소와 대도시의 영세민 집중 억제 대책'에 관한 정책연구를 지시했다. 그 연구결과 (한국개발연구원 1981b)에 의거하여 다음 해 82년 2월에 정권의 복지정책의 기본이 되는 '영세민종합대책'이 발표되었다. 이 대책에서는 일찍이 사회 전체를 덮고 있었던 '절대적 빈곤'

은 크게 축소되었다라는 인식에 서서 빈곤정책의 초점을 도시의 '상대적 빈곤' 문제로 이행시키는 정책발상의 전환이 나타나고 있었다. 상술의 연구에서는 생존 빠듯한 수준에 있는 '절대적 빈곤' 인구는 1965년에 약 1,175만명이어 인구의 40.9%를 차지했지만 1980년에는 약 364만명, 인구의 9.8%에까지 감소하고 동시에 빈곤문제가 농촌에서 도시지역으로 옮겼다고 분석되었다(〈표 4-7〉). 이것은 빈곤이 급속히 축소한 결과 빈곤층은 사회의 상대적인 '소수파'로 변화하고 정책적으로 특정한 생활요구 집단으로서 다룰 수 있는 존재로 변화했던 것을 의미했다.

표 4-7 1980년대 초에 실시된 빈곤인구의 추계

	'절대빈곤' 인구			전 인구에서 '상대빈곤' 인구가 차지하는 비율 (%) (b)	전 인구에서 빈곤인구가 차지하는 비율 (%) (a+b)
	'절대빈곤' 인구 (천명)	전 인구에서 '절대빈곤' 인구가 차지하는 비율 (%) (a)	'절대빈곤' 인구에서 도시부 주민이 차지하는 비율 (%)		
1965	11,749	40.9	36.1	12.2	53.1
1976	5,198	14.8	59.1	12.4	27.2
1980	3,644	9.8	61.7	13.3	23.1

자료: 한국개발연구원 (1981b:102-3)에 의해 작성.

'영세민종합대책'은 도시지역에서 집적된 '상대적 빈곤층'('영세민')을 대상으로 그 자활능력을 높이고 빈곤으로부터 탈각시키기 위한 지원을 강화하는 것을 목적으로 했다. 여기서는 정책대상을 사후적인 구제의 대상이 아닌 자립지원의 대상으로 파악하려는 발상의 전환이 있었다. 1960년대~70년대에 있어서 '영세민'에 대한 시책은 공공 사업('자조근로사업' 등)에 취업시키는 것이었지만 사업규모는 대상자 전체를 커버하지 못하고 취업 기간도 단기간이었기 때문에 한정된 대상자에 대한 일시적인 생활지원에 머물렀다.

'영세민종합대책'의 구체적인 내용은 자녀의 교육비지원(중학교 수업료의 전액 지원), 의료보호의 적용확대(의료비의 일부 지원), 생업자금의 융자, 직업훈련과 취업지원(훈련 중의 수당과 생계지원·훈련 수료 후의 취업지원 등), 지방이주 장려와 정착지원, 공공취업사업에의 우선취업 등이 열거되어 있었다. 이러한 시책을 실시하기 위한 법적 조치로서 1982년12월에 〈생활보호법〉이 1961년에 제정된지 20년만에 처음으로 개정되었다. 이 개정에서 근로능력이 있는 보호대상자에 대해서 '자활보호'라는 새로운 범주가 설정되었다. '자활보호'에서는 양곡 지급 등 생계보호를 실시하지 않고 '적극적인 자활지원'만이 실시되었다.

이 정책 전환과 함께 '영세민'의 인정은 대폭 확대되었다. 1981년에는 인정수는 약 176만명이었지만 82년에는 308만명, 83년에 약 260만명으로 확대되었다(〈표 4-20〉참조). 그러나 실제로 실시된 생활자립 지원의 규모는 크지 않았고 큰 효과를 가져왔다고는 할 수 없다(〈표 4-8〉). 이 대책은 생활보호제도의 일환('자활보호')으로서 운영된 것에 나타나고 있도록 자립지원 보다도 종래의 사후 구제적인 성격을 여전히 강하게 남기고 있었기 때문이다. 시책의 체계성도 없었으니 생활자립화 정책으로서는 미흡하다고 말할 밖에 없다. 그러한 한계는 있었더라도 그 대책은 빈곤인식과 정책발상의 전환의 맹아萌芽를 내포하고 있었고 사실 그후 1990년대로 이 새로운 빈곤인식과 정책이 적극적으로 확대되어가는 방향으로 계승되어간 것은 주목할 만한 일이다. 1980년대 중반 이후 근로능력이 있는 빈곤층은 '저소득층'이라는 행정용어로 불리게 되어[7] 아동, 노인, 장애인, 여성 등의 복지요구를 가지는 집단과는 범주적으로서 구별된 정책대상으로 의식되게 되었다.

(2) 민주화정권시대의 저소득층대책

근로능력이 있는 빈곤층에 대한 생활자립 지원 정책은 '민주화' 개혁이 시작된 노태우 정권 밑에서 더 적극화되었다. 〈표 4-8〉에 보는 바와 같이 자녀에 대한 교육비 지원, 생업자금 융자, 직업훈련·취업지원 등의 사업 규모는 비약적으로 확대되었다. 한편 전두환정권이 빈곤대책과 도시과밀 해소 대책을 겸하고 시작했던 저소득층 지방 이주 장려정책은 국가의 기대대로 진행하지 않았기 때문에 수년 후에 중지되었다(〈표 4-8-④〉). 또 박정희정권시대부터 계속된 공공취업사업은 1980년대에 들어와도 실업자, 자연재해 이재민 등에 대한 긴급적, 일시적인 생활구제책으로서 실시되었지만 점차 생활보호를 수급하는 노인, 장애인, 여성 등을 대상으로 하는 경작업 중심의 사업으로 이행하여

7 '저소득층'이라는 표현은 『보건사회백서』(1986년판)에 처음으로 나타났다.

표 4-8 저소득층에 대한 자립지원책 (1980~90년대 초)

① 자녀교육비 지원(생활보호대상자)

	지원명원 (명)	사업비 (백만원)
1985	239,161	34,754
1988	293,544	55,108
1989	378,672	85,136
1990	357,509	98,774
1991	318,686	88,749
1992	250,489	81,875
1993	202,460	72,878

②생업자금 융자(저소득층)

	세대 수 (세대)	사업비 (백만원)
1985	3,124	4,371
1988	9,026	19,315
1989	8,322	22,647
1990	6,847	19,822
1991	6,494	19,428
1992	8,006	30,636
1993	5,537	26,479
1994	7,904	25,670

③직업훈련·취업지원(저소득층)

	수료자 수 (명)	취업자 수 (명)
1985	3,666	3,828
1988	9,849	8,113
1989	12,672	9,730
1990	15,813	11,389
1991	11,231	7,436
1992	12,327	5,901
1993	(노동부에 이관)	

④지방이주 사업(대도시 저소득층)

	세대 수 (세대)
1982	626
1983	1,413
1984	1,476
1985	1,559
1986	925
1987	930
1988	357
1989	117
1990	(중단)

⑤취로사업(저소득층)

	취로연(延)인원 (천명)	사업비 (백만원)
1985	4,760	31,858
1986	3,400	25,166
1987	5,941	45,000
1988	4,814	40,000
1989	2,164	23,446
1990	1,793	17,727
1991	1,545	15,994
1992	832	10,000

자료: 『보건사회 (보건복지) 백서』(①1994년판, ②1995년판, ③·⑤1993년판, ④1992년판).

사업규모도 축소되어 갔다(〈표 4-8-⑤〉). 여기서 박정희정권시대 이후의 시책은 축소·폐지되어 가는 한편 새로운 시책 방향으로서 도시의 하층고용자나 자영업자·영세업자 등을 대상으로 하는 생활자립 지원이 강화되는 정책 변화를 확인할 수 있다.

김영삼정권과 김대중정권 하에서도 '저소득층'에 대한 생활자립 지원 정책은 보다 체계화되어 목적 의식적으로 확대되었다. 김영삼정권의 지시에 의해 작성된 〈국민복지기획단〉의 복지정책 기본구상에서는 '저소득층의 자립지원을 위한 생산적 복지 시스템의 구축'이 제안되었다. 그 제안에서는 '근로능력이 있는 저소득층'이 협동하고 '자활공동체'라고 불리는 사업체를 설립하고 고용을 창출하는 프로젝트를 발전 시키는 것을 목적으로 하고 그것을 지원하기 위해 지역에서 정보제공, 창업지원, 사업자금 지원 등을 실시하는 〈자활지원센터〉를 설립할 계획이 제시되어 있었다(〈표 4-4〉참조). 김영삼 정권은 이 제안에 적극적으로 주목했다고는 보이지 않았지만 1997년 8월에 실시된 〈생활보호법〉 개정에 있어서 이 방식이 채택되어 그 후의 저소득층을 대상으로 하는 생활자립 지원의 원형이 되었다. 김대중정권 밑에서 제정된 〈국민기초생활보장법〉에서는 근로능력자에 대해 생계급여를 실시하는 경우 자활지원 프로그램에의 참가를 의무화하는 조치에 의해서 〈생활보호법〉에 있어서의 생활자립 지원을 한층 확충·강화했다.

초기의 생활자립 지원은 시책 상호 간의 연계없이 개별적으로 제공됨에 불과했지만 김영삼정권시대와 김대중정권시대에 들어 저소득층 전체를 정책 대상으로 하는 거시적인 정책 관점도 태어나게 되었다[8]. 특히 김대중정권이 1999년에 발표한 '중산층 육성과 서민 생활 안정 대책'은 개별적인 지원의 차원을 넘어 거시적인 정책 목적으로서 '중산층 육성'을 설정하고 경제, 재정, 복지 등의 각 분야의 정책을 연계시키는 종합성을 가지게 되었다. 그 내용은 ①자녀 교육비, 의료비, 주택비 등 생활지원, ②창업지원 사업 운용지원과 직업생활의 안정 등 고용·근로면에서의 지원, ③생활이나 사업 지원을 위한 세제 우대 조치 등의 정책을 체계적으로 조합한 것이었다(『경제백서』 1999). 이

8 이미 전두환시대의 1987년에 '저소득층의 중산화 방안'이라는 정책발상이 제기되고 있었다(『보건사회』1987: 417-22). 이 발상은 "현행의 저소득층 보호 사업만으로에서는 완벽할 수 없"다라는(동서:422) 인식에 서서 종합적인 저소득층 대책의 필요성을 강조하고 있었지만 이 시점에서는 구체적인 정책은 체계적으로 전개되지 않았다.

시책의 대상은 〈국민기초생활보장법〉의 수급자와 수급자에 근접하는 저소득 계층('차상위계층': 최저생계비의 120% 이내의 소득계층)이었으며 '중산층 육성'을 위한 정책 대상으로서 기초법 수급자뿐만 아니라 근접하는 소득계층을 포함한 넓은 시야에서 파악되어 있었다.

이상과 같이 전두환정권시대에 시작된 '빈곤해소' 정책은 민주화시대의 정권에 계승되어 김대중정권시대에 이르고 '중산층 육성'정책으로서 체계화되었다. 이 과정에서 '빈곤'에 대한 인식과 시책은 크게 전환되었다. 건국기부터 한국사회에서는 "5천년 이래의 숙명적 빈곤"(『보건사회』 1981)라고 표현된 바와 같이 사회 전체가 숙명적으로 빈곤에 덮여 왔다는 인식이 지배적이었다. 1980년대부터 90년대에 걸친 정책전개는 그러한 '숙명적'인 빈곤 의식으로부터 해방되어 빈곤을 대처 가능한 정책과제로서 파악할 수 있게 되었던 것을 나타내고 있었다. 이러한 상황은 국민 전체를 하나의 보험집단으로서 편성할 사회보험 제도의 성립의 전제 조건이 성숙하고 있었던 것을 의미했다.

2. 전 국민을 커버하는 의료보장제도의 진전

(1) 사회보험 확충에 대한 전두환정권의 소극적인 자세

1980년대 초에 있어 사회보험제도로서 산재보험과 의료보험(공무원·교직원 보험과 민간 피고용자 보험)이 존재했지만 적용 범위는 공무원과 일정 규모 이상의 사업소의 고용자에 한정되었다. 산재보험은 1961년의 법률제정 이후 16명 이상의 사업소까지 확대되었지만 민간 고용자를 대상으로 한 의료보험은 1977년의 제정시의 500명 이상으로부터 100명 이상 사업소로 확대되었음에 지나지 않았다. 이 결과 1980년에 의료보험에 커버되었던 사람은 인구의 약 24%(피보험자와 부양가족의 합계)에 지나지 않았으며 중간 고용자층 이상의 계층을 위한 한정된 상호부조 제도에 머무르고 있었다(〈표 4-11〉참조). 소·영세기업 종업원과 자영업 취업자 그리고 그 가족은 인구의 과반을 차지해서 사회보험을 가장 필요로 했던 불안정한 생활집단이었지만 이러한 존재는 제도에서 제외되어 있었다.

경제성장에 따라 중간 소득층이 증대하고 저소득층이 상대적으로 감소했던 것은 보험료 부담능력의 전반적인 향상을 의미해서 의료보험의 적용확대, 국민연금과 고용보험의 실시 등 사회보험 확충의 전망이 열렸다. 전두환정권의 발족과 함께 책정된 '제5차 경제사회발전 5개년계획'(1982-86년)에서는 사회보험의 확대를 중심으로 하는 '사회보장제도의 개선'이 내세워졌고 1981년에 창간된 보사부의 연차 행정백서 (『보건사회』 1981)에서도 사회보험의 적극적인 확충의욕이 표명되었다. 그러나 정권이 '복지사회 건설'을 표방하고 있었음에도 불구하고 실제로 제5차 계획에 포함된 사회보험 확충 계획은 소극적이었으며 〈표 4-9〉에 나타낸 바와 같이 주된 내용은 계획기간중에 의료보험과 산재보험의 적용범위를 5명 이상 사업소로 확대하기에 머물렀어 5명 미만의 사업소와 자영업 취업자 등으로 구성된 방대한 미未적용자에 대해서는 한정적인 모델 사업의 실시가 제안된 뿐이었다. 또, 1973년에 법제화되었음에도 불구하고 동결되었던 국민(복지)연금의 실시에 관해서는 계획안에서 "비용 부담 능력도 증대해 … 제도의 실시 기반이 법제정 당시보다 크게 성숙해 오고 있다"라고 하면서 '지급한 실시'가 필요하다고 결론졌지만 구체적인 실시 계획은 제시되지 않았다. 정책연구의 단계에서는 고용보험의 도입도 검토되었지만 최종적으로는 채택되지 않았다.

이와 같이 '사회발전'을 명칭으로 부쳐진 제5차 5개년계획에서 제시되었던 시화적 정책의 개혁은 억제적인 내용이었으며 더구나 그 실시 과정에서 당초 세웠던 목표마저 달성되지 않았다. 〈표 4-9〉에 보는 바와 같이 산재보험의 적용확대는 거의 계획대로 실

표 4-9 「제5차 경제사회발전 5개년계획」(1982~86)에 있어서의 사회보험 확대계획과 실적

	사회보험의 확충계획	계획기간 중의 실적
의료보험	81년 자영업종사자에 대한 모델보험사업 실시 83년 적용 사업소를100명이상으로부터 16명이상으로 확대 85년 5명이상 사업소로 확대	81년 자영업종사자 대상 모델사업 5지역조합 설립 82년 16명이상 사업소로의 확대를 법제화 했으나, 경제상황에 의해 실시유보, 5명이상 사업소에 대한 임의적용제도를 도입
산재보험	82년 16명이상으로부터 10명이상으로 확대 86년 5명이상으로 확대	82년 10명이상사업소로 확대 86년이후 단계적으로 5명이상 사업소로 확대를 결정
국민연금	73년 제정법의 '조속한 실시'(구체적인 일정은 표시되 않음)	83년에 실시의 방침을 수정하고 연구작업의 계속을 결정

자료: 사회보험의 확충계획은 보건사회부 1982a『부문계획』, 실적은 동 1983『수정계획』에 의해 작성.

시되었지만 의료보험에 관해서는 16명 이상 사업소에의 적용 확대를 법률에서 결정했음에도 불구하고 제2차 석유파동의 영향 등에 의한 경제정체를 이유로 실시가 유보되었다. 그 대신에 '영세 사업소에도 기업의 경영상태를 감안해 점진적으로 확대 적용한다'고 하여 5명 이상 사업소에 임의 적용 제도에의 가입을 장려하는 정책이 채용되었다(보사부 1983:121). 연금보험에 관해서는 당초 계획시에는 실시를 위한 '여건'은 성숙했다고 표명되었지만 1983년에는 " … 국민경제의 부담 능력 등을 고려할 때 아직도 연금제도를 실시하기에 충분한 여건이 성숙했다고 볼 수 없다"라는 인식에 후퇴하고 당면 '우리 나라의 실정에 맞은 연금제도의 연구개발'을 실시한다는 조치로 바꾸었다(보사부 1983: 123).

국가가 의료보험의 적용 확대와 국민연금의 조기실시를 중요한 정책과제로 인식하고 있었던 것은 1980년대에 보사부가 연차 백서에서 매년 거듭 강조했던 사실로 분명하다. 그럼에도 불구하고 억제적인 자세가 이은 배경에는 실시에 수반하여 재정부담이 증대할 위구와 보험료의 일부를 부담하는 기업 경영측에 대한 배려가 있었다. 거기서는 1980년대 전반에 한국경제가 당면하고 있었던 새로운 국제환경의 변화에 대한 불안과 함께 선진 복지국가들이 복지지출의 비대에 고민하기 시작했다라는 사정이 있었다.

(2) 의료보험의 전국민 적용 실현

전두환정권은 1986년 9월에 발표한 '국민복지증진대책'에서 사회적 시책의 확대에 대한 소극자세를 갑자기 전환했다. 이 개혁안에서는 최저임금제의 도입과 함께 의료보험의 국민 전체에의 확대와 국민연금 제도의 실시가 표명되어 있었다. 여기서는 정책목표의 제시에 머무르지 않고 1988~89년에 제도의 실시를 확약하고 구체적인 준비작업의 일정을 명확히 제시하고 있었다. 정권이 갑자기 자세를 전환했던 이유는 1980년의 '광주민주항쟁'의 무력탄압 이후 해마다 폭발적으로 고양해 갔던 민주화운동과 노동운동에 대한 정권의 양보 정책이었다. 1988~89년의 실시 공약은 1987년에 예정된 차기 대통령 선거에 있어 전두환정권의 여당(민주정의당)이 옹립하고 있었던 노태우 후보가 승리하기 위한 정책 캠페인의 일환으로서 제시되었다.

1988년 2월에 발족한 노태우정권은 민주화운동의 압력을 받아 권위주의적인 체제로부터 탈각하기 위한 정치·사회 개혁을 실행해야 할 입장에 놓여져 있었다. 복지정책의 면에서는 전두환정권시대에 책정된 '국민복지증진대책'에서 공약된 개혁 실시를 늦출 수 없는 상황에 있었다. 우선, 의료보험의 적용 확대는 1988년부터 89년까지 진전했다 (1988년 1월 : 농어촌지역 의료보험 실시, 동년 7월 : 직역보험의 5명 이상 사업소 고용자에게 적용확대, 1989년 7월 : 도시 지역 의료보험 실시). 이 결과 〈표 4-10〉에 보는 바와 같이 인구의 약 40%에 해당되는 약 1,700만명의 미未적용자가 새롭게 의료보험에 커버되게 되었다. 이들은 영세기업의 종업원, 농촌과 도시의 자영업주와 가족 종업원(및 그 가족) 등이고

표 4-10 의료보험·의료보호 대상인구 구성의 추이 (1980~89년)

단위:%

	민간직역 보험	공무원/ 교직원보험	지역보험	의료보호				미(未) 적용자	합계	정책조치
				1종	2종	3종	계			
1980	14.1	9.9	0.2	1.7	3.9	—	5.6	70.2	100.0	100명이상 사업소에의 확대
1981	18.8	10.0	0.7	1.7	8.0	—	9.6	60.9	100.0	5명이상 사업소에 임의가입 장려
1982	22.9	9.7	2.2	1.6	7.8	—	9.5	55.7	100.0	
1983	26.5	9.8	2.7	1.6	7.7	—	9.3	51.6	100.0	
1984	28.8	9.8	3.5	1.6	6.5	—	8.1	49.7	100.0	
1985	29.9	10.0	3.8	1.6	6.4	—	8.0	48.2	100.0	
1986	32.3	10.5	4.2	1.6	4.4	4.7	10.6	42.4	100.0	의료보호3종 신설
1987	36.0	10.5	4.6	1.6	4.8	4.2	10.5	38.4	100.0	
1988	38.3	10.6	19.2	1.5	4.5	4.1	10.1	21.8	100.0	5명이상 사업소에 확대/ 농어촌 실시
1989	38.5	10.4	44.2	1.6	4.3	4.0	9.9	0.0	100.0	도시주민 실시

자료: 『보건사회』1989년판:194—198에 의해 작성.

표 4-11 의료보호제도의 개요 (1989년 현재)

종류	대상자	대상자 수 (천명)	급여내용
1종	시설보호/거택보호대상자	677	외래·입원 모두 무료
2종	자활보호 대상자	1,844	외래:무료 입원:본인부담 (대도시40%, 기타20%)
3종 (의료부조)	자활보호 유사자 (소득/자산에 의한 인정)	1,725	외래:본인부담2/3 입원:본인부담 (대도시50%, 기타40%)
합계		4,246	

자료: 『보건사회』 1989년판:194—198.

그 때까지 의료보험제도의 밖에 놓이고 있었던 집단이었다. 그들은 직역보험과 별도로 신설된 지역보험이 적용당하게 되었다. 보험료는 직역보험에서는 소득 비례방식에 의해 부과되었는데 지역보험에서는 재산·소득에 의한 정액방식이 선택되었다. 급여내용에 있어서는 직역과 지역을 불문하고 입원의 경우 진료 비용의 80%, 외래의 경우, 종합병원 진찰 45%, 병원진찰 60%, 의원진찰 70%가 최저 라인으로서 보장되게 되었다.

이상과 같은 의료보험의 국민 전체에의 적용 실현 과정에서 국가의 방침과 사회운동측의 주장 사이의 균열이 확대되었던 것이 주목된다. 국가는 처음부터 새롭게 보험의 대상으로 하는 자영업층에 대해서 지역보험 조합 방식을 채용하고 기존의 공무원·교직원 보험이나 민간 직역보험과는 별도로 운영하려는 방침을 세우고 있었다. 이 방침에 의거해 1987년 중에 농어촌지역과 도시지역을 대상으로 두 번에 걸쳐 포괄적인 지역 실태조사가 실시되었다[9]. 이러한 조사에서 얻은 데이터를 기초로 보험료 설정과 국고보조 비율 등 보험재정의 편성과 보험운영 조직의 형태를 포함한 '의료보험 모델 설계'가 만들어졌다. 그러나 의료보장에 강한 관심을 가지는 사회운동은 국민 모두가 동일 원칙으로 다루어지는 일원적인 의료보험 제도의 실현을 요구했다. 1988년에 농어촌 주민에게 보험적용이 시작되자 보험료 부담에의 반발을 계기로 〈전국의료보험대책위원회〉가 결성되었어 정부계획을 수정시키는 운동을 전개했다. 이 조직은 "의료보호까지 포함한 의료보험 운영의 일원적인 통합, 국가 책임의 강조, 소득만을 부과 대상으로 하는 누진 보험료율, 본인 부담 10%이내" 등을 내용으로 하는 통합 의료보험법의 원안을 작성하고 정당을 통해서 국회에서의 심의와 통화을 도모했다(조영재 2008: 86-88).

국회에서는 의원 수로 우세한 야당은 사회운동의 제안에 따른 일원적인 의료보험 제도의 법안을 제안하고 성립시켰다. 이 법안의 구상에서는 자영업층을 지역조합 방식에 의해 별도로 다루지 않고 기존의 직역보험과 통합하고 일률의 보험료·급여 체계에

9 조사는 지역보험의 운영단위가 될 지역범위(군·시)에 있어서의 지역주민의 보험료 부담능력과 부담가능한 보험료의 추정, 의료기관의 상황, 보험조직의 운영능력 등을 파악하는 것을 목적으로 하여, 농어촌지역 134군(郡)(1987년 2월~4월), 도시지역 98시(1987년 11월~12월)를 대상으로 두 번에 걸쳐 실시되었다 (보건사회부 1987·1988).

의해서 일원적으로 운영하는 제도를 채용하고 있었다. 그러나 일원적인 보험방식에 대해서는 저위의 소득층 때문에 부담이 많아지는 중·상위의 고용자층에서 강한 반발이 났다. 노태우대통령은 이 법률에 거부권을 발동하고 결국 의료보험은 당초의 정부방침에 따라 영세기업의 종업원과 자영업주 및 가족 종업원에 대해서는 지역단위로 조직된 조합방식에 의한 지역보험이 발족했다. 이 결과 의료보험은 공무원·교직원 보험, 민간 피용자 보험, 지역보험의 3가지 방식으로 운영되기로 되었다. 사회운동측은 그 후에도 의료보험의 일원적 통합을 계속 일관하게 요구했으며 그 문제는 김영삼 그리고 김대중 정권시대에서 사회보험 제도개혁의 중요 과제가 되었다.

이러한 경과는 있었으나 의료보험의 전국민화는 거의 당초의 일정대로 실현되었다. 전국민화 방침은 전두환정권시대에 벌써 결정되었더라도 그 실현을 위해서는 노태우정권도 대담한 정치적 결단을 요했다. 왜냐하면 전국민화 ― 지역 의료보험 제도의 도입방침 ― 가 결정되었을 때 국고 부담은 관리 운영비만이고 고액의 보험료 투입은 예상되지 않았기 때문이다. 그러나 지역실태조사에 의해서 실시 가능한 보험제도가 설계된 결과 기존의 직역보험과 동일 수준의 급여를 전제로 하면 관리 운영비 뿐만 아니라 보험료에 대해서도 상당한 규모의 국고보조를 투입하지 않으면 보험제도가 성립하지 않겠다라는 것을 알았다. 제도발족 당초는 국고보조를 보험재정 총액의 35%로 설정했지만 보험료의 징수가 진행되지 않았어 농어민의 저항이 컸기 때문에 "지역주민의 요구에 따라서" 1988년 4월부터 구국보조를 50%까지 확대하지 않을 수 없었다[10]. 이 국고 부담액은 직역보험에서의 고용주의 절반 부담에 상당하는 것이라고 설명되었다(『보건사회』 1989:169-70). 이 결과 1988년 946억원, 89년 2,197억원, 90년 3,635억원, 91년 5,868억원이라는 거액의 국고보조가 지역의료보험에 투입되었다. 원래 예정되지 않았던 이러한 다액의 국고보조가 두하된 것은 그 때까지 사회복지 분야로의 국고지출을 억제해 왔던 오랫동안의 정책방침의 전환을 의미했다.

의료보험의 확대와 병행하고 의료보호 제도에서도 급여내용의 개선과 적용범위의 대폭적 확대 등의 개선이 이루어졌다. 의료보호는 1977년에 제정된 〈의료보호법〉에 따

---

10 조(2008)는 농민단체와 보험의료단체가 국고에 의한 보험료의 반액 부담을 강하게 요구했던 것을 지적한다 (p.86).

라 발족한 제도이다. 그 이전에는 〈생활보호법〉에 의한 부조의 하나로서 의료부조 수당이 규정되기는 하지만 실질적인 내용은 거의 없었고 실제로는 보호대상자에게 전통적인 '구료救療제도'란 명칭에 의해 외국원조에 의한 의약품의 배포나 무료 또는 경비의 진료 등이 실시되어 있었다(사보심 1976:505-14). 1977년에 신설된 의료보호 제도는 〈생활보호법〉과는 다른 입법 조치에 의해 보호 수급자에게 의료비 지원(비근로능력자에게 전액보조, 근로능력자에게 일부보조)을 실시하는 제도이었다. 그러나 국고의 지원 규모도 적었고 지정 의료기관도 적었으며 수진자에 대한 진료 기피나 차별적 대응 등 문제가 많았어 빈곤층에 대한 의료지원으로서는 아주 불충분한 제도이었다. 1980년대에 들어 국고지원의 증액, 생활보호 수급자에 준하는 저소득층에게의 적용 확대(1986년부터: 〈표 4-11〉의 '의료보호 제3종')등 개선이 있었지만 진료 수준이 열악한 것이 여전히 큰 문제가 되어 있었다. 의료보험 확대와 병행하고 이 문제가 재차 검토되었고 국고지원의 확대를 얻고 겨우 의료보호에 있어서의 진료 내용이 의료보험과 같은 수준에 접근시키는 대책이 채택되었다[11].

1989년에 보사부는 "1989년 7월 1일은 우리나라 사회보장사에 새로운 장을 여는 기념비적인 날이라 할 수 있다"(『보건사회』 1989:162)라고 자랑스럽게 서술한 바와 같이 저소득층을 포함한 국민 전체를 커버하는 보편적인 사회보험이 성립했던 것은 획기적인 의미를 가졌다. 저소득층의 보험료의 50%를 국가가 부담하기로 결단했던 것은 국가재정에 있어서 처음으로 재분배 시스템이 본격적으로 도입되었다라는 큰 의미가 있었다. 아직 문제점은 많았지만 의료보호의 확대와 함께 의료보험의 국민 전체로의 적용은 의료에 관해서 국민을 하나의 생활집단으로 묶여 편성한 것을 의미했다.

많은 연구가 지적하듯 국가정책의 전환을 실현시켰던 원동력은 1980년대를 통해서 계속 높아지고 있었던 민주화운동의 사회적, 정치적 에너지였다. 그것은 국민의 요구에 대한 정권의 정치적인 양보이었으며 동시에 국가정책의 결정방식의 변혁이 초래한 결과이었다. 1987년의 '6월 민주항쟁' 이후 탄생한 많은 사회단체와 복지관련 단체는 스스로 개혁원안을 작성하고 국회를 무대로 하는 정책결정 과정에 대한 영향을 미

11 1990년대 중반에 이르러도 의료보호에서는 '차별적인 대우'가 존재했다 (국민복지기획단1996).

치고 있었다. 이 단계에서는 사회운동의 요구가 그대로 실현된 것이 아니었지만 밀실적인 장소에서 행해졌던 정책결정 방식은 크게 변화했다. 개혁에 관한 논의는 국회라는 열리는 장소에서 전개되고 국회의 외부의 사회운동이 심의과정에 직접·간접으로 영향력을 행사했다. 의료제도의 개혁과정을 분석한 연구는 "의료보험 정책이 최초로 정부조직의 폐쇄회로를 벗어나, 사회적 갈등과 압력에 직면한 것이다. 이후 사회 단체들은 의료보험 통합 논의와 갈등과정에서 핵심적인 역할을 수행하였다"라고 평가했다(조영재 2008:86-87). 이 시기에는 사회복지서비스 분야의 개혁에 있어서도 장애인, 노인 등 생활요구를 가지는 당사자와 그들의 지원자단체와 복지관련 단체에 의한 운동이 의회에 있어서의 정책 심의과정에 대해서 큰 영향을 미치고 있었다. 그러나 1980년대말의 시점에서는 정책결정의 양상은 확실히 변화하기 시작하고 있었지만 개혁을 추진하는 시민운동의 에너지는 아직 초기 단계에 있었다.

3. 사회보험의 체계적인 정비와 적용 확대

(1) 국민연금보험의 창설

1980년대 초에 보사부는 인구구조의 고령화, 도시화, 가족 형태의 변화에 의한 가족 부양의 양상 변화 등을 염려하고 연금제도의 조기 도입이 필요하게 된다는 인식을 가지게 되어 있었다[12]. 공무원, 교직원, 직업군인에 관해서는 1960년대부터 연금 제도가 존재했지만 일반 국민에 관해서는 1973년에 제정된 〈국민복지연금법〉의 실시가 '무기연기' 상태로 동결된 채 방치되어 있었다. 민간고용자의 경우 법정의 퇴직금제도가 존재했지만 급여액도 적었고 일시금 방식이며 실제로는 90%이상의 사람이 50세 이전에 급여를 받았기 때문에 노후의 생활보장으로서는 거의 기능하지 않고 있었다[13]. 그럼에도 불구

---

12 보사부는 매년 연차 백서에서 고령화문제와 국민연금의 전국민에게 적용확대의 필요성을 강조하고 있었다 (특히, 1984년판:122-6참조). 총인구중 60세 이상 인구가 차지하는 비율은 1970년에 5.4%에 지나지 않았지만 1990년에는 7.3%로, 2000년에는 10%에 이르겠다고 예측되었다.

13 『보건사회백서』(1987:409), 한국개발연구원(1981a:168-82), 사보심(1980) 등.

하고 정권이 연금제도 실시를 주저했던 이유는 피보험자의 보험료 부담 능력이 여전히 낮다고 판정되었음과 동시에 보험료의 50%를 부담하게 되는 사업주의 저항이 강하고 경제활동에 부정적인 영향을 미치는 것이 염려되었기 때문이었다(『보건사회』 1981:187-8). 그러나 전두환정권 말기의 1986년에 의료보험의 적용확대 등과 함께 연금제도의 실시가 명확히 선언되었다. 이 것은 노동운동이 급속히 고조되어 근로자의 대우개선 요구가 높아졌기 때문에 정권이 근로자의 복지수준을 높이는 정책자세를 나타낼 필요가 생겼다라는 사정에 의했다. 국민연금의 기간부분인 노령연금은 일정한 가입년수의 경과 후에 기능을 발휘하는 한편 이 제도에 포함되는 장애연금과 유족연금은 당면의 근로자 복지대책으로서 긴급성을 가지고 있었다. 당시 산업재해에 의한 장애나 사망의 발생 건수가 급증하고 있었지만 산재보험의 보상수준이 낮아서 산업재해에 기인하는 생활 파탄에 충분히 대응될 수 없었다라는 문제가 있었다(『보건사회』 1987:408). 국가의 방침 전환과 함께 오랫동안 동결되어 왔던 국민연금제도는 1988년부터 10명 이상의 사업소의 피용자를 대상으로 도입되게 되었다. 그러나 이 시점에서 연금의 설계 내용은 매우 저수준이었으며 10명 미만의 영세 기업 고용자와 자영업 종사자 및 그 가족은 제도적용에서 제외되어 있었다.

(2) 사회보험의 적용 확대의 난항

1980년대 말의 의료보장 개혁은 빈곤 전략을 방지하는 사회적인 안전망의 구축을 위한 최초의 단계를 넘었던 것을 의미했다. 그 후의 주요한 과제는 고용보험의 실시, 국민연금의 전국민에의 적용확대, 산재보험의 고용자 존재에의 적용확대, 의료보험의 통합(직역보험과 지역보험의 일원화) 등이었다. 이러한 과제가 극복되면 베버리지형의 사회보험 체계가 완성하고 적극적인 빈곤 방지책으로서 유효한 기능을 발휘할 수 있게 될 것이었다. 노태우정권을 이었던 김영삼정권과 김대중정권은 사회보험체계의 정비가 최우선 과제인 것을 표명하고 그 조기 실현을 목표로 내걸고 있었다.

1992년에 사회보험 확대의 일환으로서 국민연금의 사업소규모 5~9명 이상의 피용자(약 29만6천명) 확대가 실현되었다. 5명 미만의 사업소는 영세 사업주의 저항이 강하여 확대는 유보되었다. 자영업층에의 적용 확대도 보험료 설정의 전제가 될 소득 파악이 어려워 그 실현은 더 난항이 예측되었다. 그러나 방대한 연금 미未적용자 중 농어민으로의 확대가 선행적으로 계획되고 92년 말부터 94년 준비작업을 거치고 95년에 지역보험 방식에 의한 적용 확대(약 189만명)가 실현되었다(〈표 4-13〉). 농어민연금이 선행된 이유는 도시 자영업층에 비해 소득 파악과 보험료 징수 등 운영에 관한 문제 대처가 상대적으로 쉬웠던 조건과 동시에 농촌에서 고령화가 도시지역 보다 신속히 진행하고 있었던 상황에 의했다. 농촌의 고령화는 60년대 후반부터 80년대 전반까지 약·장년층이 대규모로 농촌로부터 도시지역으로 이동했기 때문에 급속히 진행하고 있어 1990년에는 60세 이상 인구의 비율은 15.3%로 전국 평균의 2배 이상으로 2000년에는 20%를 넘는다고 예측되었다. 국가는 농촌의 경제정체와 함께 노인의 빈곤문제의 심각화를 우려하고 있었다(『보건사회백서』 1993:278-9). 국민연금의 도입에 이어 1993년에 〈고용보험법〉이 제정되고 1995년부터 실시되었다. 그러나 그 적용은 사업소 규모 30명 이상의 피용자로 한정되었다. 30명 미만의 소·영세기업 분야에서는 고용자 본인의 보험료 부담능력 뿐만 아니라 사업주의 부담능력에서도 적용은 어렵다고 판단되었기 때문이다.

1995년 후반에는 사회보험의 확충계획은 정체상태였다. 다음 과제는 국민연금, 고용보험, 산재보험의 전면적인 적용확대이었는데 그것은 5명 미만의 소·영세기업의 종사자 및 도시 자영업 종사자를 사회보험 조직으로 포함시키는 것을 의미했다. 그 규모는 1990년대 중반의 시점에서 약 900만명 가까이였고 자영업의 가족 종업원을 제외한 취업자 총수(약 1,850만명)의 절반을 차지했다[14]. 그 대부분은 저소득으로 불안정한 취업상태의 '일하는 빈곤층working poor'이며, 사회보장의 '사각지대'라고 불리었다. 보험료 부담능력이 낮은 집단을 받아들이고 보험재정을 운영하는 것에는 큰 리스크가 예상되었다. 이 문제를 극복하기 위해서는 국고보조의 증강과 누진적인 보험료의 설정 등을 통해서 소득재분배의 정도가 높은 사회보험 조직을 만들어야 했다. 그 경우 저소득층의 보험료 부담능력의 문제, 사업주의 보험료 부담에 대한 소·영세 사업주의 저항, 저소득

14 한편, 도시 자영업 종사자에는 고소득의 전문직자 등도 포함된다라는 문제도 있었다. 그러므로 국민연금의 도시 자영업층로의 확대에 대해서는 전체적으로는 보험료 부담능력에 불안이 있었다라는 요인 이외에 보험료 설정의 전제가 되는 소득의 파악이 어렵다라는 문제, 일부에 고소득층을 포함하기 때문에 일률적인 보험료 설정은 불공평을 발생시킬 우려가 있었고 그에 대한 사회적 반발이 강했다라는 문제 등 여러 가지 있었다(『보건복지백서』 1999:3-16).

층을 보험집단에 포함하는 것으로 부담이 증가하는 중·상위 소득층의 반발, 국가재정의 부담증가에 대한 염려 등 문제에 대처해 나가야 했다. 이러한 문제를 극복하는데 필요한 것은 국민 각 집단이 '사회연대'의 발상에 서서 소득재분배의 정도를 높이고 '저소득층'을 포함한 국민생활 전체의 안정과 향상을 도모해 갈 방향에 대한 적극적인 사회적 합의를 형성하는 것이었다. 그렇지만 소득 계층간의 이해대립이나 노사간의 이해대립이 있었기 때문에 격렬한 논의가 계속 되어 국민 전체를 커버하는 사회보험체계의 구축에 필요한 사회적, 정치적 합의가 형성될 전망은 용이하게 형성되지 않았다.

'사각지대'로의 사회보험 확대 문제와 함께 의료보험 운영 일원화의 실현 문제도 난항하고 있었다. 운영의 일원화는 직역의 보험조합을 폐지하고 일원적 운영에 의해 소득재분배의 정도를 높이는 것을 의미했다. 이 시점에서 의료보험은 제도적으로 공무원·교직원 보험, 민간 직역보험, 지역보험의 3가지가 분립하고 있었는데 각 제도에서는 많은 조합이 독립채산제로 운영되어 있었다. 법률이 규정하는 범위내에서 각 조합은 보험료와 급여 기준을 설정할 수 있었기 때문에 소득수준이 높은 피보험자가 많은 조합의 경우 경영에 여유가 있었지만 반대로 소득수준이 낮은 피보험자가 많은 조합에서는 적자에 시달리는 사태가 생기고 있었다. 특히 자영업과 소·영세 사업의 종사자를 주된 대상으로 하는 지역보험 조합에 있어서 심각한 적자가 발생하고 있었고 지역조합에 따라 다른 보험료·급여의 격차와 통일성의 결여가 큰 문제가 되었다.

김영삼정권시대에 이르고 지역보험 조합의 경영 문제가 더 심각화했기 때문에 의료보험의 통합 문제가 다시 정책과제로 의식되었다. 국가는 1994년부터 통합을 위한 정책 준비를 개시했지만 찬반 양론의 입장에서 격렬한 논의가 일어나[15] 겨우 1997년에 이르어 '제1단계'로서 공무원·교직원 보험과 지역보험과의 통합이 실현되었다. 지역보험에 있어서는 227개 조합이 존재하고 운영의 불균형이 문제시되어 있었지만 일원화에 의해서 운영의 안정성과 공평성이 높아졌다라는 점에 큰 의미가 있었다. 그러나 다음 단계로서의 직역보험과 지역보험의 통합에 대해서는 강한 저항이 있었어 '완전통합'의 실현은 난항이 예상되었다. 주된 이유는 일원화에 의해서 기득 이익을 잃게 되는 중·

15 『보건복지백서』 1999년판, 김연명(1998) 등을 참조.

상위 소득의 고용자층의 저항이 강했다는 것과 많은 의료관련 단체도 이에 동조했기 때문이었다. 이 시점에서는 중·상위의 소득계층이 보다 하위의 소득계층을 지탱하는 일원화로의 통합을 받아들이려는 사회적 합의의 형성은 극히 어려웠다.

(3) IMF 경제위기와 사회보험체계의 확충

사회보험 확충에 관한 사회적 합의를 형성한 계기는 1997년 말에 발생한 경제위기가 가져온 생활붕괴 사태였다. 1998년에는 실업과 생활곤란이 계속 확대되어 김대중정권은 출범과 동시에 긴급한 생활구원을 확대하지 않을 수 없었다. 실업자에 대한 생활지원으로 생활보호의 시한적인 확대적용과 함께 고용보험을 소·영세기업으로 확대하고 실업수당을 지급하였다. 이 시점까지 고용보험은 30명 이상의 사업소를 적용대상으로 했지만 1998년 1월에 10명 이상의 사업소에 확대되어 3월에는 5명 이상, 10월에는 1명 이상으로 연달아 확대되었다. 단기간에 잇따른 적용확대는 긴급적인 실업자 구제가 필요했기 때문이었다. 이 조치에 의해서 1997년에는 약 428만명이었던 적용 대상자수는 98년말에 약 527만명으로 증가했다. 정규고용자의 대부분을 커버하는 고용보험의 보편적인 적용은 이러한 긴급 조치의 결과로서 실현되었던 것이 주목된다. 고용보험 적용 확대와 병행하고 산재보험에 있어서도 1999년에 5명 이하의 영세사업 분야에의 적용이 확대되고 2000년에는 약 200만명이 새롭게 적용 대상자가 되었다(〈표 4-12〉).

생활위기가 확대하는 상황 속에서 국민연금의 도시 자영업자에의 적용확대, 의

표 4-12 고용보험·산재보험 : 적용사업체와 대상노동자 수의 추이

	고용보험		산재보험	
	적용 사업체 수 (천사업체)	피보험자 수 (천명)	적용 사업체 수 (천사업체)	적용 노동자 수 (천명)
1995	39	4,204	186	7,894
1996	44	4,331	210	8,157
1997	47	4,280	228	8,237
1998	400	5,268	216	7,582
1999	601	6,054	249	7,441
2000	693	6,747	706	9,486

자료: 고용보험은 『고용보험통계연보』2001년판, 산재보험은 『노동통계연감』 2001년판.

료보험제도의 전면통합(직역조합과 지역조합의 폐지) 등의 문제가 단숨에 해결되어 갔다. 1998년에 국민연금을 도시 지역 자영업과 5명 미만 사업소의 종사자에게 적용확대하는 법안이 국회를 통과하여 전국민을 커버하는 연금제도가 실현되었다. 이 조치에 의해서 새롭게 공적 연금에 커버되게 된 인구는 부양가족을 포함하면 약 2,015만명이었으며 인구의 약 43%에 상당했다. 의료보험통합 문제에 관해서도 1998년 초에 〈노사정위원회〉에서 실시가 합의되었다. 그 후 실현을 위한 논의가 급속히 진전되고 민간 전문가 중심의 〈의료보험통합추진기획단〉에 의해 기본안이 작성되고 1999년초에 완전 통합 실시가 결정되었다. 그 내용은 민간 직역보험에 있어서의 조합방식을 폐지하고(139개 조합) 이미 통합되어 있었던 공무원·교직원 보험과 지역보험과 합병하고 〈국민건강보험공단〉에 의하여 일원적으로 관리하는 것이었다[16]. 소득, 자산, 세대원 수 등 복잡한 방식의 지역보험의 보험료 부과방식도 소득 비례에 의한 부과방식으로 통일되었다. 이 조치로 보험 운영의 안정성이 높아짐과 동시에 부담의 '형평성' 원칙[17]에 서는 사회연대

표 4-13 국민연금 가입자 수의 추이

단위:천명

	직역 가입자	지역가입자		임의 가입자	합계
		농어촌 지역	도시 지역		
1988	4,431			2	4,433
1989	4,516			5	4,521
1990	4,640			11	4,652
1991	4,748			21	4,769
1992	4,977			44	5,021
1993	5,109			51	5,160
1994	5,383			62	5,445
1995	5,542	1,890		64	7,497
1996	5,678	2,086		66	7,829
1997	5,601	2,085		149	7,836
1998	4,850	2,129		147	7,126
1999	5,044	2,075	8,947	168	16,234
2000	5,457	2,132	8,747	250	16,585

자료: 『보건복지백서』 2000년판:324.

16 의료보험 통합 문제에 『보건복지백서』 1999년판은 역사적 경과의 설명과 찬부양론을 정리했다.

17 의료보험운영 원칙으로 '사회연대'와 부담의 '형평성(衡平性)'이 강조되었다. (『보건복지백서』1999).

에 의해서 국민 전체에 일정 수준의 의료를 보장하는 체제가 형성되었다.

이상과 같이 김대중정권시대에 의료보험, 연금보험, 고용보험, 산재보험의 '4대보험'이 국민 전체(또는 고용자 전체)를 커버하게 되었다. 질병, 고령, 실업, 산업재해 등 생활상의 위험에 대해서 사회적인 방법에 의해 대비해서 빈곤화를 적극적으로 예방하는 '사회안전망'으로서의 사회보험체계가 완성되었다. 사회보험체계의 형성은 국민과 고용자를 하나의 사회연대집단으로서 조직함과 동시에 생활안정화 장치가 국가의 정책에 있어서 구조적으로 내장되게 되었던 것을 의미했다. 그것은 한국의 사회복지의 역사에 있어서 역사적 분수령이 된 전환이었다고 할 수 있다.

실현된 사회보험체계가 그 후 사회 안전망으로서 충분히 기능해 나갔는지는 다음 단계의 문제가 된다. 실제 21세기에 들어서 한국의 사회보험 제도는 "재정 불안정성의 문제, 낮은 급여 수준의 문제, 보험료를 납부하지 못하는 집단의 존재의 문제, 제도에 대한 국민의 신뢰의 결여의 문제" 등 여러 가지 심각한 문제에 직면하고 있다. 이러한 문제는 '고용없는 성장'이라는 경제의 동향 때문에 근로자의 생활은 개선되지 않아 비정규 고용자 등 고용이 불안정이며 소득수준이 낮은 고용자('근로빈곤')가 증가하고 있다는 상황에도 관련한다. 그러나 국제적으로 많은 국가는 다소간 똑같은 문제에 직면하고 있고 어떠한 국가도 사회안전망을 재구축하려고 노력하고 있는 것에 유의해야 한다. 이 연구에서는 한국의 사회안전망이 기초를 확립한 것, 제도의 후퇴는 있을 수 없고 향후의 새로운 확충의 방향이 전망되어 있는 것을 확인하면 충분하다.

제3절 최저생활보장제도와 복지정책의 내재화

'구호행정'의 특징은 얼마 정도의 사람들을 지원 대상으로 인정할까, 또 얼마 정도의 수준의 생활지원을 실시할까를 국가가 전일적으로 그 재량으로 결정하는데 있다. 대상의 인정기준과 구호의 기준은 〈생활보호법〉의 규정과 관계없이 보사부의 내부 규정에 의해 설정되어 있었다. 구호대상은 원칙으로서 근로능력이 없는 생활 곤궁자에 한정되어 있었는데 이 경우 대상은 두 가지에 구분되었다. 시설 수용자(주로 보호자가 없는 아동)는 '무의무탁'한 사람으로 여겨져 거의 전원이 대상으로 인정되었지만 재가의 근로능력이 없는 생활 곤궁자(주로 노인과 장애인)의 인정에 있어서는 객관적인 기준이 확립되지 않았기 때문에 재량의 정도가 크고 인정수는 항상 변동하고 있었다. 구호기준도 2단계로 설정되었어 '무의무탁자'는 주식양곡의 전량이 지급되었지만 재가 생활자에게는 주식양곡의 일부만이 지급되었다. 국가의 최대의 과제는 강력한 반공국가의 건설에 있었기때문에 국가 자원의 배분에 있어 방위와 경제성장이 최우선되어 생활분야에 대한 배분은 '정치불안', '사회불안'을 일으키지 않는 범위에 억제되었다. '구호행정'의 대상자는 국가와 사회를 지탱하는 존재가 아니고 반대로 부담이 된 존재이었기 때문에 그 보호가 국가의 재량에 의존하여 뒤로 미루어졌던 것은 당연한 일로 여겨졌다.

1960년대 초에 '구호행정'이 형성된 이후 대상의 인정방식과 보호기준은 1970년대 중반까지 고정되어 왔다. 1970년대 후반에 이르고 처음으로 보호기준의 개선이 시작되었다. 개선은 1980년대부터 김영삼정권시대까지 조금씩 계속 되고 주식양곡 이외의 생활비용이 추가되게 되었으며 시설수용자('무의무탁'한 사람)와 재가생활자의 격차는 해소되었다. 그러나 보호기준과 보호대상의 인정에 관해서 객관적인 산정근거가 없었고 여전히 국가의 재량적인 결정에 의거하여 설정되어 있었다. 따라서 구호행정의 발상은 기본적으로 김영삼정권시대까지 계속했던 것을 강조해야 한다.

〈국민기초생활보장제도〉의 성립은 이러한 '구호행정'의 발상이 완전하게 해체되었던 것을 의미했다. 첫째에 대상자(수급권자)의 인정과 보장의 기준은 객관적인 산정방식에 의한 최저생계비에 근거해 결정되게 되어 국가의 재정적인 사정에 의한 재량의 여지가 없어졌다. 보장은 국가의 재량행위가 아니고 국민의 생활요구needs에 의거해서 결정되게 되었다. 보장의 권리성도 여기로부터 태어나는 것에 주의해야 한다.

둘째에 생활보호제도가 빈곤층을 대상으로 하는 정책이었던 것에 대하여 기초생활보장제도는 국민 전체를 대상으로 하는 정책으로 전환되었다. '구호행정'이 근로능력이 없는 사람만을 대상으로 했던 것은 근로능력자에 대해서는 생활자립을 요구하고 사회복지의 대상자로 하지 않다라고 생각되었던 것을 의미한다. 반대로 기초생활보장제도는 국가가 비非근로능력자 뿐만 아니라 근로능력자의 생활수준에 대해서도 관심을 갖고 그것에 대한 최저한을 설정한다라는 정책 개입을 실시하는 정책이었다. '구호행정'

에 있어서는 복지정책은 국가정책의 외부적, 주변적인 존재에 지나지 않았지만 이 전환에 의해서 국가정책의 구조적인 일환으로서 정착하게 되었던 것에 주목할 필요가 있다. 이하에서는 이와 같은 사회복지의 구조적인 전환이 어떠한 과정을 거쳐 실현되었는지를 검토하려고 한다.

1. 구호행정 발상의 존속

(1) 전두환정권시대와 노태우정권시대의 생활보호행정

박정희정권시대에 있어서 생활보호의 기준은 〈생활보호법〉의 규정과 관련 없이 주식양곡(쌀·보리 또는 밀가루)의 현물지급을 중심으로 했다. 또한 '시설보호'와 '거택보호' 사

표 4-14 시설보호의 보호기준 (생계부조)의 변화 (박정희정권기~전두환정권기)

		현물지급 (단위: 그램)		금전지급 (단위: 원)		
		주식양곡		부식비	연료비 1978년 신설	피복비 1978년 신설
		쌀	보리			
박정희 정권기	1965	인/일115g	인/일276g	명/일 3	—	—
	1970	216g	207g	10	—	—
	1975	216g	207g	54.4	—	—
	1976	216g	207g	서울120 지방105	—	—
	1977	288g	276g	서울150 지방130	—	—
	1978	288g	276g	서울170 지방150	인/일 14	인/년 13,400
	1979	432g	138g	서울207 지방183	14	13,400
전두환 정권기	1980	432g	138g	220	18	19,600
	1981	432g	138g	265	20	26,700
	1982	432g	138g	292	25	37,100
	1983	432g	138g	307	26	37,100
	1984	432g	138g	316	27	39,600
	1985	432g	138g	350	30	39,600
	1986	432g	138g	370	35	39,600
	1987	456g	114g	400	38	39,600

자료: 『보건사회』 1981~87년판에 의해 작성. 연료비와 피복비의 신설 시점은 1988 년판의 기재에 의거한다. 그러나 확실히 증명할 수 없다. 또 연료비에 관한 각년도의 백서의 기재에는 혼란이 있다. 시설보호의 연료비는 거택보호와 같은 기준으로 지급되었기 때문에 일부 필자가 추정했다.

이에는 지급 내용에 큰 차이가 있었다(〈표 4-14〉, 〈표 4-15〉). 오랫동안 고정되었던 보호 내용이 개선되기 시작했던 것은 박정희정권 최말기인 1978~79년이었다. 이 시기에 시설보호에 있어서 주식 양곡량이 늘려져 부식비의 인상, 연료비 및 피복비의 신설 등 금전수당이 개선되었다. 거택보호에 있어서는 주식양곡의 종류가 밀가루부터 시설보호와 같은 쌀·보리로 개선되어 금전수단으로서 새롭게 연료비가 지급되게 되었다. 이 개선은 제4차 경제개발 5개년계획(1977~81년)에서 제시된 방침에 따라 실시되었다. 이 시기에는 경제성장의 지속에 의해서 재정적 여유가 크게 확대하고 있었음에도 불구하고

표 4-15 거택보호의 보호기준 (생계부조)의 변화 (박정희정권기~전두환정권기)

박정희 정권기	1961~74	밀가루250g(현물지급)			
	1975~77	밀가루300g(현물지급)			
	1978	현물지급 : 쌀202g+보리82g			
		현물지급 (단위 : 그램)		금전지급 (단위 : 원)	
		주식 양곡		부식비	연료비
		쌀(인/일)	보리(인/일)	1980년신설	1979년 신설
	1979	202g	82g	—	세대/월 2,000
전두환 정권기	1980	288g	138g	세대/월 2,500	2,500
	1981	288g	138g	3,000	3,000
	1982	288g	138g	3,300	3,750
	1983	288g	138g	3,465	3,937
	1984	288g	138g	3,569	4,056
	1985	288g	138g	인/일 세대주 250	인/일 겨울332
				세대원 20	여름166
	1986	288g	138g	세대주 250	겨울332
				세대원 20	여름166
	1987	341g	85g	세대주 280	(계절구분 폐지)
				세대원 30	370

자료: 『보건사회(백서)』 1981~88년의 각 판에 의한 작성.

표 4-16 1980~90년대 전반(전두환정권기~노태우정권기)의 보호기준의 산정방식

	생계보호	의료보호	교육보호	출산보호	장례보호
시설보호	[쌀·보리] + [부식비][연료비][피복비] (현물지급) (금전지급)	의료보호법에 의한 의료비 지원	자녀의 중학교 수업료 지원	출산시에 일시금 지급	사망시에 장례식비용 지급
거택보호	[쌀·보리] + [부식비][연료비] (현물지급) (금전지급)				

자료: 필자 작성.

개선 규모는 극히 한정적이었다. 또 지급내용은 개선되었지만 보호기준의 설정에 관한 발상 자체는 변화하지 않았다.

박정희정권을 계승한 전두환정권은 '민주 복지사회의 건설'을 '국정목표'의 하나로서 내걸고 있었지만 보호기준의 개선에 대해서는 관심을 가지지 않았어 박정희정권 말기의 내용을 그대로 계승했다(〈표 4-14〉〈표 4-15〉 참조). 전두환정권시대의 보호기준의 산정방식은 〈표 4-16〉와 같이 정리할 수 있다. 1960~70년대 전반의 기준과 비교하면 80년대의 보호기준은 지급 양곡 종류의 쌀·보리로의 변경, 부식비와 연료비(시설보호의 경우 이 이외에 피복비)의 추가 등 양적으로 개선되었다. 그러나 급여내용은 식료비(주식 양곡+부식비)와 취사·난방용의 연료비를 지급함에 지나지 않아 대상자의 생활비용 전체를 배려하는 관점을 거의 가지지 않았다. 이 산정방식에 있어서는 부식비와 연료비의 산정 근거는 제시되지 않고 재량적인 산정에 의했던 것, 시설보호와 거택보호의 격차는 축소되었지만 여전히 유지된 것, 부식비에 있어서 세대주와 세대원 사이에 격차가 설정된 것 등 많은 문제가 존재했다. 이러한 조치에 있어서는 국가재정의 관점에서 생활지원의 비용을 가능한 한 억제하려는 의도가 나타나고 있었고 '보호' 내지 '구호'란 혜택적인 시책 때문에 지원의 대상과 기준은 대상자측의 필요성에 따라 설정되는 것이 아니라 국가의 재정사정에 대응하고 그 재량에 의해서 실시되는 것이 마땅하다라는 발상을 기초로 하고 있었다.

국가 내부에서도 너무 낮은 보호기준을 개선하려는 발상도 존재했다. 전두환정권시대에 들어 보사부는 1982년부터 시작되는 '제5차 경제사회발전 5개년 계획'에서 보호기준의 개선을 실현하려고 의도했다. 이 시기에 보사부는 내부작업으로서 '최저생

표4-17 제5차 경제사회발전 5개년계획에 있어서의 보호수준 인상 계획목표의 수정
(최저생계비에서 생계보호 지급액이 차지하는 비율)

		1982	1983	1984	1985	1986
당초계획 (82년 책정)	거택보호	44%	50%	56%	62%	70%
	시설보호	80%	83%	86%	90%	100%
수정계획 (83년 책정)	거택보호	–	53%	54%	61%	66%
	시설보호	–	92%	95%	98%	100%

자료: 「당초계획」은 『부문계획』(보사부1982a), 「수정계획」은 『수정계획』(보사부1983).

계비'[18]를 시산하고 있었고 그 시산액과 대조하고 보호기준의 수준을 평가하려고 시도했다. 그 시산에 따르면 1982년 시점에서 시설보호의 보호기준의 금전 환산액은 보사부 시산의 '최저생계비'의 80%, 거택보호의 금전 환산액은 44%에 상당했다(〈표 4-17〉참조)[19]. 이 인식에 서서 1982년에 책정된 제5차 5개년 계획에서는 그 인상 계획이 포함되었지만 한꺼번에 실현하는 계획이 아니라 재정적인 배려부터 '연차적 향상에 의해서' 실현할 형태로 계획되었다(보사부 1982 a:159). 구체적으로는 〈표 4-17〉와 같이 1986년까지 시설보호에 있어서 보호기준을 최저생계비와 동일한 수준에 인상하고 거택보호에 있어서 그것의 70%수준으로 인상하는 것이 계획되었다. 그러나 1983년의 수정 계획에 있어서 82년도에 설정된 억제적인 목표치가 더 66%으로 인하되었다. 실제로 1980년대 전반에서는 보호기준의 개선은 전혀 진전하지 않았다. 그러나 전두환정권 후반기에 들어 1985년에 거택보호에 있어 부식비와 연료비가 인상되어 '87년에는 거택보호와 시설보호 다 같이 주식양곡의 쌀·보리 혼합 비율이 개선되었다. 이 개선은 민주화운동의 고양에 대응하는 복지정책의 방침 전환에 수반하는 조치이었다고 추측된다. 이 개선은 소규모에 머물러 식료비(주식 양곡 + 부식비)와 연료비로 구성된 보호기준의 산정 방식 자체는 변경되지 않았다.

1980년대에 들어도 보호대상자의 인정에 있어서의 재량적인 조작은 여전히 계속되어 있었다. 행정의 판단에 의한 재량성은 특히 재가의 생활곤궁자와 근로능력이 있는 생활곤궁자(영세민)의 인정에 있어서 현저이었다. 영세민의 인정에 관해서 국가는 지방행정의 담당자에 대해서 '책정기준'이라는 가이드 라인을 제시하고 있었다. '책정기준'은 이 액을 넘는 소득이 있는 사람을 보호대상으로 인정하면 안 된다라는 상한上限 소득액이어 이 액 이하의 소득자를 반드시 보호대상으로 인정하려는 기준이 아니었던 것에 주의할 필요가 있다. 〈표 4-18〉에 나타낸 바와 같이 1980년대에는 대도시·중소 도시·농어촌의 3종의 책정기준이 설정되어 있었다1987년부터 일원화. 1980년대 초에 실시된 조사에 의하면 "실제에 있어서 대상가구의 소득을 파악하기란 거의 불가능에 가까운

18 양곡의 현물시급을 중심으로 한 생계보호의 금전 환산액에 의료보호, 교육비 보조의 평균액을 가산한 수치.

19 보건사회부 1982 a :159-60. 이 시산에서 이용된 '최저생계비'에 관한 설명은 없다.

표 4-18 요보호자 선정기준(책정기준)과 보호기준 (1981~95년)

	요보호자 선정기준 (책정기준) 1인당 월소득 상한액 (원) A		거택보호 기준 1인당 월평균 지급액 (원) B	시설보호 기준 1인당 월평균 지급액 (원) C	도시근로자 세대 1인당 월평균 소비지출액 (원) D	A/D (%)	B/A (%)	C/A (%)	B/D (%)	C/D (%)
1981	대도시	26,000	11,015	19,649	46,652	49.3	47.9	85.4	23.6	42.1
	중소도시	23,000								
	농어촌	20,000								
1985	대도시	38,000	16,395	31,380	81,021	42.0	48.2	92.3	20.2	38.7
	중소도시	34,000								
	농어촌	30,000								
1990		48,000	39,000	48,000	163,728	29.3	81.3	100.0	23.8	29.3
1995		190,000	78,000	72,000	331,698	57.3	42.0	37.9	23.5	21.7

자료: 『보건사회(복지)백서』1981~96년의 각 판에 의해 작성. 도시근로자세대 소비지출액은 『한국통계연감』2002년에 의함. (1)보호기준은 보건사회부에 의해 현물급여를 포함한 생계보호의 금전환산액으로 의료보호, 교육비 지원의 평균액을 더하여 산출된 것임. (2)1981년, 85년의 비율계산에 있어서 A는 중소도시의 수치를 이용했음.

표 4-19 생활보호 대상자 수의 추이 (1980~1995)

단위:명

		거택보호	시설보호	합계	자활보호 ('영세민')
전두환정권기	1980	282,000	47,000	329,000	1,500,056
	1981	282,000	47,000	329,000	1,760,519
	1982	282,000	52,300	334,300	3,085,566
	1983	282,000	55,605	337,605	2,616,335
	1984	282,000	59,558	341,558	2,214,101
	1985	282,000	63,150	345,150	1,928,000
	1986	283,650	70,900	354,550	1,819,000
	1987	295,000	74,650	369,650	1,984,000
노태우정권기	1988	318,294	65,020	383,314	1,916,757
	1989	340,595	79,000	419,595	1,932,935
	1990	339,423	81,383	420,806	1,835,385
	1991	338,168	81,556	419,724	1,826,421
	1992	338,168	83,279	421,447	1,755,000
김영삼정권기	1993	338,168	82,875	421,043	1,580,000
	1994	320,414	81,448	401,862	1,501,000
	1995	307,401	77,671	385,072	1,369,832

자료: 『보건복지통계연보』 1996년판.

것으로서 대부분의 조사에 나선간 동洞직원가 통장統長·반장班長들의 임의적 보고에 의해 선정하고 있는 실정"(한국개발연구원 (1981b:191))이었다. 따라서 책정기준은 가이드라인으로서 조차 기능하지 않고 있었던 것이 실정이었다.

1980년대에는 보사부는 책정기준을 빈곤층의 크기를 통계적으로 계측하기 위한 일종의 '빈곤선'(최저생계비)으로서 이용하는 경우도 있었다. 그러나 그것이 어떠한 방식에 의해 산정되었는지에 관해서 설명은 없다[20]. 책정기준의 수준을 평가하기 위해서 당시의 가계 조사인 '도시근로자 가계조사'에 의한 도시세대 평균 소비지출과 비하면(〈표 4-18〉) 1981년도의 중소도시의 책정기준 23,000원은 동년의 도시세대 평균 소비지출의 약 49%에 상당했다. 1985년도의 수치는 약 42%이며 1990년도는 약 29%가 되었다. 1990년도의 수치가 낮은 이유는 1980년대 말부터 90년대 초까지의 시기는 도시세대 가계지출이 계속 대폭으로 상승했음에도 불구하고 책정기준이 거의 인상되지 않았기 때문이다(〈그림 4-3〉참조). 1993년 이후 책정기준이 인상되어 95년에는 평균 소비지출의 약 57%까지 높아졌다. 이러한 점에서 판단하면 책정기준은 보통 도시세대 평균 소비지출의 약 40~50% 수준 정도로 설정되어 있었다고 추측된다. 1980년대 말부터의 노태우정권시대에는 '자활보호'의 인정수를 확대하기 위해 책정기준을 의도적으로 낮게 설정하고 있었다고 추측된다. 실제 이 시기에는 영세민 인정수는 큰폭으로 증가하고 있었다(〈표 4-19〉). 이와 같이 책정기준은 보호 인정수를 정책적으로 조작하기 위한 수단으로서 편의적으로 설정된 가이드라인에 지나지 않았고 일관한 산정방법에 입각한 기준이 아니었다. 따라서 행정이 기록했던 보호대상자수는 정책적인 조작을 수반한 인정수인 것을 충분히 주의할 필요가 있다. 실제 〈표 4-19〉의 수치를 보면 연차적 변화는 부자연스럽고 작위적인 흔적을 볼 수 있다. 이상과 같이 전두환정권시대는 물론 민주화시대에 이르러도 보호대상자의 인정과 급여 내용의 설정은 여전히 대상자의 요구에 따른 것이 아니라 국가재정의 관점에서 조작적, 재량적으로 결정되어 있었던 것을 확인할 수 있다.

---

20 1960년대의 '책정기준'의 산정방법에 관해서는 제2장 제3절 참조. 1980년대에는 다른 방식이 채용되고 있었던 것은 확실하지만 그 상세는 알 수 없다.

(2) 김영삼정권시대의 생활보호기준의 개선

〈표 4-21〉와 〈표 4-22〉에 보는 바와 같이 노태우정권시대부터 김영삼정권 중기까지는 생계보호기준은 거의 고정된 채 변경되지 않았다. 전두환정권시대 이후 복지정책의 중심은 근로능력이 있는 빈곤층(영세민)의 생활자립화 지원에 두어지고 민주화시대에 들어도 노인나 장애인 등 근로능력이 없는 생활곤궁자에 대한 생활지원에 대한 관심은 비교적으로 희박했다. 그러나 김영삼정권 중기의 1995~96년에 갑자기 보호기준의 개선이 실시되었다. 이 개선 조치는 활발화하기 시작했던 최저생활보장 제도의 확립에 관

그림 4-2 〈책정기준〉과 보호기준의 추이(1981~99年)

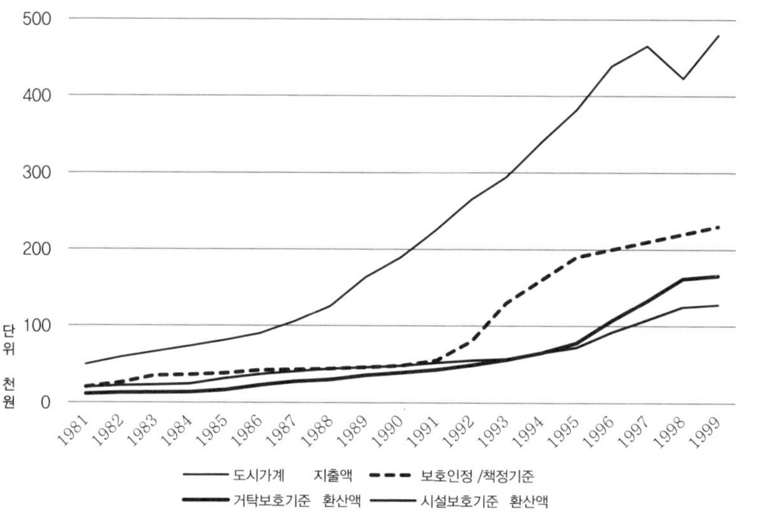

자료: 책정기준, 보호기준/『보건사회백서』, 도시가계지출/『한국통계연감』

표 4-20 생활보호대상자: 세대주의 속성별구성

단위:%

		65세이상	18세미만	장애인	'폐질자'*	기타	합계	세대주 실수 (명)
거택보호	1990	49.6	5.7	18.2	18.2	8.3	100.0	173,531
	1995	50.2	5.7	17.5	17.1	9.5	100.0	175,542
자활보호	1990	16.8	0.8	8.7	11.6	62.1	100.0	427,619
	1995	26.2	1.1	10.9	13.8	48.0	100.0	319,503

자료: 『보건복지통계연보』1997년판에 의해 작성. (원전은 『생활보호대상자현황분석』)

*자료에서 '폐질자'은 영어로 'the disabled not registered'라고 표기됨으로써 장애가 있어도 공식으로 장애인'으로 등록되지 않았던 사람을 가리키는 것으로 추측됨.

표 4-21 시설보호의 생계보호기준의 변화 (노태우 정권기~김대중 정권기)

		현물지급*		금전지급 (단위 : 원)		
		주식양곡 (인/일)		부식비 (인/일)	연료비 (인/일)	피복비 (인/년)
		쌀	보리			
노태우 정권기	1988	456g	114g	430	45	39,600
	1989	456g	114g	450	50	42,500
	1990	456g	114g	500	50	43,600
	1991	456g	114g	550	50	46,040
	1992	456g	114g	600	50	47,420
김영삼 정권기	1993	456g	114g	700	50	49,790
	1994	456g	114g	700	50	49,790
	1995	456g	114g	1,020	55	49,790
	1996		19,928원	1,339	70	85,130
	1997		25,638원	1,406	79	90,940
김대중 정권기	1998		28,278원	1,470	83	104,585
	1999		29,126원	1,514	85	107,719

자료: 『보건사회(복지) 백서』1988~99각 년판에 의해 작성 (원전은 『생활보호사업지침』).
* 주식양곡은 1995년까지 현물지급, 1996년부터 금전지급.

한 사회적 논의에 대한 김영삼정권의 정치적인 대응으로서 실시되었다고 추측된다. 시민운동의 압력을 받고 각 정당은 이 문제를 정치과제로서 채택하고 〈생활보호법〉의 개혁에 착수하게되었다.

김영삼 정권기에 실시된 보호기준의 개선 내용은 시설보호의 부식비와 피복비를 증액했던 것, 거택보호에 있어서 피복비를 신설하고 '월동비' 명목으로 금전 지급을 대폭으로 증액했던 것, 오랫동안 계속 되어 왔던 주식양곡(쌀·보리)의 현물지급을 마침내 폐지하고 금전지급으로 변경했던 것 등이었다. 이 개선 조치의 특징은 거택보호의 개선에 중점이 놓여진 점에 있었다. 이 때까지 재가 생활곤궁자는 시설 수용자에 비해 낮은 취급을 받아 왔다. 그것은 재가 생활자의 경우 가족이나 친족, 근린사회의 부조 등이 기대된다라는 발상에 서는 조치이었다. 그러나 실제로는 도시화와 가족형태의 변화에 따라 재가노인세대나 장애인세대는 고립화하고 있었으며 생활 곤궁이 심각화하고 있었다. 1995~96년에 실시된 보호기준 개선에서는 재가 생활자의 처우에 대한 종래의 정책발상을 크게 전환시켰던 것을 확인할 수 있다. 이 결과 〈그림 4-2〉에 보는 바와 같이 95년에는 종래의 시설보호와 거택보호 사이의 보호기준의 격차는 역전되었다.

보호기준의 개선과 병행하고 〈노인복지법〉의 '노령수당'(생활보호 수급자에게 지급)과 〈장애인복지법〉의 '생계부조 수당'(중증장애인·중복장애인에게 지급)이 인상되었다. '노령수당'은 1996년에 월액 1만원으로부터 3~5만원으로 '생계부조 수당'은 월액 2만원으로부터 4만 5천원으로 증액되었다. 〈표 4-20〉에 보는 바와 같이 거택보호 수급자의 약 반수가 노인이며 장애인은 약 36%를 차지했기 때문에(세대주 베이스) 이러한 수당의 증액은 보호수급자의 약90%에 대한 생계보호의 실질적인 인상을 의미했다. 문제는 〈생활보호법〉에 의한 급여와 복지계 법률에 의한 급여간의 관련성을 불문하고 다른 제도에 의한 수당을 편의적으로 증액했던 것에 있었고 각 급여를 합계한 종합적인 생활보장이 어떤 수준에 있는지에 대한 관점은 없었던 것이었다. 1995~96년의 조치에 의해서 보호의 내용은 종래의 수준에 비해 대폭적으로 개선되었다. 그러나 그 수준은 실제로 최저생활

표 4-22 거택보호의 생계보호기준의 변화 (노태우 정권기~김대중 정권기)

		현물지급 (주)		금전지급 (단위:원)			
		주식양곡		부식비 인/일	연료비 인/일	피복비 인/년 1995년 신설	월동비 인/년 1996년 신설
		쌀	보리				
노태우정권기	1988	인/일 341g	인/일 85g	세대주320 세대원 40	392	—	—
	1989	341g	85g	세대주400 세대원 45	410	—	—
	1990	341g	85g	세대주500 세대원110	513	—	—
	1991	인/월 10kg	인/월 2.5kg	세대주550 세대원200	513	—	-
	1992	10kg	2.5kg	세대주600 세대원400	513	—	—
김영삼정권기	1993	10kg	2.5kg	700	563	—	—
	1994	10kg	2.5kg	700	563	—	—
	1995	10kg	2.5kg	1,020	750	49,790	—
	1996	14,368원		1,339	875	85,130	72,300
	1997	18,485원		1,406	1,200	90,940	80,000
김대중정권기	1998	20,390원		1,470	1,254	104,585	92,000
	1999	21,000원		1,514	1,290	107,719	94,760

자료: 『보건사회 (복지) 백서』 1988년~99년의 각 판을 검증하여 작성. 1991년부터의 주식량의 변경은 1개월당 쌀 10kg, 보리 2.5kg으로 설정되었던 것에 의한 것임. 1996년부터 금전지급(필요량의 금전환산액).

을 보장하기에는 너무 낮았을 뿐만 아니라 개혁은 재량적인 보호기준의 산정방식을 변경하고 모든 가계비 항목을 배려한 생활경비 전체를 보장하려는 발상으로 전환하려는 의도를 가지지 않았다. '월동비'라는 지급 항목의 설정은 거택보호의 금전 지급을 증액하기 위한 재량적인 조치이었던 것을 상징적으로 표현하고 있었다.

2. 1997년의 생활보호법 개정과 한계

(1) 최저생활보장 문제의 정치 과제화

헌법의 '인간다운 생활'의 보장 규정이나 〈생활보호법〉의 보호기준 규정과 현실의 생활지원 내용 사이의 괴리 문제를 사회적으로 제기한 하나의 중요한 계기는 1994년 2월에 서울시의 한 고령 수급자 부부가 시민운동의 지원을 받고 제기했던 '헌법소원'이었다[21]. 소원의 의도는 선언 규정에 지나지 않았던 '최저생활'의 보장 규정을 법적 구속력을 갖게 하도록 하고 이것에 근거한 생활보호 제도를 개혁시키는 것에 있었다. 최저생활보장 제도의 확립을 요구하는 운동의 중심적인 존재는 1994년에 발족한 시민운동단체인 〈참여연대〉이었다. 이 조직은 내부에 복지의 전문가나 연구자를 중심으로 〈사회복지위원회〉를 조직하여 '국민생활최저선 확보운동'을 전개하기 시작했다(김연명 2005:315). 〈참여연대〉는 운동 수단으로서 헌법재판이나 행정소송을 다용했는데 그 목적은 "일반 시민과 다양한 시민단체를 대상으로 보건복지정책에 대한 이해를 증진시"켜 문제를 사회적, 정치적인 과제로 '여론화'해가는 것에 있었다(김연명 2005:319).

이 시기에는 사회보장제도의 개혁에 대한 사회적인 관심은 차차 높아지고 있었다. 김영삼정권과 각 정당도 사회보장개혁을 정책과제로서 적극적으로 채택하는 자세

---

21 1994년의 '생존권'헌법소원에서 원고측은 생활보호법에 의한 생계보호(부부로 6만5천원)과 노인복지법에 의한 노령수당(1인당 1만5천원)을 합산한 금액은(부부로 월액 9만5천원) 최저생계비보다 훨씬 낮고 '인간다운 생활'의 보장을 규정하는 헌법에 위반한다고 주장했다.
헌법재판소의 심리에서는 헌법의 규정이 구체적인 법적 구속력을 가지는지가 초점으로 되었는데 1997년 5월의 판결은 보호기준이 최저생계비의 87%에 지나지 않다고 인정하면서도 헌법상의 권리는 추상적인 규정에 머무른다고 해서 청구를 기각했다(정희상1994).

를 나타내고 있었고, 1994년 10월에 정부는 사회보장제도를 구축하기 위한 기초 법률으로서 〈사회보장기본법〉을 의회에 상정했다. 야당도 대항안을 제출하고 국회를 무대로 사회보장의 기본적인 모습을 구상하는 논의가 약 1년간에 걸쳐 전개되었다. 이 법률은 사회보장의 전체 구조를 규정하려고 했는데 최저생활보장 문제에 관해서는 사회보장의 '급여수준'에 관한 규정(제10조)이 중요한 쟁점이 되었다. 정부안이 "국민이 건강하고 문화적인 생활을 유지할 수 있도록 사회보장 급여수준의 향상에 노력한다"라는 국가의 의무를 추상적으로 규정하는 내용이었던 것에 대해 야당측은 최저생계비에 의거하여 사회보장의 급여를 결정할 법적 조치를 강구하려고 했다. 정부가 이 규정을 추상적인 표현에 한정하려고 한 이유는 "국가재정을 감안한 현실적 조치"(국회·전문 위원회의 '검토 보고')이며 이 규정이 엄밀한 법적 구속력을 갖게 하면 재정부담의 구조적인 증대가 초래될 것을 걱정했기 때문이었다. 최종적으로는 이 법률에서 한국의 사회입법의 역사에 있어 처음으로 '최저생계비'가 법적으로 규정되게 되었으나, 그것은 즉시 현실의 복지정책의 개혁으로 연결되어 가지 않았다. 〈사회보장기본법〉의 최저생활비 규정에 대해서 복지보호 행정을 변경시키는 구속력이 주어지지 않았기 때문에 〈생활보호법〉의 개정 논의에 있어서 최저생계비의 법적 구속력에 관한 문제가 다시 제기되게 되었다.

(2) 1997년 7월의 생활보호법 개혁

1996년~97년의 기간은 사회보장 개혁 문제가 급속히 정치 과제화했던 시기이었다. 1996년에는 〈사회보장기본법〉이 시행되었고 또 김영삼대통령의 지시에 의해서 전년 발족된 〈국민복지기획단〉의 복지구상이 발표되었다. 그러한 상황속에서 〈참여연대〉는 생활보호 제도의 근본적인 개혁을 요구하는 사회적 캠페인을 광범위하게 전개했고 1996년 11월에 〈생활보호법〉과 〈노인복지법〉의 개정을 중심으로 한 일련의 사회복지 개혁에 대한 청원을 국회에 제출했다. 최대 야당이었던 〈새정치국민회의〉(대표: 김대중의원〈당시〉)는 이 청원의 내용에 따른 〈생활보호법〉 개정안을 국회·보건복지 위원회에 제출했다. 그 후 다음 1997년 전반까지에 4정당이 다 같이 각기 개정법안을 제시했으며 심의가 전개되었다. 〈참여연대〉가 작성한 개정안은 '구호행정'의 발상을 유지하는 〈생활보호법〉의 근본적인 변혁을 요구하고 있었다. 그 내용은 ①'보호'의 발상을 일소하여 권리로서의 최저생활보장을 확립하는 것(법의 명칭도 〈생활보장법〉으로 변경하는 것[22]), ②생활보호 위원회의 강화에 의해 제도운영을 민주화하고 행정에 의한 운영의 자의성을 제한하는 것, ③근로능력의 유무를 불문하고 '최저생계비'이하의 국민 모두에 대해서 '최저생활'을 보장하는 것, ④'최저생활'의 수준은 객관적인 산정절차에 의해 산출된 '최저생계비'에 의거 하는 것 이라는 4점에 요약된다[23]. 이 제안은 나중에 〈국민기초생활보장법〉에 있어서 실현된 내용이었으며 이 시점에서 시민운동은 개혁 방향을 명확하게 정리하고 있었던 것을 확인할 수 있다. 이 청원을 받고 여·야의 정당이 〈생활보호법〉의 개정안을 제안했던 이유는 이 문제에 대한 사회적 여론의 압력을 의식했기 때문이었다. 동시에 생활보호제도의 개혁 문제는 실업자 구제 대책과도 관련하고 있었다. 당시 심각화하고 있었던 실업자에 대한 지원으로서 생활보호의 적용 확대가 하나의 대처 방법이라고 생각되었기 때문이다. 국회 심의에 있어서는 여러 가지 논점이 정리되지 않는 채로 착종해서 전개되었다. 그것은 ①최저생활보장 제도의 확립을 요구하는 원칙적인 주장, ②원칙에 관한 논의보다 너무 낮은 보호 수준을 조금이라도 개선하는 것이 선결이다고 하는 주장, ③생계보호를 실업자에 적용하기 위해 필요한 수정을 요구하는 주장, ④근로능력자에 대해서 생계보호를 확대할 경우 무원칙적인 확대를 억제하는 수단을 마련해야 한다라는 주장, 등 이었다.

근대적인 공공부조의 구축이라는 관점에서 기초적인 논점은 ①대상의 인정과 보호수준의 설정에 있어 '최저생계비'에 엄밀하게 의거하는 것을 명확하는 것, ②생계보호의 대상을 비非근로능력자에 한정하는 원칙을 폐지하여 모든 국민을 대상으로 하는 것의 2점을 실현할지에 걸려 있었다. 심의에 있어서는 최저생계비에 관해서 국가는 매년 수치를 공표하는 의무를 지는 것, 실태에 맞은 산정을 위해서 5년 마다 계측조사를 실시하는 것, 수치의 결정에 있어서 생활보호 위원회의 심의를 거치는 것 등 법적 구속력을 강화하는 조치가 합의되었다.

그러나 보호대상의 인정과 보호기준의 설정에 있어서 최저생계비를 기준으로 하

22 '시민운동'은 '보호'라는 말에는 권리가 아닌 행정적 조치인 전통적인 '구호' 또는 '구제'의 발상이 포함된다고 생각하고 있었다.

23 〈참여연대〉가 1996년 11월 8일에 국회에 제출한 〈생활보호법 개정에 관한 청원〉에 의함.

는 것에 관해서 의견은 일치하지 않았다. 야당의 〈국민회의〉는 시민운동이 작성한 원안에 따라 근로능력의 유무에 관계없이 최저생계비 이하의 소득자를 보호대상으로 인정하고 보호급여는 현행의 고정액의 일률 급여가 아닌 소득과 최저생계비와의 차액을 지급하는 '차등급여제'에 의해 최저생계비 수준의 생활을 보장하는 것을 제안했다. 이에 대해서 여당의 〈신한국당〉은 대상의 인정과 보호기준의 설정은 최저생계비를 '참고'로 하지만 법적인 구속력을 명백화하는 것을 피하려고 의도했다. 또 여당은 생계보호를 비근로능력자로 한정하는 기본 원칙의 수정에 대해서 강한 난색을 나타냈다. 여당안과 야당안 사이에는 커다란 차이가 있었지만 격렬한 논의가 전개되지 않은 채 비공개의 소위원회에서 각 정당의 제안이 여당 주도로 '조정'되어 최종적으로 1997년 7월에 일원화된 통일안이 국회를 통과했다.

합의된 개혁안은 〈표 4-23〉에서 보듯이 정당 간의 정치적 타협의 산물이었다. 보호대상의 인정은 "최저생계비를 감안하여 보건복지부장관이 소득과 재산을 기준으로 하여 매년 정하는 보호대상자 선정기준에 해당하는 자"(제3조 제1항)로 규정하여 최저생계비의 법적 구속력은 명확하지 않았고 보호기준의 설정도 최저생계비와의 관련은 명기되지 않았다. 근로능력이 있는 사람에 대한 생계보호의 확대는 비근로능력자에 한정하는 기본 원칙을 유지하면서 예외규정의 신설에 의해 보건복지부장관의 재량에 의해 "일정한 기간"을 한정하고 생계보호를 급여할 수 있게 하는 방식(제3조 제2항)이 채택되었다. 1997년의 개혁은 보호대상의 인정과 보호기준의 설정에 국가의 재량적인 결정의 제도를 유지했던 것, 생계보호를 비근로능력자에 한정하는 원칙을 유지했던 것이라는 두 가지 전통적인 '구호행정'의 발상의 유지가 재확인되었다. 상술의 〈참여연대〉의 청원은 "생활보호는 국민생활최저선을 보장하기 위한 것이으로 국가의 재정사정에 따라 급여 대상자 범위 및 급여 수준이 결정되어서는 안 되며, 생활보호청구권은 다른 생존권 중에서도 가장 구체적인 권리성을 가지는 것으로 빈민의 필요에 상응하는 예산이 편성되어야 한다는 인식이 전환되어야 한다"(참여연대 1996)라고 말하고 있었다. 그러나 국회에서 합의된 개혁은 시민운동이 요구한 보편적인 '최저생활보장'의 확립으로부터 근본적인 거리가 있었다. 시민운동단체는 이 결과를 받아 들일 수 없었지만 모든 정당이 합의하고 정치적으로 결착되었던 이 문제를 다시 정치과제화 하는 것은 어려웠다.

표 4-23 생활보호법 개정(1997년) 내용과 국민기초생활보장법(1999년)의 내용 비교

	생활보호법 개정(1997년7월)	국민기초생활보장법(1999년)
전 반	ㅇ제도운영의 민주화 (생활보호위원회의 강화) ①중앙생활보호위원회 심의내용의 명시 (기본적 방향과 대책의 책정/ 최저생계비의 계측조사와 그 결정/보호기준의 결정 등) ②위원회의 구성에 관계공무원 이외에 학식경험자와 피보호자를 더함 ③읍, 면, 동의차원에도 지역생활보호위원회를 설치 ㅇ '최저생계비'의 법제화 ①매년 '최저생계비'의 공표를 의무화 ②'최저생계비'는 중앙생활보호위원회의 심의를 거쳐 결정 ③ 5년마다 계측조사의 실시	ㅇ'보호'에서 권리로서의 '보장'으로의 전환 ①법의 명칭을 변경하고 '보호'라는 라는 발상에 입각할 것을 명확화함 ②제도에서 쓰이는 용어와 개념을 변경함 (보호→보장, 피보호자→ 수급권자/수급자, 보호기관→ 보장기관 등) ㅇ생활보장위원회의 기능 강화 위원회는 최저생계비나 급여기준에 대해서 '심의'할 뿐만 아니라 '의결'할 것을 명기함
대상자 인정	ㅇ보호대상자의 인정의 객관화 "최저생계비를 감안해서" 결정된 '선정기준'에 의함 ㅇ근로능력이 있는 생활곤궁자에 대한 생계보호의 확대 예외규정에 의해 '일정기간'에 한정하여 근로능력자에게도 생계보호를 확대함	ㅇ최저생계비 기준에 의한 수급권자의 인정 최저생계비 이하의 소득의 모든 생활자를 수급권자로 인정함 (근로능력의 유무 조건의 폐지)
급여 기준	ㅇ보호내용의 부분적 개선 ①생계보호의 내용으로서 주거비를 추가 ②교육보호의 내용으로서 입학금, 학용품비를 추가	ㅇ생활보장의 기준 급여수준은 수급자의 소득인정액을 포함해서 최저생계비 이상으로 하도록 결정함
생활 자립화 지원	ㅇ근로능력이 있는 대상자에 대한 '자활보호'의 강화 ①생활자립을 지원하기 위한 조직으로서 '자활후견기관'을 설치하고, 자활을 위한 교육, 정보제공, 상담, 직업교육, 취업알선, 사업자금융자, 기업지원, 기술과 경영지도 등을 실시함 (사회복지법인 등의 민간위탁) ②보호대상자의 상호협조에 의한 사업체로서 '자활공동체' 제도를 마련하고 사업자금융자, 공유지 우선임대, 공공적 사업의 우선위탁 등의 공적지원을 실시함	ㅇ생활자립화를 위한 '자활급여'의 강화 ①근로능력자에 대한 생계급여시에는 '자활사업'의 참가를 의무화 ②자활급여의 대상자(세대) 마다 자활지원계획을 세워서 자립을 지원 ③자활후견기관, 자활공동체의 활동을 보다 조직적 전개를 위해'자활후견기관협회'를 설립 ㅇ기초보장법 수급자에 근접하는 소득계층 ('차상위계층')에 대한 생활자립화 지원 강화

자료: 필자 작성.

3. 국민기초생활보장법 성립과 정책과제

(1) IMF 경제위기와 최저생활보장 제도의 확립

1997년말의 IMF 경제위기로 인한 실업자의 대량 발생과 생활곤궁자의 증대는 사회보장 개혁을 둘러싼 정치적, 사회적인 정체상황을 일변시켰다. 1998년 2월에 출범한 김대

중 정권은 긴급적인 실업자 구제대책을 대규모로 전개함과 동시에 구조적 개혁으로서 사회보장체계의 구축에 적극적으로 착수했다. 정권 발족 후 사회보험 개혁이 급속히 진전되고 다년간의 현안이 일거로 해결되었다.

한편 공공부조에 관해서는 실업에 인한 생활곤궁 문제에 대해서 생활보호제도의 근본적인 개혁에 의하지 않고 시한적, 예외적인 조치로서 근로능력자에 대한 생계 지원을 확대하는 방책이 채용되었다. 1998년 4월부터 한시적 조치로서 ①특히 곤궁하는 근로능력자에 대해서 거택보호에 준하는 보호(생활비, 의료비, 자녀학비, 생업자금융자 등), ②기타 곤궁자에 대해서 자활보호에 준하는 보호(의료비, 자녀학비, 생업자금융자 등)가 실시되었다. 98년도의 시한적 생활보호의 적용자수는 생계보호 적용자 17만 9천명, 자활보호 적용자 15만4천명, 합계 33만 3천명에 이르렀다. 그 이외에 자활보호를 받고 있었던 43만 2천 세대 중 공공취업사업 등에서 일정 소득이 있는 경우를 제외한 26만세대를 대상으로 동계 한정(10월~다음 해 3월의 6개월 간)으로 생활비가 지급되었다[24]. 이 결과 1998년부터 99년에 걸쳐 생계보호는 근로능력자에게도 상당한 규모로 확대 적용되게 되었지만[25] 그것은 긴급적인 사태에 대처하기 위한 시한적, 예외적인 조치로 간주되어 있었다. 1998년의 시점에서 김대중정권은 생활보호제도 자체를 전면적으로 개혁하는 자세를 나타내지 않았던 것에 주의할 필요가 있다.

최저생활보장제도의 확립 문제에 대한 정권의 자세와 국회의 심의상황을 전환시켰던 계기는 심각한 생활곤란의 확대를 배경으로 고조된 시민운동이었다. 1998년 2월 〈참여연대〉는 최저생계비의 공표의무를 이행하지 않다고 하고 보건복지부 장관을 고발했다. 고발의 의도는 개정된 〈생활보호법〉의 규정에 불구하고 산정작업에 착수하지 않았던 국가의 소극적인 자세를 비판하고 여론에 호소하는 것에 있었다. 생활곤란이 확대하고 있었던 상황속에서 많은 시민단체, 사회단체, 복지관련단체 등이 실업자 대책강화와 〈생활보호법〉의 전면 개정을 요구하는 집회나 토론회를 연속해서 개최했다. 사회

24 IMF 경제위기에 의한 생활곤란이 확대한 1998년, 99년에는 '자활보호'에 관해서 한시적 인정을 확대한 한편 경상적인 인정 수는 삭감하는 조작을 했다고 보여진다. 이 결과 '자활보호'의 인정수가 크게 확대하지 않았다.

25 1997년도의 생활보호 예산은 4,357억원였는데 이 조치로 98년도는 5,748억원, 99년도에는 1조 1,357억원으로 증가했다.

운동은 1998년 5월까지에 〈생활보호법〉을 폐지하고 "모든 국민에게 권리로서의 최저생활을 보장하는" 새로운 법률을 제정시키는 것을 목표로 그것을 실현하기 위한 운동전략을 마련했다. 운동과정에 있어서 〈국민기초생활보장법〉이라는 새로운 법률의 명칭과 구체적인 조문 구성이 제시되고 사회적으로 선전하는 활동이 전개되었다. 사회적 관심이 높아지는 상황속에서 사회운동은 연합하고 6월 말에 〈국민기초생활보장법〉의 조문 원안을 첨부하고 입법을 요구하는 국회청원을 제출했다. 이 청원에는 〈참여연대〉를 대표자로서 시민단체, 노동조합, 장애인단체, 여성단체, 실업자단체, 사회복지사단체, 사회복지단체 등 당시 사회보장 개혁운동에 관련된 주요한 시민단체와 관계 단체의 대부분이 이 청원에 참가하고 있었다.

1998년 10월에 청원에 동조하고 〈국민회의〉가 법안을 국회·보건복지위원회에 발의했다[26]. 그 제안은 법률의 명칭도 내용도 시민운동이 제안한 청원에 의거하고 있었다. 최대 야당의 〈신한국당〉(나중에 〈한나라당〉으로 개칭)을 비롯해서 이 제안에 대한 반대가 없었던 것은 각 정당이 이 과제에 대한 사회적 요구의 고조를 충분히 인식했기 때문이었다고 생각된다. 그러나 국회심의는 순조롭게 진행하지 않았다. 보건복지위원회에서는 12월말까지 법안검토 작업을 끝내고 소위원회 차원으로 성안이 결정되었지만 정부의 예산 부서가 난색을 나타냈기 때문에 심의는 진전하지 않고 명확한 이유가 제시되지 않은 채 문제가 유보되는 상태가 되었다. 정부와 의회는 원칙적으로 개혁에 동의하고 있었지만 즉시 실현하는 것을 주저했던 이유는 재정부담의 비약적인 증대에 대한 염려와 근로능력자에 대한 생계지원의 확대가 복지의존의 확대를 초래할 것에 대한 염려에 기인했다고 추측된다(한국보건사회연구원 2009b:73-4). 이 점으로 권리로서의 최저생활보장제도를 즉시 실현하는 것을 요구했던 시민운동과 국회 심의 사이에는 여전히 발상의 차이가 존재하고 있었던 것을 확인할 수 있다.

1999년에 들어 국회심의의 정체에 항의하는 시민운동은 제정 요구 캠페인을 더 적극적으로 확대했다. 3월에는 〈참여연대〉의 제안에 따라 청원에 참가한 단체를 중심으로 〈국민기초생활보장법 제정 추진을 위한 연대회의〉가 결성되고 사회적 호소를 위한

---

26 국회의 심의과정에 관해서는 한국보건사회연구원(2009b:71-5), 참조.

다양한 활동이 전개되었다. 이 조직에는 최종적으로 64개 단체가 참가했다. 5월에는 사회복지 학자나 종교계 지도자들이 〈국민기초생활보장법〉의 조속한 제정을 요청하는 성명이 발표되었다. 신법 제정을 요구하는 사회적인 파도가 높아지는 속에서 6월에 김대중대통령은 '새로운 국정 이념'으로서 '생산적 복지'의 구상을 발표함과 동시에 〈국민기초생활보장법〉의 제정 방침을 명확하게 선언했다. 김대중대통령의 정치 결단이 표명된 후 신법의 제정에 관한 국회심의는 일거에 진전하고[27], 동년 8월 〈생활보호법〉의 폐지와 〈국민기초생활보장법〉의 제정이 결정되었다. 새로운 최저생활보장제도의 탄생은 "우리나라 사회복지 역사에서 전후를 구분 짓는 일대 사건"(허선 2005:341) 이었으며, 오랫동안 계속된 '구호행정'의 발상의 완전한 해체를 확인했던 '일대 사건'이었다.

(2) 국민의 권리로서의 최저생활보장제도의 탄생

〈국민기초생활보장법〉(이하 〈기초보장법〉)의 기본적인 자세는 '보호'의 발상을 일소하고 국민의 권리로서의 '보장'의 발상에 입각하는 점에 있었다. 법의 명칭과 동시에 '보호'에 관련된 용어 체계도 전면적으로 개정되었다. 〈표 4-23〉에서 보듯이 〈생활보호법〉과 비교하고 최대의 개혁은 ①근로능력의 유무에 관련없이 객관적으로 산정된 '최저생계비'를 기준으로서 그 액 이하의 소득자를 대상('수급권자')로서 인정하는 것, ②최저생계비 수준 이상의 생활을 보장하기 위해 급여의 내용과 수준을 결정하는 것의 2점에 있었다. 이 조치에 의해서 국가의 재량적인 조치에 의한 '구호' 또는 '보호'가 아니고 객관적으로 제시된 기준으로서 생활보장을 실시하는 조치에 의해서 처음으로 '권리로서의 최저생활보장' 제도가 확립되었다. 이 시점에 이르고 한국에서 베버리지형 사회보장체계가 전제로 했던 공공부조제도가 마침내 확립했다고 할 수 있다. 〈기초보장법〉은 2000년 10월부터 시행되고 그에 따라 생계급여의 수급자수는54만명에서 154만명으로 확대했다. 또 생계급여의 기준도 최저생계비 기준에 의거하게 되어[28] 〈생활보호법〉의 시대

---

27 재정적 문제를 이유로 실시 시기를 가능한 한 늦추려고 한 시도가 있었다. 당초 실시는 2001년 1월로 했는데 사회운동의 반발에 의해서 2000년 10월로 앞당겼다.

28 1999년에 한국보건사회연구원 김미곤 연구원 등에 의해 최저생계비의 본격적인 산정작업이 실시되었어(『1999년 최저생계비 계측 조사연구』), 그 수치가 2000년에 시행된 기초보장법에 있어서의 생계보장 기준의 기초가 되었다.

에 비해 큰폭으로 인상되었다. 이 결과 공공부조에 투입된 예산 규모도 비약적으로 확대했다(〈표 4-24〉).

표4-24 국민기초생활보장법 시행전후의 공공부조 예산 및 수급자의 동향

	1997	1998	1999	2000	2001
	생활보호법			기초보장법	
공공부조 전체의 예산액 (국고기준·억원)	9,008	10,901	18,479	23,321	27,923
자활예산액 (억원)	—	—	—	779	924
1인당 공공부조 예산 (만원)	82	96	124	195	232
'자활보호'를 포함한 수급자 총수 (만명)	141	147	192	154	155
생계급여 수급자수 (만명)	37	44	54	154	155
현금급여기준 (무소득/2인세대 기준·만원)	195	243	267	433	482

자료: 『보건복지백서』 2001년판에 의해 작성.

(3) 생활보장 정책의 새로운 과제

〈국민기초생활보장제도〉의 성립은 모든 국민이 권리로서 최저생활을 보장되게 되었다라는 점에서 역사적 의미를 가지고 있었다. 그러나 그것은 최종적인 도달점이 아니라 '인간다운 최저생활'을 보장하기 위한 기초가 조성되었음에 불과했다. '국민생활최저선 national minimum'의 보장제도는 사회안전망의 제공에 머무르고 생활의 자립화를 적극적으로 지원하는 제도를 갖추지 않고 있었기 때문이다. 1990년대 이후 국제적인 차원에서도 베버리지 형의 공공부조제도의 한계가 논의되어 있어 보다 적극적인 생활보장정책을 모색하는 시도가 시작되어 있었다. 실제 〈기초보장법〉은 성립과 동시에 중요한 정책과제에 직면하게 되었다. 그것은 이 제도가 근로능력이 없는 사람과 근로능력이 있는 사람이라는 두개의 이질적인 집단을 대상으로 하고, 각기의 집단에 대해 자립적인 생활을 보장하기 위해서는 다른 정책수단이 필요하게 된다라는 문제에 기인했다.

노인와 장애인의 소득보장 문제

첫째 근로능력(자립적 생활능력)이 없는 (또는 취약한)사람을 위한 생활보장에 있어서 공공부조는 소극적인 보장기능 밖에 가지지 않다라는 문제가 있다. 〈생활보호법〉 시대에서도 〈기초보장법〉 시대에서도 수급자의 90%이상은 노인와 장애인였다. 이러한 사람들에 대한 소득보장은 생활곤란에 빠졌을 경우에 사후적으로 지원하는 방식이 아니라 당사자 단체가 강하게 요구하고 있도록 본래 권리성이 명확한 공적연금제도(거출제/무거출제)에 의해 생활곤란에 빠지지 않게 보증해야 한다고 생각이 국제적으로 정착하고 있다 (유동철 2005:213). 〈생활보호법〉아래에서는 사후적인 보장에 있어서도 급여는 "시혜적이고 자선적인" 혜택적인 양곡지급에 머물러 최저생활은 보장되지 않았다. 보호의 수준은 너무 낮았기 때문에 1989년에 '노령수당'과 '장해수당'이 도입되었지만 낮은 생활보호 급여를 약간 보충했음에 불과했다. 기초생활보장제도도 이 문제를 해결한 것이 아니었다. 제도의 발족 후에도 국가가 설정한 최저생계비가 너무 낮기 때문에 실질적으로 최저생활은 보장되어 있지 않다라는 비판이 사회단체에 의해서 제기되었다[29].

사회안전망의 기초로 설정된 최저생계비가 '인간다운 생활'을 보장하기에 충분한 수준이어야 할 것은 말할 필요도 없다. 그러나 노인와 장애인은 원래 자립적인 생활능력이 취약한 존재이며 실제로 생활곤궁 문제는 기초법수급자 뿐만 아니라 근접하는 '차상위계층'을 포함한 많은 사람이 빈곤에 직면하고 있었다. 이러한 사람들에 대해서는 기초보장제도에 의존하게 되기 이전에 자립적인 생활을 성립시키기 위한 적극적인 소득보장제도가 필요하다. 우선 거출제의 연금(노령연금·장해연금)이 충분한 기능을 발휘할 필요가 있다. 또, 노인나 장해인의 근로능력을 개발하고, 취업기회를 제공하는 고용지원이 필요하다. 게다가 근로능력을 가지지 않는 사람에 대해서는 자격조사means test를 수반하지 않는 무거출의 연금제도를 비롯하여 여러 가지 소득보장제도를 정비할 필요가 있다. 기초보장법이 성립한 시점에서는 이러한 시책은 충분히 전개되지 않았기 때문에 최저생활 이하의 수준에 빠지지 않기 위한 적극적인 생활자립 지원책의 전개가 기초보장법성립 이후의 기본적인 정책과제가 되었다.

근로능력이 있는 국민을 대상으로 한 일반적인 연금제도가 장래 충분한 기능을 발휘할 수 있게 될지는 제도적인 불안이 존재했다. 동시에 노인와 장애인을 대상으로 하는 무거출 연금과 여러 가지 소득지원 제도는 신속히 진전하지 않았다. 우선 〈노인복지법〉의 '노령수당'은 1997년에 '경로연금'으로 개변되고 지급대상은 생활보호 수급자 뿐

29　장애인 단체는 최저생계비의 '내실화'를 요구해서 항의 활동을 전개했다 (유동철 2005:212-3).

표 4-25 노령수당 제도의 변화

	1991~1996년	1997년	1998~2007년	2007년~
수당의 명칭	노령수당	노령수당	경로연금	기초노령연금
근거법률	노인복지법	노인복지법	노인복지법	기초노령연금법
지급대상	생활보호수급자	생활보호수급자	생활보호(기초보장) 수급자 + 일정소득 이하의 사람	소득분포 하위 60% (08년~70%)까지의 사람
	70세 이상	65세 이상	65세 이상	70세 이상 (09년~65세 이상)
지급액(월액)	당초 1만원, 95년~ 3만원 (80세 이상 5만원)	3.5만원 (80세 이상 5만원)	4만원 (80세 이상 5만원)	국민연금 가입자의 월평균 소득의 5% (08년 현재 약 8.4만원)
지급인원	당초 약 8만명, 그 후 17만명에 확대	약 26만명	저소득자에게 확대, 약 55~60만명	09년 약 354만명

자료: 『보건사회(복지) 백서』 각 년판에 의해 작성.

만 아니라 근접하는 저소득층에게도 확대되었다. 이 조치는 국민 연금이 국민 전체에의 확대되었을 때 연금보험에 가입자격이 없는 노인에 대한 경과적인 구제조치로서 실시되었다. 〈표 4-25〉에 보는 바와 같이 지급액은 많지 않았고 그 후 지급액과 지급 인원수는 큰 변화 없이 추이했다. 이 시점에서는 국민연금이 충분히 기능하게 되면 무거출 연금의 필요성은 없어질 것이라고 생각되었다. 그러나 그 후 실업이나 취업 불안을 이유로 보험료 납부 유예를 인정된 '납부예외자'의 수가 연간 약 500만명에 이르는 상태가 발생하고 연금제도는 기능을 발휘하지 않고 장래 심각한 노인의 빈곤 문제의 발생이 예측되게 되었다. 이러한 상황에 이르고 노인에 대한 기초적인 소득보장제도의 필요성이 인식되게 되었다. 2007년에 제정된 〈기초노령연금법〉은 빈곤한 노인에 대한 소득보장의 기본 발상을 크게 전환시켰던 조치이었다. 이 제도는 소득분포에 있어서의 하위 70%의 노인(당초 70세 이상, 2009년도 이후 65세 이상)를 대상으로서 국민연금 가입자의 평균소득 월액의 5%에 상당하는 연금액을 지급하는 무거출제의 기초연금제도이었다. 이 제도는 노인에 대한 권리성이 높은 소득보장제도로서 중요한 의미를 가지고 있었지만 이 시점에서는 지급된 연금액은 극히 낮았던 것에도 주의해야 한다.

장애인에 대한 소득보장에 관해서는 〈장애인복지법〉에 의한 '장애수당'은 노무현 정권시대에 들어 지급액도 지급 인원수도 대폭적으로 확대되었다(〈표 4-26〉). 지급 대상은 2005년에 경증 장애인에게 2007년에 기초보장법 수급자 뿐만 아니라 차상위 계층의 중증 장애인에게도 확대되었다. 이러한 개선의 연장상에 이명박정권시대에 들어 〈장애연금법〉이 제정되고 장애연금제도가 설립되었다. 또, 2002년부터 중증의 장애 아동을 돌보는 세대를 대상으로 '장애아동부양수당'의 지급이 개시되었다. 노인와 장애인에 대해서 무거출의 공적연금에 의해서 기초적인 생활보장을 실시하는 것은 사회복지운동이 일관해서 요구해 왔던 안건이었으며 노무현정권시대에 이르고 그 기초가 형성되었다. 그렇지만 지급된 연금액은 아직 낮고 노인와 장애인을 대상으로 하는 기초적인 소득보장제도로서 미완성이고 문제는 현재까지 남기고 있다[30].

표 4-26 장애수당제도의 변화

(1) 18세 이상

	1991~2004년	2005~2006년	2007~09년		2010년~	
수당의 명칭	장애수당	장애수당	장애수당		장애인연금	
근거법률	장애인복지법	장애인복지법	(장애인복지법)		장애인연금법	
지급대상	기초보장 수급자	기초보장 수급자	기초보장 수급자 + 차상위계층	기초보장 수급자	(연금) 일정 소득 이하	(수당) 기초보장 수급자
	중증	중증 + 경증	중증	경증	중증	기초보장 수급자
지급액 (월액)	당초 2만원, 그 후 6만원	중증 6만원, 경증 2만원	12~13만원	2~3만원		
지급인원	당초 6,800명, 04년까지 점차 확대(14만명)	약 30만명	대상을 저소득층에 확대		약 26만명	

(2) 18세 미만

	2002~2006년	2007년~
수당의 명칭	장애아동부양수당	장애아동수당
근거법률	장애인 복지법	장애인 복지법
지급대상	기초보장 수급세대	기초보장 수급세대 + 차상위계층세대
	중증장애아	중증장애아 + 경증장애아
지급액(월액)	4~5만	중증 15~20만원, 경증 10만원
지급인원	약 3천명	약 2만세대

자료: 『보건사회(복지) 백서』 각 년판.

30 2014년 7월 박근혜정권은 〈기초노령연금법〉을 〈기초연금법〉으로 개정해 무거출 연금(재원은 일반조세)의 급여액을 대폭으로 개선했다.

근로능력자를 위한 생활 자립화 지원정책

둘째로 근로능력이 있는 생활곤궁자를 대상으로 하는 생활자립화 지원의 문제이다. 생계보장은 생활자립을 촉진시키는 직접적인 기능을 가지지 않기 때문에 생계보장에 대한 안이한 의존의 확대는 제도의 성립을 위험에 몰아넣을 우려가 있다. 〈기초보장법〉에서는 이 문제가 충분히 인식되어 근로능력이 있는 수급자에 대해서 생계 보장과 함께 다양한 수단을 통한 취업지원에 의한 생활자립화지원의 프로그램을 제공하고 있었다. 〈그림 4-3〉에 나타난 바와 같이 〈기초보장법〉의 아래에서는 수급권자는 비근로능력자와 근로능력자로 구분되어 전자에 대해서는 무조건으로 생계급여가 인정되었지만 후자에 대해서는 생계급여의 지급에 있어서 '자활사업'(자립화지원 프로그램)에의 참가가 조건으로 되었다. 이러한 방식이 채용된 이유는 공공부조 제도의 개혁 구상이 대규모 경제·고용위기와 대량실업 상황 속에서 형성된 것에 의했다. 실업상태 자체를 해소하는 일이 없이 생활지원만을 안이하게 확대하면 생활보장제도가 붕괴에 직면하는 것은 자명한 것이며 전대미문의 경제위기에 직면하고 이 점이 특히 강하게 인식되었기 때문이었다. 〈기초보장법〉의 실시에 앞서 발표된 김대중정권의 '생산적 복지' 구상은 노동을 통한 생활의 자립('생산과정에의 참여'를 지원하는 복지)을 강조하고 시장경제로부터의 '탈락자' 또는 '부적응자'에 대해서 노동에의 복귀 지원을 실시하는 시책을 중시했다. 〈기초보장법〉의 '자활사업' 방식은 "생산적복지의 핵심 사업"(노대명 2010:84)으로서 금전수당에 의한 생활보장의 측면보다 자립화 지원에 의한 '저소득층 정책'의 측면을 강조했다. 동시에 이 시책은 안이한 복지의존의 확대를 위구하는 생활보호 개혁 반대론자에 대한 유력한 설득 재료를 제공했다. 국회심의에 있어서 근로능력자에게 최저생활보장을 확대하는 조치에 대한 염려가 강하게 제시되어 있었지만 이것에 대해 생계급여에 조건을 부과하는 '제도의 건전성을 담보하는 안전밸브'(노대명 2010:14)을 설정했다라는 회답을 마련할 수 있었기 때문이었다.

〈기초보장법〉제도가 설정한 생활 자립화 지원은 국제적인 공공부조제도의 동향에 대해서 새로운 발전 방향을 제시하는 중요한 의미를 가지고 있었던 것에 주의할 필요가 있다. 21세기에 들어 경제의 동향은 고용확대와 임금상승을 수반하지 않고 반대로 비정규 노동자 등 불안정한 고용 신분과 저소득의 근로자를 증대시키고 있다. 이 문제는 한국 뿐만 아니고 많은 경제 선진국에도 공통한다. 많은 국가의 공공부조 제도에 있어서 이러한 사회적 취약층의 증대는 사회보험과 공공부조의 기반을 붕괴시킬 가능성을 가지고 있었기 때문에 사회안전망을 제공하면 된다라는 소극적인 발상 차원에 머무르지 않고 적극적인 생활자립정책의 전개가 요구되게 되어 있었다.

또한 이 정책은 새로운 복지분야의 발전에도 관련하고 있었던 것이 주목된다. 〈그림 4-3〉에 보는 바와 같이 '자활사업'의 대상자는 일반 고용시장에 있어서의 적응능력에 관한 판단에 따라 노동부 소관의 일반 취직지원 프로그램과 보건복지부 소관의 취업지원 프로그램에 배분되게 되었다. 노동부 소관의 프로그램은 취직 알선이나 직업훈련 등의 일반 고용시장 복귀를 향한 지원을 실시하는 한편 보건복지부의 프로그램에서는 '자활공동체' , '자활근로', '지역봉사' 등 일반 고용시장의 경쟁으로부터 일정한 거리를 둔 영역('사회적 고용의 영역')에서의 취업지원을 하게 설계되어 있었다. 또 보건복지부 소관의 '자활사업'은 〈기초보장법〉의 수급자 뿐만 아니라 '차상위계층'의 희망자에게도 개방되었던 것은 중요한 조치였다. 자립화지원정책은 최저생활 이하에 빠질 가능성이 있는 집단을 넓게 대상으로 할 필요가 있었기 때문이다. 실업자에 대한 고용시장에의 복귀 지원은 전통적인 고용정책의 일환으로서 종래 중시되어 왔지만 고용시장에 적용할 수 없는 사람, 경쟁으로부터 탈락한 사람에 대해서 근로의 권리와 기회를 보장하는 것은 사회복지서비스 정책 분야에 있어서의 새로운 과제이었다. 이 정책 분야는 국제적으로도 아직 충분히 개척되지 않기 때문에 한국의 〈기초보장법〉은 하나의 중요한 정책 모델을 제시하고 있던 것을 평가할 수 있다.

〈기초보장법〉의 생활자립화 프로그램에 있어서 주목해야 할 또하나의 특징은 기획·운영을 민간 주도로 실시하는 방식이 채택되었던 점이었다. '자활사업'의 정책 방식의 직접적인 원점은 김영삼정권시대에 있어서의 〈한국보건사회연구원〉의 제안과 '생활의 질의 세계화 구상' 보고에 있어서의 제안에 있었다. 이러한 제안은 원래 1970년대 이전에 민간 복지단체가 빈곤집중지역에서 착수하고 있었던 활동으로부터 착상된 정책이었으며 국가는 민간주도에 의한 취업지원 프로그램을 확대시키는 것을 추천하고 있었다. 실제로 1996년에 국가의 모델 사업으로서 5개소의 민간의 자활지원 센터가 발족하고 있었다. 1997년에 행해진 생활보호제도 개혁은 이 제안을 계승해서 '자활보호'의 강화를 위해서 '자활공동체'(수급자가 설립·운영하는 사업체)과 '자활후견기관'(사업개발, 창업 지원, 기술·경영 지도 등의 자활지원을 실시하는 기관)의 제도를 도입해서 이러한 기관은 수급자 자신이나 민간 복지 단체가 주체적으로 운영하는 것이 예정되었다.

〈기초보장법〉은 '자활사업'의 운영에 있어 민간단체가 주도하는 방식을 적극적으로 계승했다. 〈기초보장법〉이 제정된 1999년 시점에서는 취업지원 프로그램을 실시하

그림 4-3 최저생활보장과 자립지원 프로그램

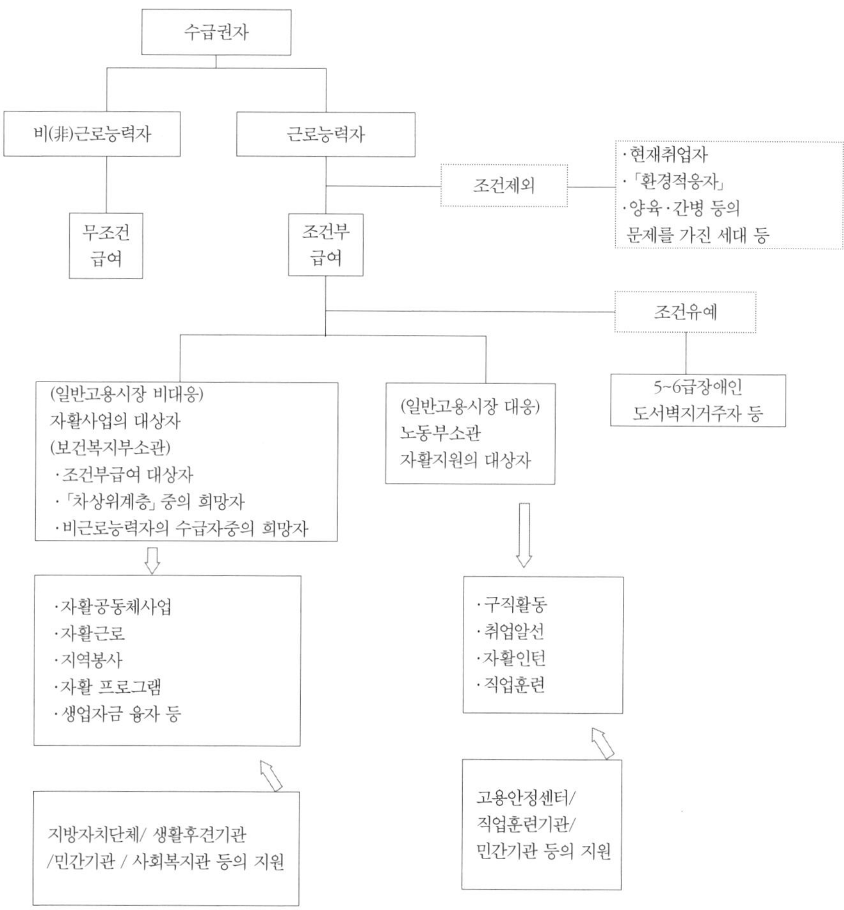

자료: 보건복지부『보건복지백서』2002년판,『노동백서』2002년판에 의해 작성.

는 민간의 '자활 후견기관'(2007년에 '지역자활센터'로 명칭변경)의 수는 20개소, 〈기초보장〉법 시행시의 2000년에는 70개소가 존재했는데 2005년에는 242개소에 증가하고 있었다. 또 '자활후견기관'의 운영에 있어서도 '한국자활후견기관협회' (나중에 '한국지역자활센터협회'로 명칭 변경)의 설치에 의해 조직적인 활동의 제휴를 강하게 하여 동시에 전체의 정책 방향의 연구나 사업개발, 경영지도 등의 면에서 민간활동의 자주성과 자발성을 존중하려고 했다. 노무현 정권이 〈사회적기업육성법〉의 제정 등에 의해 '사회적 고용', '복지적 고용'의 분야를 발전시키는 정책을 채용했던 것은 사회복지서비스의 새로운 영역의 확대를 상징하고 있었다.

정책대상이 가지는 여러 가지 요구를 배려하고 생활 자립을 지원하려는 프로그램에 있어서는 민간활동의 활발한 참가가 불가결하다. 〈기초보장법〉의 발족 이후의 민간활동의 자주성과 주도성을 중시하는 생활자립화 지원의 발전은 국제적인 정책 시야에 있어서 주목해야 할 방향을 시사하고 있다. 이러한 정책방식의 전개에 있어 한국에서는 그것을 가능하게 하는 민간 복지활동이 활발하게 전개되어 왔던 토양이 존재하고 있는 것이 중요하다.

제4절 사회복지서비스 분야와 새로운 〈공〉〈사〉의 관계 구축

'구호행정'에 있어서는 주식양곡의 지급이라는 범위를 넘는 생활요구에 대해서는 기본적으로 전통적인 3세대 가족이 갖추는 '자가보장기능自家保障機能'(『보건사회』 1986:139)과 가족을 둘러싸는 친족이나 근린사회의 부조나 민간의 복지활동에 맡긴다라는 생각이 존재하고 있었다. 그것은 한국의 전통적인 가족에 대한 이해, 또는 바람직한 가족의 모습에 대한 기대를 기초로 하고 있었다. '구호'·'보호'의 범위를 넘는 생활문제는 사적 영역私的領域, 특히 가족생활의 영역에 맡기고 공적인 정책의 출동을 가능한 한 회피하려는 정책발상은 1980년대까지 뿌리 깊게 살아남고 있었지만 민주화시대에 이르고 마침내 그러한 발상이 전환되게 되었다. 노인이나 장애자에 대한 공적 복지정책이 적극화되기 위해서는 생활요구를 감싸는 가족의 기능에는 한계가 있고 사회적인 지원이 필요한 것, 민간의 활발한 복지 활동의 역할에 기대하는 정책을 채용하는 경우에도 국가의 기본적인 재정투입과 공적 정책에 의한 적극적인 주도가 필요하다라는 인식에의 전환이 불가결했다.

민주화시대에 시작된 사회보장제도의 구축에 있어서는 사회보험과 공공부조에 의한 사회안전망의 구축과정이 선행했고 사회복지서비스 분야의 정책이 본격적으로 전개되었던 것은 노무현정권시대였다. 제2차 세계대전 후의 국제적인 복지정책의 발전과정은 먼저 베버리지 형의 금전수당에 의한 '국민생활최저선national minimum'의 보장제도를 구축한 후 '노멀라이제이션'의 이념에 따라 긴 시간을 경과해서 복지서비스 정책의 분야를 발전시켜 왔다. 또한 20세기 말에는 세계적인 복지의 동향은 저출산·고령화 문제를 계기로서 새로운 발전 국면에 들어가 있었다. 1990년대에 사회보장의 구축을 본격적으로 개시한 한국은 제2차 세계대전 후의 정책발전의 축적과 20세기 말의 새로운 복지정책 상황의 변화를 맞추어 흡수해야 하는 상황에 놓여졌다. 따라서 한국은 이러한 세계적인 사회복지의 발전과정을 단축한 형태로 단기간에 경험하게 되었다.

노무현정권시대에 사회복지서비스 분야의 기초적인 구조가 조성되었다. 이 정책분야는 사회보험이나 공공부조 등 금전수당에 의한 소득보장제도와는 다른 정책방식의 개발을 요구했다. 사회서비스 운영 시스템을 구축하기 위해서는 큰 규모의 재정 투하를 필요로 할 뿐만 아니라 민간활동의 전면적인 참가가 필요하기 때문이다. 노무현정권시대 이후 현재까지 한국의 사회복지는 활발한 민간활동의 참가에 의해서 국제적으로도 독자적인 성격을 가지는 복지시스템을 구축하고 왔던 것에 주목할 필요가 있다. 이것은 사회복지에 관련해서 공적 정책과 민간활동 사이에 새로운 관계를 발전시켜 왔던 것을 의미했다.

따라서 사회복지서비스 분야의 정책발전은 단지 국민생활의 안정과 향상이라는 차원을 넘고 국가의 운영과 국민경제의 상태를 변화시켜 가는 잠재력을 가지는 것에 충분히 주의할 필요가 있다. 노무현정권시대에 복지라는 요인이 큰 비중을 차지하게 된 것에 의해서 한국의 국가운영의 형태는 전환하기 시작했다. 첫째에 복지는 국가경제에 있어서 커다란 비중을 차지하게 되었으며 그 동향이 경제에 대해서 큰 영향을 미치게 되었다. 민주화시대 이후 복지에 투입된 예산은 국가재정의 큰 부분을 구조적으로 차지하게 되었으며 또 복지 관련 분야에 종사하는 사업체와 근로자는 비약적으로 증가해 왔다. 이러한 요인은 산업구조나 고용시장의 상황을 크게 변화시켜 갔다. 둘째에 복지의 운영에 있어 민간활동의 주도성을 중시하는 방식의 발전은 국가의 역할의 재검토를 촉구시키는 계기가 되었다. 노무현정권은 이 점을 인식해서 사회의 운영은 민간활동이 중심적으로 담당하고 국가는 종래와 같이 사회를 적극적으로 견인하는 존재가 아닌 '조정자'의 역할을 하게 되는 장래의 복지사회의 이미지를 제시했다 (대통령자문정책기획위원회2006). 이 비전은 가설적인 문제 제기였으나 국가와 사회의 장래에 대해서 중요한 시사를 주고 있다.

1. 전두환정권시대 사회복지서비스 정책의 인식

(1) 1980년대 초의 복지입법과 행정적 정비

국가가 사회복지서비스 분야를 공적 정책 분야로서 인식하게 된 계기는 전두환정권 초기에 실시된 일련의 복지입법 제정에서 볼 수 있다. 1981년에 〈노인복지법〉, 〈심신장해자복지법〉이 제정되고, 아동 분야에서는 대상을 고아나 기아 등 '요보호 아동'에 한정했던 〈아동복리법〉(1961년 제정)이 폐지되어 아동 전체를 대상으로 하는 〈아동복지법〉이 제정되었다. 여성정책 분야에서도 1983년에 정책 연구·입안을 위한 〈여성정책심의위원회〉와 정책연구기관으로서 〈한국여성개발원〉이 설치되는 등 정책적인 관심이 높아지고 있었다. 이러한 입법조치와 함께 보사부의 복지 관련 행정기구도 증강되어 노인복지와 장애인복지를 담당하는 부국으로서 〈가정복지과〉와 〈재활과〉가 신설되었다. 그 때까지의 복지행정은 아동과 여성을 대상으로 하는 〈부녀아동국〉이 중심이었는데 아동, 여성, 노인, 장애인의 복지를 각자 전문적으로 담당하는 부국이 정비되었다[31]. 이에 의해서 적어도 형태상으로는 '사회복지'라는 행정 분야가 형성되게 되었다.

31 보사부의 행정기구의 개혁에 의해 '가정복지국'(부녀아동국을 개칭)에 부녀복지과(여성복지), 아동복지과(아동복지), 가정복지과(노인복지)가 설치되었어, 사회국에 '재활과'(장애인복지)가 신설되었다.

이러한 조치는 국가가 사회복지 분야에 있어서 정책이 뒤떨어지고 있는 현실을 인정하지 않을 수 없었던 결과에 의한다. 정권의 지시에 의해 〈한국개발연구원〉이 실시한 사회적 정책의 검토에 있어서는 복지시설이 불충분한 것, 복지서비스를 담당하는 전문적인 인력이 부족하는 것, 지역 차원에서 복지 행정 기구가 불비한 것 등의 문제점이 지적되었다[32]. 또 보사부는 제5차계획(1982~86년)의 사회보장부문계획 책정과정에서 사회복지 분야의 '문제점'을 포괄적으로 점검해서 절실한 사회복지 요구가 다방면에 걸쳐 존재하기 때문에 공적 정책을 확충할 필요성이 있음을 강조했다. 이 점검 작업에서 주목해야 하는 것은 복지 요구를 파악하는 시야가 종래보다 넓혀진 것이다. 이 때까지 복지의 주된 정책 대상으로 간주된 존재는 아동과 여성의 경우 고아, 기아, '전쟁미

표 4-27 제5차 사회경제발전 5개년계획의 책정준비과정에 있어서 사회복지 분야의 문제 점검

사회복지 전체의 문제점	보호수준의 저위／ 시설의 노후화 및 운영의 영세성／ 전문요원의 부족／ 종합적 복지기본법의 부재／ 사회복지 정부지원의 과소	
장애자복지의 문제점	장애자 발생 예방기능의 미약	장애발생의 체계적인 예방사업 미흡／ 장애의 조기발견 및 치료사업 미약／ 장애자의 신체적, 직업적 재활을 위한 상담·판별 및 평가사업이 태무(殆無)／ 각종사고에 의한 장애발생 예방대책 미흡
	장애자의 경제활동 취약	장애자의 취업 자립능력부족으로 장애자가정의 경제적 부담과중／ 장애자의 빈곤계층 전락으로 구걸(求乞)행위 등 사회적 문제 약기(惹起)
	교육기회 및 재활능력 부족	장애 상태 및 경제적 제약으로 장애자의 교육 불충분 및 경제적 곤궁의 악순환／의료재활기회의 부족/ 보장구사용의 저조/ 물리적치료 등 신체재활시설 부족/ 직업재활을 위한 시설부족/ 적정직종 개발 미흡 및 취업알성제도 미비
	복지시설의 영세성	복지시설의 수용능력부족／기존시설의 자기부담능력 부족 및 단순수용 구호수준에 불과
	사회생활상의 제약과 차별	공공시설, 도로, 교통시설 등 생활편의시설 미흡／ 입학, 자격취득, 취업, 보수 등 차별/ 장애자에 대한 전통적 편견과 사회적 냉대로 장애자의 소외감 증대
노인복지의 문제점	노인 역할 및 지위	경제활동기회 및 소득원천의 상실／ 가정 및 지역사회에서의 역할상실／ 주거와 건강생활의 불편／ 고독 및 소외감의 증대
	복지시설 수용보호	수용보호시설의 부족／ 휴양·정양시설의 전무
	지역사회 노인복지 사업	경로당·노인정 및 노인교실 기능 미약／ 노인단체 및 조직에 대한 지원체제 미약
	복지서비스사업	노호건강보호제도 미흡／ 노후의 일자리 제공사업 전무

자료: 『부문계획』(보건사회부1982a:179,190-1,195-6)에 의해 작성. 아동복지와 여성복지에 관해서도 같은 문제점검이 실시되었으나 생략함.

32 한국개발연구원(1981a:367-73), 동(1981b:338-52). 종래 복지분야에 대한 예산확대의 억제를 주장해왔던 경제기획원계의 정책연구기관이 복지정책의 빈곤문제를 지적했던 것이 주목된다.

망인', '윤락여성' 등이며 노인과 장애인의 경우 시설 수용자에 한정되어 있었다. 그러나 〈표 4-27〉에 보는 바와 같이 이 시기에는 아동 전체, 여성 전체, 재가 생활자를 포함한 노인과 장애인 전체로 확대했던 것을 볼 수 있다.

(2) 복지 분야에 대한 국가재정의 투입 억제

1980년대에 들어 국가는 사회복지 시책이 빈곤인 사실을 공식으로 표명하게 되었지만 이 분야에 예산을 대폭으로 투입하는 자세를 보이지는 않았다. 〈심신장해자복지법〉과 〈노인복지법〉에서는 구체적인 예산지출을 피하고 민간의 자발적 노력과 비용부담에 맡기려는 경향이 강했다. 특히 긴급적인 지원을 필요로 했던 문제는 전문적인 서비스를 제공하는 복지시설의 증강 이었다. 장애인에 관해서 중증 장애인 시설과 재활훈련 시설, 노인에 관해서 양로시설과 장기요양시설의 절대적인 부족이 사회적인 문제가 되었다. 또 기존 시설의 대부분에 있어서 노후화가 진행하고 있었던 것이 문제가 되었다. 그러나 제5차 계획에서는 복지시설 증강에 대한 재정지출은 거의 배려되지 않았다. 또 그 때까지 입소형의 복지시설의 대부분은 외국원조에 의존해서 설립되었던 시설이며 운영비용도 외국원조와 민간단체의 부담에 의존해왔다는 문제가 있었다. 외국원조의 감소에 따라 국가는 1970년대 말부터 시설운영에 있어서의 인건비와 시설 보수·개수 비용 등에 대해 서서히 지원을 확대하고 있었다. 특히 중증 장애인시설과 노인장기요양시설 등에서는 민간의 참가가 적고 국고에 의한 직접적인 설립지원이 필요한 것도 인식되어 있었다. 그럼에도 불구하고 복지시설의 건설은 원칙으로서 민간에게 맡겨 국가의 정책은 민간시설의 진출을 유도하는 것에 한정해서 재정의 직접적인 투입은 피하는 자세가 유지되었다[33].

사회복지 요구의 증대를 인식하면서도 재정투입에 대한 억제적인 자세가 계속된 이유의 하나는 이 시기에 선진복지국가에서 복지예산 비대화가 문제가 되고 같은 길

---

33 올림픽 개최가 가까워진 1985년 전후부터는 장애인정책은 적극화했다. 1985년부터 약 250억원의 예산을 투자하고 장애인 복지시설을 증강하기 위한 3개년계획이 개시되었다. 1986년에는 직업훈련과 기능습득을 위한 자립작업장의 설치와 장애인의 사회 참여와 재활훈련의 제약이 되고 있는 법령의 개선·정비를 했다(『보건사회백서』 1991).

을 걷는 것을 피하려는 발상이 등장했기 때문이었다. 이러한 인식에 서서 정부의 정책 연구기관은 복지 분야에서 필요한 사회적 비용의 조달에 있어 국가예산의 투입을 가능한 한 억제하고 대신에 민간모금이나 복지단체와 사회단체의 참여 확대에 의한 '재원조달의 다원화'를 해야 한다고 제안했다(한국개발연구원 1981a: 39, 369). "한정된 국가의 예산으로 충당하지 못하는 복지부문에 대해 … 사회복지를 자주적으로 실현하기 위해서는 정부의 지속적인 확대지원과 동시에 민간 복지활동에 의한 자원확보가 순조롭게 이루어질 때 비로서 가능하다"(『보건사회백서』 1984: 401)[34]고 생각했기 때문이다. 따라서 민간활동이 큰 역할을 맡아서 국가의 부담을 가능한 한 경감하는 '한국적 복지모형(보건사회부 1983: 4)'의 구축이 제창되었다[35]. '한국적 복지모형'이란 '전통적인 가족제도와 인보협동정신의 최대한 유지 발전'을 중시하고 생활요구가 '가족과 인보협동정신'의 내부에서 대처되고, 문제가 외재화하고 사회적 지출을 최소화하는 모델을 의미했다. 노인복지에 관해서 국가가 강조한 '선 가정보호, 후 사회보장'이라는 표현은 이러한 생각에 입각하고 있었다(『보건사회』 1982: 319; 동1986:152). 이 말은 가정의 '자가보장기능의 강화'에 의해서 "복지수요의 사회화를 억제"해서 '사회보장'이 대응하는 것은 부득이 외재화해 버린 요구에만 한정한다라는 생각을 표현했다. 동시에 "경로효친의 미풍 양속"의 존재가 강조되었다. 여기서도 노인복지에 필요로 하는 사회적 비용을 민간이 자발적으로 부담하는 것을 장려하는 의도가 표현되어 있었다. 사회복지 분야에서 가족이나 민간활동이 중요한 역할을 담당하는 것은 한국사회에 한정된 것이 아니지만 이 시점에서의 문제는 정책이 발달되지 않은 단계에서 국가가 담당해야 할 책임과 국고지출을 회피하기 위해서 이러한 사상이 강조되었던 점에 있었다.

복지예산의 투입을 피하기 위한 '재원조달의 다원화'로서 민간모금과 외국민간 단체의 원조가 중시되었다. 민간모금은 1960년대부터 재해 지원에 있어 활용되었고 복지

---

34 이 백서는 '제4장 사회복지 자립활동을 위한 국민자원 동원활동 전개'에서 민간자원의 개발강화를 상세히 강조했다.

35 보사부는 국회·보건사회위에서의 '현황보고'에 관한 설면에서도 '한국적 복지모형'의 구축의 필요성을 강조했다. 그 내용으로 '성장과 복지의 균형 조화', '전통적 가족제도와 윤리덕목의 진흥', '상호부조의 인보공동 정신의 육성', '공공부문과 민간 부문의 균형적 발전' 등을 열거하고 있었다 (『보사위/회의록』1984년 3월 12일).

분야에 있어서는 1970년대 초에 공동모금제도의 도입이 계획되었지만 이 시도는 좌절했다. 그 후 70년대 후반 부터 '이웃돕기성금' 모금운동이 시작되고 정착하게 되었다. 이 제도는 국가가 국책으로 모금활동을 실시하고 모여진 자금은 국가가 관리하는 방식에 의해 배분되고 공적인 수입에 준한 보조적인 복지재원으로 기능했다. 1980년대에

표 4-28 사회복지사업기금의 모금액과 지출액 추이 (연평균)

단위:백만원

	사회복지사업기금 (주)			사회복지 서비스에 대한 국가재정 지출의 총액 b	a／b (%)
	모금액	이자·기타 수입을 더한 기금총액	지출액 a		
1976~79	1,806	2,435	1,925	n.a.	n.a.
1980~84	4,722	5,615	2,954	20,379	14.5
1985~89	3,599	5,671	3,747	48,377	7.7
1990~94	3,412	6,757	3,900	177,073	2.2
1995~97	5,405	13,546	14,730	374,573	3.9

자료: 『보건사회 (복지) 백서』 각 년판에 의해 작성. 〈사회복지사업기금〉은 1998년에 민간운용으로 전환.

표 4-29 외국민간원조의 동향 (1980년대~90년대)

1. 외국민간원조 총액 (사회분야*)의 동향 (연평균)

단위:천달러

	현금	물자 (금액환산)	합계*	단체수
1975~79	31,298	5,527	36,825	80~100
1980~84	37,782	4,770	42,552	75~80
1985~89	34,962	2,187	37,149	75~80
1990~93	31,873	911	32,784	60~70

2. 외국민간원조 (현금원조)의 배분 (연평균)

단위:천달러

		1984년	1990년	1993년 ( )안 구성비%	
복지분야	복지시설	6,014	7,338	5,993	(38.4)
	영세민 구호	2,506	2,717	555	(3.6)
	지역복지	1,236	2,050	789	(5.1)
	소 계	9,756	12,105	7,337	(47.0)
보건·의료 분야		5,452	3,277	2,981	(19.1)
교육·문화 분야		5,195	8,283	5,291	(33.9)
합 계		20,403	23,665	15,609	(100.0)

자료: 『보건사회(백서)』의 각 년판에 의해 작성.
*원조총액은 단체의 관리운영비과 종교단체의 경우의 선교비 등을 포함함.

들어 증대하는 복지요구에 대응하고 필요한 추가재원을 얻기 위해 기존의 모금제도의 대폭적인 확대가 계획되었다. 이에 따라 그때까지 존재했던 각종 복지계 공동모금을 통합해서 운용하기 위해 〈사회복지사업 기금법〉이 제정되었다. 모금활동이 국민운동으로 더 강화된 결과 〈표 4-28〉에 보는 바와 같이 1980년대에는 연 평균 약 56억원의 기금이 조성되었고 매년 30억~40억원이 지출되었다. 지출의 내용은 복지시설의 증·개축에 대한 보조과 입소자의 생활비 보조(부식비, 난방비, 피복비 등), 장애인의 보장구 지급 등이었다. 여기에서는 복지시설의 유지·운영에 관한 긴급적인 요구에 대응하는 지원마저 국고에서는 지출되지 않았던 것이 단적으로 나타나고 있었다. 기금 지출액은 1980년대 전반에 있어 국가의 사회복지서비스 재정지출의 약 14%에 상당했고 "사회문제에 대처하기 위하여 정부에서도 노력하고 있지만 정부예산의 한계성 때문에 동 기금의 역할이 중요하게 재인식되고 있다"(『보건사회백서』1985; 326)라고 설명되었다.

또한, 외국민간단체의 원조는 민간모금과 함께 실질적으로 예산부족을 보완하기 위한 준공적準公的인 성격의 보조적 복지재원으로 취급되었다[36]. 1960년대 초 이후 외국원조의 수령·배분은 외원단체와 한국정부의 공동관리 하에 놓여져 있었다. 1980년대에는 그 규모는 감소 경향에 있었지만 〈표 4-29〉에서 보듯이 전국 규모로 활동하는 외원단체의 수는 약 80개소에 이르고 매년 3,700만~4,200만 달러에 이르는 거액의 원조자금이 사회 분야에 투입되었다. 이 중 연간 약1,000만 달러가 사회복지 분야에 할당되었다(〈표 4-29의 2〉). 그 규모는 복지 분야에 대한 국가재정 지출에 비해서도 상당히 크고 공적 지출의 부족을 보완하는 중요한 역할을 하고 있었다.

(3) 국고지출을 억제하기 위한 민간활동의 이용

복지 분야에 있어서 국가재정 지출을 억제하기 위해 민간에게 자금을 부담시키려는 여러 가지 정책 방식이 채택되었다. 이 방침은 특히 재가 생활자에 대한 복지서비스의 경우에 강하게 표현되어 있었다. 이 시기에는 〈표 4-25〉에 보는 바와 같이 시설 입소자뿐만 아니라 재가 생활자의 복지 요구가 높아져 있었고 국가도 그것을 무시할 수 못하

36 『보건사회백서』가 1990년대 중반까지 〈사회복지사업기금〉과 외국원조에 관한 실적수치를 게재하고 있었던 사실은 이러한 재원을 보조적인 국가재원으로 계속 중요시했던 것을 나타낸다.

는 상황이 태어나고 있었다. 〈노인복지법〉에서는 노인복지상담원의 배치, 노인 건강진단의 실시, 각종의 경로우대제도의 추천, 노인에 대한 직업 알선, 여가활용시설의 지원 등이 포함되었으며, 〈심신장해자복지법〉에서는 심신장해자복지 지도원의 배치, 중증 장애인에 대한 '부양 수당'의 지급[37], 보장구의 교부, 고용촉진, 공공시설이나 생활 환경의 개선 등이 포함되었다. 이러한 재가 생활자를 대상으로 한 시책에 있어서는 가능한 한 민간단체의 활동과 비용부담에 맡기는 방식이 채용되었다. 예를 들면 노인과 장애인에 대한 우대제도에 있어 필요한 비용은 공비로 부담되지 않고 교통기관이나 공공적인 시설 등을 운영하는 사업자가 국책에 협력하는 형태로 부담하고 있었다[38].

국고에서 지출된 경우에도 민간의 자발적인 활동을 유도하기 위해 소규모 지출이 실험적으로 투입됨에 머물렀다. 대규모 재정투입 없이 민간활동을 바람직한 방향으로 유도하기 위해 '모범적인' 활동에 대한 보조금을 주고 장려하는 방법이나 먼저 공비로 모델적인 사업을 실시하여 민간이 그 모델에 뒤따르는 것을 장려하는 방법 등이 채택되었다. 재가노인에 대한 지원사업의 경우 국가는 전국적인 네트워크를 가지는 노인단체인 〈대한노인회〉를 활용했다. 이 조직은 말단 활동단위인 경로당(노인정)을 기반으로 하고 1983년 현재 전국에 7,517개소의 경로당이 존재하고 약 40만명의 노인가 일상적으로 이용하고 있었다(보건사회 1983:260-1). 국가는 경로당에 대해 동계 난방비(연탄대) 보조를 실시함과 동시에 모델적인 시설을 선택하고 특별 운영비를 지급했다. 또한 노인를 대상으로 한 직업소개 기관인 〈노인능력은행〉의 운영과 공동 작업장의 운영에 있어서도 〈대한노인회〉에 위탁했다. 〈대한노인회〉도 국가에서의 위탁을 적극적으로 받아들이고 산하의 경로당에 서비스 제공시설을 병설하는 조치를 택하고 있었다. 장애인복지의 분야에서도 취업알선사업의 운영을 〈한국장애인재활협회〉에 위탁하는 방식이 채택되었다. 여성정책의 분야에서는 국가는 〈새마을부녀회〉을 활용했다. 〈새마을부녀회

37 실제로 부양수당이 지급되었는지를 자료적으로 확인할 수 없다. 예산조치가 취해지지 않았고 지급되지 않았던 가능성이 높다.

38 〈노인복지법〉은 '경로우대'에 관해서 사업의 운영자에 대해서 할인 우대를 실시하도록 '권유할 수 있다'라고 규정했다(제9조). 이 경우 '권유'는 나라의 강제에 가까운 성격을 가졌다. 예를 들면 나라는 공중 목욕탕과 이발소의 고령우대의 할인율을 50%로 규정했는데 그 비용에 관해서는 각 사업자가 부담하는 것을 전제로 하고 있었다.

〉는 1970년대의 새마을운동에서 발전했던 지역사회 단위의 여성조직이었으며 교양, 문화, 생활개선 등의 분야를 중심으로 활동해왔다. 70년대 말에는 각 조직은 소비자 운동, 지역 자원봉사활동, 공동작업장의 운영 등으로 활동영역을 확대하고 있었다(제3장 제4절 2 참조). 1980년대 초의 시점에서 농촌지역을 중심으로 약 10만의 부녀회가 존재했고 보사부는 도시지역에도 조직을 확대하는 것을 장려하고 도시의 여성활동에 대한 지원을 강화했다.

지역복지서비스의 분야에 관련해서 보사부는 민간단체에 의해 설립된 사회복지관에도 착목하고 있었다. 사회복지관은 지역복지서비스 활동의 거점으로 1970년대 중반 이후 설립수가 늘어가고 있었다(제3장 제4절 3). 국가가 택했던 정책은 이러한 시설의 일부를 선정하고 운영비의 일부를 지원하는 한정적인 시책였다(1985년도의 경우 29시설 중 11시설에게 보조금지급: 〈표 4-29〉참조). 이러한 민간활동이 설립한 복지관과 별도로 1982년부터 86년까지 국가의 직접적인 재정지원에 의해 각 도道와 주요 도시에 1개소씩 7개소의 종합형 사회복지관이 건설되었다. 이것은 대규모 복지관을 모델으로서 제시하는 목적으로 실시된 시책이었으며 운영은 민간단체에 맡겨졌다(『보건사회』 1987:329). 이 시기에 보사부는 지역에 있어서의 복지행정의 거점으로 복지 사무소를 배치하는 정책 구상을 검토하고 있었지만 그것을 위한 재정지출은 승인되지 않았기 때문에 대신에 민간시설인 사회복지관의 활동을 장려하는 정책이 채용되었다.

2. 사회복지서비스 분야의 정책 전환

(1) 사회복지서비스 분야에 대한 국가재정 투입의 개시

사회복지 분야에 있어서 국가가 공적인 책임을 지는 것을 명백히 표명했던 시기는 민주화를 지향한 정치적·사회적 개혁이 시작된 노태우정권시대이었다. 특히 1989년 말에 실시된 〈심신장해자복지법〉의 〈장애인복지법〉로의 개정, 〈노인복지법〉의 개정과 〈모자복지법〉의 제정은 복지정책의 획기적인 전환을 상징했다. 우선 장애인 시책의 분야에서는 1988년 9월 대통령 자문기관으로서 전문가와 관계자로 구성된 〈장애인복지

증진대책위원회〉가 설치되어 다음의 89년 9월에 〈장애인복지종합대책〉이 제출되었다. 이것에 의거하여 동년 12월 신법이 제정되어 다음 1990년 1월에 〈장애인고용촉진등에 관한 법률〉도 제정되었다. 새로운 법은 이 때까지 쓰여왔던 '심신장해자'라는 명칭을 '장애인'으로 고치고 법률의 목표로서 "장애인의 완전한 사회참여와 평등의 보장"을 내걸었다. 구체적인 시책의 내용은 ①장애인을 위한 시설의 증강, 특히 중증 장애인 시설과 재활훈련 시설의 건설과 운영에 대한 지원 확대, ②재가 장애인에 대한 시책의 강화(조사·등록제도 실시, 재활훈련·서비스 확충, 자립을 위한 고용촉진, 직업훈련, 생업지원, 주택과 생활·사회환경의 개선, 장애인을 위한 지역서비스 거점인 복지관에 대한 지원강화 등), ③중증 장애인에 대한 생계보조수당, 일반의 장애인에 대한 의료비, 자녀교육비, 자립훈련비의 지급 등의 경제적 지원의 제도화 등이었다. 행정 자체가 시책의 빈곤을 한탄하고 있었던 1980년대 초의 상태에 비하면(〈표 4-25〉참조) 재가 생활자의 경우에서도 시설생활자의 경우에서도 장애인의 생활전반에 걸쳐 배려하는 정책에 착수하게 되었다고 평가할 수 있다. 그러나 이 시점에서 구체적인 정책수준은 매우 낮았기 때문에 종합성과 체계성을 가지는 장애인정책이 본격적으로 전개하기 시작했던 것은 1997년에 책정된 '제1차 장애인정책 장기계획'이후이었다.

노인정책의 분야에서는 1989년초에 유력한 노인단체인 〈대한노인회〉가 〈노인복지법〉의 전면적인 개정요구를 제기했다. 국회에서는 이 요구에 따라 동년 5월중에 야당 3정당이 연달아 개정안을 제출했다. 여당도 개정에 동조해서 동년 11월에 국회·보건사회위원회에서 여·야당안이 일원화되어 12월에 개정안이 국회를 통과되었다. 이 개정에 있어 새롭게 도입된 시책은 노인복지를 위한 정책 자문기관인 〈노인복지대책위원회〉의 설치, 가정봉사원제도의 설치, 생활곤궁자에 대한 '노령수당'의 지급, 직업 지원의 적극화, 국가가 지원해야 하는 노인복지시설 범위의 확대(특히 요양시설의 증강과 경로당을 포함한 재가 노인를 위한 시설의 증강), 교통기관과 공공적·사회적 시설에 있어서의 노인 우대제도에 관해서 비용의 민간부담으로부터 국가부담에의 전환 등이었다. 여기에서도 시설의 증강 시책과 더불어 재가 노인의 생활에 대한 다양한 지원이 체계적으로 편성되게 되었던 것이 주목된다.(〈표 4-30〉).

또한 1989년에 제정된 〈모자복지법〉은 모자가정의 복지를 위한 정책 자문기관인

〈모자복지위원회〉의 설치, 모자복지 상담소와 상담원의 설치, 생활곤궁자에 대한 '복지급여'의 지급, 직업훈련과 취업알선 등 취업지원의 증강, 모자보호시설과 자립시설에 대한 지원 확대 등을 주된 내용으로 했다.

이러한 일련의 복지입법의 개정에서 획기적인 것은 복지 분야에 국가재정의 본격적인 투입이 결단된 점이다. 국회는 1981년에 제정된 〈노인복지법〉과 〈심신장해자복지법〉이 "실효성이 없는 선언적인 의미와 소극적인 권고 조항 중심[39]"이라는 강한 비판을 받고 있었다. 새로운 개정에서 선언적 규정을 개정하고 재정지출에 대한 국가의 구체적 책임을 규정으로 변혁하는 것이 의도되었다[40]. 이 결과 사회복지서비스 분야에 대한 국고지출이 한꺼번에 확대되어 〈표 4-30〉에서 보듯이 1989년의 지출을 기준으로 하면 90년에는 1.7배, 93년에는 3배로 증가했다. 이 중 노인복지에 대한 지출 확대는 특히 컸고 '경로우대'의 교통비 지원부분을 제외해도 1993년에는 89년도의 5배를 넘었다. 장애인복지에 대한 지출 확대는 그다지 크지 않았으나 약 1.5배로 증가했다. 아동복지 분야의 예산도 약 4배 이상으로 증가했으나 이것은 주로 탁아시설의 건설과 그 운영비에 대한 지원을 확대했기 때문이었다. 또 지역복지 분야에서는 "도시영세민 등 저소득층 생활향상대책"으로 "대도시 영세민 집단지역을 중심으로 사회복지관을 증설"할 방침이 제시되었다('사회복지관 증설계획' 1988). 이 방침에 따라 민간의 사회복지법인 등이 설립한 사회복지관에 대한 지원이 큰 폭으로 확대되었다. 이때까지의 지원은 일부의 모델적인 시설에 대한 부분적 지원에 불과했지만 1993년부터 모든 시설을 대상으로 보편적 지원으로 전환되었다. 이러한 지원확대를 받고 민간 사회복지관의 설립이 활성화되어 〈표 4-31〉에서 보듯이 도시지역 빈곤집중지역을 중심으로 89년에는 55개소에 지나지 않았던 복지관 수는 93년에 250개소, 95년에 312개소로 증가했다.

1991년도 보사부 백서는 1989년의 〈노인복지법〉 개정에 의해 "주로 경로효친 사상

---

39 국회·보사위에서 〈장애인복지법〉의 개정시에 제안자 설명에서 사용된 표현 (『보사위/회의록』 1989년 2월 23일). 또 〈노인복지법〉 개정시에서도 개정 제안자는 1981년 제정의 법률을 "실효성이 없는 선언적 규정이 중심"이라고 비판했다(1989년 5월 22일). 대한노인회 (1989:186)도 참조.

40 정부에 대한 신뢰가 낮았기 때문에 국회·보사위에서 〈장애인복지법〉이 의결되었을 때 중증 장애인에 대한 생계보조수당의 실시에 관련해서 1990년도 예산에 20억원 이상을 계상할 것이라는 부대 결의마저 행해졌다.

이나 지역인보에 근거한 민간부담으로 이루어진" "노인복지시책"은 "공적부담으로의 전환"했던 것을 강조해서 "우리나라의 노인복지가 기존의 재정투입이 없는 명목 위주의

표 4-30 1980년대 말~90년대 초의 사회복지 예산의 추이

		1989	1990	1991	1992	1993
예산액 (100만원)	노인복지	7,326	38,321	39,271	57,715	82,653
	(경로교통비 지원을 제한 금액)	-	9,575	14,287	28,335	39,086
	장애인복지	30,324	30,311	34,122	38,758	44,015
	아동복지	16,209	31,504	48,053	67,319	70,876
	여성복지	5,262	5,977	4,676	4,935	4,884
	기타 복지관련 지출	11,187	13,526	18,497	14,030	14,938
	합계	70,308	119,639	144,619	182,757	217,366
1989년=100으로 하는 지수	노인	100	523	536	788	1,128
	(경로교통비지원 제외 금액)	100	131	195	387	534
	장애인복지	100	100	113	128	145
	아동복지	100	194	296	415	437
	여성복지	100	114	89	94	93
	기타 복지관련 지출	100	121	165	125	134
	합계	100	170	206	260	309

자료: 각 년도의 국회 『보건사회위원회 회의록』에 의해 작성.

표 4-31 사회복지관 수의 추이와 공비에 의한 지원상황

	일반사회복지관					공비에 의해 건설된 대형 종합사회복지관
	민간 설립	지방자치단체설립	계	운영비 지원을 받은 복지관	지원액 (100만원)	
1985	27	2	29	11	132	5
1986	29	2	31	25	324	7
1987	34	2	36	29	324	13
1988	37	2	39	33	554	21
1989	55	6	61	46	960	33
1990	83	5	88	61	1,750	49
1991	151	9	160	88	2,544	63
1992	166	9	175	175	3,778	66
1993	241	9	250	250	5,553	69

자료: 『보건사회백서』 1993·1994년판에 의해 작성. (1) 1992년부터 모든 사회복지관에 대해 운영비지원을 실시, (2) 대형 종합사회복지관의 건설비는 국가와 지방이 50%씩 부담.

행정에서 벗어나 이제는 복지비용을 정부재정이 부담했다는데 큰 의미를 찾을 수 있을 것이며, 정부가 비로소 노인문제는 이제 가정만이 해결할 수 없음을 깨닫고 국가와 사회의 공동책임임을 인식한 결과라고 해석할 수 있겠다"(『보건사회백서』 1991:30)라고 평가했다. 같은 보사부 백서가 1986년에는 "우리나라에서는 혈연중심의 가족제도가 유지되었으며 효를 근본으로 하는 경로효친의 사상이 지배되는 사회분위기가 형성되어 노인 문제가 가정과 지역사회에서 흡수, 해결되고 있음을 볼 수 있다"(『보건사회』 1986:152)라고 말하고 있었던 것에 비할 때 민주화와 함께 복지분야에 대한 국가책임과 재정의 투입에 관해서 사상 전환이 생겼던 것을 확인할 수 있다.

(2) 사회복지서비스 개혁에 있어서의 사회운동의 주도성

사회복지에 관한 정책전환에 있어서는 장애인이나 노인 등 요구를 가지는 당사자와 그 지원자를 중심으로 하는 사회운동이 주도성을 발휘했다. 개혁요구운동에는 복지사업 관계자, 사회 활동가, 전문가 등이 참가하고 있었으며 그러한 운동과 제휴한 정당이 의회를 무대로 정책개혁을 진전시켰다. 이러한 정책형성의 양태는 민주화가 초래한 정치·사회체제의 변혁을 반영하고 있었다.

장애인정책 분야

장애인과 그 지원자에 의한 정책개혁 요구운동을 분석한 연구는 "87년 민주 항쟁 이후 … 시민사회의 성숙은 장애계에도 크나 큰 영향을 미쳤다. 장애계에서 본격적인 목소리내기에 나선 것도 이 시기였다"(유동철 2005:185)고 표현한다[41]. 1980년대 중반 이후 장애인과 그 가족의 단체가 연달아 형성되어 동시에 정책의 연구와 기안 능력을 가지는 전문가를 중심으로 하는 〈장애우권익문제연구소〉와 같은 지원단체도 탄생했다(장애우권익문제연구소 1997b). 장애인복지 관련 단체는 민주화운동이 고양하는 가운데 실시된 1987년의 대통령 선거 과정에서 4 정당과 정책 토론회를 실시해 〈심신장해자복지법〉의 전면 개정을 각 정당에 공약으로 내걸게 하는 것에 성공했다. 1988년은 서울 올

41 '장애운동'과 1989년의 개혁에 관한 서술은 주로 유동철(2005)을 참고함.

림픽이 개최될 해 이었으나 그들은 올림픽에 투입될 예산에 비교해 장애인복지 예산은 너무 소규모이며 '기만적'인 것, 장애인의 생존권, 근로권, 교육권을 보장하는 장애인대책의 전면 개혁이 필요한 것 등을 호소하고 집회, 단식, 농성, 정당 사무소나 올림픽 조직위원회의 점거 등의 데먼스트레이션 활동을 연달아 전개했다. 동년 8월에는 지체·시각·청각 등의 장애 관련 단체에 의해서 〈한국장애인총연합맹〉이 결성되어 이 단체를 중축으로 하고 장애인 운동은 〈심신장해자복지법〉의 전면 개정과 〈장애인고용촉진법〉의 제정에 초점을 맞추어 서로 제휴하면서 활동을 전개했다. 1989년 1월에는 장애인단체의 주최로 공청회가 개최되어 실현되어야 할 개정 내용에 관해서 4개 정당의 개혁안과 장애인단체의 개혁안 등이 비교 검증되었다.

국회에서는 1989년 2월까지에 여당(〈민주정의당〉)과 야 3당 모두가 개정안을 제출하여 동년 가을에 본격적인 심의에 들어갔다. 이 시기까지에 〈장애인복지증진대책위원회〉의 보고도 완성되어 국가의 방침도 굳히게 되었다. 장애인복지 단체는10월 〈한국장애인총연합맹〉을 중심으로 〈양 법안 (〈심신장해자복지법과 장애인고용촉진법:인용자〉)쟁취를 위한 전 장애인 공동대책위원회〉를 결성했다. 그 참가 단체 수는 31개였으며 당시 거의 모든 장애복지 관련단체를 망라했다. 개혁을 요구하는 캠페인이 높아지는 가운데 1989년 가을에 국회·보사위에서 심의된 결과 4개 정당이 각자 제출한 개정안이 위원회 대안에 집약되어 12월에 〈장애인복지법〉으로 명칭 변경된 개정안이 통과했다. 이에 이어서 다음 1990년 1월에는 〈장애인고용촉진등에 관한 법률〉도 통과했다. 여야 당이 협동하는 형태로 개정이 실현되었던 이유는 1988년부터 89년에 걸친 장애인복지운동을 통해서 개혁해야 할 기본적인 내용이 정리되어 4개 정당의 제안간에는 큰 차이가 없어졌기 때문이었다. 정부와 의회의 외부에 있는 사회운동이 실질적으로 개혁해야 할 내용에 관해서 구체적인 원안을 마련하고 그것이 국회심의를 통해서 실현된 것은 그 이전의 정책형성의 양태와 비교해 획기적인 변화이었다.

노인정책 분야

노인복지에 관한 정책개혁에 있어서는 〈대한노인회〉가 주도권을 발휘했다. 〈대한노인회〉는 권위주의시대에 발전했던 조직이었는데, 이러한 조직도 민주화운동의 영향을 받아 변화하고 있었던 것이 주목된다. 1989년에 출판된『대한노인회 20년사』는 그 전년의 회장 교대에 있어 행해진 조직 운영과 활동 방향의 변혁에 관해서 생생하게 묘사하고 있다. 그에 따르면 1988년의 회장 선출에 관한 논의에서 "우리나라의 노인복지가 아시아 지역 여러나라에 비해서도 훨씬 낙후되어 있는 것은 바로 우리 대한노인회가 지난 8년간 노인 권익 옹호 운동에는 관심을 기울이지 않았던 것과도 상관관계가 있다"고 지적해서, "우리 노인단체는 이제 정권의 시녀노릇은 그만두고 노인권익 옹호운동에 관심을 가질 때"라는 견해가 제기되었다고 한다(대한노인회 1989:145). 또한 "노인권익 옹호를 위해서 노인회가 선두에 서지 않으면 안 된다고 하는 소리"를 받고 새롭게 취임한 회장은 "우리 노인회로서도 사회의 도처에 확산된 민주화의 물결을 타고"(동서:164), "2,3명의 임직원의 손에 달려 있"었던 조직운영의 민주화, 기부금, 보조금 관리에 관한 회계면에서의 명랑화 등에 임함과 동시에 조직의 활동으로서는 '유명 무실인' 〈노인복지법〉의 개정을 적극적으로 요구해 나간다는 자세를 나타냈다.

〈대한노인회〉는 〈노인복지법〉 개정안의 시안을 작성하여 1989년 1월에 각 정당의 대표와 복지 관계자를 초청해서 개정시안에 관한 대규모 공청회를 개최했다. 〈대한노인회〉가 요구한 개정 내용은 〈표 4-32〉에서 보듯이, 정책 자문기관과 연구기관의 설치, 가정 봉사원 제도의 설치, 노령수당의 지급, 직업지원의 적극화, 노인복지 시설에 대한 지원 확대, 교통기관과 공공적, 사회적 시설에 있어서의 노인우대 제도의 비용의 국가부담 등으로 구성되었다[42]. 여기서 요구된 것은 추상적인 복지선언이 아니고 재정지출을 수반하는 구체적인 시책의 실시이었다. 〈대한노인회〉는 이러한 요구의 기초에 있는 생각에 관해서 노인이 '인간으로서 향유하는 최소한의 정신적, 정서적, 물질적 생활의 보장'인 '사회권'을 실현하는 것으로 표현하고 있었다.

국회에서는 1989년 5월에 야 3당이 연달아 개정안을 제출했다. 각 정당의 제안 내용은 거의 〈대한노인회〉의 개정 시안에 가까워 여당도 이에 동조했기 때문에 여야 4개 정당 모두 〈대한노인회〉의 안을 받아들였던 것이 되었다. 동년 11월 국회·보사위에서 개정 제안이 위원회안으로 일원화되어 승인되고 12월에 제정·공포되었다. 개정 내용

42 이 당시 목욕탕 업자의 조직에서 노인 할인제도를 폐지하려는 움직임이 있었기 때문에 〈대한노인회〉도 어떻게 대응하는지 고민하고 있었다(대한노인회 1989:185).

은 정책연구기관 설치가 보류된 것 이외는 대부분이 〈대한노인회〉의 요구에 따랐다.(〈표 4-32〉참조). 특히 고령의 생활곤궁자(구체적으로 생활보호 수급자)에 대한 '노령수당'(1인당 월액 1만원)의 신설은 재정지출을 수반하는 조치이었기에 획기적인 정책 전환을 의미했다. 〈대한노인회〉가 강하게 요구하고 있었던 교통운임 할인 등 노인우대제도 비용의 국가부담도 실현되었다. 그 실현에는 약 250억원이 필요하여 그것은 노인복지 예산의 약 60%에 상당했다. 또한 약 1만6천 개소의 모든 경로당에 대해서 종래의 난방비(연탄대) 지급 이외에 월 1만원의 운영비가 지급되게 되었다. 종래 경로당의 운영비보조는 모델로 선정된 시설만 받았던 것에 비해 모든 경로당에 대한 지원은 큰 전환을 의미했다.

표 4-32 대한노인회에 의한 노인복지법의 개정시안과 실현된 개정내용

대한노인회 "노인복지법개정시안"의 요구내용	1989년 12월의 노인복지법개정의 개정내용
① 정책자문기관으로서 〈노인복지대책위원회〉(국무총리직속) 설치	① 〈노인복지대책위원회〉(국무총리직속) 설치
② 정책연구기관으로서 〈노인복지개발원〉(보건사회부 소속) 설치	
③ 재가노인을 위한 가정봉사원제도 설치	② 가정봉사원제도의 신설
④ 생활곤궁자에 대한 '노령수당' 지급	③ '노령수당' 신설
⑤ 노인을 대상으로 하는 직종의 지정, 우선적 고용	④ 노인를 대상으로 하는 생업지원 (신설)
⑥ 의료보험에 있어서 본인부담의 일부 보조	⑤ 담배 판매인, 인삼 판매인에 관해서 노인 우선지정 (신설)
⑦ 국가가 지원하는 노인복지시설의 범위 확대 (특히, 경로당에 대한 지원)	⑥ 노인복지시설 지원 범위의 확대
⑧ 노인시책에 있어서 국가의 재정부담을 명기 특히 교통기관이나 공공시설, 대중 목욕탕 등에 있어서 노인우대제도의 비용을 국가가 부담)	⑦ 공공적·사회적 시설에 있어서 노인우대제도의 비용부담에 대한 국가지원

자료: 필자 작성. 대한노인회의 시안은『대한노인회20년사』1989:187.

3. 사회복지서비스 분야의 새로운 전개

(1) 사회복지서비스 관련 법제도의 정비

김영삼정권 후반기인 1996~97년에는 최저생활보장의 확립을 요구하는 운동과 함께 노인과 장애인에 대한 복지서비스의 확충을 요구하는 운동도 활발하게 전개되었다. 이러한 활동은 정부의 정책 방향과 국회의 정책심의를 움직여 1990년대 말에는 일련의 법개정과 제도정비가 진전되었다. 1997년에는 〈노인복지법〉의 개정과 〈장애인·노인·임

산부 등의 편의증진보장에 관한 법률〉이 제정되었다. 또 복지서비스를 확충할 기본계획으로서 '제1차 장애인복지발전 5개년계획'(1998~2002년)이 수립되었다. 〈노인복지법〉의 주된 개정내용은 ①노인시책을 주거복지, 의료복지, 여가복지, 재가복지의 4분야에 정리해, 각종 시책의 제휴와 체계화를 도모한 것, ②요양시설의 증강, 치매대책, 재활훈련 요양에의 착수 등 의료복지의 분야의 증강을 도모한 것, ③노인의 여가활동 지원과 사회참여의 촉진정책을 강화한 것 ④노령수당제도를 경로연금으로 개편하는 것과 취업지원을 강화한 것 등이었다. 〈장애인복지법〉은 김대중정권시대인 1999년에 개정되었는데(제7차 개정) 주된 개정 내용은 ①장애인의 권리나 장애인차별의 금지를 명기한 것, ②의료 재활훈련, 직업재활훈련, 사회적응훈련 등의 의료시책을 증강한 것, ③중증자에 대한 '생계보조수당'을 '장애수당'에 개편해 취업지원을 강화한 것, ④장애인의 복지서비스에 종사하는 전문인력의 육성을 강화한 것 등이었다.

이러한 일련의 복지 관련법의 개정에 있어서는 새로운 정책발상의 등장을 볼 수 있다. 첫째, 그때까지 서로 관련성이 희박했던 경제적 지원(소득지원과 취업지원), 보건·의료·재활훈련 지원, 교육·문화 지원, 사회생활 지원, 사회참여 지원 등의 여러 가지 시책을 유기적으로 제휴시켜 대상자의 생활 전반에 걸치는 종합적인 지원을 실시하려고 의도했던 것, 둘째, 장애인이 "인간으로서의 존엄과 가치를 존중받으며, 이에 상응하는 처우를 받아", "정치·경제·사회·문화 기타 모든 분야의 활동에 참가할 권리가 있고 모든 영역에 있어 차별을 받지 아니하고 누구든지 장애를 이유로 … 장애인을 차별하여서는 아니되며, … 장애인의 장애를 이해하기 위하여 노력하여야 한다 "등 인간으로서의 권리의 확립이 강조되었다(〈장애인복지법〉 제4조·8조). 이러한 특징은 민주화운동이 요구한 "인간다운 생활"의 내용이 운동의 진전과 함께 한층 깊어져 왔던 것을 나타내고 있었다. 초기의 복지 운동은 사회보험의 확충과 공공부조의 개혁을 중심으로 하는 금전적인 차원의 '국민생활최저선' 보장을 중심적인 요구로 하고 있었지만[43] 점차 사회복지의 분야에 관심을 옮겨 인간생활의 여러 가지 측면을 종합적으로 파악하려고 하게 되었다. 그것은 노인, 장애인, 아동, 여성 등 불리한 생활 조건을 가지는 사람들도 정상인

43 초기단계에서는 사회복지 분야의 개혁에 대한 관심은 강하지 않았던 것을 운동의 당사자들이 지적한다(홍손테(2004)에 수록된 각 논고 참조).

과 같이 자립해서 생활할 수 있게 사회와 생활의 환경을 정비해야 한다고 하는 국제적인 '노멀라이제이션normalization'의 이념이 한국에서도 공유되기 시작했던 것을 나타내고 있었다.

(2) 사회복지서비스 분야의 새로운 전개

1990년대 말의 개혁에 의해서 법적인 차원에서 사회복지 분야의 기본적인 법체제는 정비되었지만 구체적인 차원에서는 각 분야의 시책수준은 낮았을 뿐만 아니라 복지서비스를 발전시키기 위한 인프라가 절대적으로 부족하고 있었다. 예를 들면 노인이나 장애인을 위한 의료시설, 요양·재활 시설의 부족, 체계적인력가 복지서비스의 미정비, 노인과 장애인에 대한 기초적인 경제보장의 미정비, 정치적, 사회적 활동에 있어서의 권리와 기회보장의 미정비, 전문인력의 부족 등의 문제가 있었으며 이러한 문제는 국가에 의한 적극적인 정책 주도와 재정투입없이 해결할 수 없는 문제이었다.

노무현정권의 아래에서 늦은 복지서비스 분야의 정책이 적극적인 공적 주도에 의해서 전개되었다. 〈표 4-33〉와 〈표 4-34〉에 보는 바와 같이 의료·요양·재활 등 전문적인 입소시설과 재가생활자에 대해서 다양한 복지서비스를 제공하는 시설이 큰폭으로 증강되었다. 이러한 하드면에서의 복지 인프라의 정비는 고액의 자금을 필요로 했기 때문에 국가의 적극적인 재정지원이 필요했다. 시설의 대부분은 국가의 재정지원을 받아 새롭게 설립되었던 민간시설이며 시설의 운영에 있어서도 재정지원을 받고 있는 경우도 많았다. 또한, 〈노인장기요양보험법〉의 제정에 의해 노인를 대상으로 하는 다양한 복지서비스 시스템을 구축하기 위한 기초적인 법제가 정비되었다. 소프트 인프라 면에서 이러한 복지 서비스를 운영해 나가기 위해서는 많은 전문적인 인력가 불가결했다. 노무현정권시대에는 인력육성시책이 적극화되어 〈표 4-35〉에 보는 바와 같이 사회복지 자격의 소유자와 사회복지 전담공무원이 비약적으로 증가했다. 이상과 같은 사회복지 서비스의 충실의 기초가 되는 인프라 증강에 대해서 국가는 대담한 재정투입을 실현했다. 복지서비스 분야에 투입된 예산은 김대중정권시대에 대폭으로 증액되어 1조원을 넘었는데 노무현정권시대에는 그 약 4배의 4조 9천억원에까지 확대되었다(〈표 4-36〉).

노무현정권시대에 국가의 적극적인 재정투입에 의해 사회복지의 기초구조가 구축

표 4-33 노인대상의 복지서비스시설 수의 추이

1. 입소형시설

단위:개소, 명

	생활복지계 입소시설				의료복지계 입소시설			
	양로시설		노인공동생활가정		요양시설		노인요양공동생활가정	
	시설 수	입소자 수	시설 수	입소자 수	시설 수	입소자 수	시설 수	입소자 수
1980	48	3,158	–	–			–	–
1985	67	5,059	–	–			–	–
1990	71	4,962	–	–	18	1,447	–	–
1995	84	4,806	–	–	62	3,590	–	–
2000	119	5,694	–	–	128	7,864	–	–
2005	270	8,033	–	–	543	24,195	–	–
2008	306	8,236	21	109	1,382	56,736	422	2,595

2. 재가생활자 대상의 서비스시설

단위:개소

	여가복지시설			재가복지서비스시설			
	노인복지관	경로당	노인교실	방문요양 서비스	주야간보호 서비스	단기보호 서비스	방문입욕 서비스
2003	145	48,800	684	228	178	66	–
2008	228	57,930	1,260	1,111	621	217	349

자료: 1. 『보건사회 (보건복지) 통계연보』, 2. 『노인복지시설현황』. 『통계연보』의 수치는 년도에 따라 약간의 불일치가 있음.

되었다. 그러나 그것은 사회복지 분야의 발전에 있어서의 출발점에 지나지 않았다. 국제적인 사회복지 정책의 동향은 새로운 단계에 들어가 있어 한국도 세계의 모든 복지국가와 같은 문제에 직면하고 있었기 때문이다.

첫째로 국제적인 정책동향에 있어서 복지의 대상은 노인, 장애인 등 고유의 생활요구를 가지는 존재에 한정되지 않고 근로세대를 중심으로 하는 일반국민에게 보편적으로 확대할 방향으로 발전하고 있었다. 21세기에 들어가고 비정규 노동자 등 저소득층, 불안정 취업층('신빈곤' 문제)이 증대하고 있었지만 사회안전망으로서의 최저생활보장제도는 이러한 문제에 적극적으로 대응할 수 있는 기능을 가지지 않았다. 그러므로 방대한 저소득층에 대해서 생활을 안정화시키기 위한 적극적인 새로운 생활보장과 자립지원책의 확대가 필요하게 되었다. 이것은 보다 넓은 국민계층을 복지의 대상으로서 파악할 방향을 발전시켰다. 또 한국에 있어도 심각화하고 있던 저출산·고령화의 문제는 근로세대를 포함한 모든 국민을 대상으로 생애주기life stage마다의 요구에 대응한 지

표 4-34 장애인대상 시설 수의 추이

1. 입소형 시설

단위:개소, 명

	지체장애인 시설		시각장애인 시설		청각/언어 장애인시설		정신지체인 시설		중증장애인 요양시설		합계	
	시설	입소자	시설	입소자	시설	입소자	시설	입소자	시설	입소자	시설	입소자
1985	28	3,128	11	911	14	1,143	32	3,696	5	448	90	9,326
1990	34	3,424	11	948	13	1,370	38	5,625	22	1,392	118	12,759
1995	34	3,012	11	657	14	1,044	52	5,544	55	4,164	166	14,421
2000	39	3,769	11	675	13	587	73	7,844	59	4,340	195	17,215
2005	31	2,332	13	632	12	735	110	8,015	93	7,657	259	19,371
2008	33	2,292	14	824	11	546	144	9,192	136	8,981	338	21,835

2. 재가 장애인을 대상으로 하는 서비스시설

단위:개소

장애인 복지관	직업재활 시설	의료재활 시설	주간 보호시설	단기 보호시설	공동생활 가정	체육 시설	심부름 센터	수화통역 센터
92	194	14	61	15	63	13	40	38
130	244	14	239	61	331	22	124	108
171	364	17	363	84	450	26	152	154

자료: 『보건사회 (보건복지) 통계연보』.

원 프로그램을 마련해 생애적인 생활의 안정을 지원하려고 하는 정책발전의 계기가 되었다. 정책수단의 측면에서는 좁은 의미에 있어서의 복지서비스의 범위를 넘고 고용지원을 통한 경제적 자립지원, 보건·의료지원, 일상생활 지원, 육아 지원, 생활환경 지원 등 그때까지 제휴성을 가지지 않았던 각 분야의 지원방식을 조합해 생활의 모든 측면에 걸치는 복합적인 지원 패키지를 발전시킬 방향이 현실화하기 시작했다.

둘째로 '노멀라이제이션'의 실현을 목표로 하는 사회복지서비스 분야는 국가재정의 적정한 투입량을 확보하면 된다라는 차원에 머물지 않는 문제 영역을 가지고 있었다. 노인이나 장애인의 요구는 다양하고 이것에 대응하고 시책분야도 다방면으로 퍼져 각 요구의 종류에 따르고 많은 다양한 서비스 운영 조직의 형성과 전문적인 지식이나 기술을 가지는 인력의 공급이 필요하게 되어, 그러한 서비스 조직을 어떻게 종합적, 체계적으로 만들어 가고 어떻게 운영해 나가는지가 문제가 된다. 이러한 과제에 대응해 나가는데 공적 조직과 비영리 조직, 영리 조직, 요구를 가지는 당사자의 조직, 여러 가지 사회조직 등 다양한 민간 조직과 어떠한 관계를 가져 각 주체가 어떻게 주도권을 발휘

표 4-35 사회복지 전문인력의 추이

단위:명

	사회복지 전임공무원수	사회복지사 자격공포수
1990	–	7,804
1995	–	18,586
2000	4,496	42,292
2005	9,094	129,999
2008	9,945	269,074

자료: 『보건사회 (보건복지) 통계연보』 각 년판.

표 4-36 공공부조와 사회복지서비스의 예산액의 추이

	공공부조	사회복지서비스
1988년 (노태우정권발족시점)	1,740억원	560억원
1988~93년의 증가율	1.5배	4.1배
1993년 (김영삼정권발족시점)	2,690억원	2,270억원
1993~98년의 증가율	2.1배	2.2배
1998년 (김대중정권발족시점)	5,749억원	4,966억원
1998~03년의 증가율	6.1배	2.4배
2003년 (노무현정권발족시점)	35,228억원	12,094억원
2003~08년의 증가율	2.1배	4.0배
2008년 (이명박정권발족시점)	72,644억원	48,892억원

자료: 『보건사회 (보건복지) 통계연보』 각 년판에 의해 작성.

해 나가는가 하는 문제에 대한 전략이 필요하게 된다. 노무현정권시대에는 토지, 건물, 인건비 등 사회복지의 하드면에서의 인프라 정비에 대해서는 국가가 부담하고 기획·운영은 민간활동이 담당하는 국가와 민간 사이의 역할분담 구조가 정착하기 시작하고 있었으며 국가와 민간활동의 관계 모델에 관해서 국제적으로도 주목해야 할 하나의 모델을 제공하고 있었다.

중요한 것은 이러한 문제는 국가정책의 확대에 의해서만 해결되지 않는 것이다. 요구를 가지는 당사자의 단체나 그 지원단체, 복지 관련 단체 등 사회운동에 있어서도 "생활세계 내부의 쟁점을 중심으로 하는 운동"은 "권력에 대한 투쟁만으로는 해결할 수 없"고 사회복지의 개혁은 "외재적 권력에 대한 운동과 동시에 그 자체가 가치지향적 운동이자 우리 자신의 변화를 지향하는 운동"(시민의신문 2004:50)이기도 하다는 인식을

가지게 되었다. 장애를 가지는 사람을 포함한 모든 사람이 차별 취급을 받는 것 없이 정치활동, 경제활동, 사회·문화활동에 있어 평등한 기회가 보장되기 위해서는 사회와 개인의 자세가 바뀌는 것이 필요하기 때문이다. 즉 복지의 운영에 있어서 〈공〉과 〈사〉의 관계를 새롭게 어떻게 구축해 나가는지가 문제가 되었다. 노무현정권은 이것을 충분히 인식해서 '참여의 복지', '정부와 민간이 모두 만드는 사회', '새로운 공동체'의 구상을 가설적으로 제시했다(대통령자문정책기획위원회 2006). 그러한 비전을 어떻게 발전시켜 갈지는 한국의 향후 과제이다.

맺음말 – 사회복지제도의 성립과 국가, 국민경제, 그리고 국민생활의 변용

'구호행정'의 해체와 사회보장제도의 구축은 노태우정권시대를 출발점으로 민주화의 최종단계인 2000년대 초두의 노무현정권시대에 이르어 일련의 약동적인 변혁과정을 종료했다. 이 과정에서 역사적 전환의 분수령이 된 것은 김대중정권시대에 실현된 의료·연금·고용 등 주요 사회보험의 국민 전체(또는 피용자 전체)로의 적용실현과 권리로서의 최저복지보장제도의 확립이었다. 사회보험체계의 정비와 공공부조의 확립은 근대적인 사회보장제도의 기초를 구성하는 기본요건이며 한국의 복지정책이 '구호행정'의 발상으로부터 완전히 탈각했던 것을 의미했다.

첫째, 사회보험의 전국민으로의 적용은 생활에 있어서의 여러 가지 위험에 대비하기 위해 국민 전체를 강제적으로 일원적인 정책 시스템에 통합하는 것을 의미했다. 이 시기 이전에는 사회보험으로 불렸던 제도가 있었으나 공무원과 중·상위층의 민간 피용자 등 한정된 집단의 상호 부조적인 조직에 지나지 않고 국민집단 전체를 대상으로 하는 정책장치가 아니었다. 경제적 부담능력이 크게 다른 계층으로 구성되는 국민을 일원적인 거출·급여원리 아래에서 조직하려고 하면 보험원리를 수정해서 중·상위 소득층이 하위 소득층을 지탱하는 소득재분배 기능을 강화하는 것이 불가결이다. 이 의미에서 국민 전체를 망라하는 사회보험 제도는 생활에 있어서의 여러 가지 위험에 대비하기 위해 모든 국민을 하나의 생활연대집단으로서 편성하는 것을 의미했다. 그것은 '생활의 사회화', '탈상품화'Espin-Anderson로 향하는 첫걸음이었다고 볼 수 있다.

둘째, 권리로서의 최저생활보장이 성립하기 위해서는 ①생활보장 정책의 대상을 근로능력이 있는 사람에게도 확대하는 것, ②생활지원 대상자의 인정과 지원기준의 설정에 있어서 재정적 사정을 이유로 하는 국가의 재량적인 기준 설정 방식을 폐지하고 최저생계비 등 객관적인 기준에 의하는 것이 절대적인 전제 조건이다. '구호행정'은 원칙적으로 '무의무탁'한 사람만을 국가가 혜택적인 조치로서 생활지원을 실시하는 대상으로서 인식하고 있었다. '구호' 또는 '보호'는 국가의 혜택적인 행위이기 때문에 지원 대상의 인정과 지원기준의 설정은 국가가 재량적으로 결정하는 것이 당연하다고 생각되었다. 〈국민기초생활보장제도〉의 성립은 생활 지원 정책이 국민 전체를 대상으로 하는 생활안정화를 위한 정책장치로 전환했던 것을 의미했다. '구호(보호)행정'은 국민의 생활 문제를 국가정책에 있어서 외재적인 대상으로서 설정하고 있었는데 사회보험체계와 최저생활보장제도의 확립을 통해서 국민생활의 안정장치가 국가정책 구조의 일환으로서 내장되게 되었다. 김대중정권시대에 있어 국민생활의 문제가 국가의 정책 구조 내부에 뿌리를 내리게 된 것으로 국가운영에 있어서 국민생활의 관심이 우선되는 패러다임paradigm 전환이 생겼던 것을 확인할 수 있다.

노무현정권시대에 사회복지서비스 분야의 기초구조가 구축되었다. 그것은 사회복지가 새로운 발전단계에 들어간 것을 의미했다. 베버리지 체계는 생활에 있어서의 최저한 보장을 목적으로 했는데 '노멀라이제이션'의 사상은 특정한 요구를 가지는 노인이나 장애인에 정상적인 생활을 보장하는 것을 목적으로 한다. 그러기 위해서는 생활의 모든 측면에 걸치는 서비스의 제공과 사회·생활 환경의 정비를 필요로 해, 복잡한 조직과 시스템을 발전시키지 않으면 안 된다. 게다가 21세기에 들어 심각화되어 있는 저출산·고령화 문제, 불안정한 고용신분과 저소득의 불안정 계층의 문제는 복지의 대상을 특정의 요구를 가지는 집단 뿐만이 아니라 근로세대를 중심으로 하는 일반세대에 확대시키게 되었다. 이 단계에서는 사회복지는 일부의 요구 집단의 범위를 넘고 국민 전체의 문제가 된다. 복지분야에 대해서 방대한 국가재원이 투여되고 큰 경제 효과를 가지게 되었던 것, 복지서비스의 운영에 참가하는 민간의 비영리·영리 활동이 확대하고 복지서비스에 관련하는 산업·고용 분야가 크게 확대했던 것은 국가의 정치·경제 운영에 있어서 복지가 중요한 역할을 하는 결과를 가져왔다.

이 단계에 이르러 한국은 많은 문제나 불안정성에도 불구하고 확실히 복지를 기초에 자리잡은 국가운영을 실시하는 '복지국가'를 형성한 것을 부정할 수 없다. 민주화 개혁에 의해서 국민생활의 안정이라는 과제가 국가정책의 안쪽에 구조적으로 짜넣어지게 되었기 때문이다. 어떠한 정치 주체가 등장하려고 국가운영에 있어서의 복지정책의 구조화·내재화를 전제와 하지 않을 수 없다. 복지분야에 관한 정책활동은 인간생활의 모든 측면에 걸쳐 확대해 깊어져 가는 그 자체의 발전력을 가지고 있다. 국가 운영에 있어서 시장경제의 이해와 국가방위의 문제는 여전히 중요한 과제이지만, 복지는 이것을 웃도는 중요한 국가 과제로서 확대해 갈 잠재력을 가지고 있다.

국가와 사회운동이 대결한 격동적인 민주화의 시대부터 많은 시간이 흘렀다. 무엇보다 중요한 문제는 복지의 운영에 있어서 민간활동이 적극적인 역할을 담당하지 않으면 안 되는 것이며 〈공〉과 〈사〉가 어떠한 관계를 가지고 어떠한 국가·사회를 구축해 갈지가 과제가 된다. 그것은 모든 복지국가가 직면하고 있는 문제이며 노무현정권시대에 사회복지서비스 정책 분야의 기초적인 정비를 실현한 한국의 사회복지정책은 이제 세계의 복지국가와 같은 입장에 서 있다.

참고문헌

한국정부 관련 자료

(국회회의록, 정부계 연구기관의 자료를 포함)

경제구조조정자문회의 1988, 『경제선진화를 위한 기본구상:경제구조 조정 자문회의 보고서』

경제기획원 1962~, 『경제백서』(1996~97년은 재정경제원, 2002년 이후는 재정경제부가 작성·간행)

경제사회발전노사정위원회 2008, 『경제사회발전노사정위원회10년사: 1998~2007』

국민복지기획단 1996, 『삶의 질 세계화를 위한 국민복지의 기본구상』

국회사무처 1955~, 『보건사회위원회 회의록』 (1995년 이후 '보건복지위원회') (『보사위/회의록』으로 약기)

대외경제정책연구원 1996, 『OECD가입의 분야별 평가와 과제』

대한민국정부 1981, 『제5차 경제사회발전5개년계획:1982~86』

— 1986, 『제6차 경제사회발전5개년계획』

— 1988, 『제6차 경제사회발전5개년계획· 수정계획(1988~1991) 』

— 1992, 『제7차 경제사회발전5개년계획(1992~1996)』

— 1993, 『신경제5개년 계획(1993~97):참여와 창의로 새로운 도약을』

대통령비서실(김유배) 1999, 『신천년을 위한 생산적 복지의 길:'국민의 정부' 사회정책 청사진=DJ welfarism』

대통령비서실 삶의질향상기획단 2002, 『생산적 복지, 복지 패러다임의 대전환』

대통령자문·정책기획위원회 1999, 『21세기 지식정보사회에 대비한 생산적 복지의 정립방향』(정책기획위원회 보호서)

대통령자문·정책기획위원회 2006, 『선진복지 한국의 비전과 전략』

보건사회부 1981~94, 『보건사회백서』(1981~ 83 및 1986~89는 『보건사회』, 1995년 이후 『보건복지백서』, 2007·2008년판은『보건복지가족백서』)

— 1989~98, 『생활보호대상자 현황분석』

— 1981, 『제5차 경제사회발전 5개년계획 보사부문 실천계획』

— 1982a, 『제5차 경제사회발전 5개년계획 보건의료 및 사회보장 부문계획

1982~1986』(보건의료 계획반·사회보장 계획반:『부문계획』으로 약기) 〔작성 년은 필자 추정〕

— 1982b, 『제5차 경제사회발전 5개년계획 보건의료 및 사회 부문 실천 1982~1986』(보건의료 및 사회보장부문 실무계획반)

— 1982c, 『의료보험의 현상과 과제』(1982년)

— 1983, 『제5차 경제사회발전 5개년계획 보사부문 수정계획 1984~1986』(보사부문 수정 작업반 : 『수정계획』으로 약기)

— 1987, 『제6차 경제사회발전 5개년계획 보사부문계획 1987~1991』

— 1987, 『농어촌지역 의료보험 확대실시를 위한 지역실태조사결과 보고서』

— 1988, 『도시지역 의료보험 확대 실시를 위한 실태조사결과 보고서』

— 1988a, 『사회복지관증설계획』

— 1988b, 『사회복지관 현황』

— 1990, 『사회복지관증설계획』

— 1992, 『제7차 경제사회발전 5개년계획 보건의료·사회보장 부문 계획 1992~1996』

보건복지부 1999, 『중산층 및 서민생활 안정을 위한 사회안전망확충대책』 사회

보장심의위원회 1976, 『사회보장의 현황』(안창수)

— 1980, 『퇴직금제도에 관한 연구』(신선기)

한국개발연구원(KDI) 1980, 『제5차 5개년계획 작성을 위한 경제사회 정책 협의회:토의자료 및 내용』

— 1981a, 『사회보장제도 개선을 위한 연구보고서』(박종기 외)

— 1981b, 『빈곤의 실태와 영세민 대책』(서상목 외)

— 1985, 『2000년을 목표로 하는 국가장기발전구상 총괄보고서』

— 1986, 『제6차 경제사회발전 5개년계획 관련과제연구』

— 1990, 『의료보험 제도의 개선을 위한 정책방안』(권순원·양봉민)

— 1995, 『한국경제반세기:역사적 평가와 21세기 비전』(차동세·김광석 편)

— 1996, 『한국경제반세기:정책자료집』

한국보건사회연구원(KIHASA) 1980, 『심신장애자 실태조사보고서』

— 1998, 『사회보장발전 목표설정과 정책과제』(박찬용 편저)

— 2004,『참여복지 5개년계획 2004~2008년』(참여복지기획단)
— 2009a,『근로빈곤층 지원정책 개편 방안 연구: Study on Reform of Active Policies in Korea』
— 2009b,『국민기초생활보장제도10년사』(김상균 편)

기타 참고문헌

건강보험조합연합회 2003,『한국의 의료보험 개혁에 대한 연구 보고서』
경제정의실천시민연합 2010,『국민기초생활보장제도 시행 10년 평가·조사 결과 분석』
김연명 1998, "의료보험 통합의 성과, 쟁점, 그리고 미래",『현황과 쟁점』:117-47
— 2005, "참여연대사회복지위원회 활동 개관", 이영환 편 (2005:315-31)
— 편 2002,『한국복지국가 성격논쟁 I』인간과복지
김유배 2001,『새로운 도전 희망찬 미래 : 생산적 복지』에디터
남찬섭 1998, "한국 복지제도의 전개 과정과 성격",『현황과 쟁점』: 17-47
노대명 2010, "자활사업 10년의 평가 및 전망",『보건복지포럼』9월호:14-27
대한노인회 1989,『대한노인회20년사』
류만희·윤정향 1998, "IMF 경제위기와 실업정책",『현황과 쟁점』:49-79
민주화운동기념사업회연구소 2006,『한국 민주화운동사 연표』
— 2010,『한국민주화운동사 3 (1980~92년)』
문진영 2009, "국민기초생활보장법의 의의",(『국민기초생활보장법제정10년의 의와 과제』민중정책연구원)
박능후 2010, "국민기초생활보장 제도 10년의 성과평가",『보건복지포럼』9월호:6-13
시민의신문 2004,『한국 시민사회운동15년사 1987-2002』
양재진 외 2008,『한국의 복지정책 결정과정:역사와 자료』나남
유동철 2005, "장애운동의 성과와 과제", 이영환 편 (2005:179-229)
이두호·최일섭·김태성·나성린 1991,『빈곤론』나남
이영환 편 2005,『한국의 사회복지운동』인간과복지
— 2005, "사회복지 운동의 전개과정", 이영환 편 (2005:15-69)
이상용 2000, "국민건강보험 출범의 의미와 정책과제",『보건복지포럼』2000년

6·7월호:5-10

장애우(障碍友)권익문제연구소 1996,『장애우권익문제연구소 창립 9주년기념 심포지엄 -- 김영삼 정부의 장애인 복지정책, 어떻게 달라졌나 --』

— 1997a,『'장애인종합법' 제정을 위한 공청회』

— 1997b,『장애우권익문제연구소10년· 참 좋은 세상을 향한 발걸음 1987~1997』

정무권 편 2009,『한국복지국가 성격논쟁II』 인간과복지

정희상 1994, "법 심판대 오른 '6만5천원어치' 복지:노부부 "생활보호급여 너무 적다" 헌법소원 내",『시사저널』1994년 4월 28일:36-7

참여연대 1996(11월),『생활보호법 개정에 관한 청원』

— 1998(2월),『생활보호법개정에 관한 청원』

— 1998(6월),『국민기초생활보장 제정 입법 청원』(참여연대와 25개 사회단체)

— ·사회복지위원회 2004,『참여연대 사회복지운동 10년의 기록:1994~2004』(CD판)

한국사회과학연구소 사회복지연구실 1998,『한국 사회복지의 현황과 쟁점』인간과복지 (『현황과 쟁점』으로 약기)

한국사회보장학회 1989,『농어민연금제도에 관한 연구』

한국지역자활센터협회 부설 자활정책연구소 2009,『자활사업 15주년 기념 백서:자활 운동의 역사와 철학』

허선 2005, 〈참여연대의 공공부조 개혁운동〉 (이영환 편 2005:333-359)

홍성태 편 2004,『참여와 연대로 연 민주주의의 새 지평:참여연대 창설 10주년 기념논문집』 아르케

영어

Kim, Jo-seol 2004, 'Formation and development of the welfare state in the Republic of Korea: Process of reform of the public assistance system', *DEVELOPING ECONOMIES*, 42(2):146-75

— 2010, 'Labor and Welfare for an Advanced Economy in the Republic of Korea' in Kouichi Usami (ed.) *Non-standard*

Employment under Globalization, Palgrave Macmillan:176-219

Kwon, Huck-ju 1999, *The Welfare State in Korea: The Politics of Legitimation*, St Anthony's College, Oxford

Shin, Gi-Wook & P.Y.Chang 2011, *South Korean Social Movements: From Democracy to Civil Society*, Routledge

Woo, Myung-sook 2004, The Politics of Social Welfare P*olicy in South Korea: Growth and Citizenship*, University Press of America, Inc.

日本語

金俊行 2006,『グローバル資本主義と韓国経済発展』御茶の水書房

金成垣 2008,『後発福祉国家論:比較のなかの韓国と東アジア』東京大学出版会

金早雪 1987,"韓国における経済自由化と社会政策:転換期としての1980年代",『信州大学経済学論集』スタッフ・ペーパー'87-09

— 2002, "韓国型『福祉国家』への政治社会力学",『朝鮮奨学会学術論文集』第24集:49-74

— 2003, "韓国型『福祉国家』の始動:国民基礎生活保障法 (1999·2000年)を中心に",宇佐見耕一編『新興福祉国家論』ジェトロ·アジア経済研究所:85-134

— 2004, "社会保障制度の確立" (朴一編2004:183-200)

— 2005, "韓国·公的扶助の救護·保護から普遍的最低生活保障への転換:『福祉革命』の背景、実態及び意義", 宇佐見耕一編『新興福祉国家論』ジェトロ·アジア経済研究所:73-124

— 2007a, "韓国の先進国化過程における労働と福祉の位相:新自由主義と普遍主義のポリシーミックス", 宇佐見耕一編『新興国の雇用と福祉』ジェトロ·アジア経済研究所:183-224

— 2007b, "大韓民国",萩原康男ほか編",『世界の社会福祉2007』旬報社:271-309

— 2008, "大韓民国",萩原康男ほか編『世界の社会福祉2008』旬報社:

276-329

— 2009, "韓国における生存権保障政策の展開:『福祉革命』への道", 鹿児島経済大学大学院経済学会『地域経済政策研究』第10号 (本多健吉教授追悼号):47-80

— 2010, "大韓民国", 萩原康男ほか編『世界の社会福祉2010』旬報社:213-48

— 2011a, "韓国の福祉パラダイム転換と高齢者生活保障:ナショナル・ミニマム構築と『民間参与』", 宇佐見耕一編『新興諸国における高齢者生活保障制度』ジェトロ・アジア経済研究所:第7章;233-67

— 2011b, "大韓民国'萩原康男ほか編『世界の社会福祉2011』旬報社:225-48

— 2012, "大韓民国", 萩原康男ほか編『世界の社会福祉2012』旬報社

— 2013, "大韓民国", 萩原康男ほか編『世界の社会福祉2013』旬報社

— 2014a, "韓国版ベーシック・インカムへの現金給付制度改革構想:朴槿恵政権は『最低生計保障』を越えうるか", ジェトロ・アジア経済研究所『ワールド・トレンド』2014年11月号:25-8

— 2014b, "大韓民国 (女性政策30年の成果と課題)", 宇佐見耕一ほか編『世界の社会福祉2014』旬報社:197-226

— 2015, "岐路に立つ韓国の社会保障制度の改革課題と現金給付政策:最低生計保障から『マッチュム〈ニーズ対応〉型』社会手当構想へ", 宇佐見耕一・牧野久美子(編)『現金給付政策の政治経済学』ジェトロ・アジア経済研究所:第5章;167-95

健康保険組合連合会 2003,『韓国の医療保険改革についての研究報告書』

高龍秀 2000,『韓国の経済システム:国際資本移動と構造改革』

朴一 1999,『韓国NIES化の苦悩:経済開発と民主化のジレンマ』同文舘

朴一 (編)2004,『変貌する韓国経済』社会思想社

李蓮花 2011,『東アジアにおける後発近代化と社会政策:韓国と台湾の医療保険政策』ミネルヴァ書房

제5장

세계사 속에서의 한국의 복지혁명

– 신흥·분단국가의 사회복지의 궤적

노멀라이제이션: 모든 사람에게 '인간다운 생활'을
— 서울시 서대문구 안산자연공원의 무장애 산길
출소 : 뉴스천지2012.10.12 (지유림 기자)
http://www.newscj.com/news/articleView.html?idxno=152342

1. 국가·국민경제의 존립과 복지정책의 선택

(1) 자립적인 국민국가 건설과 복지정책의 선택

한국의 사회복지는 장기간에 걸쳐 '구호행정'의 발상을 유지해 왔는데, 민주화시대에 이르러서 드디어 그 속박으로부터 해방되었다. 구호행정은 생활분야에 대한 국가 자원의 배분을 가능한 한 억제해서 국가부담을 경감함과 동시에, 국민에 대해서 자립적인 생활의 확립을 요구했던 복지정책였다. 제4장까지의 분석을 통해 이러한 정책 발상이 오랫동안 유지되어 왔던 과정과 그것이 어떠한 과정을 통해서 전환되었는지에 관해서 고찰해 왔다. 이 고찰에 있어서는 사회복지의 변화를 규정한 요인을 주로 한국 국내의 정치적, 경제적, 사회적 환경이라는 시야에 한정해서 검토했다.

그러나 한 나라의 사회복지의 역사는 동시에 보다 넓은 국제적인 정치, 경제 구도 속에 놓아서 고찰할 필요가 있다. 한국은 제2차 세계대전의 종결에 따라 식민지 지배로부터 해방되어 새롭게 독립한 '신흥독립국가'중의 하나이다. 한국을 포함한 '신흥독립국'이 어떠한 복지정책을 선택해 왔는지라는 문제는 세계대전 후의 가혹한 국가 간의 생존경쟁 속에서 살아남기 위해 어떠한 국가전략을 채택해왔는지, 그 전략에 있어서 국민생활은 어떻게 배려되고 있었는지라는 관점으로부터 고찰할 필요가 있다. 한국은 본격적인 근대국가 건설의 출발점에서 국제적인 정치변동의 영향을 강하게 받았다. 식민지 지배로부터의 해방은 즉시 자립적인 국민국가의 건설으로 이어가지 않았고 건국자체가 국제적인 항쟁의 산물로서 실현되었다. 세계대전 종결 전후부터 한반도는 동서대립의 최전선이 되어 민족과 국토는 주민의 의사와 상관없이 북위 38도선에서 분단되었기 때문이다. 한국의 국가존립은 미국을 비롯한 자유주의 진영에 의한 정치적, 군사적, 경제적 원조에 전면적으로 의존하고 있었다. 독립국가의 건설이 어떠한 외부세력에도 지배되지 않는 자립적인 '국민국가nation-state'와 '국민경제national economy' 를 건설하는 것을 의미한다고 하면 이 시점에 있어서의 한국은 그러한 요건을 충족하고 있지 않았다. 게다가 1950년에 발발한 한국전쟁은 경제와 사회에 심대한 파괴를 초래했기 때문에 전후에는 부흥을 위해 외국원조에 대한 의존이 더 강해지게 되었다.

외부세력에 대한 의존에서 탈각해서 자립적인 국가 형성을 지향하는 정치적, 사회적인 움직임이 본격화했던 것은 1950년대 말 이승만정권의 말기 이후이었다. 1960년 '4월 혁명'을 계기로 성립한 제2공화국에게는 자립국가 형성을 지향하는 기대가 담겨 있었지만, 그러한 기대는 1961년의 군사쿠데타에 의해서 사라지게 되었다. 그러나 '5·16 군사쿠데타'는 시민의 자유를 제한하는 강행적인 정치행동이었지만 동시에 한국이 자립적인 국민국가와 국민경제의 건설이라는 과제에 착수했던 실질적인 출발점이었던 것을 부정할 수는 없다. 특정한 사적私的 이해만을 대표한 것이 아니었다는 점에 있어 5·16 군사쿠데타는 제2차 세계대전 후의 많은 쿠데타 사례에 비해 특별한 성격을 가지고 있었다. 당시의 정당이 상호 대립과 내부 항쟁을 전개해 국민의 의사에 따라 국가를 운영하는 리더십을 확립하지 못했던 상황 속에서 군부는 강한 통제력과 지도력을 갖춘 강력한 정치세력으로서 등장했다. 군사정권(1961~63년)은 '반공국가'의 건설이라는 목적을 내걸고 이것을 달성하기 위해, 외부정치세력에 의존하지 않는 자립적인 국가의 건설, 중앙집권적이고 효율적인 행정기구의 확립, 공업화를 통한 자립적인 경제건설 전략의 수립과 그 수행 등 국가의 기초를 다지는 과제의 해결에 착수했다. 격렬한 국제정치 대립 속에서 자립적인 국가와 경제를 건설해 나가기 위해서는 적극적인 전략과 그 전략을 수행할 강고한 정치적 리더십이 존재해야 하는 것은 말할 것도 없다. 한국에 있어 그런 역할을 담당했던 정치적인 주체는 박정희라는 카리스마적인 지도자가 주도하는 군부세력이었다. 사회복지의 분야에 있어서 행해진 '구호행정' 개혁도 '반공국가'와 그것을 지탱하는 국민경제의 건설작업의 중요한 일환이었던 것에 주의해야 한다. '구호행정'은 한정적인 생활지원 정책이었지만 동시에 이전의 시기와 비교해서 정책은 체계적으로 정비되고 일정한 범위에서 생활에 대한 국가책임이 실질적으로 표명되었던 것에도 주목할 필요가 있다.

자립적인 국가와 국민경제의 건설이라는 과제는 제2공화국이 달성하려고 시도했던 국민적 과제이기도 했다. 이 목적을 달성하기 위해 제2공화국과 군사정권은 각기 다른 전략과 정치수법을 채택했다. 중요한 전략적인 상이는 국가와 민족의 통일 문제와 관련하고 있었다. 군사쿠데타는 '반공국가'의 건설을 지상 과제로서 내걸고 있었다. '반공'이란 이데올로기 차원의 선택에 머무르지 않고 공산주의 진영의 지지를 받고 있는 '북한'에 흡수되지 않는 강고한 국가를 남쪽에 건설한다라는 정치적 전략의 선택을 의미했다. 여기서는 한韓민족 전체에 의한 '국민국가'의 건설이라는 기본적인 과제는 잠시 제쳐놓고 우선 남반도의 대지와 거기에 사는 주민만으로 국가건설을 실현하는 것에 전력을 기울인다라는 정치적인 결단이 표명되고 있었다. 한편 '4월 혁명'의 정신을 계승한 제2공화국은 그 사상적 저류에 있어 통일적인 민족국가를 건설하는 것을 최대의 과제로 하고 있었으나, 그 실현에 이르기 위한 구체적인 정치적 전략과 수단을 제시하지 못했기 때문에 민족통일 문제는 막다른 상태에 빠지고 있었다.

5·16 군사쿠데타는 이러한 상태에 대해서 남한에 강고한 국가와 경제를 건설한다는 전략적 결단을 제시하고, 권위주의적인 정치수법에 의해서 이 전략을 실시해 갔다. 동시기에 북한도 국가건설을 진전시키는 전략을 취했기 때문에 그 시기 이후 남북의 국가는 38도선을 끼워 군사적, 정치적, 경제적으로 대치하는 상태에 들어가게 되었다. 민주주의적인 정치체제를 지향한 제2공화국은 민주주의적인 절차를 중시했던 한편, 군사정권이 채택했던 정책수행 수단은 군부와 경찰을 기초로 국민의 정치적 자유를 제한하고 권위주의적이고 중앙집권적인 국가기구를 구축하려는 방식이었다.

군사정권과 제3공화국 시대를 통해서 계속된 박정희체제가 군부세력을 위한 정치적 지배에만 머무르지 않고 외부세력에 의존하지 않는 자립적인 국가와 경제를 건설한다는 국민적 과제를 짊어지려고 의도했던 것을 부정할 수 없다. 군사쿠데타 이후 10년이 경과한 1970년대 초두에 있어 한국의 국가기구는 보다 확실성과 안정성을 높였음과 동시에, 한국경제는 공업화정책의 성공에 의해 농업중심 경제로부터 벗어나 세계시장에 발을 내딛기 시작하고 있었다. 이 결과 한국은 국제사회 속에서도 하나의 자립국가로서 그 존재를 받아들여지게 되고 있었다.

제2차 세계대전 후 아시아, 아프리카, 중동, 중남미 등 광범위한 영역에 있어 수많은 '신흥독립국'이 새롭게 국제정치의 무대에 등장했다. 그러나 식민지 지배의 부정적인 유산을 짊어져 가혹한 국제적인 정치 압력 속에서 국가와 국민경제를 건설하는 과제를 달성한 '신흥국'은 결코 많지 않다. 안정된 국민생활은 자립적인 국가와 국민경제의 건설 없이 존립하지 못하는 것은 말할 것도 없다. 현재까지 많은 '신흥국'에서는 여전히 어려운 시련이 계속되고 있고, 많은 사람들의 생활은 궁박할 뿐만 아니라 사회적인 무방비와 고립 상태에 빠져 있다. 이 점에서 한국은 소수의 특별한 사례를 제공한다. 한국과 같은 범주에 속하는 '신흥국'이 어떠한 국가 건설 전략을 채용했는가, 그 전략은 국민생활에 대해서 어떻게 배려했는지에 관해서 비교론적인 관점에서 한국의 경험에 주목할 필요가 있다.

(2) 국제적 정치·경제 압력과 복지정책의 선택

박정희체제 하에서는 국가가 있어야만 국민생활이 있을 수 있기 때문에 생활이 국가존립이라는 지상 과제에 종속하는 것은 당연하다고 생각되었다. 국가의 절대적인 과제는 공산주의 진영이 후원하는 북한에 흡수되지 않는 강고한 국가를 건설하는 것이었다. 국가방위의 명목하에서 정치적, 사회적 자유가 철저히 억압되어 민주주의적 수속은 무시당했다. 또 국가예산의 배분에 있어 군사와 경제개발이 최우선되어 사회·생활분야로의 배분은 국가존립 우선이라는 이유에 의해 억제되었다.

그러나 1960년대 후반에 들어 세계정치의 흐름은 동서대립을 완화하는 방향으로 변화해가고 한국의 국가존립에 대한 외부적인 압력도 완화되어 갔다. 북한으로부터의 군사적인 도발은 계속되고 있었지만 전면적인 전쟁의 위기로부터 멀어지고 있다는 인식은 확대되고 있었다. 이 시기에는 '프라하의 봄'이나 미국의 '공민권 운동' 등에 나타난 바와 같이 국가 간의 긴장 완화의 진전과 함께 각국에서는 인권과 정치적 자유의 확대를 요구하는 움직임이 높아지고 있었고 한국에서도 권위주의적인 국가 운영에 대한 비판이 높아지고 있었다. 국가존립에 대한 군사적, 정치적 위협의 완화, 국내정치 환경의 변화, 국민경제의 발전에 따른 경제적, 사회적 변화 등의 요인은 국민생활에 대한 정책의 재검토를 촉구하게 되었다. 제2장과 제3장에서 검증했던 '구호행정'의 개혁의 기운도 긴장완화에 따른 국제적인 정치적 변화와 연동하고 있었던 것에 주의할 필요가 있다. 국민생활을 중시하는 국가운영에의 패러다임paradigm 변혁의 가능성은 정치적, 사회적인 자유의 확대와 밀접하게 관련되고 있었기 때문이다. 1960년대말 부터 70년대 전반은 이러한 변혁의 가능성이 높아졌던 시기였다.

그렇지만 박정희정권이 선택했던 전략은 이러한 가능성을 완전히 말살한 내용이었다. '유신'이라는 명목 아래에서 재편성된 정치체제는 정치적, 사회적인 자유를 부정해서 모든 비판적인 활동을 허용하지 않는 반동적인 체제이었다. '국가비상사태선언' (1971년 12월)은 "정부의 시책은 국가 안보를 최우선으로 해서", "모든 국민은 안보상의 책임 수행하러 진행되고 성의를 다하지 않으면 안 되어", "우리가 향유하고 있는 자유의 일부도 유보할 결의를 가지지 않으면 안 된다"고 선언했다. 민주주의적인 절차의 정지를 정당화 하는 근거로서 다시 제시되었던 요인은 북한으로부터의 위협이라는 외부적인 정치요인이었다. 5·16 군사쿠데타는 일면에 있어 당시의 국민적 과제에 대처하려는 자세를 가지고 있었다고 할 수 있으나 '유신체제'는 반대로 권력 유지만을 목적으로 하여 1970년대의 국민적 과제에 상반된 정치반동이었다고 할 수 있다.

'국가안보 최우선'이라는 요인은 박정희체제를 계승했던 전두환체제에 의해서도 이용되었다. 1979년의 박대통령의 암살 이후 '서울의 봄'이라고 불리는 정치적 해방의 기운이 높아졌지만 민주화운동은 군부세력에 의한 탄압을 받아 결국 군부를 배경으로 하는 권위주의 체제가 계속되었다. 1970년대부터 80년대 전반까지는 동서대립이 여전히 국제정치의 기본적인 구도로서 존속하여 동서 각 진영에 소속하는 국가들에게 큰 속박이 되고 있었다. 한국과 같이 분단국가였던 남북 베트남에서는 1970년대 중반에 10년 이상에 걸친 전쟁을 통해 통일을 달성했다. 그러나 그 이후 1979년의 소련의 아프간 침공을 계기로 동서대립이 다시 격화하는 상황이 일어나('신냉전 체제'), 또 80년대에 들어 '랭군 사건'(1983년), '대한항공기 폭파사건'(1987년) 등 북한에 의한 한국을 표적으로 한 도발행위가 계속하고 있었다. 1980년대에 동서대립이라는 세계정치의 구도와 북한의 도발행위가 여전히 계속했다는 사실은 있었다고 해도 현실적으로 얼마나 한국의 존립에게 위협적이었는지는 알 수 없다. 그러나 이러한 국제상황이 군부 주도형의 권위주의체제의 유지를 정당화 하는 근거를 계속 제공했던 것은 사실이다. 전두환체제에 있어서도 국가방위가 지상과제가 되어 국민생활의 문제는 그것에 종속되는 것이 계속 재확인되었다. 한국의 정치 선택에 대응해 북한의 김일성·김정일 체제도 같은 국가 운영 전략을 채택하고 있었다. 북한은 국가방위와 권력의 유지를 지상 과제로서 설정하고 국민생활은 국가에 종속하는 문제이고 국가 존속을 위해 희생이 되어도 괜찮다고 생각되고 있었다. 당시의 세계적인 시야에서 보면 박정희·전두환 체제나 김일성·김정일 체제의 정치 자세는 반드시 예외적인 특이한 선택이지는 않았다. 동서대립이라는 국제정치의 압력 밑에서 동서의 어느 쪽에 속할지를 불문하고 많은 '신흥독립국'은 같은 정치 선택을 했다. 그러한 사실은 동서대립 체제는 오랫동안 많은 나라와 국민을 속박 해왔던 것을 나타내고 있다. 21세기에 들어도 북한이 같은 자세를 취하고 있는 것은 과거의 국제정치의 부정적인 유산에 여전히 속박되어 탈각하지 못하고 있는 상황을 상징적으로 표현하고 있다.

박정희정권은 권위주의적인 정치체제를 유지해야 하는 근거로서 국가방위 이외에 또 하나의 다른 요인을 제시하고 있었다. 그것은 선진경제강국強國이 지배하는 세계시장 경쟁 속에서 후발국이 존재 위치를 확보해 나가기 위해서는 국가가 모든 자원과 민간의 경제활동을 통제하고 일원적인 전략을 기초로 한 국가 주도에 의해서 경제를 운영할 필요가 있다는 발상이었다. 경제건설을 진전시키기 위해 강력한 정치지도체제가 필요하다는 발상은 나중의 연구가 '개발독재developmental dictatorship' 라고 표현한 국가와 경제의 운영 모델이다. 박정희체제는 강력한 국가주도형의 경제 운영을 통해 경제발전에 있어 큰 성과를 거두었다. 박정희대통령의 독재체제가 1970년대에서도 살아남을 수 있었던 이유도 그러한 경제적인 성공 때문이었다고 볼 수 있다. '개발독재'형의 국가 운영을 선택했던 사례는 한국만이 아니다. 아시아 지역에서는 싱가포르, 대만, 말레이시아, 필리핀, 인도네시아, 타이, 사회주의 권에 속하는 중국, 베트남 등 많은 나라가 이 범주에 해당되어 제2차 세계대전 후 '신흥독립국'이 채용했던 일반적인 국가 운영 모델이라고 할 수 있다. 특히 한국, 대만, 싱가포르, 홍콩은 OECD에 의해 'NICs'(신흥공업국) 혹은 'NIES'(신흥공업경제군)로 간주되고, '아시아 4소룡四小龍'이라고 불릴 만큼 경제적인 약진을 이룩했다. 경제발전과 함께 일반적인 생활수준은 상승하고 빈곤도 상대적으로 축소해 갔고 긴급적인 생활 구제시책의 필요성은 완화되어 갔다.

경제발전은 새로운 형태의 생활 요구를 확대시켰고 빈곤의 양상은 변화해가고 도시지역을 중심으로 더 심각한 생활문제 조차 발생하고 있었다. 그러나 '개발독재'는 그러한 문제에 대응해 사회복지를 개혁해 나가는 발상을 가지고 있지 않았다. '개발독재'

가 계속되는 한 생활에 관한 국가운영 패러다임의 변혁의 가능성은 희박했기 때문에 복지정책을 변혁시키기 위해서는 새로운 정치적, 사회적인 에너지의 대두를 필요로 했다. 그러나 독재적인 정치체제는 자기의 존재를 동요시키는 세력의 대두를 허용하지 않았다. 1980년대~90년대에는 한국뿐만 아니라 '개발독재'형의 국가운영 방식을 채용하고 있었던 모든 나라는 국가운영 패러다임의 변혁의 기로에 서 있었다.

(3) 민주화 운동의 세계적인 연동과 복지혁명

1980년대에 들어 한때 '신흥독립국'의 국가운영의 보편적 모델로 여겨지고 있었던 '개발독재'는 경제의 발전단계에 적합하지 않은 측면이 드러나게 되었다. 이미 박정희체제 말기에 있어 경제정책 담당자는 국가주도형의 경제운영의 문제점을 지적하기 시작했던 것이 주목된다. 박정희체제를 계승한 전두환정권은 경제정책의 전환의 필요성을 지적해서 제5차 경제사회발전 5개년계획(1982~86년)에서 "정부주도형 경제운영 방식"에서 "민간주도의 경제 운영으로의 전환"을 실현하기 위한 '제도개혁'을 제기했다. 정책 전환의 이유는 "지나친 보호·지원 및 규제 시책은 민간부문의 창의성을 저해하고 산업과 기업의 경쟁력을 약화시키는 부작용을 초래"했기 때문이었다(『경제백서』 1981:95). 이러한 인식 전환의 배경에는 국제적인 산업구조의 중심이 전통적인 중화학공업에서 하이테크(고도기술)형, 연구개발 중시형의 산업으로 변화하고 있어 종래의 기간산업 육성 전략에 대한 재검토가 불가피해지고 있다라는 사정이 있었다. 동시에 노동집약적 산업분야에서는 한국은 후발의 개발도상국의 경쟁에 쫓기고 있었기 때문에 수출 의존도가 높은 한국 경제는 산업구조의 고도화가 국제경쟁에서 살아남아 가기 위한 유일의 길이라고 생각되게 되었다. 따라서 제5차 계획은 생산성이 높은 상품개발을 통한 국제시장에 있어서의 경쟁력을 높이기 위해 "각종 지원 기회의 균등화, 시장기능의 활성화, 분권화의 촉진, 경쟁의 촉진"을 제기하고 있었다. '이륙기take-off'의 한국경제는 국가에 의한 강력한 경제통제를 통해서 중화학공업화를 추진해왔다. 그러나 부가가치가 높은 산업 중심으로 이행했던 세계시장에서 살아남기 위해서는 기업의 자발력이 필요하였으며 국가의 과도한 통제는 오히려 저해 요인으로 변화하고 있었다. 1980년대에 들어 적어도 경제적인 차원에서는 한국은 독재적인 정치체제를 필요로 하지 않게 되고 있었다. 80년대의 경제백서는 “정부간섭의 축소”, “상의하달식 지시명령의 극소화”, 민간의 의사결정능력의 고양”을 반복해서 제창하고 있었다. 정치적으로 권위주의 체제를 취하고 있던 전두환정권 아래에서 경제 분야에 있어서는 활동의 자유가 필요하다라는 것이 인식되기 시작했음이 주목된다. 그러나 경제활동의 자유화는 정치권력과 유착한 재벌 세력의 저항을 만나서 순조롭게 진전하지 않았다. ‘경제 민주화’가 유효한 형태로 진전하게 된 것은 ‘민주화’ 시대부터이었다. 이 사실은 경제적인 요인이 독재적인 정치체제를 변혁시키는 원동력이 되지 못하였음을 선명히 나타내고 있다.

권위주의 정치체제의 변혁을 요구하는 정치적, 사회적인 운동은 몇 번이나 고양되었지만 엄한 탄압을 받아 결국 실패로 끝났다. 그러나 1980년대에 들어 민주화 운동은 ‘광주 민주화 항쟁’의 탄압과 전두환체제의 성립에 의해서 일단 후퇴했지만 87년에는 고문에 의한 대학생의 사망 발각과 대통령 직접 선거제를 규정하는 헌법개정의 연기(‘호헌 조치’)를 계기로 재연되어 마침내 군부를 배경으로 한 독재적인 정치체제를 타도하기에 이르렀다. 독재적인 정치체제의 붕괴와 함께 국민생활을 중시하는 국가운영에의 파라다임 전환이 시작했다.

말할 것도 없이 정치적 변혁을 실현시켰던 원동력은 한국사회가 내포하고 있었던 정치적, 사회적인 자유를 요구하는 에너지에 있었다. 그러나 동시에 이러한 변혁이 국제적인 정치환경의 변화와 밀접하게 연동하고 있었음에 주목할 필요가 있다. 이 시기에는 동서대립 구도가 붕괴하기 시작함과 동시에 세계적인 차원으로 민주주의적 개혁을 요구하는 민중운동이 높아지고 있었다. 1980년대 중반 소련에서는 ‘페레스트로이카’가 시작되었고 소련 산하의 동구 제국에서도 공산당에 의한 독재체제의 개혁을 요구하는 운동이 급속히 확대되었다. 1989년에는 ‘베를린의 장벽’이 붕괴되어 폴란드, 루마니아, 체코슬로바키아, 불가리아 등 동구 제국에서는 민주화가 진전했다. 1990년에는 동서 독일의 통일이 실현되고, 91년에는 소비에트 연방이 해체되어 마침내 동서대립의 시대는 막을 내렸다. 한국의 민주화운동을 이러한 국제적인 동향에 비추어 관찰해 보면 민주화를 요구하는 사상과 운동은 세계적인 차원에 있어서의 정치개혁의 움직임과 연동 관계가 존재하고 있었음을 부정할 수 없다. 이것은 한국과 같은 동서대립의 최전선에 위치했던 대만(중화민국)의 민주화 개혁이 한국과 같은 시기에 진행하고 있었던 사실에 의해서도 확인할 수 있다. 대만에서는 1987년에 38년 간에 걸쳐 계속된 계엄령이 해제되었다. 1986년에 〈민주진보당〉이 결성되어 〈국민당〉 일당 독재체제가 해체되어 복수정당체제가 형성되어 1996년부터 국민의 직접 선거에 의한 총통總統 선출이 출현했다. 한국과 유사한 경과를 거치면서 대만에서도 정치적 민주화와 사회복지의 개혁이 진행되었던 것이 주목된다.

사회복지의 역사적인 발전과정을 윌렌스키Willensky설과 같이 경제발전의 수준이라는 단독의 요인만에 의해서 해명할 수 없다. 박정희체제 후반기부터 전두환체제 전반기까지의 한국경제는 사회복지를 크게 개혁할 수 있는 발전 수준에 도달하고 있었음에도 불구하고 '구호행정'은 거의 고정된 상태로 유지되고 있었다. 사회복지에 관한 국가운영 패러다임의 전환이 시작된 것은 민주화시대(1987년 체제) 이후이고 그 움직임은 동서대립의 강한 압력으로부터 해방된 세계 민주화 운동의 고조와 연동하고 있었다. 동서대립 구도로부터의 해방과 각국의 정치구조의 민주화가 병행해서 진전했던 것에 주목할 필요가 있다. 한국의 역사적 경험은 복지정책이 연속적 혹은 직선적으로 변화하는 것이 아니고 오히려 불연속적으로 크게 변화하는 것을 증명한다. 경제적 요인만으로는 이러한 불연속적인 변화를 이해할 수 없다.

국가방위의 긴급성이 상대적으로 완화되었던 국제 정치 환경은 국민의 생활문제를 우선하는 국가운영의 채용을 가능하게 했다. 1980년대 말 이후 국가방위의 문제가 결코 소멸했던 것은 아니었지만 한국에서는 민주화의 진전과 함께 북한으로부터의 위협문제에 대해서 정치적으로도 군사적으로도 보다 냉정히 대응할 수 있게 되었다. 이 시기에는 민족통일 문제가 이전보다 빈번히 논의되었으며 통일에 관한 여러 가지 움직임이 시작되고 있었다. '민주화 특별선언'이 발표된 1987년에 행해진 헌법개정에 있어 "대한민국은 통일을 지향하며, 자유민주적 기본질서에 입각한 평화적 통일정책을 수립하고 이를 추진한다"라는 조항(제4조)이 신설되었다. 제9차의 헌법개정에 있어 처음으로 '통일'이 언급된 것은 분단시대에서 벗어나 통일적인 국민국가를 건설한다라는 민족의 비원悲願의 실현 가능성이 재인식되었던 것을 시사한다. 또 경제규모의 확대에 따라 국가의 군사비부담이 상대적으로 저하해 갔던 것은 국가방위의 문제의 긴급성을 완화해 사회·생활 분야에 대한 예산배분의 확대를 가능하게 했다. 분단국가인 한국의 복지정책의 역사는 국제적인 정치환경에 의해서 크게 영향되어 왔던 것을 다시 강조할 필요가 있다. 북한은 한국과 동시에 제2차 세계대전 후 새로 출범한 '신흥독립국'이지만 현재까지 정치적 민주화와 사회복지의 개혁을 실현하지 않다. 가까운 장래에 통일이 실현될 때에는 복지국가를 실현한 사회와 생활보장제도가 거의 정비되고 있지 않는 사회가 만나게 되겠다. 그 때 전개할 정치적, 사회적, 그리고 생활상의 드라마는 세계사의 새로운 경험을 낳게 되겠다.

2. 세계적인 복지국가 형성의 흐름과 한국의 사회복지

(1) 구호행정과 베버리지(Beveridge)형 사회보장 체계

'사회보장', '사회복지', '복지국가'등의 용어는 제2차 세계대전 후의 세계가 점차 발전시켜왔던 생활보장정책에 관한 기본적인 공통개념을 표현한다. 현재 선진국으로서 간주되는 나라의 생활보장정책은 비슷한 기본발상과 구조를 기초로 하고 있다. 국제적인 차원에서 복지정책의 구조가 공통성을 갖고 있는 이유는 지금까지 각국이 정책경험의 교류와 상호영향을 통해 자기 나라의 정책체계를 구축해 왔기 때문이다. 박정희체제도 표면적이었다고 해도 사회보장제도의 도입에 관심을 갖고 있었다. 그러나 제1장과 제2장에서 분석한 바와 같이 실제로 채택했던 정책은 '구호행정'이라고 불려지던 한정된 식량지원에 지나지 않았다. 박정희체제의 계승자로서 등장한 전두환정권은 당초 "정부의 복지 의사는 과거의 어느 때 보다도 강렬하다"고 해서 사회보장제도를 건설하는 목표를 내걸었지만 결국 '작은 정부'론의 영향으로 정책 전환을 보류했다. 전두환 정권 때 서구적인 사회보장 모델을 도입하는 대신에 '한국적 복지모형'의 구축이 제창된 것이 주목된다. 여기서 '한국적 모형'이란 "전통적인 대가족제도와 인보협동정신隣保協同精神의 최대한 유지 발전"에 의거한 제도를 의미했다. 민주화 이전의 한국은 국제적인 사회복지의 동향에 대해서 강한 경계심을 갖고 있었고 '구호행정'은 국제적인 정책 교류의 무대로 부터 고립된 폐쇄적인 정책이었다고 할 수 있다.

제2차 세계대전 이후 발전했던 사회보장제도의 출발점은 베버리지Beveridge 구상이었다. 이것은 질병, 노령, 실업 등의 생활사고에 대비한 사회보험제도와 빈곤에 빠진 경우에 대비한 최종적인 안전망인 공공부조를 통해 '국민생활최저선national minimum'을 보장하려고 의도한 정책체계이며 국제적인 정책 모델로서 정착하게 되었다. 박정희체제는 베버리지 체계에 관심을 보였지만 한국의 경제수준은 너무 낮기 때문에 그 실현은 먼 장래의 일이라고 생각하고 있었다. '구호행정'과 베버리지 체계를 비교하면, ①근로능력자가 보험방식을 통해서 생활사고에 대비하기 위한 보장장치로서의 사회보험제도가 거의 존재하지 않았던 점, ②근로능력의 유무를 불문하고 전국민에게 최저생활을 권리로서 보장하는 제도가 형성되지 않았던 점에 결정적인 차이가 있었다. 또한, 양자 사이에는 생활을 둘러싼 기초조건에 관해서 근본적인 이해의 차이가 있었음에도 주의할 필요가 있다. 베버리지 체계는 도시사회 속에서 고립된 근대적인 개인과 핵가족을 대상으로 하고 사회연대를 기초로 사회적인 안전망을 구축하려는 시스템이다. 한편 '구호행정'은 사람은 고립된 개인으로 사는 것이 아니라 '전통적인 대가족제도'와 '인보협동정신' 속에서 살고 있다고 가정하고 있었다(『보건사회백서』 1987:58). 국가가 생활분야에 적극적으로 개입하지 않는 근거는 개인이 이러한 가족과 지역사회라는 안전망 속에서 살고 있다라는 가정에 있었다. 실제로는 그러한 가정은 현실적이지 않았다. 경제성장과 함께 전통적인 가족과 지역사회는 급속히 해체해 가고 개인과 핵가족의 사회적 고립이 더욱 더 깊어지고 있었기 때문이다. 그러나 권위주의시대의 사회복지는 전통적인 가족개념에 집착해서 도시사회 속에서 고립한 개인과 핵가족을 대상으로 하는 정책의 필요성을 받아들이려고 하지 않았다.

민주화시대에 이르러서 드디어 사회보장의 구축이 본격적으로 시작했다. 그 초기 단계는 사회보험체계와 최저생활 보장제도로 구성된 베버리지 체계를 구축하는 것이었다. 그러나 제4장에서 분석한 바와 같이 그 과정은 결코 순조롭게 진전되지 않았다. 민주화시대에 들어서도 각 정권은 근로능력의 유무에 상관없이 모든 국민을 대상으로 최저생활을 권리로서 보장하는 제도의 확립에 대해서 정책적인 결단을 내리는 것을 주저했던 사실에 주목할 필요가 있다. 또 사회보험의 국민 전체로의 확대도 난항했다. 최종적으로 그것을 실현시켰던 원동력은 광범위한 국민의 지지를 배경으로 한 사회적 운동의 고양의 압력이었다. 물론 복지선진국에서도 최저생활의 보장제도가 순조로이 실현되었던 것은 아니었다. 19세기의 구빈법救貧法 이래의 발상을 극복해 모든 국민을 대상으로 권리로서 최저생활을 보장하는 제도가 확립하기 까지에는 긴 세월이 필요했다. 한국의 사회복지는 20세기 말에 이르러서 드디어 국제적인 정책이 도달했던 성과를 받아들이게 되었다.

(2) '복지국가' 의 개념과 한국의 사회복지

현재 '복지국가'는 생활보장제도의 국제적인 기본 모델로서 정착하고 있지만 갑자기 등장했던 정책 발상은 아니다. 현재와 같은 개념이 형성되기 까지 몇 번에 걸쳐서 생활보장에 관한 패러다임 전환을 겪어 왔다. 상술한 바와 같이 제2차 세계대전 후의 국제적 생활보장정책의 출발점은 베버리지 형 사회보장체계이었다. 베버리지 구상은 케인즈J.M.Keynes의 완전고용 이론과 함께 세계대전 후의 정치경제의 재건 과정에 큰 영향을 미쳤다. 베버리지형 사회보장의 중심인 사회보험제도가 기능하기 위해서는 근로능력자에 충분한 취업기회를 보장하는 것이 전제된다. 따라서 베버리지는 케인즈 이론에 따라 완전고용정책을 채용할 필요성을 강조했다. 많은 나라는 완전고용 이론과 베버리지 구상을 기초로 한 국가운영 전략을 채용하여, '사회보장'이라는 용어와 개념도 이 과정을 통해서 국제적으로 확대하여 정착하게 되었다.

그러나 현재 시점에서 평가하면 베버리지 체계는 생활보장정책으로서 중요한 문제점을 내포하고 있었다. 베버리지 체계의 중핵인 사회보험은 보험원리에 입각해 생활상의 위험에 대해 자기의 비용 부담(보험료)에 의해 대비하려는 제도이다. 이 제도는 사회연대의 발상을 기초로 하고 공적 권력에 의해 강제적으로 보험집단을 성립시킨다라는 점에서 사회적인 성격을 가진다. 하지만 동시에 소득능력이 있는 자립적인 생활자를 대상으로 하는 '자조自助'의 연장에 있다라는 점에서 시장원리와 개인주의의 원리에 입각한 제도이기도 하다. 베버리지 체계의 기초에는 국가의 역할은 시장원리에 입각한 방식에 의한 생활자립화 지원과 최종적인 안전망의 설정에 한정되어 더 이상 개인의 생활 영역에는 개입하지 않다라는 시장경쟁원리와 개인주의의 발상이 강하게 존재하고 있었다. 사회보험제도의 외부에 존재하는 근로능력이 없는 국민은 '보호'의 대상으로서 간주되며 생활비용은 국가가 부담하게 된다. 공공부조제도는 빈곤에 빠질 경우 최종적인 안전망을 제공하는 제도이며 중심적인 제도인 사회보험을 보강하는 보조적인 정책 장치로서 간주되고 있었다. 따라서 베버리지 체계에 있어서의 생활보장은 시장경쟁 참가자를 대상으로 하는 중심 시스템(사회보험)과 비非참가자(비 근로능력자)를 대상으로 하는 보조 시스템(공공부조) 이라는 두 종류의 이질적인 정책 시스템으로 구성되어 있었다. 근로능력이 없는 사람을 대상으로 하는 보조 시스템의 기준과 내용은 시장원리에 입각한 중심 시스템에 의해서 규정된다는 점에 주의할 필요가 있다. 또한 베버리지 체계의 중심적인 관심은 금전 수당에 의한 '국민생활최저선national minimum'의 보장에 있으며 사회복지서비스 분야에 관해서 완전히 무시했던 것은 아니었지만 강한 관심을 가지지 않았던 점에도 주의해야 한다.

'노멀라이제이션normalization'이라는 사상의 등장에 의해서 베버리지 체계가 갖고 있었던 문제점이 선명히 드러나게 되었다. 그것은 장애가 있는 사람들도 일반 사람과 똑같은 '정상적인 생활'을 할 수 있도록 모든 일상생활의 조건과 사회환경을 고쳐 만들 것을 제창한 복지운동의 사상이었다(Bengt Nirje 1982: 1). 장애가 있는 사람들에게 '정상한 생활(보통의 생활)'을 보장하기 위해서는 경제적인 보장(소득지원과 취업지원) 뿐만 아니라 생활시설을 비롯한 일상 생활의 환경을 둘러싼 하드hard 면에서의 인프라 정비, 각종 사회 서비스를 제공하는 소프트soft 면에서의 인프라 정비, 정치, 경제, 사회, 문화 활동으로의 참가 기회를 확대하는 정책 전개 등 다면적인 수단을 활용하는 대응이 요구된다. '노멀라이제이션'은 베버리지 구상과 달리 국가에 대한 정책 제안으로서 등장한 것이 아니며 오히려 민간의 자발적인 복지 실천활동으로서 전개되어 왔다. 당초 지적장애인을 대상으로서 복지시설의 소규모화, 지역사회에서 자연스레 살아가기 위한 환경 개선, 사회로의 참가 기회 확대 등 다양한 개혁이 민간 차원에서 추진되어 왔으며 이것은 사회적으로 큰 영향을 미쳤다. 중요한 것은 이러한 발상이 지적 장애인 뿐만 아니라 점차 다른 종류의 장애가 있는 사람, 노인, 아동, 여성 등 여러 가지 핸디갭이 있는 대상으로 확대되어 갔던 것, 또 민간의 개혁 운동에 머무르지 않고 국가 차원에 있어서의 사회보장 정책에 있어서도 채택되게 되었던 것이다. 1960년대부터 70년대에 걸쳐 스웨덴, 노르웨이, 덴마크, 핀란드 등의 북유럽 제국에서는 정권을 담당했던 사회민주주의 정당이 '노멀라이제이션'의 발상을 단지 생활보장 정책의 기본 이념으로서 뿐만 아니라 국가운영의 기본 이념으로서 채용했다.

시장경제의 무대에서 자립할 수 있는 능력이 있는 사람을 주된 대상으로 하는 베버리지 체계는 시장경제와 기본적으로 대립하지 않는다. 한편, '복지'를 기초로 운영하는 국가('복지국가')는 시장경제의 외부에 있는 사람의 생활보장을 기초로 정책체계를 구축하려고 의도한다. 사회가 '노멀라이제이션'의 사상을 받아들이는 경우 그 실현에 필요한 비용을 국가재정으로 부담하는 것에 대해 국민이 합의할 필요가 있다. 소득능력이 없는 사람에게 보통의 생활을 보장하기 위한 비용을 사회가 부담하는 것은 시장경제의 원리와 개인주의의 원리를 일정 범위로 수정하는 것을 의미한다. '비非시장경제Polanyi: non-market economics'나 '탈 상품화Esping-Anderson: de-commodification' 등의 용어는 이러한 시장원리의 수정을 이론적으로 파악하기 위한 표현이었다. 북유럽에서 시작된 '복지국가'로의 변혁은 영국, 프랑스, 독일 등을 비롯한 서구 제국에게도 큰 영향을 미쳐 세계적인 국가운영의 모델이 되어 갔다. '복지국가'라는 개념은 단지 생활보장정책의 수준과 형태의 차원에 머무르지 않고 국가운영의 기본전략의 변혁이라는 개념의 비약적인 전환을 수반하는 점에 주의해야 한다. 따라서 '복지국가'의 건설은 시장경제 원리와 개인주의 원리에 입각한 베버리지 체계로부터의 획기적인 패러다임 전환을 의미했다. 1970년대 후반부터 북유럽형 '복지국가'는 사회적 지출의 경직화로인한 국가재정의 비대화가 경제발전을 저해한다라는 강한 비판을 받게 되고, 80년대에 들어 '레이거노믹스Reaganomics', '대처리즘Thacherism' 등의 '작은 정부'론의 입장으로부터 부정적인 국가 모델로 간주되기도 했다. 그럼에도 불구하고 1990년대부터 현재까지의 역사적 경과를 관찰해보면 '복지국가'가 세계적인 국가운영의 모델로서 확실히 정착해 갔던 것을 부정할 수 없다.

세계적인 차원에서 '복지국가'로의 전환이 생겼던 배경에는 제2차 세계대전 이후 인간의 권리에 관한 인식이 높아지고 장애가 있는 사람들도 '정상적인 생활'을 할 수 있는 권리를 가진다고 생각하는 사람이 증가했다라는 상황이 있다. 이러한 인식은 민간의 복지 개혁을 확대시켰을 뿐만 아니라 더 나아가 사회민주주의 정당 등의 정치적인 세력을 매체로서 국가운영의 전략을 변혁시키는 결과를 가져왔다. 또, 고령화의 진행에 따라 생활상의 보살핌care을 필요로 하는 노인가 증가하고 있었던 것, 저출산화 대책으로서 육아 세대의 가족을 지원할 필요성이 높아지고 있었던 것, 1980년대까지 경제성장의 계속에 따라 국가재정의 여유가 확대되고 있었다는 것 등의 요인도 '복지국가'로의 전환을 촉진시켰다고 볼 수 있다.

한국은 1980년대 말부터 시작된 사회보장제도의 구축에 있어 우선 베버리지적인 체제에 의한 '국민생활최저선national minimum' 보장제도의 형성부터 착수해야 했다. 사회보험과 공공부조 제도는 사회보장 체계의 기초구조이지만 '구호행정'의 아래에서는 거의 형성되지 않았기 때문이다. 그러나 한국이 사회보장의 기초구조의 구축에 착수한 1980년대 말부터 1990년대는 복지선진국에서는 저출산·고령화가 급속히 진행하고 있었고 세계적인 복지국가의 동향이 사회복지서비스 확대를 중심으로 하는 새로운 발전단계로 나아가고 있었던 시기이었다. 이 당시 많은 나라에서는 노인에 대한 보건, 의료, 복지, 일상생활 지원, 사회참여 지원 등 생활의 여러 가지 측면에 걸친 사회 서비스의 확대, 저출산화와 관련해 여성과 아동을 대상으로 한 생활지원, 육아중인 가정에 대한 지원 등 복지 분야의 개혁이 한층 더 확대되어 있었다. 이와 같은 동향 속에서 한국은 베버리지적인 사회안정망의 구축뿐만 아니라 동시에 세계적인 복지국가의 동향을 내다보고 장래에 걸친 복지개혁을 세우는 것이 필요하게 되었다. 노태우정권기부터 김대중정권기까지의 중심적인 정책과제는 전국민에의 사회보험 적용 실현과 보편적인 최저생활의 보장제도의 확립이었지만, 병행해서 장애인, 노인, 아동, 여성 등을 대상으로 하는 복지서비스 분야의 정책도 확대하기 시작했다라는 점이 주목된다. 한국의 사회복지는 오랫동안 국제적인 영향을 차단하는 형태로 유지되어 왔는데, 1990년대 이후 국제적인 정책 교류를 통해 축적되어 왔던 복지국가의 성과를 적극적으로 받아들이게 되었다고 할 수 있다. 김대중정권시대에 사회보험과 공공부조 제도가 정비되자마자 즉시 장애인, 노인, 아동, 여성 등을 대상으로 하는 사회복지 분야의 전면적인 정책 구축이 다음 긴급적인 과제로서 나타났다. 사회복지 분야의 정책이 본격적으로 진전된 것은 노무현정권시대 부터이다. 노태우, 김영삼, 김대중, 노무현의 민주화 정권 시대에 실현된 사회보장의 구축 작업은 베버리지 체계로부터 복지국가에 이르는 제2차 세계대전 후의 사회복지 개혁의 세계적인 역사를 짧은 기간에 압축한 형태로 경험했다고 할 수 있다.

(4) 복지국가·한국의 장래

현재의 '복지국가'는 동일의 수준에 머무르지 않고 늘 동태적으로 진화하고 있다. 생활지원의 대상은 당초 장애인, 노인, 아동 등 특정의 생활요구를 갖고 있는 사람이었는데 점차 일반적 근로세대에 확대해 갔다. 모든 세대를 대상으로 라이프 스테이지에 따라 다른 생활요구에 대응하기 위한 유연한 정책 시스템을 구축하려는 발상이 발전되어, 이와 함께 정책수단도 다양화하고 사회복지 분야의 정책과 경제·고용정책, 조세 정책, 교육정책, 주택정책, 지역개발정책, 환경정책 등의 정책과 연계된 종합적인 생활지원 방식이 등장하게 되었다. 또한, 사회보장 체계의 기초인 소득보장 시스템에 있어서도 운영원리가 변화하기 시작하고 있는 점에도 주목할 필요가 있다. 초기 단계의 사회보험에서는 보험원리가 강조되었지만 점차 소득재분배의 정도가 높아지게 되고 생활사고의 종류 별에 의해 보험을 운영하는 방식이 아니라 포괄적인 보험으로서의 통합형 운영 방식을 채용하는 사례, 보험방식을 채용하지 않고 공적 재정을 통해 의료, 연금 등을 운영하는 방식을 채용하는 사례도 나타나고 있다. 공공부조에 있어서도 최종적인 안전망으로서 최저생활을 보장한다는 초기의 발상에서 벗어나 자산조사means-test를 수반하지 않는 '사회수당'의 도입을 통해 적극적으로 빈곤화를 예방하는 기능을 갖춘 소득보장 방식의 도입도 모색되고 있다 (노 외 2012, 김조설 2014 a·b). 파레이스(Parijs 1995) 등이 제창한 '베이식 인컴basic income'의 정책 아이디어도 소득보장에 관한 새로운 정책방향을 시사하고 있다.

이와 같이 현재의 복지국가에서는 생활보장을 한층 발전시키기 위해 여러 가지 정책적인 모색이 진전하고 있다. 그렇지만 동시에 사회복지에 있어서의 '사회성', '공동성', '탈 상품화'를 발전시키는데 시장경제 원리라는 장벽이 있는 것도 사실이다. 특히 경제가 장기적으로 정체하는 상황 속에서는 복지국가의 발상이 후퇴할 우려도 있다. 20세기말부터 21세기에 들어 생활보장 체계를 정비해 왔던 한국은 이제는 향후 복지국가를 어떻게 발전시킬까라는 문제에 직면하고 있다.

복지국가의 성격을 정하는 중요한 요인중의 하나는 생활보장을 둘러싼〈공公〉의 영역과 〈사私〉의 영역의 관계를 어떻게 구축하는가 하는 문제이다. 말할 것도 없이 국가재정에는 한계가 있고 공적 정책을 끝없이 확대할 수는 없다. 바람직한 생활보장을 실현하기 위해서는 민간의 비영리조직, 영리조직, 개인 등의 적극적인 참여와 협력이 불가결하다. 사회복지 분야의 정책을 대폭적으로 확대시켰던 노무현정권은 이 문제를 절실하게 인식하고 있었다. 이 문제에 대한 정권의 생각은 정권이 발표한 '참여복지'의 구상(2003년) 및 '선진 복지 한국의 비전과 전략'(2006년)이라는 정책 구상에서 표현되어 있다. '참여의 복지' 의 구상에서는 ①〈복지의 보편성〉 : "저소득층 위주의 복지정책에서 탈피하여 모든 국민을 대상으로 하고, 소득보장 위주에서 의료·보육, 주거·환경 등 의·식·주 전반의 생활권 보장으로 복지정책의 범위를 확대하"는 것, ②〈국가 책임〉: "적정수준의 복지혜택 제공을 1차적으로 국가의 책임이며 … 국가가 당연히 제공해야 하는 인프라이자 공공재로 인식하"는 것, ③〈국민의 참여〉: "국민이 정책의 형성과정의 주체로서 참여하며, 서비스의 선택과 제공 및 평가 과정에서 이용자(권리자)로서 참여를 보장하"는 것이라는 3점을 강조했다(『보건복지백서』 2003:5). 이 중 ①〈복지의 보편성〉과 ②〈국가 책임〉은 김대중 정권 시대에 제기되었던 생각을 계승했는데 ③〈국민의 참여〉는 노무현정권이 제기한 '새로운 이념' 으로서 강조되고 있다. 정책 형성에의 국민의 참여는 민주화 운동이 일관해서 추구해왔던 주장이다. 그러나 사회 서비스 분야가 확대하고 있는 상황 속에서 '참여'의 문제는 새로운 단계로 넘어가고 있었다. 특히 사회복지서비스 시스템에 관한 제도의 기획·입안, 구체적인 제도 설계, 제도의 운영 등에 있어서 민간의 서비스 운영자 및 서비스의 이용자('권리자')의 적극적인 참여가 정책 성공의 열쇠가 되기 때문이다.

한국에서는 국가의 사회복지 정책이 거의 존재하지 않았던 시대에 국가정책의 대신에 민간 복지활동이 발전해 왔던 역사가 있다. 이러한 민간 복지활동의 풍부한 토양은 '국민의 참여'를 발전시키는데 중요한 기초 조건을 제공하는 점에 주목할 필요가 있다. 예를 들면 현재 한국에서는 복지서비스 제공에 있어 토지, 시설, 인건비 등 하드hard의 투자는 공적 재정이 부담하고 제도의 기획·운영은 민간 조직이 담당하는 방식이 일반적으로 정착하고 있다. 지역 복지서비스의 거점인 사회복지관(종합형·전문형), 노인, 장애인, 아동 등을 대상으로 하는 복지서비스 제공 조직, 저소득층의 취업을 지원하는 '지역자활센터', 결혼이주여성과 다문화가족을 지원하는 조직 등은 모두 '공립·민영' 방식이 채용되고 있다. 이 방식의 성공은 비영리적인 민간 복지활동의 풍부한 존재에 달려 있다고 생각된다. 민간 복지활동의 존재 상황은 사회에 따라 다르고 같은 방식이 어느 나라에서도 반드시 성공한다고는 할 수 없다. 사회 서비스의 운영에 있어 시장 원리에 따른 영리 조직이 압도적으로 지배하는 사례, 반대로 국가 관리가 너무 강한 사례도 존재한다. 한국의 경우 권위주의 체제 시대부터 축적되어 왔던 민간복지 활동의 전통이 〈공〉과 〈사〉의 새로운 관계 발전의 가능성을 시사한다.

복지국가의 과제는 단순한 생활보장 정책의 영역을 넘어 복지를 기초로 국가와 사회를 어떻게 구축·운영해 나갈까라는 차원으로 발전해간다. 노무현정권은 2006년에 발표된『선진복지한국의 비전과 전략』이라는 구상에서 "선진 복지사회"란 "정부와 민간이 함께 하는 사회"라고 정의하여 "전통적 공동체"의 대신에 "새로운 공동체"를 구축할 필요가 있다라는 비전을 제시했다. 이 구상은 민간의 적극적인 복지활동을 기초로 하는 "선진복지사회"에서는 "국가는 무엇을 할 것인가?"라는 물음이 다시 제기되어 "정부 역할의 재정립"이 요구된다고 한다. 이 구상의 해답에 의하면 선진복지사회에 있어서 국가가 담당하는 역할은 "지원·조정자支援·調整者"로서 "공정하고 효율적인 시장"을 준비하고 "균형적인 성장을 위한 사회적 투자"를 실행함과 동시에 "시민사회의 성숙"을 지원하는 것이라고 한다(대통령자문정책기획위원회 2006: 417). 노무현정권의 "선진복지사회" 구상은 장래를 향한 가설적인 제기이며 구체적인 정책 계획을 제시하는 것이 아니었다. 그러나 복지 즉 생활에 관한 서비스 제공활동을 민간활동을 중심으로 운영하여 국가는 "지원·조정자"의 위치에 물러나는 모델은 매력적인 장래 비전으로서 주목된다. 〈공〉과 〈사〉의 관계를 어떻게 구축하여 국가의 역할을 어떻게 설정할까라는 문제는 한국뿐만 아니라 모든 복지국가가 직면하고 있는 문제이다. 현재 세계의 거의 모든 사람의 생활이 시장경제를 기반으로 하는 이상 생활보장에 필요한 사회적인 지출의 확대와 시장경제 원리 사이의 대립을 어떻게 조정할까라는 문제가 숙명적으로 가로 놓여 있다. '복지국가'의 유형화에 관한 논의가 활발하게 전개되는 이유도 시장경제 원리에 기초를 두면서 사회복지에 있어서의 '사회화', '탈 상품화'를 어떠한 방법을 통해 확대해나갈지에 관한 관심과 관련되어 있다.

한국은 민주화를 통해서 국가 운영에 있어서의 패러다임 전환을 실현함으로써 복지국가의 기초를 구축했다. 향후 어떠한 성격의 '복지국가'를 구축해 나갈지에 관해서 한국은 세계의 모든 복지선진국과 같은 입장에 서고 있다. 이제 민주화시대는 멀어지고 획기적인 변혁을 실현시켰던 정치적, 사회적 운동도 크게 변화되었지만 개혁의 에너지는 여전히 여러 가지 형태로 계속 존재하고 있다. 한국의 사회복지의 경험은 국제적으로 개선적인 복지 모델을 구축해나갈 가능성을 내포하고 있다. 장래 한국이 어떠한 성격의 복지국가를 구축해 나갈지는 국제적인 시야에 있어서도 극히 흥미로운 문제이지만 이것은 이 책의 과제 범위를 넘어선 것이다.

참고문헌

한국어 문헌

김성기 2011, 『사회적 기업의 이슈와 쟁점:'여럿이 함께의 동학'』 아르케

김연명 편 2002, 『한국복지국가 성격논쟁 I』 인간과복지

— 2009, 『사회투자와 한국 사회정책의 미래』 나눔의 집

김정원 2009, 『사회적기업이란 무엇인가』 아르케

노대명 외 2009, 『사회수당제도 도입타당성에 대한 연구』 한국보건사회연구원

노용환, 백화종 1998, "통일대비 사회보장 정책의 주요과제" (박찬용 편저 『사회보장발전 목표 설정과 정책과제』 제19장)

대통령자문 정책기획위원회 2006, 『선진 복지 한국의 비전과 전략』

정무권 편 2009, 『한국복지국가 성격논쟁II』 인간과복지

한국보건사회연구원, 국토연구원 2013, 『(공청회 자료) 국민기초생활 보장제의 '맞춤형 급여체계 개편 방안을 위한 연구' 중간 보고』

한국사회복지협의회 1997, 『통일한국의 사회복지 비전과 과제:제9회 전국사회복지대회 결과 보고서』

영어 · 일본어

Beveridge,W. 1942, *Social Insurance and Allied Services*

Clasen, J. and D. Clegg eds. 2011, *Regulating the Risk of Unemployment: National Adaptations to Post-industrial Labour Market in Europe*, Oxford University Press

Esping-Andersen, G. 1990, *The Three Worlds of Welfare Capitalism*, Polity Press

Fitzpatrick, Tony 1999, *Freedom and Security: An Introduction to the Basic Income Debate*, Macmillan

Flynn, Robert J. and Kathleen E. Nitsch 1980, *Normalization, Social Integration and Community Services*, University Park Press

Flynn, Robert J. and Raymond A. Lemay 1999, *A Quarter Century of Normalization and Social Role Valorization:*

Evolution and Impact, University of Ottawa Press

Nirje, Bengt 1982, *The basis and logic of the normalisation principle*, Sixth International Congress of IASSMD, Toronto

Parijs, Philippe Van 1981, *Evolutionary Explanation in the Social Sciences: An Emerging Paradigm*,Tavistock Publications Ltd.

Pascual,A.S. and L. Magnusson eds. 2007, *Reshaping Welfare States and Activation Regimes in Europe*, Peter Lang Pub Inc.

Polanyi, Karl 1944, *The Great Transformation: The Political and Economic Origins of Our Time*

Social Security Administration (US) 2002, *Social Security Programs throughout the World: Europe 2002*, Geneva

Son, Annette H.K. 2002, *Social Policy and Health Insurance in South Korea and Taiwan*, Acta Universitatis Upsaliensis

Won, Joseph 2004, *Healthy Democracies: Welfare Politics in Taiwan and South Korea*, Cornell University

金成垣 2008,『後発福祉国家論:比較のなかの韓国と東アジア』東京大学出版会

金早雪 2013, "韓国『マッチュム(誂え)』型福祉と『社会的経済』共同体の可能性"、宇佐見耕一·小谷眞男·後藤玲子·原島博 (編)『世界の社会福祉年鑑2013』旬報社:65-88

— 2014a, "韓国版ベーシック·インカムへの現金給付制度改革構想:朴槿恵政権は『最低生計保障』を越えうるか",『アジ研ワールドトレンド』2014年 11月号:25-8

— 2014b,"韓国(女性政策30年の成果と課題)",宇佐見耕一·小谷眞男·後藤玲子·原島博 (編)『世界の社会福祉年鑑2014』旬報社:197-226

— 2015, "岐路に立つ韓国の社会保障制度の改革課題と現金給付制度:最低生計保障から『マッチュム〈ニーズ対応〉型』社会手当構想へ"宇佐見耕一·牧野久美子(編)『現金給付政策の政治経済学』ジェトロ·アジア経

済研究所:第5章:167-95
李蓮花 2011,『東アジアにおける後発近代化と社会政策:韓国と台湾の医療保険政策』ミネルヴァ書房

자료연구편

한국·초기 사회복지행정 자료의 검증

자료연구 I

1950년대의 사회복지행정에 관한 행정통계자료 345

자료연구 II

보건사회부 『보건사회통계연보』 389

(1954년판~1974년판)

자료연구 III

구호행정의 개선을 위한 조사연구 437

(『건대조사』 1969년간)

자료연구 Ⅳ

최천송과 사보심 연구실의 정책 연구·제안 활동에 관한 자료 499

자료연구 I

1950년대의 사회복지행정에 관한 행정통계자료

머리말

1950년 6월의 한국전쟁 발발부터 53년 7월의 휴전협정 성립을 지난 50년대 후반에 이르는 시기에 있어서의 한국의 복지행정의 실태를 전하는 자료는 극히 한정된다. 전쟁은 국토전체로 확대되어 정부기관도 한때 서울시에서 대구시나 부산시로 옮겨졌어 새로운 독립국가로서 건설도상에 있었던 행정기구는 극도의 혼란상태에 몰아넣였기 때문에 남겨진 기록이 엄청나게 적은 것은 당연하다[1]. 실질상의 정전상태가 된 1951년 후반 이후 행정기구는 점차 회복되어 갔다. 1953년 8월에 수도가 서울시로 복귀되었으며 한국정부는 정치, 경제, 사회의 재건이라는 큰 과제에 몰두했다. 그 중에서 특히 복지행정의 분야에서는 전쟁에 의한 다수의 상병자의 구호, 전란을 피해 고향을 떠나온 수많은 피난민(특히 38선이북에서의 피난민)의 보호, 피난민의 재정착 문제, 심각한 식량부족이 가져온 기아상황에의 대처, 보호자를 잃은 많은 전쟁고아나 기아의 보호, 배우자를 잃어서 유아나 노인를 돌보는 '미망인 세대'의 지원, 전재로 집을 잃은 주민의 주택대책 등 긴급하게 대응해야 할 문제가 산적되어 있었다.

이러한 문제에 대해서 행정이 어떻게 대처했는지를 전하는 자료는 극히 적다. 특히 수치적인 정보를 포함한 자료로서는 휴전협정 성립 3개월 후의 1953년 10월에 발간된 『대한민국통계연감』 창간호에 수록된 일련의 통계표에 의해서 그 개요를 알 수 있을 뿐이다. 이 연감에 수록된 행정통계표는 〈사회부〉(1949년 설치, 55년에 보건부와 통합되어 보건사회부가 발족)가 제공한 것이다. 한국전쟁시(발발에서 휴전협정 성립까지)에 있어서 사회

1 보건사회부(1958: 서문)는 "6·25 동란으로 귀중한 자료가 분실되었을 뿐만 아니라… 보건사회 행정이 보건·사회 양부로 분리되었다가 다시 병합환원되어… 수삼차에 걸쳐… 분리·병합 등이 이루어졌으므로 인하여 그 발자취를 더듬기가 그리 용이한 일이 아니였던" 사정을 설명한다.

부가 작성한 행정보고는 관견하는 한 확인되지 않아서 이『연감』의 통계표가 한국전쟁 시의 복지행정에 관한 거의 유일한 정보원이 된다. 기타 자료로서 1954년에 사회부가 발행한『사회행정개요』(단기 4287년 [1954년])라는 소책자가 있다. 그 내용은 1954년 시점에 사회부가 소관했던 행정의 개요를 소개한 것이며 전후부흥의 진행과 함께 사회행정의 전체적인 모습을 확인하려는 목적으로 작성되었다고 추측된다. 그 정보량은 많지 않지만 휴전 직후에 정리된 복지행정의 골조를 아는데 중요한 자료이다. 그리고〈보건사회부〉(이하 보사부)에서는 발족 3년 후인 1958년 10월에『건국10주년·보건사회행정개관』이라는 책자가 발행됐다. 이 자료에서는 1958년 시점에 보사부가 소관한 행정의 개요과 함께 건국 후 10년 간의 보건사회 행정기구의 변천과 예산 집행상황의 변천, 1951~57년에 있어서의 복지행정의 실적수치 등이 기록되어서 한국전쟁 직후 수년 간의 사회행정에 관한 귀중한 정보를 제공한다.

지방행정 차원에서는 휴전 전후에서 도道, 시, 군에 의해서 작성된 행정통계보고인『도세일람』,『시세일람』,『군세일람』등이 나왔어, 그 정보량은 많지 않지만 이 시기의 지방 차원의 복지행정의 상황을 알 수 있다. 즉『사회행정개요』나『건국10주년·보건사회행정개관』에서 간결하게 기술된 중앙정부 차원의 행정시책이 지역 차원에서 어떻게 실행되었는가 그 실제 모습을 — 단편적이지만 — 전해 준다. 복지행정에 관한 수치정보가 계통적, 계속적으로 기록되는 것은 보사부의 포괄적인 연차 행정통계 보고인『보건사회통계연보』가 창간된 1955년 이후이다. 따라서 상술한 자료들은 정보량은 적다해도 전시에서 휴전직후의 혼란기의 복지행정의 실태를 후세에 써서남겨 준 아주 귀중한 것이다.

제1절『대한민국통계연감』에 수록된 휴전 직후의 행정통계

1.『대한민국통계연감』의 창간

『대한민국통계연감』(창간호·1952년판, 이하 『연감』)은 한국정부 홍보처 통계국에 의해서 1953년 10월에 발행되었다. 서문에 의하면 한국정부 수립과 동시에 국가의 실태를 통계로 소개하기 위해 "통계기구를 정비 개선하여", "국제 통계 수준에 비추어 손색이 없는" 통계연감의 작성 준비가 시작됐다. 당초 1950년에 발간할 예정이었는데 "자료를 수집 정비하고 원고작성을 완성하여 인쇄에 착수하였으나 불의의 6·25동란으로 인하여 원고는 물론 중요한 각종 통계자료까지 전쟁 발발로 원고를 비롯하여 각종의 중요한 통계 자료가 소실된바 부득이不得已 사업을 일시중단" 했다고 한다. 전란이 대강 수습된 1952년 중반경에 재차 발간준비가 시작되었어 휴전협정 성립 직후의 53년 10월에 간행되었다. 이 무렵에는 국가와 사회가 전시체제에서 평시체제로 회복되었고 국제사회에 향하여 대한민국을 통계숫자로 소개하는 연감의 발행은 독립국가로서의 중요한 일대 사업이었다. 『연감』이 '6·25 동란 피해' 라는 특별 항목을 마련하고 한국전쟁에 의한 인적·물적 피해를 수량적으로 추계했던 것은 1953년 가을에는 전쟁에 의한 피해의 개략을 파악할 수 있는 정도로 사태가 수습되었던 것을 나타내고 있다.

『연감』에서는 토지, 기상, 인구를 비롯해서 산업, 무역, 재정, 교육 등 23개 항목에 걸쳐서 주요한 통계 수치가 수록되며 통계표의 항목 구성과 각 표의 내용은 명백하게 일제시대의 『조선총독부통계연보』를 기초로 한 것이다. 보건사회 행정에 관해서는 '위생과 후생'이라는 항목 하에서 34의 통계표를 수록되는데 대부분은 위생·의료 행정에 관한 통계표이다. 복지행정에 관한 것으로는 〈표 I-1〉에 보는 바와 같이 8개의 통계표가 수록되어 있다. 이러한 통계는 1951, 52년 시점의 수치를 중심으로 하고 전쟁 발발에서 휴전 전후에 있어서의 전쟁 이재민의 상황과 국가에 의한 구호활동에 관한 정보를 전해 주는 중요한 것이다. 이 자료에 의해서 1951년에서 52년쯤에 국가가 일정 정도 체계적인 형태로 전재에 의한 생활피해를 파악하면서 이재민에 대한 구원활동을 전개하고 있었던 상황을 알 수 있다. 1951년 중반 이후 실질적인 정전 상태로 들어갔어 사태가 점차 안정됨에 따라 행정 기능도 복구되었어 통계적인 수치도 어느 정도 기록할 수 있게 되었다고 추측된다[2].

---

2 창간호를 제외하고 『대한민국통계연감』은 사회·복지행정 분야에 관해서 중요한 정보를 제공하지 않다.

표 I-1 『대한민국통계연감』(1952년판)에 수록된 복지행정 통계표

통계표의 제목	통계표의 내용		통계 시점
①피난민 구호상황	피난민수 요구호자수 구호실시수	지역 (서울시+9도)별/ 〈피난민(避難民)〉 〈전재민(戰災民)〉 〈원주빈민(原住貧民)〉의 3구분별 피난민수, 요구호자수, 구호실시수	1952년
②과부 및 기(其) 아동 수	과부수 및 과부에 딸린 아동 수	지역별/ 연령계층별/ 과부가 된 원인(「전쟁 또는 게릴라전」「자연사」)별 과부수 및 과부에 딸린 아동 수	1952년 3월
③후생시설 수용인원 수	후생시설과 수용자 수	지역별/ 시설의 종류(육아·양로·감화·불구자수용·기타 수용)별 후생시설 수 및 수용인원 수	1950 ~1952년
④38이북 피난민 도별 분포상황	38도선이북으로 부터의 피난민의 상황	피난민의 출신지역별/ 현재 거주지별38도선 이북으로부터의 피난민수	1951년 11월말
⑤구호양곡 배당 상황	구호양곡의 지역별 배당량	지역별 구호양곡의 월간 배당량	1951 ~1952년
⑥UN구호물자 배정	국제연합구원물자의 지역별 배당량	지역별/ 의류·신발 등 물자 종류 별(40품목)UN구호물자의 배당량	1951 ~1952년
⑦국민주택 건축자재 할당상황	국민주택의 건설수 및 주택건설자재의 지역 별 배당량	지역별/〈도시형〉〈농촌형〉의 2구분별 국민주택의 건설수, 지역별/ 목재·시멘트·유리 등 자재의 종류별 건축자재의 할당량	1951 ~1952년
⑧이재민 구료실적	이재민의 대한 의료 제공의 실적	지역별/ 의료기관의 종류별/ 외래·입원의 구분별 1일 평균 이재민 진료 연(延)인원 수	1950 ~1952년

자료: 『대한민국통계연감』1952년판: 291-296에 의해 작성.

2. 전쟁 이재민의 파악방법과 구호활동

많은 자료에서 확인할 수 있는 대로 한국전쟁 발발 이후의 전쟁 피해자에 대한 생활지원에 있어서는 일반 시민에 앞서서 군과 경찰(군경) 관계자와 그 가족이 우선되었다. 그러나 이 통계에서는 군경 관계의 지원에 관한 수치는 수록 안 되었어 일반 시민 피해자의 상황과 그 구호에 관한 수치만을 기재된다. 〈표 I-2〉에 보는 바와 같이 '피난민 구호 상황'의 표에 의하면 시민의 전쟁 피해자[3]는 '피난민避難民', '전재민戰災民', '원주빈민原住貧

3 '시민의 전쟁피해자'는 사상자 등을 제외된다. '인명 피해'에 『연감』은 '사망' 236,475명, '납치' 82,959명, '행방불명' 298,175명, '부상' 225,582명, '학살' 122,792명, '합계' 965,990명(1952년3월말 현재)으로 추계한다. 이 수치는 1952년 시점에서 한국정부가 한반도 남부를 대상으로 추계한 수치이다.

표 I-2 피난민 구호상황(1952년)

	확인된 인수(명) a	요구호자 수(명) b	구호실시 수(명) c	요구호자의 비율 (b/a·%)	요구호자 중 구호의 비율 (c/b·%)
피난민(避難民)	2,756,394	2,524,930	1,678,163	91.6	66.5
전재민(戰災民)	3,598,835	2,902,524	1,152,395	80.7	39.7
원주빈민(原住貧民)	4,167,435	4,164,759	1,532,491	99.9	36.8
合計	10,522,664	9,592,213	4,363,049	91.2	45.5

자료: 『대한민국통계연감』1952년판:293-4. 구호비율은 필자. 요구호자 수와 구호실시 수에 관해서는 다른 수치정보가 있다. 보건사회부(1958:243-4)는 1952년의 요구호대상자 수를 9,560,263명, 구호실시 수를1,728,940명으로 하고 있다.

民'의 3가지로 분류되어 있었다. 이 3구분은 구호를 실시하기 위해서 필요로 한 행정적인 구분였다고 생각된다. '피난민'이란 다른 지역에서 유입해온 사람, '전재민'이란 그 지역의 주민인데 가옥을 잃은 등 전재 피해를 입은 사람, '원주빈민'이란 그 지역의 주민인데 '빈민'(〈조선구호령〉에 의한 구호대상자)이라고 인정된 사람이라고 추측된다. 각 시·군에서 인정된 수치가 각 도(서울시+9도: 이하 같음)에서 집약된 후 국가(보사부)에 보고된 결과가 전국차원의 수치로서 통계표에 기재되었다는 것이다. 피난민, 전재민, 원주빈민의 총수는 〈표 I-2〉와 같이 약 1 천만명에 이르렀다. 1952년 3월 말 현재의 인구는 약 2,500만명이었고 전쟁으로 생활기반을 파괴된 사람은 인구의 약 절반에 이르렀던 것이다. 그 중 약 276만명이 전란을 면하고 다른 지역에서 들어온 피난민이었다. 특히 가장 많았던 38선 이북에서 월남해온 사람들에 대해서는 그 출신지와 '현재'거주지 별로 집계되어 있다(〈표 I-3〉). 이북 피난민의 총수는 약 90만명으로 파악되어 이었지만 지방자료를 참고해 보니 실제로는 그 보다 훨씬 많았던 것은 확실하다[4]. '전재민'은 약 360만명, '원주빈민'은 약 417만명이었다. 이러한 수치는 당시 행정에 의한 추계이었으며 실태는 이것을 훨씬 웃돌었다고 추측된다. 엄밀 못 한다 해도 이러한 통계는 휴전 전후에 있어서 한국 각지역에서 전재민, 피난민, 원주빈민 등의 생활 곤궁자가 가득 넘쳤던 상황을 전하고 있다.

또 남겨진 통계는 이런 이재민들 모두가 '요要구호자'로 인정되지 못했고 그 위에 실제 '구호'를 받을 수도 없었다는 사실을 알려 준다. '요구호자'로 인정된 비율은 '피난민'

4 피난민수가 많았던 경기도만으로 1953년 말에 약 70만명의 이북 피난민이 존재하고 있었다 (경기도 1954년판).

과 '원주빈민'의 경우 90%이상, '전재민'의 경우 80%이었다. 그리고 '요구호자' 중 실제로 '구호'를 받은 사람의 비율은 반수 이하에 불과했다. '구호'란 '구호양곡', '유엔UN구호물자'과 기타 외국원조물자의 배포를 의미했다. 중심은 '구호양곡'의 배포이었으며[5], 중앙정부 차원으로 구호양곡의 전체량이 결정했어 매월 1회 각 도에 할당량을 배당했다. 각 도에서는 배당된 양곡을 시·군의 단위에 배당하여 말단 행정 단위에서 '요구호자'로 인정된 사람들에게 배부했다. 양곡의 내용은 쌀, 보리, 소맥분(밀가루), 기타 잡곡 등의 주식양곡이었다는 것은 농림부·양정국糧政局의 『양곡통계연보』등에서 확인할 수 있다. 농림부의 통계는 1950년대 후반부터 60년대까지 농업생산이 불안정하고 극도로 부진했기 때문에 구호양곡을 충분히 확보 못 했어 구호양곡의 양도 종류도 해마다 크게 변동했던 것을 기록한다(농림부1964). 〈표 I-4〉에 나타낸 수치는 실제로 배포된 실적량이었는지 혹은 배포의 계획량이었는지를 확인할 수 없다. 그러나 이 통계를 통해서 구호양곡의 부족 때문에 양곡 배포를 받은 사람은 '요구호자'의 일부에 지나지 않았던 것을 알 수 있다. 또 구호양곡의 부족은 일부 외국, 특히 미국에서의 원조식량(주로 소맥)에 의해서 보충되었던 것을 다른 자료에서 확인할 수 있다. 전란기의 응급적 대응책으로 형성되었던 '구호양곡'배포라는 지원방식은 이 시기 이후에도 계승되어 갔다. '군경원호'에 있어서는 연금제도와 금전수당에 의한 생계부조를 중심으로 했는데 일반시민에 대한 '구호'에 있어서는 1950년대 후반부터 70년대 전반까지 주식양곡의 현물시급에 머물렀고 금전을 지급하지 않은 지원방식이 계속 되었다.

이 『연감』에서는 양곡지급 이외의 구원활동으로 전재민戰災者와 피난민에 대한 주택건설의 지원과 상병자 의료구호에 관한 통계가 수록되고 있다(〈표 1-1-⑦〉, 〈표 1-1-⑧〉). 전쟁에 의해서 파괴된 주택의 재건지원('후생주택'의 제공)에 관해서 도시형과 농촌형으로 구분되어 1951년도에는 10,100호(戶:도시 2,100호, 농촌 7,890호), 52년도에는 20,100호(도시 2,200호, 농촌 16,900호)를 건설한다는 목표를 세웠어 건축자재가 각 지역으로 할당되었다고 기록된다. 그러나 계획대로 지원이 실시되었는지에 관한 기록은 없다. 의료구원에 관해서는 전쟁 부상자와 당시 다발하고 있었던 급성전염병의 이환자에게 국가가 의

5 유엔(UN)구호물자는 식량 이외에 의류, 구두, 모포(담요), 비누 등 여러 가지 생활용품이었다.

표 I-3 38선 이북피난민 도(道)별 분포상황(1951년 11월 말)

피난민의 출신지		현재 거주지	
출신지	인원 수(명)	현재 거주지	인원 수(명)
황해도	148,511	서울특별시	40,643
평안북도	51,210	경기도	352,915
평안남도	80,948	충청북도	12,094
함경북도	42,671	충청남도	90,477
함경남도	165,658	전라북도	58,966
기타	400,132	전라남도	15,069
합계	889,130	경상북도	63,597
		경상남도	178,862
		강원도	72,574
		제주도	3,933
		합계	889,130

자료: 『대한민국통계연감』 1952년판: 293-4. (1)표의 「기타」 지역은 경기도북부나 강원도북부 등이다. (2)원자료의 주석은 수치는 각 도(道)로부터의 보고수를 집계한 결과이고 "육로를 통한 자력남하(自力南下)한 자 일부 제외되었음"이라고 설명해서 또, 통계 작성후의 12월에 새로이 7,761명의 피난민이 거제도에 도착했기 때문에 12월에는 896,891명이 되었다고 한다.

표 I-4 구호양곡 배당상황(1951~52년)

단위: 통

	1951년	1952년
1월	19,400	25,050
2월	14,500	26,070
3월	25,000	26,920
4월	26,820	27,700
5월	13,400	29,000
6월	22,800	14,038
7월	23,100	11,072
8월	25,250	17,739
9월	25,050	19,248
10월	25,050	23,851
11월	25,050	24,665
12월	25,180	25,093
합계	270,600	270,456

자료: 『대한민국통계연감』 1952년판: 293-4.

료를 제공하고 있었다. 통계표에 의하면 전국에서 67개소의 구호병원과 484개소의 보건진료소에서 1일 평균 약 7천명의 입원환자가 있었고 약 2만9천명의 외래환자를 진료하고 있었다. 그 이외에 중요한 구원사업으로서 1952년에 시작된 '난민정착사업'이 존재했으나 『연감』에서는 기록되지 않다. 이 사업의 구체적인 내용은 나중에 보는 바와 같이(제3절4), 사회부의 『사회행정개요』와 지방자치단체의 자료 등에서 확인할 수 있다.

3. 전쟁고아와 전쟁미망인의 문제

전란이 초래한 사회·생활 문제 가운데 가장 심각했던 것은 전쟁고아와 기아 등 보호자와 생활의 장소를 잃었던 아동의 문제와 남편을 잃었던 '전쟁미망인'의 문제이었다. 국가는1952년에 미망인 세대를 대상으로 한 실태 조사를 실시했다. 그 목적은 과부와 그 세대에 속한 아동의 수를 파악하고 지원을 하기 위한 기초 자료를 얻는 것에 있었다고 추측된다(〈표 1-1-②〉). 동시에 보호자를 잃었던 아동에 관해서는 후생시설 수용자에 관한 조사가 실시되었다(〈표 1-1-③〉). 전쟁고아나 기아에 대해서는 주로 외국 민간원조단체와 그 지원을 받는 민간 사업자가 후생시설을 설립해서 이러한 아동을 수용하고 있었다. 〈표 I-5〉는 1950~52년에 후생시설과 수용자의 수가 해마다 증가했던 것과 이러한 시설의 수용자의 대부분이 아동이었던 것을 나타내고 있다. 이러한 시설의 대부분은 외국민간단체의 지원을 받아 설립되었던 것이었다. 국가는 시설에 수용된 아

표 I-5 후생시설 수용인원 수(1950~52년)

1. 시설 수의 추이(1950~52년)

	시설 수	수용인원
1950	153	10,554
1951	234	24,774
1952	365	41,594

2. 사업종류별(1952년)

사업종류	시설 수	수용인원
육아사업	316	37,509
양로사업	20	1,244
감화사업	7	1,024
장애자수용	7	717
기타 수용	15	1,100
합계	365	41,594

자료: 『대한민국통계연감』 1952년판: 291-2.

동이나 모자세대를 구호 대상이라고 인정해서 구호양곡을 지급하고 있었다.

제2절 한국전쟁 후의 보건사회 행정의 골조에 관한 자료

1. 『사회행정개요』(1954년)에 나타난 사회행정의 골조

사회부는 1954년에 『사회행정개요』라는 소책자를 작성했다. 이 자료는 〈표 I-6〉에 정리한 바와 같이 사회부를 구성한 4국(사회국·부녀국·원호국·노동국)별로 소관한 사업 내용을 간결하게 설명한다. 휴전협정의 성립후 약 1년이 지났어 국가기구도 안정을 회복하고 있던 시점에서 사회행정의 전체적인 모습을 재확인하기 위해서 작성됐다고 생각된다. 이 자료가 제공하는 정보량은 많지 않지만 휴전 직후의 사회부의 행정 내용을 아는데 귀중하다. 이에 따르면 사회국의 사업은 '구호사업·난민정착사업'(대상: 전재민, 피난민, 〈조선구호령〉의 대상자 등), '후생시설에의 수용사업'(대상: 주로 의지할 곳 없는 아동 등), '주택부흥사업'의 3개 분야로 정리되어 있다.

3분야 중 중심적인 사업은 '구호사업'이었으며 구체적으로는 구호양곡과 외국원조물자의 배포 사업이었다. 배포 대상자의 수는 〈표 I-7〉에 보는 바와 같이 약 110만명이었다. 이 수치는 〈표 I-2〉에 나타난 1952년의 수치에 비해 상당히 적다. 이 시기의 기록 수치에는 혼란이 있기 때문에 이 수치를 전면적으로 신뢰했어 구호실시수가 대폭적으로 감소했다고는 단정할 수 없다. 그러나 다른 자료(보건사회부1958)에 의해서 1954년경부터 '구호대책'에 관해서 전면적인 재검토가 시작되었다고 알 수 있었어 구호사업의 축소를 나타낸 가능성이 있다. 이 시기에는 전쟁 직후에 비해 전재민이나 피난민의 상황도 안정되었고 근로능력을 가지는 전재민·피난민에 대한 '구호'는 할 수 있도록 축소시켜 〈조선구호령〉에 규정된 본래의 대상자인 비非근로능력자(주로 아동과 노인)로 한정해야 한다라는 발상이 강해졌다. 그렇지만 1950년대를 통해서 실제로 근로능력자를 제외 못 했던 상황이 계속했어 1960년대에 들어 재차 근로능력자에 대한 구호를 축소해야 한다라는 문제가 중요한 정책과제로서 다시 강하게 의식되었다.

'난민정착사업'은 단순한 양곡배포와는 달리 38선 이북에서 피난해 온 난민을 주된 대상으로 하고 한국 각지에서 농민으로서 정착하기을 도모한 사업이었다(제3절4,참조).

'후생시설에의 수용보호사업'은 전란으로 의지할 곳을 잃었던 고아, 기아, 모자세대에 대해서 의식주衣食住를 제공한 사업이었지만 시설을 설립·운영한 주체는 외국민간단

표 I-6 1954년 「사회행정」의 개요

소관국	사업	사업 내용
사회국	구호사업과 난민정착사업	·구호양곡 250,312톤, 구호물자(식료품·비누·연료·의류 등) 108,478톤을 약 110만명에게 배포. ·난민정착사업은, 32,398세대를 정착시켜 종곡, 비료, 농우, 농기구, 주택자재등을 배포.
	후생시설과 수용보호사업	·"전쟁으로 발생된 무의무탁한 10만인의 고아, 기아, 미아, 불구자 또는 불구아, 및 양로대상자"를 후생시설에 수용보호. 시설은 주로 외국원조단체에 의해서 설립·운영되어 1954년 현재 479 시설에 약 6만명을 수용.
	주택정책	·"전란으로 약 60만세대가 주택을 상실하였고 그 이외에 약 40만세대가 기탁거주 또는 판자집으로 노숙을 피하고 있어… 약 100만세대 인구로는 약 500만명이 주택이 없는 현황". "1953년까지에 34,200호의 국민주택을 건설, 54년도는 4,250호, 55년도는 1만호를 건설할 계획".
부녀국	부녀계몽사업	·부녀지도자 강습회의 개최, 계몽자료의 발행.
	생활개선사업	·전시생활개선위원회를 설치하여 생활개선을 위한 계몽활동을 실시.
	부녀보호사업	·"생활책이 전무한 전쟁미망인을 위한 긴급구호 대책으로서 국립 및 사설 모자원을 설치". 35개소(주로 민간 시설)에 모자 4,397명을 수용. 또, 미망인수산장 69개소(국립)의 건설을 계획중. ·'윤락여성'대책 자매원 6개소(국립 2, 민간 4). 부녀직업기술보도소 2개소(국립).
	부인단체의 육성과 외국여성기관과의 연락	·대한부인회와 제휴하여 부녀운동을 전개. 해외여성단체와의 연락을 취하는 동시에 "여성을 위한 외국원조 도입을 활발히 하고 있음".
원호국	군경원호 사업	·상이군경, 전몰군경 유가족의 원호는 군사원호법, 경찰원호법, 연금법에 의거하여 실시되는데 , 군사원호법대상자 444만 7천명, 경찰원호법의 대상자 16만명 가운데 원호를 받고 있는 사람은 약 10분의 1에 지나지 않고 수급자도 생활부조는 1인 1 일당 5환 〔당시의 통화단위〕 에 불과하고 최저생활의 유지가 못되는 형평". 따라서 생활 부조액수의 인상을 검토중. 긍로능력이 있는 사람에 대해서는 생업자금의 융자등의 생활 안정책을 검토중.
	상이군인 정양원(靜養院)사업	·"제대된 상이군경으로서 무의무탁한 자 또는 상처재발로 치료를 요하는 자를" 국립 정양원에 수용하여 치료나 교정 치료 훈련을 제공. 동시에 자활을 위한 일반교육, 기술교육을 실시.
	상이군경 직업보도 사업	·상이군경과 전몰 유가족을 위한 직업 알선, 직업 훈련, 생업 자금 융자, 귀농정착등의 자립 생계를 지원하는 사업을 추진중.
노동국	(생략)	

자료: 사회부(1954)에 의해 작성. 사업의 명칭은 원문대로, 사업내용은 필자 요약.

표 I-7 구호양곡 수배자수(受配者數)(1954년 12월)

양곡수배자의 종류	인원 수 (명)	비고
후생시설·보건시설수용자	65,000	조선구호령 대상자 (비非근로능력자)
공공구호대상자(재가)	671,474	
피난민·전재민 중 계속구호자	280,717	(근로능력자)
정착난민	68,901	
전재민 중 일시적 구호자	13,916	
계	1,100,008	

자료: 사회부(1954). 비고란은 필자 작성.

표 I-8 후생시설과 수용자수(1954년)

시설의 종류	시설 수	수용 수 (명)
영아	19	1,815
육아	379 [3]	45,349 [922]
양로	31	2,017
모자	22	2,501
불구	13	1,232
기타	15 [2]	1,176 [242]
합 계	479 [5]	54,090 [1,164]

자료: 사회부(1954). [ ]안은 국립시설의 수이며 나머지는 민간시설.

체나 외국원조를 받은 민간단체이며 국공립시설은 극도로 적고 또 설립·운영에 대한 국고 지원조차 실시되지 않았다. 국가가 실시한 것은 시설에의 입소 알선, 수용자에 대한 구호양곡의 지급, 시설에 대한 감독(설비상태 등)이었다. 〈표 I-8〉은 1954년 시점에서의 시설 수와 수용자 수를 나타냈는데 1952년시점(〈표 I-5〉)에 비해서 시설 수도 수용자 수도 대폭으로 증가했던 것을 확인할 수 있다. 『사회행정개요』는 이러한 시설 상태에는 문제가 있어 "부분적 응급적임을 면치 못하며 금후 시설의 확충과 질적 향상을 도모하"는 것이 필요하다고 지적하고 있다(p.6).

부녀국의 사업은 계몽적인 성격의 사업을 제외하면 전쟁'미망인'과 '윤락여성'의 문제가 중심이었다. 전쟁'미망인'에 대한 주된 시책은 모자원(모자세대의 생활시설)에의 수용이며 아동시설의 경우와 같이 민간단체가 운영한 시설에의 입소 알선에 지나지 않았다. 또 생활의 자립지원책으로서 직업보도소나 실업자 구제시설의 건설이 시작되었지만 그 수는 극히 적었다.

'군경원호'는 원호국이 담당했다. 〈군사원호법〉, 〈경찰원호법〉, 〈전몰군경유족 및 상이군경 연금법〉 등을 근거로서 일반시민의 '구호'와는 완전히 독립된 사업으로 운영되었다. 생활지원의 내용은 양곡지급만이었던 일반시민에게의 구호와 비교해서 보다 충실하고 있었고 금전수당에 의한 생활부조와 그 이외에 생업자금의 융자, 직업훈련 등 자립지원책도 마련되어 있었다. 그러나 『사회행정개요』는 이 시점의 군경원호에 관해서 대상자 전체를 망라하지 않고 그 내용도 충분하지 않다고 지적하고 있다. 1950년대 후반에는 군경관계자 사이에 원호의 상황에 대한 강한 불만이 표명되어 있었다는 기록이 있다. 그 때문에 1961년의 군사쿠데타 후에 비약적으로 충실되었다 (원호처1974:25).

2. 『보건사회행정개관』(1958년)에 나타난 사회행정의 골조

보사부는 1958년 10월에 『건국10주년·보건사회행정개관』 책자를 발행했다. 발행의 목적은 건국에서 10년, 한국전쟁 휴전에서 5년이 경과한 시점에서 "보건사회행정이 걸어온 발자취를 더듬어… 앞으로 더욱 발전할 터전을 마련하는 것"에 있었다(서문).

이 자료에 기술된 1958년의 '사회행정'의 골조(〈표 I-9〉)를 보면 1954년 시점의 사회행정(〈표 I-6〉)에 비해 거의 변화가 없는 것을 알 수 있다. 또 시책의 내용에 있어서도 '구호사업'은 구호양곡과 외국원조물자의 배포를 내용으로 한 것, 재원에 있어서 외국원조의 비중이 높은 것, 시설수용자에 대한 시책은 양곡과 약간의 금전수당의 지급을 내용으로 한 것, 시설의 설립·운영은 외국원조에 의지한 민간활동에 의존한 것, 군·경찰관계의 '원호'시책은 일반구호 시책과 완전히 독립한 방식으로 운영되었던 것 등 1954년 시점에서 확인된 특징이 그대로 남겨져 있었다. 한국전쟁 직후에 형성된 복지행정이 1950년대 후반에서도 기본적으로 유지되었던 것을 확인할 수 있다.

〈표 I-10〉에 나타낸 바와 같이 이 자료는 각 행정 분야에 관해서 1951년부터 57년까지의 실적수치를 게재한다. 보사부의 연차 행정통계 보고인 『보건사회통계연보』의 수치는 실질적으로 1955년에서 시작되기 때문에 그 이전의 사회행정에 관한 수치정보의 공백이 이 자료에 의해서 어느 정도 메울 수 있다. 그러나 이 자료에 수록된 수치의 신뢰성에는 큰 문제가 있고 이용하는데 신중한 검토가 필요하다. 통계표 중 구호양곡의 배포와 '난민정착사업'에 관한 통계는 이 이외의 자료에 의해서 얻을 수 없는 정보를 제공한다. 후자의 사업에 대해서는 제3절4에서 분석하기로 하고 여기서는 구호양곡 배포에 관한 통계를 검증한다.

〈표 I-11〉에 정리한 바와 같이 수록된 통계 수치는 '요구호자'의 수, 배포된 양곡량, 배포 인원에 관해서 1951년부터 57년까지의 추이를 나타내고 있다. 이 자료는 '요구호자'가 어떠한 수속에 의해서 파악되었는지에 관해서 중요한 정보를 제공한다. '요구호대상자 인원 수 대조표'의 주注에 의하면 전란이 수습되었던 1951년 3월 시점에서 '난민일제一齊 등록' 조사가 실시되었다. 1952년 이후 매년의 수치는 1951년 시점의 등록을 기초로 그 후 매년의 '이동 보고'에 의해서 보정된 수치라고 한다.

'요구호자'의 수치는 우선 읍, 면, 동, 리의 말단 행정단위에서 기초적인 조사가 실시되고 그 수치가 시·군 차원에서 집약되고 최종적으로 각 도에서 집약된 결과가 중앙정부(보사부)로 보고된다는 과정을 겪고 확정되었다. 이 자료에 의하면 1953년까지 1천만명 가까운 수가 '요구호자'로서 기록되었으나 1954년 이후 그 수는 격감했다. 그 후 수치는 다시 증가 경향을 나타냈다. 이러한 수치의 변동에 관해서 상술한 표의 주注는

> "단기4287년도(1954년도)의 숫자가 격감한 것은 수복收復후 구호시책을 변경하여 응급구호로부터 항구적인 구호대책을 강구하기 위하여 전국적으로 공공구호 대상자를 일제히 조사한 결과 시현示現된 숫자로서 그 후 공공구호 대상자가 점증하여 금일에 이르고 있는 것이다"(p.244)

표 I-9 1958년 「사회행정」의 개요

사회복지 행정	일반구호사업	일반구호사업/ 구호물자/ 관리외국민간구호단체 구호물자 관리/ 난민정착사업/ 유니세프(UNICEF) 우유급식 사업 관리/ 양로사업/ 순국선열유가족 생계부조
	주택 사업	주택관리/ 주택건설/ 주택연구조사/ 대한주택영단운영
원호행정	군경원호사업	군경원호 대상자의 생계부조/ 상의군경의 직업보도사업/ 수용보호/ 자녀의 장학지원/ 군경연금
부녀행정	부녀복지사업	문자계몽사업/ 부녀기술교도사업/ 부녀지도자 강습/ 불우여성구호사업/ 윤락여성갱생사업/ 제반여권신장사업/ 생활합리화 시책
	아동복지사업	아동복지사업/ 수용아동의 퇴소보호조치 /사회사업종사자 훈련/ 일반 아동에 대한 시책

자료: 보건사회부(1958)에 의해 작성.

표 Ⅰ-10 『보건사회행정개관』(1958년)에 수록된 사회행정에 관한 통계표

1. 사회국 소관업무의 통계

분야	통계표의 제목	통계표의 내용	통계 시점
구호사업	요구호대상자 인원수 대조표	지역 (서울시+9도) 별로 요구호대상자 수 (대상자파악의 방법에 관한 표의 주석은 귀중한 정보를 제공함)	1951~57년
	구호양곡 배급실적표	양곡 배급량과 구호실시 인원 수	1951~57년
	UN구호물자도입상황	UN구호물자의 품목별 도입량	1950~57년
	외국민간구호단체 잉여농산물단체 도입실적표	외국구호단체(5단체)별/ 양곡의 종류별 도입량	1951~57년의 6년 간의 합계
	외국민간구호단체 구호물자 도입실적표	품목별 외국구호단체(77)에 의한 구호물자의 도입량	1953~57년
난민정착사업	난민정착사업 실시상황 총괄표	수복(收復)난민 수/복귀불능난민 수, 개간면적·정착사업의 사업에 지출된 양곡, 건축자재,농기구,비료 등의 양.	1951~57년의 합계
	난민정착세대 및 자재배정표	난민정착세대의 대상세대 수와 품목별 자재 배정량	1953~57년
양로시설	양로시설 인가상황	지역별 양로시설의 인가 수	1948~57년
	양로시설 수용인원표	시설수 및 남녀별 수용인원 수	1948~57년
	양로시설 분포상황	지역별 시설 수	1948~57년
기타	순국선렬(殉国先烈) 유가족생계부조실시상황	1894년으로부터 1945년의 해방까지에 사망한 '열사'의 유가족중 생활곤궁자에 대한 생계부조의 선정 수, 지급세대 수, 지급액.	1951~57년
	유니세프우유 및 간유(肝油) 도입상황	유니세프원조의 의한 분유 및 간유의 도입량	1953~56년

2. 부녀국 소관업무의 통계

분야	통계표의 제목	통계표의 내용	통계 시점
여성시책	년도별 문맹자 및 퇴치자 수	여성의 '문맹자 수' 및 '문맹퇴치자 수'	1953~57년
	수산장(授産場) 배치상황	지역별 수산장배치 수	1957년
	전재미망인·자연 미망인 통계표	전쟁미망인수·자연미망인 수	1952~57년
	년도별 부녀보호시설 통계표	부녀보호시설수(모자원/자매원), 수용인원 수	1953~58년
	전국 모자 시설 통계표	지역별/ 설립주체별 모자시설수, 수용인원 수	1958년 1월
	년도별/ 년령별 윤락여성 통계표	종류별/ 년령별 윤락여성수	1953~57년
	전국 접대부 조사 통계표	지역·년령·학력·종류·출신도별 접대부 수	1954~57년
아동시책	KCAC에 의한 시설 수리 및 월동용 긴급보수 원조상황	외국 원조(KCAC)에 의한 아동시설의 수리·보수 원조 자재의 양	1953년 5월·11월
	아동수용시설에 대한 경비원조상황	아동시설에 수용된 아도에 대한 양곡과 부식비 지급을 위한 국고로부터의 지출액	1952~57년
	외국 민간원조단체에 의한 아동수용시설 에 대한 원조상황	4개의 외국민간원조 단체에 의한 아동시설 원조상황(시설수, 대상 인원수, 원조 금액)	1956·57년
	년도별 후생시설 인가건 수 일람표	후생시설의 인가건 수	1948년 이전~ 57년
	년도별 부랑아 수용상황	지역별 부랑아 수용시설 수, 수용인원 수	1955~57년
	혼혈아 입양사업 추진상황	4개의 취급 기관별/ 시기별 혼혈아의 양자 알선 수	1957년까지의 합계

기타	사회사업 종사자 순회강습회 개최상황	강습회의 개최상황	1957년
	사회사업 종사자 훈련상황	학력별/ 종사경력연수별/ 종사종류별 훈련 수강자수	1957년
	신생활특수 모범부락 현황	생활합리화의 모범부락10개소의 리스트	1957년

자료: 보건사회부(1958 : 243-323).

표 I-11 구호의 실시상황(1951~57년)

	요구호대상자 수(명)	구호실시 수(명)	요구호대상자 수에 대한 구호실시 비율(%)	배급량(통)
1951	7,825,413	1,980,859	25.3	309,863.0
1952	9,560,263	1,728,940	18.1	270,455.7
1953	9,843,989	1,862,301	18.9	291,343.8
1954	2,722,960	1,286,970	47.3	201,319.0
1955	3,778,419	569,255	15.1	89,047.9
1956	4,330,293	201,152	4.6	31,466.0
1957	4,465,624	218,681	4.9	34,208.0

자료: 보건사회부(1958). 〈요구호대상자 인원수 대조표〉와 〈구호양곡 배급실적표〉를 합성해서 작성.

고 설명한다. 1954년에 한국전쟁 직후부터 계속 되었던 '응급구호'시책이 재검토되었어 '항구적인 구호대책'으로의 변경이 구상되었다라는 지적은 복지정책의 '전시戰時비상체제'로부터 '평시平時체제'로의 전환을 명확하게 표현한 점에서 중요하다.

그러나 이 통계표에서의 구호 실시수나 양곡 배포량의 수치는 그 신뢰성에 문제가 있다. 이 시기의 구호에 관한 통계 수치의 신뢰성은『보건사회통계연보』에 수록된 통계표의 검증에 의해 어느 정도 추측할 수 있다(『자료연구편 II』참조).『보건사회통계연보』는 1955년에 창간되었는데(1954년도판), 55년도판, 56년도판은 간행되지 않았고 58년에 55~57년도 3년 간의 통계를 통합한 판이 간행되었다. 이 사실은 1955년부터 몇 년 동안에 보사부의 통계작성에 혼란이 있었어 58년에 이르러 통계 정비작업이 실시된 것을 시사한다. 이 정리 작업은 58년에 발간된 상술의『보건사회행정개관』에 있어 건국이래 "10년 간에 있어서의 보건사회 행정의 회상 반성"을 도모한 역사검토 작업과 관련한다고 추측된다. 그러나 이러한 정비작업에도 불구하고『자료연구편 II』에서 분석한 바와 같이 1955년에서 60년대 초에 이르기까지『보건사회통계연보』에 수록된 구호에 관한 통계수치는 큰 결함이 있었어 신뢰성은 매우 낮다. 이러한 상태가 일어난 주된 이유는 양곡의 배포행정 자체가 혼란했어 불안정한 사태가 계속하고 있었던 사실에 찾을 수 있다. 절대적인 식량부족 때문에 구호양곡의 확보는 어려웠어 매달의 배부량이나 배부인원 수는 계속 크게 변동했고 보사부는 배부에 관한 기록을 계통적으로 남길 수 없었다고 추측된다.

제3절 지역 자료에 수록된 휴전 전후의 복지행정 통계

1. 휴전 이후의 지역 복지행정에 관한 통계

건국 이래 도(및 서울특별시)과 시·군 등 지방자치단체의 일부는 『도세일람道勢一覽』, 『시세일람市勢一覽』, 『군세일람郡勢一覽』이라는 제목의 간결한 행정통계의 연차보고서를 발간하고 있었다. 이러한 행정 보고서는 국가 차원의 『대한민국통계연감』의 지방판과 같은 성격을 가지고 수록된 통계표의 구성과 내용은 『연감』에 따른다[6]. 따라서 각 지방판은 그 구성은 서로 비슷하지만 게제된 정보량에는 지방마다 차이가 있고 또 동일 지방에서도 해마다 통계표의 구성, 내용, 정보량에 변동이 있다. 이들 자료는 계통적인 형태로 남겨지지 않다. 특히 전란이 수습되기 시작했던 1952년 이후의 몇 년 간에 발간된 자료는 원래 많지 않고 그 중 현재 단편적으로 남겨진 자료를 이용할 수 있을 뿐이다[7]. 그렇다고 해도 현존하는 지방자료는 한국전쟁이 초래한 생활피해와 그에 대한 지방행정 차원에서의 대응에 관해서 구체적인 정보를 제공하고 있고 중앙정부 차원의 정보를 어느 정도 보완하는 내용을 가진다.

6 일제시대에 각 도는 〈도세일반(道勢一斑)〉의 표제로 연차 행정통계보고를 발간하고 있었다. 해방 후에도 그 발간을 계승했다고 생각된다.

7 현존이 확인된 1950년대의 지방행정통계보고서는 아래와 같다 (국회도서관, 국립중앙도서관 소장). 『도세일람』:경기도(1954), 전라북도(1955), 전라남도(1955), 경상북도(1956), 경상남도(1956), 강원도(1957), 제주도(1957). 서울특별시『시세일람』:1948~60년(1949, 1951, 1957년은 결락: 미발간으로 추정됨).기타『시세일람』:인천시(1954), 수원시(1955), 마산시(1958).

이러한 자료 중에서 특히 서울특별시(이하 서울시)의 『시세일람』은 현재 가장 계통적인 형태로 이용할 수 있는 자료이다[8]. 이것은 서울시가 1982년에 시사를 편찬 했을 때에 정리해서 합본판으로 간행했던 것에 의한다. 서울시의 『시세일람』은 1948년에 창간되었는데 한국전쟁 발발 직전의 지방행정의 상황에 관한 중요한 정보를 제공한다. 전쟁에 의해 발간은 중단되었으나 1952년에 재개되었다. 이것은 한국전쟁 후 가장 이른 시기에 발간된 지방행정 보고이며 그 후에서도 계통적으로 매년의 변화를 알 수 있는 자료이다.

2. 지방자료에 기록된 1950년대의 지방 복지행정

(1) 한국전쟁 발발 이전의 복지행정의 상황

이하에서는 가장 많은 정보를 제공하는 서울시의 『시세일람』을 중심으로 그 이외의 몇 개의 지방 자료를 보조적으로 이용하면서 지치체 차원에서의 복지행정의 상황을 검토하기로 한다. 〈표 I-12〉 는 서울시의 『시세일람』에서의 복지행정에 관련된 항목의 구성 변화를 나타내고 있다. 통계 구성의 변화는 1950년대의 복지행정의 변화를 표현하고 있다.

서울시의 『시세일람』 1948년판과 50년판은 한국전쟁 이전의 복지행정의 상황을 전하는 자료로서 대단히 귀중하다. 거기서는 복지행정에 관련한 통계는 '사회사업'이라는 항목에 수록되어서 통계표의 구성은 일제시대의 골조를 계승했다고 추측된다[9]. 그 내용에 공원公園, 운동장, 시관사市官舍 등이 포함되었다는 것은 이 시기의 지방차원의 복지행정 체제가 아직 미분화 상태에 있었던 것을 나타내고 있다. 통계표 중 구호물자(식량 · 부식물) 수급상황과 구호실적 일람표의 두 가지의 표가 주목된다. 여기서는 평상적인 '구호' 뿐만 아니라 임시적인 '응급구호'를 실시했던 것이 기록되어 있다. 평상적인 '구호'

---

8 서울시 『시세일람(1948~1960년)—시사 자료 I』(1982년).

9 통계표의 구성 내용은 일제시대의 『조선총독부통계연보』의 '사회사업'의 구성에 유사한다.

表Ⅰ-12 서울특별시 『시세일람』의 생활행정에 관한 통계 항목(1948~60년)

1948년판 「사회사업」의 항목	1950년판 「사회사업」의 항목	1951년판은 발행 없음
시영, 주택 및 시 관사	시 공사	
행려병인(行旅病人)수	행려병인수	
행려사망인수(行旅死亡人數)	행려사망인수	
공설 세탁장(公設洗濯場)	행려사망인수	
시영 채소세장(蔬菜洗場)	시영 채소세장	
시영 인보관(隣保館)	시영 인보관	
공익전당포 대부상황	공익전당포 대부상황	
공설 전당포 이용자 직업별	공설 전당포 이용자 직업별	
서울시 운동장 사용료	서울시 운동장 사용료	
경기장	경기장	
서울시 직업 소개소	서울시 직업 소개소	
서울시 직업 소개소성적율(成績率)	서울시 직업 소개소성적율	
구호 물자(식량/ 부식물) 수급 상황	구호 물자(식량/ 부식물) 수급 상황	
공원	관리공원	
	구호실적 일람표	

1952년판 「구호」의 항목	1953년판 「후생」의 항목	1954년판 「후생」의 항목
피난민 전재민 및 일반요구호대상자 상황	피난민 구호상황	피난민 구호상황
난민 총수 구별 상황	전재민(戰災民)구호 상황	전재민 구호 상황
요구호 대상자 상황	원주민(原住民)**구호 상황	원주빈민 구호 상황
현실지 구호대상자 상황	전이재민(戰罹災民) 후생주택 건축 상황	후생사업 단체 현황
우유죽 급식 상황(시내 11개소)	후생사업 단체 현황	후생시설상황
시내 보육원분포 상황*		재건주택건축상황
구호물자배급상황표		
행려사망인 상황		
시 공사 관리상황		
공설전당포 대부상황		
주택실태조사집계표		

1955년판 「후생」의 항목	1956년판 「후생」의 항목	1958년판 「후생」의 항목
판자집 철거 및 이재민 구호실적 상황	군사원호 실적표	군사원호 실적표
난민 정착 사업 업무 실적상황	경찰원호 실적표	경찰원호 실적표
구호양곡 수급 실적상황	원주민**구호 상황	년금 급여 대상자(군경)
구호 물자 수급 상황	후생사업 단체 현황	주민**구호 상황
후생사업 단체 현황	후생시설 상황	후생사업 단체 현황
후생시설 상황	년금 급여 대상자(군경)	후생시설 상황
재건주택 및 부흥주택 건축상황		

1959년판 「후생」의 항목	1960년판 「후생」의 항목	
군사원호 실적표	구호 양곡 배포 상황	
경찰원호 실적표	군경 원호 실적 표	
년금 급여 대상자(군경)	년금 급여 대상자 현황(군경)	
주민 구호 상황(당시 배당분)	정부 융자에 의한 주택 건설 상황	
주민구호 상황(원조 단체 원조분)	주택 조사 상황	
후생시설 상황	주민 구호 상황	
시영 후생시설 상황	후생시설 상황	
	미망인 수산물 운영 실태 상황	

자료: 서울시『시세일람』각 년판(『시세일람(1948~1960년)』1982에 수록). (1)1949·1951·1957년판은 서울시(1982)에 수록되지 않고 발간되지 않았다고 추측된다. (2) * 1952년판「시내 보육원분포 상황」은 보육원 뿐만 아니라 모든 종류의 후생시설을 게재함. (3)** '원주민'은 '원주빈민'과 같은 의미로 사용된다고 추측됨.

表 I-13 건국 직후의 구호물자(식량/부식물) 수급상황 (서울시: 1948년4월~12월)

			사회사업 단체	전재학생단체	대중 식당	전재자 원호소	인보관	합계
유상	양곡	수량(kg)	516,109		122,200	40,315	160,920	839,544
		가격(원)	21,704,817		3,391,899	1,811,262	2,850,139	29,758,118
	식염	수량(봉/封)	5,903		796			6,699
	설탕	가격(원)	194,799		158,541			353,340
	부식물	수량(상/箱)	3,944	406	851	660		5,861
		가격(원)	1,942,205	329,189	302,911	369,735		2,944,039
			사회사업 단체			전재자 원호소	기타	합계
무상	양곡	수량(kg)	14,280			1,200		15,480
	부식물	수량(상/箱)	1,198				14,531	15,729

자료: 서울시『시세일람』1950년판.

表 I-14 건국 직후의 구호실적일람(서울시: 1948년말)

	세대 수	잉원 수(명)	경비(원)
공공 구호자 실인원 수	1,501세대	4,155명	13,963,480
응급 구호자 실인원 수	1,751세대	8,582명	19,418,020
세빈민(細窮民) 구료자 수 (의료제공)		2,293명 (연인원 수)	14,656,917
전재자 원호소	1948년중 수용자 수 13,567명 / 동년중 퇴소자 수 13,082명 / 동년말 현재의 재소 인원 수 2,178명		

자료: 서울시『시세일람』1950년판.

란 일제시대에서 계승한 〈조선구호령〉에 근거하는 비근로능력자이고 — 노쇠자(65세 이상), 아동(13세 미만), 임산부, '불구폐질' 등 — 구호를 요하다고 간주된 사람들에 대한

表 I-15 건국 직후의 구호 시책에 관한 통계(전국)

통계표의 제목	통계표의 내용	통계 시점
①국립 이재민 구호소	9개소의 국립 이재민 구호소(38 도선 부근의 지역에 설치된 월남 난민을 위한 임시 구호소)에서 실시된 구호소 수용자 수(성별/가족형태별), 구호상황(구호 연인원수/급식등 구호의 내용별), 시료(施療)환자수(중병·경병·기타 별)	1948년 4월~ 49년 3월
②이재민수 및 요구호자 수	지역 (서울시/9도) 별/ 현재 거주하는 부·읍·면 별 '재난민'(災難民)의 세대 수/인원 수, 지역별/ 현재 거주하는 부·읍·면 별 '재난민' 중의 구호대상자의 세대 수/인원 수	1948년 3월 말현재
③출발지별 이재민 수	지역별/ 출발지(38 이북·만주·중국·일본·기타)별 '이재민' 수(세대 수·인원 수)	1948년 3월 말현재
④응급 구호자 수	지역별/ 종류(재난빈민·토착빈민·재난 실업자·토착실업자)별 '응급 구호자'의 세대 수·인구원 수	1948년 3월 말현재
⑤구호 대상자 수	지역별/ 구호대상의 종류[노쇠자(61세 이상)·아동(13세 이하)·임산부·'불구폐질 질병상질 기타 정신 또는 신체장애자')]별/ 성별 '구호중'의 인원 수 및 '미보호'의 인원 수	1948년 3월 말현재
⑥보호시설	지역별/ 시설의 종류(아동시설·양로시설· '행려불구자시설')별 시설 수 및 수용자 수	1945~48년
⑦행려 병인行旅病人및 행려 사망자 구호	지역별/성별 시설의 있어서의 행려병인/행려사망자의 구호상황 및 수용자 수	1948년 4월~49월 1월
⑧월남 이재민의 취업자 수	지역별/ 산업별 월남 이재민의 취업상황	1947년 5월~48년 8월
⑨이재민 주택 건설 상황	지역별/ 무주택 호수·건설호수·국고보조금	1946~48년

자료: 조선은행 조사부『경제연감』(1949년)의 「사회 문화」의 항목에 수록된 통계.

'구호'를 의미하고 '공공구호'라고 불렸다. 이와 달리 근로능력이 있어도 '전재戰災'로 인한 곤궁자에게의 구호는 임시적인 조치로서 '응급구호' 또는 '임시구호'라고 불렸다. 이 경우 '전재민' 또는 '이재자'란 1945년 8월 이후 38선 이북에서 피난해 온 사람들과 중국, '만주', 일본, 기타 지역에서 한국으로 귀환 또는 피난해 온 사람들을 가리키는 호칭이었다. 〈표 I-13〉과 〈표 I-14〉에서는 특히 이북에서의 피난민의 일시적 인원수용 보호시설으로서 '전재민 원호소'가 설치된 것과 식량부족 속에서 서울시가 이러한 시설을 위해서 유상, 무상으로 식량지원을 실시하고 있었던 것이 기록되어 있다.

국가차원에서도 한국전쟁 이전의 생활지원 행정에 관한 자료, 특히 수치정보를 수반한 자료는 극히 적고 현재 『경제연감』(단기 4282년/1949년판: 조선은행 조사부)에 수록된 정보를 확인할 수 있을 뿐이다. 이 자료에 의해서 국가차원에서 제2차 세계대전에 기인한 난민적인 생활 곤궁자의 상황을 어느 정도 알 수 있다. 『경제연감』에는 〈표 I-15〉에

표 I-16 「이재민」와 「요구호자」의 상황(1948년 3월말)

1) 이재민 수 및 요구호자 수(표 I-15-②)

	세대 수	인원 수
이재민 수	607,773	2,482,364
요구호자 수	334,406	1,453,123
이재민 중의 요구호자 수의 비율 (%)	55.0	58.5

2) 출발지별 이재민 수(표 I-15-③)

	세대 수	인원 수
38 이북	111,861	456,393
만주 방면	91,233	382,348
중국 방면	19,920	78,442
일본 방면	352,429	1,407,255
기타 방면	51,730	157,920
합 계	627,173	2,482,358

3) 응급 구호자 수(표 I-15-④)

	본인	세대 수
재난빈민	-	139,057
토착빈민	-	110,663
재난 실업자	110,663	76,262
토착실업자	80,536	62,007
합 계	191,199	387,546

4) 구호 대상자 수(표 I-15-⑤)

	구호중	미구호자
노쇠자(61세 이상)	49,281	51,301
아동(13세 이하)	52,426	68,473
임산부	10,846	16,853
'불구폐질 질병상질' 기타 정신 또는 신체장애자	25,746	30,566
합 계	138,299	167,193

자료: 조선은행 조사부『경제연감』(1949년). (1)각 표의 수치는 전국수치이지만 제주도에서의 보고가 결여. (2) '응급 구호자수'에 관해서 '빈민'은 세대 단위, '실업자'는 개인 단위로 파악해서, 후자에 대해 소속하는 세대와 세대 원수를 기재한 것이라고 추측됨.

보는 바와 같이 9개의 통계가 수록된다. 〈표 I-16〉은 이러한 통계 중 주된 수치를 골라내고 나타낸 것이다. 이 통계에서는 1945년 이전의 전쟁 상황에 의해서 생활기반을 파괴된 사람들을 일괄해서 '이재민refugees'이라고 불러 그 수가 국가 전체로 약 61만세대 248만명에 달한다고 한다(1948년 3월말 시점). 이 중 '요구호자'로 인정된 수는 약 33만세대/145만명이었다. 그 밖에 '공공구호'의 대상자(비근로능력자이고 '요구호자'로 인정된 사람)의 수는 약 30만명에 이르렀다. '국립 이재민구호소'의 통계는 38선을 넘어온 피난민에 대한 구호활동의 기록이다. 이에 의하면 국가는 38선 부근의 난민 통과지점 9개소에 구호소를 설치했어 일시 수용보호, 급식, 의료제공, 목적지까지의 승차권교부 등의 구호활동을 실시했다.

이상과 같이 한국전쟁 발발 이전에 있어서 아동, 노인, 모자세대 등 '평시'의 사회가 상정한 근로능력이 없는 지원대상자 이외에도 이북에서의 피난민, 외국에서의 귀환민 등 근로능력자라도 난민적인 궁핍자들이 대량으로·존재했다는 사실에 유의해야 한다. 건국 후 2년을 지나기 전에 발발한 한국전쟁은 해방 후의 혼란을 더 한층 웃도는 규모로 사회와 생활기반의 파괴를 가져왔다. 따라서 한국전쟁 이후의 복지행정은 그 대상으로서 여러가지 다른 속성屬性을 가지는 생활 곤궁자가 복합적으로 존재한 상태에 직면하게 되었다.

(2) 휴전 직후의 복지행정의 상황

휴전협정 성립 후 서울시는 1953년 3월에『시세일람』1952년판을 발간했다. 이는 휴전 이후 복지행정의 상황에 관한 가장 이른 자료의 하나였고 전쟁 직후의 비상시의 사회분위기를 생생하게 전한다. 1951년판은 발간이 중단되었으나 53년 초에는 발간 준비작업이 시작됐다고 하니 그 무렵에는 서울시의 행정기구는 회복되었다고 상각된다.

1952년판에서는 1952년부터 53년까지 실시된 인구조사 결과가 수록되었다. 통계 결과표는 시내 지구별로 주민의 성/연령/학력/직업 등의 구성을 나타내고 있다. 이 조사에 의하면 1950년 4월 말에 약 169만3천명이었던 서울시의 인구가 53년 3월에는 75만7천명으로 감소했다. 동시에 이 조사에서는 52년 12월 시점에서 약 111만명의 서울시 출신의 피난민이 한국 각 지역에서 분산하고 거주한 상태가 파악되었다. 이것은 인구현황의 확인과 동시에 복구를 대비하여 장래의 인구동향을 예측하려는 의도가 있었다는 것을 보인다.

복지행정 통계는 '구호'라는 항목으로 수록되었고(이전에는 '사회사업') 주로 전쟁 재해민의 상황과 구호 실시상황에 관한 정보를 수록한다(후계〈표 I-18〉). 전쟁 재해민은 국가의 통계와 같이 '피난민', '전재민', '원주빈민'의 세 가지로 분류되어 각각 '요구호자수'와 구호 실시수가 기재되어 있다. '요구호자'에 관해서는 '구호양곡'이나 외국원조물자가 배포되었는데 통계는 역시 그 전원이 배포를 받을 수는 없었던 것을 나타내고 있다. 식량이나 물자의 배포 이외에 시내 11개소에 '우유죽牛乳粥 급식소'가 설치되었고 '노인', '유아', '병자'를 대상으로 "영양을 보충하기 위해서" '우유죽'이 배급되었다는 것도 알 수 있다. 또 '구호'의 항목에서는 시내의 후생厚生시설의 일람표가 게제되고 의지할 곳 없는 아동, 노인, 모자세대 등을 수용한 시설을 서울시 행정이 관리의 대상으로 했던 것을 나타낸다. 이러한 시설은 대부분 민간시설이었으며 행정은 시설에 대해서 수용 인원수에 따라 '구호양곡'이나 외국원조물자를 우선적으로 배포했다. 시설과 수용자의 수는 전쟁 직전의 1950년 6월 현재 양로원 2개소(50명), 고아원 40개소(1,400명)이었으나 53년 2월 현재 고아원 29개소(4,826명), 양로원 3개소(147명), 신체장애인 수용소 1개소(121명), 탁아소 1개소(105명)이었으며 고아 수용자가 격증한 것이 주목된다.

서울시 이외의 대도시에서도 비슷한 상태이었다는 것은 인천시의 『시세일람』 1954년판(동년 12월 발간)에 의해서도 확인할 수 있다. 인천의 경우 '사회사업'이라는 항목으로 〈표 I-17〉에 보는 구성의 통계표(통계 시점은 1953년 말)를 수록한다. 통계표는 서울시와 거의 같은 양식을 취하여 인천시의 구호행정도 서울시과 비슷한 내용이었던 것을 알 수 있다. 지방 차원의 구호행정은 국가가 지방마다 할당한 구호양곡, 외국원조물자, 부흥주택의 건설자재 등에 의존하고 있었기 때문에 그 결과 중앙주도의 경향이 강하고 시책 내용이 유사한 구조를 가지게 되었다고 추측된다. 이 보고서는 인천시도 1953년에 상세한 인구조사를 실시했던 것을 전한다. 이 조사는 일반주택과 공공시설의 피해와 그 복구상황, 동洞을 단위로 한 지역 행정기구의 상황, 사업체의 고용상황, 연령별 및 산업별의 취업구조 등을 포함한 대규모 조사이었다. 서울시나 인천시의 조사활동의 실시는 1953년 경에는 대도시를 비롯하여 전국적으로 지방자치단체의 행정기능이 회복해졌던 것을 나타내고 있다.

표 Ⅰ-17 인천시『시세 일람』(1954년판)에 수록된 구호에 관련된 통계표

통계표의 제목		통계표의 내용
구호 사업	피난민 구호상황	피난민 수, 구호 대상자, 현구호자의 세대 수 및 인원 수, '집단수용상황'으로서 수용소 수 (35개소)·수용인원 수
	전재민 구호상황	전재민·구호대상자·현구호자의 세대 수와 인원 수
	원주빈민 구호상황	구호대상자·현구호자의 세대 수와 인원 수
후생시설 일람	고아원	20시설: 주소·대표자·직원 수(성별)·수용 아동 수(성별·연령별)
	양로원	1시설: 주소·대표자·직원 수(성별)·수용 아동 수(성별·연령별)
	우유죽급식소(시영)	4시설: 주소, 종업원 수, 급식 인원 수(유아·노인·병자별)
후생주택 건설 상황		후생주택의 건설계획(도시형·농촌형)과 진척 상황
군경 원호 상황	군사 원호	원호 대상자 총수·요구호자 수·구호자 수·미구호자 수·대상 불능자 수 (세대 수/인원 수)
	경찰 원호	원호 대상자 총수·요구호자 수·구호자 수·미구호자 수·대상 불능자 수 (세대 수/인원 수)
행려병인(行旅病人) 및 행려사망인 (行旅死亡人) 취급상황		행려 사망인 수(성별), 소용경비
구호물자 배급 상황표		의류·모포·구두·목탄·분유 등, 원조물자의 종류별 입하량, 배당량, 배급량(각동·후생시설·보건시설·CAC·기타)
피난민 동태		시내의 동(82洞)별/ 인구 3구분('6·25전 원주민'·'현재 현주민'·'현재피난민') 별 인구 분포 및 동별/ 원주민·피난민별 요구호자 수

자료: 인천시『시세일람』1954년판. 통계 시점은 모두 1953년 말.

(3) 1950년대 후반의 복지행정의 상황

서울시의『시세일람』의 복지행정에 관한 통계구성은 1955년판에서 크게 변화한다. 1952~54 년판의 통계는 '피난민', '전재민', '원주빈민'의 3가지로 '요구호자'의 상태와 구호 실시에 관해서 각 년 같은 양식이었는데 1955년판에서는 '구호'관계 통계는 간략화되었어 국가에서 할당된 구호양곡과 원조물자의 배포량을 기재한 뿐이다. 한편으로 시내 7개소의 판자집 밀집지역을 대상으로 한 철거사업에 관한 통계표와 난민정착사업 (주택건설자재 500동분을 시내 11난민단체에 배당)에 관한 통계표가 새롭게 수록되게 되었다. 또한, '재건주택·부흥주택'으로서 국가로부터 서울시에 대해서 1,762호분의 건설자재를 할당되었어 1,026호가 완성했다는 기록도 게재된다. 이러한 통계표의 변화는 행정의 중심과제가 전쟁 직후의 혼란한 상황석에서의 긴급적인 대응에서 부흥을 위한 사업으로 바뀌 있던 것을 나타낸다. 또 생활 곤궁자의 구분의 변화는 이 시기에는 피난민, 원래의 거주자, 서울시를 떠났다가 돌아온 주민 등의 존재가 뒤섞이게 되었고 행정적으

로 구별하는 의미가 없어졌던 사정을 반영된다고 추측된다. 그 뿐만 아니라 이 시기에는 파괴된 생활을 재건하고 있었던 사람들이 존재한 한편 타격에서 회복할 수 없었던 사람들의 문제가 드러나고 있었다. 판자집 밀집지구의 개량 사업이 시작된 것은 거리 전체가 부흥해 나가는 속에서 남겨지고 있었던 빈곤집중지역의 열악한 생활환경이 문제시되었기 때문이다고 추측된다.

1956년판 이후 복지행정의 통계는 '후생厚生'이라는 항목 속에서 수록된다. '후생' 항목에서는 처음에 군인·경찰관 관계의 생활지원 통계를 실려 있었다. 〈표 I-12〉에 보는 바와 같이 1950년대 후반의 '후생' 항목의 기본내용은 군·경 관계의 생활지원, 일반 곤궁자에세의 '구호', 시설과 수용자 수의 추이라는 구성으로 고정되었다. 이러한 통계내용의 정형화는 정부·보사부에 있어서 복지행정의 정비가 진행되었음에 따라 그 관련 통계가 정비되어 가도록 연동하는 것이라고 추측된다.

1950년대 후반에는 한국사회는 전란에 의한 파괴와 혼란에서 점차 회복되었지만 『시세일람』에 게재된 서울시의 요구호자 인정 수와 '구호'(양곡배포)의 실적의 추이가 보이듯 생활곤궁의 실태는 개선되지 않았다. 〈표 I-18〉에 보는 바와 같이 1952~54년의 3년 간을 통해서 '요구호자'의 인정 수는 11~12만세대/약 60만명이었으며 이 중 '구호'를 받았던 사람은 7.7~7.8만명이며 거의 변화하지 않았다. 또 '요구호자'수는 50년대 후반이 되어도 전혀 감소 안 했던 것도 확인된다. '요구호자' 중 '구호'를 받았던 비율도 개선되지 않았고 반대로 축소했던 사실이 1956년판과 58년판의 통계에 나타난다.

서울시 『시세일람』에서는 어떠한 사람들을 '요구호자'로 인정했는지에 관한 정보를 제공하지 않지만, 경상남도, 제주도, 강원도 등의 자료가 당시의 지방 행정의 일반적인 '요구호'자의 인정 방법을 기록하고 있다(〈표 I-19〉). 이러한 기록에 나타난 '요구호자'의 유형과 인정요건, '구호'의 내용을 정리하면 〈표 I-20〉와 같다. '요구호자'는 '후생시설 수용자', '공공구호 대상자', '응급구호 대상자', '정착난민중의 요구호자' 라는 4종의 유형으로 파악되었다. 이미 지적한 바와 같이 구호대상은 〈조선구호령〉에 의거해서 비근로능력자 만에게 한정한 것을 원칙으로 했다. 그러나 전란에 의한 생활기반의 파괴와 극도의 식량부족 때문에 근로능력자에게도 확대해야 한 상태가 1950년대 후반에도 계속하고 있었던 상황이 지방행정 자료에서 볼 수 있다. 이것은 국가경제의 정체로 여전히 많은 근로능력자가 생활 재건하지 못했던 상황을 표하고 있다. '난민정착사업'의 대상이 된 사람들 중에도 농민으로서의 생활을 확립하지 못해서 곤궁했던 사람이 많았기 때문에 그러한 사람도 '구호'대상이 될 수 밖에 없었다. 지방행정의 통계에 나타난 '요구호자'의 네 가지 유형은 한국전쟁 직후의 긴급적, 응급적인 시책을 위해서 형성된 것이었지만 〈전시〉에서 〈평시〉로 바뀌었던 1950년대 후반에 있어서도 계승되었던 것이 확인된다.

표 Ⅰ-18 서울시 『시세일람』에 있어서의 요구호자 수와 구호상황의 추이(1952~60년)

(1) 1952년판

	남한피난민		북한피난민		전재민		현주빈민		합계	
	세대 수	인원 수	세대 수	인원 수	세대 수	인원 수	세대 수	인원 수	세대 수	인원 수
난민 수 (a)	6,039	27,140	5,574	24,296	113,601	550,211	17,084	79,554	142,298	681,201
구호대상자(b)	4,449	19,857	4,684	20,362	93,374	434,970	13,809	58,323	116,316	533,512
현구호자 수(c)	3,282	15,438	3,560	15,122	63,372	269,114	8,491	31,710	78,705	331,384
난민중의 구호대상세대의 비율 (b/a : %)	73.7		84.0		82.2		80.8		81.7	
구호대상자중의 구호실시세대의 비율(c/b : %)	73.8		76		67.9		61.5		67.7	

(2) 1953년판

	피난민		전재민		원주빈민		합계	
	세대 수	인원 수	세대 수	인원 수	세대 수	인원 수	세대 수	인원 수
난민 수(a)	14,234	62,914	118,597	578,679	20,973	130,021	153,804	771,614
구호 대상자(b)	10,936	42,310	92,562	423,283	20,973	130,021	124,471	595,614
현구호자 수(c)	8,118	35,354	57,753	246,585	11,604	38,256	77,475	320,195
난민중의 구호대상 세대의 비율 (b/a : %)	76.8		78.0		100.0		80.9	
구호대상자중의 구호실시세대의 비율 (c/b : %)	74.2		62.4		55.3		62.2	

(3) 1954년판

	피난민		전재민		원주빈민		합계	
	세대 수	인원 수	세대 수	인원 수	세대 수	인원 수	세대 수	인원 수
난민 수(a)	14,278	63,061	120,012	586,577	21,068	108,994	155,358	758,632

구호 대상자(b)	11,059	48,399	92,979	423,193	21,068	108,994	125,106	580,586
현구호자 수(c)	8,109	35,326	57,410	244,321	11,574	38,160	77,093	317,807
난민중의 구호대상 세대의 비율 (b/a : %)	77.5		77.5		100.0		80.5	
구호대상자중의 구호 실시 세대의 비율 (c/b : %)	56.8		47.8		54.9		61.6	

(4) 1955년판

	양곡수급	양곡수급
	실인원	연인원
세궁민(細窮民)	59,848	90,000
시설 수용자	기재없음	23,000
기타난민	기재없음	82,000

(5) 1956년판

	세대 수	인원 수
원주빈민 수(a)	81,989	409,996
현구호자 수(b)	11,103	59,848
빈민중의 구호 실시 세대 비율 (b/a : %)	13.5	

(6) 1958년판

	세대 수	인원 수
요구호빈민 수(a)	105,271	516,407
현구호자 수(b)	7,960	39,477
빈민중의 구호 실시 세대 비율 (b/a : %)	7.6	

(7) 1959년판

주민구호자 수*	69,349세대/ 558,854명

(8)1960년판

구호자 수*	640,255人

자료: 서울시 『시세일람』1952~1960년판. *1959년판의 '주민구호자 수', 1960년판의 '구호자수'에 관한 원표에 설명은 없지만 '요구호자 수'라고 추정됨.

표 Ⅰ-19 1950년대 후반의 지역통계에 나타난 요구호대상자의 통계

지역	구호대상의 종류	인원 수(명)
경상남도 (1956년말)	후생 보건시설 수용자	19,948
	공공구호자	375,261
	응급구호자	523,674
	정착 난민중의 요구호자	48,742
	합 계	967,625
제주도 (1957년말)	후생시설 수용자	1,325
	보건시설 수용자	30
	공공구호상자	34,278
	응급구호 대상자	7,013
	정착난민중의 요구호자	15,462
	합 계	58,108

강원도 (1956년말)	후생시설 수용자	2,367
	보건시설 수용자	604
	공공구호 대상자	85,332
	13세 이하	37,045
	65세 이상	19,349
	신체장애	8,963
	13세 이하 유아어머니	19,975
	정착난민중의 요구호자	4,376
	군경원호 대상자	69,800
	합 계	162,479

자료: 각『도세일람』.

표 Ⅰ-20 1950년대 후반의 지방행정에 나타난 '요구호자'의 일반유형

<table>
<tr><th colspan="2">요구호자의 종류</th><th colspan="2">요구호자의 자격 요건</th><th>구호의 내용</th></tr>
<tr><td rowspan="4">일반시민의 요구호자</td><td>후생시설 수용자</td><td rowspan="2">〈조선구호령〉에 근거한 구호 대상자
(아동, 노인, 장애인, 모자세대 등 비(非)근로 능력자)</td><td>무의무탁한 자로 시설에 수용된 자 (실제로 아동·유용아가 70%이상)</td><td>양곡과 원조물자의 배포
(주식의 보장 기준:1인 1일당 쌀+보리 3홉)</td></tr>
<tr><td>공공구호 대상자</td><td>생활의 장소(집)가 있는 재가생활자로 생활공급자</td><td rowspan="3">양곡과 원조물자의 배포
(양곡의 지급기준 1인 1일당 밀가루 250 g. 그러나 양곡의 종류, 지급량은 변동하고 있었음.)</td></tr>
<tr><td>응급구호 대상자</td><td rowspan="2">근로 능력자</td><td>전재 등에 의해 생활에 곤궁하는 자</td></tr>
<tr><td>정착난민중의 요구호자</td><td>난민정착사업의 대상자로활에 곤궁하는 자</td></tr>
<tr><td colspan="2">군경원호 대상자</td><td>군사원호법·경찰원호법·군경연금법의 대상자</td><td>전사자 유족·상이군인과 그 가족 등으로 생활에 곤궁하는 자 및 군경연금 수급자격 인정자</td><td>금전수당이나 연금에 의한 생활부조·의료부조·교육부조 등</td></tr>
</table>

자료:필자 작성.

3. 난민정착사업에 관한 통계

한국전쟁에 의해 국가 전체로 적어도 약 276만명에 이르는 사람들이 거주지를 떠나 난민화했다(〈표 Ⅰ-2〉참조). 300만명 가까운 전쟁난민의 생활재건 문제는 전쟁 후의 빈곤과 복지행정에 대해서 장기에 걸쳐 큰 영향을 미치게 되었다. 난민화 당했던 사람들이 그 후 어느 지역으로 옮겼어 거기서 어떤 경위로 정착했는지를 해명하는 것은 너무 어렵다. 현재 국가 전체에 관한 유효한 자료는 확인되지 않고 지방 차원에서도 단편적인 정보가 남아 있을 뿐이다. 〈표 I-21〉은 1953년에서 1958년경까지의 지방행정 자료에 기재된 피난민에 관한 기록을 정리한 것이다. 이러한 자료는 부분적이나마 피난민의 정착과정에 대한 행정의 지원시책의 실태의 일부를 전한다. 지방 자료에 의하면 전쟁피난민이 한국 각지로의 이동에는 적어도 다음과 같은 세 가지의 경로가 있었다.

첫째는 지방 행정기관이 마련한 '집단수용소'에 입소한 경우이었다. 경기도와 인천시의 자료는 1953년말 시점에서 많은 피난민이 '집단수용소'에서 생활하고 있었던 것을 기록한다. 이러한 수용소가 어떠한 상태에 있었는지 또 수용자가 어떻게 생활하고 있었는지는 분명하지 않다. 마산시의 자료는 1954년 시점에서 20동에 1,100명을 수용한 '정착난민 후생주택'을 건설한 것을 기록한다. 다만 이것이 경기도나 인천시의 '집단수용소'와 비슷한 것이었는지도 분명하지 않다. 그러나 이러한 시설이 일시적 수용시설이었다고 하면 피난민은 정주지를 찾아서 여기를 떠나야 했고 추측된다.

둘째는 국가가 실시했던 '난민정착사업'의 대상으로 지정된 토지에서 정착하려고 도모했던 경우이다. 이 사업은 1952년에 한국과 미국과의 '공동'으로 '장기 계속사업'으로서 시작되었다[10]. 이 사업에는 도시형과 농촌형의 두 가지가 있었고 후자가 중심이었다. 농촌형사업은 전쟁로 난민화된 농민의 정착을 위해 국가와 지방행정이 선정한 장소로 이주시켜서 논·밭의 개간, 염전의 개발(해변의 경우), 축산의 지원 등을 통해 영농에 의한 생활자립을 촉진시키려고 했던 사업이었다. 사업 재원에는 국가재원과 함께 외국원조가 충당되었다. 대상 세대에게는 건축자재, 농업용 자재, 비료 등이 제공되었고 당면의 생활을 위한 양곡이 지급된 경우도 있었다. 경기도와 전라남도의 자료는 이 사업의 실시 상태를 구체적으로 기록한다. 이에 따르면 정착자의 마을의 규모는 230~300호이었다. 국가 전체에서는 1954년까지 32,398세대를 이 사업으로서 정착시켰다는 기술이 있고(『사회행정개요』), 『건국10주년·보건사회행정개관』은 1957년 말까지 22,737.5정보가 개간되어 136,610세대/693,050명을 정착시켰다고 기술한다. 또 『보건사회통계연보』1959년판에서는 〈표 I-22〉와 같이 사업장의 전국적인 분포와 대상이 된 세대와 세

10 보건사회부(1958:247).

대원의 총수, 지원된 양곡, 건축자재, 농업용 자재 등의 양을 기록한다. 한편으로 도시형 정착사업의 경우 난민단체를 대상으로 토지를 지정해 건축자재를 배포해서 주택건설을 지원했다. 이 경우 생활자립을 위한 지원은 수반하지 않았다[11].

'난민정착사업'은 순조롭게 진행된 것이 아니었다는 증언도 있다(윤갑로1956:129). 그 증언에 따르면 초기 단계에서는 "너무 경홀輕忽이 하였기 때문에" 생활자립이 달성되지 않았고 "빈자집단부락을 형성하여 사회악을 조장케 된" 결과를 낳아 "실패에 귀착된"

표 Ⅰ-21 지방자료에 기재된 한국전쟁 피난민의 거주상황(1953~58년)

지역	통계년	피난민의 거주 상황
경기도	1953년말	피난민수 : 148,023세대/ 735,809명 구호 대상자수: 36,814세대/ 685,054명 현구호자수: 107,031세대/ 520,120명
		·도내 「집단수용소」 149개소에 143,918명을 수용 ·「난민정착사업」 에 의해 도내 31지구에서 3,409세대/ 20,697명이 거주 개간은 밭이 중심으로 일부 지구는 미작, 염전(鹽田) 개발. 정착은 출신지별로 배당
인청시	1953년말	피난민수: 21,877세대/ 96,624명 구호 대상자수: 19,708세대/ 88,222명 현구호자수: 15,602세대/ 60,80x인 (x은 불명)
		·시내「집단수용소」35개소에 30,642명을 수용 ·시내 82동(洞)에서 77,932명의 피난민이 거주
전라남도	1955년말	·「난민정착사업」에 의해 도내 14지구에서1,395세대/ 8,225명이 거주 개간은 밭과 수전을 중심으로 일부 염전(鹽田).
서울시	1955년말	·「난민 정착사업」에 의해 시내11지구, 11개의 난민단체에 대해 목재, 못, 시멘트 등 건축자재의 배포(합계 500동분)
수원시	1955년말	·일반난민 요구호 대상자수: 4,005세대/ 17,341명, 이 중 2,395세대, 9,382명에게 구호실시 (1956년2월중 282세대/ 794명이 구호중) ·「난민 정착사업」에 의해 시내 2지구의 「정책사업소」 113세대/ 617명이 거주
경상남도	1956년말	·도내 25지구에 정착난민의 요구호자 48,742명이 거주한다고 기록
강원도	1956년말	·도내 10지구의 정책난민 중 4,376명이 요구호자 ·복귀불능 난민정착사업계획으로서 도내 11지구의 2,896세대/ 15,696명을 대상으로 할 계획
제주도	1957년말	·「난민정착사업」에 의해 1955년도 주택300호(300세대/ 1,256명), 1956년도 630호 (630세대/ 3,280명) 를 건설 ·정착난민중 15,462명이 요구호대상자
마산시	1958년말	·시내에 「정착난민수용소」1개소의 존재를 기록(1954년건설/ 수용능력 20동 1,100명)

자료: 각 『도세일람』, 『시세일람』.

11 서울시의 난민정착사업의 사례가 송무섭(1959:333)에 소개되고 있다.

사업이 많았다고 한다. '난민정착사업'은 1960년대 초까지 계속 되었어 1961~63년 간에 "전국 50여개 지역에서 난민 8,805천명이 영농정착할 수 있도록 각종 영농물자 지원"을 했다는 기록도 있지만[12] 자세한 내용은 분명하지 않다.

셋째는 행정 시책과 관련없이 피난민이 일반주민 사이에 섞여 갔던 경우이며 가장 많았던 사례이었다고 추측되지만 통계적인 기록으로서 확인할 수 없다. 인천시가 1953년에 실시한 인구조사는 난민의 유입 상태를 전한다. 인구조사에서는 인천시를 구성한 82의 동洞 마다 원래의 주민과 유입한 피난민을 구별하고 파악하고 있다. 그 조사에 따르면 인천시의 인구 총수 266,914명 중 원래의 주민수는 188,982명(70.8%), 피난민수는 77,932명(29.2%)이었다[13]. 피난민은 82개의 모든 동에 분포하고 있었다. 원래의 주민이 다수파를 차지한 동이 많았지만 피난민이 많은 동도 있었고 양자의 수가 길항한 동도 존재했다. 서울시, 인천시나 경기도는 특히 피난민의 수가 많았던 지역이었으며 이러한 지역에서는 전쟁 이전에 비해 인구 구성과 지역 사회의 양상은 크게 변화했다고 추측된다.

표 I-22 난민정책사업의 전국상황(1959년)

	사업장수				세대수	세대원수
	개간	염전(鹽田)	기타	합계		
서울시	18	-	-	18	900	4,500
경기도	92	20	3	115	11,105	63,588
강원도	59	-	-	59	2,190	10,965
충청북도	98	5	2	105	9,214	57,386
충청남도	88	-	-	88	10,674	58,709
전라북도	-	-	-	-	-	-
전라남도	272	-	-	272	4,983	25,728
경상북도	8	-	1	9	1,030	5,150
경상남도	20	-	-	20	835	4,238
제주도	12	-	-	12	287	1,428
합계	667	25	6	698	41,218	231,692

자료: 『보건사회통계연보』1959년판. 전라북도는 보고 결여.

12 보건사회부(1975:245). '8,805천명'이라는 수치는 '885천명'의 잘못이라고 생각된다.

13 이 피난민수는 '피난민 구호사업'의 항목에 기록된 피난민의 수 96,624명하고 일치 안 한다.

서울시와 같은 도시 지역에서는 피난민이나 전재민은 판자집, 토굴土窟집, 천막집 등을 짓고 생활한 경우가 많았고 그러한 주택이 밀집한 지역('빈민굴')이 태어나고 있었다[14]. 서울시의 1955년의 자료는 행정이 그러한 지역의 개량에 착수해서 주거의 개량을 위한 건축자재의 지원과 재건축 기간 중의 양곡 지급을 실시했던 것을 기록한다. 이 기록에 따르면 동대문구(2개소), 성동구(2개소), 서대문구(2개소), 용산구(1개소)의 7개 지구에서 2,600세대/12,574명이 주택개량 사업의 대상이 되었다. 1950년대 말에서도 이러한 불량주택의 밀집지구는 대규모로 존재했던 것이 확인된다. 송무섭(1959:335)에 의하면 1958년 11월 현재 서울시에는 '토굴집' 1,961호(2,113세대/10,484명), '천막집' 10,129호(11,346세대/54,667명), '판자집' 26,120호(18,930세대/80,740명)가 존재하고 있었다. 불량주택 개량사업의 대상은 '철거 이재민'이라고 불리고 사업은 매년 계속되었다. 대상 세대 수는 1955년 2,151세대[15], 56년 1,433세대, 57년 1,491세대, 58년 1,707세대이었다. 피난민이 재정착할 때 출신지별로 행동했던 사례가 많았던 것이 몇개의 기록에 나타나고 있다. 서울시의 보고는 행정이 이러한 집단을 한 단위로서 지원을 실시했던 것을 기록한다. 피난민이 출신지 이외의 요인으로 집단을 형성한 경우도 있었다. 예를 들면 서울시가 1955년에 500동분의 피난민을 위한 주택건설을 지원했을 때 지원을 받은 11개의 난민단체에는 '북한애국투사유족회', '서울난민갱생회', '평화농원', '서울성노원', '대한피난민회' 등이 있었다.

수백만에 달했던 전재민이나 피난민들이 새로운 곳에서 생활을 재건해 나가기에는 긴 세월을 필요로 했다고 생각된다. 1950년대 후반부터 60년대 초의 시기에는 한국경제는 정체한 채 농업 생산력도 상승하지 않았고 극도의 식량부족 상태가 계속 되어 있었다. 빈곤의 모습은 전쟁 직후의 유동적이고 불안정한 상태에서 점차 각 도시나 농촌의 하층에 침전해 나가는 양상으로 변했지만, 이 시기의 한국사회는 여전히 도시와 농촌을 불문하고 "절망과 기아선상에 허덕이는 민생고"(5.16 군사공약)라고 표현되었듯 전반적인 빈곤으로 덮어져 있었다.

---

14 이러한 지역은 1960년대~80년대에도 남아 있었다.

15 두개의 자료 간에 1955년도의 수치가 일치하지 않은 이유는 불상.

4. 전시戰時에서 평시平時로의 전환

1958년에 간행된 『보건사회행정개관』은 1954년경부터 '전시'의 "응급구호"에서 "항구적인 구호대책"으로 바꾸려는 시도가 시작되었다고 기술한다. 1950년대 후반에 있어서의 구호대상의 유형화類型化와 구호시책의 정리는 이러한 정책 전환에 대응하고 있었다고 추측된다. 복지정책에 있어서의 '전시'에서 '평시'로의 이행에 관해서 1956년에 경기도 사회과장이 집필한 "구호행정의 전환기"라는 논고(윤갑로 1956)가 주목된다. 이 필자는 1951년부터 54년까지의 기간을 '전시 구호기' 라고 불러 이후 구호행정은 '전환기'에 들어갔다고 지적한다. 논고는

> "(전란에 의해서 : 인용자) 강산은 여지없이 황폐되고 재물은 회신灰燼되었으며 피난민은 생사기로에서 헤매일 때", "위기를 극복"할 수 있었던 것은 "자유우방제국"의 "거대한 원조"의 덕분이었다고 평가한다. 또한 '전시'에 있어서는 "응급적 조치에 광분되었고", "냉엄히 사세를 판단하여 규모있게 하여볼 시간적 여유가 없었다" 그러나 "시간이 흐름을 따라 점차 구호 대상자에 대한 검토와 물자 분급의 합리화등등 사무적 질서가 확립되어왔고 더욱이 휴전 이후 분명히 구호행정의 전환기가 도래한 것이다" , 동시에 "완전히 전시를 불식한 것은 아니"고 "난민도 도서島嶼에 도시에 농촌에서 수많은 사람이 생활 안정의 기틀을 잡지 못하고 있으며 수복 지구 복귀민도 전일의 생활상태로 복원되려면은 아직도 구호가 필요한 것이요 일반적 전재 복구도 완전치 못한 형편등으로 보아서 평시의 과정기일 진댄 평시는 아닌 것이다"(p.127) 고도 한다.

여기에는 1950년대 말이 되어도 전쟁의 타격으로부터 회복되지 않고 요구호자가 대량으로 존재하고 있었고 복지행정도 '평시'로 이행하려고 의도해도 전환은 용이하게 진전하지 못했던 상황이 그려져 있다.

논고의 필자는 이러한 '평시에의 과도기'에 있었던 구호행정이 당면한 과제를 열거하고 대처책을 제안하려고 했다(pp.128-30). 첫째로 전시와 전쟁 직후에 있어서는 외국의 "거대한 원조"가 "위기를 극복한데' 도움이 되었다고 해도 "국민은 은연중隱然中 의존

심을 가지게 되어 자활의 의욕을 오히려 저지되었다"라는 면이 있었고 "몰자각한 국민 중에는 구호 물자라면 의당宜當히 평등히 수배된다는 오인"하는 사람도 생겼다라는 문제가 지적되었다. 이 문제에 대해서는 "자율적 구호행정"을 건설하는 것이 중요하고 구체적으로는 "자립·자활의 정신을 고양시키"는 것, 행정기관도 중앙차원와 지방차원 모두가 "자율적으로" 사업을 전개해야 하는 것, 공적인 구호에게만 맡기는 것이 아니라 "지방 인사"도 각 지역의 구호 대상자에게 "상호부조"의 활동을 전개해야 한 것, 그리고 난민자신들도 "난민대로의 공동적인 활약이 필요로 하고 … 난민 집단체는 그 자체가 공존 공생한 방안을 연구하여 자립적인 활동이 요청되는 것" 등이 제언되었다.

둘째로 "구호 객체의 재검토"가 제언되고 구호대상의 정확한 파악과 필요성에 대응한 유효한 구호수단을 채택해야 한다는 것이 주장된다. 우선 "일반적 난민과 공공구호 대상자를 정확히 조사 파악하여 누구漏救, 난구亂救가 없이 구호의 적정을 기할것", 아동 시설은 수용 아동 수가 엄격히 파악되지 않아 양곡 지급이 증가한 현상이 있고 수용자 파악 관리를 강화해야 한다는 것 등이 제언된다. '전시'에서는 "요구호자의 이동이 빈번하였기" 때문에 대상의 파악이 어려웠지만 난민도 점차 지역에 정착하게 되고 "지방마다 실태를 파악하기"가 가능하게 되었다고 지적한다. 또한, 구호 시책에서 근로능력이 있는 곤궁자에 대한 시책이 강하게 제안된다. 난민대책에 관해서 '난민정착사업'이 중심이 되지만 초기에는 장기적 구상을 가지지 않았기 때문에 "실패"가 많았고 "빈자집단부락"을 형성한 경우도 있었다고 비판한다. 따라서 '난민 구호'라는 면에게만 한정하지 않고 '문화 농촌 건설'이나 '산업 개량', '국토 확장' 등 지역개발의 구상을 갖추는 사업으로 이행해야 한다고 제언된다. '절량농가' 대책에 관해서도 구호행정에서 독립한 대책을 채택해야 하는 것이 주장된다. 전체적으로 논고의 필자는 이러한 문제점은 "외국원조에 전면적으로 위임해 왔"던 것으로부터 생긴 "오늘의 타성적惰性的 폐단弊端"이다고 평가해서 '평시'로의 전환에 있어서는 "응급, 산만, 의존에서 항구, 집주, 자립으로서 각도를 새로이 하게", "자율적 구호행정"을 확립해야 한다고 주장한다.

1950년대 말의 시점에서 지방 복지행정의 제일선에 있었던 담당자가 지적했던 과제에 대해서 그 후의 복지행정은 적확하게 대응했다고는 말할 수 없다. 국가는 상술의 『보건사회행정개관』(1958년)에 보는 바와 같이 '평시'로의 이행의 필요성을 인식하고 있었다. 이에 대응해서 지방 차원에서도 복지행정의 재편성을 도모하려고 했던 것을 확인할 수 있다. 예를 들면 서울특별시 사회국장이었던 송무섭이 소개한 1959년 당시의 '사회 구호행정'의 골조는 과도기적인 지방차원의 사회행정의 모습을 표현하고 있다(〈표 Ⅰ-23〉:송무섭 1959). 서울시의 사회행정의 상황은 중앙행정에 있어서의 정책 골조(표 Ⅰ-10)와 유사하고 중앙차원과 지방차원의 행정이 밀접에 대응하고 있었던 것을 확인된

표 Ⅰ-23 서울특별시의 '사회구호행정'(1959년)

사업명칭		사업내용
가족사회 구호	난민구호	"불구, 폐질, 고아" 등 〈절대적 대상〉인 구호대상 뿐만 아니라, 근로능력이 있어도 "생활불안이란 후천적 이유에 의한 〈상대적 곤궁〉"도 대상으로 함. 구호내용은 구호양곡과 외국원조물자의 배포.
	도시형 난민정착 사업	외국원조에 의해 난민집단에 대해 주택건설을 위한 자재를 지급. 1957년도 실적은 18 단체 2,810호, 시 직영 사업으로서 1,017호를 건설.
	철거 이재민의 구호	"무질서한 무허가 건축물" 밀집지구를 도시계획을 위해서 철거시키는데서 철거대상 세대에 대해, 목재, 시멘트 등 건설자재와 구호양곡을 지급. 1955~58년간에 6,782세대가 대상이 됨.
	후생시설 운영	외국민간원조단체의 원조에 의해 운영되는 후생시설의 수용자에 대해 국고보조에 의해 구호양곡과 수용 구호비 1 일당 30환(圜)*을 지급.
	군경 원호 사업	국가의 예산과 규정에 의해 군경원호 사업을 실시.
	순국처열유족 부조비 지급	순국처열유족에 대해 생활부조비를 지급. 1958년도 57세대.
경제적사회 구호	주택사업	전재에 의한 주택부흥 사업. 1955~59년간에 공적 지원에 의해 6,911호를 건설 (서울시 건설 800호, 난민정착사업 2,271호, 기타 210호, 주택영단 3,530호).
	실업구제	실업자의 고용을 촉진하기 위해 직업소개소, 직업보도소, 실업자 수산장 등을 설치.
	근로자 합숙소	주거가 없는 근로자에 무료의 숙소와 실비의 급식을 제공. 1958년의 실적은 총계 34,343명이 이용.
	공익 전당포의 운용과 서민금융	공익 전당포 4개소의 운영과 저리 금융을 실시.
의료사회구호	보건위생 사업전	식품위생, 해충·쥐 구제, 전염병 방지를 위한 위생 사업.
	구료사업	7개소의 시민병원에서 폐결핵 환자, 고아 환자, 행려 병자, 무의무탁한 환자, 마약 중독자를 수용해서 무료 내지 실비 치료를 실시.
부녀보호 사업	보호 사업	"전재 미망인", "불량 소녀"를 1958년 현재 15시설에 416세대, 1,631명을 수용보호.
	전쟁 미망인 직업보도	"전재 미망인"을대상으로 각 구에 1개소의 수산장(授産場)을 설치해 직업 훈련을 실시.
	전도 사업	"문맹 퇴치"사업, 교양계몽을 위한 강습, 생활개선 지도 사업 등.
수해피재민구호		1958년에 발생한 대규모 풍수해의 이재민의 구원 사업.

자료: 송무섭(1959:331-7). * '환'(圜)은 1953~62년까지의 통화단위.

다. 송무섭의 보고는 행정의 '평시'로의 이행의 필요성을 의식하면서도 '전시' 행정의 성격을 여전히 남기고 있었던 과도기적인 양상을 표현하고 있다. 우선 '난민구호'에 있어서는 근로능력이 있는 생활 곤궁자에 대해서도 대량의 구호양곡을 배포하지 않을 수 없었던 상황이 계속 되고 있었다. 더구나 이러한 양곡 배포는 양적으로 항상 변동하고 있었고 안정한 정책이 아니었다. 〈표 I-24〉에 보는 바와 같이 1956~58년에 있어서의 요구호자 수와 배포 양곡의 양은 해마다 크게 변동하고 있었다. 또한, '난민정착사업'이나 불량주택 밀집지구의 개량사업('철거 이재민의 구호' 사업)이 계속했던 사실은 전쟁의 영향을 아직도 극복되지 못했던 상태를 나타내고 있었다. 도시의 재건과 주택부흥이 뒤떨어지고 있었던 것이 '판자집', '천막집', '토굴집' 등이 여전히 대량으로 존재했던 사실에도 나타내지고 있었다. 전쟁고아나 기아를 수용한 시설은 거의 모두가 외국원조에 의한 시설운영에 의존하고 있었다. 시설은 부족하고 초과 수용했던 시설이 많았고 시설의 재정기반은 약했고 경영은 불안정했다라는 문제도 있었다. 동시에 송무섭이 소개한 서울시의 '사회 구호행정'에서는 '구호' 분야 뿐만 아니라 주택대책, 실업자대책, 의료·위생대책, 여성대책 등 보다 넓은 범위의 분야에 정책 시야를 확대하여(〈표1-23〉) '평시' 행정으로 이행하려는 발상을 볼 수 있지만 실제로 실시된 시책내용은 구호양곡의 배포, 난민정착사업, 주택부흥 사업, 전쟁고아나 '전쟁미망인' 대책 등에 한정되었고 실질적으로 '전시 구호행정'에서 벗어난 것이 아니었다. 이러한 상황은 1960년대에 들어서 군사쿠데타정권 하에서의 중심적인 개혁과제의 하나가 되었다.

표 I-24 서울시에 있어서의 구호양곡의 배포상황(1956~58년)

	요구호 대상자(명)	구호양곡 배포상황(kg)
1956	59,848	3,571,687
1957	511,776	2,499,036
1958	264,283	3,261,150

자료: 송무섭(1959:333).

맺음말 – 1950년대의 행정통계자료가 전하는 국민생활에 관한 정보

1. 휴전 후의 복지행정이 직면한 상황

건국기부터 한국전쟁 직후의 국민생활과 복지정책에 관한 자료는 단편적으로 밖에 존재하지 않는다. 그러나 단편적인 자료를 합쳐 검토해 보면 복지정책의 큰 흐름을 파악할 수 있다. 한국전쟁 휴전 후의 복지행정은 '평시平時'상태가 아니라 '비상시非常時'상태에 직면하고 있었다. 전쟁에 의해서 인구의 절반 가까운 약 1천만명의 사람들이 생활기반을 파괴되었고 전쟁후의 혼란 속에서 생활을 재건해 나가야 한 상태에 놓여져 있었다. 그러한 사회적인 유동과 곤궁사태는 벌써 한국전쟁 이전에서 있었던 것에 주의해야 한다. 1948년의 건국당시 한국에서는 일본, 중국, '만주' 등에서의 귀환자와 38선 이북에서의 피난민 등 '이재민' 약 250만명으로 가득 차고 있었다. 한국전쟁은 그 위에 더 1천만명 이상의 사람들의 생활기반을 파괴했다. 이 두 번의 대규모 생활파괴에서의 복구는 여간 간단한 일이 아니었다. 1950년대 이후 70년대에 이르기까지 '영세민'이라고 불린 수백만의 생활곤궁자가 계속 존재했으며 그 원인에는 식민지지배의 부정적인 유산, 경제의 침체, 그리고 두 번에 걸친 대규모 생활파괴라는 요인이 겹치고 있었다.

휴전 전후의 복지행정은 피난민이나 전재민에 대한 '구호의료'의 제공, '구호양곡'과 원조물자의 배포, 피난민의 전국 각지에의 유도와 정착사업 등 '비상시'사태에 대한 대응에 쫓겨 있었다. 이 시기의 행정은 구호대상을 '피난민', '전재민', '원주빈민'이라는 3가지 범주로 파악했다. 이러한 파악방법은 '평시'에서 상정한 생활곤궁자와 전쟁에 의해서 만들어진 '비상시'의 구호대상이 뒤섞여서 존재하고 있었던 것을 나타내고 있다. '평시'에서 상정한 구호 대상은 노인, 장애인, 모자세대 등 비근로능력자로 일제시대로부터 계승된 〈조선구호령〉의 대상자를 의미했다. 그러나 두 번에 걸친 동란이 가져왔던 생활 파괴는 너무 심각했기 때문에 행정은 피난민, 전재민 기타 생활 기반을 빼앗겨 유동적인 상태에 빠졌던 사람들에게도 구호양곡과 외국원조물자의 배포를 하지 않을 수 없었다. 동시에 국가는 긴급적인 구호와 병행해서 유동적인 난민을 정착시키기 위한 시책을 시작했다. 이러한 '비상시'적인 시책의 실시에 있어서 그 재원을 미국을 비롯한 '자유우방제국'에서의 원조에 의존했던 것에도 주의해야 한다. 시간의 경과에 따라 전쟁 직후의 '비상시' 상황은 점차 수습되어 갔다. 휴전협정이 성립한 1953년에는 행정은 중앙에서도 지방에서도 전쟁종결 후에 인구·경제·사회 상태의 조사를 개시했던 것은 전후 사회의 재건과 부흥 과정이 시작되었던 것을 나타내고 있었다. 사회복지의 분야에 있어서도 '비상시'부터 '평시'로의 이행이 시작되었다. 그러나 전환이 순조로이 진전하지 않았던 것은 1950년대 후반의 많은 자료가 전해 주고 있다.

2. 1950년대 후반의 국민생활과 사회복지행정

1950년대 후반에 들어 전쟁 직후의 '비상시'상황에 대응해서 긴급적인 시책이 착잡한 형태로 전개된 초기 사회복지행정을 '평시'적인 체제로 전환시키려는 시도가 나타났다. 이러한 변화는 1954, 55년경까지에 전란 직후의 유동 상황이 점차 수습되어서 사회부흥이 진전하고 있었던 상황에 대응했다[16]. 특히 1955년 이후 '구호'를 '공공구호'(비근로능력자) 와 '응급구호' 나 '임시구호'(근로능력자)라는 두 가지 범주로 구별하게 된 것이 주목된다. 여기서는 구호에 있어서 전쟁피해라는 요인을 특별시하지 않게 되었고 근로능력자에게의 구호를 제한 혹은 중지하려고 하는 발상이 나타나고 있었다.

그렇지만 전란에 의한 생산 인프라의 파괴, 경제의 정체, 그리고 냉전하의 군사적 긴장, 정치적인 혼란 등의 요인이 겹쳐 경제와 사회의 재건은 순조롭게 진행하지 않았다. 따라서 1950년대부터 60년대까지 근로능력이 있어도 생활을 확립 못 한 곤궁자가 수백만명의 규모로 존재한 상황이 계속 되었다. 1950년대 후반에는 유동적인 난민의 문제는 수습되었지만 각 지역사회에서 그 하층에 침전하면서 정착하는 빈곤의 문제가 드러나게 되었다. 행정은 근로능력자에 대한 구호는 바람직하지 않다고 생각하면서도

16 전술의 보건사회부(1958)는 1954년에 '구호대책'의 재검토를 실시했던 것을 기록한다.

'응급' 또는 '임시'라는 명칭으로 식량지원을 계속하지 않을 수 없었다.

1950년대 후반에는 복지정책은 어느 정도까지 정리되었지만 여전히 전쟁 직후의 착종한 정책이 존속되어 있었고 '평시'체제의 복지정책으로 복귀할 수 없었다. 특히 문제는 근로능력자에 대한 구호가 다양한 형태로 계속되어 있는 것이었다. 이러한 '전시'에서 '평시'로의 과도기에 있었던 복지정책의 실태는 단편적인 지방행정 통계의 분석에서도 어느 정도 해명할 수 있다. 1960년대 초에 군사정권이 개혁 대상으로서 문제시한 1950년대에서 이어진 복지정책 즉 '구호행정'의 구조와 특징은 이하와 같이 정리할 수 있다.

① 군인·경찰관의 유족과 상이 군경에 대한 생활지원('원호행정')은 일반 시민에 대한 '구호'와는 다른 기준에 의한 취급을 받았고 특별한 입법과 제도가 마련되었다. 지원 내용은 연금제도와 곤궁자에게 대한 금전수당으로 의한 생활부조를 중심으로 하고 교육, 의료, 생업지원 등을 포함한 체계적인 지원을 수반했다. 이 분야는 일반 '구호'에서 떨러져소 따로 운용되었고 성역적聖域的인 성격을 띠어 복지행정 전체와의 관계 혹은 격차가 문제가 된 것은 없었다.

② 일반 '구호'에 있어서는 아동, 노인, 장애인, 모자세대 등 비근로능력자에 대한 구호가 우선되었다. 그것은 일제시대부터 계승한 〈조선구호령〉의 원칙에 의한 것이었으며 헌법에서도 규정된 원칙이었다. 비근로능력자 중 의지할 곳 없는 시설 수용자가 우선적인 취급을 받았다. 한국전쟁 이후 가장 긴급적인 사회적 과제로 된 것은 전쟁고아, 기아, 모자 세대 등 사는 집이 없는 사람들의 문제이었다. 이러한 사람들에게 생활하는 곳을 제공한 주체는 국가가 아니라 외국민간원조단체가 의지한 민간시설이었다. 국가가 실시했던 시책은 대상자를 민간시설에 수용 알선한 것, 시설 수용자에 대해서 주식양곡(쌀·보리)을 지급한 것에 지나지 않았다. 국가는 시설의 설립인가에 관해서 어느 정도 권한을 가졌지만 시설의 난립, 정원 초과 수용, 취약한 운영기반, 설비의 미비 등의 문제점에 대해서 유효한 대책을 실시하지 못하고 있었다.

③ 재가의 아동, 노인, 모자 세대 등 비근로능력자이고 곤궁한 사람에 대해서 소맥분이 지급되었다. '구호양곡'의 부족을 위해서 요구호자로 인정되었다고 해도 받을 수 없는 사람도 많고 지급량도 크게 변동하고 있었다.

④ 전쟁시 이후 헌법과 〈조선구호령〉의 규정에 불구하고 구호의 범위는 전쟁 난민, 전재민, 자연재해의 이재자, '절량 농민' 등 근로능력이 있는 생활 곤궁자에게도 확대되어 소맥분이 지급되었다. 이 경우 다양한 사업 방식이 존재하고 있어 전쟁 후의 생활 재건 지원과 관련된 사업이 많았다. 특히 중심적인 사업은 '난민정착사업'이 농민의 재정착 지원, 주택건설 지원의 과정에서 양곡이 지급되었다.

⑤ 구호대상을 비근로능력자로 한정해야 한다는 원칙은 항상 강하게 의식되어 있었고 근로능력자에 대한 구호를 제한하려고도 시도되었다. 실제 1954년에서 요구호자로 인정된 근로능력자의 수는 크게 억제되었다. 그렇지만 현실에는 1950년대 말에도 생활을 재건하지 못한 근로능력자가 많았어 구호를 대폭으로 삭감할 수 없는 상태가 계속 되었다. 이 경우 '응급구호' 또는 '임시구호'라는 표현이 쓰이고 있었던 것은 행정이 근로능력자에 대한 구호를 바람직하지 않다고 생각했던 것을 나타내고 있다.

⑥ 전쟁시 이후 구호는 안정한 지원책이 아니고 오히려 불안정한 시책이었다. 농업생산의 침체때문에 국가가 확보할 수 있었던 '구호양곡'은 항상 부족했고 해마다 크게 변동했다. 배포된 인원 수와 1인당의 수급량도 크게 변동하고 있어 요구호자로 인정된 사람도 배포를 받을 수 없었던 사람도 많았다. 그러한 사태는 50년대 후반부터 60년대까지 계속 되었던 것이 많은 기록에 의해 확인된다.

⑦ '구호양곡', 건축자재, 원조물자 등 구호를 위한 자원은 중앙에서 일원적으로 관리되어, 지방에 배포되는 방식이었기 때문에 '구호행정'은 중앙 주도적 성격이 강하고 지방자치단체 차원으로 독자적인 정책이 전개된 사례는 거의 볼 수 없었다.

⑧ 당시의 국가재정 상황에 있어서는 구호를 위한 자원이 극도로 부족했기 때문에 외국원조에 크게 의존할 밖에 없었다. 외국원조단체는 생활물자의 배포와 복지시설의 설립과 운영에 있어서 중심적인 역할을 맡고 있었다. 1950년대 후반이 되면 행정은 외국원조 의존의 부정적인 측면에 주목해서 '자율적 구호행정'으로 전환할 필요가 있다라는 인식을 가지게 되었다. 그러나 실제로 그러한 시도는 거의 진행되지 않았다.

참고문헌

한국정부 관련 자료

(정부계 연구기관의 자료를 포함) —거의 간행년의 순 —

조선은행 조사부 1949, 『경제연감』(단기4282년판: 한국정부 제공자료를 수록)

홍보처 통계국 1952, 『대한민국통계연감』

보건부 1952, 『보건통계연보』1952년판

사회부 1954, 『사회행정개요』1954년판

보건사회부 1958, 『건국10주년·보건사회행정개관』

— 1955(1954년판)~ , 『보건사회통계연보』(1955/56/75년판은 발행않암)

— (제4차경제개발5개년계획·사회보장 실무계획반) 1975, 『공공부조사업 계획 1차시안』

농림부 양정국 1964, 『양곡통계연보』

—『농림통계연보·양곡편』1960년대의 각년판

원호처 1974, 『원호10년사』

지방자치단체 관련 자료

강원도 『도세일람』1957년판(1956년말 현재)

경기도 『도세일람』1954년판(1953년 12월말 현재)

경상남도 『도세일람』1956년판(1956년말 현재)

경상북도 『도세일람』1956년(1955년말 현재)

마산시 『시세일람』1958년판(1958년말 현재)

서울특별시 『시세일람』1948~60년판,(1949/1951/1957년은 미간행이라고 추측됨) (서울특별시 『시세일람(1)—시사자료 I —』1982년에 수록)

수원시 『시세일람』1955년판(1955년말 현재)

인천시 『시세일람』1954년판(1953년말 현재)

전라남도 『도세일람』1955년판(1955년말 현재)

전라북도 『도세일람』1955년판(1954년말 현재)

제주도 『도세일람』1957년판(1957년말 현재)

김학묵 1952, "구호사업의 당면목표"(『대한지방행정공제회』1952)

윤갑로(경기도 사회과장) 1956, "구호행정의 전환기"(『대한지방행정공제회』

1956)

송무섭(서울특별시 사회국장) 1959, “사회구호행정의 특이성” (『대한지방행정공제회』1959)

기타 참고문헌

구자헌 1991,『한국사회복지사(제3판)』 홍익재(초판: 1970년)

권오구 1994,『사회복지 발달사』 홍익재

김성이 2002,『사회복지의 발달과 사상』 이화여자대학교 출판부.

김흥수 2005, “한국전쟁 시기 기독교 외원단체의 구호 활동” (한국기독교역사연구소『한국기독교과 역사』23호:97-124)

박보영 2003,『미군정 구호정책의 형성 과정 연구 1945~1948』(고려대학교·학위 논문)

손준규 1983,『사회보장·사회개발론』 집문당

신상준 1994, “주한 미군정청의 해외귀환 동포와 월남민에 대한 구호행정”(한국복지행정학회『복지행정논총』4집,1994년12월:5-40)

신재명/노무지 2005,『사회복지발달사』 청목출판사

안상훈 외 2005,『한국근대의 사회복지』(서울대학교 한국학 연구총서13:서울대학교출판부).

양재진외 2008,『한국의 복지정책 결정과정 -역사와 자료』(사회복지학총서 84) 나남

이영환 1989,『미군정기 전재민 구호정책의 성격연구』(서울대학교학위논문)

최천송 1991,『한국사회보장연구사』 한국사회보장문제연구소

하상락(편) 1989,『한국사회복지사론』 박영사

자료연구 II

보건사회부 『보건사회통계연보』

(1954년판~1974년판)

머리말

1950년대 후반부터 70년대 중반까지의 복지행정을 분석하려고 하는 경우『보건사회통계연보』(이하『보사연보』)가 가장 기본적인 자료의 하나인 것은 말할 것 없다. 이 연보는 보건·위생·의료·사회 행정을 소관한 〈보건사회부〉(이하 보사부)가 발행했던 연차 행정 통계보고이고 동부가 창설된 1955년에 창간되었다(1954년도판). 그 후 두 번(3년도분:1955-56년판와 1975년판))의 중단과 제목의 변경이 있었지만 현재까지 계속해서 발간되어 왔다. 내용은 보사부가 소관한 행정 실적에 관한 통계가 중심이며 또 행정의 기초가 된 실태조사의 결과 통계가 수록된 경우도 많다. 보사부는 1981년까지 년차 행정백서를 발행하지 않았으며[1] 1950년대 후반부터 70년대의 시기에 복지행정의 실태를 전한 자료는 극히 적기 때문에 수량적인 정보를 계통적으로 기록한 이 연보는 귀중하다.

그렇지만 현재까지의 연구에서『보사연보』는 정보원으로서 거의 활용되지 않았다. 그 주된 이유는 수록된 통계 수치의 신뢰성에 중대한 문제가 있기 때문이라고 생각된다. 그 한편 이 연보에 게제된 통계 수치가 신중한 검토없이 이용되는 경우가 있다라는 문제도 있다. 예를 들면 1960년대부터 70년대의 생활보호 '수급자'수는 현대의 제도와 달리 보호대상의 '인정 수'인지 실제의 '실시수'인지 년도 등에 따라 다르고 또 '인정 수'에도 말단 지방자치단체 단계의 것인지 보사부의 예산신청 단계의 것인지 혹은 최종결정 단계의 것인지 분명하지 않다. 그 설명이 통계표에서 거의 첨부되지 않기 때문에 기재된 수치가 이들 중의 어느 것인지는 표 그대로서는 판별이 불가능하다.

---

1 보사부의 최초의 연차 행정백서는 1981년에 발행된『보건사회』이다. 그 이전에는 산발적으로 행정의 개요를 소개한 보고서가 간행되었으나 계속적인 연차보고서가 아니었다. 단독 년차의 행정 보고로서 사회부 (1954), 보사부(1958)(1969)(1971) 등이 확인된다.

이러한 문제점은 1970년대 이전에서는 행정 통계를 작성할 체제가 충분히 정비되어 있지 않았다는 사정에 기인한다. 『보사연보』에서는 행정 과정에서 작성된 내부적인 업무보고가 가공되지 않아 그대로 수록되었다고 추측되는 통계표도 많다. 그렇기 때문에 수치의 결락, 기재記載 미스, 계산 미스, 전기 미스 등이 많고, 또 미완성 단계의 것이 그대로 수록된 사례, 같은 연도의 통계 수치간에 모순이 있는 사례, 동일 제목의 통계표의 내용이 해에 따라 다른 사례 등 여러가지 문제점이 많다. 각 통계표에서 사용된 용어의 정의나 설명이 없기 때문에 통계표의 의미와 내용을 충분히 해독할 수 없는 경우도 많고 통계 용어와 그 사용 방법이 시기에 따라 변동한 경우도 있다. 특히 행정 형태가 크게 변화했을 때 이러한 혼란이 현저한 경향이 보인다. 또한 수록된 통계표의 전체 구성과 각 통계표의 내용은 해마다 변동하고 정형화되지 않다라는 문제도 있다. 이러한 상황은 창간 직후의 1950년대 후반만이 아니라 60년대에서 70년대를 통해서 이었다. 통계표의 구성이 정형적인 형태로 안정되어 수치의 신뢰성이 높아지는 것은 1980년대 후반 이후 특히 1997~98년에 실시된 통계 정비 이후이었다.

이러한 문제에도 불구하고 자료적인 가치를 부정할 수는 없다. 각 통계표의 작성 목적, 작성 경과 등의 배경을 알아서 수치의 신뢰성 수준을 신중히 검증할 수 있으면 충분히 유용한 자료로서 이용할 수 있다. 실제의 행정 과정에서 쓰여진 업무 보고가 그대로 수록된 것은 오히려 귀중한 정보를 제공하기도 한다. 예를 들면 수록된 통계표의 구성이 년도나 시기에 따라 변동한 것은 시계열의 비교 분석을 방해하는 한편 그 때 정책의 발상과 내용의 변화가 어떤 것인지 그대로 증언해 준다.

이 글에서는 초기 복지행정의 실태를 해명하기 위해 『보사연보』에서 수록된 통계표와 그 수치를 기초적인 자료로서 평가하고 그 의미를 해독할 작업을 행한다. 『보사연보』는 의료, 위생, 노동 등의 분야의 통계도 수록되지만 여기서 분석 대상으로 한 것은 복지행정에 관련한 통계에 한정한다. 그체적으로는 보사부의 원호국(1961년 사회국으로 개칭)과 부녀국(나중에 부녀아동국으로 개칭)이 소관한 분야이고 분석의 대상 시기는 1950년대부터 70년대 중반까지로 했다.

제1절 『보건사회통계연보』 통계표 구성의 시기적인 변화

1. 『보건사회통계연보』 창간과 그 후의 간행 상황

『보사연보』는 1955년에 창간되었다(1954년판). 연보의 간행은 1955년 2월의 행정개혁에 의해 보건부(1948년 설치)와 사회부(1949년에 보건부에서 분리)가 통합되어 새롭게 보건사회부가 발족했던 것에 관련한 조치이었다. 보건부는 사회부와의 재통합 이전에 소관 업무에 관한 통계를 정비하여 『보건통계연보』를 간행하고 있었다[2]. 한편 사회부는 이러한 통계 보고를 간행하고 있지 않았다. 창간된 1954년판에는 의정醫政, 방역, 약정, 사회 등 4부 구성으로 통계를 수록하지만 그 중에서 (구)사회부소관의 행정분야에 관한 통계표는 적었고 작성 도중의 미완성인 것조차 포함된다. 이 사실에서도 (구)보건부에 비해 (구)사회부의 사회행정에 관한 통계 정비는 뒤떨어져 있었던 것을 알 수 있다. 이 시기는 복지행정이 한국전쟁 직후의 긴급적, 응급적인 시책 상황에서 '평시平時'의 정책 체제로의 과도기이었다. 창간호 서문에서 담당자는 "본연보의 통계표중 각종 숫자의 질량 공히 의문되는 것도 있으나 현재 이에 대치할 자료도 없어 집계 결과를 그대로 발표하게 되였다"고 적고 있다. 보사부는 소관한 행정에 관한 년차 백서를 발행하지 않았기 때문에 이 연보에는 행정의 개요를 전한 백서적인 역할이 기대되었다고 추측된다[3].

1955년판과 56년판은 간행되지 않았으나 그 후 1955, 56, 57년의 3년 간의 통계를 종합한 1958년판이 간행되었다. 1958년판부터 통계표의 전체 구성은 보사부의 국局 구성에 대응하고 의정, 방역, 약정, 원호, 부녀, 노동의 6부별로 되어 이 구성이 1960년대 초까지 유지되었기 때문에 55년을 기점으로서 어느 정도 통계적인 수치의 변화를 계속적으로 관찰할 수 있게 되었다. 또 1958년판에서는 54년판에 비해 복지행정에 관한 통

2 현재 1952년판의 존재가 확인된다. 이 연보는 당시의 보건부의 중심적인 과제가 전쟁 이재민에 대한 구급적인 의료의 제공, 비위생 때문에 만연했던 급성 전염병의 대책, 마약 문제 등에 있었던 것을 전한다.

3 『보사연보』의 작성 담당자는 보사부 총무과의 통계담당반이었고 보사부의 각 부국이 작성한 행정통계 중 '중요'하다고 간주한 것을 선택하고 편집했다고 한다(『보사연보』의 예언).

계표는 충실되어 통계표의 혼란도 적게 되었다. 1958년 시점에서 이러한 통계 정비가 실시된 것은 휴전 후 5년이 지나서 복지행정이 전쟁에 의한 혼란에서 회복하고 있었던 것을 나타냈다. 행정기구가 정비되어 행정의 실태를 통계 수치로 표현하려는 의욕도 형성되었다고 생각된다.

2. 통계표 구성의 시기적인 변화

『보사연보』에 수록된 통계표의 구성은 고정되지 않고 해마다 변동했다. 그러나 부분적인 변화를 제외하면 통계표 구성의 변화에는 명백하게 시기적인 특징이 있다. 구체적으로는, ①1955년도~61년도: 통계표 구성에 큰 변화가 없고 안정함, ②1961년도~65년도: 통계표 구성이 안정되지 않고 통계 수치도 혼란함, ③1966년도~74년도: 새로운 통계표 구성이 등장하고 그것이 74년도까지 계속됨, ④1975년도 이후: 75년에 발간이 중단되었고 76년도에 재간되었으나 80년대 초까지는 통계표의 수는 극단히 적고 제공된 정보량도 격감함, 이라는 3시기로 구분할 수 있다. 이러한 통계표 구성의 변화는 복지행정 자체의 변화를 반영하고 있다고 생각된다. 정책에 큰 변화가 없는 기간에는 통계표 구성과 그 내용은 안정되는 한편 정책이 크게 변화했던 과도기에는 정책 변경에 수반한 통계 혼란이 생기고 그 후 새로운 행정구조의 안정화에 따라 통계가 다시 정비되어 가는 경과가 표현된다고 볼 수 있다. 예를 들면 1960년대 전반에 나타난 통계의 변동은 61년 5월에 성립한 군사정권에 의해서 실시된 '구호행정' 개혁으로 인했던 것은 말할 필요도 없다. 반대로 1970년대 후반에 『보사연보』의 정보량이 격감한 것은 분명히 '유신체제'하에서의 구호행정 그 자체의 더 한층의 후퇴를 반영한다.

이 연구에서는 『보사연보』가 제공한 통계 정보에 관해서 통계 구성의 시기적인 변화에 따라 자료의 신뢰성과 유효성을 검증하려고 한다. 검증의 대상으로 한 시기는 창간 이후 1974년도까지에 한정한다. 그 이유는 70년대 후반에는 제공된 정보량은 격감해서 자료적 가치가 저하했기 때문이다.

(1) 1950년대 후반~60년대 초

이 시기의 통계표는 〈표 II-1〉에 정리한 바와 같이 ①구호에 관한 표(구호 대상자 수 및 구호양곡의 배포 실적), ②후생厚生·복리福利시설에 관한 표(시설 수 및 수용자의 입소·퇴소 등의 관리 기록), ③외국 민간원조 단체로부터 제공된 원조물자의 종류와 양(1955~57년판), ④아동시책과 여성시책에 관한 표, ⑤주택부흥사업에 관한 표, ⑥군인·경찰관의 전쟁 희생자와 유가족에 대한 생활 지원실적에 관한 표 등 6그룹으로 구성된다. 이러한 통계표 그룹은 1950년대 후반의 복지행정의 기본적인 골조를 표현한다.

이 시기에 보사부가 담당한 복지행정으로서는, ①한국전쟁이 가져온 광범위한 생활 곤궁, 특히 심각한 식량부족에 대한 긴급적인 대처(구호양곡과 외국원조물자의 배포), ②전쟁고아, 기아, 기타 '부랑아'등에 대한 시책(보호와 시설에의 수용 알선·입양 알선 등), ③ '전쟁미망인'과 모자세대 대책(모자시설에의 수용 알선·생활 자립 지원), ④빈발하는 풍수해과 한해 등의 자연재해 이재자에 대한 대처(이재민의 구호), ⑤전란에 의해 난민화한 농업 이탈자의 재정착 지원(난민정착사업), ⑥도시의 주택 부족에의 대응(주택부흥사업), ⑦전쟁으로 사상한 군인·경찰관과 그 유가족에 대한 생활 지원('군경원호') 등, 긴급히 대응해야 한 과제가 많았다. 원호국과 부녀국이 사회생활 분야의 행정을 담당했는데 통계표에서 판단해도 이러한 과제에 대한 시책은 충분히 정리되지 않고 행정 관할이 착종한 형태로 응급적으로 전개되었던 것이라고 추측된다.

이 중 '군경원호'는 보사부가 소관한 행정이었으나 거의 독립적으로 운용되어 있었다. 한국전쟁 이래 '군경원호'의 경비는 국가 예산에 있어서 군사비에 준한 특별 취급을 받았고 휴전 후에도 원호국에 속한 6개의 과課 중 연금과·보도과·원호과의 3개 과가 전종해 담당하고 있었다. 또 '군경원호'에 관해서는 보사부만 아니고 국방부, 내무부, 체신부 등에서도 각 관할에 따라 원호 시책을 실시하고 있었다(원호처 1974:28-30). 1961년에 군사정권에 의해서 '군사원호청'(62년에 '원호처'으로 승격)이 설치되어 '군경원호' 행정은 보사부 관할에서 분리되었다. 또한, 주택 부흥 사업도 생활 행정에서 독립해서 운용되어 있었으며 1960년대 초에 보사부 행정에서 분리되었다.

이 시기의 복지행정의 중심은 구호양곡의 배포, 후생·복리시설의 관리, 보호자를 잃은 아동의 보호, 모자세대의 보호·자립지원 등이었던 것을 통계표의 구성으로 알 수 있다. 그 중에서도 핵심적인 시책은 생활 곤궁자에 대한 구호양곡(백미白米·정맥精麥·밀가루小麥粉·기타 잡곡)의 배포이었다. 이 시기에 있어서는 '생활 곤궁'이라는 먹을 것 — 주식主食 식량 — 이 없는 상태였고 그래서 '구호'라는 주식식량의 배포를 의미했다. 『보사연보』에서는 구호에 관해서 먼저 배포량에 관한 개략적인 통계표가 기재되어 있다. 배포 인원 수와 배포량은 '시설구호', '거택(居宅:재가)구호', '임시구호(응급구호)'의 3유형별로 정리되었다. 시설구호와 거택구호는 〈조선구호령〉에 규정된 비非근로능력자를 대상으로 한 것이었고 '임시구호'는 전재민, 피난민, 난민정착사업의 대상자, 그리고 자연재해의 이재민 등 근로능력자를 대상으로 한 구호이었다. 시설구호에서는 백미와 정맥이 배포되었으나 재가생활자의 경우(거택구호)와 근로능력이 있는 난민·전재민의 경우('임시구호')에 있어서는 밀가루가 배포되었다. 통계는 쌀·보리의 배포가 비교적으로 안정적으로 추이한 한편 밀가루의 배포는 변동적이었던 것을 나타내고 있다.

'후생·복리시설'(이하 복리시설)에 관한 통계표는 '시설구호'통계이다. 국가는 아동, 노인, 장애인, 모자세대 등 의지할 곳 없는 '무의무탁'한 사람들에 대한 시책을 중시했다 해도 그들에게 생활시설을 제공한 주체는 국가나 지방자치단체가 아니고 외국민간단체나 외국원조에 의지한 민간 사업자들이었다. 국가가 시설구호로서 실시한 내용은 시설에의 수용 알선과 수용자를 위해 시설을 통해서 주식용의 쌀과 보리의 지급만이었다. 수용자의 입소·퇴소의 동향에 관한 표와 수용자의 성·연령 등 속성에 관한 표가 기재되는데 이들은 양곡 지급 업무에 수반되어서 작성된 것이라고 추측된다. 이러한 통계와 함께 복리시설의 일람표가 게재되어 있다. 복리시설은 시설구호(양곡을 받다가 입소자에게 제공함)를 행하는 장소로서 국가 관리의 대상이 되었다.

외국민간단체에서의 원조 도입 상황에 관한 통계표는 구호 시책에 필요로 한 재원의 일부를 외국 원조에 의존했던 것을 나타내고 있다. 국가의 자원은 절대적으로 부족했기때문에 식량을 비롯하여 의류, 약품, 건축자재 등 다양한 종류의 외국원조는 커다란 역할을 다하고 있었다. 국가는 이러한 외국원조물자를 행정의 관리 밑에 두려고 의도했지만 1950년대 후반의 시기에 있어서는 외국원조단체측이 물자 배포에서 주도권을 잡고 있었던 것을 다른 자료에 의해서 확인할 수 있다(제1장제1절4을 참조).

표 II-1 『보건사회통계연보』의 통계표 구성① (1955~61년)

분 야		주요 통계표와 그 내용
구호양곡의 배포		정부구호양곡배포상황표 (시설내수용자/ 거택구호/ 임시구호 별 구호양곡 배포대상자수, 배포인원, 배포량의 실적)
구호우유의 배급		구호우유수급 및 급식상황표(학교/ 구호병원/ 시설/ 지역배급 등 대상별 배급실적)
자연재해 피재민 구호 (1959년판만)		'천재지변에 의한' 재해발생과 재해자 구호사업표(자연재해 피해상황과 이재민구호실적)
난민정착사업 (1955-57년판과 59년판만)		난민정착사업장 분포와 자재분배 상황표 (난민정착사업장 분포와 자재분배상황)
외국민간원조 (1955-57년판과 59년판만)		외국민간구호단체 물자도입상황(외국민간구호단체로부터의 원조물자도입상황)
복리시설	복리시설 전체상황	후생 및 복지시설분포상황표(시설종류별/지방별 시설 수)
	아동복리시설	영아, 육아, 감화(感化), 신체장애아 시설의 일람표/ 영아·육아원 수용자동태표(연간출소, 퇴소, 연말재적자수의 동향)/ 신체장애아동수용자 동태표(연간출소, 퇴소, 연말재적자수의 동향)/ 영아, 육아원수용자실태표(성별, 연령 등 속성분석)/ 감화원 수용자실태표(성별, 연령 등 속성분석)
	양로원	양로원 일람/ 양로원수용자동태표(연간출소, 퇴소, 연말재적자수의 동향)
	부녀보호시설	부녀보호시설 일람표/ 부녀보호시설수용자동태표 (연간출소, 퇴소, 연말재적자수의 동향)/ 부녀보호시설수용자실태표(성별, 연령등 속성분석)
아동시책		기아(棄兒)취급상황표 / 부랑아수용보호취급표/ 혼혈아 실태표/ 혼혈아 외국입양상황표
여성시책		미망인 실태표
주택부흥사업		주택의 상황/ 주택부흥 지원사업실태 등
군경원호		군사원호의 대상자와 원호실적/ 경찰원호 대상자와 원호실적/ 전사군경(戰死軍警)유족·부상군경을 위한 연금운영상황/ '정양원'(상이(傷痍)군인)을 위한 국영 재활·생활시설) 운영상황 등

자료: 『보건사회통계연보』 1955년판~1961년판에 의해 작성.

(1) 이 표는 1950년대 후반의 통계표의 기본구성을 나타내고 있음으로 연도에 따라 수록된 표의 수, 종류, 내용에 부분적으로 변동이 있음.

(2) 거의 모든 표는 지방별(서울특별시 + 9도) 으로 표시되어 각 지방에서의 보고수치를 중앙의 보사부가 정리한 수치로 생각됨. 지방에서의 보고가 결여하는 경우가 많기 때문에 전국수치로서 기재된 수치의 신뢰성은 낮음.

(2) 1960년대~70년대 초

1961~65년의 5년 간은 통계표의 구성과 내용이 크게 혼란한 시기이다. 혼란의 이유는 박정희 군사정권(1961-63년) 시대에서 제3공화국 초기에 실시된 복지행정 개혁으로 인한다. 그것은 한국전쟁 이래 긴급적인 필요성에 따라 실시되어 왔던 구호 시책을 체계적으로 정비하려고 한 전면적인 개혁이었다. 이 개혁이 순조로이 진전되지 않았던 것은 수년 간에 걸쳐 통계표의 형식과 내용이 변동했고 작성 도중의 미완성의 표가 그대로 수록된 사실 등에도 나타나고 있다. 혼란은 주로 생활지원행정의 중심인 구호양곡의

배포에 관련되었다. 그러나 어떤 개혁이 어떤 과정을 거쳐서 실시되었는지는 혼란한 통계 기록만으로서는 알 수 없었어 그 실마리는 『행정백서』(1962년판)와 『한국군사혁명사 1·상』(1963년) 등의 기술에서 찾을 수 있다.

이들에 의하면 1960년대 전반 복지행정 개혁의 요점은, ①근로능력이 있는 사람에 대한 양곡 배포를 가능한 한 축소시켰어 배포하는 경우는 '근로(유상:有償)구호'의 명칭으로 공공사업에의 취업을 의무화 한 것, ②한국전쟁이후 다양한 형태로 실시되어 왔던 난민구제와 정착사업 등 양곡 지급을 수반한 구제 사업을 가능한 한 정리·축소한 것, ③근로능력자와 비근로능력자에 상관없이 구호대상 인정의 수속을 엄격화시켜 인정수를 가능한 한 제한한 것, ④구호대상의 인정과 구호양곡의 배포 체계 등에 있어서 지방자치단체에 대한 중앙정부의 관리를 강화했어 운용을 더 일원화한 것, ⑤외국민간 원조단체에 대한 관리를 강화했어 원조의 도입과 그 배포에 있어서의 한국정부에 의한 관리를 강화한 것, ⑥새롭게 미국에서 받아들인 PL480호제II관(정부 베이스)에 의한 무상원조식량(소맥)에 의한 근로구호사업('자조근로사업')을 시작한 것(근로능력자에 대한 구호는 이 사업으로 통합되었다) 등이었다. 개혁은 한꺼번에 진전되지 않았고 수년을 걸쳐 시행착오를 거듭하면서 실현되었다. 개혁은 1964, 5년에 거의 완료되어 66년 이후 『보사연보』에서 수록된 통계표의 구성이 안정화했고 그 구성이 74년까지 유지되었다.

〈표 II-2〉은 1966~74년의 통계표 구성을 나타낸다. 개혁에 의해서 '군경원호' 행정, 주택부흥행정, 노동행정 등의 분야가 보사부로부터 다른 부국에 이관되어 사회 행정 관계의 통계표는 양곡배포를 중심으로 '구호행정' 분야, 복리시설 분야, 아동·여성 시책 등으로 편성되었다. 중심적인 통계표는 구호양곡의 총괄적인 배분 계획표이었으며 시설구호, 거택구호, 근로구호(자조근로사업), 자연재해 구호의 네 분야의 구호에 관해서 대상자 수와 배포양곡에 관한 통계가 수록되었다. 이러한 변화는 '구호행정' 차체의 체계화에 대응한 것이다. 외원물자 통계가 이전에 비해 정비되었고 매년의 도입량이 계통적으로 기록되게 된 것은 원조물자에 대한 정부의 관리가 강화된 것에 대응한다. 복리시설과 아동·여성 시책 통계에 대해서는 1950년대와 기본적으로 변화는 없었다.

개혁에 의해서 『보사연보』에 수록된 통계는 체계성과 확실성을 늘리게 되었으나 구호행정 통계표의 신뢰성에는 개혁 이후에도 여전히 중대한 문제가 남겨진 것에 주의해

표 II-2 『보사연보』의 통계표 구성②(1966~74년)

분 야		통계표의 명칭과 주요내용
구호행정	구호양곡의 전체계획	정부구호양곡배포상황표(시설보호·거택보호·영세민구호 등에 대한 정부구호양곡의 배분상황표)
	거택구호, 영세민구호	거택구호 대상자표(거택보호대상자 수 및 영세민수)/ 거택구호사업 양곡수급표(거택구호 양곡배포계획량 및 영세민을 위한 각종취로사업의 양곡배포계획량)
	시설구호	후생시설구호상황표(국고·지방·외국원조의 별 복리시설에 대한 양곡 또는 금전부담)
	자조근로사업	PL480자조근로사업 실적(사업종류별 사업장수, 대상세대 수, 연(延)취로인원 수, 양곡지급량, 정부경비)
	자연재해구호	이재민구호사업표(자연재해피해상황과 이재민구호 실적)
외국민간원조		외국민간원조단체 물자도입실적(외국민간원조단체로부터의 원조물자 종류별 도입상황)
복리시설	복리시설 전체상황	후생 및 복지시설분포상황표(시설종류별/ 지방별 시설 수)
	아동복리시설	아동복리시설 일람(영아·육아·신체장애아·교육보도시설의 종류별 시설일람)/ 아동복리시설 수용자 동태표(연간출소, 퇴소, 연말재적수 동향)/ 아동복리시설 수용자 실태표(성, 연령 등 속성분석)
	양로원	양로원 일람/ 양로원수용자 동태표(연간출소, 퇴소, 연말재적수동향)/ 양로원수용자 실태표(성, 연령 등 속성분석)
	장애인시설	장애인시설 일람/ 장애인시설수용자동태표(연간출소, 퇴소, 연말재적수동향)/ 장애인시설수용자실태표(성, 연령 등 속성분석)
	부녀보호시설	부녀보호시설일람/ 부녀보호시설수용자동태 표(연간출소, 퇴소, 연말재적수동향)/ 부녀보호시설수용자실태표(성, 연령 등 속성분석)
아동시책		기아(棄兒)취급상황표/ 부랑아 단속 및 조치상황표/ 영아, 육아, 입양위탁 및 거택사업실적표/ 혼혈아 실태표/ 혼혈아 외국입양상황표
여성시책		부녀보호지도소 운영상황표/ 부녀상담소 운영상황 /미망인실태표

자료: 『보건사회통계연보』1965~72년판에 의해 작성. 1971년 이후 '구호'라는 용어는 '보호'로 전환됨.

야 한다. 첫째 생활보호 대상자의 인정에 관해서 정책의 혼란이 계속되었다. 지방행정은 현장의 요구에 따라 보호 대상자의 인정 수를 중앙정부인 보사부로 신청했는데 예산 실권을 가졌던 〈경제기획원〉經濟企劃院은 인정 수를 가능한 한 억제했기 때문에 인정 수의 기록에서는 지방의 인정단계(보사부에 대한 신청수)와 보사부 인정 단계의 수치가 혼재하는 상황이 생겼다. 그 위에 보사부의 인정 수도 국가의 예산결정 차원에서는 그대로 승인되지 않았기 때문에 예산 신청 차원의 인정 수도 따로 존재했다. 『보사연보』에서는 생활보호 대상자 ('요보호자')라는 명칭으로 다른 행정단계의 인정 수가 연도 또는 시기에 따라 불확실한 형태로 기재되는 결과가 되었다. 통계표의 수치에 관한 설명이 첨부되지 않았고 또 통계 작성자는 해마다 또는 시기마다 다른 통계 수치 간의 모순에 관해서 시정하려고는 안 했기 때문에 요보호자의 인정 수에 관한 수치의 해명은 어렵다. 둘째는 1960년대부터 70년대 전반을 통해서 구호양곡의 확보량은 여전히 부족한 상태였으며 양곡 배포의 운용은 변동적이었기 때문에 확정적인 배포량을 통계적으로 기록하는 것이 어려웠다는 사정이 있었다. 이러한 요인 때문에 특히 거택구호와 근로구호의 경우 구호실시 인원 수와 양곡의 배포량에 관한 기록 수치는 혼란했다.

제2절 1950년대 후반 구호양곡의 배포에 관한 통계

1. 〈구호양곡 배포 상황표〉와 양곡 배포에 관한 정책 발상

복지행정 관련 통계에서 중심적인 위치를 차지한 통계표는 〈(정부)구호양곡 배포상황표〉[4]이다. 이 표는 매년정부가 준비한 '정부관리양곡' 중 '구호용'으로 할당된 양곡을 '요要구호자'에게 배포한 기록이다. '정부 관리 양곡'은 군대용, 형무소·유치장용, 공무원 급식용, 기타 국영 시설용, 구호용 등으로 국가가 우선적으로 확보한 양곡(쌀, 보리, 밀가루, 기타 잡곡 등 주식용 양곡)이고 각 목적별로 계획 할당량이 정해져 있었다[5]. '구호'가 양곡 배포라는 형태로 실시된 이유는 당시의 심각한 식량부족의 상황 속에서 기아에 직면했던 생활 곤궁자에 대한 양곡의 배포가 가장 긴급적인 시책이었던 사정에 의한다.

구호양곡의 배포에 관한 통계표는 ①1950년대 후반~60년대 초의 시기, ②1960년대 후반~70년대 전반의 시기에 따라 크게 다르다. 전자는 한국전쟁 휴전후에서 구호행정의 원형이 형성된 시기이었으며 후자는 〈생활보호법〉의 제정(1961년)이나 자조근로사

4 통계표의 명칭은 1955~61년은 〈구호양곡 배포상황표〉, 62~64년(통계 혼란기)은 〈특수구호양곡 배포상황표〉 및 〈정부구호양곡 배포상황표〉, 65~74년은 〈정부구호양곡 배포상황표〉.

5 1950년대 후반~70년대의 '정부관리양곡'의 전체상황은 『농림통계연보·양곡편』(농림부양정국)에 의해서 확인된다. 또 『양곡통계연보』(1964년판)은 1964년 이전의 관리양곡의 상황에 관해서 총괄적인 통계를 게재한다.

업의 발족(1963, 4년경) 등에 의해서 구호행정이 재편된 시기에 해당한다. 2시기 사이인 1962~65년은 행정개혁이 바로 진행과정에 있었어 그 때문에 통계표가 혼란했던 과도기이었다. 이 과도기를 지난 후 구호행정와 그 통계는 새로운 방식와 형태로 일단 안정화되었으나 1970년대 초에 들어 외국원조의 감소로 의해서 제도 전체가 동요했기 때문에 다시 통계표의 수치에 혼란이 생겼다.

1950년대 후반~60년대 초의 시기에 있어서의 〈구호양곡 배포상황표〉는 〈표 II-3〉에 정리한 바와 같이 구호양곡의 배포 대상자 수의 통계와 배포 실적표(배포 연인원延人員및 배포량)로 구성되고 시설 수용시설구호, 거택구호, 임시구호의 3개의 범주로 구별되어 수치가 정리된다. 〈표 II-4〉에 정리한 바와 같이 3개의 범주는 양곡 배포에 있어서의 기초적인 생각을 나타내고 있다. 구호 대상자요구호자의 인정에 있어서는 먼저 아동, 노인, 장애인, 모자세대 등 근로능력이 없는 사람이고 생활에 곤궁한 사람이 우선되었다. 이 기준은 당시의 한국 헌법 제 19조의 규정과 〈조선구호령〉의 규정 제1조의 '피구호자' 규정에 의거 한다. 그 중에서도 사는 집이 없고 의지할 가족이나 친족이 없는 '무의무탁'한 사람이 특히 구호해야 할 대상으로서 간주되었다. 시설 수용자시설구호와 재가의 곤궁자거택구호사이에는 배포 양곡의 종류, 배포 기준, 배포량, 배포 수속 등에 관해서 큰 차이가 있었다.

시설 수용자의 경우 배포된 양곡의 종류는 백미와 정맥이었으며 배포량에 관해서

표 II-3 '구호양곡배포상황표'의 내용(1950년대 후반~60년대 초)

	시설수용자 (시설구호)	거택구호	임시구호 *
구호대상자 수의 통계	1.시설 수 2.대상자 수	1.세대 수 2.대상자 수	1.세대 수 2.대상자 수
	시설 7구분별: (양로시설·구호시설·후생시설·의료시설·수산(授産)시설·숙소제공시설·기타시설)	대상자 6구분별: (65세 이상의 노쇠자·13세 이하의 아동·유아를 키우는 모친·임산부·신체장애인·기타)	대상자 4구분별: (복귀정착자·복귀불능농민·기타 난민·'천재지변시'의 구호자)
연간 양곡배포 실적의 통계	1.시설 수(연수) 2.대상자 수(연수) 3.배포인원 수(연수) 4.양곡배포량	1.대상세대 수(연수) 2.대상자 수(연수) 3.배포인원 수(연수) 4.양곡배포량	1.대상세대 수(연수) 2.대상자 수(연수) 3.배포인원 수(연수) 4.양곡배포량
배포양곡의 종류구성의 통계	양곡의 종류별구성(국산쌀, 외국쌀, 정맥, 밀가루, 소맥 등) (1959~63년만)		

자료: 『보건사회통계연보』1955~63각년판. * '임시구호'는 '임시적구호'라고 표현된 경우도 있음.

표 II-4 구호유형별 양곡지급요건, 방식, 내용과 기준(1950년대 후반)

<table>
<tr><th></th><th>시설수용자 (시설구호)</th><th>거택구호</th><th>임시구호</th></tr>
<tr><td rowspan="2">지급요건</td><td colspan="2">아동, 노인 등 근로능력이 없는 자</td><td rowspan="2">근로능력이 있으나 전재(戰災), 자연재해, 기타의 이유로 생활이 곤궁하고 식량지원이 필요한 자.</td></tr>
<tr><td>살 집과 의지할 가족이 없고('무의무탁') 시설에 수용되어 있는 자</td><td>살 집이 있어도 생활이 곤궁해 생활지원이 필요한 자</td></tr>
<tr><td>지급방식</td><td>시설을 통해서 일괄 지급</td><td>지방 행정기관에 의해 개인기준으로 지급</td><td>난민정착사업, 자연재해이재민 구호, 실업자 구호 등 사업별로 복수의 지급방식이 존재했음</td></tr>
<tr><td>지급내용 *</td><td>쌀 및 보리
(1인 1일당 2-3홉의 기준이 존재했다고 추정됨)</td><td>밀가루
(1인 1일당 200g전후의 기준이 존재했다고 추정됨)</td><td>밀가루
(거택구호에 준(準)했다고 추정됨)</td></tr>
</table>

자료: 필자 작성. 지급내용과 기준은『보건사회통계연보』를 포함한 보건사회부 자료에 의해 추정.
* 1961년 시설구호의 기준은 쌀2.2홉이었다는 기록이 있음. (건국대『건대조사』1969:385,『자료연구편 III』참조).

대상자가 필요로 한 주식량(당시의 기준으로 1인 1일당 2~3홉)을 보장하려고 한 정책 발상이 있었다. 한편 거택구호의 경우는 양곡 종류는 밀가루이었고 1회당의 배포량이 극히 적으고 배포의 회수나 량도 안정되지 않아 항상 변동하고 있었다. 중요한 것은 구호양곡의 배포는 비근로능력자에 한정되지 않고 근로능력자에게도 확대되었던 것이다. 이러한 사태는 이미 한국전쟁 발발 이전에 발생하고 있었다. 38선 이북으로부터의 피난민, 중국, 일본, '만주' 등으로부터의 귀환자 등 수백만에 달했던 난민적인 곤궁자에 대한 생활 지원이 필요했기 때문이었다(『자료연구편 I』 참조). 이 경우 비근로능력자에 대한 구호는 '공공구호', 근로능력이 있는 난민에 대한 구호는 '응급구호' 또는 '임시구호'라고 불렀다. 한국전쟁은 생활기반을 파괴된 난민와 같은 생활 곤궁자를 대량으로 낳았기 때문에 구호의 대상을 근로능력자에게도 확장할 수 밖에 없었다. 그러나 '응급구호'('임시구호')라는 명칭은 근로능력자에 대한 구호의 확대가 바람직하지 않다고 생각되었던 것을 나타내고 있었고 1960년대 초에 이르러 이 문제는 개혁되어야 할 중요한 과제의 하나가 되었다. 근로능력자에 대한 '임시구호'에 있어서는 거택구호와 같이 밀가루가 지급되었는데 지급의 형태로서는 난민정착 사업에서의 지급, 공공취업사업의 취업을 조건으로 한 지급, 실업자에 대한 지급, 영세농민의 단경기에 한전된 지급, 그리고 자연재해의 이재민에 대한 지급 등의 복수의 형태가 섞여 존재하고 있었다.

2. 구호 대상자 수에 관한 통계

(1) 시설구호의 대상자의 통계

〈표 II-5〉에 보는 바와 같이 양곡의 배포를 받았던 시설 수와 대상자 수는 시설 종류별로 집계되어 있다. 그 수는 해마다 상당한 변동이 있었어 양곡의 배포가 안정되지 않았던 것을 시사한다. 배포 대상이 된 시설은 후생·복리시설이외에 전재 상병자를 대상으로 한 '구호병원', 상이군인의 재활훈련 시설인 '정양원'과 '재생원'(국립), 민간의 한센씨병 시설 등이 포함되었다. 당시 각종 사회시설·공공시설에서 식량 부족이 너무 심각했기 때문에 정부는 이러한 시설에 대해서도 양곡 배포를 실시한 것을 알 수 있다. 초

표 II-5 구호대상이 된 시설 수와 대상자 수(1955~63년)

	양로시설		구호시설 **		후생시설 **		의료시설	
	시설 수	대상자	시설 수	대상자	시설 수	대상자	시설 수	대상자
1955	35	1,978	110	19,769	378	47,626	73	4,166
1956	34	2,324	38	9,587	443	52,540	73	5,321
1957	36	2,447	61	11,171	452	56,820	74	6,203
1958	33	2,674	110	28,679	472	53,183	54	6,084
1959	39	3,161	310	37,296	334	38,202	90	16,594
1960	40	3,098	317	25,378	348	36,331	74	17,631
1961	42	7,113	339	21,826	348	36,272	16	1,620
1962 *	47	3,961	528	38,129	172	17,592	18	1,669
1963 *	49	4,438	420	40,079	152	12,286	2	237

	수산(授產)시설		숙소제공시설		기타시설		합계	
	시설 수	대상자	시설 수	대상자	시설 수	대상자	시설 수	대상자
1955	1	286	7	672	16	3,645	620	78,142
1956	8	865	1	59	134	14,698	731	85,394
1957	6	635	2	143	86	17,338	717	94,757
1958	15	1,036	-	-	89	14,864	773	106,520
1959	44	4,951	1	135	92	14,860	910	115,199
1960	38	5,169	2	91	114	15,531	933	103,229
1961	8	1,321	1	700	72	3,461	826	72,313
1962 *	2	218	6	250	185	13,423	958	75,242
1963 *	2	26	1	51	234	12,537	860	69,564

자료: 『보건사회통계연보』각 년판에 의해 작성.
(1) *1962, 63년도의 수치는 61년까지의 수치와 계속성이 결여됨. (2) ** '후생시설'과 '구호시설'의 분류기준은 불명.

기의 통계에서는 구호와 그 이외의 사회·공공 시설에 대한 식량 지원은 분리되지 않았지만 1960년대에 들어 명확하게 분리되게 되었다. 보사부는 복리시설에 대해서 구호양곡의 배포를 위한 기초 자료로서 정기적으로 입소·퇴소의 인원 수와 현재의 수용자 수에 관한 보고를 요구하고 있었다. 양곡의 배포를 받은 시설 수와 대상자 수에 관한 통계 수치는 시설으로부터의 보고를 기초로 했기 때문에 비교적으로 신뢰성이 높다고 생각된다.

(2) 거택구호의 대상자의 통계

거택구호의 대상자의 통계표는 ①65세 이상의 노쇠자, ②13세 이하의 아동, ③유아를 가지는 모친, ④임산부, ⑤신체 장애인, ⑥기타, 라는 〈조선구호령〉 제1조의 규정에 따르는 6구분으로 표시된다(〈표 II-6〉). 이 통계 분류는 구호실시에 있어서 비非근로능력자인 것을 확인할 수속이 필요하다고 생각되었던 것을 시사한다. 그러나 실제로 구호 대상자의 인정에 있어 객관적인 기준이 존재하고 그에 따라 인정이 실시되었다고는 생각하기는 어렵다. 당시 구호의 판정은 담당자가 생활곤궁 상황을 그 외견와 인상으로 판단했다고 추측된다. 〈표 II-6〉에 나타낸 거택구호의 대상자의 수치는 해에 따라 극단하게 변동하고 있기 때문에 거의 신뢰할 수 없다. 거택구호의 대상자 수는 보사부의 지시에 의해 지방행정 당국인 시·도道 차원으로[6] 집약해 중앙의 보사부에 보고된 수치를 합계해서 전국 단위의 수치를 산출했다고 생각된다.

그러나 〈표 II-6〉에 나타낸 바와 같이 1955년, 56년, 63년[7]을 제외해서 50년대 후반부터 60년대 초에 이르기까지 보고가 없는 지방 또는 보고가 있어도 분명하게 수치의 신뢰성이 없는 지방이 매년 2~8개소 있다. 일관해서 보고가 있는 지방은 제주도뿐이었다. 구호 대상자의 전국 수치는 보고가 있던 지방만을 합계해서 산출한 결과 때문에 의미는 전혀 없다. 또 구호 대상자의 6분류에 관해서 도 차원의 수치를 보면 분류하지 않은 경우 또는 대상자의 대부분을 '기타' 항목으로 분류한 경우가 많다. 따라서[6] 구분

6 서울특별시와 부산직할시(1963년부터)는 도(道)와 같은 취급을 당하고 있었다. 이하에서 '도'라고 표기하는 경우 서울시와 부산시를 포함한다.

7 1963년은 지방의 수치에 결락은 없지만 대상자의 분류에 관한 수치에 의문이 있다.

된 수치도 전혀 신뢰할 수 없다.

도 차원의 수치가 결여된 것은 말단의 행정 단위에서의 보고가 도 차원에서 집약되지 않았던 것을 시사하고 있으며 동시에 지방 말단차원에서 대상자의 인정 수속이 체계적으로 실시되지 않았던 것을 시사한다. 1955년, 56년, 63년의 통계에서는 지방 보고는 결여되지 않았다 해도 기재된 수치는 부자연스럽고 신뢰할 수 없다. 이 시기에 있어서 보사부는 지방차원에서 구호가 어떻게 실시되어 있는지에 관해서 총괄적으로 파악하지 않았다고 추측된다. 이러한 통계의 혼란은 1960년대 초에 들어서도 계속된다.

표 II-6 거택구호구의 대상자 수(1955~63년)

	65세 이상의 노쇠자		13세 이하의 아동		영유아를 키우는 모(母)		임산부	
	세대 수	대상자 수	세대 수	대상자 수	세대 수	대상자 수	세대 수	대상자 수
1955	61,336	189,140	101,169	363,414	47,660	202,004	12,203	56,223
1956	63,970	213,899	93,158	471,711	68,227	220,224	22,935	67,109
◆1957	38,153	120,861	56,442	297,449	51,551	130,005	19,064	33,566
◆1958	22,384	72,958	28,729	163,191	25,849	90,392	4,659	18,103
◆1959	47,162	103,718	47,292	204,205	48,271	112,384	18,201	20,800
◆1960	52,484	114,070	58,641	184,556	42,721	80,440	19,270	25,035
◆1961	2,024	2,573	706	889	188	396	314	443
◆1962 *	14,468	38,056	11,364	51,369	4,765	8,201	1,431	2,886
◆1963 *	8,657	51,942	3,713	22,275	1,219	7,308	825	4,946

	신체장애인		기타		합계		보고가 없거나 또는 수치에 의문이 있는 지방
	세대 수	대상자 수	세대 수	대상자 수	세대 수	대상자 수	
1955	24,609	92,755	17,577	40,927	264,554	944,463	−
1956	28,327	129,976	44,714	486,020	321,331	1,588,939	−
◆1957	33,669	64,411	45,350	497,547	244,229	1,143,839	서울,전남
◆1958	26,274	48,257	26,519	151,156	134,414	544,057	서울,충북,전남,경남
◆1959	35,354	52,850	57,581	255,029	253,861	748,986	서울,충북,경남,강원
◆1960	20,509	37,644	26,485	113,838	220,110	555,583	경기,충남,충북,경남,강원
◆1961	863	1,295	52,843	258,466	56,938	264,062	서울과 제주를 제외한 모든 지방
◆1962 *	5,272	14,352	67,565	478,181	104,865	593,045	충남,충북,강원
◆1963 *	4,267	25,600	363,779	2,182,667	382,460	2,294,738	서울,충남,전북

자료: 『보건사회통계연보』 각 년판.

(1) ◆ 1957~63년도는 지방에서의 보고수치가 결락되었고 신뢰성이 없음.

(2) * 1962,63년도의 수치는 61년까지의 수치와 계속성이 결여함. 특히 1963년의 '기타'수치는 거택구호와 임시구호가 합산된 결과라고 추정됨.

구호행정에 관한 통계가 재편되았고 새로운 형식의 통계표가 정착한 것은 1965년부터 이다. 그 후 통계 수치의 신뢰성은 높아진다. 이러한 통계의 변화는 새롭게 제정된 생활보호법 아래의 구호행정의 정비가 1965년까지에 완성되었던 것, 그리고 농업생산력의 상승으로 구호양곡을 비교적으로 안정해서 확보할 수 있게 된 것, 등의 요인에 의한다고 생각된다. 이 시기에서는 나중에 보는 바와 같이 요구호대상자의 인정 작업은 중앙의 보사부와 지방행정 현장과의 밀접한 연계에 의하여 보다 객관화되어 체계화된 형태로 행해진 것을 확인된다(『자료연구편 III』 참조).

(3) 임시구호 대상자의 통계

'임시구호'의 대상자의 표에는 지방에서의 보고의 결여는 없고 전국 단위의 수치도 어느 정도 신뢰할수 있다. 〈표 II-7〉에 보는 바와 같이 이 통계표는 대상자를 '복귀정착자', '복귀불능농민', '그 이외 난민[8]', '천변지재의 구호자'의 네 가지로 구별하여 난민정착사업와 자연재해 이재민 구호사업 등을 포함한 복수의 사업 방식의 대상자 수를 하나의 통계표에세 표시한다. 이들 네 가지의 설명은 없기 때문에 각 내용은 그 명칭으로 추측할 수 밖에 없다. '복귀정착자'는 난민정착사업의 대상이 된 후에도 생활이 안정되지 않고 구호 대상으로서 인정된 사람이라고 추측된다[9]. '복귀불능농민'은 난민정착사업의 대상이 되지 않았던 난민을 의미하는지 정착사업의 대상으로서 일단 정착했지만 성공하지 않았던 난민을 의미하는지가 분명하지 않다[10]. '그 이외 난민'의 수치는 다른 항목에 비해 많아서 년도에 따른 변동이 크고 그 자세한 내용을 알 수 없다.

'임시구호'의 대상자는 전재자, 38선 이북에서의 피난민, 전란에 의한 농업에서의 이탈자, 곤궁한 농민, 도시의 빈민, 풍수해나 한해 등의 자연재해의 이재자 등 근로능력이 있어도 극도로 곤궁한 사람들이었다. 이 시기에 이러한 사람들을 대상으로 한 '구호사

---

8 '난민'을 '농민'이라고 오기한 통계표가 존재한다.

9 이러한 사례의 존재는 지방 자료에서 확인할 수 있다(『자료연구편 I』참조).

10 강원도『도세일람』(1957년판)은 〈복귀불능 난민정착사업 계획 상황〉이라는 표제의 통계표를 수록하여 '복귀불능 농민'의 재정착을 위한 시책이 실시되었던 것도 시사하지만 자세한 것은 분명하지 않다.

업'에 어떠한 종류가 있었고 각 사업이 어떻게 운영되었는지는 구체적으로 알 수 없다. 『보사연보』 1962년판과 63년판에 기재된 양곡배포에 관한 통계표에서는 '정착사업', '실업자구호', '영세민구호'의 항목이 있었어 63년 당시에서도 복수의 근로능력자 구호사업이 존재했던 것을 확인된다. 〈표 II-7〉에 기재된 수치는 전면적으로 신뢰할 수 없지만 이 자료에 의해서 1950년대 말부터 60년대 초에는 '임시구호'의 대상자가 약200만명에 이르렀던 것이 알려진다.

표 II-7 임시구호의 대상자 수(1955~61년)

단위: 세대, 명

	복귀정착자		복귀불능농민		기타난민		천재지변시의 구호자		총수	
	세대 수	대상자 수	세대 수	대상자 수	세대 수	대상자 수	세대 수	대상자 수	세대 수	대상자 수
1955	18,404	45,038	25,405	129,066	63,272	285,745	2,254	11,458	109,335	471,307
1956	9,325	48,515	23,466	136,759	41,314	185,409	26,058	311,065	100,163	681,748
1957	18,890	129,292	22,161	128,589	218,789	1,064,860	34,812	189,111	294,652	1,511,852
1958	14,599	72,190	18,681	115,960	235,190	1,080,042	28,351	167,355	296,821	1,435,547
1959	8,153	42,669	15,104	92,113	135,588	661,394	70,255	382,665	229,100	1,178,841
1960	10,437	118,292	6,162	37,722	117,301	856,872	112,135	616,777	246,035	1,629,663
1961	1,354	5,577	740	3,378	335,151	1,617,214	72,508	218,715	409,753	1,844,884

자료: 『보건사회통계연보』 각 년판. 1962년판 이후의 통계표에는 '임시구호' 의 항목이 없음.

3. 구호양곡의 배포실적 통계

양곡배포의 실적에 관한 통계표도 문제가 많다. 〈표 II-8〉에 나타낸 바와 같이 거택구호에 있어서 지방에서의 보고가 1955년과 56년을 제외해서 결여되었기 때문에 전국 수치는 의미가 없고 구호양곡의 전체량이 어떻게 추이했는지 또한 각 지방에게 어떠게 배분되었는지를 알 수 없다. 이와 같은 문제점에도 불구하고 『보사연보』의 기록은 1950년대 후반의 구호양곡의 배포에 관한 거의 유일한 수치를 수반한 자료이다. 따라서 이하에서 통계상의 문제점을 고려하면서 이 기록에 의거해서 가능한 한 양곡의 배포 상황에 관한 정보를 꺼내는 작업을 시도했다.

분석을 위한 샘플로서 ①지방으로부터의 보고가 결여되지 않은 1955년도의 통계표, ②매년의 기록이 있는 경기도·제주도·경상북도의 3지방의 통계표, 의 2 그룹의 통계표를 준비했다(〈표 II-9〉와 〈표 II-10〉).『보사연보』의 원표는 A표 〈구호대상자표〉 와 B표 〈구호양곡 배포실적표〉로 구성된다. B표에서는 양곡배포를 실시한 시설 수(시설 수용자의 경우), 세대 수, 대상자 수, 배포인원 수, 배포량이 수록되었고 배포량 이외의 수치는 모두가 연수延數로 표시된다. B표의 연수와 A표의 대상자 수와의 관계를 보기 위해서 B표의 '시설 수' 또는 '세대 수'를 A표의 '시설 수' 또는 '세대 수'로 나눈 수치를 보면(〈표 II-11-1〉) '12'에 가까운 수치를 얻을 수 있다(대상자 수로 시도해도 같은 결과를 얻을 수 있다). 따라서 이 수치는 분명하게 구호양곡의 연간 배포회수를 나타낸다. 양곡의 배포는 원칙으로서 매월 1회의 페이스로 실시되었어 12이하의 수치는 양곡 부족으로 이 배포 페이스를 지킬 수 없었던 경우가 있었던 것을 시사한다. 따라서 A표의 대상자 수는 연간의 일정의 시점(아마 년도말)의 수치이며 B표의 대상 시설 수 또는 세대 수, 대상자 수의 연수는 연간의 배포마다 요구호자로서 인정한 수를 합계한 수치라고 추정된다.

다음에 경기도·제주도·경상북도에 관해서 매년의 배포량을 보면 변동이 크고 안정되지 않다. 수치의 변동은 통계 기록의 혼란 또는 미스에 의한 가능성이 있다. 그러나 농림부의『양곡통계연보』등의 자료에 의해 1950년대 후반~60년대 전반의 시기에는 확보할 수 있었던 구호양곡의 양은 크게 변동하고 있었던 것이 확인되기 때문에 여기에 나타낸 양곡량의 변동도 그대로 사실을 표현했던 가능성이 높다.

표 II-8 구호양곡의 배포실적(1955~63년)

	단위	시설구호	거택구호	거택구호에서 보고가 결락 하는 지방	임시구호
1955	톤	10,165	44,083		24,031
1956		11,468	13,226		13,462
1957		13,758	4,493	서울, 경남, 전남	20,390
1958		19,873	10,877	강원, 전남	20,349
1959	석	69,154	4,959	충북, 충남, 경북	98,027
1960		67,972	4,436	경기, 충남, 전북, 전남, 경북, 경남, 강원	134,431
1961		39,315	7,654	경기, 강원, 충북, 충남, 전북, 전남, 경북, 경남	114,135
1962		53,619	121,432	충남, 충북, 강원	수치 없음
1963		54,562	932,716	서울, 충북, 충남, 전남, 경남	수치 없음

자료:『보건사회통계연보』각 년판.

(1) 1962년판 이후의 통계표에서는 '임시구호'의 항목이 없음.

(2) 1957~63년의 거택구호의 수치는 지방보고의 결여가 있기 때문에 신뢰성이 없음.

(3) 1962, 63년도의 거택구호의 수치에서는 '임시구호'가 포함된다고 추측됨.

1959년 이후 구호양곡 곡류의 종류에 관한 정보를 얻을 수 있다(〈표 II-12〉). 여기에 기재된 구호양곡의 량이 배포된 총량에 상응한다고 하면 이 시기부터 보사부는 배포한 구호양곡의 총량과 그 종류에 관한 데이터를 가지게 되었다고 생각된다. 그래서 1950년대 말에 보사부에 의한 양곡배포의 행정은 보다 계획적·체계적으로 운영할 수 있는 기반을 가지게 되었다고 추측된다[11]. 그러나 동시에 이 표에 의하면 곡류의 구성 내용은 매년 크게 변동하고 있었고 백미, 정맥, 밀가루의 주요 곡류의 계획량을 확보하지 못하고 그 부족분을 다른 잡다한 곡류에 의해서 보충했던 것을 볼 수 있다. 이 시기에는 농업 생산력은 낮고 구호양곡의 안정적인 확보는 어려운 상황이 계속되었다.

표 II-9 구호대상자 수와 양곡배포실적(1955년)

단위:대상자, 배포인원은 명, 배포량은 톤

		시설구호		거택구호		임시구호	
		시설 수	대상자	세대 수	대상자	세대 수	대상자
A 구호대상자수	총수	620	78,142	264,554	944,463	109,335	471,307
	서울시	64	7,308	14,956	44,941	383	2,664
	경기도	105	18,724	28,689	137,316	19,203	104,835
	강원도	25	2,319	18,531	55,208	12,533	66,061
	충청북도	66	6,535	7,236	43,601	2,883	16,552
	충청남도	50	7,135	27,551	50,081	11,860	59,098
	전라북도	57	9,133	28,015	77,030	4,020	20,118
	전라남도	87	9,293	68,466	229,393	41,425	168,123
	경상북도	119	13,570	45,425	227,132	1,893	8,465
	경상남도	36	2,546	21,952	68,562	9,628	4,008
	제주도	11	1,579	3,733	11,200	5,507	21,383

		시설대상				거택구호				임시구호				배포량 합계
		시설 수	대상자	배포인원	배포량	세대 수	대상자	배포인원	배포량	세대 수	대상자	배포인원	배포량	
B 배포실적표	총수	5,767	694,010	678,515	10,165	1,988,729	13,008,244	9,670,522	44,083	975,382	4,425,925	2,774,431	24,031	78,290
	서울시	377	41,665	41,665	551	59,848	239,392	239,392	1,874	2,193	12,587	12,587	246	2,672
	경기도	927	133,858	117,858	2,167	268,970	995,903	589,779	6,104	239,150	1,137,743	975,308	7,642	13,913
	강원도	208	18,510	18,510	220	184,976	552,078	350,433	4,242	81,389	381,568	230,536	1,450	5,913
	충청북도	713	80,665	80,665	1,105	69,285	452,732	281,001	3,317	37,593	201,753	201,763	3,181	7,602
	충청남도	440	46,996	46,025	1,039	147,483	309,996	340,950	3,272	80,903	332,863	314,453	2,350	6,661
	전라북도	674	110,576	110,576	1,438	269,562	1,031,277	502,651	6,534	39,288	196,488	117,790	1,531	9,504
	전라남도	516	55,427	55,427	869	431,890	1,360,526	316,692	1,321	269,583	1,097,729	210,117	1,116	3,307
	경상북도	1,428	162,920	162,920	2,023	262,839	7,009,590	6,371,031	9,339	22,716	101,580	59,412	711	12,073
	경상남도	360	27,215	27,215	521	254,965	949,125	608,273	7,658	150,997	764,125	526,556	5,005	13,184
	제주도	124	16,178	17,654	231	38,911	107,625	70,320	431	51,570	190,489	125,909	800	1,462

자료: 『보건사회통계연보』1955년판.

---

11 『양곡통계연보』(1964년판)에 의하면 59년도부터 '정부관리양곡'에 관한 계획과 실적에 관한 통계가 기록되게 되었다. 그러나 이 자료에서도 '구호양곡'의 양의 추이를 정밀하게 추적할 수는 없다.

구호양곡의 배포실적 통계는 배포를 받을 자격이 있는 '대상자 수'와 실제로 지급된 '배포 인원'수가 일치하지 않은 것, 즉 대상자 전원에 대해서 양곡을 배포되지 않았

표 II-10 구호대상자 수와 양곡배포실적: 경기도, 제주도, 경상북도(1955~61년)

단위:대상자, 배포인원은 명, 배포량은 1955~58년은 톤, 59~61년은 석

1. 경기도

A 구호대상자 수		시설구호		거택구호		임시구호	
		시설 수	대상자	세대 수	대상자	세대 수	대상자
	1955	105	18,724	28,689	137,316	19,203	104,835
	1956	88	14,429	23,985	80,334	16,019	105,048
	1957	79	9,913	29,187	131,440	13,933	87,520
	1958	90	15,239	22,393	71,959	13,896	57,675
	1959	92	9,852	456	16,348	10,446	57,292
	1960	94	9,988	—	—	8,725	44,148
	1961	116	10,935	—	—	16,079	84,042

B 배포실적표		시설구호				거택구호				임시구호				배포량 합계
		시설 수	대상자	배포인원	배포량	세대 수	대상자	배포인원	배포량	세대 수	대상자	배포인원	배포량	
	1955	927	133,858	117,858	2,167톤	268,970	995,903	589,779	6,104톤	239,150	1,137,743	975,308	7,642톤	13,913톤
	1956	921	112,269	103,111	1,297톤	287,721	961,664	150,116	1,266톤	192,357	1,026,454	569,182	4,010톤	6,574톤
	1957	965	118,294	103,314	2,153톤	350,321	1,577,273	76,654	914톤	167,921	848,238	486,707	3,504톤	6,571톤
	1958	1,080	182,872	113,949	1,485톤	268,723	1,072,534	195,292	1,480톤	166,749	692,096	323,777	1,466톤	4,431톤
	1959	1,091	117,608	97,669	7,316석	456	16,348	7,482	108석	58,237	325,729	121,666	5,624톤	13,048석
	1960	1,118	111,516	99,040	7,551석	—	—	—	—	20,161	103,086	103,086	3,902석	
	1961	907	83,073	71,899	7,194석	—	—	—	—	93,746	491,049	446,014	5,975석	

2. 제주도

A 구호대상자 수		시설구호		거택구호		임시구호	
		시설 수	대상자	세대 수	대상자	세대 수	대상자
	1955	11	1,579	3,733	11,200	5,507	21,383
	1956	12	1,759	3,700	10,011	3,313	13,247
	1957	12	1,411	4,348	11,041	5,723	21,524
	1958	22	2,719	4,377	12,842	6,547	32,218
	1959	12	1,338	2,544	4,841	4,295	17,130
	1960	12	1,245	1,965	5,315	5,158	16,528
	1961	12	1,124	4,366	6,072	9,813	34,429

B 배포실적표		시설구호				거택구호				임시구호				배포량 합계
		시설 수	대상자	배포인원	배포량	세대 수	대상자	배포인원	배포량	세대 수	대상자	배포인원	배포량	
	1955	124	16,178	17,654	231톤	38,911	107,625	70,320	431톤	51,570	190,489	125,909	800톤	1,461톤
	1956	111	16,104	16,104	248톤	44,388	118,845	74,422	384톤	39,752	147,142	95,662	9,535톤	10,166톤
	1957	96	12,963	12,963	167톤	37,408	106,245	61,360	92톤	51,774	204,879	65,540	215톤	474톤
	1958	141	16,995	16,684	254톤	49,407	145,256	88,887	333톤	65,399	239,551	107,151	557톤	1,144톤
	1959	111	13,221	11,650	2,185석	14,455	27,807	7,918	2,147석	33,699	137,111	86,710	31,753석	36,085석
	1960	132	139,696	13,327	1,024석	4,769	12,068	8,955	362석	47,310	155,468	75,974	4,266석	5,652석
	1961	141	13,261	10,227	1,119석	52,395	83,709	4,859	283석	116,423	455,620	82,322	2,928석	4,330석

3. 경상북도

		시설구호		거택구호		임시구호	
		시설 수	대상자	세대 수	대상자	세대 수	대상자
A 구호대상자수	1955	119	13,570	45,425	227,132	1,893	8,465
	1956	216	20,498	69,836	704,463	2,990	25,097
	1957	173	23,304	66,890	494,075	50,570	265,851
	1958	196	26,610	13,976	101,730	591	1,861
	1959	256	37,323	878	4,055	31,554	153,177
	1960	318	29,071	—	—	2,610	158,321
	1961	270	12,392	—	—	48,038	694,827

		시설구호				거택구호				임시구호				배포량 합계
		시설 수	대상자	배포인원	배포량	세대 수	대상자	배포인원	배포량	세대 수	대상자	배포인원	배포량	
B 배포실적표	1955	1,428	162,920	162,920	2,023톤	262,839	7,009,590	6,371,031	9,339톤	22,716	101,580	59,412	711톤	12,073톤
	1956	1,726	199,940	199,940	2,751톤	719,145	4,775,425	212,277	2,915톤	19,757	108,938	44,235	506톤	6,172톤
	1957	2,071	279,640	279,640	3,479톤	267,560	1,976,300	—	—	316,580	1,587,013	203,163	2,652톤	—
	1958	2,328	319,319	291,156	3,425톤	167,715	1,220,755	65,577	673톤	2,543	8,179	8,179	33톤	4,131톤
	1959	2,118	309,665	209,720	17,484석	878	4,055	4,055	365석	245,812	1,192,511	1,192,511	21,755석	39,604석
	1960	16,100	309,045	208,989	15,977석	—	—	—	—	305,653	1,943,693	1,546,688	62,559석	—
	1961	—	—	—	—	—	—	—	—	241,275	3,522,851	3,509,564	26,003석	—

자료: 『보건사회통계연보』각 년판. [음영] 이상한 수치라고 판단된 수치.

던 상황을 나타내고 있다. 〈표 II-11-2~4〉에 나타낸 바와 같이 '배포 인원'을 '대상자 수'로 나누어 보면 '배포율'을 산출할 수 있다. 이 결과에 의하면 시설구호의 '배포율'은 80%를 넘는 경우가 많고 시설 수용자의 경우에는 인정된 대상자의 대부분이 배포를 받았다고 생각된다. 한편 거택구호, 임시구호의 경우에는 지방에 따라 30~60% 사이에 변동이 있다. 따라서 배포 대상자로서 인정되어도 배포를 받을 수 없었던 사례가 많았고 또 대상자 중 배포를 받은 사람의 비율은 항상 변동하고 있었다고 추측된다.

〈표 II-11-2~4〉에 배포를 받은 사람이 얼마나 양곡을 받았는지를 추정한 결과를 나타냈다(추정방법은 표의 주를 참조). 기재 수치의 신뢰도가 낮기 때문에 이 결과는 어디까지나 시산에 지나지 않지만 배포량에 관한 개략적인 정보를 제공해 준다. 이 시산에 의하면 시설구호의 경우 대상자는 1958년 이전에는 1인 1일당 350~400g, 59년 이후에는(계량 단위가 변경)2~2.5홉合의 배포를 받고 있었다. 지급량의 해마다 변동은 적었고 비교적으로 안정되어 있었다. 한편 거택구호와 임시구호의 경우 배포량이 훨씬 적었고 또 해에 따라 크게 변동했다. 배포 대상자로서 인정되어도 배포를 못 받은 사람이 30~40% 정도 존재하고 있었고 배포를 받아도 그 양이 너무나 적고 변동도 심했던 것이 나타나고 있다. 또 지급된 양곡의 종류도 시설구호의 경우는 백미(쌀) 와 보리였는데 거택구호와 임시구호의 경우는 밀가루이었다.

1950년대 후반에 구호양곡의 지급량에 관해서 어떠한 기준이 존재했는지를 자료적으로 확인할 수 없다. 시설구호에 관해서는 일제시대부터 양곡의 배포량의 기준이 존재했던 것은 틀림없고 건국 이후에도 그 기준에 따라 배포가 실시되었다고 추측된다. 〈생활보호법〉이 시행된 1962년 이후 시설구호의 주식용 곡류의 배포 기준은 1인 1일당 3홉이라는 기준이 설정되었다(『자료연구편III』제3절1, 참조). 이 기준은 일제시대의 기준에 가까운 수치였다고 추측된다. 통계적인 추정 결과에 의하면 1950년대 후반에 있어서도 정부는 그러한 기준을 계승해서 가능한 한 그 기준을 실현하려고 했다고 생각된다. 한편 거택구호와 임시구호의 경우에는 어떠한 기준이 존재했는지를 알 수 없다. 기준이 존재했다고 가정해도 구호양곡의 확보량이 항상 부족했기때문에 그 기준을 실행할 수 있었는지는 의문이다. 『보사연보』의 통계표는 요보호자로 인정한 전원에 필요한 양곡을 확보 못했어 배포의 회수, 대상인원과 1회당 배포량이 항상 크게 변동했서 불안정했던 상황을 전하고 있다.

표 II-11 양곡배포상황에 대한 분석표(1955~61년)

1. 양곡의 연간배포회수 추정

1) 1955년 지방별 수치

	시설구호	거택구호
전국평균	9	8
서울시	6	4
경기도	9	9
강원도	8	10
충청북도	11	10
충청남도	9	5

	시설구호	거택구호
전라북도	12	10
전라남도	6	6
경상북도	12	6
경상남도	10	12
제주도	11	10

2) 경기도, 제주도, 경상북도(1955~61년)

	경기도			제주도			경상북도		
	시설구호	거택구호	임시구호	시설구호	거택구호	임시구호	시설구호	거택구호	임시구호
1955	7	9	12	11	10	9	12	6	12
1956	8	12	12	9	12	12	8	10	7
1957	12	12	12	8	9	9	12	4	6
1958	12	12	12	6	11	10	12	12	4
1959	12	1	6	9	6	8	8	—	8
1960	11	—	2	11	2	9	—	—	—
1961	8	—	6	12	12	12	—	—	5

2. 전국(지방별) : (추정)1인 1일당 배포량 (1955년)

	시설구호			거택구호			임시구호		
	배포율 (%)	(추정) 수급인원 (명)	(추정)1인 1일당 배포량 (g)	배포율 (%)	(추정) 수급인원 (명)	(추정)1인 1일당 배포량 (g)	배포율 (%)	(추정) 수급인원 (명)	(추정)1인1일당 배포량 (g)
전국평균	97.8	76,397	364.5	74.3	702,128	172.0	62.7	295,443	222.9
서울시	100.0	7,308	206.6	100.0	44,941	114.3	100.0	2,664	253.2
경기도	88.0	16,486	360.1	59.2	81,319	205.7	85.7	89,868	233.0
강원도	100.0	2,319	260.5	63.5	35,043	331.7	60.4	39,913	99.5
충청북도	100.0	6,535	463.3	62.1	27,062	335.8	100.0	16,553	526.4
충청남도	97.9	6,988	407.2	110.0	55,082	162.8	94.5	55,829	115.3
전라북도	100.0	9,133	431.3	48.7	37,545	476.8	59.9	12,060	347.9
전라남도	100.0	9,293	256.3	23.3	53,396	67.8	19.1	32,181	95.0
경상북도	100.0	13,570	408.4	90.9	206,441	123.9	58.5	4,951	393.7
경상남도	100.0	2,546	561.0	64.1	43,940	477.5	68.9	2,762	4,964.4
제주도	109.1	1,723	368.0	65.3	7,318	161.3	66.1	14,134	155.0

3. 경기도: (추정) 1인 1일당 배포량(1955~61년)

	시설구호			거택구호			임시구호		
	배포율 (%)	(추정) 수급인원 (명)	(추정)1인1일당 배포량 (g,홉)	배포율 (%)	(추정) 수급인원 (명)	(추정)1인 1일당 배포량 (g,홉)	배포율 (%)	(추정) 수급인원 (명)	(추정)1인 1일당 배포량 (g,홉)
1955	88.0	16,486	360.1g	59.2	81,319	205.7g	85.7	89,868	233.0g
1956	91.8	13,252	268.2g	15.6	12,540	276.7g	55.5	58,250	188.6g
1957	87.3	8,658	681.2g	4.9	6,388	392.1g	57.4	50,218	191.2g
1958	62.3	9,496	428.5g	18.2	13,103	309.5g	46.8	26,982	148.8g
1959	83.0	8,182	2.4홉	45.8	7,482	0.04홉	37.4	21,400	0.72홉
1960	88.8	8,871	2.3홉	—	—	—	100.0	44,148	0.24홉
1961	86.5	9,464	2.1홉	—	—	—	90.8	76,334	0.21홉

4. 제주도: (추정) 1인 1일당 배포량 (1955~61년)

	시설구호			거택구호			임시구호		
	배포율 (%)	(추정) 수급인원 (명)	(추정)1인1 일당 배포량 (g,홉)	배포율 (%)	(추정) 수급인원 (명)	(추정)1인1 일당 배포량 (g,홉)	배포율 (%)	(추정) 수급인원 (명)	(추정)1인1 일당 배포량 (g,홉)
1955	109.1	1,723	368.0g	65.3	7,318	161.3g	66.1	14,134	155.0g
1956	100.0	1,759	385.5g	62.6	6,269	167.7g	65.0	8,612	3033.2g
1957	100.0	1,411	324.3g	57.8	6,377	39.3g	32.0	6,885	85.7g
1958	98.2	2,669	260.9g	61.2	7,858	116.1g	44.7	14,411	105.9g
1959	88.1	1,179	5.1홉	28.5	1,378	4.3홉	63.2	10,833	8.0홉
1960	9.5	119	—	74.2	3,944	0.3홉	48.9	8,077	1.4홉
1961	77.1	867	3.5홉	5.8	352	2.2홉	18.1	6,221	1.3홉

5. 경상북도: (추정) 1인 1일당 배포량 (1955~61년)

	시설구호			거택구호			임시구호		
	배포율 (%)	(추정) 수급인원 (명)	(추정)1인1일당 배포량 (g,홉)	배포율 (%)	(추정) 수급인원 (명)	(추정)1인1일당 배포량 (g,홉)	배포율 (%)	(추정) 수급인원 (명)	(추정)1인1일당 배포량 (g,홉)
1955	100.0	13,570	408.4g	90.9	206,441	123.9g	58.5	4,951	393.7g
1956	100.0	20,498	367.7g	4.4	31,315	255.0g	40.6	10,191	136.2g
1957	100.0	23,304	409.0g	—	—	—	12.8	34,033	213.5g
1958	91.2	24,263	386.8g	5.4	5,465	337.2g	100.0	1,861	48.6g
1959	67.7	25,277	1.9홉	100.0	4,055	0.25홉	100.0	153,177	0.39홉
1960	67.6	19,659	2.2홉	—	—	—	—	125,983	1.36홉
1961	—	—	—	—	—	—	—	—	0.1홉

자료: 1. 1) 표 II-9, 2) 표 II-10에 의해 산출. 산출방법은 B표(배포실적 표)의 시설 수(또는 세대 수) ÷A표(구호대상자 수)의 시설 수(또는 세대 수). 2. 표 II-7에 의해 산출. 산출방법: (1)배포율=B표의 배포인원 ÷B표의 대상자. (2)(추정)수급인원=A표의대상자 수×배포율, (3)(추정) 1인1일당배포량 =B표의 배포량 ÷(추정)수급인원 ÷365일. 3. 표 II-10-1에 의해 산출. 4. 표 II-10-2에 의해 산출. 5. 표 II-10-3에 의해 산출. (음영) 이상수치라고 판단된 수치. 양곡량의 단위는 1955~58년: 그램, 59년 이후: 合(홉).

표 II-12 구호양곡의 종류별구성

단위:석

	국내산 쌀	외국산 쌀	보리	밀가루	밀	콩	납작 보리	기타 곡류	합계
1959	3,114	14,577	77,041	45,363	847	—	—	3,713	144,655
1960	14,861	39,145	112,659	26,937	40,604	—	—	971	235,177
1961	59,588	9,253	87,562	2,715	1,454	—	—	532	161,104
1962	30,903	1,258	34,215	59,696	101	41,384	2,999	4,495	175,051

자료: 『보건사회통계연보』 각 년판.

제3절 1960~70년대 전반 구호행정에 관한 통계

1. 구호행정 개혁과 통계표의 변동

(1) 정부 구호양곡의 전체적인 배당 계획의 통계

1962년도부터 구호양곡의 배포에 관한 통계표에서 큰 변화가 나타났다. 그 이유는 61년 5월에 발족한 군사정권이 착수한 구호행정의 개혁에 있다. 개혁의 내용은 그 전의 즉흥적인 운용을 그만했고 구호자원의 총량(특히 백미와 잡곡)을 확실하게 확보하다가 엄정하게 관리도 하고 그것을 구호의 분야와 지방별로 배분계획 대로 실시하려는 것이었다. 따라서 『보사연보』에서는 처음에 〈정부 구호양곡 배포 상황표〉라는 통계표가 만들어졌어 정부 구호양곡의 전체적인 배분계획이 제시되게 되었다(〈표 II-13〉). 이 표에 의하면 구호양곡의 배분은 여섯 분야로 나뉘였다. 그 중 근로능력이 있는 생활 곤궁자는 '영세민구호'('근로구호'), '정착사업', '실업자구호'의 세 가지로 정리되어 있다. 구호행정 개혁의 목적의 하나로서 종래 '임시구호'라는 명칭으로 실시되어 왔던 근로능력자에 대한 양곡배포 사업은 중지 못 한다면 할 수 있도록 대폭으로 축소시키려고 했다. 그 위해 양국지급의 조건으로서 공공사업에의 취로(영세민와 실업자) 혹은 지방에서 농민으로 정착하는 것을 의무화했다. 참고로 이 '정착사업'은 한국전쟁 시기부터 실시되어 왔던 난민정착사업이 아니고 1961년에 새롭게 미국의 재원지원을 얻고 개시된 사업이었다.

시설구호의 경우는 이전부터 양곡배포는 상대적으로 안정적으로 운용되어 왔다. 그 이유는 배포된 것은 다른 잡곡보다 엄밀한 국가관리 속에 놓여졌던 백미와 정맥이었으니 필요한 양의 확보도 비교적으로 용이했고 또 대상자의 실태파악과 그 양곡 배포 등의 실제업무가 확실하게 시설을 매개해서 실시되었기 때문이다. 그러나 밀가루를 지급한 거택구호와 근로구호에 관해서는 양곡의 계획적인 배포가 의도대로는 실시 못 되었던 것이 통계의 혼란에 나타나고 있다. 기록 기재가 없는 년도가 있었고나, 1962년, 63년, 65년의 경우는 양곡배포 대상자 수(요구호 인정자)와 실제의 배포 인원 수·배포량의 수치는 기록되어 있었으나 그 신뢰성에 큰 문제가 있다. 기재된 수치의 변동이 크고 그 변동이 실제의 배포량의 변동에 의하는지 또는 수치의 기록 과정에서의 혼란, 미스, 탈락에 의하는지를 해명할 수 없다[12]. 거택구호와 근로구호의 경우 요구호자의 인정에 관한 혼란, 매월의 배포에 있어서의 양곡[13]의 확보량의 부족과 변동, 근로능력이 있는 요구호자(영세민)를 대상으로 한 복수의 취업사업의 착종 등의 요인을 위해서 체계적인 관리가 확립되기 어려웠기 때문에 수치적인 기록도 혼란되었다고 추측된다. 1964년도에는 기본적인 통계표인 〈정부 구호양곡 배포상황〉마저 완성되지 않은 채 수록되어 있었고 배포의 실적에 관한 통계가 전혀 기록되지 않았던 것은 행정 개혁에 의한 혼란과 착종 상태가 여전히 계속하고 있었던 것을 표현한다.

표 II-13 정부구호양곡의 배포계획(1963년)

단위:석

구호분야	쌀	잡곡
후생시설 (시설구호)	14,543	40,019
생활보호자 (거택구호)	—	258,241
영세민구호 (근로구호)	—	593,553
정착사업	1,698	6,811
실업자구호	75,176	932,716
사설 나(한센)병요양소	1,509	4,757
합 계	92,926	1,836,097

자료: 『보건사회통계연보』 1963년판의 '정부구호양곡배포상황표'. 구호분야의 명칭은 원문대로이고 ( )내는 인용자. '거택구호'는 '생활보호자'로 표기되는 경우가 있음.

(2) 구호 대상자의 인정 수에 관한 통계

구호대상자의 인정 수에 관해서 1962~65년의 『보사연보』는 혼란한 수치를 기재한다. 예를 들면 1962년도의 '구호대상 세대'는 104,865세대, 593,045명이었는데 63년도에는 382,460세대, 2,294,738명으로 격증한다. 년도 간의 차이가 기록 작성과정의 혼란인지

12 이러한 통계표에 있어서의 구호대상자, 배포인원, 배포량의 수치는 매월의 기록을 합산한 총계 수 (연수:延數)라고 추정된다. 따라서 한 달당 평균의 수치는 표의 수치를 12로 나누어 산출된다.

13 주로 밀가루가 배포되었으나 확보량은 자주 부족했기 때문에 밀(소맥), 납작보리, 옥수수, 옥수수 가루, 콩 등도 배포되었다. 1950년대부터 60년대 전반까지의 구호양곡의 종별 통계는 다양한 곡류가 배포되었던 것을 나타난다.

성질이 다른 수치가 기록되었는지를 알수 없다. 그러나 이 시기의 구호 대상자의 인정 실태는 다른 자료에 의해서 알 수 있다. 『행정백서』 1964년판의 '구호사업'에 관한 기술은 이 점에 관해서 귀중한 정보를 제공한다. 그 자료에 의하면 국가는 구호에 대한 예산 범위를 미리 설정해서 구호대상의 인정 수를 이 범위 안에 한정해야 한다는 강경한 방침을 내세웠다. 이 방침을 결정한 주체는 구호행정을 소관한 보사부가 아니고 국가 예산의 전체를 통괄했던 경제기획원이었다. 〈표 II-14〉는 서울·부산 2개 시와 9개 도부터 신청된 구호 대상자의 인정 수가 국가의 기준에 의해서 대폭으로 삭감되었던 결과를 표시하고 있다. 이 표에 의하면 거택보호에 관해서 지방으로부터 약 40만6천명이 신청되었으나 국가가 인정한 수치는 28만3천명에 지나지 않았다. '영세민'에 관해서는 약 446만6천명이 신청되었지만 206만5천명밖에 인정되지 않았다. 이러한 인정 수의 삭감에 관해서 판단 근거는 제시되지 않았다. 그러나 국민의 곤궁 상태를 고려해서 판단된 것이 아니고 국가 전략의 관점으로부터 구호에 대한 예산 범위가 결정된 것은 확실하다. 따라서 『보사연보』에 나타난 요구호자의 수치의 혼란은 지방으로부터의 인정 신청수와 중앙에 의한 판단수 사이에 일어났던 혼란을 반영하고 있다고 추측된다.

구호대상자의 인정에 관한 혼란은 1965년도부터 진정되었다. 1965년의 『보사연보』는 이 시점에서의 구호대상자의 전체적인 상황을 〈표 II-15〉과 같이 정리해 있다. 이에 의하면 거택구호에 관해서 국가가 설정한 예산범위에 가까운 287,640명이 '구호중'이었

표 II-14 구호대상자의 지방 신청자수와 중안에 의한 '판단'인수(1964년)

단위:명,인구비율%

		총인구	시도보호(市道報告)〈지방신청수〉		판단인원〈인정 수〉	기준〈인정 수 산출방법〉
			인원	인구비율		
거택보호		26,760,450	405,937	15.1	283,000	전년도기준(前年度基準)
영세민	도시	7,806,482	1,321,954	16.9	837,635	해당인구의10.73% *
	비농가	4,237,251	1,419,423	40.7	389,398	해당인구의9.19% *
	절량농어민(絕糧農漁民)	3,308,484	1,724,794	42.9	838,025	해당인구의13.58%(최처도기준)+보리흉작(凶作)
	계	15,352,217	4,466,132		2,065,058	
합계		26,760,450	4,872,099	18.1	2,348,058	총인구의8.74%

자료: 『행정백서』1964년판의「요구호대상자」(p.249).

* 원문은 '最低道基準 該當人口의 **%'이고 이로서 구호대상자의 '판단인원'(인정 수)의 산출방법이 지방(서울市+9道)에서의 '報告'(신청수)의 인구비율이 가장 낮았던 지방의 비율('최저도기준') 을 기준으로 했다고 해명됨.

다. 근로능력이 있는 '영세민'에 관해서는 약356만명을 '요要구호 대상자'로 인정하고 이 중 196만명을 대상으로 취업사업(근로구호)을 실시하고 있었다. 1965년판 이후 74년판까지 '요구호 대상자'에 관한 통계는 표면상 큰 혼란을 보이지 않았다. 그러나 이 시기에 있어서도 통계 수치는 전면적으로는 신뢰할 수 없다. 동시기에 보사부는 다른 공식 보고에서 『보사연보』와 일치하지 않은 수치를 기재했기 때문이다. 보사부 차원에서 '구호 대상자'수에 관해서 복수의 다른 데이터가 존재한다는 것은 행정이 수치의 모순을 의식하지 않고 각 데이터를 편의적으로 이용하고 있었던 것을 시사한다.

표 II-15 재가생활자 구호상황(1965년)

		세대 수	인원 (명)
'요(要)구호대상자'	도시실업자	243,387	1,164,806
	절량농가 (3단보이하)	243,789	1,235,456
	농촌실업자 (면세자)	222,826	1,000,478
	재해민	30,116	162,439
	합계	740,118	3,563,179
'구호중의 자'	생활보호자 (거택구호)	133,718	287,640
	영세근로구호자	375,949	1,963,946
	합계	509,667	2,251,586

자료: 『보건사회통계연보』 1965년판의 '거택구호대상자표'.

(3) 근로구호 사업과 정착사업에 관한 통계

'근로구호'는 1960년대 전반의 개혁으로 등장한 새로운 구호방식이었다. 이 사업에 관련해서 『보사연보』 1965년판은 〈영세 근로구호사업 실적표〉와 〈정착사업 실적표〉를 수록한다. 〈영세 근로구호사업 실적표〉에는 사업별로 사업장 수와 취업연인원延人員이 기재된다. 근로구호 정보는 이 통계 이외에 『행정백서』 1964년판(pp.247-8)에 수록된 사업 실적표(62년도·63년도:사업 종류별 사업장수, 취업 연인원, 작업 실적)가 존재한다. 근로구호사업은 1965~66년에 '자조근로사업'에 계승되어 갔다. 『보사연보』와 『행정백서』에 의해서 '자조근로사업'은 근로구호사업의 운영 방식을 계승했던 사업이었던 것을 확인할 수 있다.

1965년판에 수록된 '정착 사업'에 관한 통계는 1961년에 시작했던 농촌 정착 사업의 실적에 관한 총괄적인 기록이다. 이 사업은 미국으로부터 재원 지원을 얻어 한미 공동 사업으로 실시되어 1965년에는 거의 종료했다. 1961~65년의 기간에 전국 492 사업장에서 81,687세대, 438,803명이 이 사업에 참가했다. 통계표에는 개간 농지(논·밭·염전)의 실적이나 작부作付 실적이 기재된다. 1960년대 전반의 정착사업에 관한 기록은 적으기 때문에『보사연보』의 기재는 귀중한 정보이다.

2. 1966~74년의 구호행정에 관한 통계

(1) '정부 구호양곡'의 배당에 관한 통계

1966~74년의 구호양곡의 배포에 관한 통계표는 〈표 II-16〉과 같이 5분야로 구성된다. 기본이 된 통계는 〈정부 구호양곡 배포 상황표〉이며 정부 구호양곡의 전체적인 배포 상황을 제시한다[14]. 1960년대 중반 이후 구호양곡의 배포 상황은 이전보다 안정적인 양상을 보이게 되었다. 이 시기에는 시설구호의 대상자 수는 약간 감소 경향으로 안정되어 있었고 거택구호의 경우 국가의 예산 조치에 의해서 283,000명에 고정되었기 때문에 양곡 배포량은 크게 변동하지 않았다. 〈표 II-17〉은 시설구호와 거택구호에 대한 양곡 배포가 10년 이상에 걸쳐서 거의 변화하지 않았던 것을 나타내고 있다.

한편 '영세민'에 대한 근로구호에 투입된 양곡량은 크게 변동했다. 개혁에 의해 근로능력자에 대한 구호(양곡 배포)는 공공사업 취업을 의무하였고 당초 국고에 의한 사업

표 II-16 1966~74년 구호양곡배포에 관한 통계표 구성

구호양곡의 전체배포계획	정부구호양곡배포상황표(시설구호, 거택구호, 영세민구호 등으로의 정부구호양곡배포상황표)
거택구호/ 영세민 근로구호	거택구호 대상자표(거택구호 대상자 수, 영세민수)/ 거택구호사업 양곡수급표(양곡배포계획량, 영세민을 위한 각종 취로사업의 양곡배포 계획량)
시설구호	후생시설구호상황표(복리시설에 대한 국고, 지방, 외국원조별 양곡 및 금전부담)
자조근로사업	PL480자조근로사업실적(사업종류별 사업장수, 대상 세대 수, 연 취로인원, 양곡지급량, 정부경비)
자연재해구호	이재민구호사업표(자연재해 피해상황과 이재민구호실적)

자료: 필자 작성.

14 이 표의 수치는 연초의 계획인지, 실적인지를 확인할 수 없다. 연도에 따라 혼용되어 있었을 가능성도 높다.

('근로구호사업')으로 발족했다. 1964~5년부터 미국의 PL480호 제II관에 의해서 무상 공여된 밀을 사업 자원으로 운용된 '자조근로사업'에 계승되었다. 사업은 매년 공여된 약 10만톤 전후의 원조 밀을 재원으로 실시되었다. 사업의 개요에 관해서는 〈PL480 자조근로사업 실적〉에서 사업 종류별의 사업장수, 취업 인원 수, 지급 양곡의 양, 한국정부 부담 경비 등을 기재된다(〈표 II-18〉). 이 통계는 자조근로사업의 실태와 그 연차적인 동향을 아는데 거의 유일한 자료이다. PL480호 제II관에 의한 원조는 1970년도부터 크게 삭감되어 73년에는 완전하게 중지되었기 때문에 사업은 정지 상태에 빠졌다.

표 II-17 정부구호양곡 배포상황표 (1966년·1974년)

단위:톤

	1966년		1974년	
	쌀	잡곡	쌀	잡곡
사회복지시설(시설보호)	4,288	5,792	4,201	3,994
생활보호 (거택보호)	—	19,867	—	19,875
자조근로사업 (근로구호)	—	108,915	(사업정지)	
영세민구호	—	2,661	—	2,216
사설 나(한센)병요양소	189	181	199	239
합 계	4,477	117,550	4,400	6,449

자료: 『보건사회통계연보』 1974년판. (1)자조근로사업은 1974년에 정지 됨. (2) '영세민구호'는 겨울철의 긴급구호였다고 추측됨.

표 II-18 PL480자조근로사업 실적(1967년도)

사업종류		사업장수 [ ]는 완공수	취로대상 세대 수 *	취로 연 인원 (명/일)	지급양곡 (톤)	국고경비부담 (천원)
농지정비	개간	790 [516]	66,862	2,208,882	7,950	
	간척	177 [6]	57,515	6,860,996	24,700	
	유지(溜池)/관개시설	910 [519]	103,118	4,402,655	15,861	
	경지정리	208 [78]	49,786	2,322,373	8,372	
	합계	2,085 [1,119]	277,281	15,794,906	56,882	
수산물 증식		183 [112]	19,954	735,545	2,649	
조림(造林) 및 사방(砂防)		2,257 [2,246]	226,183	6,184,826	22,255	
치수(治水)		601 [455]	116,109	2,999,528	10,800	
도로		428 [264]	61,357	2,130,708	8,670	
도시사업		324 [197]	74,893	1,932,297	7,073	20,608
기타		488 [380]	40,824	871,411	3,035	22,427
합 계		6,366 [4,773]	816,601	46,444,127	111,364	349,000

자료: 『보건사회통계연보』 1967년판. *'취로대상세대 수'는 사업실시지방의 대상 세대 총수라고 추측됨.

(2) 전체적인 영세민 취업 계획에 관한 통계

근로구호에 있어서의 큰 문제는 '자조근로사업' 만으로는 요구호자(영세민) 전체를 커버할 수 없었던 것이다. 〈표 II-15〉는 영세민으로 인정된 약 356만명 중 취로했던 사람은 약196만명에 지나지 않았던 것을 나타낸다. 이 문제에 대응하기 위해 영세민을 ①자조근로사업, ②외국민간원조단체가 PL480호 제III관(민간단체 베이스)에 의해서 실시한 취업사업, ③건설부 소관의 공공사업, ④농림부 소관의 공공사업, ⑤지방자치단체가 실시한 공공사업 등에 할당해서 취업시키는 방침이 내세워졌다. 〈거택구호 사업 실적표〉[15](〈표 II-19〉)는 취업 사업의 종류별로 취업 연인원 수延人員數와 소비 양곡량을 기재한다. 이 수치가 계획량인지 실적량인지는 분명하지 않다. 이 통계표에서 설명이 없기 때문에 그 내용을 해독하는 것이 어렵다.

표 II-19 '영세민'의 취로실적(「거택구호 사업 실적표」)

	1966년		1970년		1974년	
	인원(명/일)	양곡(톤)	인원(명/일)	양곡(톤)	인원(명/일)	양곡(톤)
PL480호 제II관(외국원조)	7,619,865	114,915	15,480,639	70,614	—	—
PL480호 제III관(외국원조)	2,502,866	4,382	2,536,311	15,535	—	—
공공사업(건설부·농림부소관)	788,711	7,739	6,600,266	48,350	636,247	71,039
근로구호사업(지방부담)	360,250	1,222	1,650,943	4,754	1,590,937	6,628
근로구호사업(국고부담)	1,778,043	2,124	310,430	1,786	4,460,191	146,284
합 계	13,049,735	130,382	26,578,589	141,040	6,687,375	223,951

자료: 『보건사회통계연보』 1974년판. '인원'은 연(延) 취로수(명/일)라고 생각됨.

표 II-20 영세민의 각종 취로사업에의 배당 계획(1964년도)

사업종류	배당 영세민수(명)	사업내용
외국원조단체 구호사업	795,791	PL480호 제III관에 의한 외국원조단체의 구호사업: 밀가루 지급
공공사업(건설부소관)	332,875	건설부예산: 임금지급
공공사업(농림부소관)	165,175	농림부예산: 임금지급
공공사업(지방자치단체소관)	31,945	지방자치단체예산: 임금지급
근로구호(지방자치단체소관)	211,000	지방자치단체예산:근로능력이 '불완전'한 자: 밀가루 지급
근로구호(정부소관)	528,272	중앙정부예산: 밀가루 지급
합 계	2,065,058	

자료: 『행정백서』 1964년판: 249에 의해 작성.

15 '거택구호'라는 용어는 본래의 '거택구호'와 '영세민'을 합친 용어인 것에 주의해야 한다.

이 점에 관해서 정보를 제공하는 자료는『행정백서』(1964년판:248-9)와 건국대학교에 의한 조사(1969:이하『건대조사』p.65)에 수록된 보사부 구호과가 작성했다고 하는 〈연도별 구호 상실적〉이다.『행정백서』는 〈표 II-20〉에 보는 바와 같이 1964년에 인정된 영세민 약 206만명을 각종 취로사업에 할당했던 것을 기록한다.『건대조사』에 인용된 〈연도별 구호상황실적〉은 1964~68년 동안의 각종 취업사업에의 영세민 할당수와 배당 양곡량을 나타내고 있다[16]. 이 표는『행정백서』의 서술보다 정비된 형식을 취했는데 이는 1960년대 후반에는 매년 년초에 이러한 계획이 작성되었던 것을 시사한다. 한편, 이러한 계획이 순조롭게 실시되었다고는 생각하기 어렵다.『건대조사』의 표와『보사연보』의 표를 비교해보니 계획량과 실적 사이에 커다란 차이가 있다(제1장제3절4(3)참조). 충분한 검증은 못 하지만 영세민을 대상으로 한 각 취업사업은 실제로 취업 인원 수와 취업 일수에 있어서 그다지 크지 않았고 각 사업간의 제휴없는 채 전국 각지에서 진행되고 있었다고 추측할 수 있다. 따라서 년초의 할당 계획도 실행해야한 계획이 아니라 대략적인 가이드 라인과 같은 것이었다고 추측된다.

(3) 수급 대상자 수에 관한 통계

거택구호 대상자 수

거택구호의 수급 대상자 수에 관한 기록은 〈거택구호 대상자표〉에 기재된다(〈표 II-21〉). 그러나 이 수치를 그대로 신뢰할 수 없다.『보사연보』에서는 〈표 II-22〉에 보는 바와 같이 적어도 5종의 다른 수치 계열이 존재한다. 그들은 모두 보사부 자신이 작성한 공식보고에서 발표된 기록이다. 이 중『보사연보』 1981년판은 동시대의 기록이 아니고 또 문제가 가장 많은 기록이다. 이『보사연보』 1981년판은 80년판과 같이 사회적 시책의 중요성을 강조하는 분위기 속에서 작성되었고 과거의 시책을 재검토하기 위해 60년대부터 70년대의 생활보호 실적기록을 수록한 것이다. 그렇지만 결과적으로는 이 작업에서 과거의 데이터가 면밀히 검증되었다고는 말하기 어렵다. 1981년판에서는 70년 이전의 거택구호 인정 수에 관해서 74년판에 기재된 수치를 그대로 인용하고 있고 71~74년

16 통계표의 표제에는 '실적'이라고 표기되지만 내용에서 판단하면 분명하게 계획표이다.

에 관해서는 예산 인정 수인 283,00명이라는 수치로 채우고 있다. 이러한 수치 처리에는 문제가 있다.

이『보사연보』 1981년판을 제외하면 다른 4가지 기록은 모두 동시대의 기록이지만 그 중『1971보사백서』,『건대조사』에 나오는 보사부 제공자료, 그리고 보사부가 국회·보건사회위원회에 제출한 보고자료의 3자기는 시기적으로 한정된 정보만을 제공한다. 비교가 가능한 시기에 있어서는 이들 3종의 수치 계열 간에는 큰 차이가 없고 모두가『보사연보』 1974년판의 수치를 5만~15만명을 웃돌고 있다. 이와 같이 복수의 다른 수치가 존재한 배경으로는 ①지방에서의 인정와 신청수, ②지방에서 신청수를 받은 보사

표 II-21 거택구호 대상자표 (1966년·1974년)

		1966년		1974년	
		세대	세대원 (명)	세대	세대원 (명)
생활보호자(거택구호)		143,774	316,971	156,137	307,859
영세민	3단(反)미만 절량농어민	182,281	880,056	152,209	676,786
	비농영세민	229,986	1,158,193	121,105	459,253
	도시실업자 (면세자)	185,918	860,141	76,590	346,912
	재해민	15,340	81,123	8,531	36,579
	합 계	613,525	2,979,513	358,435	1,519,530

자료:『보건사회통계연보』 각 년판.

표 II-22 거택구호 대상자 수에 관한 통계수치(1965~74년)

단위: 명

	『보건사회 통계연보』 1974년판	『보건사회 통계연보』 1981년판	『1971 보사백서』	『건대조사』 수록표 (지방 신청수)	국회에의 보사부 보고자료	예산인정 수 (구호실시수)
1965	287,640	287,640	402,946	391,277		283,000
1966	316,971	316,971	420,193	400,868	390,000	283,000
1967	347,472	347,472	440,401	438,240	400,000	283,000
1968	328,283	328,283	463,339	463,339	440,000	283,000
1969	346,711	346,711	424,070		460,000	283,000
1970	306,250	306,250	427,600		474,000	283,000
1971	320,625	283,000			428,000	283,000
1972	419,906	283,000			419,906	283,000
1973	388,520	283,000			388,520	283,000
1974	307,859	283,000				283,000

자료:『보건사회통계연보』 1974년판, 81년판,『1971행정백서』,『건대조사』, 국회『보건사회위원회회의록』.

부에서 그 수치를 삭감해서 경제기획원으로 예산요구한 단계의 수치, 또는 ③보사부가 정치적으로 수정해서 발표한 수치 등이 보사부 내부에서 정리되지 않은 채 존재했다는 사정이 있었다고 추측된다[17]. 보사부의 신청에 대해서 경제기획원이 예산 인정 수를 283,000명으로 고정하고 있었기 때문에 그 이외의 중간 단계의 '인정 수'는 행정 실행에서는 별로 의미를 가지지 않다. 그럼에도 불구하고 보사부가 정무부내부의 예산요구 단계의 수치를 말소하지 않고 남겨 있었다는 사실은 구호행정의 역사적 증거로는 주목할 만한 일이다.

영세민 인정자 수

영세민 인정자 수에 있어서도 〈표 II-23〉과 같이 다른 수치 계열이 존재한다. 우선『보사연보』 1981년판은 1965~70년의 기간에 관해서 74년판에 기재된 수치를 인용하는데 1971~74년에 관해서는 다른 수치 계열을 채용한다. 71년 이후의 수치는 그 이전의 수치와 불연속이며 81년판의 통계 작성자가 이 수치 계열을 채택한 이유와 그 정보원은 분명하지 않다.『건대조사』에 수록된 보사부 작성 자료는 1965~68년에 관해서 지방에서의 신청수와 최종적 인정 수를 기록한다.『보사연보』의 수치는『건대조사』의 지방 신청

표 II-23 영세민수에 관한 통계수치

단위:인

	『보건사회통계연보』		『건대조사』수록표(보사부 작성)	
	1974년판	1981년판	자치단체 신청수	국가 인정 수
1965	3,563,179	3,563,179	2,851,266	1,887,018
1966	2,979,513	2,979,513	2,466,561	1,898,427
1967	2,635,746	2,635,746	2,378,791	2,070,368
1968	3,124,954	3,124,954	1,979,834	1,979,834
1969	2,553,694	2,553,694	—	—
1970	2,116,498	2,116,498	—	—
1971	1,884,480	957,859	—	—
1972	1,748,744	824,138	—	—
1973	1,300,771	765,651	—	—
1974	1,519,530	706,015	—	—

자료:『보건사회통계연보』 1974년판, 1981년판.『건대조사』.

17 이 중『건대조사』의 수치는 지방에서 보사부로 신청된 것이라고 명기된다.

수를 수십만명 규모로 넘는다. 『건대조사』에 의하면 신청수-인정 수에 관해서 지방과 보사부간에 홍정이 존재하고 있었다. 『보사연보』 1974년판에 기재된 수치는 이러한 교섭의 초기 단계의 수치이었다고 추측되지만 이것을 실증할 수 없다. 어쨌든 1960년대 후반부터 70년대 전반의 영세민의 인정 수로서는 『보사연보』 81년판의 수치는 피하고, 신뢰성에 관해서 일정 유보를 하면서도 74년판의 수치를 이용할 수 밖에 없다.

시설구호 대상자 수

『보사연보』는 시설구호 대상자 수에 관한 통계를 수록하지 않다. 그 이유는 구호 대상의 인정은 주로 시설을 통하여 실시되었고 시설 수용자는 거의 그대로 시설구호 대상자에 해당했기 때문이다. 그렇지만 국가는 시설 수용자의 경우도 그 전원을 구호 대상으로 인정한 것이 아니었고 일정의 예산 범위를 설정하고 있었다. 〈표 II-24〉에 보는 바와 같이 1964~71년에 있어서 국가의 예산 인정 수와 수용자 수 사이에는 큰 차이가 있었다. 〈표 II-24〉에서 시설 수와 수용자 수는 『보사연보』 1974년판에 수록된 시설 종

표 II-24 「시설구호」대상자 수 (1964~79년)

	『보건사회통계연보』 1974년판에 의해 산출		『보사연보』1980년판		「시설구호」* 예산 인정자 수
	시설 수	수용자 수	시설 수	수용자 수	
1964	656	79,556			48,910
1965	682	84,044			69,600
1966	702	86,045			69,600
1967	719	86,300			69,600
1968	695	82,393			69,600
1969	677	78,048			69,600
1970	669	76,792			69,600
1971	625	74,828	659	67,501	69,600
1972	599	68,097	631	60,702	69,600
1973	566	65,547	598	56,177	62,000
1974	544	66,407	570	55,491	52,000
1975			561	55,838	52,000

자료: (1)1964~70년: 시설 수와 수용자 수는 『보건사회통계연보』 1970년판에 의해 산출. 시기에 따라 기록양식이 다르기 때문에 신뢰성에 문제가 있음. (2)1971~75년: 시설보호 수급자는『보건사회통계연보』 1980년판. (3) 시설구호예산 인정 수는 『건대조사』 수록자료와 국회·보건사회위원회 제출자료(1975년 회의록).

* 1971년 이후 '시설구호'라는 용어는 '시설보호'로 변경됨.

류별의 시설 수와 각 년도말 수용자 수를 합계하여 필자가 산출한 것이다. 『보사연보』 1980년판은 1971년 이후에 관해서 시설 수와 수용자 수의 합계 수치를 수록하는데 이 수치는 1974년판에 의거하여 산출된 수치와 일치하지 않다.[18] 1970년대에 들어 시설 수와 수용자 수는 감소해 갔다. 이에 따라 예산 인정 범위도 1973년부터 축소되었다. 거택구호의 경우 요구호 인정 수와 예산 범위간의 격차 문제는 1970년대 중반까지 계속하지만 시설구호의 경우는 70년대 초에 해소했다.

제4절 복지 분야 통계표 (1950년대 후반~70년대 전반)

1. 복지 분야에 관한 통계표의 구성

『보사연보』의 초판인 1954년판은 복지 분야에 관해서 3개의 통계표 밖에 수록하지 않다. 하나는 후생시설의 수와 수용자의 수에 관한 간단한 기록이다. 497시설(수용자 수 53,737명)에 관해서 영아·유아·양로·모자·'불구'·그 이외의 6구분별로 표시된다. 다른 2표는 '혼혈아'와 '미망인'에 관한 기록이며 그 수는 둘 다 382명으로 기재된다. 1955년의 통계에서는 '미망인' 세대는 약 50만명으로 기록되었어 1954년판의 통계는 분명히 미완성인 채 수록되었다고 추측된다. 1954년에서는 사회부는 복지에 관한 통계를 거의 정비하지 않았다고 생각된다. 2년의 중단을 거쳐 간행된 1957년판에서는 복지에 관한 통계는 상당히 충실되었다. 여기서 채택된 복지에 관한 통계표의 구성은 부분적인 변화를 제외하면 거의 그대로 74년판까지 유지된다. 따라서 1955~57년에 복지에 관한 행정이 일정 정비되었고 그것이 통계의 정비에 반영되었다고 추측된다. 또 통계표 구성이

18 『보사연보』 1981년판에서 시설구호 시설 수와 대상자 수의 추계에 관해서는 탁아소를 포함하여 계산한다라는 잘못이 있다. 탁아소에는 급식 보조로서 양곡이 지급되었지만 생활보호제도와는 관계를 가지지 않았다. 그 결과 '시설구호' 대상자 수는 실태보다 훨씬 많이 추정되었지만 최근의 연구(예를 들면 『국민기초생활보장법10년사』 p.38 등)에서도 이 수치를 그대로 인용하고 있다.

표 II-25 복지분야에 관한 통계표 구성(1955~74년)

분 야		통계표
후생·복리시설	시설전반	후생 및 복리시설 분포상황표 후생시설구호상황표 (1964년~)
	아동시설	아동복시시설 일람(영아원/육아원/감화원/신체장애아수용시설) 아동복리시설수용자 동태표 아동복리시설수용자 실태표
	노인시설	양로원 일람 양로원수용자 동태표 양로원수용자 실태표
	성인장애인시설 (1963년~)	장애인시설 일람 장애인시설수용자 동태표 장애인시설수용자 실태표
	여성시설	부녀보호시설 일람 (모자원/ '윤락여성'시설) 부녀보호시설수용자 동태표 부녀보호시설수용자 실태표
아동시책·여성시책	아동시책	기아취급 상황표 부랑아 단속 및 조치 상황표 혼혈아 실태표 혼혈아 외국인 입양 상황 표
	여성시책	미안인 실태표 부녀상담소 운영상황표 (1962년~) 부녀보호지도소 운영상황표 (1962년~) 부녀상담 실태상황 (1973,74년) 여성회관 운영상황(1973,74년) 부녀교실 운영상황(1973,74년) 특정지역내 윤락여성 동태(1973,74년) 부녀직업 보도소 운영상황(1973,74년)

자료: 보건사회부『보건사회통계연보』 1955~74년 각 년판.
(1) 통계표 구성은 년도에 따라 약간의 차이가 있음.
(2) 1971년부터 '후생시설'이라는 용어는 '사회복지시설'로 변경.

그 후 15년 이상 유지된 것은 그 동안 복지에 관한 행정 구조에 큰 변화가 없었던 것을 시사한다.

복지에 관한 통계는 〈표 II-25〉에 나타낸 바와 같이 후생·복리시설에 관한 통계표 그룹과 아동시책·여성시책에 관한 통계표 그룹으로 구성된다. 이러한 두 분야는 1950년대부터 70년대 전반의 시기에 있어서의 '복지' 정책 분야를 대표한다. 다만, 『보사연보』에서 사용된 '후생·복리시설'이라는 용어가 그 당시 일반적으로 사용되어 있었는지 분명하지 않다. 여기에서는 〈표 II-26〉에 보는 바와 같이 '무의무탁한' 사람들을 수용한 생활 시설과 공익 전당포나 아동상담소 등 수용시설 이외의 사회서비스 시설을 총칭한 용어로 사용된다. 1971년판 이후 '후생·복리시설'이란 용어는 '사회복지시설'이라는 용어로 변경되었다. '후생시설'은 〈조선구호령〉에서 규정된 '구호시설'이라고 간주되었고 수용된 사람들은 대부분이 '요구호자'로 인정되어서 구호양곡의 배포대상이 되었다. 〈생활보호법〉의 시행 이후는 이러한 시설은 '생활보호시설'으로서 다루어지게 되었다.

아동시책과 여성시책에 관한 통계는 '기아', '부랑아', '혼혈아' 등 아동에 관한 행정기록과 '미망인'에 대한 조사와 여성에 대한 생활상담의 실적 등의 기록으로 구성된다. 당시의 복지정책에 있어서 보호자를 잃고 길거리에서 생활하고 있었던 아동들의 문제, 남편을 잃은 여성, 특히 유아나 노친을 돌보는 여성의 문제, '윤락여성'의 문제 등이 중심적인 과제이었다.

2. 후생·복리시설에 관한 통계

복지에 관한 주요 통계는 후생·복리시설에 관한 것이며 특히 후생시설('수용시설' 또는 '보호복지시설'이라고도 표현되었다)로 불리던 생활시설의 통계이다. 생활시설 이외에 장애인복지, 노인복지, 상담업무, 지역사회 서비스 등 넓은 의미에서의 사회서비스 시설을 포함하려는 발상도 없었던 것이 아니다. 〈표 II-26〉에서 보는 바와 같이 〈후생·복리시설 분포 상황표〉는 '후생·복리시설'을 '보호복지시설'(생활시설), '신체장애인 복지사업', '기타 복지사업' 셋으로 구분해서 생활시설 이외의 사회서비스를 시야에 넣었다. 그러나 구체적으로 표의 내용을 보면 1950년대에는 공익 전당포를 제외하여 사회서비스 시설은 거의 기재되지 않다. 이 표의 형식은 아마 외국의 통계표 형식을 참고로 했다고 추측되고[19] 복지서비스 사업도 시야에 넣으려고 의도했지만 결과적으로는 그러한 사업이 거의 존재하지 않았기 때문에 표는 곤란한 상태로 남겨졌다고 생각된다[20]. 이 당시

19 이 통계표는 일제시대의 사회행정에 관한 형식을 참고로 한 가능성이 높다.

20 수용시설 이외의 복리시설로서는 1960년대 초부터 소수의 아동상담소, 여성상담소가 존재하고 있었고 또 60년대 후반에는 탁아소가 급속히 증가했다.

의지 할 곳 없는 사람들에게 의식주를 제공한 것이 최대한의 사회 서비스이었으며 다양한 생활요구에 응한 서비스를 제공할 정책적인 여유는 거의 없었다고 생각된다. 또 아동, 노인, 장애인, 여성의 네 분야 중 행정의 관심은 아동(특히 '부랑아', '기아', '혼혈아'의 문제)과 여성('미망인'과 '윤락여성'의 문제)에 기울여지고 있었으며 장애인이나 노인의 문제, 지역 복지 문제 등은 정책 과제로서 채택되지 않았다. 단순한 의식주 제공 사업의 범위를 넘어 다양한 생활요구에 대응한 복지 서비스를 발전시키는 것이 필요하다라는 정책 발상이 등장한 것은 1980년대 이후이었다.

후생시설에 관한 통계는 총괄적인 〈후생·복리시설 분포 상황표〉(〈표 II-26〉), 각종 시설의 일람표, 각종 시설에 있어서의 수용자의 연간 동태표, 각종 시설의 수용자의

표 II-26 후생·복리시설 분포상황표(1956~70년)

시설 종류		기능별 ※	시설 수 (1956년)	시설 수 (1960년)	시설 수 (1970년)
보호복지시설	모자원	생활시설	62	63	35
	영아원		32	42	74
	육아원		396	430	430
	감화원		28	1	19
	허약아동 갱생원		1	5	15
	육아직업보도시설		7	11	44
	양로원		37	39	14
	윤락여성직업 보도갱생원		4	1	11
	숙소제공시설		1	3	–
신체장애인 복지사업	신체부자유자 갱생 시설		15	9	16
	맹아(盲啞)갱생 시설		7	9	16
	신체장애인 수산(授産)시설	서비스 시설	–	–	3
	보장구 제작시설		–	–	–
	점자 도서관		–	–	1
	점자 출판시설		–	–	1
기타 복지사업	탁아소		4	7	203
	아동상담소		–	4	6
	생활상담소		–	–	1
	공익 전당포		9	12	4
	저리융자사업		–	–	–
	인보관(隣保館)		–	–	–

자료: 『보건사회통계연보』 각 년판. ※'기능별' 분류는 필자에 의함.

성·연령 등 속성에 관한 실태표의 세 종의 통계로 구성된다.

이 중 시설의 일람표는 모든 복리시설에 관해서 시설의 명칭, 조직 형태(국공립·법인·개인의 구별), 시설의 종류, 주소, 대표자, 설립 년월, 인가 년월, 수용 정원, 현재의 수용자 수, 건물 상황, 설비 상황 등을 기재한다. 이 자료는 행정 기관이 복리시설에 대하여 어느 정도 유효한 관리를 실시했던 것을 나타내고 있다. 시설에 대한 관리의 근거가 된 법령은 〈후생시설운영요령〉(1952년 제정)과 〈후생시설설치기준〉(1957년 제정)이었다. 전자에서는 시설의 인가 기준, 국가나 자치체의 의뢰에 의한 위탁 수용의 수락 수속, 시설에 대한 국가의 지도·감독의 권한 등이 규정된다. 국가는 무책임한 시설의 설립과 운영을 막기 위해서 설립 방법을 등록제부터 재단법인이 지방자치단체에서 인가를 받는 허가제로 변경했어 기본 재산(1957년 규정에서는 부동산 1 천만원 이상, 동산 100만원 이상)의 준비를 그 조건으로 했다. 또 후자에서는 시설에 대해서 건물의 규모, 의무실이나 도서실 등 최소한 설치해야 할 설비 등에 관한 기준이 규정되었다[21].

시설 수용자에 관한 통계는 수용자의 연간의 입소수·퇴소수·년도말 재적수를 나타내는 〈동태표〉과 수용자의 입소 이유·성·연령·출생지·교육력 등의 속성 분석을 나타내는 〈실태표〉로 구성된다. 〈동태표〉는 구호양곡의 배포 대상이 된 시설 수용자를 확인해서 그 인원 수에 따라 양곡을 배포하기 위한 기초 자료로서 작성되었고 동시에 구호 인원 수의 동향을 감시하기 위해서도 이용되었다고 추측된다. 〈실태표〉는 구호 대상의 속성을 분석하여 시설 수용자를 낳고 있는 원인이나 사회적 배경을 알기 위해서 작성되었다고 보인다. 시설 구호에 관한 통계는 각 시설로부터의 보고에 의거하여 작성되었기 때문에 수치의 신뢰성은 비교적 높다고 생각된다.

〈표 II-27〉에 보는 바와 같이 후생시설의 대부분은 설립·운영에 있어서 외국민간원조단체의 원조에 의해서 유지된 민간 시설이며 국공립 시설은 극히 적었다. 국가는 '무의무택'한 요구호자의 수용을 이러한 민간 시설에 거의 전면적으로 맡기고, 다시 말하면 의존하고 있었다. 국가가 실시한 것은 시설에 수용된 대상자에게 주식용 쌀·보리·잡곡의 지급이었다.

---

21 시설에 대한 국가의 관리 법규의 서술은 구자헌(1991:201-4)과 권오구(1994:203-6)에 의한다.

〈표 II-26〉와 〈표 II-28〉는 1950년대와 60년대의 시설과 수용자의 동향을 나타내고 있다. 재가 생활자를 대상으로 한 서비스 시설은 극히 적고 생활 시설(수용 시설)이 중심이었다. 생활 시설 가운데 영아원, 육아원, 신체 장애아 시설, 부랑아 시설 등 유

표 II-27 설립주체별 후생시설의 구성 (1956년·1968년)

	1956년							1968년						
	국립	공립	법인	종교단체	기타단체	개인	합계	국립	공립	법인	종교단체	기타단체	개인	합계
모자원	1	6	19	4	—	22	62	1	1	32	—	—	—	34
영아원	—	—	17	5	—	10	32	—	3	73	—	—	—	76
육아원	2	11	169	26	3	185	396	—	4	433	—	—	—	437
감화원	1	6	10	—	—	11	28	—	—	14	1	—	—	15
허약아동 갱생원	—	—	—	—	—	1	1	—	2	1	—	—	—	3
육아 직업보도시설	1	2	1	—	—	3	7	—	2	14	—	—	—	16
양로원	—	1	18	2	—	16	37	—	3	39	1	1	—	44
윤락여성 직업보도갱생원	1	—	2	—	—	1	4	1	8	12	—	—	—	21
숙소제공시설	1	—	—	—	—	—	1	—	5	—	—	1	—	6
지체부자유자 갱생시설	1	1	8	1	—	4	15	—	1	10	—	—	2	13
맹아(盲啞) 갱생시설	1	—	3	—	—	3	7	—	—	11	—	—	—	11
합계	9	27	247	38	3	256	590	2	29	639	2	2	2	676

자료: 『보건사회통계연보』 1956년판, 1968년판.

표 II-28 후생시설 수 및 수용자 수(1956~70년)

단위: 시설, 명

	아동시설					노인시설	여성시설		장애인 시설	합 계
	영아원	육아원	신체 장애아	부랑아	육아직업 보도시설	양로원	모자원	윤락여성 직업보도 갱생원	성인 장애인 시설	
1956	32	396	15	—	7	37	62	4	—	553
		46,481	1,504	—	—	2,132	6,831	—	—	56,948
1960	42	430	18	—	11	39	63	1	—	604
		53,304	2,539	—	—	2,314	7,556	—	—	65,713
1965	77	442	22	11	13	42	37	22	16	682
	10,744	50,679	2,136	4,358	1,363	2,567	4,087	1,693	4,069	81,696
1970	74	430	24	10	19	44	35	14	20	670
	7,636	42,155	2,605	3,398	1,710	2,383	3,354	2,451	4,264	69,956

자료: 『보건사회통계연보』 1956~71 각 년판. 수용자 수는 연말 시점. 1956년도와 60년도의 시설의 분류 방법은 일부 65년 이후와 다르기 때문에 조성했다.

아·아동 시설이 압도적으로 많았다. 모자원의 수용자도 약 7할이 아동이었다. 1950년대 후반부터 60년대에는 5만~8만명의 아동이 이러한 생활시설에서 생활하고 있었는데 그 중 90~95%가 유아·아동이었다. 노인시설과 장애인시설은 극히 적었다. 노인시설과 수용자의 수는 1960년대에도 증가하지 않았다. 장애인시설('장해자시설')에 관한 통계표는 1963년 이후에 나타난다. 1960년대 후반에는 새로운 경향으로, 시설에서 성장한 아동을 위해 직업보도 시설이 등장한 것, 성인장애인 시설이 강화된 것, 아동상담소·부녀상담소(과부 세대 대상)·부녀보호지도소('윤락여성'대상)등의 상담 서비스 시설이 강화된 것, 그리고 탁아소가 급속히 증가한 것 등의 동향이 나타난 것이 주목된다.

3. 아동시책·여성시책에 관한 통계

아동시책에 관한 통계는 〈기아 취급 상황표〉, 〈부랑아 단속 및 조치 상황표〉, 〈혼혈아 실태표〉, 〈혼혈아 외국입양상황표〉로 구성된다. 이러한 통계는 전쟁으로 보호자를 잃고 노상 생활자가 된 아동, 빈곤 때문에 유기된 아동, 그리고 혼혈아 등의 문제를 취급한다. 기아와 부랑아의 통계는 보호된 아동의 수와 시설 송치, 보호자에게의 인도, 양자 알선 등 행정 조치의 실적을 기록한다. 혼혈아에 관해서는 성·연령 등의 속성 분석과 외국으로의 양자 알선의 실적이 기록된다. 이러한 통계를 통해서 아동 시책의 상황을 알아낼 수 있다. 시책의 기본 목표는 보호자가 없는 아동을 노상에서 없애지고 생활하는 곳을 주는 것이었다. 이 경우 생활 장소의 제공이라는 시설에의 수용, 일반 가정에의 위탁부양, 양자알선 등을 의미했으며 양적으로는 시설수용이 가장 많았다. 그러나 시설에의 수용이 이상적인 시책이 아니었던 것은 시설 수용자의 동태표에서 사망이나 도망의 사례가 많이 기록되어 있는 사실에서도 추측된다.

여성시책에 관한 통계표는 주로 전쟁으로 남편을 잃어 아이나 부모를 돌보는 과부 세대에 대한 지원 문제와 〈윤락여성〉[22]에 대한 지원 문제를 취급한다. 과부 세대에 관

---

22 '윤락여성' 또는 '윤락자'라는 표현은 1957년판부터 나타난다.

해서는 1955년부터 매년 학력·취업상황·부양자녀수·부양노친수·생활정도 등에 관한 실태조사(〈미망인조사〉)가 실시되었고 이 조사결과의 통계가 수록된다. '윤락여성'에 대한 대책은 휴전 직후부터 시작되었던 것 같지만 상세한 기록은 없다. 1955년부터 서울시, 부산시 등 대도시와 미군 기지에 가까운 지역에서 국립 자매원을 설치하고 여성의 일시보호, 귀향원조, 직업지도·알선, 자립지원 등을 실시했던 기록이 나타난다. 1960년대 초에 과부나 '윤락여성'에 대한 상담 서비스가 정비되었고(〈부녀상담소〉, 〈부녀보호 지도소〉) 62년부터 상담 실적의 통계가 등장한다.

이와 같이『보사연보』의 기록은 당시의 복지 행정의 주된 대상이 아동과 여성의 문제이었던 것을 표하고 있다. 노인와 장애인에 관한 통계가 적은 것은 이러한 문제에 대한 정책적인 우선도가 낮았던 것을 나타나고 있다.

4. 〈후생시설구호 상황표〉의 시설 수용자의 생활경비부담 구조

〈후생시설구호 상황표〉는 시설 수용자에 대한 양곡 및 금전 급여의 지급 상황을 기록한 통계표이다. 이 표에서는 시설에 대한 외국민간단체에 의한 원조 상황도 기재된다(〈표 II-29〉). 이 표에 의해서 시설 수용자의 생활 경비가 국고, 지방자치단체, 외국원조의 3자에 의해서 부담되었던 것과 각기의 부담 비율을 알 수 있다. 이 자료에 따르면 1960년대에 있어서 국가가 양곡(백미와 잡곡)을 부담하여 지방자치단체가 부식비 보조의 명목으로 금전 급여(당초는 1인 1일 3원)를 부담했다.

통계표는 시설 수용자의 생활은 국고와 지방자치단체의 부담에 의해서는 도저히 유지되지 못하고 양곡 지급의 부족분과 금전 경비의 대부분은 외국원조단체가 부담했던 것을 분명히 나타내고 있다. 국가의 양곡 지급량은 1960년대부터 70년대 전반을 통해서 거의 변화하지 않았다. 금전 급여는 1969년에 1인 1일 10원으로, 73년에는 50원으로 증액되었지만 외국원조가 시설 수용자의 생활 경비의 상당 부분을 부담했던 상황에 변함 없었다. 시설의 운영 경비에 관해서 공적인 지원이 없었던 것은 말할 필요도 없다.

표 II-29 시설수용자의 생활경비 부담 상황 ('후생시설 구호상황표')

		쌀 (톤)	잡곡 (톤)	금정생계비 (양곡을 제외) (천원)
1965년	국고부담	4,233	5,792	8,657
	지방부담	22	22	39,575
	외국원조부담	—	6,410	762,762
1970년	국고부담	4,977	3,868	32,107
	지방부담	245	163	226,040
	외국원조부담		2,032	1,096,376
1974년	국고부담	4,615	4,135	105,674
	지방부담	61	60	977,479
	외국원조부담	93	132	불명

자료: 『보건사회통계연보』 1974년판의 '후생시설 구호 상황표'.

맺음말 — 『보건사회통계연보』의 자료적 의의

『보건사회통계연보』의 자료적인 의의로서 적어도 세 가지를 지적할 수 있다.

첫째로 1980년대 이전에는 보사부는 연차 행정보고를 작성하지 않았기 때문에 이 자료는 보사부가 소관한 복지행정의 전체 상황을 분석하는데 귀중한 자료이다. 특히 1950년대~70년대에 있어서의 국민생활과 국가의 복지정책에 관해서 수량적인 정보를 제공해 주는 거의 유일한 자료이다.

둘째로 그 기록 수치에는 문제점이 많다 해도 신중히 검토해 보니 당시의 사회복지 행정의 대략을 분석하는데 충분히 이용할 수 있다. 특히 초기단계의 통계표의 미정비한 상황은 미분화한 채 운영되었던 사회복지행정의 실태를 오히려 생생하게 전해 주기도 한다.

셋째로 그 통계표의 구성과 내용의 연차적인 변화를 통해서 복지행정의 변화에 관한 정보를 얻을 수 있다. 그것이야 말로 복지행정의 변화를 아는 실마리이다. 이 글에서 다음과 같은 연차적인 변화를 지적했다.

① 1950년대부터 60년대에 있어서 『보사연보』는 복지행정의 핵심이 구호양곡의 배

포이었던 것을 전하는 뿐만 아니라 한국전쟁의 휴전에서 일정한 기간이 지난 시점에서도 구호양곡의 배포 사업이 아직 혼란하고 있었던 상황을 전한다. 중요한 것은 통계의 혼란을 분석하여 양곡배포 행정의 실태와 문제점을 해명할 수 있는 것이다. 그체적으로는 구호양곡의 확보량의 매년의 변동, 매월의 계획 배포량의 확보에 관한 혼란, 양곡배포에 있어서의 중앙(보사부)에서 도(+서울,부산), 시·군을 거쳐 읍·면·동·리로 내려가는 행정 전달 기구에 관한 문제, 지방차원과 중앙차원의 정책발상의 차이와 구호 대상자의 구분이나 인정에 관한 혼란, 중앙과 지방의 차원에 있어서의 행정 직원의 부족 등 구호행정의 문제점을 알아낼 수 있다.

② 1960년대에 들어 통계표의 구성과 내용은 몇 년 간에 걸쳐서 크게 혼란한다. 이 혼란은 61년에 성립한 박정희 군사정권이 실시한 구호행정 개혁에 의해서 생겼다. 이러한 통계의 혼란 자체가 정책개혁의 시행착오에 관한 증언이 된다. 60년대 전반의 통계표의 혼란과 안정의 회복 과정은 구호행정 개혁의 진행 과정을 년차단위로 알려준다.

③ 1960년대 중반에 정비된 통계표의 구성은 박정희시대의 구호행정의 전체적인 모습을 나타난다. 1960년대 후반부터 70년대 중반까지 통계표 구성이 변화하지 않았던 사실은 그 기간중 구호행정이 비교적으로 안정적으로 추이했던 것을 반영한다. 그래서 70년대 초에는 통계의 내용에 변화가 나타나기 시작한 것은 주의할 필요가 있다. 그것은 직접적으로는 구호행정을 지지해 왔던 외국원조가 감소하기 시작했던 것에 관련했지만 보다 본질적으로는 경제성장에 수반한 생활의 변화 때문에 구호행정의 정책적인 한계성이 드러나게 되었던 것에 기인했다. 이 시기에 있어서는 새로운 생활요구의 출현에 대응한 생활 정책의 전면적인 개혁이 필요하게 되었지만 72년의 '유신체제'의 정치반동은 그러한 가능성을 닫았다.

④『보사연보』는 1975년에 발행이 중단한 후 바로 76년에 재개되었다. 그러나 70년대 후반에는 통계표의 수도 극도로 적었어 복지행정에 관한 정보를 공개하고 전하려고 하는 자세는 거기서 볼 수 없었다. 말할 것도 없이 그것은 '유신체제'로 인한 복지행정의 폐쇄 상황을 상징하는 일이었다.

참고문헌

한국정부 관련 자료

(정부계 연구기관의 자료를 포함) — 거의 간행년의 순 —

보건부 1952, 『보건통계연보』 1952년판

사회부 1954, 『사회행정개요』

대한민국정부 1962~, 『행정백서』(1963년판은 미강행)

한국군사혁명사 편찬위원회 1963, 『한국군사혁명사 제1집·상』(『군사혁명사 상』으로 약기)

농림부(양정국) 1960~,『농림통계연보·양곡편』각년판

— 1964,『양곡통계연보』 1964년판

보건사회부 1954,『보건사회통계연보』 1954년판 이후 각년판 (1955/56/75년판은 미간행)

— 1958, 『건국10주년·보건사회행정개관』

— 1969, 『보건사회시책』

— 1971, 『보건사회행정의 실적과 전망 -보건사회행정백서』(『1971보사백서』로 약기)

— 1981~, 『보건사회백서』(1981~ 83년판 및 1986~89년판은『보건사회』)

건국대학교부설 한국응용사회과학연구소 1969,『구호행정의 개선을 위한 조사연구』(정부위탁조사보고서: 『건대조사』로 약기)

원호처 1974,『원호10년사』

한국보건사회연구원 2011, 『국민기초생활보장법10년사』(편집위원장: 김상균)

기타 참고문헌

구자헌 1991, 『한국사회복지사(제3판)』 홍익재(초판은 1970년)

권오구 1994, 『사회복지 발달사』 홍익재

이두호·최일섭·김태성·나성린 1992, 『빈곤론』 나남

최천송1991, 『한국사회보장연구사』 한국사회보장문제연구소

하상락(편) 1989, 『한국사회복지사론』 박영사

한국사회복지협의회 1991, 『한국사회복지총람』(개정신판)

자료연구 III

구호행정의 개선을 위한 조사연구

(『건대조사』 1969년간)

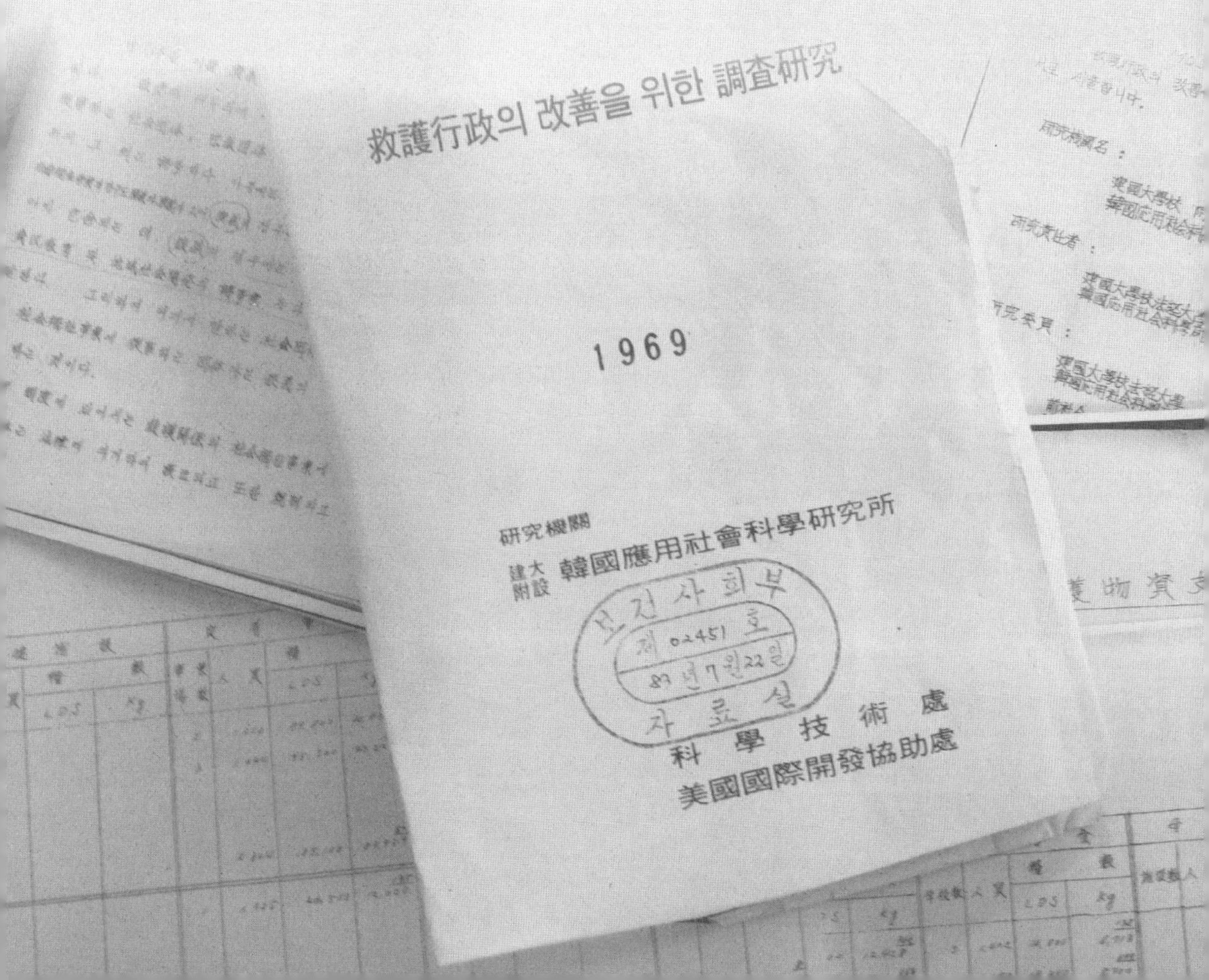

머리말

1960년대 전반기에 행해진 개혁으로 정비된 복지정책의 체계는 당시의 관계자에 의해서 '구호행정'이라고 불렀다. 그러나 구호행정이 어떠한 정책구조를 가졌던는지 또 어떻게 운영되었는지 등, 그 실태를 전하는 자료는 극히 적다. 구호행정의 개요는 보건사회부(이하,보사부)가 매년 발행했던『보건사회통계연보』(『자료연구편 II』)에 수록된 통계표, 보사부가 작성한 각종 행정문서, 그리고 국회·보건사회위원회에서의 심의기록 등을 통해서 어느 정도 알 수 있지만, 운영의 실태, 문제점, 그 기초가 된 정책발상 등을 충분히 해명할 수는 없었다. 이러한 자료 부족 상황속에 있어서『구호행정의 개선을 위한 조사 연구』(건국대학교부설 한국응용사회과학연구소1969〈이하『건대조사』〉)[1]는 1960년대 후반기 시점에서의 구호행정의 전체 구조를 그려내고 그 운영의 실태와 문제점을 상세하게 검증한 아주 귀중한 자료이다.

『건대조사』는 건국대학교부설 연구기관의 조사반이 대통령 직속기관인 〈행정개혁조사위원회〉에서 위촉을 받고 1968년부터 69년에 걸쳐 실시한 조사보고서이다. 이 보고서는 개인 연구서가 아니고 국가의 위촉으로 행정개혁을 목적으로 실시된 조사의 결과보고서이었으며 행정이 작성한 자료에 가까운 성격을 가진다. 이 위탁조사를 위해서 행정기관(보사부·경제기획원·건설부·지방자치단체 등)과 민간단체·관계자로부터 각종의 자료가 풍부하게 제공되었으니 이 보고서에서만 얻을 수 있는 정보가 많이 포함된다. 특히 구호행정의 운영 실태 정보는『보건사회통계연보』의 통계수치와 보사부의 각종 행정문서 등에서 나타난 단편적인 정보를 해독하는데 귀중한 실마리가 된다.

---

1 등사판인쇄, 424페이지,비매품.발행은 한국정부·과학기술처(MOST) 및 주한미국 국제개발원조처(USAID:U.S.Agency for International Development). 주 3, 참조.

이 보고서는 정부위탁 조사로서의 공적인 성격을 띠는 뿐만 아닌고 독립한 연구자로서의 분석자세도 동시에 갖고 있었다. 행정 담당자가 실시한 조사이면 보고문서에서 행정실태에 대한 비판적인 평가를 기술할 수 없었을 것이다. 또 연구자들은 사회과학을 기반으로 하는 전문적 관점에 입각하였으니 정부의 행정실태에 대한 면밀한 검증과 객관적인 평가도 가능했다고 생각된다. 1970년대에 들어 '유신체제'가 시작되었고 국회 논의를 비롯한 국가의 정책이나 행정에 대한 자유로운 학술 조사의 기회는 봉쇄되어 갔다. 『건대조사』는 행정에 대한 비판적인 연구의 자유가 아직 있었던 1960년대 말의 정치·사회 상황의 산물이다[2].

제1절 『건대조사』의 성립

1. "구호행정' 에 관한 행정 위탁조사의 목적과 배경

조사를 위탁한 〈행정개혁조사위원회〉는 1964년에 대통령 직속으로 설치된 기관이었으며 국가의 행정의 각 분야에 관해서 "불합리점과 낭비적인 요소를 적출 개선"해 개혁을 추진하기 위한 '행정진단'을 실시하는 것을 목적으로 했다[3].보고서의 서론은 조사반

2 1960년대 말에는 국회에서 사회정책에 대한 비판적 논의가 활발화해졌다. 특히 국정감사에 의한 정책 점검이 중요한 역할을 맡고 있었다. 『건대조사』에서는 보사부가 국회·보건사회위원회의 국정감사를 위해서 작성한 자료를 풍부하게 이용되는 것이 주목된다(국회·국정감사보고자료1968).

3 『행정백서』(1968년판)는 "행정능률 향상"을 위해서 "정책결정 기관으로부터 집행기관에 이르기까지의 행정 작용과 관리 실태를 진단하여 불합리점과 낭비적 요소를 적출 개선하였고 1968년도에도 4 부처에 대한 행정 종심(縱深)진단과 36개 사업에 대한 주제별 행정 진단을 실시할 계획"(p.529)이라고 한다. 『건대조사』의 대상이 된 보사부의 구호행정은 이 진단계획 중의 하나이었다. 조사 연구의 비용은 과학기술처(MOST)를. 매개하여 USAID로부터 제공되었다. 과학기술처는 1967년 4월에 국무총리 밑에서 경제기획원·기술관리국을 확대·개편하여 신설된 기관이었으며 기술협력, 국방, 원자력·정보산업의 진흥 등 과학기술 정책 전반을 소관했다. USAID는 미국의 케네디 정권이 〈해외원조법〉(1961년)에 근거하고 전신인 ICA(1954년 설치)를 강화·재편한 조직이었다. USAID가 『건대조사』의 위탁에 있어 구호행정에 대해서 특별한 관심을 갖고 있었는지 또는 단순히 조사비용을 제공했을 뿐이었지는 분명치 않다.

에게 위탁된 조사의 내용에 관해서,

> "현하 막대한 물적 자원을 소요하는 구호행정 일반의 효율화·적정화는 우리 나라가 당면하는 중요하고도 시급時急한 과제중의 하나이다 … 현재 실시되고 있는 구호행정의 여러 분야에 존재하는 문제점을 조사 분석함으로써 요要보호자의 생활보호와 재해로부터의 회복 및 이재민의 구호 등 구호행정의 합리적인 운영과 효율적인 사회구호체계의 확립을 위한 방안을 제시하고자 하는데 목적이 있다"

라고 기술하여(p.21), 구체적인 행정의 문제점으로서 다음과 같은 네 점을 열거했다(pp.21-2).

> ① "현재의 우리 나라의 구호 대상자 수는 계수상으로는 막대하나 반드시 엄밀한 검토를 거쳐 성정된 것이라고는 할 수 없으므로 합리적인 구호행정에 차질蹉跌을 일으킨다. 따라서 구호대상자의 성정의 기준과 원칙을 확립함으로써 구호대상자를 엄선하고 등급화하는 것이 효율적인 구호행정을 실현하는 첩경捷徑이다."
>
> ② "구호기관의 다원화와 횡적橫的연락의 결여는 효율적인 구호행정은 물론 적정한 구호행정을 실현할 수 없게 하는 중요한 원인이 되고 있다. 따라서 구호기관의 일원화를 지향하는 제도적 고려가 요긴하다."
>
> ③ "맹목적이고 무계획적인 구호대상자에 대한 구호수단을 지양하고 구호대상자가 자주적인 생활을 영위할 수 있도록 그들의 생산력을 배양해 주는 구호수단을 강구하여야 하는 것은 시급한 과제이다. 이것은 동시에 정부의 인 개발 정책에 대응하는 바이다."
>
> ④ "구호행정에 소용되는 자원의 적정한 규모를 측정하고 그 자원의 조달방법을 강구하는 것은 구호행정의 연속성·합리성을 유지하기 위하여 필요 불가결하다."

이 조사와 병행해서 다른 행정 분야도 '행정진단'의 대상으로 지정되었기 때문에 구호행정이 특히 "불합리점과 낭비적인 요소"가 많은 분야로 간주된 것이 아니었다고 생각된다. 그러나 대량의 정부양곡과 외국원조물자로 구성되는 구호자원이 효율적으로 운영되지 않다는 평가가 있었던 것은 확실하다. 특히, 구호 대상자의 인정이 엄밀하지 않고 그 결과 '막대한' 수의 대상자가 인정되는 것, 행정 기구가 다원적으로 확산되고 있고 체계화되지 않은 것, 구호수단이 대상자의 생활 자립을 촉진시키는 형태로 기능하지 않는 것, 그리고 구호행정에 필요로 하는 자원의 적정규모가 분명하지 않고 조달 방법에 관해서 문제가 있는 것 등의 문제점이 조사에 앞서 벌써 의식되어 있었다[4].

또한, 1960년대 말에는 구호행정에 관한 문제는 단순한 행정의 효율화·합리화만에 머무르지 않고 전면적으로 재검토를 촉구되는 상황이 생겼던 일에 주의할 필요가 있다.

첫째, 1960년대 초의 개혁에 의하여 정비된 복지정책 체계를 재검토해야 하는 상황이 생기고 있었다. 이 시기에 이르러도 구호행정은 한국전쟁 이래의 응급적인 정책 구조를 남겨 있어서 정책대상, 재원, 실시체제와 방식 등에 관해서 각종의 시책이 난립한 채 운영되어 있었다. 한편 경제의 발전과 함께 생활요구의 성격도 변화하고 새로운 사회적 문제가 일어나고 있었으나 구호행정은 이러한 상황에 대응하는 체제를 가지지 않았다. 예를 들면 보사부 관계자 사이에는 생활 곤궁자에 대한 단순한 식량지원으로부터 생활의 자립화를 위한 시책으로의 정책전환이 필요하다라는 인식도 형성되어 있었다. 또 복지시설 분야에 있어서도 전쟁고아를 수용하는 시설의 수요는 저하하는 한편 년장 아동의 자립을 위한 직업훈련 시설등이 보다 필요하게 되었고 장애인이나 노인들에서도 복지서비스의 요구가 높아지고 있었다. 이러한 새로운 사회 동향에 대응하기 위해 구호를 중심으로 하는 행정체제를 재검토해야 한다는 인식이 행정 당국 자체에서도 나오고 있었다[5].

둘째, 1960년대 말에 경제발전과 함께 국민 생활의 향상을 위한 사회적인 정책 분

4 이러한 문제점에 관련하고 국회에서는 미국의 무상원조를 둘러싼 이권 문제와 원조물자의 부정 유용의 문제가 논의되고 있었다. 1964년에는 '특혜' 재벌에 의한 밀가루/시멘트/원면의 '삼분(三粉)폭리'에 대한 추궁이 있었고, 또 1966년에는 보사부에 대한 국정감사에 있어 미국으로부터의 무상원조 양곡을 재원으로 한 자조근로사업이 "여당의 당세력 확장"을 위한 "밀가루 공사"가 되고 있다라는 비판이 전개되고 있었다. 이 시기에 미국 국회에서도 한국에 있어서의 PL480호에 의한 원조물자의 부정유출 문제가 논의되고 있었다.

5 1960년대 말에는 보사부는 사회행정 전체의 개혁을 구상하고 있었다. 『건대조사』(p.223)는 보사부가 작성한 『구호행정의 개선을 위한 조사 착안점 자료』(1968년)라는 자료에 언급한다. 현시점에서는 이 자료의 현물을 확인 안 되지만 이러한 자료의 존재는 보사부 내부에서도 복지행정의 개혁을 위한 검토가 실시되어 있었던 것을 시사한다.

야에의 관심을 일으키는 정치적·사회적 분위기가 형성되어 있었다. 보사부는 1967년에 민간의 연구자나 복지 관계자가 참가하는 '사회개발'정책 연구 프로젝트를 발족시켰다[6]. 그 목적은 중·장기의 경제발전계획을 세우는 과정에서 사회적인 투자를 보다 적극화시켜서 경제 투자와 병행하고 균형있는 발전으로의 전환을 도모하는 것이었다. 이 정책 구상에은 사회보험의 도입과 사회복지의 충실이 포함되어 있었고 당연하게 구호행정의 전면적인 개혁 구상으로 이어가는 것이었다. 건국대의 조사반도 '사회개발'구상에 동조하고 조사 목적에 관련해서 다음과 같이 언급한다.

> "잇다른 경제개발 5개년 계획의 성공적인 실행으로 인하여 우리 나라 산업이 비약적으로 발전되고 있는 오늘날, 실질적 국민생활의 직접적인 향상을 위한 사회개발이 아울러 요청되고 있다. … 사회개발의 당면 과제 중에서도 가장 중요한 자리를 차지하는 것은 사회보장의 영역이다. 따라서 사회보장의 확립을 지향하는 시책의 중추를 이루는 구호행정의 의의는 실로 크다. 그러나 우리의 현실로서는 자원의 제약성과 대상의 광범성으로 말미암아 구호관련시책은 그 시발점에 있어서 이미 난항을 겪었으며 또한 겪고 있다. 하지만 이러한 여건아래서나마 구호대책을 단념할 수 없고 더욱이 복지국가에의 노력을 포기할 수는 없다. 이러한 노력이 우선 구호행정의 체계화·합리화와 가용자원의 효율화·과학화에 위하여 기울어진다면 우리들은 보다 나은 구호행정의 실을 거둘 수 있게 될 것이다 … 이 조사연구의 동기와 기대도 여기에 있다."(pp.3-4)

이 인용문 중 "사회개발", "사회보장의 확립", "복지국가에의 노력" 등의 표현과 "조사연구의 목적"으로서 기술된 "구호 대상자의 엄선", "구호행정에 필요로 하는 자원의 적정한 규모의 측정"을 비롯한 "구호행정의 합리적인 운영"이라는 표현 사이에는 분명히 발

6 '사회개발' 프로젝트에 관해서는 본서의 제3장 및 『자료연구 IV』를 참조. 경제기획원도 '사회개발'의 발상에 관심을 가지고 1968년에 건국대학교·한국응용사회과학연구소에 대해서 조사연구를 위탁했던 사실이 주목된다. 연구 책임자는 김정년 교수, 연구위원은 김규정 교수와 이승윤·한국과학기술소의 소원이었으며 『사회개발계획을 위한 기본조사』(1968년)라는 보고서를 제출했다. 연구과제는 '도시생활환경' 및 '인구집중·이동'이었고 '사회보장과 복지'에도 언급되지만 구호행정에 관한 분석은 없다. 두개의 조사간에는 관계가 없었다는 모양이지만 김규정 교수가 양쪽 조사에 참가하고 있었다.

상의 차이가 있었다. 조사의 위탁자인 〈행정개혁조사위원회〉는 행정의 효율화와 합리화를 강조하고 있었던 한편 조사반의 연구자들은 장래에 이르는 "사회보장의 확립"이나 "복지국가에의 노력"을 기초로 하는 발상을 가지고 있었다. 조사반의 연구자들은 단순히 위촉자의 의향에 따르지 않고 또 강제받는 것도 없었고 구호행정이 직면하고 있었던 문제를 사회과학자로서의 입장와 눈으로 해명하려고 했다고 생각된다.

셋째, 1960년대 후반에 들어 고도성장와 생활수준의 상승에 대응해서 외국원조가 삭감되기 시작하였고 이 요인이 구호행정에 중대한 영향을 미치고 있었다[7]. 건국 이후 구호행정의 재원은 외국원조에 크게 의존해 왔다. 1960년대에 들어도 이러한 상황은 계속되어 특히 근로능력이 있는 곤궁자에 대한 '자조근로사업'의 재원은 미국의 PL(공법)480호제II관에 의한 밀가루의 무상원조에 전면적으로 의존하고 있었다. 또한 아동시설, 모자세대시설 등 후생시설은 대부분이 외국민간원조단체에 의해서 설립·유지되어 왔다. PL480호에 의한 무상원조의 정지는 '자조근로사업'의 존속을 어렵게 했고 외국단체에 의한 시설원조의 삭감은 민간 후생시설의 운영을 위기에 몰아넣는 문제를 일으키는 가능성이 있었다. 따라서 현행 제도를 유지하기 위해서 관계자들은 외국원조의 삭감을 보충하는 새로운 재원을 찾고 있었다.

『건대조사』는 이러한 구호행정을 둘러싸고 생기고 있었던 새로운 상황을 배경으로 실시되었던 것에 주의해야 한다.

2. '구호행정' 의 정책영역

보고서에서는 '구호행정'을 ①생활보호, ②재해구호, ③자조근로사업, ④사회단체·외원(외국원조)의 네 개의 행정 분야로 구성되는 정책체계로서 파악한다(〈표 III-4〉 의 목차구성 참조). ① ③ ④의 분야는 보사부의 사회국과 부녀아동국의 소관에 속했다. ②의 분야는 정부 각 부처의 합동 조직에 의해서 담당되고 있었으며 보사부는 주로 의료구호

7 제2차 경제개발 5개년계획은 1971년에 미국으로부터의 잉여양곡 원조가 없어지는 것을 전제 여건으로서 작성되었다(『행정백서』 1967년판: 518).

와 생활구호를 담당했다. 네 개의 분야는 서로 연관하고 있었지만 정책대상, 재원, 정책 방식, 운영조직 등에 있어서 다르고 있었다. 따라서 '구호행정'이라는 용어는 다른 정책 방식에 의한 각종의 정책을 총괄해서 하나의 정책 그룹으로서 다루는 표현으로 쓰이고 있었다.

①의 '생활보호'는 구호행정의 핵심에 위치하는 제도이었으며 아동, 노인, 장애인, 모자세대 등 근로능력이 없는 사람을 대상으로 한 구호제도이며 시설 수용자를 대상으로 한 '시설보호'('수용보호')와 재가 생활자를 대상으로 한 '거택보호'로 구성되었다. 시설보호와 거택보호는 대상의 인정, 급여내용, 급여방법 등에서 다른 방식에 의해 운용되고 있었고 '생활보호'라는 분야도 다른 두 개의 정책의 방식에 의해서 운용되었던 것에 주의해야 한다. ②의 '재해구호'는 자연재해로 인한 생활 파괴에 대처하는 정책 분야이다. 전통적으로 '구호' 분야의 하나로 다루어졌지만 일반적인 생활구호와 다른 성격을 가지기 때문에 1961년에 〈재해구호법〉의 제정에 의해서 일반의 생활 구호로부터 독립한 형태로 다루어지게 되었다. 그러나 이 시기에는 항상 대규모 풍수해나 한해旱害 등이 발생해 농촌을 중심으로 수 많은 생활 곤궁자가 생기고 있었고 보사부는 대규모로 양곡급여를 실시해야 하는 사태가 계속하고 있었다. 양곡부족 때문에 보사부가 소관한 '자조근로사업'의 양곡자원을 유용했던 경우도 있었다[8]. 1967년에 재해구호는 재편성되었지만 이상과 같은 사정에 의해서 여전히 일반의 구호와 분리하지 못하고 구호행정의 하나로 간주되었다. ③의 '자조근로사업'은 근로능력이 있는 생활곤궁자('영세민')를 대상으로 취업을 조건으로 양곡을 지급하는 구호제도이었으며 주로 영세 농민을 대상으로 생활의 자립지원을 실시했던 제도이다. ④의 '사회단체·외원'이 하나의 행정 분야로 다루어졌던 것은 외국원조가 구호행정의 중요한 일환이었던 것에 의한다. 한국전쟁 이후 외국원조는 막대한 양의 구호자원을 제공해 와서 정부는 이러한 원조자원과 원조단체의 활동을 실질상 공적 행정의 일환으로서 다루고 있었다. 또 이 시기에서는 '사회단체'는 실질상 외국원조에 의해 유지된 복지시설의 운용자를 의미했기 때문에 ④의

8 예를 들면 1967년 가을에 대규모 한해(旱害)에 덮쳤어 약 31만세대/200만명의 농민이 생활구호의 대상이 되었다. 이 때 보사부는 자조근로사업의 양곡 자원을 농민의 구호에 충당했다 (국회『보건사회위/회의록』 1967년 10월 23일).

분야는 외국원조에 대한 관리와 함께 복지시설에 관한 정책분야를 의미했다.

'구호행정'이라는 용어는 엄밀한 의미로 공식적인 행정용어가 아니고 '구호'나 '구호사업' 등과 함께 행정 담당자를 비롯한 관계자가 관례적으로 사용하고 있었던 것을 많은 자료에서 확인할 수 있다[9]. 앞에서 지적했듯이 구호행정은 복수의 정책으로 구성되었다. 복합적인 성격을 가지는 구호행정의 구성을 근거 법규, 대상자의 종류, 구호의 내용, 재원, 그리고 운영 주체에 관해서 정리한 것이 〈표 III-1〉이다. 이 표에서는 건대조사에서 설정되었던 '사회단체·외원'이라는 분야를 설정되지 않다. 그 이유는 외국원조는 구호행정 전체에 관련되는 문제이었으며 독립한 행정영역을 형성하지 않았기 때문이다. 건대조사에서 특히 이 항목이 설정된 이유는 그 당시 외국원조의 삭감 문제와 원조에 의해 유지된 사회단체(실질적으로 복지시설)의 문제가 긴급적인 검토 과제가 되어 있었고 조사 위탁에 있어서 독립한 검토 항목으로서 설정되었기 때문이었다.

당시의 일반적인 용어법에 따르면 '구호행정'은 생활보호(시설구호 및 거택구호), 근로구호(자조근로사업), 그리고 재해구호사업의 세 분야로 구성되는 것으로 이해되었다. 좁은 의미로는 생활보호와 근로구호만을 '구호행정'으로 표현한 경우도 있었다. '생활보호'라는 용어는 〈생활보호법〉의 제정과 함께 사용되기 시작했지만 광범위한 '구호행정'의 일환을 구성하는 부분 개념으로서 사용되었던 것에 주의해야 한다. 보사부의 담당 부국인 '구호과'의 명칭도 1960년대를 통해서 변경되지 않았고 국회심의에서도 '보호'가 아니고 '구호'라는 용어가 사용되고 있었다. 1970년대에 들어 '구호'를 대체하여 '보호'가 전면에 등장하게 되었지만[10] 이하의 분석에서는 1960년대 말 당시의 용어법에 따라 '구호행정'이라는 용어를 사용하기로 한다.

구호행정은 군사정권기와 제3공화국의 초기에 있어서의 복지정책 개혁에 의해서

---

9 1960년대~70년대에 보사부가 작성한 문서나 일반 연구자에 의한 학술문헌 등에서도 '구호행정'이라는 용어가 널리 쓰였던 것을 확인할 수 있다. 예를 들면『구호행정의 개선을 위한 조사 착안점(着眼點)자료』(보사부의 내부자료,1968:『건대조사』에서 인용됨),『한국의 복지행정 -구호행정을 중심으로』(박영삼1966),『한국의 구호행정에 관한 소고』(이승열 1966),『한국의 구호행정에 관한 연구』(양병희 1970),『구호행정에 관한 연구』(김일석 1973) 등이 있다.

10 1971년에 보사부는 〈구호과〉를 〈보호과〉로 명칭을 변경했다. 그 후 '구호'라는 용어는 '생활보호' 또는 '보호'라는 용어로 전환되었다. 그러나 정책발상도 행정실태도 거의 변화하지 않았다.

형성되었다. 〈생활보호법〉, 〈아동복리법〉, 〈재해구호법〉, 〈외국민간원조단체에 관한 법률〉 등, 구호행정의 근거가 되는 주된 법규는 1960년대 전반에 제정·시행되었다. 『건대조사』는 구호행정의 형성과정에 관해서도 분석하여 귀중한 정보를 제공해 준다. 『건대조사』가 이용한 통계 데이터는 거의 일제히 1964~65년쯤부터 시작한 것도 주목된다. 이것은 군사쿠데타와 바로 동시에 착수된 구호행정 개혁 작업이 1964~65년경에 완료했다는 사실을 의미한다고 생각된다.

표 Ⅲ-1 『건대조사』의 연구대상이 된 '구호행정'의 구성

구호의 종류		구호의 대상자	구호의 내용	비용부담
비(非)근로능력자	시설구호	살 집과 의지할 수 있는 가족/친족이 없는 사람 (무의무탁)	주식양곡 (쌀·보리) + 약간의 금전수당	양곡비용 : 국고 금전수당 : 지방재정 주식양곡 이외의 생계비용 및 시설의 운영비용: 민간복지단체 (주로 외국민간원조단체)
	거택구호	재가생활자	밀가루의 지급	국고8할·지방2할(특별시는 5할씩)
근로능력자	근로구호 (자조근로사업)	근로능력이 있는 생활곤궁자('영세민')	취로를 조건으로 밀가루의 지급	주로 외국원조 (PL480-II) / 일부 국고
	재해구호	풍수해·한해 등의 자연재해의 이재민	생활곤궁기간중의 밀가루의 지급	국고·지방재정·외국원조·민간기금의 복합

자료: 필자 작성. 상세는 본서 제1장 〈표1-3〉참조.

3. 조사반의 구성

조사를 실시한 조직의 구성은 〈표 Ⅲ-2〉와 같다. 보고서에서는 조사반의 편성에 관해서 설명이 없지만 조사반의 멤버이었던 김용한씨(민법학자)와 김안제씨(행정학자)의 증언에 의해서 어느 정도 조사반의 상황을 알 수 있다[11]. 증언에 의하면 〈건국대학교부설 한국응용사회과학연구소〉[12]의 소장이었던 김용한씨는 위탁과 함께 새롭게 조사반을

11 김용한씨 인터뷰: 2011년 3월 31일, 김안제씨 인터뷰: 2011년 4월 1일.

12 이 연구소는 현존하지 않다. 김용한씨에 의하면 연구소는 전임의 연구원을 가지는 독립한 기관이 아니고 각 학부의 교원이 겸임하는 조직이었다 한다. 이 연구소가 작성한 문헌으로서는 현재까지 이 조사보고서와 앞의 주6에서 언급한 보고서가 확인될 뿐이다.

편성했다. 김용한 소장은 조사의 총괄 책임자이었으며 실질적인 조사 담당자는 연구위원 세 명과 연구조원 두 명이었다. 조사반은 법률·정치·행정을 전공하는 연구자를 중심으로 했지만 사회행정에도 관심을 가지는 사람이 많았다고 한다. 이 중 허찬종 연구위원과 염세욱 연구조원은 〈사회보장심의위원회〉(이하 사보심)의 전문위원이었던 경력이 있었고 보사부의 복지정책에 관한 지식을 풍부하게 가지고 있었다고 생각된다. 이 조사가 실시된 1968년 당시에는 사보심을 중심으로 보사부내에서 '사회개발' 프로젝트가 활동이 시작되었고 복지정책의 전면적인 개혁 계획이 작성되어 있었다. '사회개발' 프로젝트하고 건대조사 사이에 직접적인 연락이 있었는지는 확인 못 된다. 그러나 이 조사반의 연구자는 '사회개발'의 기본적인 발상에 친화적이었던 것과 사보심 연구원들과 대학교등에서의 접점이 있었던 것으로 보니 건대조사에 대한 '사회개발' 프로젝트에서의 영향을 부정할 수 없다.

김용한씨와 김안제씨의 증언에 의하면 조사반은 평소 연구상의 교류를 가지는 집단이 아니었다. 조사 활동은 협동해서 실시되었던 것이 아니라 각 정책 분야를 각 연구원이 독립해서 담당하는 형태로 행해졌다고 한다. 담당에 관해서는 증언자의 기억이 확실하지 않았지만 김안제씨가 '자조근로사업'의 일부 또는 전부를 담당했던 것은 거의 확실이다. 김규정씨가 '생활보호', 허찬종씨가 '사회단체·외원'을 담당했다고 추측된다. 조사 과정에서 위탁자인 〈행정개혁조사위원회〉와 〈과학기술처〉가 조사의 내용과 보고에 관해서 제약하려고 했던 것은 없었고 기본적으로 담당자가 자유로이 조사 활동을 행했다고 한다.

표 Ⅲ-2 조사반의 구성

연구책임자	김용한 (건국대학교법경대학교수 : 연구소장)
연구위원	김규정 (동·교수:연구소 연구위원 겸임)
연구조원	허찬종 (동·강사 : 전 사회보장심의위원회수석전문위원)
	김안제 (동·강사 : 서울대학교 행정대학원 강사)
	이원덕 (동·전임강사 : 연구소연구위원 겸임)
	염세욱 (동·강사 : 서울시노동위원회 위원)

자료: 『건대조사』 p.1. 이 이외에 '행정개혁조사위원회'에서 수 명이 "공동연구위원으로서 적극적으로 참가했다"(p.4)고 하여 전문위원(우문효)와 조사원(최승열)의 이름이 기재됨.

4. 조사 실시와 보고서의 작성

조사는 1968년 7월부터 1969년 3월까지의 1년이 채 안 되는 기간에 실시되었다. 실태 조사는 1968년 9월~10월의 2개월 간에 집중하여 보사부, 건설부, 경제기획원 등의 중앙 정무 부처, 지방자치단체(경기도, 강원도, 경상북도, 경상남도, 충청북도, 충청남도, 서울특별시, 부산직할시, 춘천시 등), 그리고 민간 사회단체 등을 대상으로 히어링 조사와 문서 자료의 수집이 행해졌다. 국가의 위탁 조사이었기 때문에 관계 기관은 전면적으로 협력했다고 보여진다. 1969년 3월에는 보고서의 작성이 시작되었고 동년 6월에 과학기술처 장관과 USAID청장에게 제출되었다. 보고서 제출을 받은 행정개혁조사위원회, 과학기술처와 USAID가 이 조사 결과를 어떻게 평가하여 그를 어떻게 행동했는지에 관한 자료는 발견할 수 없다[13]. 조사 결과가 어떻게 활용되었는지는 그 후의 추이에서 추측 할 수 밖에 없는데 생활보호에 관해서는 1970년대 전반까지 변화는 거의 없었다. '자조근로사업'(1968년 이후 '자활지도사업')에 관해서는 1971년에 미국의 PL480호에 의한 원조가 정지되었음과 동시에 개혁 문제보다 사업의 존속 자체가 정치적인 과제가 되었다. 이 조사의 제안이 큰 영향을 주었다고 추측되는 분야는 '사회단체·외원'의 정책이다. 1970년에 행해진 〈사회복지사업법〉의 제정, 〈한국사회사업연합회〉의 〈한국사회복지협의회〉로의 개편, 〈사회복지공동모금회〉의 설립 등 일련의 정책은 이 조사의 주요한 개혁제안과 일치한다. 그러나 이러한 개혁이 이 조사의 제안에 의거해서 행해졌는지 또는 원래 보사부나 사회단체가 진행하고 있었던 개혁 계획에 따라 실현되었는지에 관해서 확인할 수 없다.

보고서는 생활보호, 재해구호, 자조근로사업, 사회단체 그리고 외원의 4개의 독립한 보고로 구성되어 각 분야를 망라한 구호행정 전체에 관한 종합적인 분석과 평가는 행해지지 않았다. 조사 과정에서 공동 토론이 있었다고 추측되지만 최종적으로 보고

---

13 『행정백서』(1968년판)는 "(1968년도에) 행정개혁 조사위원회에서 조사 연구한 각종 보고서의 건의 사항을 실현하기 위해", 허인가 사무 등 1441건 중 584건에 대해서 시정 조치가 취하여 졌다는 기술이 있다(p.528). 이 기술에 의해서 조사 결과에 근거해 일정한 '시정 조치'가 실시되었던 것을 알 수 있지만 『건대조사』의 보고서에 관해서 어떠한 조치가 취해졌는지에 관한 기록은 확인할 수 없다.

서는 각 분야별으로 독립해서 집필되었다고 생각된다. 조사의 방법과 서술에서는 ①) 행정 시책의 의의와 현황의 확인, ②문제점의 소재와 불합리성의 적출, ③바람직한 방향에의 개선책의 제안이라는 구성의 통일이 존재한다.

5. 조사보고의 구성과 이 연구의 분석 구성

제2절 이하에서는 보고서에 따르면서 조사의 내용과 개혁제안을 분석하여 1960년대 후반의 복지정책에 있어서『건대조사』가 어떠한 의미를 가졌는지를 검토하려고 한다. 그러나 이하의 분석에서는 보고서의 서술 구성에 그대로 따르지 않다. 보고서는 구호행정을 구성하는 정책 분야를 서로 단독적으로 분립하여 기술하고 있으나 여기서는 각 정책의 정책적인 의미에 따라 재구성하여 분석한다. 우선 '재해구호'는 다른 분야와 관련성이 희박하고 독립성이 높았기 때문에 별도로 분석해야 한다. '재해구호'를 제외한 세 분야 중 '생활보호'는 '거택보호'와 '시설보호'라는 두 개의 다른 정책 방식으로 구성되었다. 양자는 법적으로 〈생활보호법〉에 의거하면서도 대상자의 인정 방법, 구호의 내용, 운영 등에서 완전히 서로 다르고 있었고 제도적인 교류·관계도 거의 없었다. 거택보호는 시설보호보다 오히려 재가생활 곤궁자에 대한 시책인 '자조근로사업'(근로보호)에 친화성을 가지고 있었다. 즉 양자는 같은 대상자 조사에 의해서 선정되었고 급여내용도 밀가루의 현물지급이라는 형태로 공통했기 때문이다. 실제의 운영에 있어서도 거택보호 대상자가 자조근로사업의 재원 유용에 의해서 보호를 받았던 경우도 있었다. 한편 '시설보호'의 분야는 '사회단체·외원'의 분야와 밀접하게 관련하고 있었다. '시설보호'의 대상자는 외국원조에 의해 유지된 '사회단체'가 경영하고 있었던 민간 후생시설에 수용되고 있었기 때문이다. 이러한 구호행정 분야의 관련성을 고려하여 이하에서는『건대조사』의 보고서의 서술을 ①거택보호, ②시설보호 및 사회단체·외국원조, ③자조근로사업, ④재해구호의 순서에 재정리해서 분석했다. 〈표 III-3〉에서『건대조사』보고서의 목차 구성과 이 연구에 있어서의 분석 순서를 대조해서 나타내고 있다.

표 Ⅲ-3 『건대조사』의 목차구성과 이 책의 분석구성

<table>
<tr><th>『건대조사』의 목차구성</th><th>본서의 분석구성</th></tr>
<tr><td>서론 조사 연구의 경위</td><td>제1절 건대조사의 성립</td></tr>
<tr><td>제1장 생활보호</td><td rowspan="2">제2절
거택보호의 분석과 개혁제언</td></tr>
<tr><td>제1절 생활보호의 의의
제2절 생활보호 대상자의 조사
제3절 생활보호 대상자의 추세
제4절 생활보호 예산
제5절 생활보호 급여
제6절 생활보호 시설
제7절 생활보호 기금
제8절 건의 사항</td></tr>
<tr><td>제2장 재해구호</td><td rowspan="2">제5절
재해구호의 분석과 개혁제언</td></tr>
<tr><td>제1절 재해구호의 의의
제2절 재해구호 행정 기관과 그 기능
제3절 재해구호 자원과 재해구호 기금
제4절 재해비축 물자의 관리
제5절 건의 사항</td></tr>
<tr><td>제3장 자조근로사업</td><td rowspan="2">제4절
자조근로사업의 분석과 개혁제언</td></tr>
<tr><td>제1절 자조근로사업의 의의
제2절 자조근로사업의 기본 원칙
제3절 자조근로사업의 기능 체계
제4절 자조근로사업의 책정과 집행
제5절 자조근로사업 양곡의 수급과 관리
제6절 건의 사항
제7절 자조근로사업의 전망</td></tr>
<tr><td>제4장 사회단체와 외원(외국원조)</td><td rowspan="2">제3절
복지시설과 외국원조의 분석과 개혁제언</td></tr>
<tr><td>제1절 사회단체와 외원의 의의
제2절 사회단체와 외원의 현황
제3절 사회단체와 외원의 문제점
제4절 사회단체와 외원의 개선방안
제5절 건의 사항</td></tr>
</table>

자료: 『건대조사』 목차.

제2절 거택보호의 분석과 개혁제안

1. 제도의 의의와 문제점

보고서의 생활보호에 관한 분석은 우선 현행 제도의 의의에 관해서 "부분적 단편적이고 임기응변적인 구빈제도"이었던 이전의 제도에 비해서 "국가적 제도로서의 생활보호법"을 평가한다(p.33). 그러나 동시에 "현대의 복지국가"에 있어서의 공공부조가 있어야 할 상태와 비교하면 다양한 문제점이 있다고 지적한다. 특히 문제점으로서,

① 동법 제4조에 '보호의 수준'에 관해서 "건강하고 문화적인 최저 생활을 유지할 수 있는 것"이라고 규정하면서도 실제로 이 규정에 대응하는 국민최저생계비의 개념이 확립하지 않는 것,

② 보호 대상을 근로능력이 없는 사람으로 한정하는 "협의의 개념"에 입각해서 "근로능력만 있으면 … 생활 능력 또는 부양 능력이 있다고" 간주하여 실업자 등 생활 곤급자를 제외하는 것,

③ '구호'는 외국원조에 크게 의존해 와서 "생활보호법 시행 이후에 와서도 자주 역량에 의한 생활보호와 외원에 의한 구호와의 사이에는 미분화의 영역이 깊다랗게 잔존하게 되었고 현재도 외원의 도입을 계속 필요로 하고 있다"(p.34)

등의 문제가 지적되고 있다.

분석자는 이러한 문제의 해결은 용이하게 전망하지 못하는 것을 지적한다. "국민의 생존권에 대한 문제 의식이 민주 헌정 20년의 오늘에 이르러서도 선진사회와 비교할 정도에는 미치지 못하고 있는 실정이므로 제도의 확립 및 발전을 위함에는 아직도 전도에 많은 과제를 두고 있"기 때문이다(p.35). 그러므로 제도의 의의에 관한 종합적인 평가로서는 "우리의 생활보호제도는 법의 정신이나 그 규정에도 불구하고 실질에 있어서는 아주 좁은 개념 구성과 함께 운영될 수 밖에 없을만한 역사적 성격의 테두리안에 머물어 있다고 할 수 밖에 없다"고 결론한다.

2. 대상자의 인정 수속에 관한 문제와 개혁제안

(1) 대상자의 인정 수속

이 조사의 주된 목적은 한정된 구호 자원이 합리적으로 운용되고 있는지를 검증하는 것에 있었다. 따라서 생활보호 대상자의 인정이 어떠한 수속으로 행해지고 있는지는 가장 중요한 검증점의 하나이었다. 이 분석은 생활보호제도의 구체적인 실시 과정에서 보호 대상자의 인정이 어떠한 수속으로 행해졌는지에 관해서 귀중한 정보를 제공한다. 〈요要구호대상자 조사요령〉(보사부)과 같은 인정에 관한 문서 자료는 존재했지만 실제로 인정이 어떻게 실시되었는지를 전하는 자료는 극히 적기 때문이다. 이 분석에 따르면 〈생활보호법〉 제17조에 의거하는 보호 대상자의 인정은 다음과 같은 수속으로 실시되어 있었다(pp.36-49).

① 생활보호 대상자(재가생활자)의 인정 조사는 매년 1회(보통 4월) 실시되었다. 조사는 말단의 행정 단위인 읍, 면, 동, 리의 직원이 대상 세대를 방문하고 〈표 Ⅲ-4〉에 나타낸 조사표를 사용해서 면접 방식에 의해서 실시되었다. 조사표는 세대 단위로, 가족 상황, 자산·수입 상태, 빈곤화 원인, 부양 의무자의 상황 등을 포함한 상세한 질문 항목을 포함했다. 조사표에는 '구호'의 판정의 결과(표의 좌상에 나타낸 〈구호 여부〉), 시·읍·면에서의 순위(표의 1행 째), 동·리에서의 순위(표의 1행 째), 생활보호자·영세민의 구분(표의 〈8.판정의 항목〉) 등의 판정 결과를 기입할 란이 있었다. 순위란을 마련한 이유는 인정되어도 예산의 제약 때문에 전원이 보호를 받을 수 없었기 때문에 우선 순위를 매길 필요가 있었기 때문이다.

② 이 조사는 재가의 보호 대상자(근로 무능력자) 뿐만 아니라 동시에 '영세민'(근로능력자로 구호를 필요로 하는 사람)의 인정도 실시했다. 이 경우 〈생활보호법〉 제3조 제1항의 규정에 의해 1호(65세 이상의 노쇠자)·2호(18세 미만의 아동)·4호(불구, 폐질, 상이, 기타 정신 또는 신체의 장애로 근로능력이 없는 사람)의 해당자가 '생활보호 대상자'라고 간주되었고 3호(임산부)·5호(기타 보호기관이 본법에 따르는 보호를 필요로 한다고 인정한 사람)의 해당자가 '영세민'이라고 간주되었다.

③ 조사에 앞서 국가는 해당년의 '영세민 책정기준'으로 1인당 월 수입액을 제시했

다. 1968년도의 경우 도시 700원 미만, 농촌 600원 미만이었다. 분석자에 의하면 이 책정기준은 국가가 제시하는 '국민최저생계비'로서 '영세민'의 인정 뿐만 아니라 '생활보호 대상자'의 부양 의무자의 부양 능력의 판정에게도 적용되어야 하는데 "현지조사에 의하면, 일선 조사기관이 생활보호 대상자의 자격 기준에 국민최저생계비를 고려하는 예는 발견할 수 없었다"고 말한다.

④ 동·면의 차원의 조사 결과가 시·군의 차원으로 집약되어 시·군의 〈생활보호위원회〉[14]의 심사를 거쳐 시장·군수가 인정자를 결정해 인정자 명부가 작성되었다. '생활보호 대상자'로 인정되면 양곡의 지급(1인 1일당 밀가루250g)을 받을 수 있는 대상이 되었고 '영세민'의 경우는 '자조근로사업'에 의한 근로구호나 그 이외의 국가·지방 기관이 실시하는 공공 사업의 취업 자격을 얻게 되었다.

보고서는 이러한 대상자 인정의 "조사 방법의 결함"으로서 몇 개의 문제점을 지적한다. 첫째는 생활보호 대상자와 영세민의 구분 기준이 불명하지 않고 특히 3호(임산부)·5호(그 이외)의 해당자가 기계적으로 '영세민'으로 분류되는데 이 중에는 근로능력이 없고 생활보호의 대상으로 인정되어야 할 사람이 포함되고 있다라는 문제이다. 둘째는 '영세민'의 판정에 이용되는 생계비 기준이 생활보호 대상자의 인정에 있어 부양 의무자의 부양 능력의 판정 기준으로 이용되지 않다라는 문제이다. 부양 의무자가 존재하면 그 부양 능력을 불문하고 대상자로 인정되지 않는 조치가 문제로서 지적된다. 셋째는 '영세민'으로 분류된 사람 중 일시적으로 생활곤란에 빠지고 있는 사례가 존재하고 있으나 이러한 사례는 취업구호 사업의 대상으로 다루지 않고 '임시적인 생활보호'의 대상자로 해야 한다라는 문제이다.

이러한 지적의 기초에는 '영세민'의 판정 기준으로 제시된 '영세민 책정기준'('영세민 최저생계비')을 보호 대상자의 인정 기준으로서 활용해야 한다라는 주장이 존재했다. "생활능력(부양능력)의 유무 판단은 국민최저생계비를 기준하여야 하는데, 이에 대한 인식이 부족하며, … 그리하여 조사기관(조사원)의 주관적 기준이 작용하는 여지가 더 한

14 〈생활보호위원회〉는 〈생활보호법〉 제16조의 규정에 의해 보사부, 서울·부산 양시 및 도, 시·군의 각 레벨에 설치된 기관이었다. 이 기관이 어떠한 구성을 가져 어떻게 기능하고 있었는지를 전하는 자료의 존재를 확인되지 않다.

층 넓어지고 있는 실정으로 보인다"(p.45). 이러한 관점에 서서 분석자는 '개선방안'으로서 ①생활보호 대상자의 인정 기준을 명확화해 '영세민'과의 구분을 확립하는 것, ②보호 대상자의 인정에 있어 '최저생계비 기준'을 이용하는 것, ③근로능력자라도 일시적인 생활 곤란에 빠지는 경우 '임시적 보호'의 범주를 설정해서 보호 대상으로 하는 것, ④현장 기관이 판정에 있어 객관적인 기준을 적용하도록 철저하게 할 것 등이 제안한다.

표 Ⅲ-4 요구호대상가구 생활실태조사표(생활보호 대상자 및 영세민의 선정을 위한 조사표)

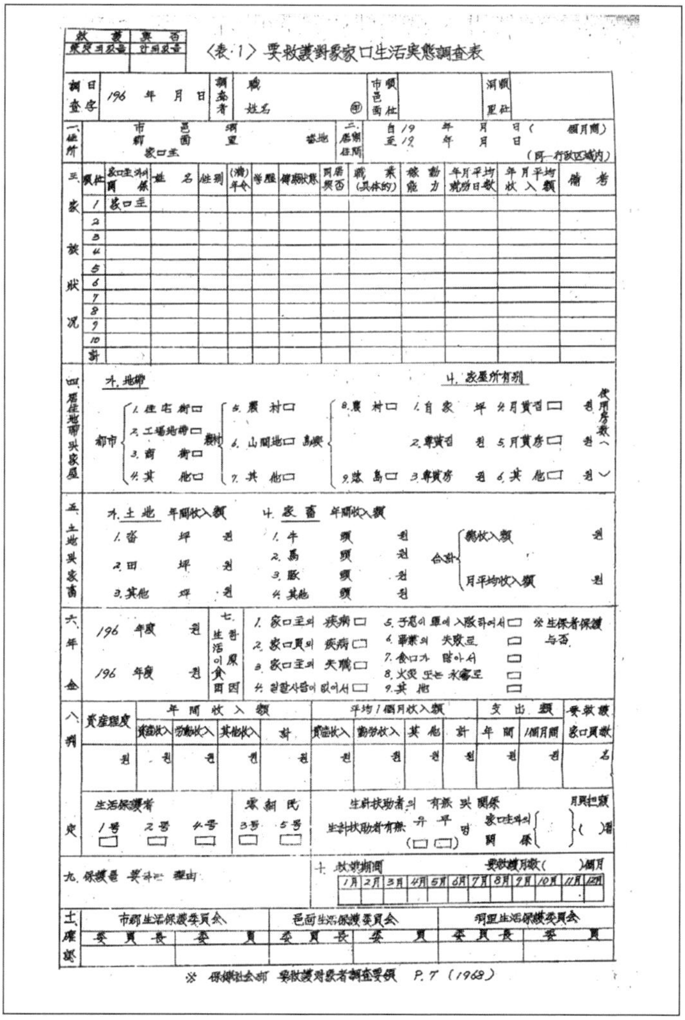

〈表·1〉 要救護對象家口生活實態調査表

救護 / 與否 — 救護對象者 / 非對象者

調査日字: 196 年 月 日 / 調査者: 職, 姓名 ㊞ / 市郡 邑面 駐在 / 洞里 駐在

一. 住所: 市郡 邑面 洞里 番地 家口主
二. 居住期間: 自 19 年 月 日 (個月間) 至 19 年 月 日 (同一行政區域內)

三. 家族狀況

順位	家口主와의 關係	姓名	性別	(滿)年令	學歷	健康狀態	同居與否	職業(具體的)	稼動能力	年月平均就勞日數	年月平均收入額	備考
1	家口主											
2												
3												
4												
5												
6												
7												
8												
9												
10												
計												

四. 居住地帶 및 家屋
가. 地帶: 都市 {1. 住宅街□ 2. 工場地帶□ 3. 商街□ 4. 其他□} 農村 {5. 農村□ 6. 山間地□ 7. 其他□} 島嶼 {8. 農村□ 9. 孤島□}
나. 家屋所有別: 1. 自家 坪 2. 專貰집 원 3. 專貰房 원 4. 月貰집□ 원 5. 月貰房□ 원 6. 其他□ 원 (使用房數)

五. 土地 및 家畜
가. 土地 年間收入額: 1. 畓 坪 원 2. 田 坪 원 3. 其他 坪 원
나. 家畜 年間收入額: 1. 牛 頭 원 2. 馬 頭 원 3. 豚 頭 원 4. 其他 頭 원
合計 {總收入額 원, 月平均收入額 원}

六. 年金: 196 年度 원 / 196 年度 원

七. 生活이 貧困한 原因: 1. 家口主의 疾病□ 2. 家口員의 疾病□ 3. 家口主의 失職□ 4. 일할사람이 없어서□ 5. 子息이 軍에 入隊하여서□ 6. 事業의 失敗로□ 7. 食口가 많아서□ 8. 火災 또는 水害로□ 9. 其他□ ※生保者保護與否

八. 判定

資産程度	年間收入額: 資産收入	勞動收入	其他收入	計	平均1個月收入額: 資産收入	勤勞收入	其他	計	支出額: 年間	1個月間	要救護家口員數
원	원	원	원	원	원	원	원	원	원	원	名

生活保護者: 1號□ 2號□ 4號□ / 零細民: 3號□ 5號□ / 生計扶助者의 有無 및 關係: 生計扶助者有無 유 무 (□ □) 명, 家口主와의 關係 { } 月負担額 ( )원

九. 保護를 要하는 理由

十. 救護期間: 要救護月數( )個月 1月 2月 3月 4月 5月 6月 7月 8月 9月 10月 11月 12月

十一. 確認: 市郡生活保護委員会 (委員長, 委員) / 邑面生活保護委員会 (委員長, 委員) / 洞里生活保護委員会 (委員長, 委員)

※ 保健社会部 要救護對象者調査要領 P.7 (1968)

자료: 『건대조사』p.36. 원자료는 『요구호대상자조사요령』(보사부·1968년 p.7). 『건대조사』에는 부속자료로서 이 표의 기입요령이 수록된다.

(2) 초기적인 '최저생계비' 로서의 '영세민 책정기준'

이 분석은 한국의 복지정책에 있어서 '국민최저생계비'에 관한 가장 이른 논술의 하나인 것은 주목할 만하다. 『건대조사』는 '영세민 책정기준'을 "생활보호 대상자의 생계 보호도 이 정도가 아니면 안된다고 하는 것을 보사부가 명확화"한 수치로 제시한 '최저생계비'로서 이해하고 있었다. 그러나 국가는 이것을 '국민최저생계비'에 해당한다고는 명확히 표명하지 않았으며, 『건대조사』가 바랐던 바와 같이 생활보호 행정에 있어 이 생계비 기준을 적용하려는 발상은 가지지 않았다[15]. 그럼에도 불구하고 1960년대 후반의 시점에서 행정에 의해서 원초적인 형태이었으나 '최저생계비'의 계산이 시도되었던 것에 주목할 필요가 있다. 이 조사에 따르면 1967년도에 '영세민' 판정을 위해 제시된 1 인당 월 소비지출은 도시의 경우 약 700원, 농어촌의 경우 약 600원이었으며 그 계산 수속은 〈표 III-5〉과 같다.

표 III-5 '영세민 책정기준' (선정기준)의 산출방법(1967년도)

	1세대 1개월당의 산출근거 (세대원수6명이라고 산정)	1인당 최저생계비 월액 =요보호자선정기준
도시영세민	주식비2,288 + 부식비1,080 + 연료비840 = 합계4,208원	4,208/6 = 약 700원
농어촌영세민	주식비2,288 + 부식비 900 + 연료비450 = 합계3,638원	3,638/6 = 약 600원

산출근거: (1)주식비는 6명세대·1개월에 쌀15kg, 보리30kg이라고 상정하여 이것을 시가로 환산.
(2)부식비는 1일·1인당, 도시6원, 농촌5원이라고 상정.
(3)연료비는 1일·1세대당 도시에서 2개, 농촌에서 1개 사용한다고 상정.

자료: 『건대조사』 pp.81-2에서 필자작성. 이 기술은 '영세민책정기준'의 산출방법에 관한 유일한 정보원이고 이 산출결과(요보호자 선정기준)를 '최저생계비'로 간주하는 점도 주목된다.

'영세민 책정기준'의 산정 수속에서는 생활보장으로서 주식비·부식비·연료비의 3비목을 보장하면 충분하다라는 당시의 국가의 정책 발상이 나타나고 있다. 3비목을 중심으로 하는 생활보장의 발상은 1980년대에 이르러서도 여전히 존재했던 것에 주의해야 한다. 건대조사에서는 한국은행의 『국민소득연보』의 통계에서 1967년의 한국의 1인

15 영세민을 선정하기 위해 이용된 생계비액이 보호기준에 반영되지 않다라는 상황은 1980년대까지 계속 되었다(신섭중 외 1990:353). 1990년대에 들어 객관적인 방법에 의해 산정된 국민최저생계비를 보호 대상자의 인정기준으로 할 뿐만 아니라 보호기준으로도 하는 것이 복지개혁의 가장 중요한 쟁점이 되었다.

당 민간 평균소비지출 월액을 2,724원으로 추계해서 여기에서 "타당한 국민최저생계비 수준"이 "1인당 월 2,000원의 선상에 있다"라고 유추하고 이것과 비교하면 '영세민 책정 기준'으로서 제시된 월 600~700원이라는 수준이 너무 낮은 것을 지적한다. 이러한 낮은 생계비 기준에 의해서도 약 200만~300만명이 '영세민'으로 인정되었던 사실에 유의할 필요가 있다. 게다가 월 600~700원이라는 액은 어디까지나 영세민의 인정 기준으로서 이용되었음에 지나지 않았고 생활보호의 급여나 자조근로사업의 급여와는 전혀 관계가 없었던 것도 강조해야 한다. 또한 나중에 보는 바와 같이 거택보호의 급여 수준은 '영세민'판정 기준의 절반에도 못 미쳤다.

3. 대상자의 결정에 관한 문제와 개혁제안

앞에 본 수속에 의해서 선정된 보호 대상자는 그대로 보호 수급자가 된 것은 아니었다. 〈생활보호법〉에 의하면 보호대상의 결정권은 시·군에 있었다. 시·군이 선정한 대상자는 도道차원에서 집약되어 보사부에게 제출되었다. 그러나 실제의 운영에 있어서는 "조사에 의하여 결정된 대상자에 따라 예산이 자동적으로 수반되는 것이 아니라, 국가의 예산상의 대상자 테두리에 맞추어 대상자가 조절되"는 조작이 행해졌다(p.42). 이 예산 테두리는 1962년 이후 일관해서 283,000인분(1인당 밀가루250g×365일분)에 고정되어 있었다. 보호경비는 국가80%, 지방20%의 비율로 부담되었다. 형식상은 지방자치단체에 재정여력이 있으면 국가의 예산 테두리에 관계없이 보호 대상자 수를 결정하는 것은 가능했지만 실제로 그러한 여력은 없었기 때문에 국가가 설정한 예산 테두리가 그대로 보호 대상자 수를 규정했다. 1968년도의 조사에 의해서 인정된 보호 대상자 수는 463,329명이었기 때문에 약 18만명의 '미보호 대상자'가 발생하고 있었다. 〈표 Ⅲ-6〉에 보는 바와 같이 1960년대 후반기에는 보호 대상자의 인정 수가 증가했는데도 '보호 실시수'는 고정되었기 때문에 인정되면서도 보호를 받을 수 없었던 '미보호' 인원 수가 대폭으로 증가하고 있었다.

이러한 대수의 '미보호'자의 발생에 대해서 분석자는 "결정 과정의 불합리"로서 강

표 III-6 지방행정에 의한 보호대상자 신청수와 보호실시수

	지방행정에 의한 보호대상자 신청수 a (명)	보호실시수 b (명)	'미(未) 보호대상자" 수 c=a-b (명)
1964	317,963	283,000	34,963
1965	391,277	283,000	108,277
1966	400,868	283,000	117,868
1967	438,240	283,000	155,240
1968	463,339	283,000	180,339

자료:『건대조사』의 표6(p.65)에 의해 작성.

하게 비판한다. 대상자 인정의 수속이 얼마나 합리적으로 행해져도 인정 결과와 관계 없이 보호 대상자 수가 결정된다면 인정 조사를 실시하는 의미 자체가 없기 때문이다. 보호의 '누락' 문제는『건대조사』에 앞서 국회의 〈보건사회위원회〉(보사위)에 있어서의 국정감사 과정에서도 문제시되어서 정부의 자세가 비판되었다[16]. 분석자도 "… 미보호 대상 문제가 제기되어 5년 간에 걸쳐서 매년 논란되고 왔다…"(p.63)라고 지적한다. 이 예산범위의 고정화는 보호 행정을 소관하는 보사부의 의향에 의하는 것이 아니고 국가의 경제 전략에 관련되는 최고결정기관인 경제기획원의 의향에 의했다. 예산의 고정화는 생활보호제도가 정비된 1962년에 시작되었고 건대조사의 실시 시점인 1968년에도 계속되었을 뿐만 아니라 그 후 70년대 중반까지 계속되었다. 조사보고에 의하면 현장의 담당 기관인 시·군과 도는 물론 중앙의 보사부도 선정조사에 의한 인정 수에 맞추는 예산을 확보하도록 매년 강하게 요구했지만[17] 경제기획원은 방침을 변경하지 않었다.

지방행정 현장에서 선정된 보호 대상자가 중앙정부에 의해서 그대로 승인되지 않았던 것은 큰 혼란을 일으켰다.『건대조사』에 의하면 시·군 차원에서는 매년 대상자 인정 조사에 의해서 "조사책정대상자 명부(원본)"를 작성하지만 예산 요구가 그대로 인정받지 못한 것을 예측하고 "예산 투쟁"을 위해서 상부 기관에게 제출하기 위한 "보고(예

16 국회·보건사회위원회에서 〈한국사회복지연합회〉(당시) 회장이었던 이메리 의원이 '미보호자 문제'를 추궁하고 있었다 (『국정감사·보건사회위/회의록』 1967년 10월 24일).

17 매년 보사부는 조사에 의해서 인정된 인원 수에 따라 예산요구를 실시하고 있었다. 예를 들면 1968년도의 경우 인정자 전원을 급여 대상으로 한 경우 국고 부담액은 454,183,900원이었으며 보사부는 이 수치에 근거해서 예산을 요구했다(『건대조사』: 63-4).

산 요구) 대상자명부"를 작성한다. 그러나 이 명부의 대상자도 그대로 인정되지 않기 때문에 실제로 보호를 받는 대상자 명부인 "예산상 책정대상명부"가 필요로 되고 현장에서는 적어도 3종의 명부가 존재했다고 한다. 시·군의 현장에서는 '미보호 대상자'의 처우에 고심해서 ①지방예산의 '구제 사업'에 의한 보호조치, ②인정된 대상자 전원을 대상으로 윤번제로 급여하는 조치, ③ '영세민'을 대상으로 하는 자조근로사업의 양곡을 유용해서 급여하는 조치, 등 편의적인 구제조치를 취하고 있다고 한다. 경기도와 같이 예산을 중점적으로 보호비용에 충당해서 대응하는 사례도 있으며 재정여력이 없는 자치단체의 경우 대상자 전체에 대해서 급여 수준을 통상의 약 60%까지 삭감해서 급여하는 사례가 있었다고 한다. 자조근로사업의 양곡을 미보호 대상자에게 유용하는 경우 법률 위반이며 행정상의 처리가 어렵기 때문에 근로능력이 없는 사람에게 취업을 강요 하는 등 문제가 있다고 한다.

분석자는 이러한 "사실상 해결 방법은 부당한 것이고 지나친 무리이며", "보건사회부로부터 읍·면에 이르기까지 미보호 대상자를 해결하기 위한 (국고)예산 조치가 절대 불가피한 문제라고 하는데 의견을 완전히 모으고 있다"(p.67)라고 한다. 이 문제는 "사회적, 정치적 문제"이 되어 있었고 "사실상 법률위반에까지 이르고 있는 미보호 대상자가 대량 존재하므로 일선 보호 기관은 늘 항의를 받고 있으며, 전망적으로 말할 때, 경우에 따라서는 생활보호법 제33조 내지 제36조에 의한 이의 신청의 사태沙汰를 비겨낼 뿐만 아니라[18] 더 나아가서는 행정소송까지 제기될 가능성이 있다. 또 사회적 문제가 정치 문제까지를 유발할지도 모르는 우려가 없지 않다고 본다"(p.70)라고 지적한다. 상당히 다수의 '미보호 대상자'의 존재는 생활보호제도의 운영에 대해 검증된 "불합리" 중에서도 가장 심각한 문제의 하나로서 분석자는 그 해결을 강하게 호소한다. "건의 사항"에서는 "미보호 상태에 계류繫留되어 있는 생활보호 대상자의 존재는 중대한 문제가 되어 있는 바, 조속히 해결되어야 하고", "생활보호 대상자의 결정에 따라 예산은 자동적으로 확정되는 원칙을 확립하여야 한다"(p.127)라고 강조하고 있다.

---

18 〈생활보호법〉 제7장(제33~36조)에 의하면 보호에 대한 이의신청은 결정일부터 30일 이내에 보호기관을 거쳐 도 지사(또는 서울특별시장)에 대해서 실시할 수 있게 규정되었다. 그러나 실제로 이의 신청이 제기된 사례는 확인할 수 없다.

4. 거택보호의 급여기준에 관한 문제와 개혁제안

'미보호자 문제'와 함께 생활보호제도의 근간에 관련되는 또 하나의 문제는 급여 수준이 너무 낮다는 문제이었다. 생활보호 급여는 ①생계보호, ②의료보호, ③출산보호, ④장제조치의 4종으로 구성된다. 조사는 우선 의료, 출산, 장제의 각 보호의 내용이 저低수준이고 명목적으로만 존재함에 지나지 않다라고 지적하고[19], 그 다음에 보호 급여의 핵심인 생계보호의 내용에 관해서 1인 1일당 밀가루 250g이라는 기준이 어떤 근거로 설정되었는지 또 쌀·보리를 비롯한 각종의 양곡 중 왜 밀가루가 선택되었는지가 분명하지 않다고 비판한다. 〈생활보호법〉에서는 보호수준은 "건강하고 문화적인 최저 생활을 유지할 수 있"는 수준으로 규정되는데 "생계비의 제 종목, 예컨대 주식비·부식비·연료대·의류대·교통비 및 교육비 등"(p.75)을 포함한 생활전체를 배려하지 않고 "현행

표 Ⅲ-7 '거택보호'의 문제점과 개선방안

항목	문제점	개선방안
생활보호대상자의 조사	ㅇ보호대상자의 조사방법은 '보호대상자'와 영세민과의 구분 기준이 불명확함 등 판정기준이 명확하지 않다.	ㅇ판정기준을 명확화해야 한다.
	ㅇ보호대상자로 인정되어도 보호를 받지 못하는 사람('미보호대상자')가 18만명이 존재한다.	ㅇ조사에 의한 보호대상자전원을 구호하는 것이 바람직하다.
	ㅇ실업 등에 의한 일시적인 생활곤궁자 (困窮者)도 '영세민'에 편입되어 있다.	ㅇ임시적인 보호대상자로서 다루어야 마땅하다.
생활보호대상자의 추세	ㅇ보호대상자가 증가경향에 있는 이유의 하나는 노인 및 장애인의 증가이다. ㅇ보호대상자의 증가는 보호대상으로 인정되지 않은 '잠재적 대상자'에 대한 대책의 결여에도 의한다.	ㅇ노인문제, 장애인문제에 대처할 필요가 있다.
생활보호 예산	ㅇ'미보호대상자'는 조사결과에 대응하는 예산을 준비하지 않은 조치에서 발생한다.	ㅇ조사에 의해 인정된 보호대상자 전원에 대응한 예산을 준비하는 것이 바람직하다.
생활보호의 기준	ㅇ'거택보호'의 생계보호에 있어서의 보호기준은 1인1일당 밀가루250g이지만, 최저생활을 보장하기에는 지나치게 낮다.	ㅇ최저생계비수준의 보장이 바람직하지만 실현이 어렵기 때문에 현행의 2배로의 인상이 바람직하다.
	ㅇ의료보호, 출산보호, 장례조치의 기준은 너무 낮다.	ㅇ인상하는 것이 바람직하다.

자료: 『건대조사』 제1장의 내용을 요약.

19 의료, 출산, 장제 등의 보호는 급여 내용이 빈약했고 실제의 급여 건수도 극히 적었다(사보심 1977:460).

밀가루 250g의 급여는 어느 정도의 생활보호 기능을 가질 수 있는 것일가? 이 양은 빵으로는 어지간한 크기로서 2, 3개, 국수로는 일반 식기로서 세 그릇을 만들 수 있는데 불과하다"(p.79)라고 추궁한다. 이 분석에 의하면 이 시점에서 밀가루 250g은 시가로 환산해서 255.6원에 상당했다. 분석자는 이 금액을 보사부가 '영세민'의 판정기준으로 제시한 생계비(실질상의 최저생계비)인 도시 700원, 농촌 600원이라는 수준과 비교해서 그 절반 이하에 지나지 않았던 것을 지적한다. 또 전술한 바와 같이 이 조사에서는 국민최저생계비를 "월 2,000원의 선상線上"에 있다고 추계한다. 밀가루 250g(=255.6원)을 이 금액과 비교하면 "7분의 1에서 8분의 1"에 지나지 않다고 한다. 또한, 밀가루 250g의 열량은 890칼로리에 지나지 않고 일본·후생성이 발표한 연령별 영양 소요량을 충족시키려고 하면 2.5배로 인상해야 한다고 지적한다.

현행의 보호수준에 대한 분석자의 비판적인 자세는 명백하고 "대상자와 보호기관"을 통해서 "심각한 이의가 말하고 있고", 모든 생계 항목을 배려한 급여 수준으로 인상할 필요가 있는 것은 "아래로 동·면으로부터 보사부의 의견까지를 포함해" 일치하고 있다라고 한다. 그러나 "이들에게 적성한 기준성을 여하히 생각하느야를 물어본 결과는 각자에 따라 구구하고, 하나의 윤곽을 잡은 계획안이 중비되어 있는 것은 아니었다"(p.76)라고도 지적한다.

이 분석은 생활보호의 수준이 너무 낮을 뿐만 아니라 생계비의 각 항목을 배려하지 않고 생활전체를 보장하려는 발상을 가지지 않는 것을 명확히 비판했던 가장 이른 문헌의 하나에 속한다. 그러나 동시에 분석자는 생활보호의 실정을 규정하는 정치적, 경제적 상황을 배려하여 급격한 개혁에 대해서 신중한 자세를 취해서,

> "보건사회부가 시사하고 있는 국민최저생계비 수준과 현시가와의 비교론적 측면에서나 영양 소요 열량론적 견지에서는 약 2.5배의 선으로 인상하자는 안이 나어며, 그리고 국민 평균소비지출과의 비교론적 시점에서는 3배내지 8배까지 인상하여야 한다는 주장을 논의될 수 있다. 그러나 이 어느 경우이건 국가재정상의 문제라고 하는 현실적 여건과 제도의 점진적 발전의 필요성 등을 생각할 때, 좀 비약적인 견해가 아닐 수 없다고 본다. 따라서 결국 절충안을 모색되지 않을 수 없을 것이다"(p.86)라는 결론에 달한다.

결국 분석자는 현행의 1인 1일당 밀가루 250g이라는 기준을 두 배로 인상하는 것을 제안한다. 인상의 근거로서 1969~70년도에는 국민소득이 현행 보호기준이 설정된 60년대 초에 비해 약 두 배로 증가할 전망인 것이 제시된다. 이것은 재정 당국자에 대한 설득 재료로서 제시된 요인이며 최저생활를 보장해야 한다는 관점으로부터의 논리적인 근거가 아니다. 그렇다고 해도 모든 보호행정의 관계자가 인상의 필요성을 인식하면서도 구체적인 개혁안을 제기하지 못했던 상황속에서 현행 기준의 두 배로의 인상안은 대담한 제안이었다고 볼 수도 있다(〈표 III-7〉). 〈생활보호법〉의 규정과 실태적인 보호내용의 큰 괴리를 용인해서 '절충안'을 제기하지 않을 수 없었던 점에 분석을 담당한 연구자의 큰 딜레마가 있었다고 할 수 있다.

제3절 복지시설과 외국원조의 분석과 개혁제안

1. 시설보호의 운영과 외국원조

'시설보호'는 '생활보호시설'에 수용된 생활 곤궁자에 대해 1인 1일당 주식 3홉(백미 2홉과 정맥 1홉)의 현물과 부식비로서 6원의 금전수당을 지급한 제도이며(1968년 당시) '거택보호'와는 완전히 다른 방식에 의해서 운용되었다. '생활보호시설'은 대부분이 민간 시설이며 국가에서 위탁되는 형태로 아동이나 모자세대를 수용하고 있었다. 당시 이러한 시설은 '후생厚生시설' 또는 '후생복리시설'이라고 불렸는데 거의 모든 시설은 외국민간원조단체의 원조에 의해서 유지되어 있었다. 한국전쟁이 낳은 수 많은 전쟁고아나 기아, 그리고 유아·노친을 돌보는 과부 등 의지할 곳 없는 사람들의 문제에 대해서 한국정부는 대응하는 여력을 가지지 않았기 때문에 생활지원 활동은 외국민간원조단체에 크게 맡겨지고 있었다.

〈표 III-8〉에서 보듯이 시설보호의 급여 기준은 1962~65년에 걸쳐 정비되었다. 시설 수용자에게 지급된 급여내용은 거택보호의 급여보다 훨씬 극진했다. 의지할 곳과

가족이 없는 '무의무탁'한 사람은 국가가 우선적으로 보호해야하는 대상으로 간주되었기 때문이다. 그러나 국가에서 지급된 양곡과 약간의 금전수당에 의해서는 수용자의 최저생활은 도저히 유지할 수 없었다. 생계비의 부족분은 외국원조에 지원된 시설이 부담했으며, 수용자의 생활에 관한 비용부담의 최종적인 책임은 시설에게 맡겨지고 있었다. 따라서 시설보호는 민간단체에 의한 시설제공과 수용자의 생계비 부담(실질상 외국원조의 부담)을 공적인 생활보호제도에 받아들여서야 성립하고 있었던 제도이었다.

『건대조사』는 시설보호에 관련해서 보호대상자를 수용하는 민간시설과 이러한 시설을 지원하는 외원(외국원조)의 상태를 비판적인 검토 대상으로 한다. 한국전쟁의 휴전 후 15년이 경과한 1960년대 후반기에 있어 복지시설의 상황에 대해서는 제공 서비스의 질, 경영체질, 설비의 노후화 등 여러가지 문제가 드러나고 있었기 때문이다. 게다가 한

표 Ⅲ-8 시설구호의 기준과 예산상황(1961~68년)

<table>
<tr><th colspan="2">사업별 연도</th><th>1961년</th><th>1962년</th><th>1963년</th><th>1964년</th><th>1965년</th><th>1966년</th><th>1967년</th><th>1968년</th></tr>
<tr><td rowspan="4">구호기준</td><td>양로/장애인</td><td rowspan="2">백미2.2홉</td><td colspan="2" rowspan="3">백미0.8홉
정맥2.2홉
생계비3원</td><td colspan="2" rowspan="3">백미1홉
정맥2홉
생계비3원</td><td rowspan="3">백미1홉
정맥2홉
생계비5원</td><td colspan="2" rowspan="3">백미1홉
정맥2홉
생계비6.39원</td></tr>
<tr><td>모자</td></tr>
<tr><td>아동</td><td>백미2.2홉
생계비3원</td></tr>
<tr><td>미감아*</td><td>백미3홉
정맥1홉
생계비 7원
시설비 2원
연료비1원</td><td>백미3홉
정맥1홉
생계비8원
시설비2원</td><td>백미0.8홉
정맥2.2홉
생계비3원
시설비2.5원</td><td>백미0.8홉
정맥2.2홉
생계비3원</td><td colspan="4">기재없음</td></tr>
<tr><td rowspan="5">인원(명)</td><td>양로/장애인</td><td>3,300</td><td colspan="3">3,500</td><td>4,064</td><td>4,443</td><td>4,143</td><td>4,323</td></tr>
<tr><td>모자</td><td>4,500</td><td colspan="3">3,700</td><td>4,212</td><td colspan="2">3,880</td><td>3,700</td></tr>
<tr><td>아동</td><td>50,700</td><td colspan="3">41,500</td><td>61,324</td><td colspan="3">61,577</td></tr>
<tr><td>미감아*</td><td colspan="4">210</td><td colspan="4">기재없음</td></tr>
<tr><td>계</td><td>58,710</td><td colspan="3">48,910</td><td colspan="4">69,600</td></tr>
<tr><td colspan="2">예산액 (천원)</td><td>159,974</td><td>187,164</td><td>200,003</td><td>227,794</td><td>352,375</td><td>396,668</td><td>415,630</td><td>455,590</td></tr>
<tr><td rowspan="2">곡가(원)</td><td>백미</td><td>2,188.8</td><td>3,225.6</td><td>3,398.4</td><td>4,161.6</td><td>5,347.4</td><td>6,120.0</td><td>6,753.6</td><td>7,286.4</td></tr>
<tr><td>정맥</td><td>1,380.0</td><td>2,221.8</td><td>2,484.0</td><td>2,911.8</td><td>4,443.6</td><td>4,747.2</td><td>4,940.4</td><td>5,299.2</td></tr>
</table>

자료: 『건대조사』 p.385. 원자료는 『국정감사자료』(1968년) pp.204-5.
(1) 1965~68년의 생계비는 지방비 부담 때문에 예산액에는 포함되지 않음.
(2) * '미감아'는 한센병 이환자의 아동이며 감염하지 않는 아동.

국의 생활수준의 상승에 따라 외국원조가 삭감되기 시작했어 그 재원을 어떻게 메울까라는 심각한 문제까지 나오고 있었다. 이 당시 보사부는 시설운용자 단체와 공동으로 시설상태의 개혁을 검토하고 있었고(제3장 참조), 『건대조사』의 분석은 보사부의 검토 작업과 연계하고 있었다고 추측된다. 보고서에서는 시설보호의 분석과 사회단체·외원의 분석을 독립시켜 서술하지만 양자의 내용은 중복된다. 아마 담당자가 동일했는지 또는 최종적으로 서술내용을 조정했다고 추측된다. 따라서 여기에서는 시설보호과 외국원조의 두 개의 분석을 종합해서 검토한다.

2. 민간 후생시설에 관한 문제

『건대조사』는 시설보호 대상자를 수용하는 '생활보호시설'(민간 복지시설)의 실태에 관련해서 다음과 같은 다섯 개의 문제를 지적한다.

첫째, 지적되는 것은 시설종류가 압도적으로 아동시설에 집중하고 지리적으로는 도시지역에 편재한다라는 문제이다. 〈표 III-9〉에 보는 바와 같이 조사가 실시된 1968년에 있어 아동시설이 시설 수와 수용자 수에 있어 전체의 90% 가까운 비율을 차지한다. 이러한 상태는 한국전쟁에 의한 수많은 전쟁고아와 기아를 수용했던 '영아원'이나 '육아원' 등 아동시설이 그대로 존속해 왔던 사정에 의했다. 그러나 1960년대 후반의 시점에서는 아동시설에 대한 "긴급도는 낮"게 되는 한편 장애인시설이나 양로시설 등의 필요성이 높아지고 있다고 분석자는 지적한다. 그럼에도 불구하고 시설의 공급은 이러한 상황에 대응하지 않은 것은 "비정상非正常"인 상태이다고 하여 "(신체 장애인의 경우: 인용자) 전국에 있어 58,400명으로 추산되는 대상자의 약 27%에 해당하는 1,571명 밖에 수용하지 못 하고 있으며 정신 장애자 보호시설의 경우는 11,200명으로 673명을 수용하고 있음에 불과하다고 한다"(p.93)[20].

둘째, 민간 시설의 운영에 관한 문제가 지적된다. 분석자는 자립재원이 취약해서

20 이 지적은 『생활보호시설등의 운영실태 조사보고서』(보사부·사회국 1968:미확인)를 근거로 한다고 한다.

국가의 보조와 외국원조에 크게 의존하여 지출면에서도 "낭비"경향이 강한[21] "불건전"한 상태에 있다고 지적한다. 〈표 Ⅲ-10〉의 아동시설의 수입-지출 상태는 외국원조에의 의존도가 극히 높은 것을 나타낸다. 이 자료에 의하면 지출항목의 '급식비' '피복비' '수용비' '교육비' 등 수용자의 생계비용의의 합계는 1,585,070천원 이는데 '국고보조'(보호급여)490,489원은 그 30.9%를 충당함에 불과하다. 따라서 시설경영자는 시설경영비 뿐만 아니라 수용자의 생활비를 확보해야 했지만, 사업수입이나 기부금 등 자기 조달 수입의 비율은 작았기 때문에 외국원조단체에 크게 의존하지 않을 수 없었다. 아동시설(법인)의 15%는 소규모 공장, 축산, 임대 등 '부대사업'을 경영하고 있는데 그 수익성은 대체로 낮다고 한다. 재산기반에 관해서는 토지 등의 자산을 소유해 그 수입에 의해서 "자립이 가능하다고 스스로 말하고 있는 시설은 11개 시설에 불과하"고 대부분의 시설은 국·공유지를 임차하고 있어 20%는 타인의 재산(사유지)을 점유하고 있다고 보고한다. 그리고 "재산 상태가 부실하고 또 자립대책을 게을리하고 있는 시설(법인)들은 대개가 외국원조과 깊은 관계를 맺고 있고, 그 혜택이 큰 시설의 경우라고 한다"(p.107)고도 지적한다. 분석자에 의하면 이러한 민간 시설의 경영의 "불건전함"을 가져온 주된 원인은 외국원조에 있다고 분석한다. 외국원조는 한국전쟁 후의 한국사회의 복구에게 "무엇보다도 필요했다"고 해도 동시에 "외원의 배분과정도 무질서한 면이 허다하였으며, 따라서 외원의 효율성이 절감되었을 뿐만 아니라 외원에 대한 의타심을 기르는 결과를 초래했다"(p.321)라고 한다.

셋째, 이러한 민간시설이 제공하는 서비스가 "불충실"한 문제가 지적된다. 아동시설의 경우 4할의 시설에서 수용능력 기준을 초과하고 있다고 한다. 대부분의 시설은 의식주를 제공함에 머물러서 아동의 자립과 생활능력을 키우기 위한 교육와 직업 훈련 등의 서비스를 제공하지 않고 이러한 서비스를 제공하기 위한 전문적인 지식을 가지는 인재와 설비가 마련되지 않다라고 지적된다. 그 다음에 아동시설보다 한층 더 심

21 '낭비'의 근거로서 예컨데 직원 1명이 담당하는 평균 수용아동 수가 약 8명이었고 이것은 다른 시설 보다 "너무 적다"라는 사실이나, 어떤 아동시설의 경우 수용아동 1인당 연간 경비가 약 400미달러이었고 이 금액이 전국 1인당 평균분배 국민소득의 2.5배에 해당되니 "사치적"이라고 하는 등의 사례가 열거되어 있다.

각한 문제로서 양로시설과 장애인시설의 열악한 상태가 강조된다. 이러한 시설에 대해서 아동시설과 달리 외국원조가 거의 없기 때문에 국가의 보조(생활보호 급여와 시설에 대한 특별보조금)가 전체 운영비의 62%를 차지한다고 한다. 설비 상황도 열악하고 1인당 0.75평의 거실 기준을 충족하지 않는 양로시설은 43개 시설중 17개 시설, 장애인 10개 시설중 7개 시설, 목욕탕이 없는 곳은 양로시설 12개 시설, 장애인시설 3개 시설이 있다고 보고된다. 이러한 상황을 종합하여 분석자는 "시설은 피被수용자에 대한 공적 책임을 결여하고 있다"(p.119)까지 비판한다.

넷째, 시설에서는 생활보호 대상자 자격을 가지지 않는 수용자가 상당수 존재한다는 문제가 지적된다. 분석자에 의하면 이것은 보호자격의 인정에 관해서 시설과 정부간에 연계가 부족하는 것에 원인이 있다고 한다. 구체적으로는 고아가 다수 있었던 전쟁직후과는 달라서 이 시기에서는 부모나 친족 등 보호자가 존재하는 사례나 아동이 19세 이상이 되는데도 그냥 시설에서 보호를 받으면서 생활하는 사례 등이 적지 않게 있다고 지적했어 분석자는 본래 입소자격이 없는 사람에게도 국비가 지출된다고 하면 이것도 "운영의 불건전"에 해당한다고 주장한다.

다섯째, 분석자는 상술의 모든 문제의 원인이 "정부의 지도·감독의 불충분함"에 귀착한다고 총괄한다. 이것은 한국전쟁 직후 외국원조를 받고 민간단체가 아동시설을 개설했을 때 국가에 의한 규제가 엄하지 않아서 "시설들은 원래 외원과 더불어 출발하였고 국가는 기준재산을 따지지 아니하고 허가하였기 때문에 … 외원을 받아드려서 스스로의 생활방편을 삼기 위하여 시설을 설치하고 나섰던 예가 허다하다는 항간巷間의 평評"도 있고(p.111), "사회단체나 시설법인체들이 우후죽순雨後竹筍처럼 설립되었다"(p.320)라는 사정에 기인하다고 설명한다. 그 후 사회복지사업에 대한 정부의 지도·감독은 존재하지 않았던 것이 아니었지만 "부분적으로 지엽적"이고 "사회단체는 반半무정부상태에 방임되어"왔다고 한다. 따라서 "시설의 체질개선은 궁극적으로 구조개혁과 병행하지 않으면 안되"어 그러기 위해서는 〈사회복지사업법〉과 같은 종합적, 체계적인 법률이 필요하다고 주장된다.

표 Ⅲ-9 '생활보호시설'의 종류별 시설과 수용자 수(1968년)

	시설		수용자	
	시설 수	구성비(%)	수용인원(명)	구성비(%)
양로시설	40 [3]	6.1	2,123	3.1
장애인시설	13 [3]	2.0	2,200	3.2
아동시설	575 [13]	87.1	61,577	88.5
모자시설	32 [2]	4.8	3,700	5.3
계	660 [21]	100.0	69,600	100.0

자료: 『건대조사』의 표10(p.90). 시설란의 [ ] 내는 국공립시설.

표 Ⅲ-10 아동시설의 운영재원실태(1968년)

수입			지출		
비목	금액 (천원)	구성비(%)	비목	금액(천원)	구성비(%)
국고보조(보호급여)	490,489	22.2	사업비	592,957	27.2
특별보조(운영비보조)	105,036	4.7	급식비	722,720	33.2
기부금	83,619	3.8	피복비	175,090	8.0
원조단체 원조금	1,161,157	52.5	수용비	493,660	22.7
취득금	54,802	2.5	교육비	193,600	8.9
재단수입	239,366	10.8	합계	2,178,027	100.0
잡수입	77,217	3.5	수입과 지출의 차액 : 33,658원		
합 계	2,211,685	100.0			

자료: 『건대조사』의 제1장 표17(p.102)를 가공. (1)'국고보조'는 수용자에 대한 보호급여(양곡).
(2)「특별보조」는 운영비에 대한 정부의 보조. 이 보조는 일부의 장애자시설 등에 한정해서 실시되었음.

3. 사회복지사업 행정에 대한 개혁제안

이상과 같은 민간 시설에 대한 비판적인 분석은 한국전쟁 직후 외국원조에 의존해서 설립된 복지시설의 상황이 1960년대 후반기의 생활요구needs와 적합하지 않게 되었던 상황을 나타내고 있다. 이 시기에는 경제성장에 수반한 사회변동에 따라 생활요구는 크게 변화하고 있었다. 새로운 요구에 대처하기 위해서는 단순한 생활시설의 제공에 머무르지 않고 아동, 노인, 장애인, 여성 등의 각 분야의 문제에 대응하는 다양한 복지서비스나 또 시설수용자 뿐만 아니라 일반 재가생활자도 대상으로 하는 지역서비스의 제공을 전개하는 정책이 구해져 있었다. 이것은 구호행정 체제 속에서는 존재하지 않않던 '사회복지'라는 정책 분야를 새롭게 구축해 나가야 하는 것을 의미했다.

1960년대 중반에는 시설사업자 중에서도 이러한 문제를 인식해서 사회사업의 개혁을 도모하는 활동도 시작되었고 국가차원에서도 보사부가 새로운 정책전개를 위한 개혁준비에 착수하고 있었다. 보사부가 1966년에 대규모로 장애인 실태조사를 실시했던 것은 장애인에 대한 정책적인 관심이 깊어졌던 것을 나타냈다. 1968년에는 생활보호 시설의 운영에 관한 실태조사가 실시되어[22] 보사부의 아동과兒童課는 아동시설에 대한 관리를 강화했다. 또한 보사부가 1967년에 발족시켰던 '사회개발' 정책연구 프로젝트에서는 〈사회복지분과회〉가 1968년 9월~69년 3월에 사회복지 요구에 관한 실태조사를 실시하고 있었다. 이 조사에 있어서는 아동·청소년 복지, 노인복지, 기혼직업 여성복지, 심신장애인복지의 네 개의 분야가 중심적인 연구테마로 설정되었다[23]. 『건대조사』가 이러한 사회복지 분야에 관한 새로운 동향과 밀접하게 관련해서 실시되었던 것은 거의 확실하다.

그러나 『건대조사』의 분석자는 새로운 생활요구에 대응할 정책의 필요성을 인식하였으나 그것이 국가가 이 분야에 적극적으로 출동해야 한다라는 제안에 연결되지 않았던 것에 주의할 필요가 있다. 사회복지 분야의 개혁에 관한 중심적인 제안은 시설을 경영하는 사회단체가 "불건전"과 "불합리"를 극복해서 정부의 정책방침과 밀접하게 제휴하고 더 합리적이고 효율적인 사업운영을 실시할 수 있는 체제를 만드는 것이었다(pp.370-7). 분석자는 "사회단체는 질적으로 불건전한 내용체계를 지니고 있는 바 성격의 규명과 책임의 소재를 명백히 함으로써 그 체질을 개성하고 건전한 육성을 기하여", "사이비似而非"의 사업자를 배제해 "이익 추구를 위한 집단이 아니라, 사회복지에 기여를 위한 스스로의 능력과 공적 책임을 지니어야 한다"라고 지적한다.

22 『장해자조사보고서(1966)』(보사부:1966). 한국에서 최초의 본격적인 장애인 조사는 1961년에 실시되었다. 1966년의 조사는 두번째로 "신체, 정신 및 사회적 장애인 전원을 대상"으로 하는 전수 조사였다. 이 시기에 '아동과'(兒童課)는 시설에 대한 관리를 강화하고 있었다. 또 『건대조사』는 보사부가 작성한 『생활보호시설등의 운영실태 조사보고서』(1968년)에 언급하지만 이 보고서의 존재를 확인할 수 없다.

23 『사회복지 기초자료 조사보고서』(사보심·사회복지 분과회:1970). 이 조사는 사회복지 요구의 파악을 위하여 1,733세대를 대상으로 실시되었다.

사회단체의 "건전화", "합리화"와 사업의 "체질개선"은 국가의 지도와 감독없이 실현되지 못하는 일이라고 생각되었기 때문에 정부의 "지도·감독의 강화"가 제안된다. 동시에 사회단체에 대해서는 정부의 지도에 따라 "상호간 및 정부와의 협의의 원활을 기하고, 건전한 육성을 기하기 위하여… 사회복지 사업의 연합체를 구성 할 필요가 있다"고 주장된다. 구체적으로는 사회단체는 사업의 종류별 대표로서 구성된 연합체를 만들어 전문성에 입각하는 사업 운영을 도모함과 동시에 정부와 밀접하게 제휴해서 활동하기 위해 사회단체의 "하나의 센터"를 설립하는 것이 필요하다고 강조된다. 또한 "사회복지사업의 종체적인 효율화를 위한 제도상의 기본적 사항에 관한 조치로서 가칭 사회복지사업법을 새로 제정하는"것이 제안된다. 이러한 제안의 저류에서는 '사회복지'란 국가가 적극적으로 재정지출을 수반하는 정책을 전개하는 분야가 아니고 국가의 강한 지도·감독 하에서 민간활동이 체계적, 조직적으로 실천하는 분야이다는 생각이 존재하고 있었다. 민간 사회활동에 실천을 맡기면서도 정부의 지도에 따라야 할 것으로 민간활동의 자유롭고 자주적인 발전은 반드시 기대되지 않았던 것에 주의할 필요가 있다.

4. 외국원조에 관한 문제와 개혁제안

한국의 사회복지 분야에서 외국원조가 중요한 역할을 했던 이유는 동서대립을 원인으로 발발한 한국전쟁의 희생자에 대한 국제적인 지원이 대규모로 보내졌던 것에 의한다. 『건대조사』는 "미국을 비롯한 우방들과 외국의 민간원조단체들이 공산주의와 싸우는 우리 사회를 위하여 원조를 계속 아끼지 아니했다"(p.320)라고 설명한다. 원조 내용은 양곡(쌀, 보리, 소맥, 옥수수 등), 기타 식료품, 의료, 의약품, 건축자재 등의 현물원조와 금전원조이었으며 또 이러한 물적 원조 이외에 복지 분야에 있어서의 외국 민간원조단체의 활동이 중요한 역할을 떠맡았다. 특히 많은 외국원조단체가 전쟁고아, 기아, 모자세대 등을 수용하는 생활시설을 제공하는 활동을 대규모로 전개했던 것은 한국의 사회복지에 큰 영향을 미쳤다.

휴전협정의 성립후에도 외국원조는 긴급적인 난민지원부터 경제·사회의 부흥지원으로 비중을 옮기면서 계속되어 있었다(〈표 III-11〉). 외국원조의 중심은 국가 베이스보다 민간원조단체에 의한 경로가 중심이었다. 『건대조사』가 실시된 1968년의 시점에서 외국 민간원조단체의 수는 103단체이었고 그 국적은 미국이 63%로 과반을 차지해 그 이외는 서독, 이탈리아, 영국 등 서구 제국이 많았다. 원조 분야는 복지 시설의 지원을 중심으로 의료, 보건·위생, 교육, 지역개발 등 넓은 범위에 이르고 있었다. 당시의 한국 정부는 충분한 사회정책을 전개할 수 있는 재정 여력이 부족했기 때문에 외국원조에 크게 의존하지 않을 수 없었다. 당초 정부는 외국원조단체의 활동에 대해서 강한 규제를 실시하지 못하고, 원조단체의 연락조직인 〈한국민간원조기관연합회〉KAVA가 보사부보다 큰 영향력을 가졌던 시기도 있었다. 그러나 국가재건의 진행에 따라 외국원조에 대한 관리가 강화되었다. 특히 1961년에 성립한 군사정권은 외국원조에 대한 관리를 강화했던 뿐만 아니라 원조재원을 정부의 복지정책의 재원으로 받아들여서 원조를 실질상 국가 재원으로 취급하게 되었다. 예를 들면 영세민을 위한 근로구호 사업인 자조근로사업은 미국의 PL480호 제II관에 의한 원조를 재원으로 하고 있었다. 또한 시설구호에서는 민간 복리시설을 '생활보호시설'으로서 지정했는데 이러한 시설은 거의 전면적으로 외국원조에 의해서 유지되고 있었기 때문에 이 경우에서도 외국원조를 일종의 공적 재원으로서 다루었던 것을 의미했다.

표 III-11 외국민간원조단체에 의한 원조물자의 추이(1959~68년)

		1959	1961	1963	1965	1967	1968
현물원조 (톤)	양곡	81,229	76,460	82,419	86,434	35,227	28,048
	의류	2,466	1,287	1,252	1,293	1,010	510
	의약품	320	405	305	593	811	205
	기타	1,239	2,159	10,749	10,511	3,483	753
	합 계	85,254	80,311	94,725	98,831	40,531	29,516
금전원조 (아동복리시설관련) (천원)		–	–	–	938,001	1,449,384	1,370,317

자료: 『건대조사』 제4장의 표3(p.335) 및 표4(p.336)을 합성.

『건대조사』가 실시된 1960년대 말은 눈부신 경제발전에 의해서 외국원조의 역할에 관해서 재검토가 시작되었던 시기이었다. 긴급적인 생활 궁핍 상황은 개선되었어 원조국은 원조를 삭감하기 시작하고 있었다. 〈표 Ⅲ-11〉에 의하면 원조 물자의 도입은 1960년대 중반부터 급속히 감소한 것을 볼 수 있다[24]. 분석자는 외국원조가 즉시 없어질 것은 아니든 멀지않아 그러한 사태가 도래하는 것은 필연적이며 구호행정에 있어서의 재원 자립을 위한 대책에 착수해야 한다고 경고한다. 그것을 위한 방책을 제안하는 것이 『건대조사』에게 과해진 과제중의 하나이었다.

외국원조에 관한 재검토 과제는 감소대책 문제 뿐만 아니었다. 『건대조사』는 외국원조가 한국사회에게 큰 역할을 다했던 것을 평가하면서도 동시에 "사회사업의 체계"와 "국민의 자주성"에게 심각한 부정적인 영향을 미쳤다고 지적한다. 분석자는 한국전쟁 직후 외국원조가 대량으로 유입했다가 "사회단체는 질적인 내용체계를 고려하지 않는 채 양적으로 쏟아져 나왔다. 이러한 비정상적 출발과 더불어 사회복지사업의 불합리적인 체계가 형성되고, 그 속에서 사이비似而非 사회복지사업이나 사이비 사회단체가 활개를 칠 수도 있게 되었다"(p.350)라고 지적한다. 분석자는 외국원조의 유입이 초래한 "국민적인 자주성의 저해", "사회단체의 비 정상적이고 부합리한 질적 내용체계" 등의 문제는 1960년대 후반에 이르기까지 계속해 왔다고 강조한다.

그러나 이러한 외국원조의 부정적인 영향에도 불구하고 즉시 그 존재를 부정할 수는 없었다. "현재로서는 수원受援단체인 사회단체가 자주역량으로써 외원이 커버하는 양을 직접 맡아나갈 수 있을 능력은 극히 미약하고 국가의 경우에 있어서도 경제개발계획상의 희생을 전제로 하지 않고 사회개발을 적극 추진하기가 어려운 사정아래 있"기때문에(p.355), "외국원조의 계속 도입에 대한 계속적 노력"이 필요하기 때문이다. 따라서 이 시점에서 분석자는 "국민의 자주성 고양과 외국원조의 점감에 대비하기 위하여" 외국원조에 관해서 장기적인 전망에 서는 확고한 정책을 수립하는 것을 제안한다. 구체적으로는 "원조의 질과 양에 대한 재평가를 선행시켜, 외원정책을 재조정하고 장기계획을 수립함", "외원단체에 대한 정부의 감독과 협의를 효율적으로 강화하는 것", "외원의 질과 양은 물론 기증 대상자의 인정에 대해도 정부의 지도적이고 정책적 방향으로 일치시키도록 하는 것", 그히고 "외원의 수락단체인 사회단체에 대한 정부의 지도와

24 그러나 금전원조는 증가했던 것에는 유의할 필요가 있음.

감독을 강화하는 것" 등의 대책이 제안된다(p.375). 외국원조의 부정적인 영향을 인식해도 여전히 원조에 의존하지 않을 수 없었던 상황에 당시의 한국사회의 딜레마가 표현되어 있었다.

5. 외국원조의 감소에 대한 재원대책의 제안

외국원조의 삭감 문제는 특히 '자조근로사업'(근로구호)과 후생시설(대부분은 '생활보호시설'로 지정)의 두개의 분야에 있어서 심각했다. PL480호 제II관의 원조는 1971년에서 폐지되는 것이 통고되었기 때문에 자조근로사업은 그 존속을 위한 재원대책이 있어야 했다. 『건대조사』는 외국원조의 감소를 국가재정의 부담과 차관(유상원조)에 의해 대체하는 해결책을 제시한다. 이 제안에 관해서는 다음 제4절6에서 검토한다. 민간 후생시설에 관해서는 외국원조단체는 연간 14억~15억원에 오르는 고액의 금전원조를 투입하고 있었다. 이 지출에는 시설의 운영비 뿐만 아니라 수용자(보호대상자)의 생계비의 약 60%가 포함되었다(40%는 보호비). 이와 같이 시설보호는 외국원조가 지탱하는 민간시설에 크게 의존해 왔기 때문에 원조의 감소는 제도의 운용에 관해서 큰 불안을 일으키고 있었다. 민간시설에 대한 양곡원조는 1966년부터 격감했다. 금전 원조가 감소하지 않았기 때문에(〈표 III-11〉 참조) 사태는 원조폐지가 통고된 자조근로사업만큼 긴급적이 아니었다 해도 멀지않아 현실화하는 감소에 대비할 재원준비가 필요했다. 그 당시 예산배분에 있어서 절대적인 권한을 갖는 경제기획원은 생활보호 분야로의 배분을 증액할 자세를 가지지 않았기 때문에 외국원조의 감소를 국가가 보전하는 것은 기대 못했다. 이 경우 재정적인 여력이 없다라는 요인뿐만 아니라 구호행정에 있어 양곡에 의한 현물지급을 기본책으로 하고 금전수당의 지급은 가능한 한 회피하려는 방침을 채택했던 사정도 상기할 필요가 있다. 시설 수용자에게 지급된 약간의 금전수당도 국가의 지출이 아니고 지방자치단체가 부담하고 있었다. 시설의 경영에 대한 금전적인 보조도 부분적으로 존재했지만(장애인시설, 양로시설), 그 총액은 크지 않았다.

시설운용에 대한 외국단체의 금전원조가 감소할 때 국가에 의한 재원대체는 기대할 수 없었기 때문에 『건대조사』는 당분간 "외국원조의 계속 도입에 대한 계속적 노력"을 실시하면서 국가재정이 아닌 다른 재원을 모색해 나가는 것을 제안한다(〈표 III-12〉). 구체적인 대체재원으로서는 민간시설 자체의 재정 강화 노력을 전제로 하고 〈생활보호법〉이 규정하는 '생활보호기금'(생활보호법 제39조 제1항)의 증강과 '공동모금' 제도의 도입에 의한 '국내민간자원의 동원'이라는 두개의 방책이 제안된다. '생활보호기금'은 〈생활보호법〉에서 규정된 재원대책이었으며 국가와 지방자치단체가 일정한 기준과 기간을 정하고 기금을 적금해서 보호재원으로서 충당하려는 제도이었다. 그러나 실제로는 이 제도는 거의 기능 안 했다. 국가는 적금을 하지 않았고 지방자치단체(서울·부산의 2시와 9도)는 지방세 수입의 1000분의 1을 10년 동안 적립한다는 규정이었지만 거의 실행되지 않았다. 『건대조사』는 우선 이 제도를 "사회보장에 선구적 역할을 할 기금으로 재인식할 필요가 있는 동시에, 외원의 점감에 대한 대비책의 일환으로써 효과적인 제도라고 표가하여야 할 필요가 있다"고 주장한다(p.125). 이 제도는 목적세의 "일보전一步前의 형태"라고 표현되고 일반 재원에서의 지출 확대가 어렵다고 하면 "목적세를 지향할 수도 있는 성격을 띄고 있는" 이 기금을 충실시켜 시간을 들이고 생활보호 재원의 안정화를 실현해 가려는 구상이 제시되고 있다. 따라서 당면 지방세 수입의 적금율을 2배로 늘리는 것, 국가도 적금을 실시하는 것(목표수치는 제안되지 않다)이 제안된다. 이와 병행하여 "외원의 점감에 따르는 구호재원의 공백을 대체할 국내 민간자원의 동원이 필요하"다고 제안된다(p.374). "사회복지사업의 재원은 원래 모금에 있는 것"이라고 생각되기 때문에 이 대책은 대체재원의 중심으로서 간주되었다. 모금은 개별 단체가 "무제한 허용할 것이" 아니라, "공동모금 제도로 함이 적합하다"고 생각되고 구체적으로는 공동관리기구를 설치해 모금 목표액과 배분계획을 미리 공고하고 행정구역 단위로 모금을 실시하는 반 공적인 성격을 가지는 제도로서 제안된다. '공동모금'의 관리기구로서 새롭게 설립될 사회단체의 연합체가 상정되었다. 여기에서는 〈사회복지사업〉의 분야가 공유의 재원인 '공동모금'을 기초로 서로 제휴하면서 활동하는 구상이 외국원조의 부정적인 영향을 극복하는 방책의 하나로서 제시되어 있었다고 생각된다[25].

25 공동모금을 실시하기 위해 1970년에 〈사회보장공동모금회〉가 설립되었다. 그러나 그 활동은 1972년의 모금 활동만으로 실적을 올리지 못했다.

표 Ⅲ-12 사회단체 및 외국원조의 문제점과 개선방안

문제분야	문제점	개선방안
사회단체의 질	ㅇ사회단체에는 '질적 불건전성'이 있다. '이익 추구'를 목적으로 하는 단체, '내용·성격이 불분명한' 단체, '사이비(似而) 사회복지사업'등이 '무질서하게 난립' 하고 있다. ㅇ사회단체조직(《한국사회복지연합회》)에는 조직과 기능상 문제가 있어 상호의 제휴가 부족하며, 또 사회단체와 정부와의 제휴가 부족한다.	ㅇ'사회단체의 질적 건전화'가 필요. '이익추구를 위한 집단이 아니라, 사회복지에의 기여를 위한 스스로의 능력과 공적 책임을 지니게' 되기 위한 '체질의 개선'이 필요. ㅇ'사회단체의 질서체계의 합리화'가 필요. 구체적으로 '사회단체 상호간 및 정부와의 협의의 원활을 꾀하고 건전한 육성을 기하기 위하여, 사회복지사업의 종류별 대표로써 조직되는 사회복지사업의 에연 합체를 구성할 필요가 있다.
시설의 분포구조	ㅇ시설의 분포구조는 아동보호시설이 전체의 90%를 차지해 성인 심신 장애자 시설이나 양로시설이 부족하다는 큰 불균형이 있고, 필요성에 대응하지 않다. 또한, 지리적으로 도시지역에 집중하여 지역간에 격차가 있다.	ㅇ보호시설의 종류·지역의 격차의 불합리의 개혁이 필요. 정부도 민간도 새로운 시설을 만드는 여력은 없기 때문에 개혁은 기존 시설의 재정비에 의할 수 밖에 없다.
시설의 재정	ㅇ시설의 재정은 재산 기반이 취약으로 자주재원이 적고 '불건전'하다. 또, 외국원조와 국고보조에의 의존성이 높다.	ㅇ시설의 재정의 건전화, 자기 재원의 확충을 도모해야 한다. ㅇ외국원조의 감소에 대비하는 대책을 준비해야 한다.
시설의 제공 서비스	ㅇ설비가 불충분한 시설이 많아서 의료, 교육, 직업훈련 등 의·식·주 이외의 서비스 대응을 하지 않다. 그러한 서비스를 제공하는 설비나 인력도 존재하지 않다.	ㅇ의·식·주 이외의 서비스 서비스를 제공하는 체제를 형성할 필요가 있다.
수용자의 자격	ㅇ시설수용자는 거의 보호대상자로 인정되지만 보호자가 있는 아동이나 18세 이상의 사람이 아동시설에 수용되고 있는 등 보호 대상자의 인정자격에 문제가 있다.	ㅇ시설수용자의 보호대상 자격을 엄밀화할 필요가 있다.
정부의 감독·지도	ㅇ정부의 지도·감독이 불충분, 비효율적이며 사회단체와 외국원조의 활동은 '반(半)무정부상태'로 '방임'되고 있다. ㅇ사회단체의 활동을 총합적으로 지도·감독하는 근거가 되는 법제가 정비되지 않다.	ㅇ사회단체의 체질개선과 사회복지사업의 총체적인 효율화를 위하여 정부의 지도·감독을 강화해야 한다. 그러기 위해서 제도상의 기본적 사항에 관한 법률적 조치로서 총합적인 '사회복지사업법'의 제정이 필요하다.
구호행정의 조직 개혁	ㅇ구호정책과 외원정책의 총괄적인 기획을 세워 시책을 수행하기 위한 실무행정의 체계가 다원화하고 있다. ㅇ보사부의 직제상, 사회단체와 외원에 대한 지도·감독, 구호의 물자동원 계획과 배분 과정 및 행정 실무의 책임의 소재 등에 관해서 사회국과 부녀아동국 사이에서 착종하여, 또, 같은 국내에서도 각과 사이에 중복 또는 불 분명한 형태로 분장(分掌)되고 있다.	ㅇ구호정책과 외원정책의 강화와 장기 계획의 수립·집행 및 그 효율화를 도모하기 위하여 구호행정의 조직적 일원화가 필요하다. ㅇ'일반 사회행정과 구호행정을 분리·재조정하여, 사회국의 구호행정 분야와 부녀아동국의 구호행정 분야를 병합하여 가칭, 「구호행정국」을 독립시키는 동시에, 양국간의 일반 사회행정 분야를 사회국이 통합, 분장하도록 한다'('개선을 위한 참고안').

외국원조 감소에 대비하는 재원대책	○외국원조의 점감에 의한 구호재원의 공백을 대체하는 국내 민간자원의 동원이 필요하다. ○사회단체는 자립을 위하여 재원의 확보를 서두를 필요가 있다 ○사회복지사업의 재원은 원래 모금에 의해야 한다. 그러나 개별의 사회단체에 무제한하게 모금을 허용하지 않고 '공동모금' 제도의 채용이 바람직하다. 모금 관리기구를 마련하여 행정구역 단위별로 모금을 실시하는 방식이 바람직하다.
외국원조에 대한 관리대책	○국내 가용(可用) 자원의 현실적인 한계성을 고려하여 외원의 계속도입에 대한 계속적인 노력이 필요하고 이 때문에 건전한 사회단체의 원조 수락 활동을 지원한다. ○외원에 대한 정부의 감독권을 강화한다. 특히, 외원을 관리하는 〈구호협의위원회〉의 기능을 강화한다. ○국민의 자주성 고양과 외원의 점감에 대비하기 위하여, 외원의 질과 양에 대한 재평가를 실시하여, 외원정책을 재조정하며 총합적인 장기 계획을 수립하는 것긴요하다. 이 계획에는 외원단체의 동향에 대한 효율적인 파악, 외원의 도입·배분 계획과 정책의 일치를 위한 조정, 한미간 민간 구호활동에 관한 협정과 〈외국민간원조단체에 관한 법률〉과의 조절에 대한 재검토를 포함함. ○외원의 점감 추세에 대체하기 위하여, 국내가용 자원의 동원을 중심으로 대책을 도모한다. 이 때문에 구호재원의 연차적 계획과 그 확보방책을 작성하는 것이 필요하다.

자료:『건대조사』 제1장제6절 및 제4장의 내용을 요약.

제4절 자조근로사업의 분석과 개혁제안

1. 자조근로사업의 의의와 문제점

자조근로사업(근로구호)은 근로능력자로 생활에 곤궁하는 사람('영세민零細民')을 대상으로 취업을 조건으로서 밀가루를 지급하는 구호제도이다. 사업의 재원은 거의 전면적으로 미국의 무상 원조양곡(밀)에 의거 하고 있었다. 이 사업이 어떤 경위로 시작되었는지 어떤 정책 발상에 근거하는지 또 실제로 어떤 형태로 운영되고 있었는지를 전하는 자료는 지극히 적고[26],『건대조사』의 분석이 귀중한 정보를 제공해준다. 이 제도는 한국전쟁시 이후 구호대상 속에서 들어왔던 비非근로능력자를 배제하기 위해 시작되었다. 그 계

26 사업의 실태에 관해서는『건대조사』 이외에『보건사회통계연보』,『행정백서』, 〈자활지도사업에 관한 임시조치법〉의 제정을 둘러싼 국회의 질의기록(국회『보건사회위/회의록』 1968년4월16일/동년4월19일/동년6월11일)등의 자료가 존재한다.

기는 〈생활보호법〉의 시행(1962년)이었다. 〈생활보호법〉은 보호의 대상을 원칙으로서 아동, 노인, 장애인, 임산부 등 근로 무능력자로 한정하는 것을 재확인해서 근로능력이 있는 생활 곤궁자를 '영세민'이라는 호칭으로 분리해서 취업을 조건으로 구호(밀가루 지급)를 하기로 했다. 1962년에 그들을 위해 '근로구호사업'이 발족했다. 그러나 '영세민'의 인정 수는 약 400만명에 달했음에 불구하고 재원 부족에 의해 충분한 사업량을 전개할 수 없고 있었다. 『건대조사』에 의하면 미국에서 무상원조의 양곡이 근로구호 사업에 충당되게 된 계기는 1962년에 발생한 대형 태풍 '사라호'에 의해서 심대한 피해를 받은 남부 농촌지방에 대한 지원 문제이었다. 1963년에 한국정부의 요청에 따라 미국정부로부터 PL480호제II관에 의해 긴급원호용 양곡(소맥) 7만5천 톤을 무상으로 공여받았고 이 양곡자원이 이재민의 구호와 유실한 가옥·농경지의 복구사업에 투입되었다. 다음 1964년도부터 미국정부에서 연간 약 10만 톤의 양곡이 항상적으로 무상공여 받도록 되었고 이에 따라 단순한 재해부흥 사업이 아니고 "영세민 구호와 지역사회 개발이라는 2대목표"를 가지는 자조근로사업이 본격적으로 개시되었다.

분석자는 과거의 '구호'에 대해서 "1945년의 해방 이래 소비 일변도의 무상구호원조가 미국정부에 의하여 무계획하게 계속되어 왔다"고 비판하고 근로능력자를 대상으로 하는 구호에 있어서는 "종래의 안일하고 소극적이었던 무상 구호적 수원의식을 지양시키고 근로를 통한 양곡의 분배로서" 운용하고 "근로 의식을 함양"해야 한다고 강조한다(pp.179-180). 또 취업 기회를 제공하는 사업 자체가 영세민의 "자활 개척의 기반을 조성"해서 "소득을 높일 방향"을 가지는 것이 중요하다고 주장된다. 구체적으로 자조근로사업에 있어서는 간척와 개간에 의한 농지조성, 경지정리, 농수산물의 개발·개량, 치산치수, 관개시설 등의 농업생산을 위한 인프라정비, 도로정비 등 생활환경의 인프라 정비 등의 사업이 실시되었다. 이 경우 농지조성 등의 성과는 〈자활기반〉의 강화를 위해서 취업자에게 분배되었다. 또 인프라 정비[27]의 성과는 간접적으로 취업자의 소득과 생활전반의 향상에 기여하는 것이 기대되고 있었다.

분석자는 1964년의 조치에 의해서 종래의 "소극적 무상 구호로부터 생산적 자조근

27 당시의 용어법에 따르면 이러한 인프라 정비 사업은 '지역사회개발'이라고 불리고 있었다.

로사업에 방향이 전환되었다"고 평가한다. 근로구호 사업이 발족한 1960년대 초에 있어서는 생활에 곤궁하는 영세민의 수는 300만~400만명으로 올랐어 긴급적인 식량지원이 중심적인 목적으로 하지 않을 수 없었다. 그러나 60년대 중반기에는 경제의 순조로운 발전에 의해 생활곤궁 상태가 완화되었어 심각한 식량부족도 점차 개선되기 시작했다. 이러한 환경의 변화에 따라 사업의 목적도 점차 "구호 중심의 소극적 양곡 원조"부터 생활의 자립화 지원과 농업 생산의 인프라 정비로 중점을 이행하고 있었다.[28]

『건대조사』가 실시된 시기는 제2차 경제개발 5개년계획(1967~71년)의 초기 단계에 있어 경제성장률은 목표의 연평균 7.0%는 커녕 10%를 넘었어 영세민의 수도 감소하고 있었다. 따라서 자조근로사업의 운용에 있어서 "구호 중심"부터 생활의 자립화를 지원하는 "생산적인" 사업중심으로 하는 경향이 한층 강해졌고 분석자도 이에 찬동한다. 그러나 1968년의 시점에서는 이 사업에 대해서 새로운 문제가 생겨 있었다. 그것은 한국의 경제발전에 의한 생활상태의 개선을 이유로 하여 미국이 PL480호 긴급식량원조의 정지를 통고한 일이었다. 원래 PL480호에 의한 원조의 목적은 "빈궁주민의 구호"에 있고 "사업 중심"의 운용은 원조국의 지정에서 빗나가는 측면이 있었다. 이와 같은 상황에 있어서 『건대조사』는 자조근로사업의 의의를 재검토해서 아울러 사업을 다른 재원으로 존속시키는지 어떤지라는 문제에 대한 견해를 내는 것이 과제 있었다.

2. 영세민을 대상으로 하는 취로구호사업

영세민을 대상으로 하는 취로사업은 자조근로사업뿐만 아니었다. 영세민의 인정 수는 너무 많아서 이 사업에 의해서만 대응하지 못했기 때문에 다른 재원에 의한 사업도 영세민의 취로사업으로서 지정되었다. 그러나 이러한 전체적인 영세민의 취로계획과 그 실시에 관한 자료는 극히 한정되어 현재까지 『보사연보』에 수록된 통계표와 『건대조사』

28 초기의 자조근로사업의 목적은 생활지원이었고 사업성과의 분배에 의한 자활지원이라는 목적은 그다지 의식되지 않았던 것은 당시의 보사부·자활지도 과장의 증언에 의해서도 알려진다(김·권 2008:216-9, 261).

에 수록된 통계표(보사부 제공자료) [29]를 확인할 수 있는 뿐이다. 2종의 통계표에 관해서 작성자에 의한 설명이나 분석은 없기 때문에 취업 계획에 관해서 충분히 해명하기는 어렵다. 『건대조사』에 수록된 통계표를 정리한 〈표 III-13〉에 보는 바와 같이 매년도 초두에 각종 재원에 의한 취로사업별로 영세민을 배당하는 계획이 작성되어 있었다. 이러한 전체적인 영세민 취로계획을 책정했던 주체는 영세민 대책을 소관 하는 보사부가 아니고 공공사업 전체를 관리했던 경제기획원이었다고 추측된다.

영세민 취로배당의 대상으로 된 취로사업은 〈자조근로사업〉(PL480호-II), PL480호제III관에 의해서 외국 민간단체가 운용하는 취로사업, 건설부 소관의 공공사업, 농림부 소관의 공공사업, 지방자치단체 소관의 공공사업 등이었다. 따라서 영세민을 취로시키기 위해 정부 베이스의 외국원조(PL480호-II) 민간 베이스의 외국원조(PL480호-III), 국가재원, 지방자치단체의 재원 등 각종 재원이 착종하여 동원되었다. 이 중 건설부와 농림부가 소관하는 국가 베이스의 사업은 경제개발 5개년계획에 따라 국토개발이나 농업생산의 인프라 정비 등을 목적으로 하는 사업이었다.

『건대조사』에 수록된 보사부의 통계표는 취로사업 전체에 관한 재원별 배당 상황을 나타내고 있다(〈표 III-13〉,〈표 III-14〉). 이에 의하면 1964~65년의 시점에서는 PL480호제II관과 제III관에 의한 외국원조가 중심이 되었고 한국정부의 재원에 의한 공공사업의 비율은 높지 않았다. 그러나 1966년 이후 PL480호제III관에 의한 사업량이 축소되었으며 영세민 취로사업은 자조근로사업(PL480호-III)과 정부에 의한 공공사업이 중심이 되었다. 건설부나 농림부에 의한 공공사업이 어떻게 운영되고 있었는지를 전하는 자료는 찾아낼 수 없다. 『건대조사』는 국가에 의한 공공사업에서는 자조근로사업과 같은 양곡지급이 아니고 임금(금전)을 지급되었다고 설명한다(p.245). 그 임금수준은 일반 노동시장의 평균에 가깝고 자조근로사업으로 지급되는 밀가루 3.6kg의 금전환산액의 약 2배의 수준이었다고 한다. 이 정보에 의하면 공공사업과 자조근로사업은 완전히 다른 성격의 것이었다. 공공사업은 국토개발이나 생산적, 사회적 인프라의 정비 등 본래의 사

29 『건대조사』에서는 보사부가 제공한 근로구호사업의 재원별 할당에 관한 통계표가 수록되지만(p.65의 표6), 이 통계표에 관한 설명과 분석은 없다. 근로구호(취로)사업에 관해서 설명하는 자료로서는 관견하는 한 현재 『행정백서』(1964년판:247-8)의 기술을 이용할 수 있는 뿐이다.

업 목적에 따라 일반 노동시장에서 취업자를 고용하여 운영되는데 대해서 자조근로사업은 영세민이 많은 지역, 특히 자활이 어려운 영세농민이 많은 지역이나 실업자가 많은 지역에서 식량의 현물지급에 의한 생활지원이나 조성된 농지의 분배를 통한 자활기반의 강화를 목적으로 실시되었다고 추측된다.

표 Ⅲ-13 '영세민'의 인정 수와 각종의 취로사업으로의 배당(1964~68년)

	지방행정이 신청한 '영세민'수 (명)	국가가 인정한 '영세민'수 (명)	'영세민' 중 '자조근로사업'의 대상자 수 (명)	'영세민' 중 '자조근로사업' 이외의 취로 사업의 대상자 수 (명)	'영세민' 중 '자조근로사업'의 대상자의 비율 (%)
1964	3,173,229	1,789,549	200,653	1,588,896	11.2
1965	2,851,266	1,887,018	553,217	1,333,801	29.3
1966	2,466,561	1,898,427	981,619	916,808	51.7
1967	2,378,791	2,070,368	1,041,667	1,028,701	50.3
1968	1,979,834	1,979,834	1,041,667	938,167	52.6

자료: 『건대조사』 제1장의 표6(p.65)에 의해 작성.

표 Ⅲ-14 '영세민' 취로사업의 재원별 배당수(1964~68년)

		1964		1965		1968	
		인원 수 기준 (명)	양곡 기준 (톤)	인원 수 기준 (명)	양곡 기준 (톤)	인원 수 기준 (명)	양곡 기준 (톤)
실수	국고	366,426	24,910	46,183	2,771	25,000	1,500
	지방	189,700	11,906	294,155	17,649	207,756	17,687
	공공사업	326,254	64,619	365,196	33,710	600,811	103,520
	PL480-II	200,653	34,673	553,217	95,589	1,041,667	125,000
	PL480-III	706,516	50,136	628,267	56,309	104,600	9,162
	합 계	1,789,549	186,244	1,887,018	206,029	1,979,834	256,869
비율(%)	국고	20.5	13.4	2.4	1.3	0.6	1.3
	지방	10.6	6.4	15.6	8.6	6.9	10.5
	공공사업	18.2	34.7	19.4	16.4	40.3	30.3
	PL480-II	11.2	18.6	29.3	46.4	48.7	52.6
	PL480-III	39.5	26.9	33.3	27.3	3.6	5.3
	합 계	100.0	100.0	100.0	100.0	100.0	100.0

자료: 『건대조사』 제1장의 표6(p.65)에 의해 작성. 공공사업은 건설부, 농림부 소관.

3. 자조근로사업의 실적과 사업성과의 분석

『건대조사』 자료(보사부 제공)에 의하여 1964~67년의 4년 간에 실시된 자조근로사업의 실적을 정리해 보면 〈표 III-15〉와 〈표 III-16〉와 같다[30]. 주된 사업재원은 매년 미국에서 무상으로 공여된 약 10만톤의 양곡(소맥)이며 한국정부는 사업의 자재비용과 운영비용을 부담했다. 1966년 이후에는 정부는 양곡비용의 일부도 부담하기 시작했다. 사업의 내용은 개간와 간척등에 의한 농지조성, 경지정리 등에 의한 농지의 개량·치수·관개·사방 조림 등 농업 인프라의 정비, 도로 등 도시환경 정비 등이었으며, 농촌을 중심으로 영세농민의 자립화 지원을 위한 사업의 비중이 높았던 것이 확인된다 (〈표 III-15〉).

사업을 실시할 지역과 사업종류의 인정은 〈자활지도사업에 관한 임시조치법〉 제4조에 의해 "①근로구호의 대상자가 다수 거주하고 있는 지역의 사업, ②자활조성의 효과가 큰 사업, ③지역사회개발도가 높은 사업"이라는 우선순위로 실시되었다. 사업 계획의 결정은 ①USAID(주한 미국 국제개발협조처: 주3, 참조)와 경제기획원에 의한 계획양곡량의 결정과 각 도(및 서울특별시)에의 할당, ②도에 의한 계획양곡량의 시·군에의 할당(인구와 영세민 분포를 배려), ③시·군에 의한 사업의 실시단위인 읍·면·동에의 계획양곡량의 할당, ④면·읍·동의 책임자에 의한 사업후보지의 인정과 사업계획의 작성, ⑤도 차원의 사업계획의 집약·검토와 보사부에의 제출, ⑥사업전체를 통괄하는 조직인 〈중앙평화식량위원회〉(1968년 설치)에 있어서의 사업계획의 최종결정이라는 수속에 따라 행해졌다. 이 사업에 취로할 수 있는 자격은 "영세농민(5단보 미만), 영세어민, 실업자, 한해旱害·수해의 이재민" 등이었으며 〈영세민〉으로서의 인정을 받는 것이 필요했다. 취로자에게는 1인 1일당 3.6kg의 밀가루가 지급되었다[31]. 또한 1세대당 1인만 취로가 인정되어 1개월의 취로 일수가 20일을 넘어서는 안 된다는 규정이 있었다. 이러한 취로조건은 원조국인 미국측의 규정에 의해서 부과된 것이었다[32].

---

30 수치는 보사부 자료에서 채택되지만 『보사연보』에 수록된 수치와 일치하지 않는 경우가 많다.

31 1일 밀가루 3.6kg이라는 지급량은 일반 노동시장에 있어서의 임금수준의 반액 이하이었으며 더저히 가족이 생활할 수 있는 수준이 아니었다(p.245).

32 〈양곡양도승인서〉, 〈미국 1968년도 양곡 양도 승인서〉.

사업 성과는 〈표 Ⅲ-15〉와 같이 농지조성, 농지개량, 농가생산량의 증대 등이 열거되었고 매년 4만세대를 넘는 농가(4년 간의 합계 약 19만세대)의 생활 자립화[33]가 달성되었다고 설명된다. 취로대상으로 된 영세민의 수는 1966년 이후 100만명 전후이었다. 그러나 이 자료에 의해서는 그 중 몇명이 취로했는지 1인당의 연간 취로일수가 어느 정도이

표 Ⅲ-15 '자조근로사업'의 개요와 실적(1964~67년)

		1964	1965	1966	1967
재원 양곡 (톤)	PL480호 -II에 의한 원조	74,363	110,000	130,000	90,100
	한국정부 부담	—	—	20,000	25,000
	합 계	74,363	110,000	150,000	115,100
사업장수		—	—	19,412	6,303
취로 연인원 (명) [a]		20,656,336	30,555,555	41,666,666	34,722,227
대상 영세민수 (명) [b]		200,653	553,217	981,619	1,041,667
(추정) 1 인당 연간 취로일수 * (일) [a/b]		102.9	55.2	42.4	33.3
사업실적	농지 조성 (ha)	8,823	32,625	44,734	36,999
	농지 개량 (ha)	12,332	41,538	64,618	121,607
	제방 도로 (m)	249,500	195,219	664,452	852,544
	추정 증수량 (톤)	29,519	73,896	184,087	95,000
	자활가구 (호)	42,927	41,028	62,349	48,000

자료: 『건대조사』 제3장의 표1(p.190), 표4(p.194), 표6(p.224)에 의해 작성. *대상자의 전원이 취로했다고 가정해서 산출.

표 Ⅲ-16 '자조근로사업'의 사업 종류별 사업장수(1967년·1968년)

사업의 종류	1967년	1968년
개간	778	1,737
수산물 증식	183	297
소유지(小溜池)·관개시설	907	982
간척	177	100
사방 조림	2,254	507
경지 정리	207	200
치수(治水)	600	474
도로	430	499
도시	278	206
기타	489	324
합 계	6,303	5,326

자료: 『건대조사』 제3장의 표6(p.224).

33 '생활 자립화'의 기준은 보유농지 3단보 이상을 의미했다(p.106).

었는지를 알 수 없다. 사업의 수가 너무 많아 사업 내용에 의해서 공사 기간이 달랐기 때문에 그러한 통계의 작성이 어려웠던 것이 추측된다. 『건대조사』는 1968년도의 경우 1인이 60일(3개월) 취로했다고 가정하면 영세민의 11.7% 만이 취로할 수 있었다고 시산한다[34]. 가령 영세민의 전원이 취로했다고 가정해서 연간 연延 취로인원 수를 영세민수로 나누어서 1인당 연간 취로일수를 시산해 보면(〈표 III-15〉) 1964년은 약 100일, 그 이후는 연간 30일~50일정도가 된다. 이러한 시산을 통해서 〈자조근로사업〉의 사업규모는 방대한 영세민 세대의 생활을 유지하기에는 너무 작았다고 추측된다. 따라서 이 사업에 의한 구호의 기능은 짧은 기간에 한정된 식량보조에 지나지 않았다고 생각된다. 이 사업의 더 중요한 의미는 조성된 농지의 분배, 농지개량, 작물개량, 기타 영농지원 등의 이익을 받을 수 있던 점에 있었다고 추측된다. 조성농지의 분배 등의 이익을 받는 경우 취로자 이외의 세대원도 무상의 조건으로 자발적으로 취로해도 괜찮다라는 규정[35]이 존재했던 것은 사업성과의 환원이 취로자에게 큰 매력이었던 것을 나타내고 있다.

4. 사업운영에 관한 문제의 분석

자조근로사업의 구체적인 실시에 다양한 기관이 관계하고 있어 계획의 책정으로부터 사업의 실시까지 체제가 충분히 정비되지 않아 초기 단계로부터 조직적인 혼란이 발생하고 있었다. 예를 들면 ①원조측의 USAID가 큰 발언권을 가져 한국측과의 조정에 있어 문제가 생겼던 것, ②사업내용은 농림부나 건설부가 소관하는 사업과 구호의 소관 관청인 보사부와의 사이에 관할에 관해서 분규가 생겼던 것, ③중앙 관청 차원의 관할 분쟁이 도 이하의 지방자치단체 차원에도 전개되어 지시·감독이 착종해서 혼란을 일으켰던 것, ④사업의 구체적인 실시주체인 지방자치단체에 대한 중앙정부의 지시·감

34 1968년도의 영세민의 인정 수는 1,041,667명이었으며, 사업에 종사한 연 인원은 6,602,756명였다. 가령 1명이 60일 간 취로했다고 하면 277,000명이 취업했다고 계산되었는데 이 인원 수는 영세민 인정 수의 11.7%에 해당된다.

35 이 조건도 원조국인 미국이 부과한 것이었다.

독의 권한이 강하게 발휘되었기 때문에 중앙과 지방의 관계를 조정하는 것이 필요하게 되었던 것, ⑤사업의 성과인 개간지 등의 취로자에 대한 분배에 관한 기준이 확립되고 있지 않았던 것, ⑥원조의 소맥을 국내에서 제분하는 과정과 밀가루가 사업현장에 도착할 때까지의 과정에서 부정유용과 이권화가 발생하고 있었던 것, 등의 문제이었다. 이러한 문제에 대처하기 위해 우선 중앙정부와 지방의 관계가 정리되었고 1966년도부터 사업은 '시·도 종합개발계획'의 일환으로 실시되었다. 이 결과 사업실시의 권한은 지방에 이양되어 중앙정부는 지도와 조정 감독의 기능만을 담당하게 되었다. 중앙정부 차원의 관할권의 착종·중복에 관해서는 1967년도부터 보사부가 주무관청으로 전체를 통괄하였다. 동시에 사업을 전체적으로 통괄하는 조직으로 〈중앙평화식량위원회〉(보사부, 건설부, 농림부, 경제기획원, USAID로 구성)를 설치해 양곡배정과 사업에 관한 관계 부서 간의 조정을 도모할 수 있게 되었다. 1968년에 이러한 개혁을 종합해 "자조근로사업의 영구적 실시와 운영상의 불합리를 시정"하는 목적으로 〈자활지도사업에 관한 임시조치법〉이 제정되었다[36]. 『건대조사』는 이 법률이 제정된 1968년 7월에 시작했기 때문에 법률 제정 과정에서 논의된 문제점을 충분히 파악하고 있었다고 추측된다.

5. 사업목적의 이원성에 관한 분석과 개혁제안

『건대조사』에 의하면 자조근로사업에 관한 최대의 문제점은 사업의 목적이 "영세민 구호"(생활곤궁자에 대한 식량지원)와 "지역사회개발"(지역사회의 인프라개발에 의한 생활향상)으로 "이원화"하고 있는 점에 있다. 분석자는 이들 두개의 목적은 서로 겹쳐 양자간에 "분명한 한계와 기준이 없어 사업 수행상 불합리와 비능률"을 일으키고 있다고 지적한다(p.195). 특히 사업장소와 사업종류의 인정에 있어 두개의 목적이 착종하기 때문에 어느 목적도 충분히 달성할 수 없는 "불합리"가 발생한다. "영세민 구호"에 중점을 두면 "사업은 분산되고 영세하게 되어 능률적인 사업추진이 곤란하게 된다"고 지적하고 실례로서

36 법안은 1968년 7월 말에 가결되어 동년 8월부터 시행되었다.

치수사업의 경우 수계에 따른 사업의 일관성이 필요한 경우에서도 구호에 역점을 두면 지리적인 일관성을 확보하지 못하고 "사업이 극히 비능률적으로 되거나 실패에 이르거나 하는 사례가 많다"는 경우를 소개한다. 반대로 사업중심의 정책을 채택하면 "영세민의 구호는 실질적으로 효과를 줄 수 없게" 된다고 한다. 또 구호를 소관하는 보사부와 "지역사회개발"을 소관하는 건설부나 농림부와의 사이에 발상의 차이가 있고 중앙부터 다른 지시·감독을 받기 때문에 지역현장에서는 혼란이 생기고 있다고 지적한다.

사업의 발족시점에서는 "영세민 구호"와 "지역사회개발"을 접합한 방식은 "일석이조"를 노린 새로운 착상으로 간주되었다. 미국의 PL480호 제II관에서도 구호를 주된 목적으로 하면서도 "경제개발을 촉진하는 계획의 원조"라는 목적도 있어 미국이 작성한 〈양곡양도승인서〉에서도 구호와 개발의 두 개의 목적을 설정하고 있었다. 그러나 사업이 발족한 후 4, 5년이 지난 건대조사의 실시 시점에서는 두 개의 목적의 혼재 때문에 사업의 "불합리와 비효율"의 사례나 "실패"의 사례가 증가했다고 지적된다. 한편 구호라는 목적도 충분히 달성 못 하게 된다고 한다. 현행의 1일당 양곡 지급량(3.5kg)과 취로일수의 제한 아래에서는 생활보장의 기능을 달성할 수 없기 때문이다. 따라서 분석자는 "한정된 양곡으로 최대 다수의 영세민을 구호하려고 한" 발상을 강하게 비판한다.

이상과 같은 분석에 입각해서 분석자는 사업목적의 이원성을 해소하여 "자조근로사업의 제일의적 목표"를 "일시적인 소비구호 내지 생계유지 구호"가 아니라 "지역사회의 개발에 두어야 하는"것, 이에 따라 사업수행의 "일원화, 체계화"를 도모하는 것을 제안한다[37](p.198). 사업은 일반적인 생산·사회 인프라의 개발에 머무르지 않고 "자활 기반을 구축하는 농지 확장 사업 중심으로 책정"하고 "취로 영세민의 자활 기반을 조성할 방향으로 이익을 분배"해야 하는 것이 강조된다. 또 목적의 일원화에 의해서 조직적 혼란을 피하고 사업 지역과 사업 종류의 인정, 그 수행에 있어서의 일관성, 체계성

---

37 사업목적을 "지역사회개발"에 일원화하는 제안은 미국의 원조 의도에 대조해서 문제가 존재했다. PL480호는 본래 기아적인 곤궁상황에 대한 긴급적인 식량지원을 상정하고 있었기 때문이다.『건대조사』도 이 점을 의식하고 "(일원화의 제안은) 미국의 원조 목적과 다소 상거(相距)없지 않지만 실질적인 효과를 달성하기 위하여서는 일시적인 구호에만 급급(汲汲)해서는 아니 될 것"이며, 또 "취로자의 선정 기준을 영세민에게 국한시키므로써 영세주민의 구호라는 제2의 목적을 뒤따르게 하여야 한다"고 말하고 있다 (pp.198-9).

을 확보해[38] "최대의 효과를 얻을 수 있게 된다"고 주장된다. 사업의 운용에 관련하여 〈표 Ⅲ-17〉에 정리한 바와 같이 운영의 일원화, "중앙집권적 경향"의 시정과 지방 현장의

표 Ⅲ-17 '자조근로사업'에 관한 문제점과 개선방안

항목	문제점	개성방안
기본 원칙	○사업 목적이 "구호"와 "지역사회 개발"로 이원화(二元化)되어 "사업수행상 불합리와 비능률이" 생기고 있다. ○목적의 이원화으로 "기능이 수개 기관에 분산되어 있고, 기관상의 사이의 조정과 협조가 원활치 못하여 사업수행에 지장을 초래하고 있다".	○제일의적 목표는 "지역사회 개발"에 두어야 하겠다. 이 목적에 따라 "기능이 일원화된 체계에 의하여 수행하여야 한다". ○"영세민의 생활구호는 보다 근본적인 방향에서 그 문제해결이 모색되어야 한다".
기능 체계	○"사업의 계획과 집행이 중앙집권적 경향이" 있어 중앙과 지방간에 "조정·협조가 원활하지 않"기 때문에 지방 차원의 사업집행에 문제가 생기고 있다. ○보사부, 농림부, 건설부 등 중앙기관에 의한 사업의 감독·통제에 중복이 심하고 사업의 진전에 지장이 생기고 있다.	○중앙정부와 지방자치단체 간의 기능을 재배분·조정하여야 한다. 상부기관의 감독을 가능한 한 일원화하고 〈중앙평화식량위원회〉의 지위와 기능을 강화하여야 한다. ○"사업의 기능배분은 효율적으로 발휘될 수 있도록 체계 있게 제도화되어야 한다".
책정과 집행	○사업책정과 사업장 선정이 합리적으로 이루어지지 못하고 있다. 또, 사업의 "지역간의 균형성과 사업간의 일관성이 결여하고 있어" 효율적인 사업수행이 되어 있지 않다. 특히 사업장이 다수 지역에 분포하여 사업규모가 영세화하고 있기 때문에 사업효과를 올리지 못하다. ○사업집행 과정에서 사업의 중도변경이 심하여 사업 추진에 좌절을 초래하고 있다. ○취로자의 선발과 생활구호에 불합리성을 노정하고 있다.	○사업의 영세한 분포를 지양하도록 한다. 사업은 '자활기금'을 구축하는 농지확장사업 중심으로 책정되어야 한다. ○"지역사회개발에 반하지 않는 범위내에서 주민의 소득증대하 직결되는 사업이 우선 책정되어야 한다. ○"사업집행 도중에 사업내용을 변경하는 사례는 지양 되어야 한다". ○"영세민의 생활구호는 보다 근본적인 방향에서 그 문제해결이 모색되어야 한다".
양곡의 수급과 관리	○양곡의 수급체계가 이원화되어 사업추진에 지장을 초래하고 있다. ○"양곡의 공급이 지연되어 도중에 사업이 중단되어 사업수행을 실패하는 사례가 빈번하다". ○"양곡관리가 불합리한 면이 많아 자원의 손실이 크고 양곡 부정사건이 빈번하다. ○자재비의 보조가 충분하지 않기 때문에 사업의 효율적 수행이 소외되고 있다.	○"양곡공급은 책정된 사업이 계획대로 추진될 수 있도록 적시(適時)에 이루어져야 한다. 양곡의 "수송 및 조작계통과 사업을 주관기관 간의 긴밀한 연락 및 조정을 통하여 사업수행상의 지장을 최소한으로 축소"하여야 한다. ○자재 비용을 충분히 확보하는 것이 필요하다. ○"사업용 양곡의 유출이나 부당한 이용을 억제하고 그 요인을 제거하여야 한다".
기타	○ "자원투자의 효과를 극대화를 위한 기타 여러 방안이 모색, 수립되어야 한다". 특히 ①지원양곡의 예산화, ②현지 부담의 합리적 절차, ③사업결과의 혜택이 효과적으로 배분 등에 관해서 강구할 피료가 있다.	

자료: 『건대조사』 제3장의 내용을 요약.

38 이 제안에 관련하고 『건대조사』는 1968년 10월에 사업의 "일선 실무자"인 말단 자치단체의 책임자를 대상으로 의견조사를 실시했다. 경기도의 읍장·면장 전원을 대상으로 한 앙케이트 조사의 결과는 개발중심 30.7%, 영세민구호 중심 8.2%, 양자병행 61.1%이었다(p.200).

권한 강화, 사업 양곡 관리의 합리화, 그리고 자재비의 확보 등의 개선책이 제안되고 있다.

사업목적을 "지역사회 개발"로 일원화 하면 구호라는 목적은 탈락한다. 이 점에 관해서 『건대조사』는 "생활 구호는 보다 근본적인 방향으로 문제해결을 모색해야 한다"고 지적하지만 그 구체적인 제안은 제시되지 않다. 그러나 "보다 근본책으로서의 자활 조성에 역점을 두어야 할 필요성이 대두하고 있다"고 지적하는 것에 주의할 필요가 있다. 근로능력이 있는 생활곤궁자에 대한 대책으로서 근로구호가 발족한 1960년대 초에 있어서는 식량지급("일시적인 소비구호")에 중점이 있었다. 그러나 『건대조사』가 실시된 1960년대 말에서는 "보다 근본책으로서의 자활 조성"이 강조되는 것은 빈곤정책의 발상이 크게 변화하고 있었던 것을 나타내고 있었다. 1968년에 〈자활지도사업에 관한 임시조치법〉의 제정에 따라 '자조근로사업'이라는 호칭을 '자활지도사업'으로 변경했어 사업의 목적을 "자활을 조성해, 지역사회개발에 기여한다"(제1조)고 규정했던 것도 이러한 인식의 변화를 반영한 일이다.

6. 사업재원의 중단문제와 대체재원에 관한 제안

자조근로사업에 관한 또 하나의 중요한 과제는 장래의 재원 문제이었다. 1968년에 미국이 PL480호 제II관 원조를 3년 후의 1971년에 종료한다고 통고해 왔기 때문이다. 제1의 문제는 사업을 계속할까 중지할까 있었다. 분석자는 "영세민의 생활보호", "지역사회의 개발", "영세민 내지 실업자의 근로 의식의 함양" 등 사업의 성과를 평가하여 향후 영세민수는 감소해 나간다고 해도 당분간 사업의 존속은 불가결하다고 판단한다. 그 경우 재원을 어떻게 확보할지에 관해서 ①미국에게 원조계속의 요청, ②차관(유상원조)으로의 전환, ③한국정부에 의한 부담이라는 세 개의 대책의 가능성이 검토된다. ①의 실현 가능성은 거의 없었다. 장래의 상환 부담을 고려하면 사업 재원 전액을 차관으로 대체하는 방책(②)은 바람직하지 않다. "빈약한 국가재정"을 생각하면 정부의 부담(③)으로 현행의 사업규모를 유지하는 것은 어렵다. 따라서 분석자는 현실적인 방책으로

사업량을 축소하고 한국정부 부담과 차관에 의하여 사업을 계속할 것을 제안한다. 또 장기적으로는 "하루 속히 우리들 자신의 재원으로서 지역개발을 추진하고 모든 영세민이 자활 할 수 있도록 견실하고 바람직하게 노력해야 한다"고 말한다(pp.310-4).

『건대조사』는 한국의 구호행정이 크게 외국원조에 의존해왔던 것은 피할 수 없었음에도 불구하고 결코 바람직한 것이 아니었다라는 인식을 강하게 표명한다. 1960년대 후반기는 한국사회가 외국원조의 "공죄功罪"를 검토하여 원조로부터의 자립을 도모하기 시작했던 시기이었다. 원조의 축소는 자립을 촉구하는 큰 계기가 되었다. 그렇다고 해도 이 시점에서도 구호행정은 생활보호사업, 자조근로사업, 재해구호사업 등의 분야에 있어서 여전히 외국원조에 크게 의존하고 있었다. 국가재정은 취약하고 사회행정에 대한 재정지출을 가능한 한 억제하려고 했던 국가전략하에서는 외국원조를 도저히 없애지는 못했다. 그러한 딜레마는 자조근로사업의 분석에 있어서 가장 선명히 표현되고 있다. 이 사업은 그 재원을 거의 전면적으로 원조에 의했기 때문이다. 그 후 1971년에 PL480호에 의한 원조가 정지되었어 사업은 정부부담의 양곡만으로 소규모로 유지되었지만 실질상 정지상태에 빠졌다. 1973년부터 대통령의 특별지시에 의해서 영세민을 대상으로 하는 취로사업으로 '새마을노임사업'이 시작했는데 이것은 자조근로사업과는 다른 성격을 가지는 사업이었다.

제5절 재해구호의 분석과 개혁제안

1. 재해구호에 관한 문제

1950년대~60년대에 있어 한국은 매년같이 대규모 자연재해를 당하고 있었다. 특히 풍수해와 한해旱害가 농촌에게 초래한 피해가 크고 수만인부터 수십만인의 농민이 생활과 영농기반을 파괴되어 생활곤란에 빠지고 있었다. 자연재해에 의한 손실액은 연평균 104여억원이나 든다고 추정되었다. 그 배경에는 일제시대부터 치수·농업용수 대책이 부족했던 것에 더하여 전화로 국토 —특히 농업생산 인프라— 가 황폐했다는 사정이 있었다. 자연재해에 의한 피해에 대한 구원과 부흥지원을 위해 1962년에 〈재해구호법〉이 제정되었지만 미비한 것이 지적되었기 때문에 60년대 후반에 본격적인 재검토가 실시되었다. 그 결과 1967년에 〈풍수해대책법〉, 〈농업재해대책법〉 등이 추가 제정되었고 〈중앙재해대책위원회〉를 중심으로 하는 재해대책 조직의 정비 등 자연재해 구호대책의 종합적인 재구축이 행해졌다.『건대조사』가 실시된 1968년은 이러한 자연재해 구호 대책이 정비된 직후이었다.

자연재해에 의한 생활 피해에 대한 구호대책과 부흥지원 대책은 상태常態적인 생활곤궁자에 대한 구호대책과는 성격이 다르기 때문에 어느 국가에서도 일반적인 복지행정과는 분리해서 운영되어 있다. 1960년대에 있어 이 분야가 구호행정의 일환으로서 다루어졌던 것은 이러한 분리가 아직 완전히 행해지지 않고 재해에 의한 생활피해(특히 영세농민의 피해) 대책이 일반적인 생활궁핍대책과 서로 연결되고 있었던 것을 나타나고 있었다. 이것은 국가의 재정적 여력과 조직적 대처력이 부족하고 돌발적인 자연재해의 피해에 대비하는 재원 준비와 조직준비가 갖추어지지 않았던 것에 의한다. 그 때문에 자연재해로 인한 생활피해에 대해서도 평상시의 생활곤궁자 대책의 연장상에서 한시적인 구원 조치로서 실시되고 있었다. 특히 1962년의 〈재해구호법〉시행 이전에 있어서 자연재해구호 대책은 일반적인 생활구호 대책과 밀접하게 결합되고 있었지만 이 법률에 의해서 재원과 운영은 어느 정도 분리되었다. 그러나 영세민을 대상으로 하는 자조근로사업의 재원이 자연재해 특히 한해의 피해 농민에게 유용되는 사례가 나타난 바와 같이 여전히 일반적인 생활구호에서의 완전한 분리는 되지 않았다. 또 자연재해의 피해 농민의 곤궁 상태가 계속되고 상태常態적인 영세민으로 변하는 경우도 많아서 이 점에서도 양자는 서로 관련하는 측면을 가지고 있었다.

그렇다고 해도『건대조사』의 분석은 자연재해가 발생했을 경우의 긴급적인 생활구호와 부흥지원 대책은 조직면과 재원면에 있어 일반의 구호행정과는 분리되어 독립한 형태로 운용되었던 상황을 그리고 있다. 1967년에 재검토 작업을 한 후의 재해구호사업은 점차 독립한 행정 분야로서 형성되고 있었다고 생각된다. 그렇지만 동시에 조사는 재해구호 행정이 다른 구호행정분야와 같이 여전히 조직과 재원의 양면에서 외국원조와 민간활동에 크게 의존하는 상태를 묘사한다. 이 점에서는 독립한 행정분야로서 확립되었다고는 말하기 어렵다.

2. 재해구호의 조직체제와 재원에 관한 문제와 개혁제안

『건대조사』는 재해구호에 관해서 조직체제의 문제, 재원 문제, 그리고 비축물자의 배치 문제 의 세 개의 분야를 대상으로 검증을 실시한다. 먼저 조사는 재해대책의 조직은 정부기관을 핵으로 하여 미美주류군, 외국원조단체, 적십자사, 전국재해대책협의회 등 관·민·외국기관의 제휴 조직으로서 형성되었던 것을 밝히고 있다. 〈그림 III-1〉과 같이 중앙에 상설의 심의기관으로서 정부 각 부처로 구성하는 〈재해대책위원회〉(위원장은 국무총리)가 설치되어 지방차원(도차원와 시·군차원)에 〈지방재해대책위원회〉가 설치되어

그림 III-1 재해구호의 대책 조직

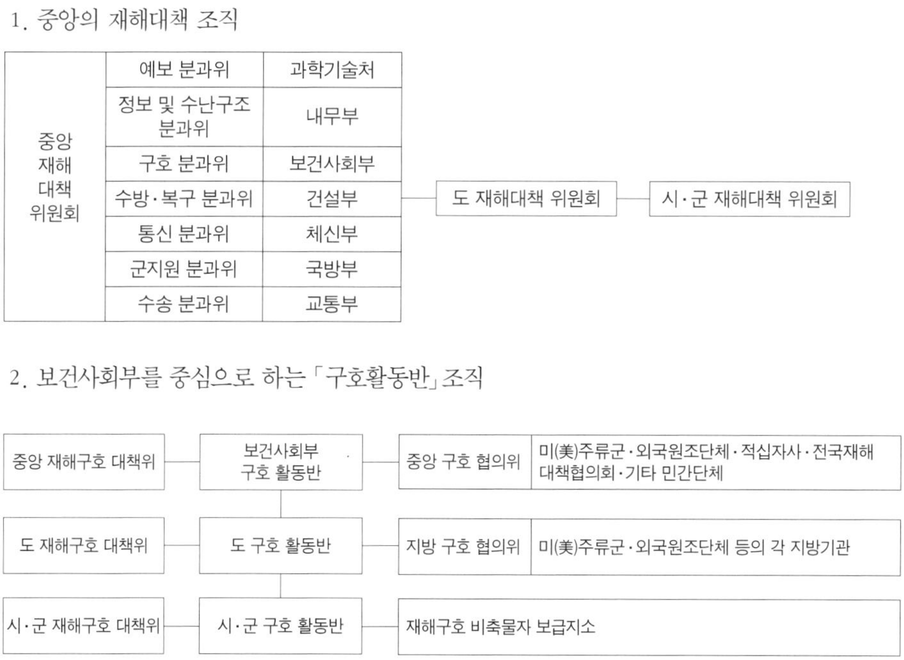

자료: 『건대조사』 제2장의 표1(p.137).

있다. 재해가 발생하면 〈재해대책본부〉(본부장은 건설부 장관)가 설치되고 의료, 식량 등의 물자 공급 등 긴급적인 재해 대책의 실무는 주로 보사부가 담당했다. 정부 조직과 제휴하는 형태로 중앙·지방 양 차원에서 미 주류군, 외국원조단체, 적십자사, 전국재해대책협의회 등 민간 단체가 참가하는 구호협의위원회가 설치되어 있다. 민간 단체와 외국원조의 주된 역할은 재해구호를 위한 기금과 물자를 거출하는 것이었다. 특히 〈전국재해대책 협의회〉는 1961년에 재해구호를 위한 모금 활동을 위해 조직된 관 주도형의 전국조직이었다.

『건대조사』는 이러한 조직체제에 대해서 〈표 III-18〉에 정리한 바와 같이 ①복수의 법령이 존재해 내용이 중복 하고 있으므로 이것들을 〈재해기본법〉으로 통합하는 것, ②재해대책본부를 개편해 기능을 강화하는 것, 특히 신속한 부처간의 조정(특히 예산)을 위해서 본부장을 무임소 장관 또는 부총리 겸 경제기획원 장관으로 하는 것, ③기능이 서로 겹치는 지방재해대책 위원회와 지방 재해구호대책위원회를 통합해 일원화 하는 것, ④중앙위원회와 지방위원회의 관계를 정비하는 것 등의 개혁을 제안하고 있다.

재해구호의 재원은 국가와 지방의 재정부담이 약 74%를 차지했지만 나머지의 약 26%는 적십자사, 〈전국재해대책협의회〉의 기부금, 외국원조, 민간단체와 개인의 기금에 의해서 부담되고 있었다(〈표 III-19〉). 재해에 대비하고 지방자치단체는 지방세수의 1000분의 5 상당액을 재해구호기금으로 적금을 하게 되어 있었지만 실제로는 서울시와 같이 적금을 실시하지 않은 자치단체가 있었고 또 실시했다고 해도 불충분한 자치단체가 많았다. 민간의 모금활동은 〈전국재해대책협의회〉와 적십자사의 모금을 비롯하여 '우표 모금', '호별 모금, '학생 모금', '공무원 모금', '극장 모금', '경기 모금', '경제인 모금', '해외 교포 모금', '사란의 열매 모금' 등 사회의 다양한 분야를 망라하는 광범위한 국민운동으로서 전개되고 있었다.

재해구호의 재원대책으로서 민간의 모금활동을 더 활발화시키는 것이 제안된다. 이것은 "정부 또는 지방 자치단체의 예산만으로 재해구호 자원을 확보한다는 것은 사실상 불가능하여"(p.161), 또 외국원조에도 크게 의존하지 못하기 때문이다. 그러나 현행의 모금활동에 있어서는 "이재민 구호라는 명분 아래 전개되는 모금활동이 어느 특정

표 Ⅲ-18 재해구호에 관한 문제점과 개선방안

항목	문제점과 개선방법안
재해구호를 위한 조직체제	○"재해관계복규가 산만하고 내용에 있어서 중복되는 점이 있으므로" 〈재해기본법〉을 제정하여야 한다. ○"재해대책본부를 개편하여" 기능을 강화하여야 한다. 부처간의 조정의 신속화(특히 예산 문제)를 위해서 본부장을 무임소 장관 또는 부총리 겸 경제기획원 장관으로 한다. ○〈지방재해대책위원회〉와 〈지방재해구호대책위원회〉는 인적 구성과 기능이 중복하기 때문에 통합한다. ○구호기준을 개선한다("특히 부식비, 연료대, 매장비, 조산비의 대폭적인 인상이 요구된다").
재해구호 자원	○지방은 "재해구호 경비의 중앙 의존에서 탈피하여 … 지역주민의 협조를 얻어 재해구호자원의 확충에 노력하여야 한다". ○〈재해구호기금〉의 적립이 충분하지 않은 지방자치단체는 "시정조치가 강구되어야 한다". ○"행정기관은 민간단체의 모금활동을 적극적으로 지원하여야 한다".
재해구호 비축물자의 관리	○"재해구호비축물자의 수량을 대폭 증가시켜야 한다". ○"비축물자 보관시설을 개선하여야 한다". ○시간을 경과한 비축물자를 처분하여야 한다. ○"수개 군 단위별제의 현행 보급 지소제도를 폐지하고 시·군별로 보급지소를 설치하여야 한다".

자료: 『건대조사』 제2장의 내용을 요약.

표 Ⅲ-19 재해구호의 재원 구성(1964~68년의 평균)

단위:천원

	재원 총액	국고	지방(도)	적십자사	전국재해대책협의회	민간·외국원조	
						단체	개인
1964~68년의 합계	835,917	522,129	96,584	45,148	47, 543	113,564	11,159
연평균액	167,183	104,426	19,317	9,030	9,509	22,713	2,237
구성비 (%)	100.0	62.5	11.6	5.4	5.7	13.6	1.4

자료: 『건대조사』 제2장의 표3(p.141) 및 p.153의 그림에 의해 작성.

집단의 특수 이익을 추구하거나 혹은 정치성을 심히 내포 하는 경우가 허다하다"(p.159)라는 문제나 동일 단체나 인물에게 다른 단체로부터 모금이 집중하는 등 많은 문제가 있고 이들을 개혁해야 한다고 주장된다. 따라서 민간모금에 관해서 다양한 형태로 분산하는 민간활동을 〈일원화〉하는 것, 행정이 민간모금활동을 적극적으로 지원하는 것, 그리고 "국민의 모금 활동에 대한 종래의 소극적 태도를 적극적·협조적인 태도로 전환시키"는 것 등이 제안된다.

『건대조사』는 재해구호에 있어서의 생활지원에 관해서도 언급한다. 평상시의 생활상태로 복귀시키는 지원으로서 1968년 당시 '긴급구호'와 '복구구호'의 두 종류의 구호방식이 설정되이 있었다. '긴급구호'는 7일 간의 지원이며 사정에 따라 연장·단축할 수 있었다. '복구 구호'는 30일 이내, 60일 이내, 90일 이내의 3단계가 설정되었다. 생활 구호의 기준은 〈표 III-20〉와 같이 정해져 있었다. 1인 1 일당 양곡 3홉과 금전수당 6원이라는 구호내용은 시설보호의 지급내용과 거의 동일하고 응급식량 1인 건乾빵 250g이라는 내용은 거택구호의 기준인 1인 1일당 밀가루 250g에 상당한다. 따라서 재해구호에 있어서의 생활지원의 기준은 생활보호에 준해서 설정되고 있었다고 추측된다. 분석에서는 부식비·연료비, 매장비 등의 현금지급 기준액이 비현실적이고 인상이 필요하다고 제안한다.

조사에서는 실제로 이러한 생활구호가 어떤 범위로 실시되고 있는지, 규정된 기준에 따라 구호가 실시되는지에 관해서 검토하지 않다. 생활지원을 어느 정도 실시할 수 있을지는 재원의 규모에 좌우된다. 재원의 부족분을 민간모금과 외국원조에 의존했던 상태에 있어서 재해구호의 생활지원은 불안정이고 불충분했다고 추측된다. 생활지원이 미흡했던 것을 추측시키는 요인은 '재해비축물자'의 비축 상황이 극히 빈약했던 상황이다. 조사에 의하면 중앙정부의 비축은 극히 적다. 지방자치단체가 실시하는 비축은 주식이 되는 백미·정맥·밀가루·잡곡 등을 중심으로 하지만 그 내용이나 양은 극히 적다. 예를 들면 서울시와 부산시는 밀가루 밖에 비축하지 않았고 당시 심각한 한해가

표 III-20 재해구호의 생활구호의 기준

구분	기준	
양곡	1인1일	3홉
부식·연료	1인1일	6원
응급 식량	1인1일	건빵 1봉(250 g)
매장비	1구(具)당	1,000원
조산비	1인	500원
임시 수용	2세대	천막1장 (12인용)
구료 (환자치료/예방접종/소독)		시·도립 병원, 보건소, 동 지소, 자선병원 등에서 실시
생활필수품	1세대	5점
의류	1인	2점
침구	1세대	2장
취사구	1인당	2기(器)

자료: 『건대조사』 제2장의 표4 (p.146, '비축물자의 지급(대여) 기준'(표8:p.173)에서는 '주식류: 1인 1일 300g(3홉)'이라고 표시되어 또 부식비는 '당해 지방장관이 인정하는 양(부식대 1인 1일 6원)', 영료비는 '당해 지방장관이 인정하는 양'이라고 기재됨.

덮치고 있었던 전라남도의 비축은 정맥 507kg뿐이었다고 한다. 조사는 비축물자를 대폭으로 증량하는 것, 보급 출장소를 시·군단위로 설치해야 한다고 제안한다.

『건대조사』는 구호기준의 개선, 지방자치단체에 의한 재해기금의 적금 상황의 개선, 재해구호 재원에 있어서의 지방자치단체의 중앙 의존으로부터의 탈피, 비축물자의 대폭적인 증량, 그리고 시·군 단위의 보급 지소의 설치 등을 제안한다. 이러한 제안의 실현에는 상당한 재원을 필요로 한다. 그렇지만 동시에 분석자는 국가도 지방자치단체도 재정여력이 없기 때문에 재원은 결국 민간모금에 의존해야 하는 사실을 받아들일 수 밖에 없었다. 그렇다면 이러한 개혁 제안은 처음부터 실현의 가능성은 확실하지 않았다고 말하지 않을 수 없다. 여기서는 개혁을 바라고 있어도 그 실현의 가능성에 대한 의문을 인식하지 않을 수 없었던 딜레마가 있었다. 바람직한 구호수준과 그 재원부족과의 딜레마는 재해구호 뿐만 아니라 구호행정 전체에 관련하는 문제이었다.

맺음말 — 『건대조사』의 자료적 의의

1. 『건대조사』의 자료적 의의

『건대조사』는 1960년대 말 시점의 행정 실태가 동시진행하여 그려진 매우 귀중한 기록이다. 그 자료적인 의의는 1960년대 말에 있서서 '구호' 라는 행정 분야가 실제로 어떤 재원으로 어떤 조직체제와 수속을 통해서 운영되고 있었는지에 관한 정보를 제공해 주는 점에 있다. 또 당시의 행정 관계자로서는 자명했던 당시의 구호에 관한 기초적인 정보는 『보건사회통계연보』의 수치 정보를 해독하는 실마리도 된다.

일반적으로 복지정책에 관한 역사 연구에 있어서는 현재의 관점에서 과거의 상황을 파악하려고 하기 쉽다. 예를 들면 1960년대의 한국의 복지정책을 분석하는데 현대의 성숙한 '공공부조제도'의 이해에 입각하면서 당시의 〈생활보호법〉이 어떤 기능을 가졌는지가 검증된다. 그 실태가 '최저생활보장'이라는 기능을 가지지 않았던 사실을 알아서 그 제도는 '미성숙한 단계'에 있었다라는 평가가 그 시대의 복지정책의 특징으로 이해된다. 그러나 그 시대의 복지정책에 있어서의 핵심적인 개념은 '생활보호'가 아니고 '구호'이었다. 1961년에 제정된 〈생활보호법〉은 외관상 근대적인 '공공부조제도'의 법적인 형태를 갖추어 있었지만 실제의 운영에 있어서 구호행정이라는 정책체계의 일환에 종속하고 있었다. 과거의 정책을 분석하는 경우 동시대의 시야perspective에 서서 정책실태를 파악하는 것이 불가결하다. 『건대조사』는 1960년대 말에 있어서의 복지정책을 이해하기 위한 동시대의 시야를 제공해 준다.

또한 『건대조사』는 구호행정의 실태 뿐만 아니라 1960년대 말에 있어서 그 것이 많은 문제를 가지고 있었고 많은 관계자가 개혁의 필요성을 인식하고 있었던 상황을 그려내고 있다. 조사의 대상이 된 구호행정은 1960년대 전반에 한국전쟁시부터 전개되어 왔던 임시적, 응급적인 정책을 정리해서 형성되었다. 구호행정은 일정한 체계성을 갖추어 있었지만 그와 동시에 한국전쟁과 그 직후에 형성된 다양한 문제점을 그대로 계승하고도 있었다. 조사가 실시된 1960년대 말은 한국사회가 경제적, 사회적으로 급속히 변모하고 있었던 시기이었다. 특히 경제성장으로 생활의 전반적인 상황과 그 요구needs는 해마다 급속히 및 크게 변화하고 있었다. 따라서 『건대조사』는 1950년대의 특징을 구대로 남겨있던 구호행정이 1960년대 말의 국민생활의 현실에 적합하지 않게 되었던 상황을 그려내게 되었다.

2. 개혁 제안의 딜레마

1960년대 말의 시점에서 구호행정이 근본적으로 개혁할 필요성이 있다는 인식은 보사부를 비롯한 행정 관계자와 민간의 사회사업 관계자나 연구자들 사이에서 넓이 공유되어 있었고 『건대조사』의 내용과 제안은 그러한 조류속에서 평가되어야 한다. 조사는 구호행정의 실태를 비판적으로 검증하여 대담한 개혁 제안을 제시한다. 여기서는 보사부의 개혁파 관료들이나 〈사회보장심의위원회 연구실〉을 비롯한 복지정책 개혁의 흐름과의 연계를 볼 수 있다. 또 이러한 행정의 실태에 대한 비판적인 자세는 조사주체가 행정의 외부에 있는 사회과학 연구자이었으며 "사회보장의 확립", "복지국가에의 노력"(p.3)을 지향하는 발상을 가지고 있었던 것에도 관련한다.

그렇지만 정부의 위탁 조사인 이상 개혁 제안은 당연히 연구자의 자유로운 제안이 아니고 제안의 실현 가능성을 충분히 고려할 필요가 있었다. 그 때문에 문제점을 명확하게 지적하면서 그 해결을 위한 개혁 제안을 솔직히 제시하지 못하는 연구자로서의 딜레마가 일어난다. 그것은 사회과학자인 조사자의 것이며 동시에 한국의 사회복지정책이 내포하고 있었던 딜레마이기도 했다. 복지정책의 재원 문제는 이러한 딜레마를 상징적으로 표현한다. 한국의 사회복지정책은 건국 이후 외국원조에 크게 의존해 왔으나 1960년대 말에서는 순조로운 경제발전과 생활상태의 향상의 덕분으로 외국원조가 감소하기 시작하고 있었다. 관계자 사이에는 "국민적 자주성의 저해", 원조가 가져온 "무질서", "비효율성", "사이비似而非 사업자" 등 외국원조의 부정적인 영향도 명백하게 의식되기 시작했으니 이러한 폐해를 극복하기 위해서는 외국원조로부터 '자립'하는 것이 필요하고 그 때가 바로 왔다는 인식도 싹트고 있었다. 그러나 『건대조사』는 '자립'을 솔직히 제안하는 것을 주저했다. 말할 것 없이 외국원조의 삭감을 국가재정으로 보충되기는 기대 못 했기 때문이다. 그것은 재정적 여유가 없다는 것보다 경제성장을 최우선시키는 국가운영의 기본방침에의 도전은 정치적으로도 사회적으로도 거의 불가능하였던 사정에 관련한다. 조사는 "경제 개발상의 희생을 전제로서 사회개발을 적극 추진하는 것은 어려운 사정의 아래에서 있었다"(p.355)라고 설명한다. 따라서 조사는 외국원조의 축소에 대한 대처책으로서 "외국원조의 계속 도입에 대한 계속적 노력"이 필요하다고 마지못해 제안할 수 밖에 없었다. 또 재원대책으로서 공적 부담이 아니고 "민간 모금의 활발화"를 제안하지 않을 수 없었다. "자립적인 복지정책"은 "자립적인 재원"의 확립을 필요로 했지만 『건대조사』의 제안은 이 점에서 "절충적인" 대체안이며 재원에 관한 국가의 최종적인 책임에 관한 언급을 회피한 내용에 머물 수 밖에 없었다.

정책 개혁의 필요성과 국가재정상의 한계와의 딜레마는 『건대조사』의 분석 전체를 통해서 나타난다. 생활보호에 관해서는 그 기준이 너무 낮은 문제를 지적했고 '최저생계비'에 언급하면서도 '최저생계비'에 따른 보호기준의 설정을 주장하지 못했다. 복지시설에 관해서는 사회적 요구에 적합하지 않는 상황과 문제점을 분석하면서도 그 해결은 역시 재정적인 제약 때문에 민간 사업자의 노력과 정부의 감독 강화에 맡기는 것을 제안할 수 밖에 없었다. 근로능력자의 빈곤 문제에 관해서도 구호가 아니고 생활자립 지원책의 강화가 필요하다고 제안했지만 그것을 위한 재원이 확보될 전망은 전혀 없었다.

1960년대 말부터 70년대 초의 시점에서는 많은 정책 관계자나 연구자들은 구호행정의 한계를 인식하고 있었고 근본적인 개혁이 필요하다고 생각하기 시작하고 있었다. 발본적인 개혁은 당시 ILO가 추장했던 사회보험과 공공부조로 구성되는 사회보장체계의 모델을 한국에서도 구축하는 것이다. 그러나 경제성장을 지상 과제로 하는 강력한 국가전략이 가로막고 있었고 이에 도전하는 여건은 아직 찾아낼 수 없었다. 『건대조사』는 구호행정의 모순이 한계점에 달했다고 인식하면서도 발본적인 대처 방책을 내세우는 조건이 마련되지 못했던 복지정책의 '과도기'의 모습을 그려내고 있다고 평가할 수 있다.

참고문헌

한국정부 관련 자료

(국회회의록, 정부계 연구기관의 자료를 포함)

건국대학교부설 한국응용사회과학연구소 1968,『사회개발 계획을 위한 기본조사』(한국정부·경제기획원 위탁조사의 보고서)

— 1969,『구호행정의 개선을 위한 조사연구』(한국정부·행정개혁조사위원회 위탁조사의 보고서:본문의 주 1을 참조 :『건대조사』로 약기)

농림부(양정국) 1960년대,『농림통계연보·양곡편』 각 년판

— 1964,『양곡통계연보』 1964년판

대한민국 국회사무처,『국회·보건사회위원회 회의록』(『보사위/회의록』으로 약기)

대한민국정부 1962~89,『행정백서』(1963년판은 미간행)

보건부 1952,『보건통계연보』 1952년판

보건사회부 1955~,『보건사회통계연보』 1954년판 이후 각 년판(1955/56/75년판은 미간행)

— 1958,『건국10주년· 보건사회행정 개관』

— 1964,『재해구호사업』

— 1966,『장애인 조사보고서(1966)』

— 1968,『국회·국정감사 보고 자료』

— 1969,『한해구호사업』

— 1971,『보건사회 행정의 실적과 전망 1971 -보건사회행정백서』(『1971보사백서』로 약기)

— 1981,『보건사회 1981』(연차 행정백서의 창간호)

사회보장심의위원회 1969,『사회개발 장기전망』

— 1970,『사회복지 기초자료조사보고서』(사회개발 ·사회복지분과회)

— 1977,『사회보장의 현황』

사회부 1954,『사회행정개요』 1954년판

원호처 1974,『원호10년사』

기타 참고문헌

김영순・권순미 2008, “공공부조제도”(양재진 외2008:203-264)

신섭중 외 1990, 『한국사회복지법제 개설』 대학출판회

양재진 외 2008, 『한국의 복지정책 결정 과정 — 역사와 자료』 사회복지학 총서 84: 나남

조경순・권미행 1977, “거택구호사업의 합리성에 관한 연구” (중앙대학교 사회사업학회 『사회복지연구』 제11집:29-47)

최천송 1991, 『한국사회보장연구사』 한국사회보장문제연구소

카바(KAVA) 40년사 편찬위원회편 1995, 『외원사회사업기관활동사:외국민간원조기관 한국연합회 40년사』 홍익재

한국사회복지협의회 1991, 『한국사회복지총람(개정신판)』

— 2007, 『복지한국 향한 희망의 대장정:한국사회복지협의회 55년사』

자료연구Ⅳ

최천송과 사보심 연구실의 정책 연구·제안 활동에 관한 자료

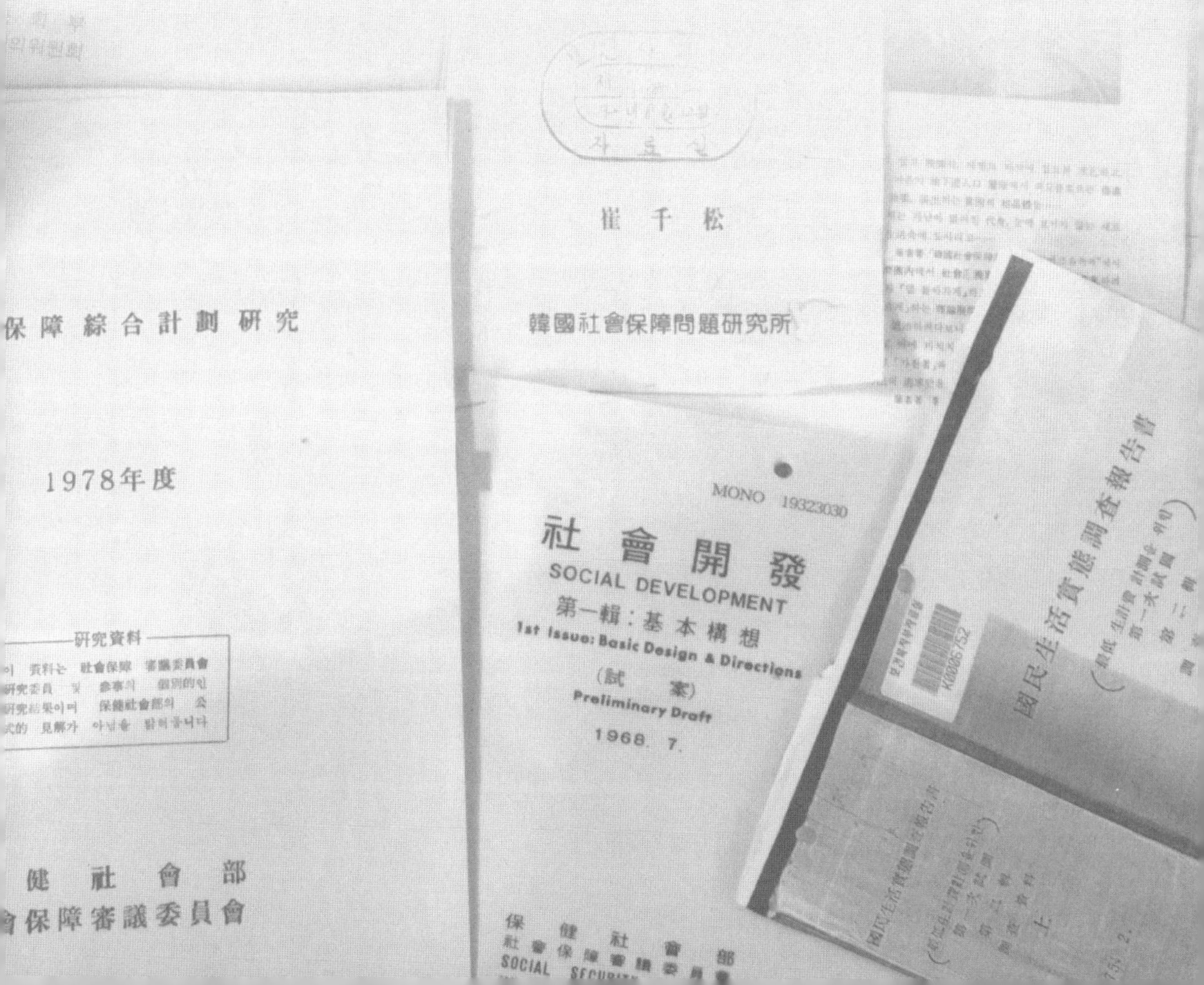

머리말

박정희가 주도한 군사쿠데타정권은 1962년 2월에 〈보건사회부〉(이하 보사부)내에 사회보장정책의 추진을 목적으로 하는 정책 심의기관으로 〈사회보장제도심의위원회〉를 신설했다(다음 해 〈사회보장심의위원회〉로 개칭: 이하 사보심). 이 기관의 특징은 〈심의위원회〉자체가 아니고 위원회에 부설된 전문위원 연구실(이하 연구실)이 실질적인 활동 모체이었던 점에 있다. 사보심 연구실은 보사부에 소속해서 동부 장관의 자문에 대답하는 형태로 정책 연구와 제안 활동을 실시했다. 사보심의 설치에 따라 비상임의 심의위원과 별도로 12명의 연구자가 상임의 '전문위원'('연구위원')으로 임명되었다. 12명 중에는 사보심 창설의 제창자로 소르본누 대학에서 사회학을 전공해서 사회보장에 관한 학식을 가지고 있었던 최천송崔千松이 참가하고 있었다. 그는 연구실의 활동을 일관해서 주도했던 인물이다. 사보심 연구실의 활동은 약 20년 간에 걸친 박정희정권시대의 복지정책과 한국에 있어서의 사회보장의 형성 과정을 분석하는데 극히 중요한 의미를 가지고 있다.

사보심이 설치된 시점에서는 사회적 시책에 대한 이해를 가지는 군의관 출신의 정희섭鄭熙燮이 보사부 장관에 재직하고 있었다. 정 장관의 밑에서 사회보장 정책의 도입을 목적으로 하는 실천적인 연구가 시작되어 연구실의 기초에 의해 〈산업재해보상보험법〉을 비롯한 일련의 실험적인 사회보험 입법이 실현되었다. 정희섭은 1967~69년에 다시 보사부 장관에 취임해서 연구실의 주도로 보사부에서 '사회개발'로 불렸던 정책연구 프로젝트를 발족시켰다. 이 프로젝트는 종래의 복지정책을 전면적으로 개혁해서 사회보장제도의 구축을 위한 대담한 개혁계획을 작성했다. 그러나 1972년부터 시작된 제3차 경제개발 5개년계획에서는 중화학공업화가 우선되어, 또, '유신체제'라는 정치적 제약으로 '사회개발'프로젝트가 제안했던 개혁안은 실현되지 않게 되었다. 1970년대 후반에는 연구실은 인원 수를 줄여졌어 정책형성에 참여할 기회도 빼앗겼다. 1982년에는 조직은 〈한국인구문제연구소〉의 한구석에 두어져 87년에 마지막까지 남은 연구원 3명이 〈한국보건사회연구원〉KIHASA의 전신 기관으로 전출했고 89년에는 사보심의 명칭도 소멸했다.

사보심이 한국의 복지정책의 전개과정에 있어서 어떤 역할을 해 왔는지에 관해서는 본편 제2장에서 분석했다. 이 글에서는 연구실의 조직과 정책연구·제안활동, 그리고 연구실에 소속한 연구자들의 사상적인 배경에 관련되는 자료에 관해서 검증한다. 현재까지 사보심 연구실에 관한 연구는 거의 행해지지 않았기 때문에 이 연구에서는 먼저 연구실이 작성한 또는 작성에 관여했던 자료를 수집·정리하는 작업이 필요했다. 이 작업의 결과 연구실이 약 20년 간에 걸쳐 작성한 보고서, 기타 저작물, 내부자료, 번역 등 약 140점 전후를 확인했다(《표 IV-10》). 사보심 연구실의 활동과 연구성과를 분석하는데 가장 중요한 자료는 창설시부터 약 20년동안 연구실의 중심적인 존재이었던 최천송에 의한 회고록(최천송 1991)이다. 이 회고록은 연구실의 활동과 연구업적의 전체를 파악하는데 도움이 되는 뿐만 아니라 연구실과 보사부 및 정권 상층부와의 갈등, 연구실에 소속했던 연구자들의 사상적인 배경 등에 관해서도 귀중한 정보를 제공한다.

제1절 사보심 연구실의 탄생과 조직적인 변화

> "사회보장 심의위원회 연구실은 당초는 차관직속 별동대로서 그 기능이 명확하였으나 그 동안 장관이 바뀔때 마다 심의기능과 연구기능의 혼동으로 심의기능만은 차관직속으로 해석되어 오는 바람에 차관실에서 장관실로 연구 기능은 마음대로 해석되어 온 결과, 차관실로부터 장관실로 장관실에서 기획실로 그리고 사회국으로 소속이 옮겨짐으로서 장기 포괄적인 사회보장 연구에는 손도 대지 못하고, 당장 시급을 요하는 단기, 행정 시행착오의 마무리를 위한 계획업무의 부분을 담당하는데 급급하여 왔다." (최1977 : 197)

1. 사보심 연구실 탄생의 정치적·사회적 배경

국민생활의 안정과 향상을 중시하는 사보심 연구실은 그 출발점에 있어서 군사와 경제를 최우선하는 독재적인 군사정권과는 적합하지 않는 사상을 가지고 있었다. 정부기구의 내부에 이러한 이단적인 조직이 설치된 배경에는 몇개의 요인이 존재했다. ①1950년대 말에 보사부는 사회보험(특히 의료보험)의 도입에 관심을 가져 정책연구를 시작하고 있었던 것, ②군사쿠데타 이전의 민주당 정부시대에 있어 사회보장제도에 관한 심의회를 설치하는 계획이 진전하고 있었던 것, ③군사정권 내부(특히 문교사회위원회)에 사회보장제도에 관심을 품는 군인들이 있었던 것 등의 요인이다. 〈표 Ⅳ-1〉는 이러한 배경에 관련해서 1960년 전후의 사회보장정책을 둘러싼 정권과 그 주변의 동향을 나타낸다.

표 Ⅳ-1 사보심 연구실 발족 전후의 경위

년	월	사항
1959년		보건사회부 의정국(醫政局) 〈건강보험제도 도입을 위한 연구회〉(목요회) 매주 개최
1960년	1~4월	양재모(의정국 자문위원), WHO장학생으로서 유럽과 아시아 시찰
	4~8월	4월 학생혁명/ 6월 헌법개정 / 8월 제2공화국 발족
	12월	〈전국종합경제회의〉에서최천송이 '사회보장제도심의회' 설치를 제안·채택
1961년	5월	5·16군사혁명 (쿠데타)·군사혁명 정권 발족
		양재모 〈사회보장제도 창시에 관한 건의〉(해외 시찰보고) 작성
	7월	정희섭, 보건사회부 장관에 취임(~63년 12월)
	12월	최천송, "사회보장 제도고"를 『대한일보』조간에 게재
		〈생활보호법〉〈아동복리법〉 제정
1962년	2월	〈사회보장제도 심의위원회 규정〉(각령) 제정:
		심의위원 8명, 연구실소속의 전문위원 4명 및 참사 4명을 임명
	7월	'사회보장제도확립지시 각서'(제12531호)
1963년	11월	〈사회보장에 관한 법률〉(법률 제1437호) 제정
	12월	〈사회보장 심의위원회 규정〉(각령 제1748호) 제정
		민정이관·제3공화국 발족

자료: 손준규(1983), 최천송(1991) 등에 의해 작성.

(1) 군사정권 이전의 사회보장 도입에 관한 연구

첫째, 군사쿠데타 이전의 국가의 정책 관심 상황을 보면 1950년대 말에는 보사부 내부에서 한국전쟁기 이래의 단기적이고 응급적인 구호행정을 중·장기 시점으로부터 재검토할 필요성이 지적되고 있었던 것이 주목된다(『자료연구 I』제3절4참조). 1957년에 부흥부가 경제 부흥계획을 발표했는데 이에 관련해서 산업화에 대응하는 보건사회 정책을 재구축해야 한다는 인식이 일어나고 있었다. 1959년 가을에는 보사부내에서 〈건강보험제도 도입을 위한 연구회〉〈목요회〉가 발족했고 본격적인 정책 연구가 시작되었다. 이 연구회는 의정국장醫政局長의 주최에 의해 의무과장醫務課長, 시설과장 등 행정관 및 그 이외에 의료 관계의 전문가가 자문위원으로서 참가하여 8명 정도로 거의 매주 개최되었다고 한다(손준규 1983:60-5). 〈목요회〉의 멤버이었던 양재모(의학박사)는 1959년에 한국에서 처음으로 의료에 관한 실태조사를 실시하여 다음 해 '보사부 의료보험제도 연구원'이라는 자격으로 세계보건기구WHO의 장학생으로서 서구제국·일본·중화민국 등을 4개월간 시찰했다. 양은 시찰 보고로서 『사회보장제도창시에 관한 건의』1961를 정부에 제출하여 질병보험과 노동재해보험의 단계적인 도입을 제안했다. 〈목요회〉멤버이었던 손창달도 같은 시기에 『건강보험제도(5개년계획)시안』을 작성하고 있었다. 의료보험 이외에도 노동국에서 실업보험과 산업재해보험에 관한 연구, 그리고 사회국에서는 공공부조에 관한 연구와 정책 개혁에 관한 토의가 시작하고 있었다고 한다(손준규 1983:60-5). 민간 연구자에 의한 사회보장 연구도 활발화하고 있었고 1958~60년에는 나중에 사회보장제도심의위원회의 초대 위원에 취임하게 된 백창석·김치선·우기도 등의 연구자가 각각 『사회정책』, 『사회정책총론』, 『경제법·사회보장법』을 발간했다(〈표 IV-2〉).

이러한 초기적인 사회보장제도의 도입 연구에 있어서 가장 구체적인 실현성이 있

표 IV-2 사보심의 설치 이전의 사회보장 관련 문헌

간행년	제목	저자/출판사	비고 (RISS정보)**
1958	사회정책	*백창석(白昌錫)／동국 출판	1963년 증보개정판 : 박영사
1959	국민 의료에 관한 조사 연구 : 서울시민의 상병 및 의료에 관한 종합적 연구	*양재모(梁在謨) /연세의대	위생학 학위 논문
1960	경제법·사회보장법	*김치선(金致善) /법문사	
1960	사회정책총론	*우기도(禹基度) /일조각	1964년에 「사회정책 각론」 간행
1961	사회보장제도 창시에 관한 건의	*양재모(梁在謨) /보건사회부	서울대 행정대학원 석사 논문
1961	건강보험제도(5개년 계획) 시안	*손창달(孫昌達) /보건사회부	비공개

자료: 최천송(1991:194-201).
*백창석, 양재모, 김치선, 우기도는 모두 초대의 사회보장제도 심의위원에 취임(후게IV-4 참조). 손창들은 1968년부터 87년까지 사보심 연구실의 연구위원. **비고란은 RISS(한국교육학술정보원 데이타베이스) 검색에 의함.

었던 분야는 산업재해(산재) 보험과 의료보험(건강보험)이었다. 국민생활의 개선이라는 관점에서보다 "질병과 상해로 말미암는 국민경제상의 손실"(양재모 1961:6)이라는 경제적인 관점에서 정책적인 대응의 필요성이 인식되었기 때문이다. 그러나 사회보험을 즉시 도입하는 것이 제안되었던 것이 아니었다. 양재모는 전술의 『건의』에서 사회보장제도를 구축하는데 "실현성 있는 계제階梯를 제시하"는 것이 불가결하다고 강조한다. 한국의 현상에서는 "일체 사고를 망라하는 총괄적인 제도를 한시에 전국민에게 적용하려함은 위험천만이요, 예산면으로 보나 기술적으로 보나 거의 불가능한 일"(동서:5)이기 때문이다. 따라서 양로연금, 장애연금, 유족연금 등 장기적인 보험제도의 도입은 당면 바람직하지 않고 단기적인 성격을 가진 질병보험과 산재보험부터 착수하는 것이 제안되었다. 이 경우에도 일거에 완전한 제도를 실시하는 것이 아니고 먼저 공무원과 탄광노동자로부터, 또 지역으로서는 탄광 지구와 서울시로부터 한정적으로 시작하는 것을 권고되었다. 또한 양재모가 국무총리 혹은 보사부 장관의 아래에서 '사회보장제도심의회'를 설치하는 것을 제언한 것이 주목된다. 그 이유는 "사회보장안의 테두리를 정하고 그 어느 부분을 먼저 하고 어느 부분을 뒤로 돌릴 것인가의 순차적 계제를 확정하"기 위해(동서: 22, 71) 심의회와 같은 정책검토기관이 필요하다고 생각되었기 때문이다. 산재보험과 의료보험의 필요성을 인식하면서도 단계적인 도입방법이 필요한다는 견해는 당시의 보사부, 특히 의정국醫政局 행정관의 발상과도 공통하고 있었다고 추측된다. 이러한 신중한 제안이면 군사정권도 사회보험의 도입구상을 받아들였던 가능성이 높다. 한편, 최천송을 비롯한 사보심 연구실에 참가했던 연구자의 발상은 양재모 등의 견해와는 달랐던 것에 주의할 필요가 있다. 최는 소득재분배를 통한 국민생활의 안정화와 국민 상호의 연대라는 관점에서 사회보장을 이해하면서 사회보장 구성을 추진하기 위해 정책 심의회의 설치를 제안하고 있었기 때문이다.

(2) 제2공화국 시대의 사회보장제도 심의회의 설치구상

둘째, 군사쿠데타 이전부터 사회보장에 관한 정책심의기관을 설치하는 구상이 존재하고 있었고 군사정권이 그것을 계승했던 사실에 주목할 필요가 있다. 심의기관 설치에 이르는 움직임의 출발점은 최천송의 제안에 있었다. 최에 의하면 1960년 12월 민주당

정부 주최의 〈전국종합경제회의〉에서 최가 분과회에서 사회보장제도에 관한 정부 심의회의 설치를 제창해서 전체 회의에서 채택되었다고 한다(최천송 1991:20). 그러나 설치에 관한 규정이 내각회의에 회부되기 직전에 5·16 쿠데타가 일어나서 그 실현은 좌절했다. 그 후 최는 "혁명정부 관계자등의 주의를 모으기 위해" 1961년 12월말의 『대한일보』 조간에 "사회보장제도고制度考"라는 표제의 논설을 발표했다. 이 논고는 "사회보장이라는 말이 근년 우리 나라에서도 위정자나 식자들 간에 활발하게 떠돌며 진지하게 논의되는 현상은 일상생활에 허덕이는 우리들에게는 매우 반가운 소식이 아닐 수 없다"라는 말으로 시작되어 " … 가칭 〈사회보장제도심의회〉를 국무총리 직속하에 설치할 것을 제기한 바 있고 … 당시 정부에 건의한 바 있다. 이미 혁명정부에 의하여 사회보장제도의 부분적인 포석은 던져졌으므로 조속한 시일내에 통합 고찰 기구가 실현될 것을 바랄 뿐이다"(최 1977:379)라고 결론한다. 여기서 최가 "총체적이고 장기적인 종합 계획으로서 사회보장제도"의 구축을 진행시켜 나가야 한다고 주장하고 있었던 것이 주목된다. 제도를 공무원·군인에 한정하지 않고 일반 국민·노동자를 통합하는 일원적인 원리에 입각한 사회보장제도를 구축해야 한다라는 주장은 최천송을 비롯한 나중의 사보심 연구실의 기본적인 자세이었다.

(3) 사회보장제도에 대한 군사정권의 관심

셋째, 군사정권 내부에서도 사회보장정책 추진에 동조하는 인사들이 존재하고 있었다는 사실도 중요하다. 손준규에 의하면 〈문교사회위원회〉의 홍종철(1963년 당시 육군 대령)[1]을 비롯하여 초대 위원장의 손창규(예비역·육군 준장), 제2대 위원장 김용순(육군 소장) 등이 특히 강한 관심을 보이고 사보심 연구위원의 정책 구상을 박정희 의장에게 전달하기도 했다고 한다(손준규 1983:68,81). 그 결과 1962년도와 63년도의 군사정권의 정책의 〈기본방침〉의 하나로서 사회보장제도의 구축이 내세우지게 되었다. 구체적인 조

---

1 최천송은 홍종철(洪鍾哲)이 "사회보장 연구에 특별히 관심을 갖고, 해외출장에서 일본에 들러 사회보장에 관한 서적을 두권 사가지고 … 연구원들을 격려했"던 사실을 소개하고, 또, "5·16 혁명정부의 젊은 혈기의 주체들 중에는 국민생활의 균형적 향상에 목표를 두고 … 근로자와 일반국민을 위한 사회보장입법의 2개법률의 제정을 … 독려하는 인사도 있었다"고 기술한다. (최 1991:24, 35)

치로서 1962년 2월에 〈사회보장제도 심의위원회 규정〉이 제정되어, 이에 따라 심의위원회가 설치되어 전문위원이 임명되었다[2]. 반년 후의 1962년 7월에는 박정희 국가최고회의 의장(육군 대장) 명으로 내각 수반에 대해서

> "① … 복지국가를 조속히 이룩함은 우리의 궁극적 목표임 … ②이미 생활보호법을 공포하여 요구호자에 대한 부조를 실시하고 있지만, 국민, 기업주, 정부가 함께 참여하여 연대적으로 국민생활을 보장하는 항구적인 사회보장제도가 경제개발과 병행하여 추진되어야 할 것임, ③ … 사회보험중 실시에 비교적 용이한 보험을 선택하여 착수하고 … 우리 나라에 적합한 제도를 연구발전시켜 종합적인 사회보장제도를 확립토록 조치할 것"

이라는 세 항목의 〈사회보장제도확립〉의 지시각서가 발령되었다.

그러나 이상과 같이 군사정권 내부에 사회보장을 이해하는 사람이 존재했으나 최고회의 전체에서는 "상당히 소극적이었던"것에(손 1983:82) 주의해야 한다. 사보심 연구실은 사회보장제도의 적극적인 구축을 위한 기본적인 법률의 제정을 바랐지만 1963년 말에 제정된 〈사회보장에 관한 법률〉은 그러한 기대를 크게 뒤집는 "선언적, 형식적"인 내용에 머물렀다. 그 법률에서는 "국가재정을 참작하여"라는 사회보장 진행에의 제약 조건이 수반되어, 연구실이 제안했던 군인·공무원과 일반 국민을 동일한 원칙으로 취급하는 "일원적"인 "재정의 통합적 균형", "사회보장 사업의 국민적 균형 유지"라는 정책 방향은 표현되지 않았다. 군사정권은 "사회보장의 기본이념"이란 "소득 재분배 기능을 일하게 하는 것"에 있다는 최천송의 발상을 받아들이지 않았다. 최는 이 법률에 관해서 "결과적으로 사회보장의 통합적 경영에 의한 종합적 균형적 발전과 그리고 효율적인 재분배 기능의 수행을 가로막은 기준적 악법이 되었다"(최 1991:29)라고 비판했다.

---

2 군사정권의 문교사회위원회의 초대 위원장·손창규는 심의회의 발족에 관해서 다음과 같이 기록한다. "보사분야에 있어서 … 그 업적의 제1호로서 주목할 수 있는 것은 심의회의 발족이다. 이 심의회를 위하여 1900여만원이 예산면에 반영되었고 … 자문위원 12명과 전문위원 4명을 각 각 위촉 발령했다.이 사회보장제도심의회의 발족은 사회보장제도 실시를 위한 강렬한 정책적 반영의 구체화 단계이며 동시에 사회경제 전반의 근대화를 위한 획기적인 거점이라고 말할 수 있다."(손창규 1962:33) (이 문중 자문위원과 전문위원의 인원 수는 최천송이나 손준규의 기록과 다르다.)

2. 사보심 연구실의 조직과 연구원의 상황

(1) 사보심 연구실과 연구원에 대한 처우의 변화

사보심의 설치는 〈사회보장제도 심의위원회 규정〉(1962년 2월)에 의해 규정되었지만, 〈사회보장에 관한 법률〉(1963년 11월)의 제정과 함께 이 법률의 제5조 및 제6조에 의해 규정되게 되었다(〈표 IV-3〉). 최천송에 의하면(최1991:10) 초대 심의위원으로 보사부 행정관 5명과 학계인사 8명이 임명되었다. 학계에서는 사회보장 분야의 연구자 백창석을 비롯하여 〈목요회〉의 멤버였던 양재모, 우기도 등 당시의 인구·보건·의학·경제사회 분야의 전문 연구자가 참가했다(〈표 IV-4〉). 임기는 1년 간 이었기에 1963년 2월에는 제2기 위원이 위촉 되었을 것이지만 자료적으로 확인 할 수 없다. 또한 63년의 법률에 의하면 노사 대표로부터도 위원이 선임될 것이었지만 실제로 선임되었다는 기록은 확인할 수 없다. 후년에서도 심의위원회의 구성이나 활동에 관한 기록을 확인할 수 없음으로 심의위원회 자체는 형식적인 존재이고 실질적인 활동은 연구실이 맡고 있었다.

최천송은 당초 정책연구기관을 국무총리에 직속하는 독립성을 갖는 상설 기관으로 하든지 또는 심의회와 연구기관을 병설하는 것을 제안했다. 그 이유는 정책연구 연구자에게 안정된 신분을 보장하는 것이 불가결한다고 생각했기 때문이었다. 그러나 최의 요청은 받아들여지지 않았고 1963년에 제정된 〈사회보장에관한법률〉은 심의위원에 관해서 규정했지만 연구직에 관해서는 규정되지 않았다. 연구직에 관한 규정은 법률이 아니고 각령閣令의 규정에 의거하게 되었다. 〈표 IV-3〉에서 보듯이 연구위원의 신분과 보수형태는 불안정했다. 1962년의 규정에서는 심의위원과 연구직에 '수당'을 지급한다고 정해지고 있었지만 63년의 개정에 의해 심의위원에 대해서는 비상근직으로서 '수당'을 지급하고 상근직인 연구직에 대해서는 연구비와 여비를 지급하게 변경되었다. 최천송은 연구위원의 신분이 보장되지 않았던 것이 "사회보장의 재분배 기능과 사회정의 구현을 몇 10년 지연시키는 상황으로까지 몰고 왔다"라고 강조했다(최 1991:20).

1966년 7월에 다시 정희섭이 보사부 장관에 취임해서 장관이 정하는 예규例規 또는 내규內規에 의해서 연구위원의 대우는 개선되었다. 또한 정 장관은 연구위원을 행정직에 등용하는 등 "발탁 인사"를 통해서 연구실의 사기를 높였다고 한다. 그러나 1969년

표 Ⅳ-3 사보심 심의위원과 전문위원(연구위원)에 관한 법률 및 규정의 변화

년	법률, 규정 등	규정의 내용
1962	(1) 사회보장제도 심의 위원회 규정 (각령)	심의위원: 20명 이내 위원장: 보사부 차관, 부위원장: 보사부 기획조정관 위원:사회보장제도에 관한 학식과 경험이 풍부한 자 및 관계공무원중에서 보사부장관 임명. 임기:1년. 수당의 지급 전문위원(연구위원) : 15명 이내 위원장의 승인을 받아 위원회에 출석할 수 있음 심의위원과 같은 수당의 지급
1963	(2) 사회보장에 관한 법률 (사회보장심의위원회의 근거법률)	심의위원: 11명 이내 위원장: 보사부 차관, 부위원장: 2명(위원중에서 호선) 위원: 1. 관계행정부처의 2급공무원 이상의 자, 2. 근로자를 대표하는 자 및 사용자를 대표하는 자, 3. 사회보장에 관한 학식과 경험이 있는 자 중에서 보사부장관이 임명. 임기:2년 연구위원에 관한 규정 없음
	(3) 사회보장심의위원회 규정(각령) 개정	연구위원 신분의 구별 연구위원: 5명 이내, 참사(연구위원의 보조): 10명 이내 연구위원 및 참사에 대해서 연구비와 여비를 지급
1968	(4)사회보장심의위원회 위원, 연구원 및 참사에 대한 제수당 규정 (보사부 내규, 1970년 폐지)	연구위원 및 참사에 대한 수당의 지급 (내용을 확인할 수 없음)
1970	(5)사회보장심의위원회 규정(대통령령)	연구실에 관한 변경 없음
	(6)-1. 사회보장심의위원회 제수당지급 규정(보사부 예규, 1968년내규 폐지)	연구수당 및 여비에 관해서 연구위원은 일반 공무원 2급갑류 상당으로, 참사는 을류 상당으로 취급
	(7) 사회보장심의위원회 연구위원 중, 수석 연구위원 직무 범위에 관한 건 (보건사회부령)	(내용을 확인할 수 없음)
1974	(8)-1. 사회보장심의위원회 연구반 운영 세칙(보사부 예규, 1975년 개정)	연구실의 사회국 소속 및 〈업무종합〉담당직 신설에 관해서 규정
1975	(6)-2. 사회보장심의 위원회 제수당 지급규정 개정	연구위원 및 참사에 대해서 기말수당에 준하는 특별 수당의 지급
	(8)-2.사회보장심의위원회 연구반 운영세칙 개정 (보사부 예규)	연구실의 5반에 각기 연구위원 1명, 참사 2명 이내의 배치를 규정, 〈업무종합〉 담당직을 〈사회개발담당관〉으로 변경
1995	〈사회보장에 관한 법률〉의 폐지	

자료: 필자 작성.

10월에 정희섭이 퇴임해서, 70년대 초의 유신체제의 개시와 함께 예규나 내규의 개정 또는 운용에 의해서 연구실과 연구원의 처우는 일변해서 약체화되어 연구위원들은 냉대를 받게 되었다. 1974년 2월의 〈연구반 운영 세칙(예규)〉은 연구실을 사회 국장의 감독하에 두는 것을 규정했다. 또, 1975년 1월의 규정 개정은 특별 수당의 지급을 가능하게 함과 동시에 연구실을 사회 국장의 하위 직무인 사회개발 담당관[3]의 지휘 감독하에 두는 것을 규정했다. 정희섭 장관 시대에 있어 장관 직속의 대우를 받고 있었던 것에 비하면 인원·예산·권한 모두가 현저하게 제약되었다. 1970년대에 들어 국가의 정책 조사연구기관으로서 〈한국개발연구원〉(KDI, 1971년 설립), 〈가족계획연구원〉[4](1971년 설립), 그리고 〈한국인구보건연구원〉(1976년 설립: 주4 참조) 등이 연달아 설립되어 사보심 연구

표 Ⅳ-4 사회보장제도심의위원회 초대 위원(학계 선출)의 프로필

김인달(金仁達):	1952년 서울대의과대·부교수. 〈인구팽창과 가족계획〉(『국회보』1960년)
김치선(金致善):	1922생~96몰, 평안북도 출신. 서울대 졸업. Whit대학 문학사. 1955년 시카고대 법학대학원 석사. 1958년 국제법률가협회 이사장. 59년에 한국 노동법학회 회장. 1963년부터 서울 대학교 교수(1970년 서울대 법학박사).
백창석(白昌錫):	1914년생, 평안남도 출신. 일본·큐슈제국대학 법학과 졸업. 도쿄제국대학 경제학대학원 졸업. 『사회정책』(대학강의록/1958년), 슘페터『10대경제학자』의 번역 간행(1958년). 1961년 8월, 최호진교수들과 함께 중앙대학으로부터 해고(〈중진교수집단 해고〉). 교수들은 혁명의 '역이용'이라고 항전 (『경향신문』1961년 8월 29일) . 나중에 숭실대학교 교수. 1966년에 최천송을 이사장으로 하는 〈한국 사회보장문제 연구소〉의 설립의 참여.
손정선(孫正璿):	1964년7월 보건사회부 기획관리실장으로부터 차관 취임. "아동복리에 관하여"(『동광』1964년), "결핵박멸사업의 문제점과 그 대책"(『국회보』1968년) 등을 집필.
양재모(梁在謨):	1959년, 보건사회부의 의료보험 연구기획 〈목요회〉에 참가. "국민의료에 관한 연구"(연세대학 보건위생 박사학위논문 1961년), 〈사회보장제도 창시에 관한 건의〉(1961년)등을 집필. 1982년, 연세대학 의무부총장 겸 의료원장에 취임. 〈대한가족협회〉회장. 국제 CIVITAN 한국본부장. 1992년, 한국의 가족 계획(인구억제) 사업에의 공헌에 의해 젼즈·호프킨스 대학의 〈세계 공중보건 75걸〉의 하나로 선정.
우기도(禹基度):	1925생~79몰. 부산출신. 1950년 서울대·상학부 졸업. 53년 서울대 대학원 경제학과 수료., 55년 신흥대학 조교수. 59년부터 서울대상학부 조교수. 61년에 〈국가재건최고회의 문사위원회〉 전문위원. 1962년 7월, 최고회의 의장에 의한 「사회보장제도 확립」 지시 각서(제12531호)의 초안작성에 참여(손준규 1983 : 81). 63년, 중앙 노동위원회 공익위원. 65년, 민주공화당 정책연구실문위원. 66년, 노동청차관. 나중에 한양대학 교수. 저서:『사회정책 총론』(1961년),『사회정책 각론』(1964년), "선 경제개발, 후 사회개발"(전국경제인연합회1986 : 875-83에 재록). 번역:『사회정책』(ILO, 1965년).
육지수(陸芝修):	1906생~67몰. 일본의 제8 고등학교를 거쳐 도쿄제국대학 졸업. 전공 경제지리학. 1936~45해까지 경성제국대학 예과강사등을 거쳐, 해방 후, 서울대학 상학부 교수, 동 문리과학부 교수.
하상락(河相洛):	2001년몰. 일본의 중앙대학 법학부 졸업. 미네소타 대학원 졸업. 서울 대학교 교수.〈한국사회복지학회〉(1957년 설립)의 제2대 학회장 당시, 5·16쿠데타에 의해 학회 활동이 정지되어 1973년에 재건, 회장에 재임. 정년퇴직 후 〈아동가정상담원〉원장. 편저 :『한국사회복지사론』(1989년, 박영사).

자료: RISS(한국교육학술정보원 데이타베이스) 등을 기초로 작성. (1)가나다라 순. (2) 심의위원은 학계위원 이외에 위원장·보사부 차관, 부위원장·기획조정관, 관계 부서로부터의 위원(노동국장,사회국장,의정국장)이 임명됨.

---

3 〈사회개발담당관〉은 1970년의 보사부 기구개정에 의해 기획관리실장의 감독하의 직으로서 신설되었고 73년에 사회국장의 감독하로 옮겨진 후 81년에 폐지되었다.

4 이 기관과 〈한국인구보건연구원〉은 현KIHASA의 모체이다.

실의 정책형성에 있어서의 존재와 역할의 후퇴는 한층 더 명백하게 되었다.

〈표 IV-5〉는 주로 최천송의 기록에 의거하여 작성한 사보심 연구실의 조직체제와 연구위원의 변화를 나타낸다. 최천송은 한 1~2년마다 이동했던 연구실의 근무 거점의 변화가 연구실의 활동상황의 변화와 연관했던 것을 기록한다. 연구실은 당초 국무총리 관저에 가까운 삼청동三淸洞의 〈사회사업지도자훈련원〉의 일각에서 활동을 개시했다. 초기 단계의 연구실에는 연구위원 4-5명, 참사 5명, 계 9-10명의 연구자가 소속하고

표 IV-5 사보심 연구실의 조직체제와 연구위원(1962~89년)

<table>
<tr><th>시기</th><th>연구실 소재지</th><th colspan="2">연구실의 조직체세</th></tr>
<tr><td>1962
~ 65</td><td>삼청동/사회사업지도자훈련원
→ 서울항공검역소 2층
→ 을지로/감사원 별관</td><td colspan="2">수석 연구위원 : 우기도
연구위원 : 4명(심강섭 / 최천송 / 조만제 / 한상무)
참사: 9명(강남희/ 염세욱 기타)</td></tr>
<tr><td>1966</td><td>국회별관
→ 건설회관 8층</td><td colspan="2">수석 연구위원: 허찬종 → 이종수
연구위원 : 3명 (이종수 / 최천송 / 박영기)
참사 : 5명 (강남희/ 마순하 기타)</td></tr>
<tr><td>1967
~ 70</td><td>건설회관 2,3층
→ 건설회관 5층</td><td rowspan="2">사회개발 프러젝트를 중심으로 한 편성</td><td>수석 연구위원 : 최천송 *
연구위원 : 9명 (강남희 / 손창들 / 이순(李珣)** 기타)
참사: 11명(이광찬/ 안창수 기타)
(고문 : Dr.Chakalian)</td></tr>
<tr><td>1971
~ 73</td><td>삼청동/
사회사업지도자훈련원 별동</td><td>수석 연구위원 : 최천송
연구위원 : 9명 (강남희/ 민재성/ 이광찬/ 안창수/ 손창달 기타)
참사 : 6명(손준규/ 한혜동/신선기 기타)
(고문 : Dr.BossDr.Bacon)</td></tr>
<tr><td>1974
~ 75</td><td>종합청사 1008호</td><td colspan="2">수석 연구위원 : 최천송
연구위원 : 4명(이광찬/ 신선기/ 안창수/ 손창달)
참사 : 1명 (한혜동)</td></tr>
<tr><td>1976
~ 77</td><td>불광동/ 보건연구원</td><td colspan="2" rowspan="3">(1976년, 수석 연구위원제 : 폐지)
연구위원: 5명 (최천송/ 이광찬/ 안창수/ 손창달/ 신선기)
참사: 1976~77 6명(한혜동/ 김국도/ 정복란 기타)
1978 5명(한혜동/ 김국도/ 정복란 기타)
1980 2명(정복란/ 김국도)</td></tr>
<tr><td>1978</td><td>성수동/ 사회사업지도자훈련원</td></tr>
<tr><td>1980</td><td>과천/ 정부 제2종합청사</td></tr>
<tr><td>1982</td><td>과천/ 정부 제2종합청사</td><td colspan="2">연구위원 : 5명 (이광찬/ 안창수/ 손창달/ 정복란/ 김국도)</td></tr>
<tr><td>1987
~ 89</td><td>인구보건연구원에 통합
(사회복지정책연구실)***</td><td colspan="2">연구위원 : 3명 (안창수/ 정복란/ 김국도)</td></tr>
</table>

자료: 최천송(1991:174)에 수록된 '사보심연구실 근무자 명단'을 기초로 사보심 연구현황」(1968) p.21 등을 참고로 작성.
(1) 연구위원과 참사의 인원 수는 정확하지 않는 가능성이 있다.
(2) *사회개발 프러젝트의 개시와 함께 최천송은 수석연구위원과 동시에 〈사회개발자문위원회〉를 통괄하는 기획실(사보심 연구실 중심)의 실장에 취임. **李珣은 李洵의 오기로 추측됨. ***한국보건사회연구원(KIHASA) 공식 사이트에 의하면 1989년 12월에 연구실의 명칭 변경과 함께 연구 기능도 통합하였다고 함.
(3)연구실에는 〈수석 연구위원〉이라는 직명 이외에 〈연구실장〉이라는 직명도 있었고 1963-73년에 최천송이 취임하고 있었던 기록이 존재하지만 〈연구실장〉에 관한 규정의 존재는 확인할 수 없음.

있었다. 1967년에 '사회개발' 프로젝트가 시작되자 연구스태프의 수는 일거에 20명으로 늘어, 100명에 가까운 〈사회개발자문위원회〉의 연구활동을 주도하는 체제가 되었다. 최천송은 '수석연구위원'으로서 '사회개발' 프로젝트 전체를 조정하는 '기획실장'에 취임하였다. 그러나 1970년대에 들어 연구실의 활동영역은 축소되어 74년의 프로젝트의 종료와 함께 연구원 수는 대폭 줄었다. 연구원 수의 감소와 '수석연구위원' 직명의 폐지는 연구실의 상대적 독립성의 상실을 상징했다. 1970년대 후반에 있어서의 연구실의 상황을 "보사부 행정 시녀에 전락"했다고 표현한다(최 1991:175). 사회보장이나 사회개발에 대한 관심이 낮고 "경제성장 일변도"의 장관이 취임했으며 위원들의 급여와 대우도 최저급의 임시직 처우에 떨어졌어 연구실의 예산으로 배당된 해외 연구 여비조차 유용되는 등 연구 환경이 일변했다고 한다(동서:175). '사회개발'프로젝트의 최성기에는 서울시청 옆의 건설회관 2·3층을 사용했던 연구거점은 조직 축소에 따라 동 회관의 5층으로 옮겨진 후 다시 〈사회사업지도자훈련원〉 별동 등 몇 군데를 거쳤더가 마지막에는 단 3명의 연구위원이 〈인구보건연구원〉의 '사회복지정책연구실'에서 근무하고 있었다.

(3) 연구위원의 프로필

〈표 IV-4〉에서 보듯이 연구원의 채용은 학계 경로가 중심이었다. 초기에는 정당(한국독립당), 노조 등을 통해서 채용된 사례도 있다. 최초의 연구위원인 조만제의 경우 "삼균주의를 주창한 조소앙趙素昻선생의 조카라는 이유로 이승만 정부로부터 감시 대상이었고 5·16쿠데타 이후… 석방되었다가 연고를 통해 사보심에 참여함"[5]이라고 증언한다. 1960년대 중반이후에는 대학교, 연구기관 등의 네트워크가 주된 채용경로가 되었다. 1966년에 수석 연구위원으로서 베버리지 보고의 번역 작업을 주도한 허찬종은 최천송과 같은 건국 대학교의 관계자이었다. 허찬종은 동시기의 참사이었던 염세욱과 함께 1968년에 건국대학교의 강사가 되고 1968~69년에 실시된 건국대학교 연구반에 의한 정부 위탁 조사『구호행정 개선을 위한 조사연구』(『자료연구편 III』)에 참가하고 있었다.

5 우명숙(2008)에 수록된 인터뷰에서 조만제씨는 "최천송과 심강섭이 가장 학자적 지식을 가지고 연구를 주도함"라고 증언하여 또, 심강섭씨는 "최천송 외 다른 사보심 위원들은 전문성을 잘 갖추고 있지는 못했고, 조사연구는 개별적으로 이루어졌음"라고 회상하고 있다(pp. 62-63).

사보심의 연구직은 신분이 불안정하여 연구위원, 특히 참사 신분의 연구자가 단기간으로 사직하는 사례가 많았다. 허찬종, 염세욱, 손준규 등과 같이 대학교로 전출한 사례도 있었고 1971~73년에 연금 연구에 종사한 민재성과 같이 KDI에 전출하여 퇴직금이나 연금의 연구를 계속한 사례도 있다. 민재성은 많은 연금 관련 저작을 집필하고 1988년의 국민연금제도 도입에 공헌했다. 최천송에 다음가는 장기간 재적 연구위원은 1967년부터 참가했던 안창수安彰洙와 손창달(孫昌達:1928~86)이 있다. 안창수가 1973~74년에 실시했던 최저생계비 조사와 공공부조 개혁 구상은 한국의 사회보장정책 역사에 매우 중요한 의의를 가진다. 손창달은 1955년에 회원제로 운영되었던 〈사단법인·부산 노동병원〉의 창립에 참여한 후 제2공화국 시대에 보사부의 의료정책에 관여했던 인물이다. 연구실의 말기에 재직했던 김국도는 노인 문제를 연구하었고 조차여비도 충분하지 않는 냉대속에서 전국의 노인복지시설의 실태조사로 그 참상을 고발했던 연구자이다.

제2절 사보심 연구실의 조사·연구활동

> "사보심 연구실이 연구기관으로서 견고한 법적지위가 갖추어지지 않았기 때문에 의사 결정자(장관)의 사회보장에 관한 의식에 따라 다르게 경영되고 기구운용에 관한 관심과 그 경중시에 따라 연구기관이상의 기능을 발휘할 때도 있었도, 거꾸로 보사부국과의 업무 시녀로 떨어졌을 때도 있었다."(최 1991 : 175)

1. 연구실의 조사·연구활동에 관한 자료

현재까지 사보심 연구실의 조사 연구 업적에 관해서 자료 목록의 작성, 서지 정보의 정리, 자료 고증 등의 작업은 본격적으로 실시되지 않는다. 사보심 연구실을 흡수한 〈한국보건사회연구원〉KIHASA은 창설 40주년 기념으로 DVD 자료집(2010년)을 작성했고, 거기에 사보심 작성 자료로서 89점이 수록되어 있다. 이 자료집은 원자료를 PDF 형식으로 수록하니 유용하지만 수록되지 않은 자료가 많고 또 서지 정보에 관해서 잘못이 많다. 또 최천송은 회고록에서 사보심 연구실 자료의 목록을 작성하고 있으나 완전한 것이 아니다(최1991:167-73,194-201). 이와 같은 자료의 분산 상황은 연구실이 작성한 문서의 대부분은 정부와 관계 기관에 있어서의 내부자료로서 작성되고 공표되지 않았던 것, 연구실은 독립 기관으로서 다루어지지 않고 한 1, 2년마다 이전을 거듭하면서 상세한 목록도 작성되지 않았던 것, 그리고 연구실이 최종적으로 다른 기관에 흡수되었어 사실상 조직 자체가 소멸했기 때문에 관련 자료가 여러 기관에 분산되었던 것 등의 사정에 의한다. 현존하는 자료는 보건복지부 자료실을 중심으로 국립 중앙도서관, 국회도서관, 각 대학교 도서관 등에 분산되어 소장된다. 소장되어 있는 경우 작성자명이나 간행년(또는 작성년) 등 서지 정보에 있어 혼란과 잘못이 있는 사례가 적지 않다.

이 연구에서는 〈한국교육학술정보원 데이타베이스〉RISS를 이용하면서 보건복지부 자료실, 국립 중앙도서관, 국회도서관 등의 소장 목록을 통해 가능한 한 정확한 목록을 작성하려고 했다. 자료 검색은 사보심, 사보심 연구실, 보사부 등의 기관명, 연구자의 개인명, '사회개발' 등의 프로젝트명 등으로 실시했다. 그 결과 현시점에서 사보심 연구실의 조사 연구의 성과로서 조사 연구 보고서, 기타 간행물, 비공개 내부자료, 국제회의 참가기록, 번역서 등을 포함하여 합계 140점 전후의 자료를 확인할 수 있다. 그 대부분은 각 소장기관에서 현물을 확인할 수 있다.

〈표 IV-6〉는 사보심 연구실의 조사연구활동의 전체 상황을 파악하기 위해 전체 목록(〈표 IV-10〉)에 의해 간행 연차와 분야별로 업적을 정리한 결과를 나타낸다. 이 정리 결과 연구활동은 시기별로 ①연구실 초창기에 있어서의 초기적인 사회보장 연구와 실태조사를 실시했던 시기(1964~66년), ②'사회개발' 프로젝트를 중심으로 정책 연구를 전개하고 활기찼던 시기(1967~74년), ③연구실이 보사부내에서 냉대당하여 연구실로서 조직적으로 활동하지 못하고 각 연구위원이 개별적으로 조사연구를 실시했던 시기(1975~87년)의 3 시기로 구분할 수 있다. 이 시기 구분은 앞의 절에서 분석한 연구실의 조직 상황의 변화를 그대로 반영한다. 이하에서는 각 시기별로 전형적인 연구 성과를 선택하고 연구실의 연구 동향의 변화를 검토한다.

표 Ⅳ-6 사보심 연구실의 조사연구 (간행년별/ 분야별: 1964~85년)

	전반적인 정책연구와 정책제안	개별적인 정책연구와 실태조사	
1964	*일반 사회보장과 군사원호와의 비교	*국민건강실태조사 1962년도	
1965		*건강조사보고 1965년도 *잡지:〈의료보험〉 제1호	*의료보험법해설
1966		*잡지:〈의료보험〉 제2·3호	
1967		*건강조사결과보고 1966년도 *잡지:〈의료보험〉제4호 *한해 지역 생활실태 조사보고	*사회보장 기구에 있어서의 재활사업과 그 증진책에 대한 실태조사(I.S.S.A 16차 총회 보고서)
1968	*사회개발(기본구상과 장기전망 요약) *사회개발 1968 :제1집 기본구상 *사회개발 1968 :제1집 기본구상(시안)	*강화도 직업사회조사 보고서:강원도 사회경제 실태조사보고서 *보건·의료의 장기목표1968-86	
1969	*사회개발 장기전망(초안 완성) *사회개발 장기전망 *사회복지 및 사회개발에 관한 자료 *사회복지 및 사회개발에 관한 자료(사회개발 기본구상과 장기전망에 관한 제시안집 *사회보장에 있어서의 세계적 현황과 한국의 위치	*사회복지기초조사자료:장애자복지편(초안) *보건의료수혜양상에 관한 조사연구 *주택 실태조사보고(사회개발 조사68-5) *보건과 영양 사업 1969	*15개년 보건계획 1차 시안 (1972-1986) *양로보험 기초조사보고 *경제성장에 수반하는 노동력 이동 실태와 사회개발에 관한 조사연구
1970	*사회개발 계획의 현황과 전망 *사회개발의 현황과 전망에 관한 세미나 보고서 *사회개발 1970 제 2집 장기계획〈1972-1986〉 *사회보장과 국민경제:개발도상국 *사회보장과 국민경제:선진 제국에 있어서의 일반적인 여러 문제와 제국면	*사회복지 기초자료 조사보고서 1970 *공제조합 실태 조사보고	
1971		*법인 기본재산에 관한 연구 보고서 *지역사회개발 조사보고서	
1972	*사회보장·사회복지 연구(1972)	*국민건강 조사보고 1971 *지역사회개발 모델 구축에 관한 기초자료보고 *국민의식 동향 조사연구보고	
1973	*사회개발(제3집:구상) *사회보장·사회복지 연구(1973) *우리나라의 사회보장	*가정복지 기초조사 자료 *생활환경실태 및 의식 구조 조사연구 *양로연금 기초조사 연구	

1974	*개발도상국의 사회보장 계획과 우리나라 사회보장 정책 연구 *사회개발·부문별 사업 전망- *사회보장·사회개발 연구 1974	*사회복지시설의 관리 운영에 관한 연구보고 *한국 사회복지공동모금회 운영에 관한 조사연구 *한국의 노인복지 개선을 위한 종합적 연구 *국민생활실태조사보고서 1974 : (최저생활비 계측) *한국의 사회보험제도에 관한 연구	
1975	*사회개발사회보장 사회정책	*우리나라 사회보장과 공적부조에 관한 연구 *공적부조사업계획1차시안 *우리나라 사회복지시설의 육성 및 운영 개선에 관한 소고 *각국 실업보험제도의 개요 *한국의 국민병과 의료비에 관한 연구	*사회 기풍 순화 대책 : 이론 정립을 위한 시론 *사회변동에서 야기된 부조리 현상에 대한 요인 분석 검토 *사회복지사업을 위한 기준 및 입법에 관한연구회 참가 보고서 *최근 우리나라 해외이민의 특성 분석
1976	*사회보장의 현황 *한국의 사회보장체계 : 기본 체계 구상(a) /사회보장체계의 확립에 관한 연구(b)	*한국의 보건의료에 관한 종합 지표 *근로자복지에 관한 연구 *요보호여성의 복지 향상을 위한 연구 *사회복지사업을 위한 재원조달 방안에 관한 연구 *우리나라의 사회복지 향상책에 관한 연구 *사회순화	*의료보험제도에 관한 연구 *의료분업에 관한 연구 : 미국 *아시아 사회개발 정보교환소 회의참가 보고서 *사회병리 현상으로 본 빈곤 문제 *인력개발과 임금정책에 관한 연구
1977	*한국 사회보장 행정제도의 장기적 개선 방법안	*사회개발 측면에서 본 아동복지의 새로운 방향 *사회복지관에 관한 연구의료보험법의 해설	*의료보호제도에 관한 연구 *한국 의료보험사업과 의료 자원 이용에 관한 연구
1978	*사회보장 재정조달에 관한 고찰 *사회보장 종합계획연구	*사회복지시설에 관한 조사연구 *국민건강과 의료실태	*국민복지연금 법령에 대한 재점검
1979	*우리나라 사회보장제도의 소득 재분배적 영향	*노인복지에 관한 연구 *사회복지시설 운영 개선방법안 *장애자복지 모델에 관한 연구	*의료보호대상으로부터 제외된 저소득 계층의 의료보장에 관한 조사 연구
1980	*한국 사회보장체제의 개선 발전 방안	*법인 기본재산에 관한 연구 *법인 기본재산에 관한 연구 보고 부록 *사회복지사업 방법의 연구 *실업보험제도에 관한 연구	*의료보장의 단계적 발전모형 구축을 위한 조사연구 *한국 사회보험 모델(Model)에 관한 연구 *퇴직금제도에 관한 연구

1981	*사회보장 재정 *사회복지행정의 전달 체계의 개선(II-I)	*국민연김제도에 관한 연구 *의료보장의 단계적 일원화 방안 연구	*근로자 기업경영 참가제도에 관한 연구 *묘지제도에 관한 연구
1982	*사회보장 :이론정립을 위한 기초 *사회보장 :이론과 실제	*가정병리와 사회복지에 관한 연구 *한국 사회보장·의료보험 제도의 개선책	
1983		*모자세대복지에 관한 연구 *의료보험(2종) 개선방법안	
1984		*고령화사회에 대응하는 복지적 방안 *심신장애자 복지정책 연구	*의료보험료 산정 업무의 개선 *국민복지연금제도 시행을 위한 연구
1985		*법인의 성립과 조세 문제 연구 *복지자원 개발에 관한 연구 *선진국의 의료보장정책 발전에 관한 비교 연구 *복지행정체제 확립에 관한 연구(I)	*의약분업의 효율적 시행 방안 *국민건강과 의료 실태 *시범복지사무소 운영에 수반하는 제반사항 연구 검토

자료: 〈표 IV-10〉에 의해 작성.

2. 초창기의 조사·연구활동

(1) 계몽적 연구와 실천적 조사

발족 당시의 연구체제는 주된 조사 연구 테마에 따라 의료보험반, 노동·산업재해보험반, 공공부조·사회복지반, 그리고 종합반의 4개 연구반이 설정되었어 각 반에 연구위원과 참사가 1명씩 페어를 짜서 담당하는 형태가 채용되었다[6]. 최천송은 보건 대학원을 졸업했던 강남희와 함께 의료보험을 담당했다. 최는 나중에 "사회보장 연구 만능선수같이 보여졌던지 지금까지 전연 손이 미치지 못했던 의료보험반이 맡겨지게 되었다"고 회고한다(최 1991:22). 산업재해 문제를 중심을 하는 노동반은 『노동관계법규집』(1955년)의 편찬자이며 노동 행정에 종사한 경력을 가진 심강섭이 담당했다. 공공부조는 사회 분야를 전공한 한상무가 담당해서 사회학자이며 소득분배의 지식을 가진 조만제가

6 그 후 '종합반'은 폐지되었다. 1964년에는 '1사회보험, 2공공부조, 3공공부조 및 의료, 4관련사업'이라는 편성을 채택하고 있었다(사보심1968⑦— 동그라미 숫자는 표 VI-10과 같음—).

종합반을 담당했다.

창설 직후의 조사 연구 성과로서는 보험제도의 도입을 위한 실태 조사 연구와 선진 제국의 사례·정보의 수집, 번역 등 계몽적인 연구가 많았다. 실태 조사는 의료보험 분야를 중심으로 실시되었다. 그 이유는 의료보험(강제 가입제)의 도입이 비교적으로 순조로이 실현되었던 산업재해 보상 보험 제도에 비교해 난항했기 때문에 기초적인 실태의 파악이 필요하게 되었다는 점에 있었다고 추측된다. 최천송에 의하면(최 1991:160-6) '건강 실태조사'는 1962년, 1965년, 1966년, 1971년에 실시되어 각 보고서가 작성되었다고 하지만 1962년도 조사 결과에 관한 보고서의 현존만을 확인할 수 없다. 의료반은 이러한 조사와 함께 『의료보험법 해설』의 발행, 잡지『의료보험』(1964~67년)의 발간 등 의료보험에 관한 계몽활동을 전개했다.

사보심 연구실은 국제기관과의 교류와 문헌의 수집·번역을 통해서 선진제국의 '복지국가'로서의 동향을 한국에 소개하려는 적극적인 자세를 가지고 있었다. 1966년 10월에 사보심 연구실은 ISSA(〈국제사회보장협회〉 1927년 설립)의 준 회원이 되었고, 1967년의 제16차 총회에 출석한 이래 이러한 국제회의에 참가했을 때마다 보고서를 작성했다(1968년 유엔 장관회의, 1969년 ISSA 마닐라 회의, 70년 유엔 ECAFE 마닐라 회의, 72년·76년 방콕 회의 등). 외국 문헌의 소개에 있어서는 1965년에 『후진국에 있어서의 사회보장』(ILO보고)과 『사회보험과 그 관련 사업: 사회보장 총서 제1권』(베버리지 보고) 등의 기본적인 문헌을 번역했다. '베버리지 보고'의 부제('총서 제1권')에서 번역 또는 조사 연구를 시리즈로서 잇달아 간행할 기획이었다고 추측되지만 실현되지 않았던 것 같다. 그 후 연구실 관계자에 의한 번역서로서는 1965년에 우기도에 의한 ILO『사회보장에의 길』, 1977년에 이순 등의 공역에 의한 위렌스키Wilensky,H.L.의『복지국가와 기회균등』이 있다. 이러한 번역은 시판되지 않았던 경우가 많았는데 대학교 도서관에서 소장되어 왔으니 사회보장 연구 관계자들 사이에서 읽혀 왔는지도 모른다. 연구실은 해외 문헌의 번역 소개 이외에도 사회보장제도의 전체적인 체계나 개별 제도에 관한 외국의 정책 사례의 연구를 활발하게 행하고 있어 그 성과는 많은 연구 보고에 나타나고 있다. 외국의 복지정책에 관한 정보가 부족했던 1960년대, 70년대에 있어서 연구실은 가장 첨단적이고 광범위한 외국 정보를 얻고 국내로 소개하는 역할을 했다.

(2) 연구실의 최초의 보고서에 관한 의문

사보심 연구실의 초창기의 모습을 기록하는 자료로서 『일반사회보장과 군사원호와의 비교: 사회보장 심의 위원회보고서(제1집)』(1964년①)라는 표제의 책자가 존재한다. 이 자료의 본문은 등사판인쇄에 의하고 표지에는 모필毛筆로 표제가 쓰여 있고 속표지에는 펜자로 '사회보장심의위원회 / 보고서(제1집) / 감수: 연구위원 우기도禹基度 / 작성: 조수 마순하馬舜河'라고 작성자명이 기재된다. 차례는 제1절 사회보장의 개념 / 제2절 사회보장의 1부문으로서의 군사원호 / 제3절 제도상의 차이 / 제4절 국고부담상의 차이 / 제 5절 결론, 이다.

후년의 보고서에서 기재되는 '보사부장관 귀하'라는 수신자 표기는 없다. '제1집'이라는 기재는 앞으로 연속해서 보고서를 작성해 가는 예정이었던 것을 시사한다. 대부분의 사보심 연구실 자료는 보건복지부·자료실과 국회도서관에서 소장되는데 이 자료만은 연세대학교 학술정보원에서 소장된다. 그 위에 보고서의 표지가 모필으로 쓰이는 사실은 이 현존 자료는 보사부 장관에게 제출될 직전의 것이었던 가는성을 시사한다. 실제 이 자료가 최종적으로 보사부 장관에게 제출되었는지 어떤지는 확인할 수 없다. 한편 최천송은 이 자료에 언급하지 않고 최가 작성한 목록에서도 수록되지 않다. 이하에 검토하는 듯이 최종적으로 공식적인 보고서로서 다루어지지 않고 정부 상층부 차원에게 제출되지 않았던 가능성이 높다고 추측된다.

이 보고서는 사보심 연구실이 가장 이른 시기에 작성한 문서로서 특별히 주목할 가치가 있다. 첫째, 중요한 것은 발족 당시에 있어서 심의위원회와 연구실이 미분화이었던 것이 시사되고 있는 것이다. 심의위원이던 우기도가 보고서의 감수자인 것이 주목된다. 우기도는 〈표 Ⅳ-4〉에 나타낸 바와 같이 서울대학교 조교수이었던 1959년 당시 전술의 〈목요회〉에 참가해서 62년 7월에는 최고회의·문교사회위원회의 전문위원으로서 〈사회보장제도 확립 지시 각서〉의 기안에 참여한 인물이다. 우기도는 심의위원이며 동시에 연구실의 '수석연구위원'이기도(1962~65년) 했다(최 1991:174). 손준규는 창설 직후의 사보심의 분위기에 관해서 "심의위원과 연구실의 연구원, 참사 등이 거의 매월 회합해서 혼연 일체가 되고 열을 띤 토론을 하고 있었다"라고 묘사한다(손 1983:74-5). 그러나 그 후 심의위원회 자체는 명목적인 존재가 되었기 때문에 '사보심'이라는 조직은 전문위원(연구위원/참사)으로 구성된 '연구실'에 의해서 대표되게 되었다.

둘째, 이 보고서가 전개하는 주장의 내용이 주목된다. 여기서는 다음과 같은 구성에서 군사원호, 국가 유공자 보호 등 군사관계의 생활지원이 일반 국민보다 훨씬 우대되는 실태를 비판적으로 분석하고 군인, 공무원과 일반 국민을 동일한 원칙으로 취급하는 "공평한" 사회보장제도를 구축해야 하는 것이 제창되고 있었다.

구체적으로는 1964년도 예산에서 군인 원호, 공무원 연금, 일반국민 구호에 있어, 대상자 1인당 사회보장 비용(국고 부담)을 계산하면 군인 8,000원, 공무원 2,000원, 일반국민 254원으로 되어, 그 비율은 32:8:1이라는 "불공평"이 발생하고 있다고 지적한다(p.84). 일반국민 254원이라는 금액은 근로구호를 포함한 278만명을 기초로 계산되어, 근로구호를 제외하면 일반국민의 사회보장 비용은 더 적은 180원에 불과하게 된다고 한다. 이 계산에 근거해 보고는 구호 수준의 현상은 도저히 "건강하고 문화적인 생활에 못 미친다"(pp.71-3, 84)라고 비판한다. 이 지적은 군사정권의 기본 방침에 대해서 전면적으로 도전하는 갓이다. 당시 군사정권은 군경원호의 충실을 극히 중시하여 정권 장악 직후부터 대폭적인 개혁에 착수하고 있었고 일반국민을 대상으로 하는 구호와는 완전히 다른 영역의 문제로서 간주하고 있었기 때문이다. 이 보고서가 혹시 정규의 보고로서 정부에게 제출되었다면 틀림없이 큰 문제가 되었던 것인데 그런 사실은 찾을 수 없다. 현존하는 이 자료는 정식으로 제출은 커녕 완성도 되지 않았던 '황영의 제1호 보고서'일 것으로 추측된다.

연구실의 최초의 '보고서'의 연구 테마가 누구의 제안에 의해서 설정되었는지 또 이 테마 설정에 있어서 연구실 내부에서 어떤 검토가 있었는지 등을 알 수 없다. 군인, 공무원, 일반국민을 다 동일한 원칙으로 다루는 보편적인 사회보장제도의 구축은 사보심 설치의 제창자이던 최천송이 되풀이 강조한 것이었다(최천송 1991:26). 이 주장은 발족 당시의 사보심 심의위원와 연구실 연구위원 사이에 공유되어 있었다고 추측된다. 그러나 그 후 사보심 연구실이 군경원호와 일반 사회보장과의 관계를 다시 논의하는 것은 없었다. 최천송 자신은 만년 1990년대에 이르기까지 이 문제를 의식하고 있었지마는 군인정권 시대에서는 이 문제는 아무도 논의해서는 안되는 '터부' 또는 '성역'이었다.

넷째, 주목되는 것은 이 보고서가 군사정권에 의한 '구호행정' 개혁에 관한 정부의 내부정보를 기록하고 있는 점이다. 보고서는 거택구호 대상을 283,000명으로 한정하는 등의 예산 조치가 1962년 7월 30 일부의 문서에 의한다는 것을 밝히면서 이에 대해서 다음과 같이 논평한다.

> "예산상으로 보면 1인당의 농도density는 1500원10$의 배정이라고 하겠으나 구호대상자의 수를 서울시에 29,000명, 지방에 254,000명, 계 283,000으로 예상한데 대한 근거를 알 수가 없다. 보사부는 1962년 7.30일자 구호사업 개요서로 대상자를 2,784,087으로 해놓고 물론 건설부, 농림부 소관도 있겠으나 예산면에서는 구호 대상자를 283,000명, 영세민은 205,500명 계488,500명을 올려놓은 점은 대상자중에서 1/5 정도에만 방안을 강구한다는 의사 표시 밖에 되지 않는다" (우 1964 : 71) .

본서 제1장과 제2장에서 분석한 바와 같이 거택구호의 대상자 수는 군사정권 발족 후에서 1970년대 전반까지 283,000명으로 고정되는 상태가 계속되었다. 보사부는 이 수치를 훨씬 웃도는 수를 요要보호자로서 인정하고 있었기 때문에 이 예산 조치에 의하여 매년 많은 구호의 '누락'이 발생하고 있었다. 이러한 예산 조치가 언제 누구에 의해서 어떤 경위로 결정되었는지를 전하는 직접적인 자료는 현재까지 찾아내지 못했다. 이 보고서가 제공하는 정보에 따르면 거택구호에 관한 예산 조치는 1962년에 결정되었다. 이 시기는 제1차 5개년계획의 책정 준비가 진전했던 시기이며 구호 예산 범위의 결정이 경제계획의 책정에 수반하는 조치이었던 것을 시사한다. 또 보고서는 거택보호에 관한 283,000명이라는 예산 범위에 관해서 "근거"가 없다고 비판한다[7]. 이 예산 범위가 계속 고정되었던 10년이상에 걸쳐 "근거"는 제시되는 것은 없었다. 보고서는 거택구호에 있어서의 기준 설정에 관해서도 귀중한 정보를 제공한다(p.70). 즉 거택구호의

---

7 『자료연구 II』의 〈표 II-14〉에서 인용하는 대로(출전은 『행정백서』 1964년판: 249) 1964년도에 '영세민'의 그호인정(예산조치)수는 인정 수의 인구비율이 가장 낮은 지방(도)의 비율을 전국 기타 지방에 적용한다고 한다. '거택보호' 1964년도 283,000은 '전녀도 기준'에 의했다고 주기되었는데 그 '전년도 기준'의 산출 방법은 알 수 없다.

지급 기준을 1인 1일당 밀가루2.5합(실제로는 250g)으로 하는 설정은 1964년도 예산의 책정 과정에서 결정되었다고 한다. 이것은 보호 대상자 수와 보호 기준이라는 보호 행정에 관한 기초적인 요인의 결정이 소관 관청인 보사부가 아니고 예산에 관한 절대적인 권한을 장악했던 〈경제기획원〉에 의해서 결정되었던 것을 단적으로 나타난다. 1960년대 전반에 있어서의 구호행정을 둘러싼 기록이나 자료가 극도로 부족한 상황에 있어서 이 보고서는 단편적이지나마 귀중한 내부 정보를 제공해 준다. 그 후 사보심 연구실의 보고에 있어 이러한 종류의 정부 내부 정보를 제공하는 사례는 거의 없다. 또 연구실은 정권의 복지정책에 대해서 계속 비판했다 해도 이 보고서와 같은 솔직한 비판을 제기하는 것은 없었다.

3. 사회개발 프로젝트 시대의 정책 연구활동

(1) 사회개발 프로젝트 시대의 연구활동과 연구성과

'사회개발' 연구 프로젝트가 전개된 시기는 사보심 연구실의 역사에 있어서 조직과 활동이 가장 고양했던 시기이었다. 사회적 시책의 전면적인 개혁을 의도한 이 연구 프로젝트는 연구실의 주도에 의해서 보사부 전체가 몰두했던 대규모 기획이었다(본서 제2장 참조). 이 프로젝트는 1967년에 시작되었어 다음 해에는 조직은 연구실 멤버를 중핵으로 민간 연구자의 참가에 의해 100명 가까운 규모로 확대했다. 프로젝트 전체는 최천송을 리더로 하는 기획실이 통괄해서 8개의 분과회에는 2,3명씩 연구실 멤버가 배치되었다. 이 때문에 연구실의 연구위원수는 종래의 2배인 약 20명으로 증강되었다. 손창달, 안창수, 이광찬 등 유력한 멤버가 이 때에 새롭게 연구실에 참가했다.

'사회개발' 프로젝트는 1968년부터 74년까지 매년 연구 성과를 계속 작성했다. '사회개발' 프로젝트가 작성한 문헌은 〈표 IV-7〉와 같이 ①전체적인 정책 연구, ②정부에 대한 정책 제안, ③유엔자료를 중심으로 하는 해외문헌의 연구, ④각 분과회가 실시한 개별 분야의 조사연구와 정책제안, ⑤사회개발의 계몽선전 문헌, ⑥국제 세미나나 회의의 참가보고 등, 여로가지 성격의 보고로 구성된다. 대부분의 문헌은 현재 보건복지부 자료실에 소장되고 있지만 산일되어 현존하지 않는 자료도 많이 존재한다고 생각된다. 이들 많은 문헌 중에서 주된 업적은 〈표 IV-8〉에서 고딕체로 표기된 아래 네 개의 보고서이다(최 1991: 152)[8].

① 『사회개발 1968 : 제1집·기본 구상』(1968)은 연구 프로젝트의 기본적인 의도와 구

표 IV-7 '사회개발' 프로젝트에 관련한 주된 연구업적

	전반적인 보고서 및 연구자료	분과위원회에 의한 실태조사보고
1968	*사회개발 1968 제 1집 : 기본 구상 *사회개발(기본구상 및 장기전망 요약) *본역 : 실무자료 제사회계획 방법론 (국제연합 사회개발 연구소) *Social development	
1969	*사회개발 장기 전망 *사회개발 장기 전망(초안 완성) *사회보장에 있어서의 세계적 현황과 한국의 위치 *사회복지 및 사회개발에 관한 자료(사회개발 기본구상과 장기전망에 관한 제시안집 *The methodology of social planning and others by UNRISD *Reports on social development planning	*사회복지기초조사자료 : 장애자복지편(초안) *경제성장에 수반하는 노동력 이동 실태와 사회개발에 관한 조사 연구 *보건의료수혜양상에 관한 조사 연구 *양로보험 기초조사보고 *주택 실태조사보고
1970	*사회개발 1970 제 2집 : 장기 계획(1972-86) *사회개발 계획의 현황과 전망 (Social development, today and perspective for tomorrow) *사회개발의 현황과 전망에 관한 세미나 보고서 *사회보장과 국민경제 : 개발도상국편 *사회보장과 국민경제 : 선진 제국에 있어서의 일반적인 여러 문제와 제국면	*사회복지 기초자료 조사보고서 1970 *공제조합 실태 조사보고
1971	*사회개발 계획에 관한 제1차 유엔 통신 훈련 계획 종결 세미나 참가 보고서	*지역사회개발 조사보고서 : 경제개발이 지역사회 발전에게 준 효과에 관한 조사연구
1972	*UN아시아·극동 경제 위원회 사회개발 회의(제2차 한국 대표 참가 보고서)	*지역사회개발 모델 구축에 관한 기초자료보고 *국민 의식 동향 조사연구보고
1973	*사회개발(제3집 : 구상) *사회정책 및 개발에 관한 고문관에 대한 보고서 (고문관 Dr.A.B.Bose)	*가정복지 기초조사 자료 : 문제아동 및 노동여성을 중심으로
1974	*사회개발 -부문별 사업 전망- *사회보장: 사회개발연구 1974	

자료: 〈표 IV-10〉에 의해 작성. 고딕체는 주요 보고서.

8 4개의 보고서에서는 보사부 장관의 〈발간사(發刊辭)〉가 첨부되고 있다. 이것은 '사회개발' 프로젝트에 의한 정책 연구와 개혁 제안이 사보심 연구실의 범위를 넘어 보사부의 공식적인 견해이었던 것을 나타낸다.

상을 소개하는 보고서이며 사회개발의 개념과 이론적인 기초, 국제적인 정책 상황과 한국의 정책 상황, 한국에 있어서의 사회개발 도입의 필요성 등에 관해서 논한다.

②『사회개발 장기전망』(1969)은 사회개발의 이념에 입각해서 한국에 있어서의 사회적 정책의 전면적인 개혁 방향을 제안한다. 여기서는 향후 15년 간에 걸치는 장기적인 정책 개혁의 내용이 구체적으로 제시되어서 프로젝트는 1969년에는 연구 성과에 의거해 정부 상층부에 제안할 사회적 정책의 개혁 계획안을 거의 완성시키고 있었다고 생각된다.

③『사회개발 1970·제2집·장기계획(1972-1986년)』(1970)은 프로젝트에 의한 가장 종합적인 연구보고서이고 동시에 정부 상층부 특히 경제기획원에 대한 정책 개혁 제안이기도 했다. 보고서는 경제기획원을 중심으로 작성 준비중이었던 제3차 경제개발 5개년 계획(1972~76년)에서 그 개혁 계획을 채용시키려고 하는 의도를 가지고 있었다. 프로젝트의 개혁 제안은 제3차 5개년계획에 이어, 제4차계획(1977~81년), 제5차 계획 (1982~86년) 까지의 개혁 계획을 포함하는데 먼저 제3차계획에 대한 제안이 채용될 것이 불가결이었다.

④『사회개발 -부문별 사업 전망-』(1974년)은 ③에서 제안된 정책 개혁에 관해서 부문별로 세부에 걸쳐 구체화한 실시 계획을 제시한다.

'사회개발' 프로젝트에 관련해서 작성된 자료로서는 상술의 보고서 이외에 관계자에 대한 설명문서, 자료집, 해외문헌의 번역, 실태조사 보고, 국제회의·세미나 등에의 출석 보고서, 대외적인 선전 문서 등이 존재한다. 또 프로젝트 전체 차원의 보고서와 각 분과회 차원에서 작성된 보고서가 있다. '사회개발' 프로젝트에 관련해서 작성된 자료의 대부분의 작성자명은 '보건사회부/사회보장심의위원회'로 기재되었다. 프로젝트에서는 많은 민간 연구자, 복지 관계자, 관계 행정관 등이 연구활동에 참가하고 있었지만 최종적으로 보고서는 주로 연구실 멤버에 의해서 집필되었다. 따라서 이 시기에 있어서의 연구실의 연구 성과에는 많은 연구자, 관계자와의 공동 연구의 성과가 포함된다. 그 대부분은 사회적으로 공표되지 않았으니 성과 보호를 읽을 수 있었던 사람은 정부 내부와 프로젝트에 참가한 관계자들 만에게 한해졌지마는 학계나 복지 관계자들이 이 연구 성과와 정책 개혁 제안에 대해서 강한 관심을 가지고 있었던 것은 확실하다.

프로젝트는 1970년에 정부 상층부에게 제출할 기본적인 개혁 계획안의 작성을 거의 완료했다. 이 시점에서는 보사부와 연구실을 비롯한 프로젝트 관계자는 개혁 제안이 제3차 경제개발 5개년계획에서 채택되겠다는 전망을 가지고 있었던 것은 틀림없다. 보사부는 1971년 4월에 『보건사회행정의 실적과 전망:보건사회행정백서』(이하『1971보사백서』)라는 표제로 특별한 행정 보고를 공식으로 간행했다. 이 보고서는 당시의 사회행정이 극히 낮은 수준에 있는 것을 솔직하게 인정했어 '사회개발' 프로젝트의 개혁제안과 거의 동일한 내용을 보사부의 공식적 계획으로서 명확히 제시하고 있었다. 정희섭 장관은 1969년 10월에 퇴임했지만[9] 개혁 구상은 다음의 김태동 장관에 계승되었다고 생각된다.

그러나 결과적으로 보사부의 개혁 제안은 1971년중에 확정된 제3차 5개년 계획에서는 채택되지 않았다. 1972년에는 '유신체제'가 시작되어 '사회개발' 프로젝트의 연구 성과가 국가 정책에 반영될 전망은 거의 없어지게 되었다. 보사부내에 있어서의 사보심 연구실의 영향력도 저하했다. 연구위원의 수도 줄여지고 이 시기에 진행했던 국민연금의 도입 준비 작업에 있어서도 연구실이 아니고 신설의 KDI가 주도하게 되었다. 그러나 연구실은 이러한 정치적인 상황의 아래에서도 사회개발 프로젝트의 개혁 제안을 국가 시책에서 채용시키려고 하는 노력을 계속했다. 1973년에 연구실은 『우리나라의 사회보장』(1973⑧)이라는 표제의 보고서를 작성했다.

이 보고서는 체계적인 사회보장제도의 구축의 필요성을 다시 강조한 연구이며 정부 상층부에 대한 어필로서 작성되었다고 추측된다. 이 연구에서는 연구실 멤버 전원이 참가하고 이었고, 보고서의 작성자명은 〈사회보장심의위원회 연구실〉(밑줄은 필자)으로 기재된다. 종래 〈사회보장심의위원회〉라는 작성자명은 모두 연구실이 작성한 것을 의미했는데 이 보고서에만 〈연구실〉이라는 말이 붙여진 것은 연구실 조직으로서의 발언인 것을 세게 호소하려는 특별한 의도가 있었다고 추측된다. 이 연구서는 당사의 정책 실태를 비판적으로 검증해 사회보험, 공공부조, 사회복지, 관련사업으로 구성되는

9 정희섭은 퇴임한 후 국회위원이 되었고 보건사회위원회 등에서 활동했다. 1972년에 〈사회개발협회〉를 설립하여 '사회개발'에 관한 계몽활동을 했다. 이 조직은 1980년에 『사회개발 — 90년대가 다가오는 기본구상』을 간행한 후 동년 해산했다.

근대적인 사회보장제도를 구축해야 하는 것을 강하게 주장한다. 1974년에는 '사회개발'의 상세한 실시 계획을 제시한 『사회개발 -부문별 사업 전망』(1974년)이 작성되었다. 이 보고서는 '사회개발' 프로젝트의 최후의 보고서이며, 프로젝트에 의한 제언이 실현될 전망이 어둡게 되는 상황에 있어 작성된 정부 상층부에 대한 최후의 어필이었다.

(2) 안창수를 중심으로 실시된 최저생계비 계측 조사

'사회개발' 프로젝트가 종료하는 최종 단계에서 중요한 연구가 실시되었던 것을 간과할 수 없다. 그것은 안창수安彰洙 연구위원을 중심으로 실시된 최저생계비 계측 조사(1974-75년)와 이 조사에 의거하는 공공부조제도의 개혁 제안이다. 안창수는 '사회개발' 프로젝트의 발족과 함께 공공부조 분야의 담당자로서 연구실 멤버가 되었던 연구자이었다. 안찬수가 사회개발 프로젝트에서 최저생계비를 기초로 하는 공공부조 제도의 확립을 구상하고 있었던 것은 『사회복지 및 사회개발에 관한 자료』(1969 ⑦)라는 자료에 의해서 알 수 있다. 이것은 "(사회개발 프로젝트의) 공적부조 분과위원회와 사회복지 분과위원회의 위원, 연구위원, 참사 및 그 이외 외부 인사로부터 제의된 제 제안"을 수록하여 안찬수와 신남균에 의해 편집된 자료집이다. 편집자는 두 개의 분과위원회에서 "최저생활 보장"에 관한 "논의가 격심했다"고 설명한다. 분과위원회에서는 "사회개발적인 국민생활 최저한으로서 매인당 민간소비지출의 45퍼센트선은 과히 족한 수준은 못된다. 이 수준은 우리들의 사정으로서 최소한도 인권과 생존권의 존중이라는 처지에서 또한 영세 빈궁민을 생산에 참여시킨다는 점에서 21세기를 향한 국민생활보장의 기반을 구축하고 사회개발적 최저생활보장의 기점을 형성하는데 보다 더 중대한 의의를 찾을 수가 있다"라(pp.293-4)는 주장이 전개되었다고 한다. 안창수는 그 후 공공부조 제도 운용의 기초로서 이론적, 실태적으로 설득성 있는 최저생계비를 산출하는 연구 기획을 구상했다. 그는 "최저생계비계측자료를 전제로 하지 않는 사회정책의 입안은 허구성을 내포하고 있다는 사실을 더욱 절감케 되었다"(안창수 1975: 6)고 말하고 있었다. '유신체제'하에서 자유로운 연구활동이 제약되기 시작했던 환경 속에서 1973~74년에 연구실은 안창수를 중심으로 『국민생활실태조사(최저생계비 계측을 위한 제1차 시도)』를 실시했다(상세는 본서 제2장 참조). 이 조사는 이론적인 수준에서도 실태조사의 수준에서도 B.S.라운

터리B.S.Rowntree에 의한 요크York지방의 조사에 필적하는 역사적 의미를 가진다고 할 수 있다. 연구실은 실태 조사에 의거해서 산출된 최저생계비national minimum를 기초로서 제 4차 경제개발 5개년계획(197~74년)에서 공공부조 제도의 개혁을 포함시키기 위한 제안을 작성했다(1975⑩『공적부조사업계획 1차 시안』)[10]. 그 때 까지 연구실의 사회보장에 관한 제안은 사회보험을 중심으로 했는데 안창수를 중심으로 하는 이 연구 기획은 연구실으로서 뿐만아니라 한국에서 본격적인 공공부조 제도 개혁 제안이었다. 그러나 결국 국가 중추부는 그러한 제안을 채용할 것은 없고 최저생계비에 의거하는 생활보장제도의 실현에게는 더 4 반세기를 필요로 하게 되었다. 안창수는 그 후『우리나라 사회보장과 공공부조에 관한 연구』(1975⑥),『사회보장의 현황』(1976년④) 등의 연구보고에서 최저생계비를 기초로 운영되는 공공부조제도의 확립의 필요성을 계속 주장했다.

4. 냉대기의 조사·연구활동

1970년대 후반에 들어 사보심 연구실의 조직적인 지위를 저하시키는 조치와 함께 조사연구 보고서의 취급에 있어서도 변화가 일어나고 있었다. 1976년 10월에 작성된 연구보고에서는 이상하게『한국의 사회보장 -기본 체계 구상』과『사회보장 체계의 확립에 관한 연구』라는 다른 두 개의 표제를 가지는 동일 내용의 자료가 현존한다. 보사부 상층부부터 표제의 수정이 강요되었던 가능성도 추측되지만 상세한 사정은 분명하지 않다. 이 사실뿐만 아니라 이 보고서의 표지에는

> "연구자료: 이 자료는 사회보장심의위원회 연구위원 및 참사의 개별적 연구결과이며 보건사회부의 공식적 견해가 아님을 밝혀둡니다"

라는 단서但書가 고무 스탬프로 찍혀 있다. 이 보고서 이후 국제회의 참가 기록 등을 제외하는 거의 모든 조사 연구 보고의 표지에 이 문언이 스탬프나 나중에는 활자로 붙여

---

10 이 자료는 보건복지부자료실에서 보건사회부의 작성자료로서 분류된다.

지게 되었다.이 전년까지는 개인적인 성격이 강한 연구보고서에서도 없었던 조치이었으며 여기에서도 연구실에 대한 정부의 자세 변화를 볼 수 있다. 1975~76년에 사보심 연구실의 조사 연구의 취급에 관해서 보사부 상층부와 연구실의 사이에 무슨 알력이 있었다는 것은 거의 확실하다. 매년 계속 간행되고 있었던 『보건사회통계연보』의 1975년판이 중단된 사실도 연구실 뿐만 아니라 보사부 행정 전체에 관련하여 이례적인 사태가 일어나고 있었던 것을 추측시킨다.

연구실은 정책형성에 참여할 기회를 빼앗겨서 연구원들이 "행정에 예속 하는 개별적인 연구과제"(최천송 1991)만을 담당하는 상황에 빠졌다. 연구실이 조직적으로 실시한 최후의 공동 연구는 『우리나라의 사회보장』(1973⑧)과 최저생계비 조사(1973~74년)이었으며 그 후 연구활동은 보사부부터 지시되는 과제를 각 연구원이 개별적으로 담당하는 형태로 변화했다. 그러나 이러한 상황에서도 연구실은 근대적인 사회보장제도 구축의 필요성을 계속 호소했던 것을 간과할 수 없다. 1970년대 후반부터 80년대 전반까지 최천송, 안창수, 손창달 등의 연구원들은 '사회보장'이라는 말을 포함한 표제의 아래와 같은 연구보고서를 잇따라 작성해서 정부에게 제출하고 있었다. 최천송의 『한국사회보장론』(1977년)은 연구실과 따로 출판되지만 실질적으로 그 흐름의 하나이다.

『우리나라의 사회보장』(1973⑧: 연구실 정원이 참여)

『한국의 사회보장체계/ 사회보장체계의 확립에 관한 연구』(1976⑭: 최천송)

『사회보장의 현황』(1976④: 안창수)

『사회보장 종합계획 연구』(1978④: 최천송/김만호/홍종형)

『사회보장 -이론과 실제-』(1982②: 안창수)

『사회보장 -이론 정립을 위한 기초-』(1982③: 손창달)

이러한 연구는 여러 측면에서 '사회보장'을 논의하면서 체계적인 생활보장제도의 필요성을 정부와 일반사회에 향하여 계몽하려는 것이었다. 그 중에서 자료적으로 중요한 문헌은 안창수의 『사회보장의 현황』이다. 왜냐하면 1970년대 중반에 있어서의 복지정책의 실태를 비판적인 관점으로부터 묘사하고 있기 때문이다. 그 '서언'에서 안창수는 "공공부조 형식을 사회보험의 보완적 급부에 대체시켜, … 모든 국민을 모든 생활 위험으로부터 포괄 보호할 수 있도록" 제도를 구축해 나가야 한다고 주장하지만 본문에서는 '최저생활 보장'에 관해서 적극적인 개혁안을 제시하지 않다. 사보심 연구실이 구상하는 이상적인 사회보장제도와 현실의 '구호행정'의 모습과의 냉엄한 차이를 의식하지 않을 수 없었기 때문이다. 또 최천송이 『한국사회보장론』에서 "사회보장의 단계적인 발전"의 모델(〈표 Ⅳ-8〉)을 제시한 이유도 이상적인 사회보장제도와 현실과의 낙차를 일거로 메우기는 어렵다고 생각했기 때문이었다.

연구실의 역사의 말기에 있어 연구위원들은 성실한 연구활동을 계속하고 있었으나 열악한 연구 환경 때문에 충분한 성과를 거둘 수 없었다. 이 중 김국도와 손창달의 『사회복지시설에 관한 조사연구』(1978⑤), 김국도의 『노인복지에 관한 연구 : 노인복지 정책을 중심으로』(1979①) 등이 주목할 만하다. 김국도는 "정확한 실증적 고찰을 할 계획이었지만, 정부의 예산 관계로 단 1회의 출장비도 없고, 연구자 자비에 의해서 참고문헌과 자료를 수집해 … 1년 간 심혈을 기울였다"고 기술한다 (1981③).

최천송은 『의료보장의 단계적 일원화 방안 연구』(1981⑥)를 사보심 연구실 19년 근무의 마지막 작품으로서 1981년 말에 정원 삭감에 응하여 정년까지 4개월을 남기면서 연구위원직을 은퇴했다. 이 시기에는 정치적인 민주화가 시작되고 있었지만 최천송이 지향했던 사회연대와 소득 재분배를 기초로 하는 사회보장제도의 구책이 국가적 과제가 되기 까지는 더 10년 이상의 세월이 필요했다.

제3절 '행동하는 지성인'[11] 최천송의 사회사상과 실천활동

"도불渡佛 이후 … 조국에 송고한 1955년의 〈구라파(유럽)인의 생계〉와 〈사회안전보장〉 등은 조국 사회의 빈곤 문제를 외국의 생활과 그들의 시정 방향에서 절규한 외침들이다. 남북의 이질적 사회 생활하에서 공산주의적 강제적 배분이나 자

11 최천송과 동향의 장태환은 최를 "행동하는 지성인"라고 표현한다(장태환2002).

본주의적 안이한 배분 고려가 아니고 제도적으로 사회적 공동 의식하의 연대적 책임으로 해결할 수는 없는가 하는 평소의 밑바닥 생활 참상의 자신을 표본으로 그 수준을 향상시켜 보려는 몸부림의 표출이며, 관심 노력의 일단이었음을 부인할 수 없다"(최 1991:15.)

"권리로서의 사회보장 … 너무나 벅찬 것이지만 생각해 볼만 하여 … 실현되는 날을 기다리면서 꿈을 그려 … "(최 1973:380.)

1. 최천송의 사상과 사회보장 구상

최천송은 1921년 함경북도 회령군에서 태어났다. 〈회령공립 상업학교〉를 졸업한 후 1944년 11월부터 일본의 군수공장에서 징용되었다가 병 때문에 45년 3월에 징용 해제되었다. 해방직후의 1945년 10월에 회령군의 자유 선거로 25명의 인민위원회에 최연소로 뽑혀서 임시치안유지위원회의 경비 책임을 담당했다. 그러나 침공해 왔던 소련군에 의해서 자치위원회가 해체되었기 때문에 5명의 위원과 함께 월남했고 서울에서 〈함북청년회〉로 합류하여 〈회령군민회〉를 조직했다. 최는 동향의 인사들과의 인맥을 유지하여 모교인 회령 상업학교의 동창회장, 함북친목회의 발기인, 함북중등동창회 연합회의 회장 등에 취임했다.

그 후 최는 "민족사학私学"을 표방하는 건국대학교에서 경제학을 배웠다. 졸업 후 〈산업은행〉[12]에 취직해서 1953년 2월 아마 재직한 채로 파리·소르본 대학(사회학)에 유학해 57년에 귀국했다. 부친이 독립운동에 참가했기 때문에 "궁핍한 소년기와 청년기에 … 비참한 생활"을 보냈다고 회상하지만 스스로도 '삼균주의'[13]를 신봉해 〈한국독립

12 〈한국산업은행〉은 1954년 조선식산은행(1918년 창립)을 계승하여 설립된 정부계 특수은행이었다.

13 '삼균주의'란 개인간·국가간·민족간의 균등을 표방하고 이에 따라 정치적·경제적·교육적 균등을 실현하려고 한 사상이다. 1918년경부터 독립운동가의 조소앙(나중에 대한민국 임시정부 국무위원)이 주창하기 시작했고 1931년에 임시정부(상해: 김구수석)에 의해서 정식으로 채택·발표되었다. 손문(孫文)의 '삼민주의'와 서로 통하고 있었던 민족해방과 정치·사회 개혁을 지향하는 개명적인 사회사상이었다.

당〉(1928년 김구 등에 의해 중국 상해에서 결성)에 소속해서 노동운동에도 참가했다. 1960년 4월 혁명 후 "노동 관계의 동료의 간청을 받아" 산업은행의 조사부·부장대리직을 사직해 동년 7월의 총선거에 출마했지만 낙선했다.

최의 사회보장제도에 대한 관심과 학식은 파리 유학시대에 그 원류가 있다. 최는

> "사회보장이 경제의 재분배 수단의 측면에서 남북의 이념적 대립의 상황을 완화시킬 수 있다는 것만으로도 그 때에는 대단한 맥락이 있었다. 도불 하여 두개의 이념이 공존하는 불국사회를 이끌고 있는 정책의 핵심적 수단으로 사회보장 이념이 프랑스인 생활의 자유, 평등, 우애의 사상을 지탱해나가는 가장 주요 지주라고 보여졌기 때문에 사회학의 강의를 들면서도 사회보장의 이념적, 방법론적 현실에 호기심이 이끌렸다"

고 회상한다(최 1991:41). "남북의 이념적 대립"이라는 표현은 최의 봉쇄된 망향의 생각과 남북 통일의 비원을 상기시킨다. 『한국사회보장론』(1977)에는 최가 파리 시대에 쓴 아래 4점의 사회 관찰 리포트를 수록한다. 이 러한 리포트는 사회개혁의 수단으로서의 사회보장제도에 대한 강한 기대를 나타내고 있었다.

① 〈구라파인의 생계〉(『산우지産友誌』(1955연초 가을호)
— 『피가로Figaro』시에 게재된 유럽 6개국의 생계실태 리포트의 번역.

② 〈사회 안전 보장〉(『산우지産友誌』(1955년 송년호)

③ 〈트크빌의 민주주의 예언〉(『한국일보』1957년 3월 24일)
— 소르본누 대학의 아론 교수의 강의에 접해 "감격해서" 썼다고 한다.

④ 〈자유의 양〉 (『산우지』1959 연초 여름호)
— 파리 시대에 썼던 리포트를 편집자가 주목해서 게재했다. 최는 "너무나 프랑스 예찬이 지나지만 당시의 감격이 사라지지 않게 가필하지 않았다"고 설명한다.

'삼균주의'라는 사회민주주의적 사상에 공감했던 것과 남북 분단을 직접적으로 체험했던 것으로부터 "공산주의적 강제적인 배분이나 자본주의적 안이한 배분 고려가 아니고 제도적으로 사회적 공동 의식하의 연대적 책임"(최1991:15)에 의거하는 경제사회

시스템에 공감했던 것은 자연스러운 경과이었다. 최는 "최저 생활 확보를 위한 자유가 없으면 안 된다", "자유는 균등 생활로부터", "모든 것을 평등하게 이끄는 사회정책만이 자유에의 제일에 확대한 발전을 가져온다"('자유의 양')라고 해서 사회정책을 통해서야 실현되는 "평등", "균등", "자유"의 중요성을 강조한다. 여기서 사회보장의 본질을 "재분배"와 "사회연대"에 두는 최의 발상의 원점을 볼 수 있다. 사보심 연구실의 있어서의 정책 연구 제안 활동을 통해서 최는 일관해서 공무원·군인과 일반 국민과의 격차를 없애고 일원적인 원칙에 입각하는 제도를 구축해야 하는 것, 그리고 의료보험에서는 분단된 제도가 아니고 일원화된 제도에 의해 "저소득의 약자"를 보험으로 커버하기 위해서 부과방식에 의한 소득 재분배 기능을 갖게 해야 한다고 주장했다.

최는『한국사회보장론』에서 "성숙한" 사회보장으로 구상을 〈표 IV-8〉와 같이 그리고 있다. 사회보험이 국민 전체에 평등하게 적용되어 국민은 생활상의 위험부터 지켜지고 있어, 만약 생활의 어려움이 발생한 경우에도 소득의 60%이상이 보장되는 제도이다. 중요한 것은 사회보장제도가 "사회연대" 와 "소득 재분배"를 기초로 성립됨과 동시에 제도의 유지를 위해 국가가 기본적인 재정적인 책임을 지는 것이다. 그러나 이와 같은 사회보장의 모습은 바람직한 장래의 목표에 지나지 않고 목표와 냉엄한 현실와의 사이에는 커다란 간격이 가로놓여 있었다. 최는 이 간격을 적극적으로 메우기 위해 "사회보장의 단계적 발전" 모델을 제시하려고 했다. 여기에서는 '개발독재'라는 현실에 대항하면서 이상적인 사회보장의 구축을 위해 착실하게 길을 걸으려고 했던 기본 자세를 볼 수 있다.

또한 최천송은 가장 이른 시기에 있어서 '사회보장의 권리'에 관해서 논했던 연구자이다. 그는 일본에서 1957년에 제기된 '아사히朝日 소송'에서 생활보호 수급자가 자기의 권리를 주장했던 것에 주목했다. 이 소송에서 원고는 실제의 생활보호 행정에 있어서의 보호기준이 너무 낮고 '건강하고 문화적인 최저한도의 생활'을 국민에게 보장해야 한다고 하는 일본국헌법의 규정에 위반하고 있는 것을 고발했다. 최는 제1심으로 원고가 승소한 경과를 통해서 "사회보장의 권리가 정착되고 있음을 충분히 이해할 수 있다"고 관찰해서 "우리 나라에서도 헌법과 생활보호법에 의하여 무능력, 무의, 무탁한 자는 국가의 보호를 받도록 되어 있는데 … 그러한 정황에 있는 자들이 그들 자신의 권리로서 일본의 전게 사례처럼 고경에 당면한 경우 어떤 주장을 할 수 있겠는가?"라고 물었다. 그리고 "우리나라 개발단계에서는", "그러한 권리 주장까지 실제 행사할 수는 없다고 하더라도 권리로서의 자각의 눈을 떠도 이르다고 만은 할 수 없겠는가"라고 말했다(최천송 1973:386). 최가 주장한 사회보장에 관한 국민의 권리 보장이 실현되기 위해서는 이 때부터 더 약 4반세기의 세월이 필요했다.

표 Ⅳ-8 최천송에 의한 '사회보장의 단계적 발전 고려사항'

		도입단계	성장확충 단계	성숙발전 단계
보장대상	1) 의료보장			
	①의료보험	정기소득(定期所得)계층 위주	정기/ 부정기 소득 계층	전 국민
	②산재보험	정기소득 계층(근로자)	정기소득 계층(특수직/근로자)	전 정기소득 계층
	③연금제도	정기소득 계층(특수직)	의료보험 포괄	
	④보호의료	생활보호 대상자	생활보호자/ 영세민	생활보호자/영세민/ 실업자
	2) 소득보장			
	①산재보험	정기소득 계층(근로자)	정기소득 (특수직/ 근로자)	전 정기소득자
	②연금보험	정기소득 계층(특수직/근로자)	정기소득 (특수직/근로자/일부국민)	전 국민
	③실업보험	-	정기소득 계층(근로자)	전 정기소득 계층
	④가족수당	-	배우자/ 자녀	배우자/ 자녀/ 요부양자
보장급여	1) 의료보장			
	①의료보험	업무외/ 업무상/ 의료/ 약제	예방 / 치료/ 보전(補塡)구	예방/ 치료/ 보전구/ 재활
	②기타	현물 최저급여	의료보험 급여 포괄	
	③참가의료 기관	병의원/ 치의/ 한의/ 약국 등	병의원/ 치의/ 한의/ 약국 등	전 의료기관/ 보전구/ 안경
	2) 소득보장			
	①단기급여	월소득의 40~50%	월소득의 50~60%	월소득의 60~80%
	②장기급여	월소득의 50%	월소득의 60%(시가 보상)	월소득의 60%이상 (시가)
보장재정	1) 의료보장			
	①의료보험	월소득의 2~5% 양자분담	월소득의 3~6% 양자분담 (부정기 국가: 본인 6:4)	월소득의 3~8% 양자분담 (부정기 국가:본인 7:3)
	②기타	월소득의 2~5% 양자분담 (구료(救療) 국가전담)	의료보험에 준함 (구료 국가전담)	의료보험 포괄(국가전담)
	2)소득보장			
	①정기소득계층	월소득의 2~5% 양자분담	월소득의 3~6% 양자분담	월소득의 3~7% 양자분담
	②부정기득계층	정액+국가 보조	정액(국가 대 본인 6:4)	정액(국가 대 본인 7:3)
	③기타	국가부조	국가부조	보험수준급여/자금부조
	3) 사무비	국가/ 사용주	국가 부담	국가부담
경영주체	1) 의료보장	조합과 국가	공공기관 / 국가	공공기관
	2) 소득보장	근로자/특수직/일반국민을 부처별 분장 (다원제)	국가(특수직 및 기타 이원제)	공공기관 일원제

자료: 최천송『한국사회보장론』p.311.

2. 최천송의 사회보장 계몽활동

최천송의 연구활동은 사회보장제도의 구축이라는 실천적 과제를 달성하기 위한 수단이었다. 광범위한 인적 교류의 네트워크를 활용하면서 최는 자유로운 활동과 발표의 기회를 찾아 스스로 연구단체를 설립하거나 연구집회를 개최하는 등 계몽·정선 활동을 활발하게 전개했다. 이러한 활동양식은 사보심 설치단계로부터의 특진이다. 최는 사보심 설치의 제창자이었는데 군사쿠데타 후 심의회의 설치계획이 일시 좌절되었을 때 "혁명정부 관계자등의 주의를 모으려고", '사회보장 제도고制度考'라는 논고를 발표했다. 또, 사보심 설치후에는 『의료보험』(1~4호: 1965~67년)이라는 잡지를 발행했던 목적은 의료보험제도의 도입에 대한 사회적인 관심을 모으려는 점에 있었다.

최는 1966년 6월에 사보심의 초대 심의위원이었던 백창석 등 연구자와 사업가하고 공동으로 사울시내에서 〈한국사회보장문제연구소〉라는 민간 연구기관을 설립했다. 그 이유는 "사보심 연구실 활동이 일부 경직된 시각과 관官의 주도로서 일부 사시적 주도성이 노골적으로 표출됨으로서 연구의 편향이 두드러지게 나타났"기 때문이었다(최 1991:180). 이 연구소의 목적은 "사회보장에 관한 제 문제를 조사 연구하고 국민의 이해를 촉진하며 국제간의 협조를 도모하여 사회보장제도의 보급 발전에 기여함"으로 하여 백창석과 함께 최 자신도 이사장으로 취임했다. 이 사실은 초기 단계에서 최가 정부의 연구실로의 압력에 대한 강한 반발을 안고 있었던 것을 나타낸다. 당초 '사단법인'으로서의 설립신청은 허가되지 않았으나 정희섭이 보사부 장관에 취임한 직후인 67년 11월에 인가되었다. 최는 "사회보장심의위원회연구실이 우리나라 유일의 사회보장연구의 공적 기관이라면 한국사회보장 문제연구소는 국내 유일의 민간연구기관이라 하겠다"고 말한다(최 1991:180).

이 연구소에서 1968년에 기관지 『사회보장』이 창간되었는데 그 제2호는 1975년까지 간행되지 않았다. 1968년 이후에는 '사회개발' 프로젝트가 시작되었어 사보심 연구실의 활동 자체가 활발화되었고 신설된 연구소는 그와 함께 공동으로 활동하고 있었기 때문이다. 예를 들면 최가 주관하는 사회개발·의료보험 분과회가 기획했던 〈양로보험 기초 조사〉(1968년)는 연구소의 사무소를 거점으로 실시되었다. '유신체제' 이후 다시 사보심연구실의 활동이 갇히게 되었어 최는 연구소의 활동을 강화하려고 했다. 1976년에는 ISSA(국제사회보장협회)회원이 되었는데 년간회비 1200 달러의 마련에 분주했다는 에피소드도 소개된다. 그러나 '유신체제' 말기의 사회단체 정비방침에 의해서 박정희 대통령 암살 직후의 79년 11월에 연구소는 사단법인 등록이 취소되었다.

최천송은 사보심 연구실을 퇴직한 다음 해인 1982년에 〈사회보장문제연구소〉(이사장: 김학묵, 연구소장: 최천송)를 친구 부부의 한의원을 거점으로 재건했다.[14] 이 연구소는 경제 5단체의 지원과 한국노총, 한국사회복지협의회, 대한적십자 등의 협찬을 얻고, 1983년부터 95년까지 거의 매년 〈사회보장연구자 대토론회〉을 개최하여 보고서를 작성했다(〈표 Ⅳ-9〉). 1980년대에 들어 사회보장정책은 의료보험과 국민연금을 중심으로 새로운 단계를 마지했으니 이 토론회는 중요한 사회적 역활을 했다. 연구소는 1985년에 사단법인 신청을 각하당했기 때문에 1988년에 〈도서출판·사회보장사〉를 설립했고 〈대토론회 보고서〉의 간행을 계속했다. 또 1984년에는 사보심 연구실에서 KDI로 이동했던 민재성 등과 함께 실천적인 사회보장 연구에 종사하는 관계자의 교류 확대를 목적으로 〈사회보장 학회〉를 창설했다.

표 Ⅳ-9 '사회보장 연구자 대토론회'의 주제(1983~95)

토론회	주제 (토론에 참가한 전문가의 수)
① 1983	사회보장 무엇이 문제인가 (23)
② 1984	의료보장 무엇이 문제인가 (25)
③ 1985	소득보장 무엇이 문제인가 (27)
④ 1986	의료보험 무엇이 문제인가 (24)
⑤ 1987	사회복지 무엇이 문제인가 (21)
⑥ 1988	사회보장 이대로 좋은가 (26)
⑦ 1989	국민연금 이대로 좋은가 (20)
⑧ 1992	의료보험 이대로 좋은가 (13)
⑨ 1993	이료보험 이렇게 개혁하자 (17)
⑩ 1995	국민연금 이렇게 개혁하자 (15)

자료: 한국사회보장문제연구소 '사회보장연구자 대토론'의 각 년차 보고서(1983~95).
토론회는 보고서 간행년의 전년에 개최. 매호 권말부록에 「사회보장 관계 문헌목록」을 수록. 토론회에는 한국노총, 한국노인문제연구소장, 경향신문 논설위원 등이 참가. 1992년에는 강연자, 발표자로서 일본의 연구자와 관계자가 참가. 1993년, 95년의 간행은 사회보장사.

14 김학묵은 1960년 당시의 보사부 차관, 그 후 대한적십자사 사무국장, 한국뇌성마비복지회 회장, 의료보험연합회 회장 등을 역임.

최천송은 1960년대에서 70년대에 있어서 사보심 연구실을 중심으로 민간의 사회보장 연구자, 복지 관계자들과 넓은 인맥을 가졌어 사회보장을 둘러싼 인적 교류의 매체를 제공해 왔다. 1980년대에 들어 사보심 연구실을 퇴직한 후에도 이러한 활동을 더 활발하게 전개했다. 그는 민주화 개혁이 본격화하는 이전의 시기에 있어 사회보장을 둘러싼 사회적 논의를 확대하는데 중요한 역할을 했다고 평가할 수 있다.

맺음말 – 사보심 연구실 활동의 역사적 의미

현재까지 한국의 연구에 있어서 1960~70년대의 박정희시대에 활동했던 최천송과 사보심 연구실의 존재와 그 역사적 역할에 대해서 언급되는 것은 거의 없었다. 박정희라는 카리스마적인 정치가가 주도하는 가혹한 독재적 정치체제하에서 저항활동을 전개하여 그러한 체제로부터의 해방을 지향했던 존재로서는 정치계에서 김대중, 문학계에서 김지하 등이 그 상징으로서 잘 알려진다. 국가의 정책 형성이나 사회과학의 분야에서는 어떤 존재가 있을까. 적어도 국민생활에 관한 정책 형성의 분야에서는 최천송을 비롯한 사보심 연구실의 연구원들 및 사보심과 직접 혹은 간접의 연계를 가지고 있었던 복지 연구자나 복지 관계자의 존재는 그 후보로서 추천할 수 있겠다.

최천송과 사보심 연구실의 활동은 1960년대 초의 시점에서 거의 미개척 분야이었던 사회보장정책의 파이오니아적인 소개자의 역할을 했던 것에 머무르지 않다. 연구실이 20년 동안 일관해서 사회보장제도의 구축을 계속 주장했는데 그것은 단 복지정책의 개혁 제안이 아니라 강고한 '반공국가' 건설을 위한 '경제개발 일변도' 전략을 수정하여 국민의 생활을 중시하는 국가 운영으로의 전환을 요구하는 일이었고 군사정권에게의 도전이었다. 연구실에 의한 사회보장 연구와 정책 제안은 초기 단계에서는 교과서적이고 생경함을 면할 수 없었지만 점차 선행하는 외국의 정책 축적에 관한 충실한 연구와 국민의 절실한 생활요구에 관한 실태조사에 기초를 두는 높은 사회과학적 수준을 갖추게 되었다. 이러한 연구활동을 통해서 '구호'의 발상에 입각하는 현실의 복지정책의 빈곤과 그 한계가 실증적으로 해명되었다.

객관적이고 사회과학적인 방법론과 실태조사를 통한 생활 현실의 파악을 특징으로 하는 연구와 개혁 제안은 정치나 문학의 영역과 같이 독재체제에 대한 사회과학자의 저항의 표현이었으며, 국가 운영에 있어서 다른 선택의 가능성alternative을 제시하는 시도였다. 이 점에 관련하고 최천송과 그를 둘러싼 인적 교류 네트워크는 군사쿠데타 이전의 '4월 혁명'에서 제2공화국 시대의 민주적인 시대에 원점을 가지고 있었던 것이 주목된다. 1960년대의 박정희체제가 그러한 존재를 정부기구 내부에 받아들여 일정한 활동 공간을 허용했던 것, 또는 허용하지 않을 수 없었던 것은 흥미로운 사실이다. '4월 혁명'과 제2공화국의 민주주의적인 사상 기반을 계승하는 사보심 연구실은 박정희체제 내부에 있어서 이단적인 존재이었는데 한편 복지연구자나 현장의 복지종사자에게는 '개발독재'가 추구되는 상황 속에서 국민생활의 향상을 위한 정책 개혁을 실현시키기 위한 정부내부의 교두보와 같은 존재이었다. 1970년대의 '유신체제' 이후에는 정부 내의 활동 공간은 닫혀져갔다. 사보심 연구실은 정부 부내에 존재했기 때문에 당시의 민간 연구자가 접근하지 못했던 부내의 행정자료를 참조할 수 있었고, 실태조사를 통해서 객관적인 생활 요구를 파악했고, 또 외국의 정책 상황에 관한 정보를 얻을 수도 있었다. 그러나 반대로 연구실에 의한 풍부한 연구 성과와 개혁 제안은 보사부 장관의 자문에 대답하는 형태에 머물렀기 때문에 정부 부내와 일부의 복지연구자, 관계자의 범위를 넘어서 넓게 사회 일반에 대해 큰 영향을 미칠 수는 없었다. 현재까지 사보심 연구실의 활동이 거의 알려지지 않았던 이유도 이러한 사정에 의한다.

생애를 통해 사회보장제도 구축의 제안에 몸을 바쳤던 최천송은 높은 사회 개혁의 뜻, 깊은 전문 지견, 그리고 사회적인 행동력을 갖추는 "행동하는 지성인"이었다(장태환 2002). 그 존재가 없었다면 사보심 연구실은 탄생하지 않아서 본고에서 정리한 풍부한 정책 연구와 대담한 정책 제안의 활동의 궤적을 남기는 것은 없었던 것이다. 최천송은 사보심이 발족하고 나서 35년 후의 1997년에 타계했다. 1970년대 후반에 최는 "권리로서의 사회보장 … 너무 이루어져 있기 어려운 것이지만 실현되는 날을 기다리면서 꿈에 그려 왔다"라고 한숨을 쉬었다. 최가 타계한 시점은 시민단체가 주도하는 복지개혁운동이 바로 활발화해져 이었다. 최가 비원으로 했던 국민 전체를 커버하는 사회보험 체계와 권리로서의 최저생활보장 제도의 확립이 눈 앞에 가까워졌던 시기이었다.

표 Ⅳ-10 사회보장심의위원회 연구실에 의한 조사연구(1964~85년) 일람

간행년		표제	편저자·집필자	인쇄형태	페이지수	소장상황				
						복지	중앙	국회	KIHASA	대학교 도서관
1964	①	일반 사회보장과 군사원호와의 비교/사회보장심의위원회 보고서 (제1집) ☆(a)	마순하(감수: 우기도)	★	128		○			연세대
	②	국민건강실태 조사 1962년도 ☆(b)	최천송/강남희							
1965	①	건강조사보고 1965년도	최천송/강남희		95		○			
	②	의료보험법해설	홍창섭		416	○			1	
	③	본역: 후진국에 있어서의 사회보장(Philip Booth, Social security in countries which are not fully developed)	본역: 김문낙		171			○		단국대/대구대
1965~67	④	잡지: 〈의료보험〉(1-4호,1965-67년)/제2·3호만 현종확인					○			
1966	①	본역: 사회보험과 관련사업 (W.Beveridge): 사회보장 총서(제1권)☆(c)	본역: 허종찬		283	○				건국대 등 6대학
1967	①	건강조사 결과보고 1966년도	최천송/강남희		351	○		○	2	
	②	사회보장기구에 있어서의 재활사업 및 그 증진책에 대한 실태 조사 – I.S.S.A 16차 총회(1967) 보고서-	C.Berkicz(전 국사회보장기구연합 의료고문)		132	○	○	○	89	
	③	한해지역생활실태조사보고			115			○		카톨릭대
1968	①	국제사회복지 관련 장관회의 참가보고서	한국 대표단		175	○			3	
	②	보건·의료의 장기목표1968-86								강남대
	③	○사회개발(기본구상 및 장기전망 요약)		★	181	○			4	
	④	◎사회개발 1968 :제1집 기본구상			224	○	○			
	⑤	○사회개발 1968 :제1집 기본구상(시안)		★	533	○		○	5	
		(○사회개발 1968: 제1집 기본구상(시안)) ☆(d)		★	489	○				
	⑥	○본역: 실무자료 제사회계획 방법론	국제연합사회개발연구소		98					
	⑦	연구현황		★	34	○			15	
	⑧	○Social development			21					서울대/법학부
1968?	⑨	강화도 직업사회조사 보고서: 강원도 사회경제 실태조사보고서			64	○			88	
1968?	⑩	○한국의 가치관 조사								

1969	①	○경제성장에 수반하는 노동력 이동 실태와 사회개발에 관한 조사연구			596	○	○		8	
	②	보건과 영양 사업 1969			114					카톨릭대/동국대
	③	보건의료수혜 양상에 관한 조사연구:낙오지역 주민을 중심으로			275	○		○		
	④	◎사회개발 장기전망(초안 완성)		★	310	○		○	10	
	⑤	◎사회개발 장기전망			208	○			9	
	⑥	○사회복지 기초조사자료: 장애자복지편(초안)	사회복지분과위원회	★	323	○			12	
	⑦	○사회복지 및 사회개발에 관한 자료(사회개발 기본구상과 장기전망에 관한 제시안집)	신남균/안창수	★	1143	○			11	
	⑧	실무자료·통계 취급예			150	○			14	
	⑨	15개년 보건계획 1차 시안(1972-1986)		★	367			○	7	
	⑩	○양로보험 기초조사보고	사회개발/의료보험 분과위원회		185			○		
	⑪	○번역: 제사회계획 방법론(국제연합 사회개발연구소)			98				16	
	⑫	○주택 실태조사보고(사회개발 조사68-5)			226	○	○	○	17	
	⑬	○The Methodology of social planning and others by UNRISD			82					경북대
	⑭	○Reports on social development planning			84					경북대
1969?	⑮	사회보장에 있어서의 세계적 현황과 한국의 위치		★	72	○			77	
1970	①	○공제조합 실태조사보고(사회개발-조사 68-4)			130	○			18	
	②	○사회개발 계획의 현황과 전망 (SOCIAL DEVELOPMENT, TODAY & PERSPECTIVE FOR TOMORROW) 한글/영문	발표자: 최천송		72				19	
	③	○사회개발의 현황과 전망에 관한 세미나 보고서			11	○				
	④	◎사회개발 1970 제2집 장기계획〈1972-1986〉			677	○				
	⑤	○사회보장과 국민경제: 개발도상국편			104	○	○		20	
	⑥	○사회보장과 국민경제: 선진 제국에 있어서의 일반적인 여러 문제와 제국면			62	○			21	
	⑦	○사회복지 기초자료 조사보고서 1970(사회개발조사-68-2)	사회개발/사회복지분과회		878	○			22	

1971	①	법인 기본재산에 관한 연구보고서(부록: 사회복지 관계 법령집)	김국도		111	○	○			
	②	○사회개발계획에 관한 제1차 유엔 통신 훈련계획 종결세미나 참가보고서	이광찬		139	○				
	③	○지역사회개발 조사보고서: 경제개발이 지역사회발전에게 준 효과에 관한 조사연구	김상진	★	246	○			23	
1972	①	국민건강 조사보고 1971	강남희 외 3명		167		○			
	②	○국민의식 동향 조사연구보고			141	○	○		24	
	③	○UN아시아·극동 경제위원회 사회개발 회의(제2차 한국 대표 참가 보고서	최천송		184	○			30	
	④	사회보장·사회복지 연구(1972.8)			82	○				
	⑤	○지역사회개발 모델 구축에 관한 기초자료보고	안창수	★	301	○				
1973	①	○가정복지 기초조사 자료: 문제아동 및 노동여성을 중심으로	안창수/한혜동		302	○				
	②	○사회개발(제3집: 구상)		★	320	○			25	
	③	사회보장·사회복지 연구 1973			96	○				
	④	○사회정책 및 개발에 관한 고문관의 대한 보고서	고문관 A.B.Bose		197	○			26	
	⑤	생활환경 실태 및 의식구조 조사연구	손창달/김상진		349	○			27	
	⑥	양로연금 기초조사 연구	민재성/이만구		176	○			28	
	⑦	우리나라의 사회복지 향상책에 관한 연구 사회보장	최천송 편		290	○			29	
1974	①	개발도상국의 사회보장계획과 우리나라 사회보장 정책 연구	이광찬		100	○				
	②	국민생활실태 조사보고서 1974: 최저생활비 계측을 위한 제1차 시도 제1호 조사보고 개황	안창수/손준규		337	○				
	③	◎사회개발 — 부문별 사업 전망			563	○				
	④	○사회보장·사회개발 연구 1974			118	○				
	⑤	사회복지시설의 관리 운영에 관한 연구 보고	최천송/김만호		76	○				
	⑥	한국 사회복지 공동모금회 운영에 관한 조사 연구	최천송/김만호		84	○				
	⑦	한국의 노인복지 개선을 위한 종합적 연구	최천송/김만호		43	○				
	⑧	한국의 사회보험제도에 관한 연구	이만구		153	○				

1975	①	각국 실업보험제도의 개요	이광찬/신선기		69	○			31	
	②	사회개발사회보장 사회정책: 실천 이론의 도출을 중심으로	최천송		117	○				
	③	사회기풍순화 대책: 이론 정립을 위한 시론	손창달		227	○			32	
	④	사회변동에서 야기된 부조리 현상에 대한 요인 분석 토론	김현조		66	○			33	
	⑤	사회복지사업을 위한 기준 및 입법에 관한 연구회 참가 보고서(UNESCAP 주최)	한혜동		246	○			34	
	⑥	우리나라 사회보장과 공적부조에 관한 연구			248					연세대
	⑦	우리나라 사회복지시설의 육성 및 운영 개선에 관한 소고	한혜동		67	○			35	
	⑧	최근 우리나라 해외이민의 특성 분석	김현조		48	○			36	
	⑨	한국의 국민병과 의료비에 관한 연구	송건용		47	○				
1976	①*	근로자복지에 관한 연구	이만구		263	○	○	○	37	
	②*	사회병리현상으로 본 빈곤 문제	김현조		172	○	○	○	38	
	③*	*사회보장의 현황	안창수		627		○	○		
	④*	사회복지사업을 위한 재원조달 방안에 관한 연구	한혜동		232		○	○	40	
	⑤*	사회순화 – 필요성과 그 요령	손창달		432		○	○	41	
	⑥	아시아 사회개발 정보교환소·회의참가 보고서(1976년 5월)			107	○			42	
	⑦*	요보호 여성의 복지 향상을 위한 연구	정복란		171		○	○	43	
	⑧	우리나라의 사회복지 향상책에 관한 연구			179	○	○			
	⑨	인력개발과 임금정책에 관한 연구			108		○			서강대
	⑩	의료보험 제도에 관한 연구			129		○	○		서강대
	⑪	의료분업에 관한 연구: 미국	홍종형		111	○	○	○		
	⑫*	한국의 보건의료에 관한 종합 지표			107		○	○	44	
	⑬*	한국의 사회보장체계: 기본 체계 구상(1)/ 사회보장체계의 확립에 관한 연구(2) ☆(e)	최천송		188		○	○		4대학

1977	①	사회개발 측면에서 본 아동복지의 새로울 방향 (아동복지 세미나 결과보고서V.8)			116	○				
	② *	사회복지관에 관한 연구	안창수/한혜동		159	○				
	③ *	의료보험법의 해설	신선기/정복란		341	○				
	④ *	의료보호제도에 관한 연구	최천송/허창재/홍종현/김국도		206	○	○		45	
	⑤ *	한국 사회보장행정 제도의 장기적 개선방법안	이광찬/김현조		161	○			46	
	⑥	한국 의료보험사업과 의료자원 이용에 관한 연구			101					연세대
1978	① *	사회보장 종합계획연구 (연구자료1978-1)	최천송/김만호/홍종현		231	○	○	○	49	
	② *	사회보장 재정조달에 관한 고찰(연구자료 1978-2)	이광찬		178	○	○	○	50	
	③ *	사회복지시설에 관한 조사연구 : 실태조사를 중심으로(연구자료1978-3)	손창달/김국도		556	○	○	○	51	
	④ *	국민복지연금 법령에 대한 재점검 : 퇴직금제도와의 비교(연구자료1978-4)	신선기/정복란		121	○	○	○	48	
	⑤ *	국민건강과 의료실태 : 부문별 의료 인력 공급 측정 자료(연구자료1978-5)	손창달		153	○	○	○	47	
	⑥	UN에스캅 사회개발위원회 제2차 회의 대한민국 대표단 참가 보고서(1978.12.6-12)			96	○				
1979	① *	노인복지에 관한 연구 :노인복지정책을 중심으로	김국도		282	○			52	
	② *	사회복지시설 운영 개선방법안	손창달		230	○			53	
	③ *	의료보호 대상으로부터 제외된 저소득 계층의 의료 보장에 관한 조사 연구			167				54	
	④	우리나라 사회보장제도의 소득 재분배적 영향	이광찬		44	○				
	⑤ *	장애자복지 모델에 관한 연구	한혜동		172	○			55	

1980	① *	법인 기본재산에 관한 연구: 사회복지 법인을 중심으로	김국도		579	○			57	
	② *	법인 기본재산에 관한 연구 보고 부록: 사회복지 관계 법령집	김국도		109	○			56	
	③ *	사회복지사업 방법의 연구	손창달		197	○	○	○	58	
	④ *	실업보험제도에 관한 연구	정복란		168	○			59	
	⑤ *	의료보장의 단계적 발전모형구축을 위한 조사연구	최천송		230	○	○	○	60	
	⑥ *	퇴직금제도에 관한 연구	신선기		255	○			61	
	⑦ *	한국 사회보장체제의 개선 발전 방안	이광찬		260	○	○	○	62	
	⑧	한국 사회보험 모델(Model)에 관한 연구	정복란		164	○	○			
1981	① *	국민연금제도에 관한 연구	신선기		160	○	○	○	63	
	② *	근로자 기업경영참가 제도에 관한 연구	정복란		187	○	○	○	64	
	③ *	묘지제도에 관한 연구 : 개선대책을 중심으로	김국도		175	○	○	○	65	
	④ *	사회보장 재정	안창수		254	○	○	○	66	
	⑤ *	사회복지행정의 전달 체계의 개선(II-I)	손창달		106	○	○	○	67	
	⑥ *	의료보장의 단계적 일원화 방안 연구	최천송		101	○	○	○	68	
1982	①	가정병리와 사회복지에 관한 연구	정복란		84	○	○		69	
	② *	사회보장 :이론과 실제	안창수		548	○	○		70	
	③ *	사회보장 :이론 정립을 위한 기초	손창달		156	○	○		71	
	④	한국 사회보장·의료보험 제도의 개선책	이광찬		182	○	○	○	72	
1983	① *	모자세대복지에 관한 연구	정복란		88	○		○	73	
	② *	의료보험(2종) 개선방법안	손창들/하길웅		55	○	○	○	74	

1984	①*	고령화사회에 대응하는 복지적 방안	손창달		193	○	○	○	75	
	②*	국민복지연금제도 시행을 위한 연구	이광찬/안창수/김국도/정복란/손창달		214	○	○	○	76	
	③*	심신장애자 복지정책 연구 : 고용 촉진 제도를 중심으로	김국도		195	○		○	78	
	④*	의료보험료 산정 업무의 개선	안창수		146	○	○	○	79	
1985	①*	법인의 성립과 조세 문제 연구 : 비영리 공익 법인을 중심으로	김국도		179	○	○	○	82	
	②*	복지자원 개발에 관한 연구 : 가정 복지 자원을 중심으로	정복란		164	○		○	83	
	③*	복지행정 체제 확립에 관한 연구(I)	이성기		112	○	○	○	84	
	④*	시범복지사무소 운영에 수반하는 제반 사항 연구 검토	손창달		134	○	○	○	85	
	⑤*	선진국의 의료보장정책 발전에 관한 비교 연구 :한국 의료보장제도 개선방법안 모색	이광찬		309			○		
	⑥*	의약분업의 효율적 시행 방안	안창수		200	○	○	○	86	
간행년 미상	①	국민건강과 의료실태(연구자료12)								서강대
	②	번역 : 일본 후생연김법		★	302	○			80	
	③	현행 연금법 내용비교(공무원 연금법, 군인 연금법, 산업재해보상보험법) 1963-73로 추정		★	182	○			81	

자료: 최천송(1991:167-173,194-201), KIHASA(2010 DVD), 보건복지부, 국회도서관, 중앙도서관, 국가전자도관 (DLIBRARY), 한국교육학술원 데이터베이스 (http://www.riss.kr/) 등에 의하여 필자 작성. 소장기관에서는 많은 경우, 저자명은 〈보건사회부·사회보장심의위원회〉로서 분류되지만 〈보건사회부〉, 〈사회개발〉, 또는 연구자의 개인명으로 분류되는 경우도, 있다. 초고 단계의 문헌을 포함하기 때문에 내용에 중복이 있는 문헌이 포함함.

(1)간행년: ?는 간행년의 기재가 없고 필자에 의한 추정.

(2)번호의 *은 표지에 〈 … 보사부의 공식견해가 아니다〉라는 주의서가 기재된 문헌.

(3)표제: ○은 〈사회개발〉관련의 보고서. ◎은 〈사회개발〉프로젝트의 중심적인 보고서로서 보사부 장관에 의한 〈발간사(發刊辭)〉가 있음.

(4)편저자·집필자:기재가 없고 최(1991) 등에 의해 추정한 경우가 있음.

(5)인쇄형태:〈★〉은 등사인쇄, 기타는 타이프인쇄,

(6)소장상황:〈복지〉는 보건복지부 자료실, 〈국회〉는 국회도서관, 〈중앙〉은 국립중앙도서관, 〈KIHASA〉는 KIHASA(2010DVD)의 수록번호.

(7)기타의 주. ☆(a)연세대 소장은 표제에 〈일반 사회보장과 군사원호와의 비교〉라는 표현 없음.

☆(b)현존을 미확인.

☆(c)단국대 소장은 1965년 간 425페이지.

☆(d)페이지수가 다르는 판이 존재.

☆(e)동일 내용으로 표제가 다른 판이 존재. 대학 소장은 (1)의 표제의 판.

참고문헌

한국정부 강행물 (정부계 연구기관의 자료를 포함)

【사회보장 심의위원회 연구실에 의한 조사연구 문헌은 〈표 IV-10〉에 수록】

국가재건최고회의 1961~63년, 『최고회의보』(월간, 제1~27호)

대한민국정부 1962~, 『행정백서』(1963년판은 미간행)

보건사회부 1954년판~, 『보건사회통계연보』(1955/56/75년판은 미간행)

— 1971,『보건사회행정의 실적과 전망:보건사회행정백서』

손창규 1962, "혁명 1년의 발자취:문교사회위원회 소관" (『최고회의보』제8호)

한국보건사회연구원 2010, 『1963~1989 한국보건사회연구원발간자료 CollectionII』(DVD)

기타 한국어 문헌

사회개발협회 1980, 『사회개발:90년대가 다가오는 기본구상』

손준규 1983, 『사회보장·사회개발론』 집문당

안창수 1975, "최저생계비 계측을 마치고"(『사회보장』제2호: 5-16)

양재모 1961, 『사회보장제도 창시에 관한 건의』

양재진 외 2008, 『한국의 복지정책 결정 과정』 나남

우명숙 2008, "산재보험제도"(양재진 외 2008)

장태환 2002, "시대를 풍요롭게 가꾸어 간 경륜의 지성인"(『(속)동명-함북 친목회 창립 제 10주년 기념지:438-40)

전국경제인연합회 1986, 『한국경제정책 40년사』

최천송1961, "사회보장제도고"(『대한일보』조간, 1961년12월28일)

— 1973, "사회보장의 권리"(『사회복지』1973년12월호)

— 1977, 『한국사회보장론』 한국노사문제연구협회

— 1991, 『한국사회보장연구사』

맺음말

이 연구는 일본학술진흥회(JSPS) 과학연구비조성사업 (2013~15년도 기반연구C : JP25380293)「韓國の初期社會·生活政策に關する一次資料の收集と檢証 (한국의 초기 사회·복지행정에 관한 일차 자료의 수집과 검증)」의 성과의 일부이고 오사카(大阪) 시립대학 박사(경제학) 학위논문『한국에 있어서의 사회보장의 형성 – '반공·독재국가에서 '복지·민주국가'로의 변혁 –』을 기원으로 한다. 이 한국어판의 출판에는 동 사업에서 별도 연구성과공개촉진비(2016년도 : JP16HP5151)의 보조를 받고 있다. 한국어판에 앞서 일본어판『韓國 社會保障形成의 政治經濟學 - 國家와 國民生活의 變革 -』이 新幹社에서 2016년 10월에 출간되었고 그 중 7편 (이 책의 제1~3장와 자료연구편의 4편 모두)은 논문으로『信州大學經濟学論集』(http://www.shinshu-u.ac.jp/soar/) 제63호, 제65호, 제 67호에서 공개되었다. 이 한국어판은 이들 논문과는 물론 일본어판하고도 좀 달리 한국 독자를 염두에두고 각주를 삭제하거나 표현을 바꾼 부분이 있지만 연구내용에는 다름이 없다.

유신체제가 엄했던 1976년에 저는 오사카시립대학에 입학했다. 학부와 대학원을 통해서 고 本多健吉선생님, 姜在彦선생님, 奧村茂次선생님, 竹中惠美子선생님 등에게서 많은 학문적 은혜를 받았으면서도 아직 전혀 답례를 못하여 미안할 뿐이다. 재일교포끼리 남북중립을 관철하는 오사카의 高麗同窓會와 재단법인 朝鮮奬學會의 고 曺基亨선생님의 물심양면에서의 도움은 잊을 수 없다. 또 信州大學 경법학부(구 경제학부)의 과거와 현재의 동료들에게도 감사를 드려야겠다.

한국의 복지에 관심을 가진 계기는 1986년경『소법전』에서 '생활보호법'의 존재를 알게 된 일이다. 그 후 1994년의 헌법소원을 시사주간지『시사저널』기사로 알았다. 참여연대 등에 의한 복지개혁의 진전을 알았을 무렵에 연하의 친구인 趙美惠씨(현 싱가폴공과디자인대학 교수)가『보건사회통계년보 1954~1999』(CD)를 입수해 주었고 그 이후 방학 때 마다 서울 안국동에 있었던 보건복지부 자료실로 다니기 시작했다. 자료가 모이면 모일수록 '복지국가론'과의 거리를 느키게 되었다. 그럴 때 거기서 건국대학교 『구호행정의 개혁을 위한 조사연구』(1969년)를 발견하여 1960~70년대의 정책실태의 실마리를 잡았다. 그에 따라 최천송과 사회보장심의위원회도 알게되어 겨우 대한민국에 있어서의 국가운영 속에서의 '복지정책'와 그 세계사적 의의를 생각한다라는 이 연구로 결실을 맺었다. 참으로 긴 시간이 걸렸다.

연구 대상 지역은 달라도 같은 정치경제학의 입장에 서는 일본무역진흥기구 아시아경제연구소의 宇佐見 耕一박사(현 同志社大學敎授) 주관의 신흥제국의 사회보장공동연구회에서의 지적 자극과 도움은 정말 컸다. 또 日韓 비교연구에 관해서는 田多英範 선생님(流通經濟大學名譽敎授)의 연구회에서도 많이 배울 수 가 있었다. 한국의 현지 조사에서는 선배인 李義圭박사(한국직업능력개발원)와 고 朴海玉씨(奈良女子大學博士) 부부에게서 언제나 따뜻한 도움을 받아 왔다. 卞在寬박사(韓日社會保障포럼 대표)와 金淵明교수(중앙대학교), 그리고 출판사를 소개해 주신 鄭武權교수(연세대학교)에게도 깊은 감사를 드린다. 유학생들은 서울에서의 정말 대량의 복사작업을 잘 해주고 혹은 일본에서는 한국어로의 번역을 도와 주었다. 한편 방문조사에 흔쾌히 응해 주신 기관과 연구자나 복지 관계 여러분 들은 너무 많아서 여기에는 다 쓸 수가 없어서 진심으로 용서를 빌 수 밖에 없다.

항상 귀중한 조언과 많은 조력을 해 준 金裕身(信州大學名譽敎授)에게는 특별한 감사를 표해야 한다.

대한민국을 민주사회로 변혁시켜왔던 수 많은 사람들께 깊은 경의를 표하면서 북한의 '꽃제비' 등 지금도 "절망과 기아선상의 민생고"에 어쩔 수 없이 시달려야 하는 사람들을 위해서 이 책을 드린다.

2017년 1월

김 조 설 배상

金早雪 (김조설/ 사유키)

일본 오사카에서 출생하여 현재는 일본 국립 신슈대학 경법학부 교수로 재직 중이다. 전공은 "아시아의 경제와 사회" 분야이고, 특히 역동적인 한국의 사회복지 변화에 관심을 갖고 있다.

한국의 사회복지 연구에서 한국전쟁 이후 정책형성 부문이 충분하지 않은 점에 착안하여, 김조설은 지난 20년 간 이 부문의 자료를 찾아 모으고 정리하는 일을 해왔다. 평소 노동자나 여성의 국제적 이동, 다문화 가정과 사회, 남녀평등(젠더론) 주제에 꾸준히 관심을 갖고 있다.

학교에서는 평등파트너십위원회 위원장과 교육연구평의회 위원을 지냈고, 지역사회에서는 현재 나가노현 인권정책심의회 회장, 나가노현 최저임금위원회 위원, 나가노현 종합계획심의회 위원, 이지메 문제대책위원회 위원으로 활동하고 있다.

저서로 『국책회사 동양척식의 연구』(공저)와 『글로벌 이코노미』(공저)가, 번역서로 『한국 풍속산업의 정치경제학』(신혜수 저)가 있고, 논문은 「기로에 선 한국의 사회보장제도의 개혁과제와 현금급여제도」 등이 있다.

한국 복지정책 형성의역사

지은이 · 김조설
펴낸이 · 이명묵
꾸민이 · 이현정

펴낸날 · 2017. 2. 28.
펴낸곳 · 인간과복지
신 고 · 제311-2011-42호
주 소 · 서울특별시 은평구 구산동 191-1
전 화 · 02-383-0743
팩 스 · 02-382-3486
E-mail · hwbook22@daum.net
홈페이지 · www.hw-book.co.kr

값 · 25,000원
ISBN 978-89-8007-205-7 93330